(New Model)출시!!

속공 플러스
(速攻+)

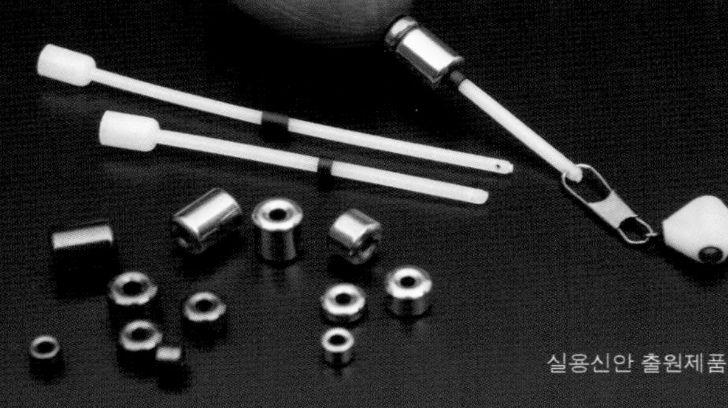

실용신안 출원제품

- 미세 부력조절 시스템 -

모든 낚시용 찌는 정해진 부력에서 여부력을 가집니다.
'속공+'는 '캐미커넥터'와 '컨트롤싱커'를 조합 후,
정부력 또는 마이너스 부력으로 낚시인이 설정하여
다양한 낚시기법에 응용토록 개발되었습니다.

캐미커넥터(캐미장착가능)

전용찌-'속공플러스'

부력조절 봉돌(별매)

V쿠션고무(흘러내림 방지)

전유동홀더에 장착

[별매품]

Control Sinker
부력조절 봉돌 셋트

[별매품]

Chemi Connector
캐미 커넥터(L,M,S)

Albatross®
알바트로스

불세출의 한국형 최고급 갯바위대를 꿈꾸며 비상한다.

· 사용자의 요구에 맞는 맞춤형 릴시트 탑재
 – 1-53, 1.5-53 후지 골드 이온도금 릴시트
 – 1.75-53, 2-53 골드도금 너트형 릴시트 장착
· 호수별로 뚜렷이 구분되는 허리힘과 팁액션을 보유
· 국내 최초의 릴시트 상부분의 티타늄 메쉬 원단 보강은 뛰어난 디자인적 효과를 연출하는 동시에, 고탄성 소재의 바트부위의 파손을 억제하여 준다.
· 릴 장착시 충분히 손잡이 쪽으로 넘어오는 무게중심은 모든 조건에서, 보다 더 여유롭게 로드를 컨트롤 할 수 있는 최상의 밸런스로 볼 수 있다.
· 정밀한 가이드 밸런스는 로드와 라인을 완전히 일체화 시켜주는 핵심적인 매커니즘이다.
· 갯바위 프로스텝에 의해 충분히 검토되고, 실전에서 확인된 제품검증으로, 갯바위 최정상급 낚싯대의 필수적인 요소인 안정성이 확실히 확보된 제품이다.

RED SEA BREAM 참 돔
BLACK PORGY 감성돔
OPALEYE 벵에돔

Albatross® 알바트로스 기 Albatross® チヌ 알바트로스 지누기 구매일로부터 1년 이내 1회 무상 A/S

규 격	전장 (m)	절수 (本)	접은길이 (Cm)	무게 (g)	선경 (mm)	원경 (mm)	추부하 (호)	목 줄 (호)	판매가 (원/₩)
지누기 1-53	5.3	5	113.5	195	0.8	20.9	1~3	1~3	456,000
1-53	5.3	5	113.5	210	0.9	22.29	1~3	1~3	460,000
1.5-53	5.3	5	113.5	225	0.9	22.46	1.5~4	1.5~4	487,000
1.75-53	5.3	5	113.5	239	0.9	22.46	2~5	2~5	508,000
2-53	5.3	5	113.5	250	1.19	23.53	2~6	2~6	529,000

CARBON 99%

대한민국 대표 낚시브랜드 Black Hole

ALBATROSS MANUFACTURED BY
facebook
엔에스와 페친이
되어주세요
엔에스 페이스북에서
더 자세한 정보를 만나세요!
facebook.com/nsrod.co.kr
QUALITY N·S PRODUCT
TMF
TITANIUM MESH FIBER
감도 향상을 위한 원단을 특수설계하여
일본에서 직수입하여, 초경량화된 멀티
레이어 시스템을 구축하고 티타늄 메쉬
원단으로 블랭크를 보강
후지 티타늄 SIC가이드 시스템 채용 (IM SERIES)
IM SERIES
SLOPE & OVAL CHANGES
ISO UWAMONO ZAO
Fuji
〜振出竿用〜
LIGHTER & STRONGER
TITANIUM SiC GUIDE
IM-H
IM
LG
N·S
주)엔에스 인천광역시 남동구 간석 4동 616-1 Web: http://www.nsrod.co.kr
TEL 032)868-5427, A/S 문의처 032)868-1004 FAX:032)868-5423

ATTENDER *Prestige*

CROSSOVER

'스타일'과 '테크닉'이 살아난다.

진정한 '꾼'에게 바칩니다.

ww.ygf.co.kr

어텐더 프레스티지

. Fuji Titan 후레임의 IM 가이드 및 Plate Seat.
. Carbon 스프링 구조로 블랭크 파워를 한층 더 보강하여 정확한 테크닉구사에 도움.
. 릴시트는 파지감을 향상시킨 실리콘라바의 시트그립으로 안정적.
. 다이렉트 요철 엔드그립으로 마감.
. 수려한 아이스버그무늬 페인팅의 적절함과 우본원단의 조화로 수려한 외관.

품 번	전장 (m)	접은길이 (Cm)	호수	추부하 (호)	마디 (절)	자중 (g)	카본 (%)	선경/원경 (mm)	소비자가격 (원)
0.8-530	5.3	116	0.8	0.8~2호	5	177.0	99	0.8/23.0	₩660,000
F1-530	5.3	117	F1	1~3호	5	185.0	99	0.8/23.2	₩690,000
T1-530	5.3	116	T1	1~4호	5	190.0	99	0.8/23.2	₩710,000

톱가이드: Fuji T-LGST가이드(티타늄) | 가이드: Fuji IM가이드(티타늄)

릴시트: Fuji 금장 FK2-T-NS6(티타늄)

인천광역시 계양구 효성2동 543-5 | TEL : 032-553-6333 / FAX : 032-553-6332 YGF 영규산업

피싱그룹 만어
MARUKYU
MARUKYU
MARUKYU
MARUKYU
OZEKI
Thanks fo
MAR

피싱그룹 만어
스마트폰을 이용하여 QR코드를
스캔하시면 보다 많은 피싱그룹
쇼핑몰의 정보를 얻을수 있습니다.
MARUKYU
믿음직한 낚시 미끼를 —
ish and nature
KYU
피싱그룹 만어
MARUKYU

피싱그룹 만어 동래본점
미남 교차로
부산 3호선
북부산I·C
만덕터널
미남역
동래 광혜병원
SK 블루존 주유소
경부고속도로
부산 4호선
동래역
부산 1호선

NAVER
피싱그룹
검색

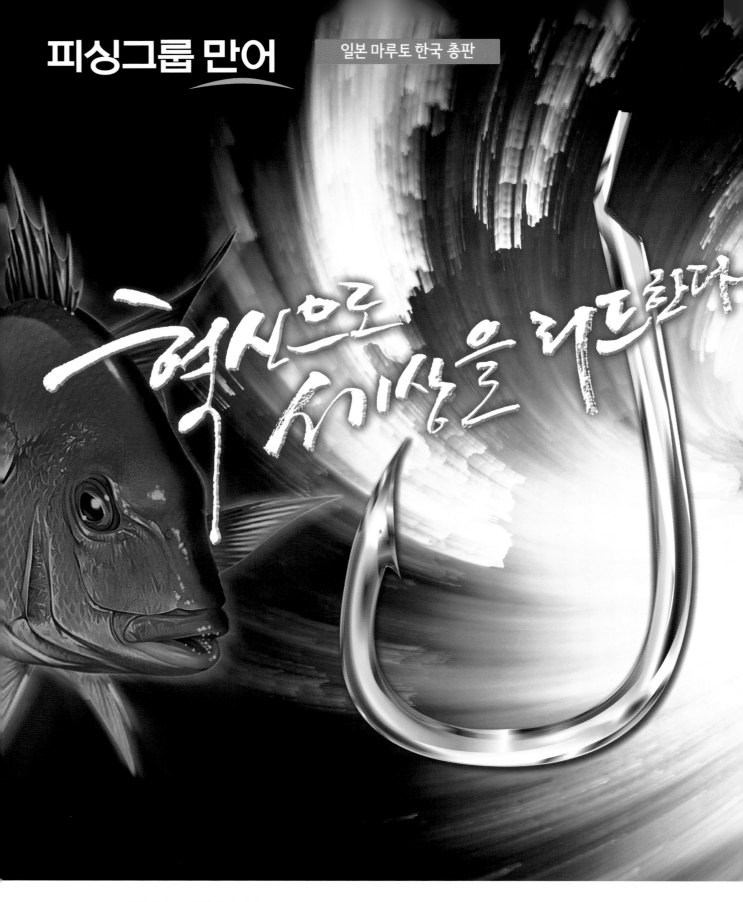

Moisture (rain, puddles etc.)
Water vapour(sweat)
Wind
Outer fabric
SPORTEX
Lining material
SPORTEX®
SPAN 3-Layer
퀴마 낚시복에 적용된 "스포텍스(SPORETEX)" SPAN 3-Layer는 극세 섬유 제직 기술을 바탕으로 한 소프트한 원단으로 뛰어난 신축성과 공기 투과도 뿐만 아니라 고투습성, 방수성과 발수 성능에 의해 쾌적성이 우수하고 ULTRA SLIM RESIN 나노 가공 기술에 의해 보온성이 증가된 신 개발 제품입니다.
• JW-7011 / 스판 3레이어
• 색상 : 블랙
• 사이즈 : 95, 100, 105, 110
JW-7011
극한 상황을 극복할 수 있는 필수 아이템
퀴마 스판 3레이어 낚시복
고신축성 소재 3레이어 SPORTEX-SPAN을 사용한 퀴마 낚시복은 극한의 환경과 험난한 필드 속에서 신체기능을 최적의 상태로 유지시켜 주도록 개발된 첨단 하이테크 기능성 낚시복 입니다.
• 3D 입체 패턴과 고신축성 사방 스판(SPORTEX SPAN 3-Layer) 원단을 사용하여 액티브한 활동성과 뛰어난 착용감을 보장. • 염분과 습기에 강한 YKK정품 지퍼를 채용. • 움직임이 자유로운 일체형 후드. • 앞면 마스크 기능을 하는 높은 목깃. • 손목 고신축성 네오플랜 채용. • 소품 수납이 가능한 2개의 가슴주머니. • 플로팅 베스트와 매치가 가능한 콤비네이션 지퍼시스템. • 활용성이 높은 상의 및 하의 포켓 채용. • 허리조절 장치. • 2중 지퍼덮개 채용. • 재단 부위에 심실링 테이핑 처리. • 메쉬 원단으로 제작된 2 Way등받이 (분리 가능) . • 체형에 따라 조절되는 허리밸트. • 활동성을 높인 무릎 입체 가공.
퀴마 플로팅 베스트
JW-2011F
• 색상 : 화이트
• 사이즈 : 100, 105
• 색상 : 블랙+화이트
• 사이즈 : 100, 105
• 색상 : 블랙
• 사이즈 : 100, 105
JEONGWOO LESPOLE 부산광역시 사상구 낙동대로1318번길 36 Tel. 051-303-0001 Fax. 051-303-3393 www.quima.co.kr

뜨는 줄에 대한

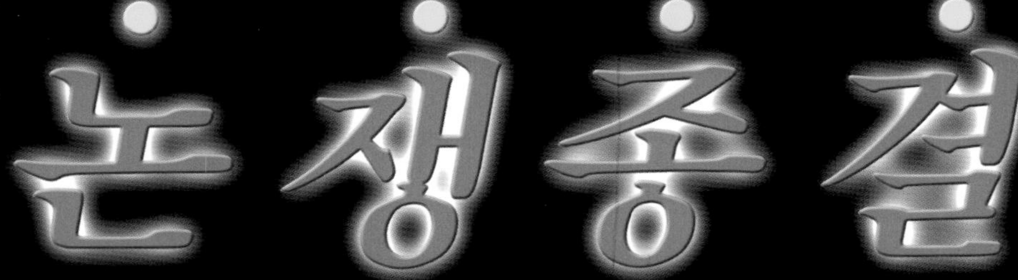

플로팅 라인의 결정판 17공 중공사 VX 혼 출시!

VX 혼 시리즈는 뜨는 줄에 대한 각종 논쟁들을 종식시키기 충분할 정도로 완벽한 플로팅 성능을 구현합니다.
아울러 강도, 비중, 직진성, 시인성, 라인트러블 등 낚싯줄이 요구하는 그 모든 조건들을 충족시키며
전문꾼들의 기대에 완벽히 부응 할 것을 약속드립니다.

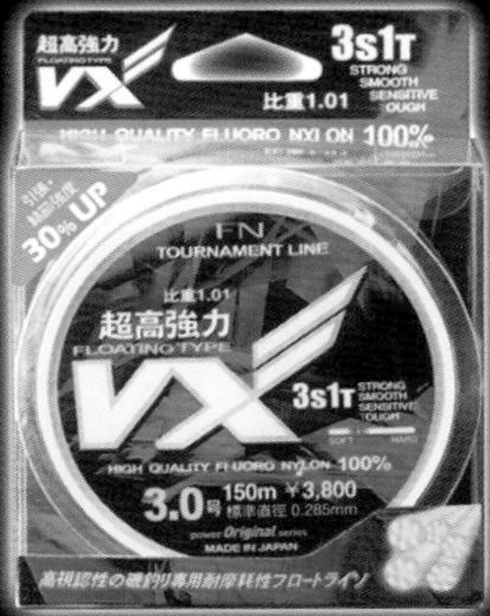

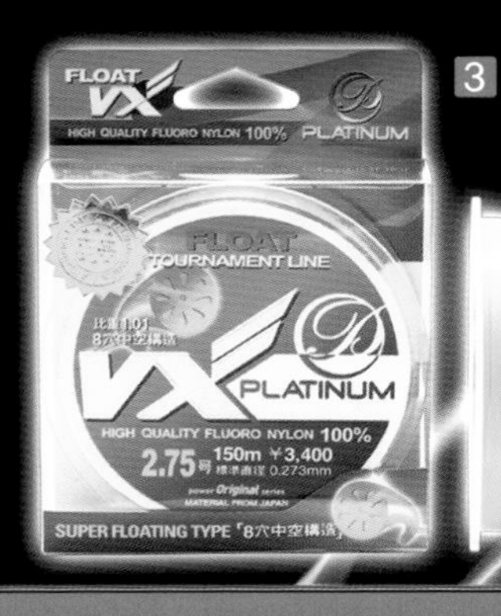

FLOATING TYPE | 플로팅 원줄

수면 위에 완전히 뜨는 특수 중공구조의 프리미엄급 나일론 원줄.
플로팅 성능과 강도를 동시에 만족시킨 제품.
물 흡수와 UV 차단 기능을 추가하여 자외선에 의한 열화를 방지.

UV CUT.

1 VX | 6공 중공구조

- 강도와 고시인성을 추구한 토너먼트 전용 라인.
- 특수한 6공 중공구조로 비중 1.01을 실현.
- 내마모성이 뛰어나고 라인 트러블 제로화.

- 색 상 : 무광 화이트
- 비 중 : 1.01 • 타입 : 플로팅
- 규 격 : 2.0 / 2.5 / 2.75 / 3.0(150m) / 4.0 / 5.0(200m)

2 VX VIP | 8공 중공구조

- 부드러우면서 뛰어난 강도를 자랑하는 플로팅 원줄.
- 화이트 그린 색상을 채용하여 포말 및 탁한 물속에서도 뛰어난 시인성을 발휘.

- 색 상 : 화이트 그린
- 비 중 : 1.01 • 타입 : 플로팅
- 규 격 : 2.5 / 2.75 / 3.0(150m) / 4.0 / 5.0 / 6.0(200m)

3 PLATINUM | 8공 중공구조

- 티탄 나노코팅으로 내구성과 내마모성을 향상.
- 특수 8공 중공 구조의 100% 완전 플로팅 타입.
- 신 공법 스팀 숙성 공법 - 강도 및 소프트 기능 향상.

- 색 상 : 무광 오렌지
- 비 중 : 1.01 • 타입 : 플로팅
- 규 격 : 2.0 / 2.5 / 2.75 / 3.0(150m) / 4.0 / 5.0 / 6.0(200m)

최고급 복합 구조의 초고강도 후로로 카본 목줄.

뛰어난 발수성과 굴절률 제로 실현.

비중 1.81의 고비중 카본 소재로 잠행이 빠르고 뛰어난 조작성과 발군의 강도.

강신도 측정기와 내후 시험기를 통한 철저한 품질관리.

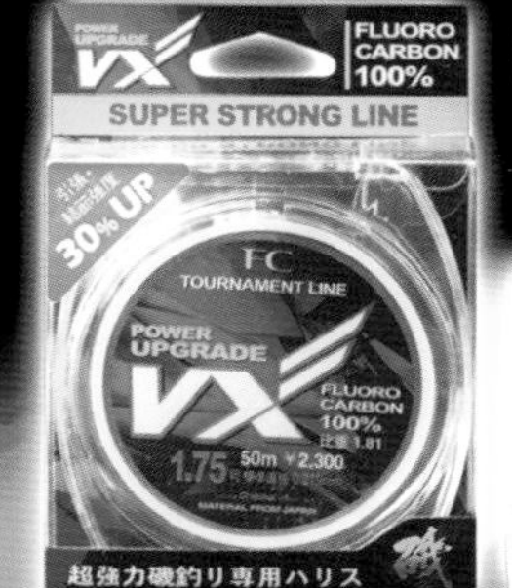

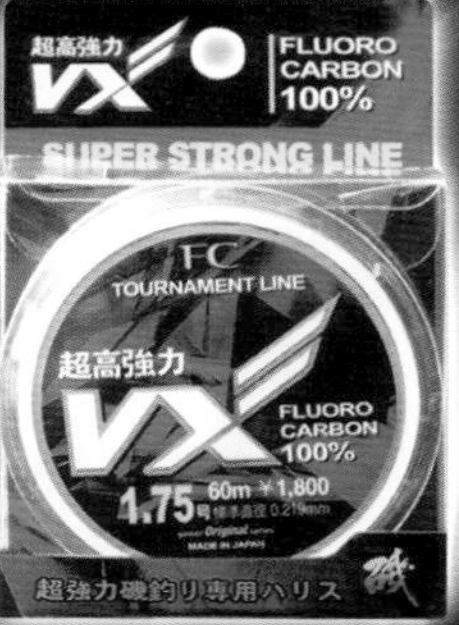

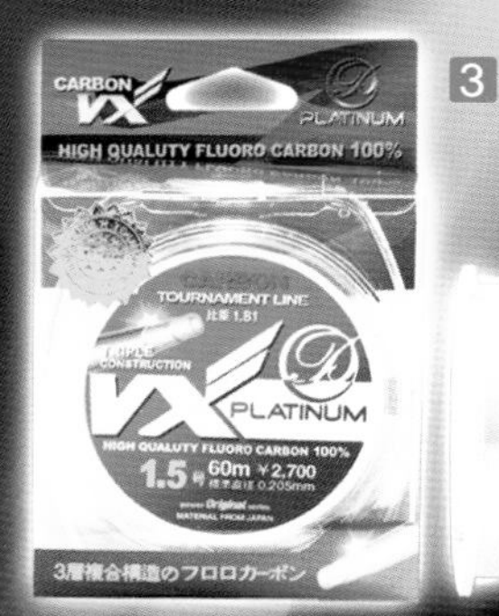

CARBON LINE SERIES | 카본 목줄

1 TOURNAMENT

- 인장·결절강도를 30%이상 향상시킨 고급 카본 목줄.
- 3중원 복합구조의 토너먼트 전용으로 개발된 초내마모, 초고강력 카본사.

- 색 상 : 네츄럴 투명 • 비 중 : 1.81
- 규 격 : 0.8 / 1.0 / 1.2 / 1.5 / 2.0 / 2.5 / 3.0 / 4.0 / 5.0
- 길 이 : 전호수 50m

2 VX CARBON

- 3중원 복합 구조를 가진 100% 고기능성 카본 목줄.
- 뛰어난 내마모성과 강도를 가져 거친 갯바위 낚시에 적합.
- 실전에서 검증된 뛰어난 습윤 결절강도를 유지.

- 색 상 : 네츄럴 투명 • 비 중 : 1.81
- 규 격 : 1.5 / 1.75 / 2.0 / 2.5 / 3.0 / 4.0 / 5.0
- 길 이 : 전호수 60m

3 PLATINUM

- 3중원 복합 구조의 고비중(1.81) 최고급 카본 목줄.
- 뛰어난 습윤 결절 강도 자랑.
- 굴절율 제로, 발수성과 탁월한 미끄럼성으로 노린 대상에 대한 공격적인 낚시가 가능.

- 색 상 : 네츄럴 투명 • 비 중 : 1.81
- 규 격 : 1.0 / 1.2 / 1.5 / 1.75 / 2.0 / 2.5 / 3.0 / 4.0 / 5.0
- 길 이 : 전호수 60m

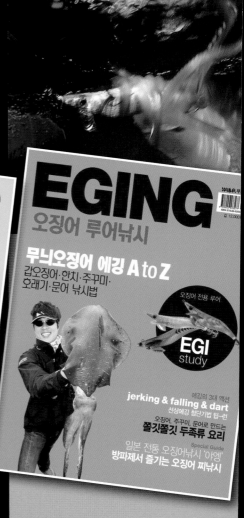

감성돔

오감을 자극하며 짜릿함을 선사하는 감성돔! 육지 인근에 있는 수심이 얕고 바닥 지형이 복잡한 갯바위 감성돔낚시! 묵직한 손맛과 조과를 확실히 책임져줄 또하나의 아이템! 직접 사용하고 그 놀라움을 경험하십시요!

NISSIN 니신 인그람 NAGISA IM

인그람 시리즈에 새로운 감성돔 전용모델이 탄생! 경량강과, 샤프한 조작성을 실현하면서, 낭창낭창한 휨새로 감성돔을 제압하는 즐거움이 있고, 유연성이 높은 초연질타입의 감성돔전용 낚시대입니다

티카 다이나 브레이크릴

알루미늄 합금 스풀, 초강력 드래그 시스템, 강력한 메인 샤프트
라인롤러로 회전 밸런스 시스템 구축, 좌우겸용핸들, 헐거워지지 않는 핸들

GOSEN 고센 도전磯 플로팅 원줄

시인성이 우수한 화이트,레드,그린 색상으로 물에 뜨는 플로팅 타입의 고급 원줄
낚시줄의 텐션과 복원력이 탁월해 몇번을 사용해도 처음과 같은 성능 유지

YAIBA-X 야이바엑스 후카세원투 바늘

혼테론 폴리에스테르 평행권사로 꼬임이 적고 부드러움
뛰어난 강도와 최고의 매듭 강도, 챔질 순간 강한 저항에도 안심

XE-04 XE-07

GOSEN 고센 슈퍼혼테론 GP 목줄

혼테론 폴리에스테르 평행권사로 꼬임이 적고 부드러움
뛰어난 강도와 최고의 매듭 강도, 챔질 순간 강한 저항에도 안심

CHALLION 챌리온 와기 / 토너먼트치누 구멍찌

원투성, 시인성, 안정성이 뛰어나고 저항이 적은 초고감도 타입 구멍찌
줄빠짐이 우수하고 안정성이 뛰어난 천연 오동나무 바디, 두꺼운 클리어 코팅

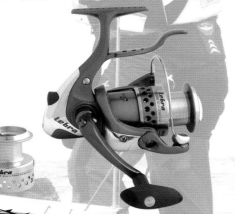

'TORAY'
Innovation by Chemistry

플로팅 라인 최강의 강도

TOKUGAWA (德川) by TORAY JAPAN

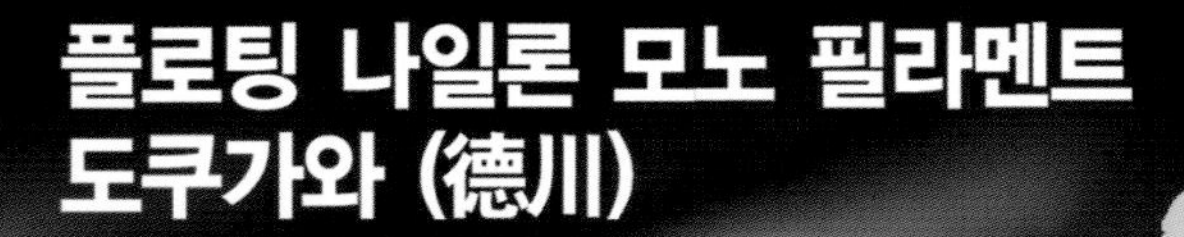

NEW

TOKUGAWA

플로팅 원줄 최강의 강도와 높은 시인성

호수	1.8호	2호	2.5호	3호	4호	5호
표준직경(mm)	0.225	0.235	0.260	0.285	0.330	0.370
희망소비자가격	3,200円					

●길이 150m ●컬러 / 밀키레드 ●소재 / 나일론 100%

TORAY에서 새롭게 출시된 도쿠가와는 저 비중의 특수 나일론 원사를 사용한 플로트 사양으로 안정된 하이포지션과 높은 조작성을 실현시킨 하이 그레이드 원줄입니다.

■ 저비중(1.08)의 특수 나일론을 사용하여 바람이나 조류의 영향을 억제하기 때문에 안정된 하이포지션을 유지하여 부유성과 고차원의 강력함을 동시에 실현 시키며 돌출여나 해초등의 밑 걸림에 신경 쓸 필요 없이 방파제 낚시부터 원투 낚시까지 핀 포인트로 공략이 가능합니다.
■ 라인컬러는 시인성이 뛰어난 밀키레드를 채택하였으며 표면의 특수가공 처리로 열화현상을 방지하며 유연성이 뛰어나 라인 컨트롤성이 우수합니다. 또한 라인의 초기 성능을 100% 유지하며 릴에 감을때 부터 최고의 상태로 사용이 가능한 소프트 텐션 페럴렐 와인딩(평행권) 사양입니다.

테스터 박 경

제조원 : 토레이

한국총대리점
HANJO

한조크리에이티브 www.hanjo.co.kr
우)17088 경기도 용인시 기흥구 지삼로 107번길 68
TEL.031)284-1788 FAX. 031)284-1787

Chapter 1
구멍찌낚시의 이해

28 1-1 왜 갯바위낚시인가?
32 1-2 왜 구멍찌낚시인가?
36 1-3 구멍찌낚시의 대상어종들

Chapter 2
구멍찌낚시 장비

42 2-1 릴찌낚싯대
50 2-2 릴
56 2-3 뜰채
60 2-4 구멍찌
70 2-5 수중찌
74 2-6 막대찌
80 2-7 원줄
86 2-8 목줄
90 2-9 낚싯바늘
94 2-10 봉돌
98 2-11 소품
100 2-12 밑밥 용품
102 2-13 피싱웨어

Chapter 3
구멍찌낚시 실전

106 3-1 구멍찌낚시 양대 채비
반유동 vs 전유동
110 3-2 사진으로 따라 배우는
반유동채비 만들기
114 3-3 찌낚시의 출발선
캐스팅
116 3-4 반유동낚시 제1의 테크닉
찌밑수심 조절하기
122 3-5 구멍찌낚시의 마술
뒷줄 견제
126 3-6 감각적 아날로그 조법
전유동낚시 입문
130 3-7 달인의 경지에 도달하는 길
전유동낚시 찌밑수심 계산법
134 3-8 고차원 낚시로 도약하기 위한
물때 이해하기
138 3-9 베이스 오브 베이스
조류 읽기
146 3-10 구멍찌낚시 명당론
포인트 찾기
154 3-11 프리마돈나 크릴과 그 밖의 조연들
미끼
158 3-12 찌낚시 성패를 가르는 키워드
밑밥
166 3-13 라인을 메인으로 생각하는
45도 컨트롤 낚시

Chapter 4
감성돔낚시

172 4-1 감성돔낚시 현장
김선구·김지송의 거문도 공략
178 4-2 감성돔낚시의 표준
1호 반유동채비
182 4-3 전유동이 가장 잘 먹히는 계절
가을 감성돔낚시
184 4-4 5짜 대물과의 한판승부
영등철 감성돔낚시
188 4-5 5월 중순~6월 중순이 피크
서해 감성돔낚시 패턴
190 4-6 현장의 고민 해결
입질 없을 때 점검사항 7가지
191 4-7 약한 어신 개선책
수심 깊으면
고부력찌가 더 예민하다
192 4-8 전유동과 반유동의 장점 믹스
B조법

Chapter 5
벵에돔낚시

196 5-1 벵에돔낚시 현장기
박범수·고영종의 제주 우도 공략
202 5-2 벵에돔낚시 표준
제로조법
206 5-3 벵에돔 씨알 선별법
잔챙이 무리에서 큰놈 골라 낚기
208 5-4 천조법을 위한 구멍찌
0α와 0c의 운용
212 5-5 표층에 뜬 벵에돔에 특효
목줄찌
216 5-6 벵에돔 구멍찌의 쌍두마차
제로찌와 투제로찌의 차이
218 5-7 생김새는 닮아도 습성은 딴판
벵에돔 vs 긴꼬리벵에돔
222 5-8 하절기 벵에돔낚시의 메카
남해동부 벵에돔낚시
226 5-9 야간낚시 대물터로 뜬다
동해안 벵에돔낚시
230 5-10 낮에는 원투, 해거름엔 발밑
제주 벵에돔 포인트
유형별 공략법
233 5-11 마법의 멀티플레이어 소품
찌멈춤봉

Chapter 6
참돔낚시

236 6-1 참돔낚시 하이테크
고부력 전유동 & 잠길찌
241 6-2 품질 효과 100%에 도전
참돔 밑밥 사용법
242 6-3 참돔낚시의 최강수
본류대낚시
246 6-4 저부력 전유동→잠길찌 순으로 써라
지류대 참돔낚시
248 6-5 참돔낚시 전천후 해결사
잠길찌낚시

재잘재잘 썰물에 떠오르는 간출여.
햇살이 부서져 황혼에 스러져야 비로소 피어나는 검은 진주 벵에돔.
유쾌한 바다 사나이들의 이야기가 시작된다.

Chapter 1
구멍찌낚시의 이해

왜 갯바위낚시인가?

바다낚시에는 다양한 장르가 있다. 배를 타고 고기를 낚는 배낚시, 백사장에서 고기를 낚는 던질낚시, 방파제에서 즐기는 방파제낚시 등이 있는데, 가장 많은 낚시인들이 즐기는 장르는 갯바위에서 고기를 낚는 갯바위낚시다. 이 책에서 다루는 구멍찌낚시도 갯바위낚시에 포함된다. 왜 갯바위가 바다낚시 포인트로 인기가 높은 것일까? 그 이유는 바닷고기들이 백사장이나 방파제보다 갯바위에 많이 서식하기 때문이다.

은빛 비늘이 반짝이는 '갯바위의 왕자' 감성돔. 구멍찌낚시 최고의 인기 대상어다.

거문도 갯바위에서 야영낚시를 준비하는 낚시인들. 늘 바람과 파도가 씻어주는 갯바위는 가장 청정한 자연이다.

제주 소관탈도 똥섬과 새끼여에 상륙을 시도하는 낚시인들. 소관탈도는 우리나라 최고의 갯바위낚시 명당이지만 절해고도라서 기상이 나쁘면 접근조차 불가능하다.

▶암초대에 형성된 풍부한 먹이사슬

갯바위는 백사장이나 갯벌보다 수심이 깊어서 간조 때도 큰 고기들이 머물 수 있는 수심이 확보되며 그래서 물때에 상관없이 큰 고기들을 낚을 수 있다. 또 바다의 해초(미역, 톳, 감태, 모자반)는 암초에 뿌리를 내리고 살기 때문에 암초로만 형성된 갯바위는 해초를 먹고 사는 패류(홍합, 고동)와 갑각류(게, 새우), 작은 초식어류가 풍부하고 그들을 먹이로 삼는 큰 육식어류들이 먹이사슬을 형성하고 있다. 또 갯바위는 사람들이 늘 오가는 방파제보다 한적하여 물고기의 경계심이 적다. 그래서 갯바위가 최고의 포인트가 되는 것이다.

▶물고기들은 망망대해보다 갯바위 주변에 많다

바다는 한없이 넓고 깊지만 바닷고기들은 대부분 심해보다 얕은 바다(淺海)에 있다. 심해는 어둡고 추워서 천해에 비해 생물종이 빈약하다. 흔히 사람들은 배를 타고 망망대해로 나가면 큰 고기들이 많이 낚이리라 생각하지만 그렇지 않다. 바다에서도 황금어장이 형성되는 곳은 물속에 얕은 수중섬이 있는 곳(동해의 왕돌짬이나 대화퇴 등)이다. 또 대양을 흘러온 조류는 얕은 갯바위 주변에서 병목현상에 의해 유속이 빨라지고 파도를 일으켜 수중에 풍부한 산소와 에너지를 공급한다.

특히 감성돔, 돌돔, 참돔, 벵에돔, 농어 같은 고급 어종들은 먹이사슬이 잘 형성된 수심 30m 안쪽에 집중적으로 서식하는데, 드넓은 바다에서 그런 수심이 형성되는 곳은 해안이나 섬 주변의 갯바위 지대다. 그것이 갯바위낚시가 인기를 끄는 이유이며, 배낚시보다 갯바위낚시에서 대어를 낚을 확률이 높은 이유다.

그래서 어부들도 깊은 바다보다 얕은 갯바위 주변에 그물을 놓는다. 울릉도 어부들이 울릉도와 독도 사이의 드넓은 바다를 버려두고 한사코 독도 주변에 그물을 치고 싶어 하는 이유는 바닷고기가 얕은 독도 주변에서 회유하기 때문이다.

이른 새벽, 출항을 앞두고 있는 울릉도 벵에돔낚시대회 참가자들. 우리나라 바다낚시단체들은 각종 토너먼트를 통해 구멍찌낚시 고수들을 선발하고 있다.

네 개의 여로 형성된 추자군도 납덕이.
드넓은 암초대에 시원스런 조류가 흐르는 구멍찌낚시의 명당이다.

가을은 서해의 대물 감성돔 시즌이다. 격포 하왕등도 각진바위에서 인천낚시인 이영기씨가 낚은 55cm 감성돔.

겨울은 제주도의 대물 벵에돔 시즌이다. 지귀도에서 4짜급 벵에돔으로 진한 손맛을 본 낚시인.

갯바위낚시의 장점과 단점

장점	단점
갯바위는 각종 어군들이 주기적으로 접근하는 길목이므로 자리만 잘 잡으면 배낚시를 능가하는 조과를 거둘 수 있다. 파도와 조류가 늘 살아 움직이는 갯바위에선 바다의 역동적인 에너지를 느낄 수 있다. 감성돔, 돌돔, 벵에돔 등 친암초성 고급 어종을 낚을 확률이 높다. 늘 파도에 씻기는 갯바위는 가장 청정한 암반으로 그 자체가 웰빙과 힐링의 장소다. 갯바위는 배 없이는 진입하기 힘든 곳이므로 다른 사람의 방해 없이 자유시간을 누릴 수 있다.	지형이 험준하고 파도에 노출되어 있어 늘 안전에 유의해야 한다. 따라서 구명조끼와 갯바위신발 등 안전장구는 필수품이다. 방파제와 달리 낚싯배를 타야만 진입할 수 있으므로 비용과 시간이 많이 든다. 배낚시와 달리 한 번 내리면 딴 장소로 이동이 불가능하므로 꽝을 칠 가능성이 배낚시보다는 크다.

갯바위 물웅덩이에 살려놓은 감성돔이 등지느러미를 곧추세운 채 유영하고 있다.

왜 구멍찌낚시인가?

갯바위낚시에도 던질낚시, 루어낚시 등 여러 가지가 있는데, 그중 구멍찌낚시(릴찌낚시)를 가장 많이 즐기고 있다. 그 이유는 가장 뛰어난 조과를 안겨주기 때문이다.

2호 구멍찌 반유동채비. 원거리의 깊은 수심을 노릴 때 사용하는 채비다.

▶갯바위의 물고기를 낚는 가장 강력한 테크닉

구멍찌낚시는 밑밥을 뿌려서 바닥층의 물고기를 띄워 낚는 방법인데, 숙달되면 밑밥에 뜨지 않는 바닥층의 물고기까지도 노릴 수 있어 거의 전 수심층의 모든 물고기를 낚아낼 수 있다. 예를 들어 물고기가 특정 수심에서만 계속 입질하는 상황이라면 수심을 일정하게 유지할 수 있는 반유동낚시를, 입질층이 다양하게 변하는 상황이라면 전유동낚시(원줄에 찌매듭을 묶지 않는 기법)를 구사하여 어떤 상황에서도 물고기를 낚아낼 수 있다. 찌낚시는 감성돔, 벵에돔, 참돔 같은 도미류 외에도 학공치, 숭어, 열기, 볼락, 농어, 고등어, 전갱이, 부시리까지 낚을 수 있는 테크닉이다.

▶조류를 이용한 상상력의 이미지 피싱

구멍찌낚시는 바닥에 안착시켜 가만히 기다리는 낚시가 아니라 조류에 채비를 실어서 계속 이동시키며 낚는 공격적 낚시다. 그래서 일명 '흘림낚시'라고도 한다. 또 수평적으로만 흘리는 게 아니라, 전유동 채비 또는 잠길찌 채비를 사용하여 상층부터 바닥층까지 천천히 훑고 내려갈 수도 있다.

이런 미끼의 움직임은 보이지 않는 물속에서 이루어지기 때문에 찌의 위치 변화와 낚싯줄의 잠겨드는 속도를 통해 내 미끼의 흐름을 유추할 수밖에 없다. 따라서 고도의 상상력이 필요한 이미지 피싱이다. "구멍찌낚시는 가장 어려운 낚시" "낚시기법의 결정체"라 불리는 이유가 여기에 있다. '나의 미끼가 지금쯤 어느 지점에 머물고 있을 것인가'를 상상하면서 밑밥과 미끼를 동조시키는 과정이 곧 구멍찌낚시이며 그 예상이 맞아떨어져서 고기를 히트

햇살 좋은 가을날 거제도 구조라 갯바위에서 구멍찌낚시를 즐기는 낚시인들. 가을은 연중 최고의 감성돔 마릿수 시즌이다.

구멍찌와 감성돔. 바다낚시의 영원한 동반자다.

지귀도 갯바위에서 벵에돔낚시를 즐기는 제주 낚시인들. 중상층을 회유하는 벵에돔은 처넣기에도 간혹 낚이는 감성돔, 참돔과 달리 오직 찌낚시로만 낚을 수 있는 어종이다.

구멍찌낚시의 장점과 단점

장점	단점
가장 다양한 어종을 낚을 수 있는 기법이다.	타 낚시장르(원투낚시, 루어낚시, 배낚시)보다 채비가 복잡하고 기법이 어려워서 숙달되는 데 시간이 걸린다.
최고급 낚시대상어인 돔(감성돔, 벵에돔, 참돔)을 낚기에 최적의 기법이다.	기본 장비가 비싸고 매번 밑밥 비용이 소모되며 낚싯배를 타고 섬으로 나가는 경우가 많아서 교통비도 많이 든다.
장비와 채비가 가벼워서 여성도 즐길 수 있고, 연질대로 큰 물고기와 상대하므로 손맛이 뛰어나다.	낚시터가 수도권에서 먼 남해에 많아서 1박2일 이상 긴 일정이 필요한 경우가 많다.
조류를 이용해 미끼를 계속 움직여가며 대상어를 유혹하는 묘미가 있다. 특히 찌를 통해 물속의 변화를 읽고 어신을 판별하는 재미가 남다르다.	험준한 갯바위에서 선 상태로 계속 낚시하기 때문에 체력 소모가 크다.

했을 때의 희열은 찌낚시에서만 느낄 수 있는 카타르시스다.

▶초경량 태클로 승부하는 스릴 만점의 게임피싱

구멍찌낚시는 가는 목줄, 좁쌀만 한 작은 봉돌, 저부력의 찌를 사용한다. 바다낚시에서 이런 섬세한 채비를 사용하는 것은 구멍찌낚시가 유일하다. 워낙 채비가 섬세하고 예민해 자리돔이나 쥐치 같은 작은 물고기도 낚아낼 수 있다. 40~60cm급, 때로는 1m에 육박하는 돔을 상대하면서 굳이 초경량 태클을 사용하는 이유는, 첫째 띄울낚시라는 장르 특성상 가벼운 미끼의 움직임을 연출하기 위함이며, 둘째 긴 연질대와 고성능 릴의 도움으로 가는 줄의 강도를 보완할 수 있기 때문이며, 셋째 물고기에게도 줄을 끊고 달아날 수 있는 기회를 부여하는 게임피싱이기 때문이다.

▶두뇌 회전, 운동신경,
공간감각이 다 필요한 낚시

"갯바위 구멍찌낚시에 빠지면 다른 낚시가 시시해진다"는 말이 있다. 이 낚시의 중독성을 경고하는 말이다.
낚시란 취미는 시시각각 변하는 자연 환경의 변화에 대처해야 하는 만큼 뇌세포의 사용량이 어떤 취미보다 많다. 그중에서도 구멍찌낚시는 두뇌 회전이 가장 빨라야 하는 낚시다. 밀물과 썰물이 6시간마다 뒤바뀌는 속에서 조류의 방향과 속도, 바람의 성질과 강약이 가져다주는 각양각색의 변화, 그에 따른 대상어들의 움직임을 읽어 내고 대처해야만 구멍찌낚시를 효과적으로 구사할 수 있기 때문이다.
더구나 운동신경과 공간감각도 필요하다. 수십 미터 바깥의 조류가 내 발밑의 물속에 미치는 영향을 읽을 수 있는 능력, 가파른 갯바위를 오르내릴 수 있는 체력, 원하는 지점에 정확히 찌를 던질 수 있는 능력, 미끼가 제대로 가라앉도록 낚싯줄을 적절히 콘트롤하는 능력, 밑밥을 원하는 지점에 던져서 수중의 내 미끼와 일치하게끔 가라앉히는 능력, 대어를 걸어서 제압하는 로드워크… 이 모든 기술이 완벽하게 어우러져야 성공할 수 있는 구멍찌낚시는 그래서 낚시의 예술, '아트피싱'이라 불린다.

▶남자의 로망, 먼바다 원정

구멍찌낚시에 처음 입문했을 땐 주로 가까운 근해권을 찾게 된다. 완도, 여수, 통영, 거제도 등이 가장 무난한 낚시터다. 그러나 차츰 실력이 쌓이고 경험이 풍부해지면 좀 더 큰 바다를 욕심내게 되는데 그곳이 바로 원도(遠島)다. 추자도, 거문도, 가거도, 태도, 만재도, 홍도 등 절해의 고도가 찌낚시 동호인들이 최종적으로 도전하는 대상이다.
원도권 낚시는 근해에서는 느낄 수 없는 감동과 스케일을 선사한다. 여름바다를 수놓는 벵에돔과 참돔, 겨울 파도 속의 감성돔, 거친 파도를 헤치고 대어를 끌어내는 벅찬 희열은 남자라면 죽기 전에 한 번은 체험해봐야 할 로망이다.

갓 썰어낸 감성돔 회. 낚시로 잡은 물고기들은 아삭아삭한 식감이 그대로 살아있다.

포항 장길리 보릿돌의 해 질 무렵. 동해안 감성돔의 피딩타임을 맞은 낚시인들이 한 번이라도 더 입질을 받기 위해 바삐 움직이고 있다.

국토 남단 마라도의 북쪽 여밭에서 B찌 전유동으로 긴꼬리벵에돔을 낚은 제주 도남낚시 대표 조성호씨.

추자군도 직구도 거북바위에서 본류대 흘림낚시로 94cm 참돔을 낚은 천안 아가미피싱클럽 회원 정하상씨(2011년 4월 1일).

구멍찌낚시의 대상어종들

구멍찌낚시가 바다낚시 장르 중 부동의 1위를 고수하는 이유는 이 낚시법으로 바다에 사는 거의 모든 어종을 낚을 수 있기 때문이다. 감성돔, 벵에돔, 참돔 같은 주대상어 외에도 상층을 떠다니는 고등어, 전갱이, 농어, 숭어, 학공치 등이 모두 대상어종이며, 숙달되면 수중 암초에 숨어 사는 우럭, 쥐노래미까지 낚아낼 수 있다.

감성돔

프로필 : 구멍찌낚시의 최고 인기 어종
주요 서식지 : 동해, 서해, 남해 전역
피크 시즌 : 마릿수 재미는 가을, 씨알은 겨울과 초여름이 최고
난이도 : ★★★★★

숭어

프로필 : 방파제 등 근해 어종 중 가장 큰 덩치
주요 서식지 : 동해, 서해, 남해, 제주도
피크 시즌 : 서해는 봄~가을, 동해와 남해는 겨울
난이도 : ★★

쥐노래미

프로필 : 바닥층에서 잘 낚이는 힘 좋은 손님고기
주요 서식지 : 동해, 서해, 남해, 제주도
피크 시즌 : 사철 잘 낚이는 횟감, 11~12월은 금어기
난이도 : ★★

농어

프로필 : 날쌘 바늘털이의 명수, 찌낚시로는 여름 야간에 낚는다
주요 서식지 : 동해, 서해, 남해, 제주도
피크 시즌 : 회 맛과 씨알 모두 초여름이 최고
난이도 : ★★★

학공치

프로필 : 마릿수 재미가 좋은 일급 횟감
주요 서식지 : 동해, 서해, 남해, 제주도
피크 시즌 : 서해안은 초여름, 동해와 남해는 겨울
난이도 : ★★

벵에돔

프로필 : 감성돔과 쌍벽을 이루는 스타, 저돌적 손맛이 대단한 파이터
주요 서식지 : 동해, 남해, 제주도
피크 시즌 : 마릿수는 장마철, 씨알은 겨울이 최고
난이도 : ★★★★

참돔

프로필 : 최대 1m를 넘어서는 찌낚시의 최대 대상어
주요 서식지 : 동해, 서해, 남해, 제주도
피크 시즌 : 서해는 7~9월, 남해는 7~10월, 제주도와 원도는 연중
난이도 : ★★★

부시리

프로필 : 우리바다에서 가장 힘이 센 물고기
주요 서식지 : 동해, 서해, 남해, 제주도
피크 시즌 : 마릿수는 가을, 씨알은 겨울과 봄
난이도 : ★★★

볼락

프로필 : 경남에선 감성돔의 인기에 필적하는 고급 어종.
주요 서식지 : 동해, 남해, 제주도
피크 시즌 : 사철 낚이지만 4~5월과 10~11월이 피크
난이도 : ★★

망상어

프로필 : 감성돔을 닮은 손맛 어종, 맛은 좀 떨어진다
주요 서식지 : 동해, 남해, 제주도
피크 시즌 : 4~5월 산란기가 피크, 겨울에도 잘 낚여
난이도 : ★★

우럭

프로필 : 서해와 남해서부 원도에서 잘 낚이는 고급 어종
주요 서식지 : 동해, 서해, 남해
피크 시즌 : 서해는 여름~가을, 남해는 초겨울에 피크
난이도 : ★★

고등어

프로필 : 구름처럼 몰려다니는 감성돔 찌낚시의 훼방꾼
주요 서식지 : 동해, 서해, 남해, 제주도
피크 시즌 : 가을부터 초겨울까지
난이도 : ★

전갱이

프로필 : 고등어와 같은 시기에 몰려드는 잡어, 회맛이 좋아 팬층 확보
주요 서식지 : 동해, 서해, 남해, 제주도
피크 시즌 : 가을부터 초겨울까지
난이도 : ★

돌돔

프로필 : 돔 중 가장 비싼 횟감, 찌낚시엔 가끔 손님고기로 낚인다
주요 서식지 : 동해, 서해, 남해, 제주도
피크 시즌 : 장마철, 초겨울이 찌낚시에 돌돔이 잘 낚이는 시즌
난이도 : ★★★

꿈틀대는 파도 위에 웅자를 드러낸 추자도 사자섬의 위용. 수억 년의 시간을
지켜온 너, 또 억겁의 세월이 흐른 후에도 이 모습 그대로 있으리니.

릴찌낚싯대

구멍찌낚시에는 길고 가는 릴찌낚싯대를 사용한다. 릴찌낚싯대는 대어와의 승부에서 3호 이하의 가는 줄을 보호하기 위해 대단히 가냘프고 유연하게 만들어진다. 그만큼 부러지기 쉬워서 가장 조심해서 다뤄야 하는 낚싯대라고 할 수 있다.

릴찌낚싯대의 각 부분 명칭

가이드
릴에서 뽑혀 나온 낚싯줄이 낚싯대와 나란히 되도록 잡아주는 부품이다. 5.3m 릴찌낚싯대엔 12~14개가 달려 있다.

톱가이드
초리에 달린 첫째 가이드를 톱가이드라고 한다. 톱가이드가 1번 가이드, 그 다음이 2번 가이드 식으로 번호가 붙는다.

블랭크
낚싯대의 몸통(마디)을 블랭크라고 한다.

릴시트
릴 다리를 장착하는 곳이다. 릴시트는 '딸깍' 젖혀서 열고 닫는 '원터치 시트'와 나사식으로 돌려서 조이고 푸는 '스크루 시트'로 나뉜다. 릴찌낚싯대는 대부분 원터치 형태지만 1.7호 이상 중형 릴대 중엔 스크루 시트를 채용한 제품도 많다.

초리(로드 팁)
낚싯대의 끝 부분을 말한다.

허리(로드 벨리)
낚싯대의 허리를 말한다.

그립
손잡이. 손잡이의 길이와 소재는 낚싯대마다 다르다.

뒷마개(버트 캡)
동전으로 돌려서 열 수 있게 되어 있다. 낚싯대를 세척할 때 마개를 열고 수돗물을 쏘아서 염분을 제거한다.

제원 표시
릴대의 길이와 호수 등을 표기한 것이다.

가이드캡
낚싯대를 접어서 보관할 때 가이드 부위가 손상 받는 것을 방지하기 위한 캡이다. 가이드캡 안쪽에 긴 플라스틱 침이 있다. 이 침으로 모든 가이드를 구슬 꿰듯 꿴 뒤에 캡을 씌워야 한다.

가이드라인
가이드를 일렬로 배치할 수 있도록 해주는 기준선이다. 낚싯대를 펼 때 이 라인에 가이드 중앙부를 일치시키면 된다.

줄붙음 방지 처리
비나 파도에 릴대가 젖으면 원줄이 릴대에 달라붙어 줄 빠짐이 나빠진다. 그런 문제를 막기 위해 오돌토돌한 줄붙음 방지 처리를 해 놓았다. 이런 처리가 없는 릴대는 저가품이다.

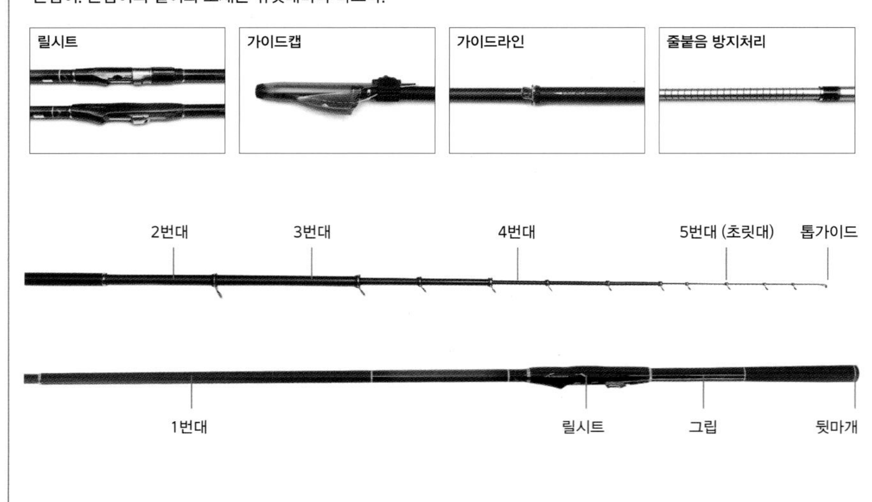

다양한 호수의 구멍찌낚시용 릴대.
호수가 높을수록 강도가 높다.

강도에 따른 릴찌낚싯대의 분류

▷**0호**–내만 감성돔용 초연질 낚싯대다. 90년대 초 연질대 붐이 일 땐 사용자가 많았으나 지금은 거의 쓰이지 않는다.

▷**0.8호(0.6호)** – 중소형 벵에돔, 감성돔용 연질 낚싯대다. 0.6호 대가 0.8호 대보다 약간 더 연질이나, 0.8호가 있는 모델은 0.6호가 없고, 0.6호가 있는 모델은 0.8호가 없다. 따라서 두 호수는 거의 동일 수준의 액션이라 이해해도 무방하다.

▶**1호** – 릴찌낚싯대의 표준이다. 벵에돔, 감성돔용 낚싯대로 가장 많이 쓰는 호수다.

▷**1.2호(1.25호)** – 중대형 벵에돔용 낚싯대인데 큰 감성돔을 노릴 때도 사용한다.

▷**1.5호** – 대형 벵에돔을 노릴 때 사용한다. 1.5호대부터는 무거워지기 때문에 작은 고기를 노릴 때는 잘 쓰지 않는다.

▷**1.7호(1.75호)** – 대형 긴꼬리벵에돔낚시와 참돔낚시용이다.

▷**2호** – 대형 긴꼬리벵에돔, 참돔, 중형 부시리를 상대할 수 있다. 한편 3호 이상의 낚싯대는 무겁기 때문에 갯바위에선 잘 쓰지 않고 선상찌낚시용으로 쓴다.

길이에 따른 릴찌낚싯대의 분류

▷**4.5m** – 가벼운 카본낚싯대가 보급되기 전 80년대와 90년대 초엔 4.5m 릴대도 많이 쓰였으나 고탄성 카본대의 보급으로 5.3m 대도 가벼워지자 곧 사라졌다.

N·S 알바트로스 1-530 릴대

▷**5.0m** – 역시 조작성 위주의 경량급 낚시를 위해 90년대엔 꽤 많이 쓰였으나 지금은 거의 쓰이지 않는다.
▶**5.3m** – 릴찌낚싯대의 표준이다.
▷**6m(5.7m)** – 90년대에 대형 벵에돔낚시용으로 일본에서 생산됐으나 무겁고 불편한 데 비해 장점이 많지 않아서 지금은 잘 쓰이지 않는다.
▷**4.7-5.3m 줌대** – 펼치면 5.3m(또는 5.25m)지만 접으면 4.7m로 다루기 편한 줌대는 일본 S사의 히트제품으로 유명한데, 국산대 중에도 줌대가 있다. 조작성이 뛰어나고 펼치면 힘도 좋아서 애호가가 많다.

왜 5.4m가 아니고 5.3m일까?

동양의 전통 척관법에 따르면 3칸 대는 5.4m다. 그런데 왜 릴찌낚싯대만 10cm를 더 잘라서 5.3m로 만들까? 그것은 낚싯대를 이용해 낚싯줄 길이를 재는 자(尺)로 쓰기 위함이다. 릴-초리까지 길이가 5m이므로 목줄 길이 3m를 더하면 8m 채비수심의 위치를 쉽게 파악해 그 자리에 면사매듭을 묶을 수 있다.
릴시트에서 손잡이 끝까지의 길이는 30cm가 알맞다. 더 길면 낚싯대를 한 손으로 다루기 불편하다. 그런데 낚싯대의 나머지 즉 릴시트에서 초릿대까지의 길이를 5.1m로 하면 측정하기 불편하므로 10cm를 잘라내고 5m로 만든 것이다. 그래서 5m 더하기 30cm가 된 것이다.

릴찌낚싯대의 3대 기능

①완충기능
낚싯대의 주 기능은 낚싯줄이 끊어지지 않게 하는 완충기능에 있다. 큰 고기가 물 경우 낚싯대가 휘어져서 물고기의 순간적 힘을 상쇄해주지 않으면 낚싯줄이 터지고 만다. 릴의 드랙도 완충기능을 하지만 일차적으로 챔질할 때와 랜딩 직전에 충격을 완화하는 것은 낚싯대의 역할이 더 크다.
가는 낚싯줄을 사용할수록 낚싯대의 완충기능이 더 필요한데, 그래서 2호 이하의 가는 목줄을 많이 쓰는 찌낚시엔 연질의 릴찌낚싯대를 사용한다. 완충기능은 능청능청하면서도 질긴 대가 우수한데 4:6의 허리흔들림 휨새를 가진 대가 우수하다.

②투척기능
릴찌낚싯대의 탄력을 사용하여 찌나 미끼를 훨씬 더 멀리 던질 수 있다. 만약 10g 미만의 구멍찌를 손으로 던지거나 투박한 루어낚싯대에 달아서 던지면 20m도 채 못 던질 것이다. 투척 기능은 약간 빳빳한, 7:3의 끝흔들림 휨새를 가진 경질대가 우수하다.

③조작기능
만약 찌를 2m쯤 끌어서 이동시키고 싶을 때, 낚싯대가 없으면 줄을 그 길이만큼 당겨야 하겠지만, 낚싯대를 사용할 경우 손목만 살짝 꺾으면 낚싯대 끝으로 충분히 그 거리만큼 찌를 이동시킬 수 있다. 이렇게 손목이나 팔목만 움직여서 낚싯대를 이용해 미끼를 크게 움직이는 조작은 릴찌낚시에서 특히 중요하다. 이런 조작기능은 휨새에 상관없이 중량이 가벼운 대가 우수하다.

이 세 가지 기능을 모두 완벽하게 가진 낚싯대란 있을 수 없다. 그러므로 필드나 대상어에 따라 적합한 낚싯대를 선택해야 한다. 즉 대어를 상대하려면 완충기능이 좋은 낚싯대를 써야 하고, 토너먼트 등의 마릿수 승부에서는 조작기능이 좋은 낚싯대를 써야 하며, 겨울 원도에서 바람과 파도에 맞서 낚시할 땐 투척기능이 좋은 낚싯대를 써야 한다.

파이팅 시 "낚싯대를 세우라"고

낚싯대의 완충기능. 릴찌낚싯대가 크게 휘면서 큰 물고기의 저항에 낚싯줄이 끊어지지 않도록 보호하고 있다.

말하는 이유?

낚싯대는 휘어지면 다시 펴지려는 성질(탄성=복원력)을 가지고 있어서 물고기가 걸리면 마치 고무줄이 늘어났다 줄었다 하듯이 휘어졌다 펴짐을 반복하면서 저절로 물고기의 힘이 빠지게 만든다.

따라서 고기를 안전하게 낚아내는 요령은 낚싯대의 탄성을 최대한 이용하는 것인데, 방법은 특별한 것이 없이 그냥 낚싯대를 세우고 가만히 버티면 된다. 낚싯대는 90도로 세웠을 때 가장 탄력의 여유가 많고 일자로 뻗었을 때 탄력의 여유는 제로가 된다. 따라서 고기를 걸면 성급하게 릴줄을 감으려고 대를 앞으로 숙이지 말고 고기의 힘이 한풀 꺾일 때까지 일단 꼿꼿이 세워서 대의 탄력을 살려주는 것이 중요하다. 고기가 좌우로 움직일 때마다 대만 살짝살짝 좌우로 눕혀서 90도 각도를 유지해주면 된다. 그 상태로 몇 초 지나면 고기의 힘이 빠지면서 낚싯대가 서서히 일어서는데 그때가 릴링 타이밍이다.

만약 낚싯대가 일어서지도 않은 상황에서 릴부터 감으려 들거나, 화려한 펌핑동작을 선보이려고 억지로 대를 젖히면 줄이 터진다. 낚싯대가 탄력의 여지가 있을 때는(더 휘어질 수 있는 여유가 있을 땐) 아무리 가는 줄에 아무리 큰 고기가 걸려도 터지지 않는다. 대가 완전히 꺾여서 탄성이 소멸된 상태에서, 릴의 드랙이 풀리지 않으면 터지는 것이다.

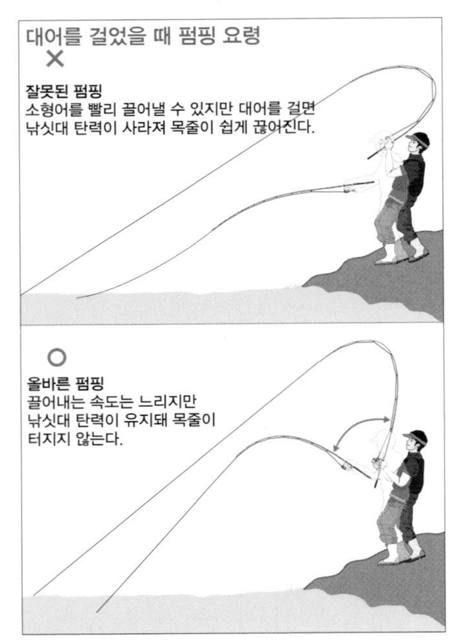

대어를 걸었을 때 펌핑 요령
잘못된 펌핑
소형어를 빨리 끌어낼 수 있지만 대어를 걸면
낚싯대 탄력이 사라져 목줄이 쉽게 끊어진다.
올바른 펌핑
끌어내는 속도는 느리지만
낚싯대 탄력이 유지돼 목줄이
터지지 않는다.

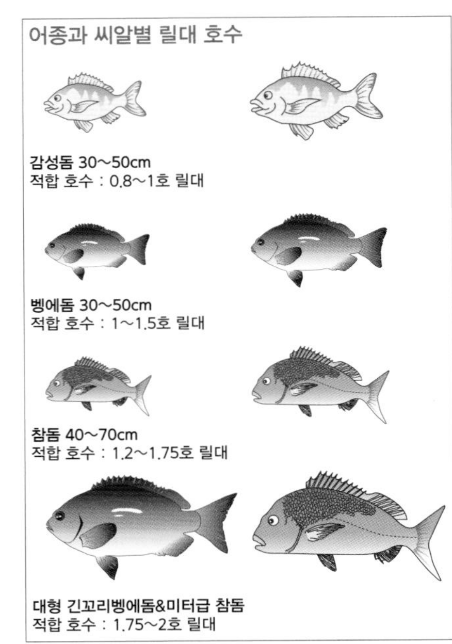

'감성돔대 = 연질대'는 잘못된 일본식 해석

'감성돔용은 연질대, 벵에돔용은 경질대'란 인식이 보편적이다. 그러나 이 인식은 일본의 분류를 그대로 따른 것으로, 우리바다엔 맞지 않다.

우리나라는 감성돔이 구멍찌낚시의 간판 대상어지만 일본은 벵에돔이 찌낚시의 간판 대상어다. 그래서 '이소(磯=갯바위) 로드'라 불리는 릴찌낚싯대가 벵에돔에 맞춰 제작된다. 일본엔 40cm가 넘는 대형 벵에돔이 많기 때문에 벵에돔 낚싯대는 상당히 강하다. 반면 일본 감성돔은 극히 잔잔한 내만에서 가는 낚싯줄로 낚기 때문에 감성돔낚싯대는 가는 줄을 보호할 수 있는 연질대로 생산된다. 일본에선 감성돔낚싯대와 벵에돔낚싯대가 아예 다른 액션으로 만들어지는데, 벵에돔 1호 대가 감성돔 1.5호 대보다 더 경질인 경우도 있다.

그러나 우리나라는 감성돔낚시터가 일본의 벵에돔낚시터처럼 험한 갯바위이며 겨울 원도의 경우 5짜, 6짜 감성돔까지 상대해야 한다. 그러므로 한국의 감성돔대로는 일본 감성돔대보다 일본 벵에돔대가 더 적합하다. 오히려 한국의 벵에돔은 제주도를 제외하고는 35cm 이하의 소형이므로 연질 감성돔대가 더 적합하다.

그러므로 우리나라에선 감성돔대와 벵에돔대의 구분이 절실하지는 않으며 감성돔이든 벵에돔이든 주 대상어종의 씨알에 맞춰 호수를 결정하는 게 맞다. 대체로 1호 대를 두루 쓸 수 있는 표준대로 구입하고, 향후 제주도 벵에돔낚시나 원도 참돔낚시를 갈 때 1.2호 대나 1.5호 대를 추가로 구입하면 적절하다.

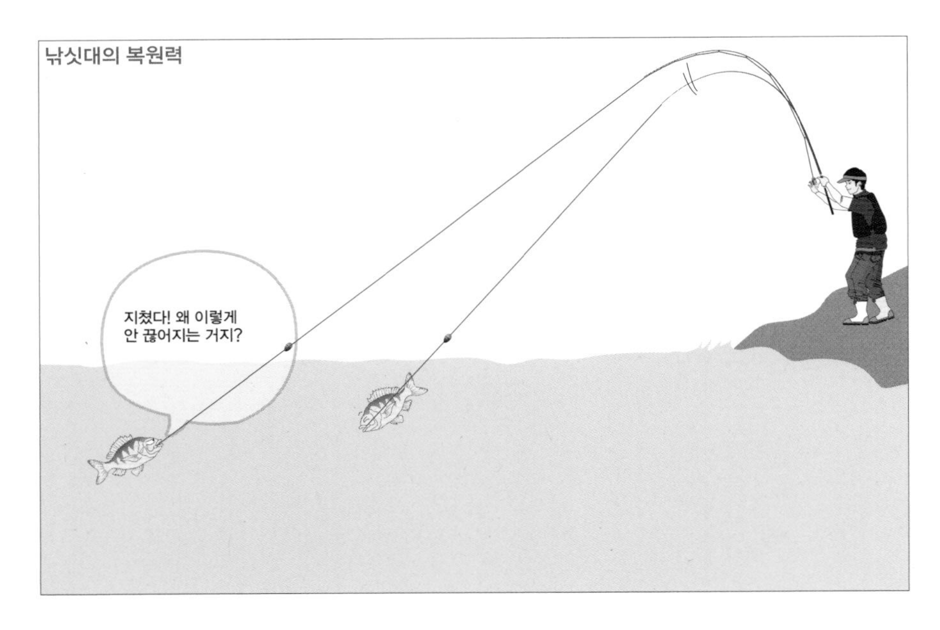

왜 요즘은 0.8호 대를 잘 쓰지 않을까?

구멍찌낚시 도입 초창기인 1990년대엔 일본제 0.8호 릴대(제조사에 따라 0.6호로 표기하기도 한다. 즉 0.6호나 0.8호는 거의 같은 강도다)가 많이 쓰였다. 그 이유는 일본제 벵에돔 1호 대는 감성돔낚시에 쓰기엔 다소 경질이었기 때문이다. 그 당시엔 소형 찌와 가는 목줄을 주로 썼기 때문에 0.8호 대가 적합한 호수였다. 특히 G사의 0.8호 대가 감성돔 대로 인기를 끌던 시절이었다.

그러나 2000년대 들어 국산 찌낚싯대가 품질이 향상되고 일산의 점유율을 앞지르면서 1호 대가 주력으로 등장했다. 국내 낚싯대 업체들은 한국바다의 감성돔에 최적화된 릴대

릴대의 투척기능.고탄성 카본낚싯대의 탄력으로 작은 구멍찌 무게로도 수십 미터 거리를 던질 수 있다.

를 생산하면서 그 호수를 1호로 정했고, 0.8호나 0.6호 릴대는 많이 생산하지 않고 있다. 또 벵에돔낚시와 참돔낚시, 부시리낚시 인구가 늘면서 연질대보다는 경질대의 수요가 늘었고, 구멍찌도 대형화하면서 큰 찌를 캐스팅하기 좋은 1호 대가 압도적 우세를 보였다. 지금은 비싼 일본제 낚싯대를 구입할 때도 기왕이면 감성돔, 벵에돔, 참돔을 두루 칠 수 있는 1호나 1.2호 대를 선호하기 때문에 0.8호 대는 점점 보기 어려워지고 있다.

그러나 가볍고 부드러운 0.8호 릴대는 잔잔한 내만에서 중소형 돔을 상대할 땐 여전히 멋진 아이템이다. 낚싯대도 유행을 탄다. 지금은 경질대가 시장을 주도하고 있지만 몇 년 지나면 또 연질대의 유행이 찾아올지도 모를 일이다.

고탄성 카본대의 장점과 단점

오늘날 릴찌낚싯대의 무게는 200g 안팎이며 150g 이하인 제품도 많은데, 이렇게 가벼울 수 있는 이유는 초고탄성 카본으로 제작하기 때문이다. 낚싯대 원단 중에서도 가장 고탄성으로 꼽히는 55톤, 60톤 카본원단을 사용한다. 고탄성 카본낚싯대는 빳빳하고 잘 부러져서 배낚싯대나 루어낚싯대엔 저탄성 카본을 섞어 쓰지만, 릴찌낚싯대는 길이가 5m가 넘기 때문에 잘 부러지지 않아서 고탄성 카본만 쓰는 수가 많다.

그런데 100% 고탄성 카본대가 좋은 것만은 아니다. 오히려 최고급 낚싯대들은 5개 절에 각각 다른 카본 원단을 써서 최적의 휨새를 구현하는 경우가 많다. 부러질 위험이 높은 초릿대는 저탄성 카본을 사용하고 질긴 허리힘을 내야 하는 3번대의 경우에도 저탄성 카본을 믹스하는 등 메이커 고유의 기술로 여러 탄성의 카본시트를 섞어서 만든다.

무거우면 강한 낚싯대다

대어를 상대하기 위한 강한 낚싯대를 찾는다면 제원표의 무게를 보면 된다. 다른 낚싯대보다 무겁다면 강한 낚싯대로 봐도 무방하다. 무게가 많이 나가는 이유는 더 두꺼운 카본원단을 사용했기 때문이다. 그만큼 질길 수밖에 없다. 물론 저가품 중 싸구려 원단을 사용해 무거운 제품도 있지만, 중가품 이상은 모두

릴대 가이드 테크놀로지

기간산업 EM 가이드 마찰률 30% 감소, 비거리 15% 이상 증가

최근 고급 릴찌낚싯대에 사용되는 기간산업의 EM 가이드가 높은 인기를 얻고 있다. 기존 가이드가 원형인데 반해 EM 가이드는 삼각타원형 형태여서 원줄이 방출돼 가이드 사이를 통과할 때 발생하는 마찰률이 30%가량 줄어들었다. 2단 경사 구조를 하고 있어 줄엉킴이 없으며 비거리는 일자형 원형 가이드에 비해 15% 이상 향상됐다는 게 기간 가이드 측의 설명이다.

내구성도 다른 가이드와는 차별된다. EM 가이드는 가이드를 구성하는 뼈대를 100% 솔리드 티타늄 알로이(Solid Titanium Alloy)를 사용해 강도와 탄성이 좋고 염수에 부식될 걱정도 없다. 특히 EM 가이드에 들어가는 지르코니아(ZIRCONIA)링은 경도가 가장 높은 물질인 다이아몬드와 그 성질이 가까운 지르코니아를 소재로 사용, 비중과 경도, 강도 인성을 강화했고 마찰계수까지 낮췄다. SiC링보다 밀도가 두 배 가까이 높아 감도까지 우수하다는 게 기간산업 측의 설명. 여기에 기간산업의 3D 제로 탱글(Zero Tangle) 톱가이드(ZL-TOP)와 세트를 이루어 라인 트러블을 완벽에 가깝게 해소했다.

낚시인들도 기간산업의 EM 가이드를 세트로 구입해 자신이 갖고 있는 릴대의 가이드와 교체해 쓰는 사람이 부쩍 늘었다. 0.8호 5.3m 릴대 기준 12개(톱가이드 포함) 가이드의 총 무게 3.6g, 1호대는 4.8g, 2호대는 5.3g으로 일반 중저가 릴대에 채용되고 있는 LM 가이드 세트보다 약 35% 경량화 됐다. 국산 릴대 중에서는 DIF의 갤럭시 휘 이소, 삼우빅캐치의 K텐더EM가이드, 원더랜드 글라디악Ⅱ 같은 고급 릴대들이 기간산업의 EM 가이드를 채택하고 있다.

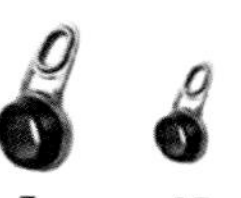

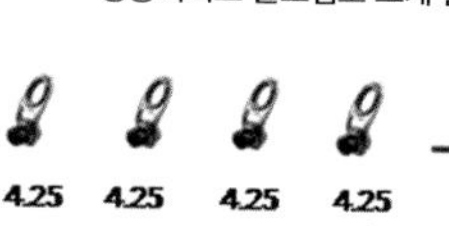

기산산업의 EM 가이드. 삼각타원형 구조가 라인 방출 시 마찰을 최소화시켜 비거리를 상승시키고 줄꼬임도 크게 줄였다.

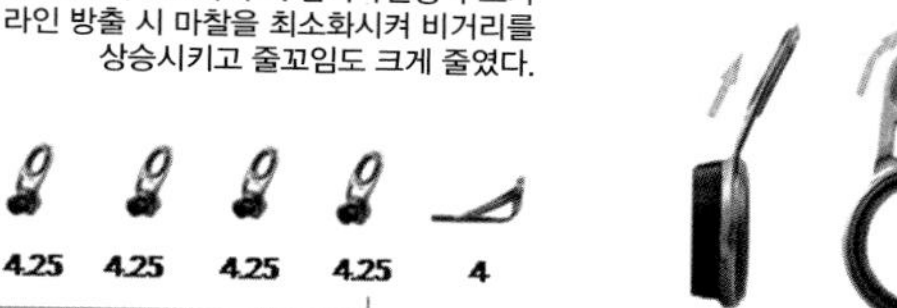
EM 가이드의 독특한 경사구조가 줄엉킴을 해소한다.

고급 원단을 사용하므로 무게는 곧 원단 두께와 비례한다고 보면 된다.

대체로 1호 대의 무게는 150~220g인데, 저가품이 가장 무겁고, 중가품이 가장 가벼우며, 고가품은 오히려 중가품보다 약간 무거운 편이다. 또 낚싯대는 단순무게와 펼쳐 들었을 때 체감무게가 다르다. 아무리 가벼워도 무게 중심이 앞쪽으로 쏠려 있으면 무겁게 느껴지기 때문이다. 고급 릴찌낚싯대일수록 무게 밸런스가 잘 잡혀서 가볍게 느껴지고 장시간 들고 있어도 피로감이 덜하다.

왜 벵에돔낚시엔 경질대가 좋다고 할까?

벵에돔은 감성돔보다 힘이 세다. 같은 길이일 경우 중량이 무겁고 암초 속으로 파고드는 습성이 있어 지구전보다 속전속결로 승부를 내야 하기 때문에 경질대를 사용한다. 그러나 그것은 어디까지나 40cm 이상 대형 벵에돔의 얘기이며 남해안에서 주로 낚이는 25~30cm 벵에돔엔 연질대가 더 적합하다. 연질대가 오히려 완충기능이 강해서 가는 줄로 대어를 상대하기엔 유리하다는 주장도 있다. "줄이 터질 테면 터져라고 막 잡아당겨도 잘 터지지 않는다"는 것이다.

우리바다에선 벵에돔낚시보다 참돔낚시용으로 1.5호와 2호 릴대가 더 긴요하게 쓰인다.

인터라인 낚싯대의 용도는?

초릿대 접는 요령

탁탁 내려치지 말고 위쪽으로 밀어 올려라

릴찌낚싯대를 접을 때 입문자들의 경우 위에서 아래로 탁탁 내려치는 식으로 접는 경우가 있는데 이러면 가이드가 잘 빠지지도 않을뿐더러 잘못하면 초릿대가 부러진다. 그 방법보다는 가이드를 살짝 쥐고 위쪽으로 밀어내는 식으로 빼내는 게 좋은 방법이다.

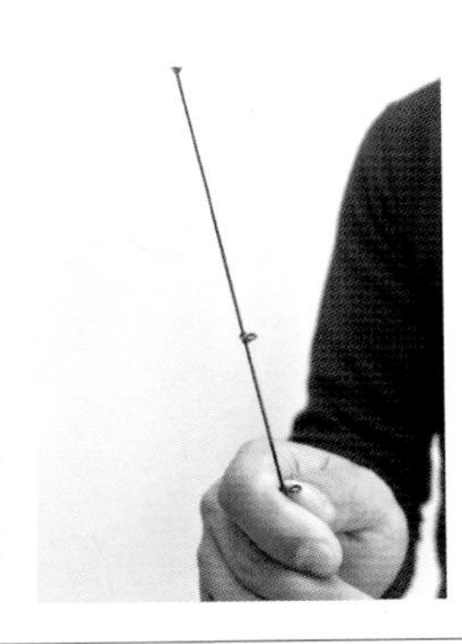

◀ 사진처럼 가이드를 살짝 쥐고 위로 올린다.

벵에돔을 히트한 낚시인이 뜰채 없이 들어뽕을 시도하고 있다. 한 번 입질이 붙으면 연타로 이어지는 벵에돔낚시에서는 대물이 아니라면 뜰채 없이 들어뽕 하는 게 시간적으로 유리하다.

CHECK POINT

▶릴대 구입 시 체크 사항

① 구입예산을 정한다. ② 예산 안에서 3종 이상 제품을 선정한다. 이때 선배 낚시인들의 자문을 얻거나 인터넷에서 사용 후기를 참고한다. ③ 믿을 만한 유명 브랜드의 제품을 택하는 것이 안전하다.

▶릴대 구입 전 살펴볼 사항들

인터넷으로 구입하더라도 반드시 가까운 낚시점에 가서 직접 물건을 보고 확인한다. ① 완전히 펼쳐서 흔들어본다. 삐걱거리는 느낌이 없어야 하고, 무게와 밸런스가 맞아서 기분 좋은 가뿐함이 느껴져야 한다. ② 가이드 접합부위와 릴시트 접합부위가 매끄러운지 확인한다. ③ 손잡이대 위 절의 줄붙음방지 처리를 확인한다. ④ A/S 조건과 기한을 확인한다. 초보자는 수개월 내에 초릿대 파손 등으로 수리를 맡길 가능성이 90%다.

▶낚시터 현장의 낚싯대 관리

릴찌낚싯대는 총 5절로서 4개의 접합마디가 있다. 각 마디를 펼 땐 살짝 비틀면서 힘주어 펼쳐야 낚시 도중 마디가 접히는 황당한 일을 겪지 않는다. 접을 때도 살짝 비틀면서 접으면 잘 접힌다.
낚싯대는 갯바위에 놓는 순간 위험해진다. 옆사람이 지나가다 밟을 수 있고 바람에 쓰러지면서 갯바위에 부딪쳐 깨질 수 있다. 그래서 줄을 묶거나 바늘을 묶거나 채비를 바꾸는 모든 작업 수행 시 낚싯대는 겨드랑이에 끼거나 가랑이에 낀 상태로 할 수 있게끔 숙달해야 한다. 만약 식사나 휴식을 위해 낚싯대를 놓아야 할 땐 바람에 쓰러지지 않을 만한 장소에, 눕히지 말고 세로로 세워놓아야 한다.

▶낚시 갔다 온 뒤 낚싯대 관리

출조 후엔 반드시 낚싯대를 민물로 깨끗이 헹구거나 물수건으로 닦아서 보관해야 한다. 염분이 남은 채 보관하면 릴대 가이드에 파란 녹이 낀다. 시간이 없다면 가이드만이라도 수돗물에 헹궈야 가이드의 부식을 막을 수 있다.

▶초릿대를 자꾸 부러뜨려 먹는데 예방책은?

가장 많은 경우가 초리에 원줄이 감긴 것을 모르고 릴을 감았을 때다. 따라서 릴을 감을 때는 항상 초리를 유심히 살펴볼 필요가 있다. 릴이 갑자기 뻑뻑하게 감기는 느낌이 난다 싶으면 초리에 원줄이 감겼을 확률이 높으니 릴링을 바로 멈춰야 한다. 낚싯대를 접을 때도 초리가 잘 부러진다. 초릿대의 가이드들을 톡톡 때려 넣으면 초리가 부러질 수 있으므로, 밑에서 위로 지긋이 밀어 올려야 한다. 이동을 위해 낚싯대를 접은 상태에선 반드시 가이드캡을 씌워야 한다. 가이드캡을 씌우지 않으면 구멍찌가 달랑대는 무게에 의해서도 초리 끝이 부러진다.

▶릴대를 수리하려면?

간단한 수리는 릴대를 구입한 낚시점에서 바로 해준다. 그러나 낚싯대가 부러졌거나 부속이 파손되었다면 제조업체로 바로 보내 수리를 요청하거나 낚시용품 전문 수리점에 맡겨야 한다. 수리 전문점에서는 릴대에 난 흠집 제거와 원래 상태로의 재도색 같은 작업도 가능하다. 인터넷 검색창에 '낚시용품 수리'를 검색하면 관련업체가 여러 곳 나온다.

▶일본제 낚싯대에 적힌 '適合 ハリス'의 의미는?

하리스(ハリス)는 목줄의 일본말이다. 適合 ハリス 1~3호라고 적혀있다면 그 릴대는 3호 이하 목줄이 적합하며 그보다 굵은 목줄을 쓰게 되면 릴대가 부러질 우려가 있다는 뜻이다. 그러나 이것은 릴의 드랙을 완전히 조였을 때 문제이며 릴 드랙을 적당히 풀어놓고 쓸 때는 4~5호는 물론 훨씬 굵은 8~10호 목줄을 써도 대가 손상되는 일은 없다.

출조 후에는 가이드만이라도 수돗물에 헹궈주는 게 좋다. 그래야만 부식이 되지 않는다.

일산 릴대에 적혀 있는 적정 목줄 표시. 드랙을 꽉 잠갔을 때 최대 3호 목줄을 써도 릴대가 부러지지 않는다는 표시다.

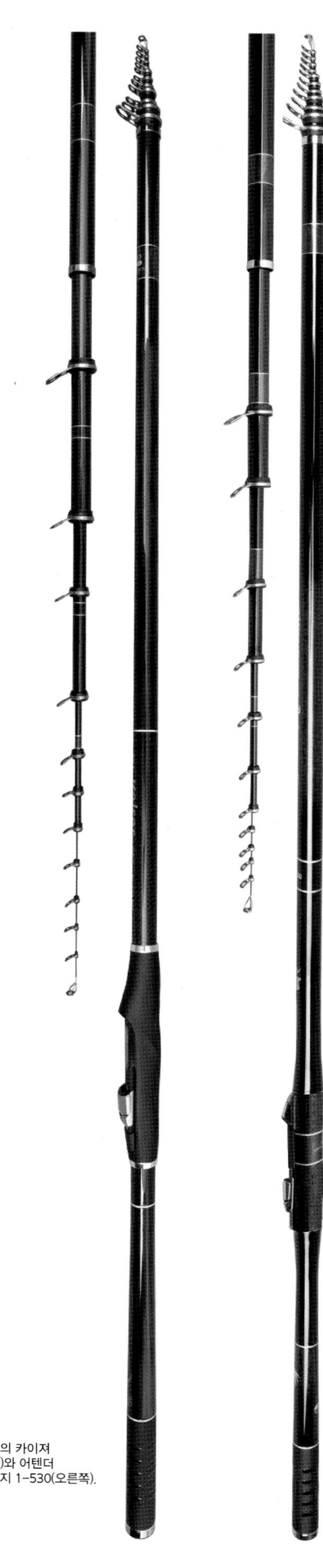

영규산업의 카이져 VX((왼쪽)와 어텐더 프레스티지 1-530(오른쪽).

초릿대 응급수리법

릴찌낚싯대는 초릿대가 극히 가늘기 때문에 부러지기 쉽다. 특히 톱가이드 부위가 잘 부러지는데, 낚싯줄이 꼬여 부러지기도 하고 찌에 맞아 부러지기도 한다. 가이드캡을 넣고 뺄 때 작은 충격에도 잘 부러진다. 그래서 초리 정도는 현장에서 바로 수리해서 쓸 수 있어야 한다. 낚시가방에 라이터, 순간접착제, 칼만 넣어 다니면 현장 조치가 가능하다.

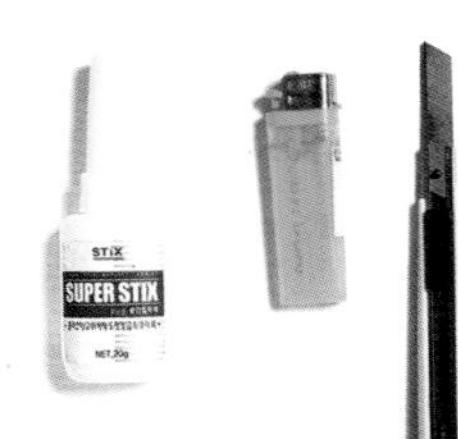

① 부러진 초리가 박혀있는 톱가이드, 라이터, 집게, 칼, 순간접착제를 준비한다.

② 집게로 톱가이드를 잡고 라이터로 달군다. 이렇게 하면 가이드 속이 뜨거워지면서 압력에 의해 초리 끝이 튀어나온다. 간혹 튀어나오지 않고 안에서 초리가 타들어가기만 할 때도 있는데 이러면 나중에 일일이 긁어내야 돼 힘들어진다. 그래서 0.5초 정도만 그을리다가 손으로 재빨리 빼내는 게 제일 좋은 방법이다.

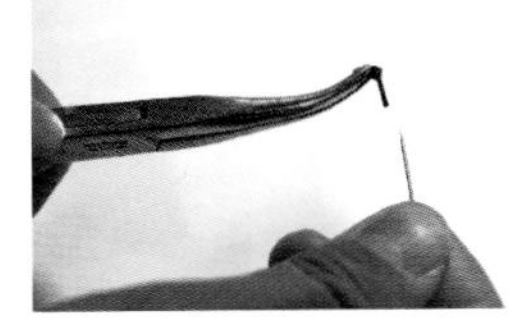

③ 만약 가이드 안에서 초리가 타버린다면 바늘을 이용해 긁어내야 한다. 현장에선 낚싯바늘을 사용해도 된다.

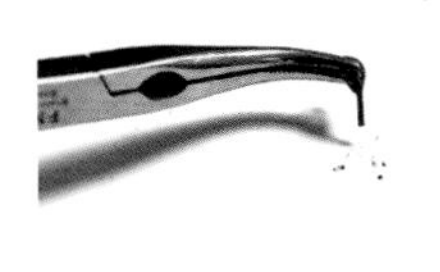

④ 가이드 안에서 초리가 타버리고 말았다면 집개로 가이드를 잡고 바닥에 탁탁 두드려 타버린 초리 잔해를 빼내야 한다.

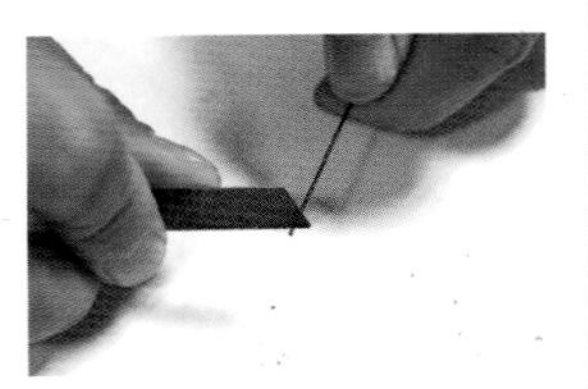

⑤ 부리진 초리의 앞부분을 가이드 구멍에 맞게 깎아낸다. 톱가이드의 3분의 2까지만 밀어 넣는다고 생각하고 깎아낸다.

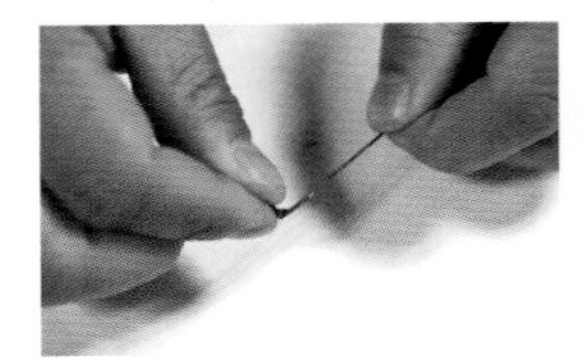

⑥ 처음부터 많이 깎아내면 헐렁하고 약해질 수 있다. 대충 맞춰보고 너무 굵다면 재차 깎는 방식이 유리하다.

⑦ 가이드라인에 맞게 끼워 넣을 방향을 잡은 뒤 순간접착제를 초리에 칠한다. 끼워 넣을 전체 부위에 바르지 말고 시작부위로부터 2분의 1 뒤 지점에만 칠한다. 전체에 다 칠하면 자칫 끼워 넣는 순간부터 접착이 돼 가이드 방향을 제대로 잡기가 어렵다.

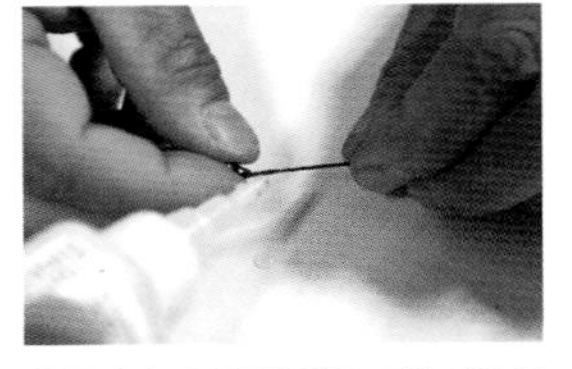

⑧ 톱가이드를 절반 정도 끼워 넣은 상태에서 방향을 정확히 잡은 뒤 완전히 밀어 넣는다. 이때 순간접착제가 밀려 나와 굳으며 턱이 생기면 칼로 깔끔하게 깎는다. 턱이 지면 톱가이드가 2번 가이드 안으로 깔끔하게 접히지 않는다.

인터라인 낚싯대는 가이드가 없어 낚싯줄이 낚싯대 몸통 안으로 들어가는 낚싯대다. 그러나 엄밀히 말하면 가이드가 없는 게 아니라 낚싯대 내부에 있다. 인터라인 낚싯대는 낚싯줄이 바깥으로 노출되지 않아 줄엉킴이 없다는 게 최대장점이다. 또 낚싯대를 타고 전해지는 감각이 뛰어나고 바람의 영향을 덜 받는다는 장점도 있다. 그래서 줄꼬임이 염려되는 밤낚시, 강풍, 우천 시에 편리하게 쓸 수 있다. 하지만 펴고 접기가 다소 불편하며, 캐스팅 거리가 일반 가이드낚싯대보다 짧고 낚싯줄이 빨리 손상되는 단점이 있다. 또 초릿대가 둔탁하여 초리로 어신을 감지하는 전유동낚시나 잠길찌낚시에 부적합하다. 가격이 비싸다는 것도 대중화의 걸림돌이다. 초기엔 갯바위 구멍찌낚시용으로 나왔으나 지금은 찌낚시보다는 엉킴이 많은 카드채비를 주로 쓰는 배낚시에서 인터라인대가 유용하게 쓰인다.

인터라인 낚싯대

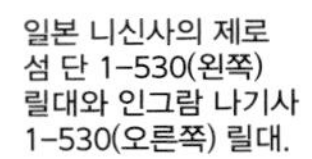

일본 니신사의 제로섬 단 1-530(왼쪽) 릴대와 인그람 나기사 1-530(오른쪽) 릴대.

동트는 새벽바다에서 대어를 기원하며
한 마디 한 마디 낚싯대를 뽑고 있다.

릴

구멍찌낚시를 할 때는 다른 낚시장르보다 비싼 릴을 쓴다. 그 이유는 이 낚시에는 한 손으로 다룰 만큼 가벼우면서도 미터급 참돔까지 견인할 수 있는 힘을 가진 릴이 필요하기 때문이다. 그래서 "릴 제조사의 기술력의 척도는 전동릴과 이소 릴(갯바위 찌낚시용 스피닝릴)이다" 라는 말이 있다.

구멍찌낚시에 사용하는 고성능 스피닝릴. 가늘고 약한 줄을 쓰는 구멍찌낚시에서는 고성능 스피닝릴이 필요하다 (바낙스의 카리스 2000 스피닝릴).

베이트릴을 쓰지 않는 이유는?

루어낚시에선 스피닝릴과 베이트릴을 모두 쓰지만 구멍찌낚시에선 스피닝릴만 쓴다. 그 이유는 첫째 가벼운 찌를 멀리 던지는 데 스피닝릴이 유리하기 때문이며, 둘째 조류에 맞춰 릴줄을 풀어줄 때(흘려준다고 표현한다), 스풀이 돌지 않고도 릴줄이 부드럽게 방출되는 스피닝릴이 유리하기 때문이다. 베이트릴은 스풀이 돌면서 줄이 풀리는데 그래서 풀림 과정에 저항이 발생하여 미약한 조류엔 줄이 잘 풀리지 않고, 갑작스런 방출(가령 입질이 왔을 때)에 스풀이 고속회전하여 줄이 되감겨 엉키는 등 불편이 많다.

'드랙 성능'이 곧 찌낚시용 릴의 품질!

드랙 노브를 돌려 드랙을 조절하고 있다. 시계방향으로 돌리면 조여지고 반대로 돌리면 느슨해진다.

찌낚시용 스피닝릴은 정교한 드랙 성능이 무엇보다 중요하다. 그 이유는 대상어의 파워에 비해 턱없이 약한 낚싯줄을 쓰기 때문이다. 구멍찌낚시는 미끼를 띄워서 낚기 때문에 모든 채비를 가볍고 가늘게 사용하는데, 1.5~2호 목줄로 50cm급 감성돔을 걸어도 끊어지지 않고 낚아내기 위해 릴의 정교한 드랙이 절실히 필요하다.

드랙(drag:힘들여 끌다)이란, 낚싯줄의 강도보다 강한 힘으로 대어가 당길 때 줄이 자동으로 풀려 나가면서 줄 끊김을 막고 동시에 물고기의 힘도 빼는, 릴의 가장 중요한 기능 중 하나다.

드랙의 성능은 대개 드랙워셔의 개수와 품질에 좌우된다. 얇으면서도 내마모성이 좋은 드랙워셔가 여러 장 겹쳐 있을수록 드랙이 정밀하게 작용하여 물고기의 힘을 적절히 뺄 수 있다. 중저가 릴은 드랙이 거칠어서 구멍찌낚시용으로 쓰기 어렵다.

물론 릴의 성능엔 조력(釣力) 즉 파워도 중요하지만 찌낚시에선 릴의 힘으로 줄을 감는 게 아니라 낚싯대로 펌핑하여 줄을 당겨놓고 릴로 여유줄을 빠르게 감는 식으로 파이팅하기 때문에 파워가 제1조건은 아니다.

드랙릴 & LB릴 & LBD릴

찌낚시용 릴은 드랙의 유무와 형태에 따라 드랙릴, LB(엘비)릴, LBD(엘비디)릴 세 가지로 나뉜다.

▷드랙릴은 스풀 앞에 달린 다이얼 형식의 드랙 노브를 풀거나 잠가서 스풀의 회전 압력을 조절하는, 일반 형태의 스피닝릴을 말한다.

▷LB릴은 드랙을 없애고 대신 손가락으로 브레이크레버를 당겨서 스풀에 압착하여 브레이크를 거는 릴이다. LB는 레버 브레이크의 머릿글자를 딴 것이다. 드랙릴이 '자동식 드랙'이라면 LB릴은 '수동식 드랙'이다. LB릴은 1980년에 일본 다이와사에서 개발했으며 낚시인이 순간적으로 드랙 강도를 조절할 수 있다는 점에서 급박하게 줄을 감거나 풀어줘야 하는 갯바위 찌낚시(특히 벵에돔낚시)에서 드랙릴의 자리를 밀어내고 주력 릴로 자리 잡았다. 다만 오직 수동에 의지하므로 사용자가 익숙해지기 전에는 대어와 싸우다 줄이 터질 위험이 있다. LBD릴의 대중화로 최근에는 생산량이 줄고 있다.

▷LBD릴은 초보자도 쉽게 사용할 수 있도록 LB릴에 드랙릴(D)의 기능까지 합친 릴이다. 사용자가 세게 잡고 있던 브레이크레버를 미처 놓지 못해도 드랙이 자동적으로 줄을 풀어서 터지는 것을 막아준다. 가격은 드랙이 추가된 만큼 LB릴보다 더 비싸지만 최근에는 LB릴보다 편리한 LBD릴이 인기를 끌고 있다.

LB릴과 LBD릴은 오직 구멍찌낚시에만 사용되며(최근 농어루어낚시에서도 간혹 쓰이고는 있다) 따라서 전 세계에서 갯바위 찌낚시를 하는 한국, 일본, 중국, 대만에서만 사용된다.

레버브레이크와 드랙이 함께 달려있는 LBD릴(다이와의 임펄트 2500 LBD릴).

통영 구을비도에서 낚인 대물 참돔.
대어를 상대할 때는 LB릴보다 드랙릴이 더 안전하다.

LB릴 사용법

LB릴은 드랙이 없는 대신 로터의 역회전(줄 풀림)을 조절하는 레버가 달려있다. 검지로 레버를 잡아당기면 지렛대 원리에 의해 레버 하단부가 로터를 밀어서 압착하여 줄 풀림을 막고, 레버를 살짝 놓아주면 로터가 돌면서 줄이 풀려나가는 원리다.

LB릴을 쓸 땐 역회전방지레버(주로 릴 꽁무니에 있다)를 OFF 상태로 놓고 낚시해야 한다. ON 상태로 두면 레버를 놓아도 줄이 풀려나가지 않는다. 줄이 터질 것 같은 상황에서 레버를 놓으면 로터와 핸들이 함께 고속회전하므로 초보자는 핸들에 손을 다치지 않게 조심해야 한다.

그런데 어떤 상황에서 줄을 풀고 어떤 상황에서 줄을 잡아야 할까? 그것은 낚싯대의 휘어진 각도를 보고 결정한다. 〈그림1〉처럼 손잡이대가 90도에서 60도 사이를 유지할 땐 대의 탄력이 고기의 힘에 맞서는 줄을 보호하고 있는 상황이므로 레버를 잡아서 완강하게 버티고, 45도 이내로 쓰러지면 대의 탄력이 못 버텨서 오직 줄의 강도만으로 고기의 힘에 맞서는 상황이므로 얼른 레버를 놓아 줄을 풀면서 다시 대를 90도로 세워야 한다. 즉 'LB는 쓰러지는 대의 각도를 세우기 위해 쓴다'고 이해하면 되겠다.

또 대형급 고기를 걸어 발 밑까지 끌고 온 상황에서 갑자기 처박는 경우 드랙릴은 릴대를 세우기 어렵지만 LB(LBD)릴은 가능하다. 릴대가 처박히는 과정에서 레버를 놓으면 〈그림2〉에서 보듯 다시 릴대를 세울 수 있기 때문이다.

한편 LBD릴은 역회전방지레버를 ON에 두면 일반 드랙릴처럼 쓸 수 있고 OFF 상태로 만들면 LB릴처럼 쓸 수 있다. 최근에는 LB릴을 사용하는 사람은 적고 거의 LBD릴을 선호한다.

스피닝릴의 구조

베일(bail)+베일암(bail arm)

릴의 팔에 해당하는 부위로 로터에 달려 있다. 로터가 회전하면 베일이 원줄을 스풀에 감는 역할을 한다. 베일을 젖히면(베일을 연다고 표현한다) 낚싯줄이 개방되어 풀려나간다. 베일암과 베일의 연결부위에는 라인이 걸쳐지는 라인롤러가 있는데 베어링이 내장돼 자체 회전함으로써 낚싯줄이 베일에 쓸리지 않고 부드럽게 감길 수 있게 해준다. 릴을 소제할 땐 라인롤러의 베어링이 잘 돌아가는지 늘 확인할 것.

릴다리(reel foot)

낚싯대의 릴시트와 결합하는 부위.

드랙 노브(drag knob)

드랙릴과 LBD릴에만 있다. 스풀의 앞뚜껑에 해당하며 손으로 돌려 죄거나 풀면서 드랙을 조절하는 도구다. 드랙 노브를 죄면(시계방향으로 돌린다) 스풀에 내장되어 있는 드랙 워셔들이 압력을 받아 스풀을 로터에 꽉 밀착시켜준다. 드랙 노브를 느슨하게 풀면(시계반대방향으로 돌린다) 반대로 드랙워셔가 헐거워져 작은 힘에도 스풀은 역회전하게 된다.
이 드랙 노브의 조절이 매끄럽고 정밀할수록 좋은 릴이다. 드랙 조절은 손으로 낚싯줄을 약간 힘주어 당겼을 때 스풀이 "찌이이익" 소리를 내며 부드럽게 돌아가면 된다. 이때 "찌익-찍-찍" 하고 매끄럽지 않게 풀리는 릴은 드랙이 좋지 않은 저급 릴이다.

스풀(spool)

낚싯줄이 감기는 원통이다. 스풀의 크기와 깊이에 따라 줄이 감기는 양(권사량)이 달라진다. 같은 크기의 스풀이라도 홈이 깊으면 낚싯줄을 많이 감을 수 있다. 최근 루어낚시에선 홈이 얕아서 가는 합사를 감기에 적합한 섈로우 스풀을 많이 쓰는데, 찌낚시에선 합사보다 굵은 나일론사를 사용하므로 홈이 깊은 일반 스풀을 사용한다.

브레이크레버

LB릴에만 있는 부품이다. 드랙의 역할을 대신한다. 방아쇠처럼 검지에 걸리는 브레이크레버를 검지로 당기면 로터에 밀착되어 역회전이 멈추고, 레버를 놓으면 로터가 자유로워져 역회전이 이루어진다. 손가락의 미세한 힘 조절로 브레이크를 잡는 연습을 꾸준히 해야 한다.

◀티카사의 다이나 브레이크 LBD릴

CHECK POINT

▶기어비란?

릴의 포장지나 제원표에 4.7:1, 5:1이라고 적힌 것이 기어비(比)다. 기어비는 릴 핸들을 한 바퀴 돌렸을 때 로터가 회전하는 바퀴 수를 나타낸 것이다. 기어비가 5:1이라면 릴 핸들을 한 바퀴 돌렸을 때 로터가 5바퀴 회전한다는 뜻이다. 기어비가 높을수록 고속으로 감아 들일 수 있어 고성능이라 할 수 있다.

▶베어링 개수

릴에는 회전부위에 베어링이 들어 있다. 따라서 베어링이 많으면 작동이 원활하고 수명도 길다고 볼 수 있다. 베어링이 1~3개인 것은 중저가품이다. 고급품은 적어도 4~5개며 많은 것은 12~13개가 들어간 것도 있다. 그러나 간혹 저가제품 중에도 베어링이 11개씩 들어 있는 것도 있으니 베어링의 수에 너무 현혹되어선 안 된다.

▶릴의 가격

스피닝릴은 2만원짜리부터 100만원짜리까지 가격대가 천차만별이다. 이렇게 가격 차이가 큰 이유는 릴 몸체와 부품의 소재가 다르기 때문이며 핵심부품의 기술력이 다르기 때문이다. 저가의 릴은 싼 부품을 사용하고 고가의 릴은 비싼 부품을 사용한다. 고급 릴은 가볍고 부식과 충격에 강한 특수합금을 쓰거나 제조사가 연구 개발한 독특한 소재로 만들어진다.

▶입문용 릴의 적정 가격대는?

20만~40만원 중고급 제품이 가장 무난하다. 60만원이 넘어가면 고급 릴이며 100만원 안팎이 최고급 릴이다. 15만원 밑의 가격대라면 구멍찌낚시용으로는 사지 않는 것이 좋다. 몇 번 사용하면 그 불편을 느끼고 금세 업그레이드하게 돼 결과적으로 낭비다. 값싼 릴은 드랙의 성능이 나쁘기 때문에 큰 고기를 놓칠 가능성이 많다.

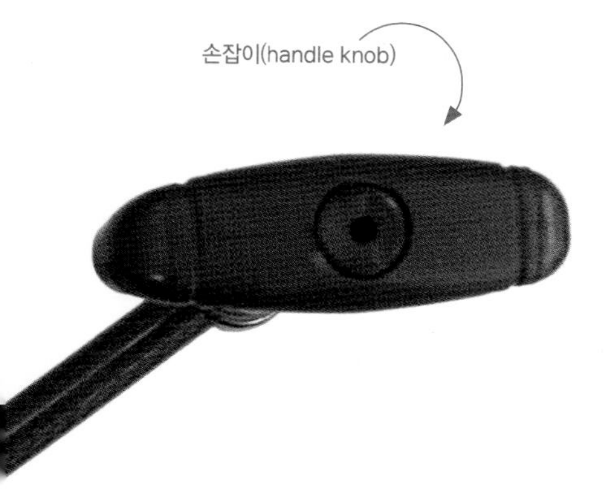

손잡이(handle knob)

릴 핸들에 달린 손잡이는 크고 길수록 릴을 감아 돌리기 수월하여 점점 커지고 있는 추세다. 최근엔 손잡이만 큰 것으로 따로 사서 튜닝하는 낚시인들도 많다. 그러나 너무 큰 손잡이는 릴의 밸런스를 깰 수도 있다.

로터(rotor)

핸들을 돌리면 회전하는 부위로 릴 몸체 위에 얹혀 있으며 내부는 몸체의 피니언기어와 기어축으로 연결되어 있다.

역회전방지레버(anti reverse lever)

on/off 레버라고도 부른다. 레버를 on 상태에 두면 원웨이클러치(릴을 한 방향으로만 돌아가게 해주는 부품)가 걸려서 릴 핸들을 뒤로 돌릴 수 없어 역회전을 방지하며, 레버를 off 상태에 두면 릴 핸들을 앞뒤로 다 돌릴 수 있어 줄을 풀 수도 있다. 그러나 실제로 낚시할 때는 늘 on 상태로 사용하며 off 상태로는 거의 쓸 일이 없으므로(줄을 풀 땐 베일을 젖혀서 풀기 때문) 일부 릴 중엔 이 역회전방지레버가 없는 제품도 있다.

릴에 원줄 감기

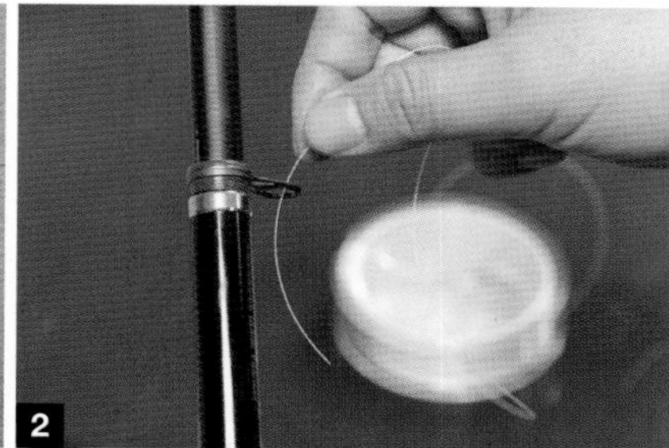

1 릴과 낚싯줄을 준비하고 물통에 물을 받아 놓는다.

2 타래에서 풀어낸 낚싯줄을 손잡이 대의 가이드에 통과시킨다.

3 릴 베일을 젖히고 낚싯줄을 스풀에 묶는다. 만약 릴 베일을 젖히지 않고 낚싯줄을 묶으면 릴에 낚싯줄을 감을 수 없다.

4 릴을 낚싯대 릴시트에 결합한다.

5 릴에 감을 낚싯줄 타래를 물통에 넣는다. 낚싯줄이 충분히 물을 머금을 수 있도록 줄을 감기 한 시간 전에 미리 담가 두면 더 부드럽게 감긴다.

6 사진과 같이 낚싯대와 낚싯줄 그리고 릴을 잡는다. 낚싯줄을 쥔 손에 약간 힘을 주면 낚싯줄을 팽팽하게 감을 수 있다. 그러나 낚싯줄을 너무 세게 쥐면 마찰열로 인해 줄과 손이 모두 상처받을 수 있으므로 주의해야 한다.

7 릴에 낚싯줄을 다 감은 상태. 주의할 것은 원줄이 타래에 많이 남았다고 해서 욕심을 내어 원줄을 감으면 안 된다는 점이다. 스풀 폭을 넘치게 감으면 낚싯줄이 후루룩 풀려나가 엉킴이 발생한다.

▶싱글핸들과 더블핸들

스피닝릴의 90%는 싱글핸들이다. 더블핸들은 루어낚시 중에서 에깅이나 볼락낚시용으로 출시한 릴에 일부 사용된다. 더블핸들은 릴을 감을 때 흔들림이 적어 루어를 극히 천천히 끌어오는 초저속 릴링에 유리하다. 그러나 찌낚시에서는 그 정도의 초저속 릴링을 할 경우가 없으므로 더블핸들이 필요치 않다.

▶릴 회사마다 규격 표시가 다른 이유는?

'코카콜라'의 콜라는 아무나 쓸 수 있지만 '코카'는 제품명으로 등록되어 있어서 다른 회사에서 쓸 수 없는 것과 같은 이치다. 예를 들면 다이와의 '2506'이라는 모델은 2500번 섈로우 스풀 스피닝릴이라는 의미를 가지고 있다. 25가 2500번, 뒤에 6이 섈로우 스풀을 의미한다. 그러나 시마노의 경우 2500번 섈로우 스풀 스피닝릴은 2500S로 표기한다. 그리고 같은 2500번이라고 해도 권사량 등 릴의 스펙이 다르다.

▶좌핸들 릴과 우핸들 릴 따로 있나?

베이트릴은 좌핸들 릴과 우핸들 릴이 따로 있지만, 스피닝릴은 핸들을 좌우로 교체할 수 있어 오른손잡이나 왼손잡이나 모두 위치를 맞춰 사용할 수 있다.

▶오른손잡이는 우핸들을 써야 하나?

구멍찌낚시에서 힘의 80%는 낚싯대 조작에 쓰이고 20%는 릴 감는 데 쓰인다. 따라서 오른손잡이는 오른손에 낚싯대를 쥐는 게 좋고, 당연히 릴은 왼손으로 감아야 하므로 좌핸들을 쓴다. 그래서 모든 스피닝릴은 좌핸들로 출시되며 왼손잡이는 우핸들로 바꿔서 사용한다. 간혹 오른손잡이도 우핸들을 쓰는 경우가 있는데 초기에 습관을 잘못 들였기 때문이며, 프로낚시인 중에서도 오랜 습관 탓에 우핸들을 쓰는 이들이 제법 있다.

바다낚시용 뜰채. 낭창한 릴대와 가는 낚싯줄을 사용하는 구멍찌낚시의 필수품이다.

뜰채

구멍찌낚시는 가는 줄을 쓰기 때문에 큰 고기를 낚으면 뜰채로 떠올려야 한다. 뜰채는 낚싯대 가격의 절반 이상을 투자해야 하는 대단히 중요한 장비다.

5m가 표준, 6m도 쓸모 많다

구멍찌낚시용 뜰채의 표준 길이는 5m다. 여기에 지름 50cm짜리 뜰채 프레임을 연결하면 총 길이는 5.5m가 된다. 일반적인 포인트 여건에서는 이 길이로 부족함이 없지만 간혹 높은 직벽에서는 뜰채가 수면에 닿지 않아 고생할 때가 있다. 그런 자리에서는 6m짜리 뜰채가 위력을 발휘한다. 6m짜리는 5m짜리보다 당연히 무겁지만 직접 들어보아 자신의 팔 힘으로 충분히 다룰만하다면 6m 뜰채를 고르는 것도 좋은 선택이 될 수 있다.

무거워도 빳빳한 뜰채가 좋다

뜰채도 낚싯대와 마찬가지로 카본으로 만든다. 시판 중인 고급 뜰채 중에는 100만원을 호가하는 제품도 있다. 국산 제품의 경우 20만~30만원대다.

뜰채의 이상형은 '가볍고 빳빳한' 뜰채다. 그러나 그런 뜰채는 대개 너무 비싸다. 그렇다면 가볍거나 빳빳하거나 둘 중 하나만 충족시켜야 하는데, 무거워도 빳빳한 뜰채가 좋다. 빳빳한 뜰채는 대개 손잡이가 굵고 휘청대는 뜰채는 가는데, 가느다란 뜰채가 보기 좋다고 현혹되어선 안 된다. 휘청대는 뜰채는 펼쳤을 때 고기를 정조준하기 어렵다. 또 고기를 담아 올릴 때 고기 무게만큼 크게 휘어지므로 자칫 손목에 무리가 올 수 있어 조심해야 한다. 또 휘청대는 뜰채는 잘 접히지도 않는다. 대체로 10만원 이하의 저가 뜰채는 거의 휘청댄다고 보면 되는데 간혹 50만~60만원대의 고가 뜰채 중에서도 휘청대는 제품이 의외로 많으므로 주의해야 한다.

대체로 350~400g 무게(프레임 제외)에 들었을 때 빳빳하게 뻗는 제품을 추천한다. 전문 낚시인들은 "뜰채를 구입할 땐 완전히 편 뒤 거꾸로 잡고 들어봐서 가장 직선으로 뻗는 뜰채를 사면 된다. 그게 가장 빳빳한 뜰채"라고 말한다.

가볍고 빳빳해 구멍찌낚시 매니아들에게 인기가 높은 동명산업의 토너먼트 골드 600 뜰채. 사진은 6m짜리다.

가벼운 뜰채보다 가벼운 프레임을 사라

뜰채는 가볍고 빳빳한 고급 제품을 사놓고 프레임(뜰채망)은 무거운 싸구려를 끼우는 것만큼 언밸런스한 조합도 없다. 제 아무리 빳빳한 뜰채도 무거운 프레임을 끼우면 앞쪽이 처진다.

가장 이상적인 프레임 소재는 가볍고 강한 티탄이며 그 다음 두랄루민인데 비싸다. 티탄 프레임의 경우 가격이 15만~20만원으로 웬만한 뜰채 값과 맞먹는다. 그러나 녹이 슬지 않고 내구성이 좋아 오래 쓸 수 있다. 두랄루민 프레임은 5만~10만원, 일반 알루미늄 소재는 1만~2만원이다.

망의 크기는, 감성돔과 벵에돔용은 지름 40~45cm가 좋고 참돔까지 노린다면 50~60cm가 좋다. 프레임 지름이 크면 더 쉽게 물고기를 뜰 것 같지만 파도가 일렁일 땐 많이 밀리기 때문에 뜰채질이 힘들어진다.

망도 고급품은 프레임과 따로 판다. 그물코가 촘촘하고 부드러운 망이 좋다.

☞중저가 뜰채를 구입하면 프레임까지 함께 주는 경우도 있다. 그런데 대부분 품질이 조악해 몇 차례 사용하면 프레임이 부식되고 연결 부위가 파손되는 경우가 많다. 그렇다고 처음부터 버릴 필요는 없다. 몇 차례 쓰는 데는 지장이 없으므로 일단 써보다가 파손되면 그때 좋은 프레임으로 교체한다.

파도 속 뜰채 테크닉

파도밭 속에서 꼭 뜰채를 댈 수밖에 없는 상황이라면 단 한 번의 뜰채질로 성공시켜야 한다. 뜰채 망은 미리 물속에 담가선 안 된다. 파도가 뜰망을 밀어버리기 때문에 뜰채질이 불가능하다. 이때 뜰채는 빳빳하고, 뜰망의 프레임은 가늘수록 좋은데 가는 프레임이 파도의 저항을 적게 받기 때문이다.

고기가 완전히 드러누운 상태에서 '파도가 2/3 정도 솟구쳐 오른 순간'에 빠르게 찔러 넣어서 고기를 담아야 한다. 가급적 동료의 도움을 받아야 한다. 만약 혼자서 뜰채를 대야 할 상황이라면 단 한 번에 성공시켜야 하므로 파도의 진폭을 정확히 계산하여 가장 잔잔한 순간에 단번에 뜰망을 찔러 넣어야 한다. 뜰채를 대기 전에 서둘 필요는 없다. 아무리 큰 고기도 한번 수면에 누우면 목줄을 터뜨릴 정도의 저항은 소멸되므로 10분 이상 여유를 부려도 된다.

고기를 뜰망 속에 넣어도 그 무게가 있기 때문에 단번에 들어 올릴 수는 없다. 파도가 다시 오기 전에 들어내려고 허둥대다가 뜰채를 부러뜨리는 사람이 많은데, 일단 뜰망 속에 들어간 고기는 뜰망이 물속에 잠겨 있어도 빠져나오지 못하므로 파도가 다시 쓸려 내려가는 순간에는 한숨 기다렸다가 재차 솟구칠 때 뜰채를 착착 접어들이면 쉽게 올릴 수 있다.

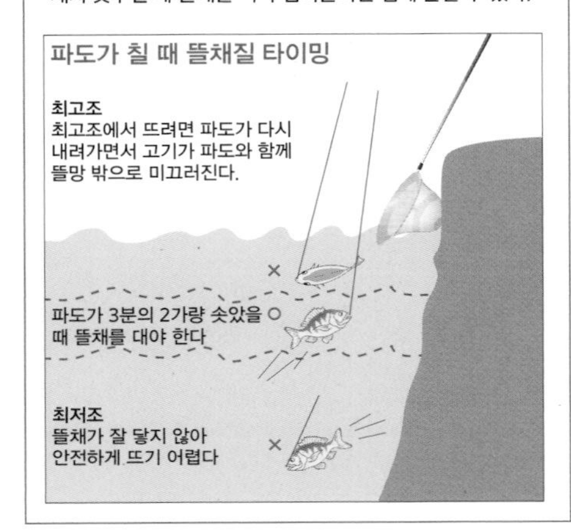

파도가 칠 때 뜰채질 타이밍
최고조
최고조에서 뜨려면 파도가 다시 내려가면서 고기가 파도와 함께 뜰망 밖으로 미끄러진다.
파도가 3분의 2가량 솟았을 때 뜰채를 대야 한다
최저조
뜰채가 잘 닿지 않아 안전하게 뜨기 어렵다

고착방지 홈이 파인 뜰채를 찾아라

뜰채를 사용하다보면 마디끼리 꽉 물려 접히지 않아 고생할 때가 있다. 비나 파도에 뜰채가 젖었을 때, 너무 세게 펼쳤을 때 이런 일이 자주 생긴다. 이런 점을 방지하기 위해 좋은 뜰채들은 마디와 마디가 겹치는 부위에 나선형 또는 세로 홈을 파서 공기가 통하도록 한, 고착방지 처리를 해놓았다. 이런 고착방지 시스템은 25만원 이상의 뜰채에는 거의 다 있지만 의외로 50만원 이상의 고가 제품에도 없는 경우가 있다. 따라서 같은 값이면 고착방지 처리가 된 뜰채를 구입하는 게 바람직하다.

마디와 마디 사이에 미세한 홈을 파 고착 현상을 방지한 제품을 고르는 게 좋다(동명산업 토너먼트 골드 600 뜰채).

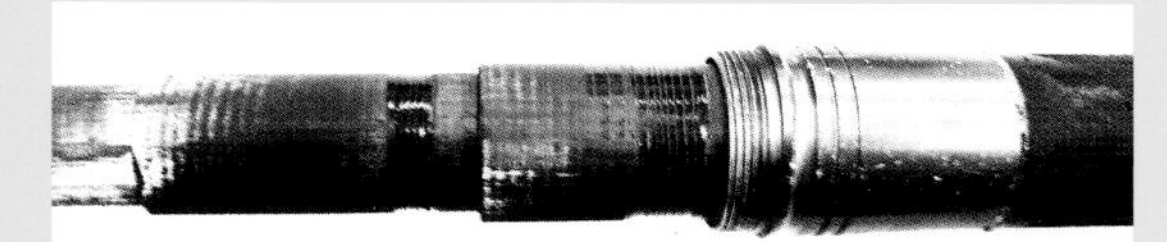

감성돔을 히트한 낚시인이 뜰채질을 마무리하고 있다. 뜰채는 들지 말고 사진처럼 차곡차곡 접어 들여야 한다.

CHECK POINT

▶갯바위에 내리면 뜰채부터 펴라

초보자들은 대부분 뜰채를 펴지 않고 낚시하다가 감성돔을 건 후에야 허둥지둥하는데, 옆에 일행이 있으면 대신 뜰채를 펴주겠지만 혼자라면 방법이 없다. 따라서 갯바위에 내리면 낚싯대를 펴기 전 뜰채부터 편다. 뜰채부터 펴두면 채비하다가 찌를 빠뜨려도 금세 떠낼 수 있다.

▶뜰채질은 혼자서

2인1조로 내리면 동료가 뜰채질을 해주는 경우가 많지만, 큰 고기가 걸렸거나 파도가 높은 상황이 아니라면 자기 고기는 직접 뜰채를 대는 습관을 들이는 게 좋다. 그래야만 뜰채 대는 기술이 좋아져 혼자 갯바위에 내렸을 때도 뜰채질이 쉬워진다.

▶뜰채 대는 타이밍

뜰채를 대는 순간은 물고기를 놓치기에 가장 위험한 순간 중 하나다. 한 손으로 뜰채를 집거나 펼치는 순간 줄이 느슨해지기 쉬운데, 그때 물고기 입에서 바늘이 빠지거나 마지막 발악으로 녀석이 발 밑 암초로 처박을 수 있다. 따라서 뜰채질은 성급히 시도하지 말고 물고기가 완전히 수면에 떠서 공기를 두 번 이상 먹고 옆으로 드러누웠을 때 해야 한다.

▶뜰채는 들지 말고 접어서 회수

뜰채에 고기가 담기면 릴줄을 약간 풀어 휘어진 낚싯대를 펴준 다음 낚싯대를 가랑이 사이에 끼우고 뜰채를 양손으로 착착 접어서 회수한다. 접지 않고 들어 올리면 물고기의 무게에 뜰채가 부러질 수 있다. 50cm급 이상은 무거워서 바로 들 수도 없다.

▶뜰채에 달린 밴드는 어떤 때 사용하나?

밴드는 뜰채를 어깨에 멜 때 사용한다. 작은 여에 올랐거나 파도가 높게 치는 갯바위에서 낚시할 때는 뜰채를 어깨에 메야 파도에 휩쓸려가는 것을 막을 수 있다.

▶최적의 뜰채 프레임 크기는?

지름 45cm와 50cm가 가장 알맞다. 60cm 프레임은 80cm 이상 참돔용이다. 프레임이 너무 크면 뜰채질이 힘들어진다. 오히려 작을수록 뜰채질이 빠르고 정확하다. 그래서 일본 토너먼트 선수들은 지름 40cm, 35cm짜리를 사용한다. 35cm 프레임으로 50cm 벵에돔도 문제없이 뜰 수 있다.

더딘 썰물을 못 기다려 간출암에 내렸다.
조금 전까지도 물속에 있던 이 암초는 누구나 탐내는 벵에돔 명당.
그러나 서둘러 낚싯대 펼 일은 없다.
태양이 서쪽 수평선에 기울어야 큰 벵에돔이 다가오니까.

구멍찌

구멍찌는 찌 중앙에 구멍이 뚫려 원줄이 찌를 통과해 오르내릴 수 있는 찌다.
구멍찌는 막대찌에 비해 조작성이 뛰어나 유인낚시, 전유동낚시를 가능케 한다.
1960년대 일본 도쿠시마현에서 탄생하여 1980년대에 일본 갯바위낚시계를 평정하였고
90년대에 우리나라에 수입되어 바다낚시의 판도를 바꿔놓았다.
구멍찌는 때마침 보급된 크릴밑밥과 앙상블을 이루어 띄울낚시 붐을 일으켰다.
오늘날 릴찌낚시 하면 곧 구멍찌낚시를 가리키고 있다.

구멍찌의 특징과 기능

구멍찌의 탄생

구멍찌는 1960년대에 일본 시코쿠(四國)의 아와(阿波)지방(도쿠시마현) 낚시인들이 나무를 탁구공처럼 깎고 구멍을 내어 사용한 것이 시초로 알려져 있다. 구멍찌의 일본 이름은 나카토시우끼(中桶うき)다.

아와지방 낚시인들은 이 구멍찌를 이용해 찌낚시를 하면서 한 손으론 밑밥을 뿌리며 고기를 불러 모아 낚았는데 이 독특한 낚시 기법을 '아와조법'이라고 불렀다. 지금의 띄울낚시(후카세)의 원조인 것이다.

한편 당시 거친 외해와 인접한 혼슈의 기슈지방에선 막대찌를 사용해 긴꼬리벵에돔을 잡는 '기슈조법'이 유행하고 있었다. 두 조법은 1980년대 중반 들어 전국 규모의 벵에돔 토너먼트가 일본에서 유행하자 우열이 갈렸다. 도쿠시마현 출신 낚시인들이 대회를 휩쓸면서 아와조법의 우수성이 알려지게 된 것이다. 그 후 일본에 구멍찌낚시가 유행하게 된다.

구멍찌낚시는 80년대 말에서 90년대 초 사이에 우리나라에 도입되었다. 1990년 일본에서 온 낚시인들이 서귀포와 우도 등지에서 구멍찌낚시로 많은 벵에돔을 낚아내면서 제주도 낚시인들 사이에 퍼져나갔고, 1991년부터는 추자도에서 유행하면서 전국적으로 퍼져나갔다.

구멍찌의 4대 기능

▶유인 능력

구멍찌의 가장 돋보이는 능력이다. 구멍찌는 안정성과 직립성이 좋아서 낚싯줄을 당겨도 잠기거나 쉽게 끌려오지 않는다. 그래서 물속 채비에 생동감을 주거나 밑걸림을 막기 위해 뒷줄(찌와 낚시인 사이의 원줄)을 잡아당겨도 찌가 원래 위치를 고수하여 당겼다 밀었다 하는 유인조작을 얼마든지 할 수 있다. 그런 유인조작이 미끼의 움직임으로 연결되어 잦은 입질을 유도한다. 이에 반해 막대찌는 뒷줄을 당기면 수면 아래로 푹 가라앉아서 유인조작을 하기 어렵다.

다양한 형태와 색상의 구멍찌들. 90년대에 일본에서 도입되어 바다낚시의 판도를 바꿔놓았다.

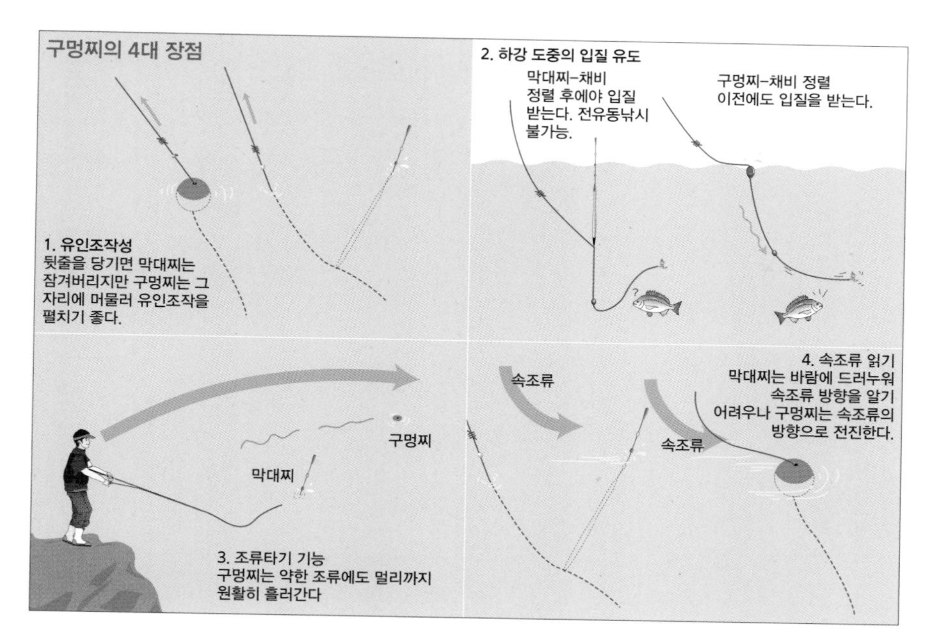

구멍찌의 4대 장점
1. 유인조작성
뒷줄을 당기면 막대찌는 잠겨버리지만 구멍찌는 그 자리에 머물러 유인조작을 펼치기 좋다.
2. 하강 도중의 입질 유도
막대찌-채비 정렬 후에야 입질 받는다. 전유동낚시 불가능.
구멍찌-채비 정렬 이전에도 입질을 받는다.
구멍찌
막대찌
3. 조류타기 기능
구멍찌는 약한 조류에도 멀리까지 원활히 흘러간다
속조류
속조류
4. 속조류 읽기
막대찌는 바람에 드러누워 속조류 방향을 알기 어려우나 구멍찌는 속조류의 방향으로 전진한다.

파도가 높은 겨울 원도와 제주도에서 구멍찌의 우수성이 크게 두각을 드러냈다.

▶조류 감지 능력

구멍찌는 물속에 잠긴 체적이 넓어서 그만큼 조류의 영향을 많이 받는다. 약한 조류에서도 원활히 흘러가면서 밑밥의 흐름을 계속 쫓아갈 수 있는 것이다. 그러나 막대찌는 강한 조류에서 오래 머물 수는 있어도 느린 조류에서 멀리 흘러가지는 못한다. 구멍찌의 탐색범위가 막대찌보다 훨씬 넓은 것이다.

구멍찌의 최적 형태는 도토리형

구멍찌의 초기 형태는 탁구공 같은 구(球)형이었다. 그러다가 1980년대 들어 쯔리켄을 비롯한 구멍찌 제조업체들이 생겨나면서 다양한 형태의 찌들이 쏟아져 나왔다. 길쭉한 형태, 오뚜기 형태, 원뿔 형태 등이 선을 보였는데 거기에는 고객의 눈길을 끌기 위한 업체들의 상업성도 한몫했다. 그러나 결국 구멍찌의 형태는 하나로 귀결되었으니 바로 도토리형, 일본 말로는 동구리(どんぐり) 찌다.

윗면이 넓은 도토리형 찌는 잘 보이고 안정감이 높다. 도토리 찌를 거꾸로 세워놓은 형태의 원추형 찌도 입수저항이 작아서 선호도가 높았지만 안정감과 시인성이 떨어진다는 점에서 도토리 찌에 밀렸다.

▶전층 입질 탐색 능력

구멍찌는 원줄이 찌의 한가운데를 통과하므로 고리를 통해 원줄이 통과하는 막대찌보다 채비 하강 속도가 느리다. 이것은 급류 등 악조건에선 단점이 될 수도 있지만 일반적 조건에선 미끼가 천천히 하강하면서 막대찌보다 훨씬 폭넓은 층의 어신을 탐색할 수 있다. 채비 입수 속도는 막대찌보다 느리지만 상층부터 하층까지 목줄채비가 정렬된 상태로 나풀대며 내려가다 보니 고기들이 쉽게 유혹돼 달려드는 것이다.

▶파도타기 능력

동글동글한 구멍찌는 높은 파도에도 잠기지 않고 잘 타는 장점이 있으며 파도의 리듬에 맞춰 찌가 오르내리면서 미끼를 활발히 움직이게 만든다. 반면 막대찌는 파도가 덮치면 그대로 파묻히는 단점이 있다. 그래서 특히

흔히 동구리 형태로 불리는 도토리형 구멍찌. 오늘날 구멍찌의 표준 형태로 자리 잡았다. 동구리는 도토리의 일본말이다.

◀찌케이스에 담겨있는 구멍찌들. 비슷하게 생겼지만 저마다의 독특한 장점과 역할을 지니고 있다.

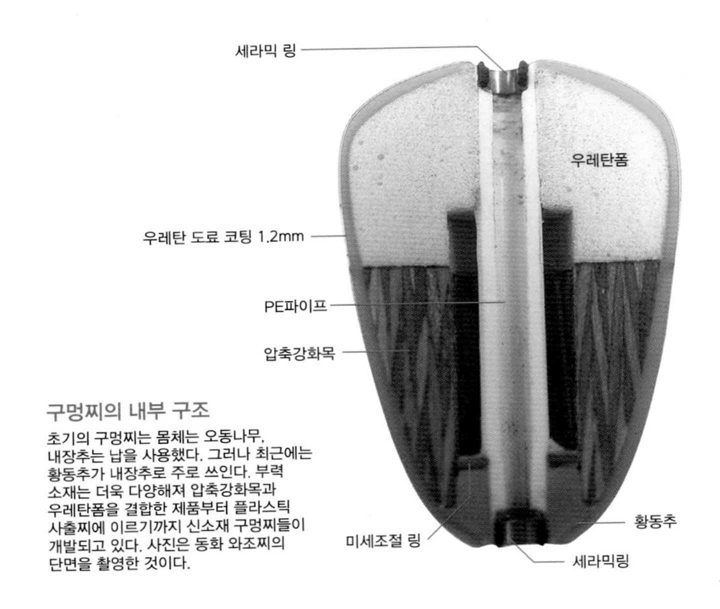

구멍찌의 내부 구조

초기의 구멍찌는 몸체는 오동나무, 내장추는 납을 사용했다. 그러나 최근에는 황동추가 내장추로 주로 쓰인다. 부력 소재는 더욱 다양해져 압축강화목과 우레탄폼을 결합한 제품부터 플라스틱 사출찌에 이르기까지 신소재 구멍찌들이 개발되고 있다. 사진은 동화 와조찌의 단면을 촬영한 것이다.

구멍찌 수심표

*벵에돔은 밑밥으로 띄워 낚으므로 0~B면 6~7m까지 커버할 수 있다.

부력 / 수심(m)	2B~0.5호	0.8~1호	1~1.5호	2호	0~B
2					
4					
6					
8					
10					
12					
14					
16					
18					
20					

구멍찌의 구조

초기의 구멍찌는 몸체는 오동나무, 내장추는 납을 사용했다. 그러나 최근에는 납 대신 황동으로 내장추를 만들고, 부력 소재는 오동나무에서 압축강화목과 압축 우레탄폼, 플라스틱 등으로 다양해졌다.

일반적으로 고부력찌 소재는 오동나무가 좋고, 저부력찌 소재는 압축강화목이 좋다고 알려져 있다. 그밖에 통상 사출찌라 불리는 우레탄폼 찌나 플라스틱 찌는 안정감과 예민성에서 나무찌에 못 미친다고 알려져 있다. 그러나 제로찌 계열의 초저부력 찌를 만들 땐 부력이 센 나무보다 플라스틱을 많이 쓰고 있다. 나무는 목재부위별, 건조도별로 부력이 다르지만 플라스틱은 부력이 동일하여 초정밀 부력을 맞추기 용이한 이점도 있다.

깊은 수심에서 고부력찌가 필요한 이유

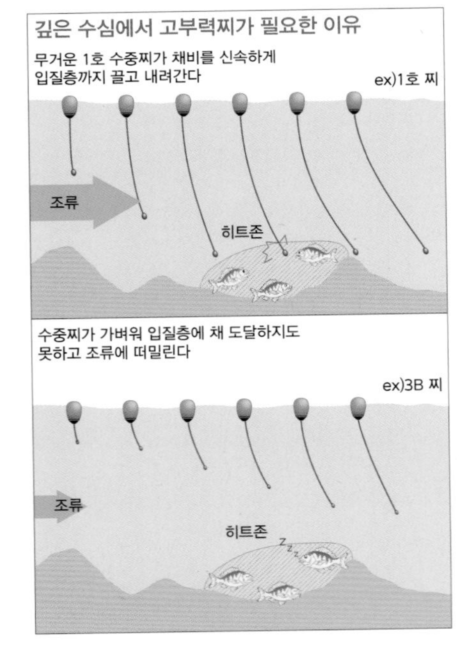

무거운 1호 수중찌가 채비를 신속하게 입질층까지 끌고 내려간다
ex)1호 찌
조류
히트존
수중찌가 가벼워 입질층에 채 도달하지도 못하고 조류에 떠밀린다
ex)3B 찌
조류
히트존

서해에서 잘 보이는 찌와 제주에서 잘 보이는 찌

구멍찌의 색상은 물색, 시간대, 날씨에 따라 잘 보이는 색이 달라진다. 바닷물이 코발트빛으로 짙고 맑은 제주도와 일본에선 밝은 오렌지색이 잘 보이는 반면, 뿌연 비취빛으로 약간 탁한 우리나라 남해안에선 빨강색이 잘 보인다. 뻘물이 자주 지는 서해나 남해서부에서는 진빨강이 잘 보인다.

아직 어두운 여명과 황혼 무렵에는 오렌지색이나 연두색이 잘 보인다. 또 물색에 상관없이 역광이거나 햇빛이 강한 날에는 진빨강이나 진녹색이 잘 보인다.

입문자는 막대찌보다 구멍찌를 써야 한다

찌낚시 입문단계에서는 반드시 구멍찌를 써야 한다. 그래야 뒷줄을 조작하는 능력을 기를 수 있다. 구멍찌를 써야 눈에 보이지 않는 속조류의 방향과 강도를 정확히 읽을 수 있고, 밑밥과 미끼를 동조시키기 위해 뒷줄을 잡아주는(견제라고 표현) 타이밍을 익힐 수 있다.

그런데 처음부터 막대찌를 쓰는 낚시인들이 있다. 막대찌는 구멍찌보다 채비 입수속도가 빨라서 원투찌낚시나 급류대 찌낚시에 유리하다. 과거보다 감성돔 자원이 줄고, 밑밥을 뿌려도 잘 부상하지 않으며, 먼 거리에서 낚이기 때문에, 빨리 미끼를 바닥까지 내려주는 막대찌가 유리한 상황도 많기는 하다.

그러나 감성돔 활성도가 평균치를 웃도는 상황에선 구멍찌의 다양한 조작성을 활용해 훨씬 나은 조과를 올릴 수 있다. 감성돔이 여 사이의 깊은 골에 박힐 때는 막대찌가 유리할 수 있지만 먹이를 찾아 수중여의 등을 탈 때는 구멍찌가 유리하다. 그리고 벵에돔, 참돔, 돌돔, 부시리, 볼락처럼 밑밥에 잘 뜨고 나풀나풀 천천히 내려가는 미끼에 잘 반응하는 어종을 낚을 때는 구멍찌가 막대찌보다 단연 우세하다.

구멍찌 고르기

1. 부력의 선택

갯바위 수심에 0.1을 곱하면 적정부력

찌를 고를 때 제1기준은 부력이다. 1호 찌를 살 것인가, 0.5호 찌를 살 것인가부터 결정한 뒤 세부적으로 고르게 된다. 그렇다면 부력은 어떤 기준으로 고르는가? 그 기준은 낚시할 장소의 수심이다. 수심이 얕은 곳에선 가벼운 봉돌을 다니까 저부력찌를 쓰고, 수심이 깊은 곳에선 무거운 봉돌을 다니까(그래야 빨리 가라앉는다) 고부력찌를 쓴다.

대개 공략수심에 0.1을 곱하면 적정부력이 나온다. 즉 수심 10m에선 1호 찌, 수심 8m에선 0.8

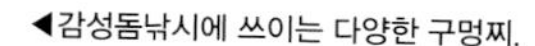
◀감성돔낚시에 쓰이는 다양한 구멍찌.

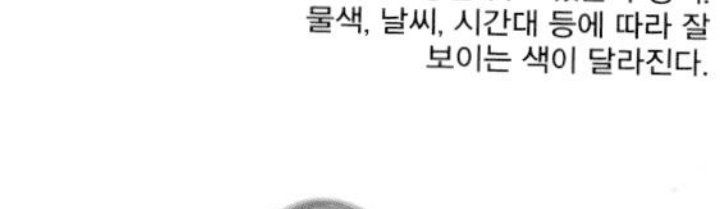
다양한 색상을 갖고 있는 구멍찌. 물색, 날씨, 시간대 등에 따라 잘 보이는 색이 달라진다.

호 찌, 수심 12m에선 1.2호 찌, 15m 수심에선 1.5호 찌를 고르면 무난하다. 그것을 정리한 것이 왼쪽의 〈수심표〉다.

그러나 조류가 빠르거나 강풍이 불면 수심표보다 더 센 부력의 찌를 골라서 더 빨리 가라앉혀야 한다. 즉 8m 수심이라도 급류가 흐른다면 1.5호 찌를 쓰는 게 낫고, 반대로 수심이 깊어도 극히 잔잔하다면 10m 수심을 3B 찌나 0.5호 찌로 공략하는 게 나을 수 있다.

감성돔용 찌 : 2B부터 2호까지 모두 필요

감성돔은 얕은 여밭부터 깊은 본류대까지 다양한 포인트에서 낚인다. 그러므로 감성돔낚시를 즐기려면 다양한 포인트 여건에 맞는 다양한 부력이 필요하다. 수심표에서 보듯이 4~6m의 얕은 수심에서 감성돔을 낚을 때는 2B~3B 정도의 저부력찌가 알맞다. 그리고 B~2B 봉돌 한두 개를 물리면 된다.

어떤 낚시인들은 '아니, 목줄 길이만 4m에 이르는데 2B까지 쓸 것 있나? B 찌만으로도 충분히 입질 받을 수 있을 것 같은데'하고 생각할 수도 있다. 그러나 감성돔은 주로 바닥층에서 입질하기 때문에 가급적 미끼를 바닥 근처에 안정시켜줘야 빠른 입질을 받을 수 있다. 그런데 B 부력 수준이라면 채비가 너무 가벼워 조류가 센 상황에서는 끌려올라오거나 바람에 밀려 입질 지점을 벗어날 수 있다. 그래서 감성돔낚시는 수심이 얕아도 2B~3B 정도의 구멍찌가 요구된다.

감성돔낚시에서 가장 많이 노리는 수심은 8~12m인데, 그래서 조류가 완만하고 바람이 잔잔하면 0.8~1호의 찌가 적합하지만, 조류가 빠르거나 강풍이 불면 1.5호나 2호 찌를 쓰는 것이 더 효과적이다. 3호 찌는? 참돔이라면 모를까 감성돔낚시에서 쓰기는 너무 투박한 감이 있다.

고부력찌의 상황별 선택(감성돔, 참돔낚시)

호수	상황
0.8호	5~8m 수심, 완만한 조류, 순풍
1호	6~10m 수심, 완만한 조류, 순풍
1.2호	6~10m 수심, 약간 빠른 조류, 순풍
1.5호	10~15m 수심, 완만한 조류, 순풍
2호	10~15m 수심, 약간 빠른 조류, 강풍
3호	10~20m 수심, 빠른 조류, 강풍

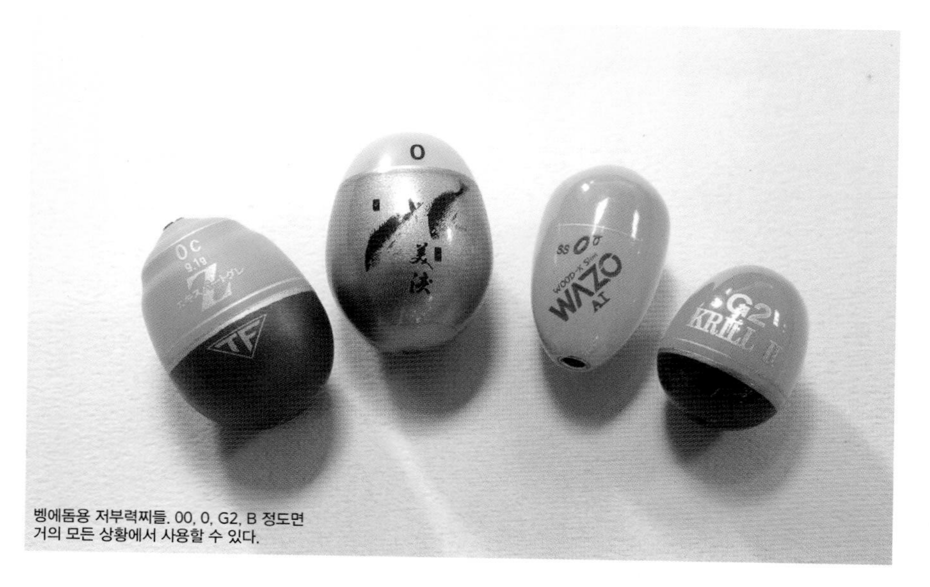

벵에돔용 저부력찌들. 00, 0, G2, B 정도면 거의 모든 상황에서 사용할 수 있다.

벵에돔용 찌 : 00, 0, G2, B로 충분

벵에돔은 수심에 상관없이 띄워서 낚기 때문에 저부력찌를 쓴다. 서귀포 섶섬이나 우도의 경우 수심이 15m가 넘어도 벵에돔은 5~8m 수심에서 입질하므로 고부력찌를 써서 바닥까지 가라앉혀선 안 된다.

벵에돔 찌는 00, 0, G2, B 네 부력이면 거의 올라운드를 커버할 수 있다. 다만 근거리를 노릴 때와 원투할 때를 나누어 각 부력의 찌를 M 사이즈와 L 사이즈로 두 개씩 준비한다. 벵에돔은 미끼를 물자마자 쏜살같이 내뺄 때도 있지만 활성이 약할 땐 약간의 이물감에도 미끼를 뱉어 버리는 고기다. 그래서 벵에돔낚시에선 0호보다 더 부력이 작은 찌도 쓰인다. 벵에돔낚시에서 가장 많이 쓰이는 부력은 0과 G2인데 최근에는 00(투제로)도 많이 쓰인다. 특히 00는 채비가 정렬되면 수면 아래

벵에돔용 제로찌를 세팅하는 낚시인.

같은 호수의 찌라도 바람이 강하고 파도가 치는 날은 볼륨 있는 찌(왼쪽), 바람이 없고 잔잔한 날은 슬림한 찌(오른쪽)를 쓰는 게 유리하다.

1~2m 잠겨 강풍이 불 때나 멀리 깊이 흘릴 때 큰 위력을 발휘한다.

G2나 B의 다소 부력 센(?) 찌는 5m 이상 깊은 곳을 노릴 때, 원줄이 강풍에 밀려 채비가 자꾸 끌려올라올 때, 목줄에 G2~B 정도의 무거운 봉돌을 달아 채비를 안정시키기 위해 사용한다.

2B 찌는? 빠른 조류에서 심층을 노릴 때 간혹 쓰기도 하지만, 2B 찌로 전유동을 해야 할 상황이면 차라리 1호 찌 반유동채비로 가라앉히는 게 낫기 때문에 전유동용으로는 잘 쓰이지 않는다.

B, 0, G2 부력의 역사

구멍찌는 '호' 외에 'B'라는 독특한 부력 표시를 사용한다. 이 B 단위의 부력은 언제 어디서 유래했을까?

1980년대 초 일본에서 '나카토시우끼'를 제품으로 개발했을 때 재래식 호(号, 코우) 봉돌은 너무 커서 새로운 저부력 찌에 맞지 않았다. 그래서 새로 소형 봉돌을 만들었는데 그 크기는 사슴사냥용 산탄총의 탄환 크기만 했다(엽총탄을 만드는 금형으로 낚시봉돌을 만들었을 수도 있다). 그래서 새 봉돌의 무게 단위로 숫사슴의 영문인 Buck의 머리글자를 따서 B라 붙인 것이다.

B보다 더 큰 봉돌은 2B, 3B, 4B라 표기했다. 그리고 각각의 봉돌 무게에 맞는 구멍찌를 만들어서 찌 몸통에 B, 2B, 3B라 표기했다. 즉 최초로 제품화된 구멍찌는 B, 2B, 3B가 많았고 90년대 초에 우리나라에 수입된 찌들도 그 부력이었다.

그 후 일본 낚시인들은 'B보다 더 작은 봉돌을 쓰니까 벵에돔이 더 잘 낚인다'는 사실을 알았다. 그래서 B보다 더 약한 부력을 가진 찌를 만들었고, 그 찌의 부력을 고민하다 '0'으로 표기했다. 그리고 상품성 있는 멋진 이름으로 '제로'라 불렀다. 그것이 쓰리켄사에서 93년에 만든 에토 스루스루찌(0 부력에 大中小로 표기)와 다테이시찌(0 부력에 大中小로 표기) 등이다.

그런데 B 찌와 0 찌를 자주 쓰다 보니 둘 사이의 부력을 가진 찌들이 필요했다. 그때 이미 일본에선 B보다 작은 봉돌을 제작하고 있었는데, 그 봉돌에 호 단위를 붙여 1호, 2호, 3호…8호의 숫자를 붙였다. 그런데 호라는 단위는 이미 전통 척관법에서 3.75g(=10푼) 봉돌의 단위로 사용하고 있었기 때문에 새로운 좁쌀봉돌의 무게로 쓰려니 혼란이 일었다.

그래서 일본 최대의 구멍찌 제조업체인 쓰리켄(釣研)사(1980년 창업, 1986년 설립)의 타나카조신(田中釣心) 사장이 "호 대신 새로운 부력단위를 만들어라"고 개발부에 지시했고, 쓰리켄 개발부는 G라는 단위를 만들었다. G는 봉돌의 일본말인 간다마의 영문 이니셜이다. 그리고 쓰리켄사는 1993년에 B와 0 사이의 부력을 가진 G2 찌를 생산하게 된다. G2 찌가 나오기 전 1/2B로 표기된 찌는 이미 90년대 초부터 일본 시장에 나왔으나 쓰리켄사에서 G2 찌를 출시한 후론 G2찌로 일반화됐다.

요즘 낚시인들은 B나 G2 찌보다 제로찌가 나중에 나온 줄 알고 있으나 실제 제로찌는 이처럼 그 역사가 깊다. 다만 다이와 필드테스터 야마모토 하찌로의 제로조법이 유명세를 탄 90년대 후반부터 우리나라에 제로찌가 본격적으로 수입되었을 뿐이다. 야마모토 하찌로를 비롯한 몇몇 낚시인들은 이미 70년대 중반부터 제로찌를 만들어 사용해 왔다고도 한다.

투제로(00)의 성공과 쓰리제로(000)의 실패

야마모토의 제로조법이 선풍적 인기를 끌자 '더 예민한 제로찌, 부력이 실제로 제로인 찌가 필요하다'는 요구가 나타났다. 그렇게 나온 찌가 2001년에 쓰리켄에서 출시한 00(투제로)이다. 00의 정확한 개념은 '바닷물에는 뜨지만 민물에는 가라앉는 부력'이다.

투제로찌는 착수 직후에는 뜨지만 채비가 정렬되면 그 무게로 가라앉는다. 즉 일종의 잠수찌인 셈인데 그 전에 이미 유통되던 -B나 -G2 잠수찌보다는 훨씬 천천히 가라앉는다. 이 투제로찌는 바닥까지 내려가지는 않고 수면 아래 살짝 가라앉아 바람의 영향을 받지 않고 밑밥과 잘 동조되며, 특히 본류낚시를 할 때면 종조류를 타고 5~8m 수심층까지 내려가 대형 벵에돔을 낚아내는 등 놀라운 위력을 발휘했다.

00가 히트를 치자 쓰리켄 필드테스터 중 에토 히로노리(江頭弘則)가 "크릴과 똑같은 속도로 가라앉는 찌를 만들면 어떨까? 그야말로 찌와 밑밥크릴이 완벽하게 동조되지 않겠느냐"는 아이디어를 내놓았고 그 아이디어가 채택되어 나온 부력이 000(쓰리제로)이다. 이후 0000(포제로)까지 등장했다. 그런데 쓰리제로는 실제 채비가 정렬되면 가라앉는 속도가 너무 빨라 벵에돔 띄울낚시엔 적합하지 않았다. 찌 자체로는 밑밥과 정확히 동조되지만 밑채비의 무게를 감안하지 않았기 때문에 실패한 케이스다.

참돔낚시에 사용하는 고부력찌들. 3~5호를 많이 쓴다.

참돔용 찌 : 2~5호 고부력 필요

참돔은 일단 본류낚시 위주로 하기 때문에 최소 2호부터 5호까지 고부력찌를 쓴다. 참돔은 깊은 물골을 타고 회유하는 물고기라서 대부분 8m 이상 깊은 곳에서 입질하는데 보통 12~15m에서 가장 입질이 활발하며 깊게는 20m 수심에서 낚일 때도 많다. 게다가 조류가 잘 흐르는 곳에서 주로 입질하기 때문에 1호나 1.5호 찌로는 채비를 가라앉히기 힘들어서 최소 2호 이상을 쓰는 것이다.

수심이 20m에 달하고 조류까지 거센 본류대라면 3호 찌를 써도 채비를 빨리 내리기 어려우므로 그때는 4호나 5호 찌를 쓰는 게 현명하다. 참돔은 입질이 시원해서 대형 고부력찌를 써도 아무 부담 없이 끌고 들어간다. 감성돔 벵에돔과 달리 목줄도 타지 않는다.

또 갯바위에서 멀리 떨어져 입질할 때가 많기 때문에 작은 찌보다 큰 찌가 유리하다. 큰 찌는 잘 보이기도 하고, 작은 찌보다 원줄의 저항에 이끌리지 않기 때문에 본류에서 잘 빠져나오지 않는 장점이 있다. 참돔찌들은 잔존부력도 매우 센 편인데 그래야 본류대의 센 종조류에 말려들지 않기 때문이다.

0와 00 사이의 0C(제로씨)와 0α(제로알파) 등장

그런데 일본 낚시인들은 00호와 0호에 만족하지 않고 그 사이의 부력을 또 만들어냈다(낚시인의 요구라기보다 찌 제조업체에서 자꾸 세분화한 면도 있다). 그래서 나온 것이 0C(제로씨) 부력이다.

제로씨는 쯔리켄 필드테스터인 이케나가 유지(池永祐二)가 고안하고 붙인 이름이다. 그가 쓴 「천조법」이라는 책에 보면 "0와 00의 중간을 나타내는 표기를 찾기 어려워, 0를 약간 잘라낸 듯한 표기가 알파벳의 C와 닮아서 0C란 이름을 붙였다"고 적혀 있다. 그 후 이그마 히로유키란 낚시인이 제로씨보다 부력이 약간 더 나가지만 0호보다는 부력이 약한 찌를 고안해 제로알파(0α)라는 이름을 붙였다.

제로찌 계열의 부력 비교

*제조업체마다 부력 기준이 달라 약간씩은 차이가 있다

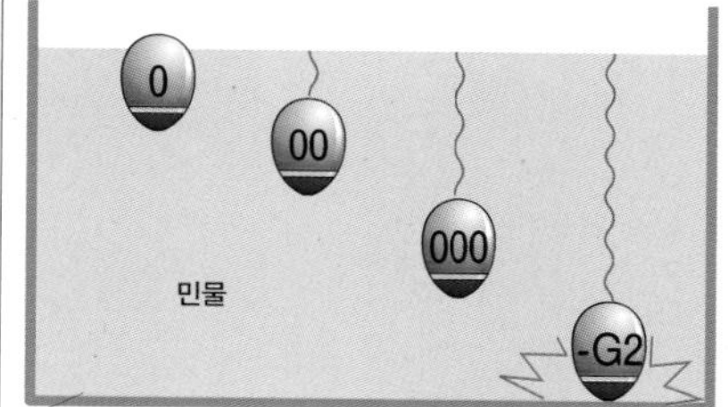

제로찌 계열의 선택

부력	특성
000	착수와 동시에 서서히 가라앉으므로 잠길낚시를 할 때 쓴다. 조류가 없는 상황보다 흐르는 상황에서 최적. 선상낚시에서 참돔을 노릴 때 많이 쓰고 있다.
00	착수 직후엔 떠 있다가 채비가 정렬되면 천천히 가라앉는다. G5 봉돌 1개를 달거나 무봉돌채비로 낚시할 때 적합하다. 수면 아래 1~2m 정도만 가라앉으므로 심층 공략용으로는 부적합하다.
0C, 0α	1.5호 정도의 카본줄을 원줄로 사용하면 그 원줄의 무게로 인해 찌가 잠기는데 10m 카본목줄을 원줄로 사용하는 천조법에 맞춰놓은 찌라 할 수 있다. 물론 일반 전유동낚시에도 쓸 수 있다.
0	무봉돌이나 G5~G2 봉돌을 한 개 달면 물 위에 잠방잠방 떠 있어 낚시하기에 좋다. 3~6m 수심을 노리는 전유동낚시에도 적합하다.
G3	G2와 0호 사이의 부력이다.
G2	다소 무거운 채비로 깊은 수심을 빨리 노리고 싶을 때 쓴다. 멀리까지 흘려도 찌가 잠기지 않아 먼 거리에서 떠 있는 벵에돔을 노릴 때도 요긴하다. 여부력이 넉넉하여 G2 봉돌을 2개 정도 달아도 찌가 잠기지 않는다.
B	무거운 채비로 깊은 수심을 노리거나 급류에서 빨리 3~4m 수심을 확보하고 싶을 때 쓴다. 특히 밤낚시용 전지찌는 너무 가물가물하면 어신 파악이 힘들기 때문에 0보다 B 부력을 사는 것이 좋다.

파도 칠 땐 대형 찌, 잔잔할 땐 소형 찌

북서계절풍이 강한 겨울엔 바람 때문에 고전할 때가 많다. 그런 날은 평소 즐겨 쓰던 아담 사이즈의 구멍찌는 무용지물. 강풍을 뚫고 채비를 원하는 지점까지 날려 보내기엔 더 크고 무거운 찌가 필요하다.

추자도나 가거도, 태도 같은 원도낚시터는 초겨울에 3~4m로 얕은 여밭에 감성돔이 몰리는데 그런 여밭은 대개 북서풍을 맞받는 곳이 많아 크고 무거운 찌가 없으면 채비를 날려 보낼 수가 없다. 1호 찌의 평균 무게는 10~13g인데 원투낚시용 대형 찌는 최소 16g 이상이 좋다.

찌가 커지면 그만큼 감도는 둔해지지 않을까? 그런 걱정은 접어도 된다. 바람이 세고 파도가 높은 상황에선 감성돔의 경계심이 누그러져 참돔용 대형 3호 찌를 사용해도 시원스럽게 찌가 빨려 들어가므로 안심할 것.

그러나 잔잔한 상황이라면 작고 가벼운 찌가

벵에돔용 저부력찌에 표기한 부력 표시.

절대적으로 유리하다. 바람이 없고 조류가 약하면 감성돔이나 벵에돔의 경계심이 높기 때문에 찌의 감도가 중요한 변수가 된다. 그 경우 가능한 한 작은 찌가 유리하다. 물빛이 맑은 봄철의 내만, 청물 상황, 잔잔한 여밭, 채비를 멀리 던질 필요 없는 직벽낚시에서는 꼭 소형 찌를 써보기 바란다. 찌의 모양은 그다지 중요하지 않지만 둥근형보다는 슬림한 찌가 더 예민하다.

학공치·숭어 킬러, 이단찌

구멍찌+소형 막대찌의 콤비네이션

수면 가까이 떠서 입질하는 학공치와 숭어는 입이 작고 입질도 약아 예민한 찌를 써주는 게 좋다. 구멍찌를 단독으로 사용하기보다는 체적이 작고 입질 감도가 좋은 소형 막대찌나 목줄찌를 어신찌로 쓰고 구멍찌는 던질찌 용도로 함께 쓰는 이단찌 형태로 사용하는 게 유리하다. 소형 어신찌의 부력은 0호보다 B가 알맞다. 크기가 작아서 0호 찌는 멀리 던지면 수면에 잠겨 잘 안 보이기 때문이다. 이단찌 채비에서는 구멍찌는 어신과 무관하므로 아무 것이나 써도 된다. 단순히 채비를 멀리 던져주는 역할만 하기 때문이다.
한편 삼치, 고등어, 전갱이, 갈치처럼 떼로 몰려다니는 고기들은 과격한 입질을 해대기 때문에 찌를 가리지 않는다.

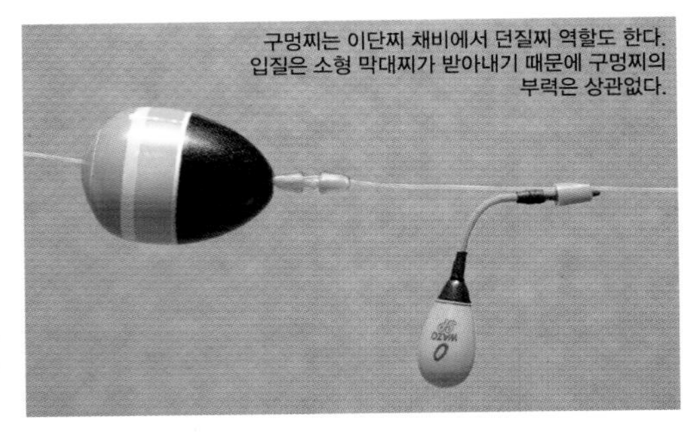
구멍찌는 이단찌 채비에서 던질찌 역할도 한다. 입질은 소형 막대찌가 받아내기 때문에 구멍찌의 부력은 상관없다.

구멍찌보다 효과적인 3대 특수찌

민병진 한국다이와 필드마스터 · 제로FG 회장

1 기울찌

전유동에 필수, 빠른 채비 내림에 유리

기울찌는 30~45도로 기울어진 구멍찌다. 이 찌를 쓰면 원줄 입사각에 꺾임이 없기 때문에 원줄이 훨씬 수월하게 찌구멍을 통과한다. 따라서 같은 무게의 채비라도 30% 이상 빨리 내려가는 장점이 있다. 채비 내림 속도를 더 빠르게 하기 위해 아예 내부 파이프를 수평으로 배치해 경사 각도를 없애버린 기울찌도 있다.
기울찌의 장점은 동일 수심 공략 시 구멍찌보다 가벼운 채비를 사용할 수 있다는 점이다. 그만큼 채비 움직임이 자연스러워 입질 받을 확률이 높아질 수 있다. 또 바람과 조류 방향이 반대일 때도 효과적이다. 찌가 바람에 밀려도 워낙 원줄 빠짐이 좋다보니 채비는 원래 조류 방향대로 원활하게 흘러가거나 적어도 찌를 따라 끌려오지는 않는다. 이런 특징 때문에 기울찌는 전유동낚시의 필수 아이템으로 쓰이고 있다.
부력은 0, G2, B 세 가지가 많이 쓰이며, 사이즈는 M, L 두 가지씩 준비하면 좋다.

원줄 입사각이 30~45도 각도로 기울어진 기울찌. 원줄 입사각에 꺾임이 적어 원줄이 구멍찌보다 훨씬 수월하게 내려간다.

2 고리찌

입수 감도 월등, 찌 부력 교체 빠르고 편리

고리찌는 원줄이 찌 하단에 달린 작은 고리를 통해 빠져나가는 구조의 찌를 말한다. 그래서 구멍찌보다 훨씬 빠른 채비 입수 속도를 얻을 수 있다. 기울찌보다도 더 채비 하강 속도가 빠르다.
초기의 고리찌는 짧은 막대 모양을 해서 고추찌라 불렸지만, 요즘 쓰이는 고리찌는 구멍찌처럼 둥글다. 그래서 구멍찌처럼 파도와 조류도 잘 타고 유인 조작성도 우수하다.
고리찌의 장점은 빠른 입수속도 외에 두 가지가 더 있다. 하나는 입수 감도다. 구멍찌의 경우 입질이 오면 찌매듭과 구슬이 찌를 위에서 아래로 눌러 찌를 잠기게 하지만 고리구멍찌는 밑에서 당기는 형태가 된다. 미세한 차이지만 위에서 누르는 것보다 아래서 당길 때 더 시원하게 잠기고 입질도 선명하게 전달된다.
또 하나는 목줄찌와 함께 쓸 때다. 이단찌 형태로 구성할 경우 구멍찌는 원줄이 몸통 전체를 통과해 움직이므로 목줄찌의 움직임이 부자연스럽다. 반면 고리찌는 원줄 빠짐이 좋아 목줄찌가 자연스럽게 움직인다는 게 장점이다.
고리구멍찌는 단점도 많다. 찌가 원줄에 대롱대롱 매달려 있는 형태이다 보니 원투를 하거나 캐스팅이 불안할 경우 쉽게 채비가 엉킨다. 고기를 걸었을 때도 찌가 계속 요동쳐 보기에 안정감이 떨어진다.
고리찌는 거의 전유동용으로 쓰므로 고부력은 필요없다. 0, G2, B 부력에 00, 2B까지 갖추면 완벽하다.

구멍찌 하단에 작은 고리가 달린 고리찌. 원줄이 작은 고리만 거쳐 통과하므로 채비 내림 속도는 기울찌보다 빠르다.

3 전지찌

새벽녘과 초저녁 낚시 때 활용

전지찌는 구멍찌 내부에 램프와 배터리가 삽입돼 불이 들어오는 찌를 말한다. 구멍찌낚시는 주로 낮에 하지만 동틀 무렵이나 해거름에 낚시하는 경우도 많다. 그때는 전지찌가 꼭 필요하다.
특히 감성돔낚시에서 아직 수온이 높은 가을엔 새벽 입질이 잦은데 이때 전지찌를 달아 낚시하면 날 밝기 전에 연타로 입질을 받기도 한다. 벵에돔낚시에서도 대형급은 해가 수평선 너머로 지고 어둠살이 내리기 시작할 때 잘 낚이므로 전지찌는 필수적으로 갖고 다녀야 한다. 참돔은 밤낚시의 비중이 높은 어종이어서 전지찌는 기본이다.
감성돔용은 0.5호~1호, 벵에돔용은 0~B, 참돔용은 2호~5호 부력을 준비하면 되겠다.

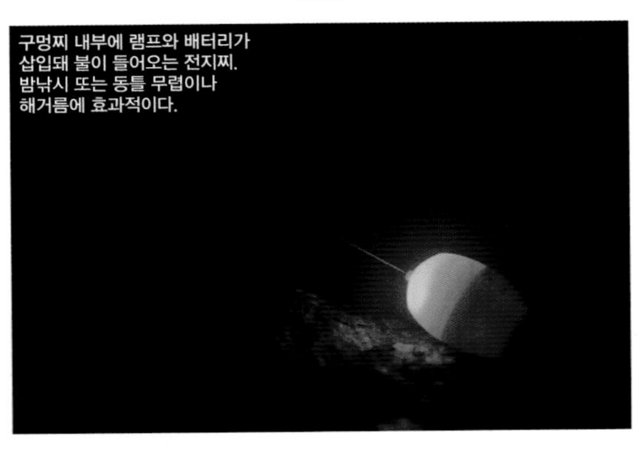
구멍찌 내부에 램프와 배터리가 삽입돼 불이 들어오는 전지찌. 밤낚시 또는 동틀 무렵이나 해거름에 효과적이다.

한국의 구멍찌낚시 역사

1990년대 초
제주도, 추자도에 구멍찌 상륙

일본의 구멍찌낚시는 80년대 말에서 90년대 초 사이에 우리나라에 도입되었다. 1990년 일본에서 온 낚시인들이 서귀포와 우도 등지에서 구멍찌낚시로 많은 벵에돔을 낚아내면서 제주도 낚시인들 사이에 퍼져나갔고, 91년 겨울부터는 추자도에서 유행하면서 추자 단골꾼들에 의해 전국적으로 퍼져나갔다.

구멍찌낚시는 불과 2~3년 만에 한국 감성돔 갯바위낚시의 대세로 자리 잡았다. 그러나 부산 대구 경남 낚시인들의 상당수는 94년까지도 전통적 맥낚시와 처박기를 고수하였는데, 그로 인해 구멍찌를 일찍 받아들인 서울경기 낚시인들이 바다낚시의 본고장인 부산경남 낚시인들의 조과를 능가하는 사례가 나타나기도 했다.

90년대 중반
1호 고부력찌가 대세로 등장

90년대 초엔 3B 안팎의 저부력찌만 국내에 수입되었다. 그런데 저부력찌는 제주와 추자에선 잘 먹혀도 감성돔이 깊이서 낚이는 남해엔 맞지 않음이 이내 드러났다. 그래서 94년 경부터 0.5호와 0.6호 찌가 많이 쓰이기 시작했다. 당시 故 박창수씨를 비롯한 부산의 몇몇 낚시인들은 1호 막대찌(쯔리켄사의 막대찌는 고부력이 수입되었다)를 사용해 뛰어난 조과를 올림으로써 국내 감성돔낚시에는 고부력찌가 적합함을 알렸다. 또 포항의 김태진씨는 자작한 2호 부력의 자립막대구멍찌로 가거도 등지에서 혁혁한 조과를 올리고 '포항찌'란 이름으로 상품화하기도 했다.

그러다가 1996년 완도에서 열린 쯔리켄 주최 제1회 코리아오픈 토너먼트를 계기로 1호 구멍찌가 감성돔낚시의 주력채비로 자리 잡게 된다.

당시 참가한 일본 갯바위 명인들은 1호 구멍찌로 감성돔낚시를 했는데, 띄울낚시만 하는 줄 알았던 일본인들이 고부력 찌를 쓰는 것을 보고 한국낚시인들은 크게 놀랐다. 특히 당시 우승자 다테이시 무네유키(立石宗之)는 1호 구멍찌에 수중찌 대신 1호 구멍봉돌(소재는 납)을 세팅하고 목줄을 4m로 길게 써서 바닥을 더듬는 낚시를 하였는데, 이 패턴은 이후 전국적으로 유행하였고, 지금도 수중찌 대용으로 구멍봉돌(수중봉돌)이 광범위하게 쓰이고 있다. 이후 감성돔 찌의 고부력화는 빠르게 진전되어 1.2호, 1.5호, 2호 구멍찌의 사용량이 늘어났다.

1999년 제로찌낚시의 도입

한편 90년대 중반부터 벵에돔낚시의 인기가 높아지면서 저부력 구멍찌의 사용량이 다시 늘었다. 벵에돔낚시는 본고장 제주도를 시작으로 90년대 초중반 추자도를 거쳐 97~98년엔 거문도와 삼부도에서 붐이 일었다.

그리고 99년 제로조법이 국내에 도입되면서 벵에돔낚시는 일대 전환기를 맞는다. 서울 낚시인 민병진씨가 당시 일본 벵에돔 토너먼트 우승자 야마모토 하치로(山元八郎)가 즐겨 쓰는 제로조법을 제주도에서 성공시키면서 센세이션을 불러일으켰다. 제로찌낚시는 0호 찌에 봉돌이나 도래를 전혀 사용하지 않는 완전 띄울낚시인데, 99년 여수 금오열도, 2000년 거제도, 2001년 통영까지 제로찌낚시가 확산되면서 벵에돔낚시 열풍을 일으켰다. 그리고 제로찌 전도사 민병진씨를 중심으로 제로FG가 결성되었다.

때마침 일본에서도 제로조법과 천조법 등 무봉돌 띄울낚시가 토너먼트를 석권하면서 0호보다 더 부력이 작은 찌들, 즉 00(투제로), 0C, 0α(제로와 투제로 사이 부력)가 차례로 등장하였다.

2000년대
갯바위 구멍찌낚시 경기단체 출범

2000년대에 들어서는 바다낚시 경기단체들이 속속 출범하면서 구멍찌낚시의 확산과 발전을 이끌었다. 1999년 3월 우리나라 최초의 바다낚시 경기단체인 한국프로낚시연맹이 탄생했고, 이후 한국기조연맹, 로얄경기연맹이 출범했다. 이 단체들의 주관 하에 감성돔과 벵에돔을 대상어로 한 찌낚시 토너먼트가 정례적으로 열리면서 경향각지의 낚시고수들이 두각을 드러냈다. 그들은 국내 조구업체들의 필드스탭으로 연결되어 갯바위낚시 붐을 이끌고 한국산 낚시용품의 발전에 기여하였다.

고부력찌와 제로찌로 양분

최근의 구멍찌는 고부력찌와 제로찌로 양분된 양상이다. 그 중간의 3B~0.8호 부력은 거의 쓰이지 않고 있다. 감성돔낚시는 고부력찌 반유동낚시, 벵에돔낚시는 제로 계열 전유동낚시로 정립된 것이다. 그로 인해 갯바위낚시 입문자들이 패턴을 빨리 익히는 데는 도움이 되었으나 한편으로는 너무 도식화된 채비가 낚시인들의 응용력을 떨어뜨렸다는 비판도 있다.

이런 문제는 구멍찌낚시가 타 장르보다 유행을 많이 타기 때문인데, 조만간 또 다른 획기적 낚시패턴이 등장하여 판도를 바꿀지 모를 일이다. 구멍찌낚시는 결코 정체되지 않고 늘 살아서 움직이기 때문이다.

국내 최초의 제로찌낚시 동호회인 제로FG. 지난 2000년 7월에 결성돼 국내 제로찌낚시 붐 조성에 큰 영향을 미쳤다.

한국프로낚시연맹 갯바위낚시 토너먼트 시상식. 2000년대 이후 바다낚시 경기단체들이 출범하면서 구멍찌낚시의 열기는 더 뜨거워졌다.

학습

잔존부력의 이해

잔존부력(殘存浮力)은 '남아서 존재하는 부력'이란 뜻이다. 대부분 구멍찌는 숫자로 표시된 부력(0.8호나 1호 같은)보다 약간 더 큰 실제 부력을 가지고 있는데 그것을 잔존부력이라고 한다.

잔존부력은 제조회사마다, 찌 모델마다 약간씩 다르다. 대개 고부력찌는 잔존부력도 크고, 저부력찌는 잔존부력도 작다. 또 제조사에서 잔존부력을 통일하려 해도 기술적으로 어렵다. 찌 소재로 쓰이는 나무는 똑같은 크기로 가공해도 목재의 어느 부위를 쓰느냐에 따라, 건조상태에 따라 부력이 달라지기 때문이다.

과한 잔존부력은 줄여줘야 입질 좋아져

그러나 과한 잔존부력은 줄여주는 게 좋다. 그래야 찌의 감도가 좋아진다. 예를 들어 1호 찌에 1호 봉돌만 달랑 달아 쓰면 찌에 부력이 많이 '잔존'해 미약한 입질에는 찌가 잠겨들지 않을 수 있다. 이때는 목줄에 잔존부력 만큼의 봉돌을 더 물려야 물고기가 이물감 없이 찌를 끌고 들어간다. 이렇게 찌 밑의 채비에 봉돌을 더 달아서 찌의 부력을 줄여주는 것을 '부력을 상쇄시킨다'고 표현한다.

또 잔존부력을 줄여 쓰는 목적은 어신 파악에만 있는 게 아니다. 찌낚시를 하다보면 잡어가 미끼를 따먹을 수도 있고, 바닥 암초에 바늘이 걸릴 수도 있다. 그때 잔존부력을 줄인 채비는 찌가 살짝 잠기면서 '잡어가 미끼를 따먹었어요' '바늘이 바닥에 걸렸어요'하고 물 속 상황을 알려준다. 반면 잔존부력이 그대로 남은 찌에는 변화가 나타나지 않으므로 자칫 빈 바늘을 흘리거나 바닥걸림을 모르고 방치하다 밑걸림이 심해질 수 있다.

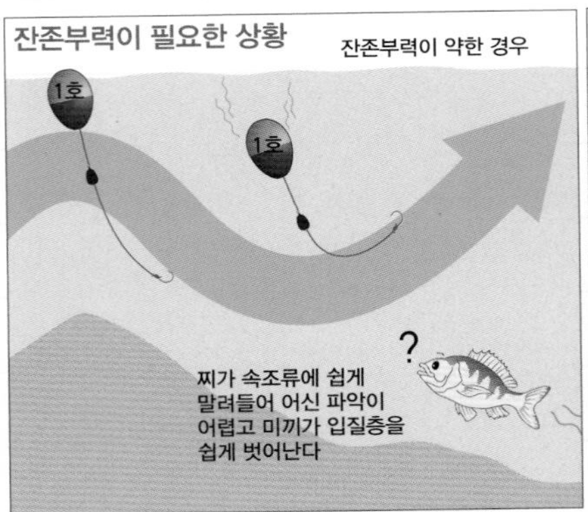
잔존부력이 필요한 상황
잔존부력이 약한 경우
1호
1호
?
찌가 속조류에 쉽게
말려들어 어신 파악이
어렵고 미끼가 입질층을
쉽게 벗어난다

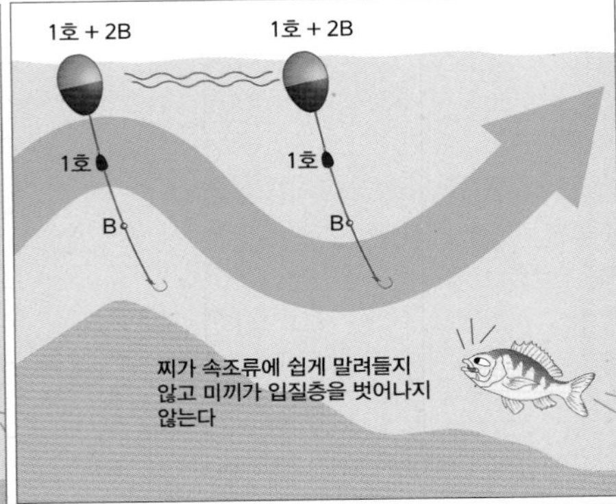
1호 + 2B
1호 + 2B
1호
1호
B
B
찌가 속조류에 쉽게 말려들지
않고 미끼가 입질층을 벗어나지
않는다

호수 표시 옆에 작게 (+)로 표시

오른쪽 〈사진〉처럼 찌 몸통의 호수 표시 옆에 작은 숫자로 쓴 것이 잔존부력이다. 1호+B 혹은 1호+G2 등으로 표시한다. 1호가 부력이고 B 또는 G2가 잔존부력이다.
그런데 실제로 측정해 보면 잔존부력은 B나 G2보다 약간 더 큰 경우가 대부분이다. 그래서 1호+G2로 표기된 찌에 1호+B 봉돌을 달아도 가라앉지 않는 경우가 왕왕 있다. 그 이유는 앞서 말했듯이 동일 회사의 동일 모델 구멍찌라도 부력을 정확히 맞추기가 기술적으로 어렵기 때문이다.
낚시인 중에는 '잔존부력이 없는 게 정확하고 좋은 찌가 아니냐'고 생각하는 사람도 있다. 그러나 잔존부력이 없으면 오히려 낚시가 불편해질 수 있다. 가령 1호 찌는 '1호 수중찌(혹은 1호 봉돌)와 세팅해 쓰시오'란 의미를 담고 있는데 잔존부력이 없다면 어떻게 될까? 찌 밑에는 수중찌만 다는 게 아니라, 도래, 목줄, 좁쌀봉돌, 바늘, 미끼까지 달기 때문에 찌가 가라앉고 말 것이다. 또 바다에 쉼 없이 흐르는 조류는 수면의 물체를 당기는 성질이 있어서 역시 무게로 작용한다. 그러므로 찌에는 표기한 부력 외의 적당한 잔존부력이 남아있어야 채비에 여러 소품과 미끼를 달아도 찌가 수면 위에 떠 있을 수 있게 된다.
대체로 참돔 찌–감성돔 찌–벵에돔 찌 순으로 잔존부력이 약하다.

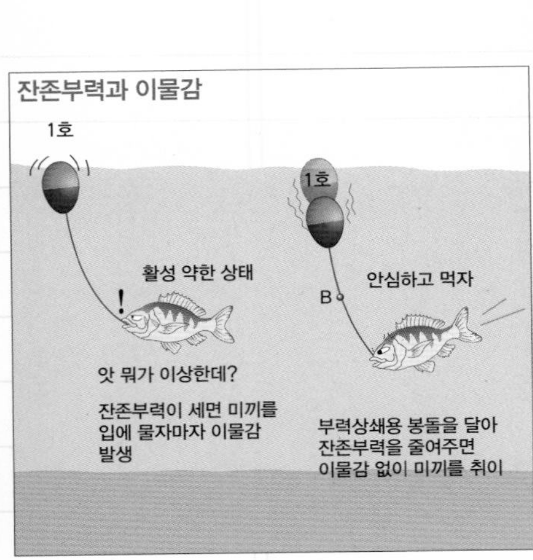
잔존부력과 이물감?
1호
1호
활성 약한 상태
!
B
안심하고 먹자
앗 뭐가 이상한데?
잔존부력이 세면 미끼를
입에 물자마자 이물감
발생
부력상쇄용 봉돌을 달아
잔존부력을 줄여주면
이물감 없이 미끼를 취이

Speed
X2

민물수조에서 구멍찌의 실제부력을 테스트해보고 있다. 같은 부력이라도 잔존부력이 큰 찌는 금세 수면으로 떠오른다.

0.6호 부력 옆에 작게 표기된 잔존부력 '+B'

잔존부력이 너무 약해도 불리해

잔존부력이 너무 약해도 불편하다. 실제부력이 0.8호인 찌에 0.8호 수중찌를 달면 찌는 곧바로 잠방잠방해져 목줄에는 아주 작은(G 계열의) 봉돌밖에 쓸 수 없고 B나 2B 같은 봉돌을 물리면 찌가 가라앉는다. 잡어가 많거나 조류가 빨라 목줄에 무거운 봉돌을 물려 빨리 가라앉혀야 할 상황도 생길 수 있는데 그때 매우 불편해지는 것이다. 그때는 0.8호 찌에 0.5호나 0.6호 수중찌를 달고 목줄에 무거운 봉돌을 달아주는 방법도 있지만 원줄을 끊고 다시 채비를 해야 되는 번거로움이 생긴다.

미리 잔존부력이 넉넉한 찌를 세팅하면 목줄에 봉돌을 물릴 수 있는 여지가 많이 생긴다. 찌에 잔존부력이 남아 있어도 감성돔이나 벵에돔이 입질하면 가볍게 빨려들기 때문에 너무 잠방잠방하게 맞춰 쓰려고 애쓸 것까지는 없다.

잔존부력 큰 찌가 유리한 상황

▶급조류-0.8호 찌에 0.8호 수중찌를 달았다고 하자. 조류가 빠르게 흘러가는 곳에서는 깊은 하층의 조류(=속조류)가 수중찌나 전체 채비를 아래로 잡아당기는 성질이 있기 때문에 찌가 가라앉을 수 있다.

그래서 이때는 어느 정도 여부력(=잔존부력)을 갖고 있는 찌가 유리하다. 일단 찌가 가라앉지 않아 눈에 잘 보이고 원하는 지점까지 흘러갈 수 있다. 그래서 급류(=본류)용으로 개발된 찌들은 대개 잔존부력이 크다. 본류대 참돔낚시에 쓰는 2호 이상 3~5호의 고부력찌는 잔존부력을 +5B까지 준 경우도 있다.

▶높은 파도-강풍이 불어 바다가 거칠어지면 찌가 파도나 속조류의 일렁임에 잠겨들 때가 많다. 이때도 잔존부력이 큰 찌를 쓰면 시인성(視認性:눈에 잘 보이는 성향)을 높일 수 있다. 파도가 높을 때는 감성돔 같은 조심스런 고기도 경계심을 풀고 대범하게 입질하기 때문에 큰 잔존부력도 입질에 지장을 주지 않는다.

▶참돔·감성돔낚시-참돔과 감성돔은 입질이 시원한 물고기에 속하기 때문에 잔존부력이 많이 남아 있는 찌가 실전에서 편리하게 쓰인다.

잔존부력이 작은 찌가 좋은 상황

▷잔잔할 때-파도가 없고 조류가 약한 상황에서는 감성돔 등 물고기의 경계심이 높다. 이때 잔존부력이 큰 찌를 사용하면 입질할 때 물고기가 이물감을 느낄 수 있다. 잔존부력이 약한 찌가 입질이 왔을 때 선명하게 빨려든다.

▷저수온 상황-갑자기 수온이 뚝 떨어졌거나 한겨울~영등철(2~3월)처럼 평균 수온이 낮을 때는 감성돔의 활성도가 최저로 떨어진다. 입질도 시원스럽지 못할 때가 많은데 이럴 때일수록 잔존부력이 작은 찌가 유리하다. 그리고 봉돌을 추가로 달아서 잔존부력을 더 상쇄시켜준다.

▷벵에돔낚시-벵에돔은 감성돔에 비해 입질이 약한 편이므로 잔존부력이 작은 찌가 좋다.

CHECK POINT

▶감성돔낚시에 꼭 필요한 구멍찌 호수는?

감성돔이 가장 잘 낚이는 수심은 8~12m이다. 이 수심에 적합한 호수는 0.8호와 1호다. 봄과 가을에는 4~6m에서도 입질이 잦은데 그때는 3B~0.5호가 적당하다. 그리고 감성돔이 15m 이상의 깊은 수심에서 입질하는 한겨울에는 1.5~2호찌가 필요하다. 따라서 감성돔낚시에 필요한 구멍찌 호수는 3B, 0.5호, 0.8호, 1호, 1.5호, 2호의 총 6가지로 압축할 수 있다. 이것을 다시 3가지로 압축하라면 0.5호, 1호, 1.5호를 추천한다.

▶벵에돔낚시에 꼭 필요한 구멍찌 호수는?

0, 00, G2, B 정도면 거의 모든 낚시터 환경에 적용할 수 있다. 벵에돔 활성이 좋아 상층에 떠서 왕성하게 입질할 때는 0, 목줄 길이보다 깊은 5~6m에서 입질한다면 G2가 적당하다. 00는 벵에돔이 약간 깊은 수심에서 입질하거나 입질층이 수시로 변할 때 유리하다. B찌는 미끼를 약간 깊이 집어넣어 본류대를 노릴 때, 해 질 무렵 찌가 잘 보이지 않을 때 사용하면 편리하다. 한편 0C, 0α 부력은 00와 특성이 비슷하다고 보면 된다.

▶호리병찌, 이단분리찌 등 독특한 형태의 구멍찌들의 용도는?

구멍찌는 각 형태마다 고유의 특징이 있지만 엄밀히 말하자면 다양한 제품을 출시해야 하는 찌 제조업체의 상업적 목적이 더 크다고 볼 수 있다. 구멍찌 형태는 어종 관계없이 위가 넓고 아래로 갈수록 홀쭉한 도토리형(상부팽창형) 찌가 좋다. 멀리서도 잘 보이고, 잘 날아가며, 입수 감도도 좋기 때문이다. 찌를 살 때 너무 특이한 형태는 피하는 게 좋다.

▶찌마다 가격 편차가 매우 큰데 성능에도 차이가 큰가?

고가 찌는 부력이 정확하고, 감도가 뛰어나며, 도장도 튼튼해 잘 깨지지 않는다. 디자인도 미려해 보는 즐거움이 있다. 그러나 물고기를 잡을 수 있고 없고만 성능으로 따진다면 그 차이는 그리 크지 않을 수도 있다. 대체로 벵에돔낚시용 찌는 정확한 부력과 예민성이 생명이기 때문에 고급찌를 쓰는 게 유리하고, 감성돔과 참돔용 찌는 중가의 찌를 써도 낚시에는 지장이 크게 없는 편이다.

▶찌 구멍은 몇 mm가 좋은가?

찌 구멍이 클수록 원줄이 잘 빠져 채비가 빨리 내려가는 장점이 있다. 그래서 본류낚시용, 원투낚시용, 전유동용 찌는 구멍이 크면 좋다. 그러나 찌 구멍이 크면 작은 입질에 반응하는 감도는 떨어진다. 그래서 띄울낚시용, 벵에돔용 찌는 구멍이 너무 크면 좋지 않다.

최근의 구멍찌낚시는 갈수록 공격적으로 변하면서 찌 구멍도 점차 커지는 추세다. 일반적으로는 2~3mm가 많으나 현재는 4~6mm도 많아졌다. 가장 적합한 구경은 2~3mm로 봐야겠다.

▶찌가 갯바위에 부딪쳐 코팅이 깨지면 못 쓰나?

코팅이 깨지면 수분이 침투하여 부력은 약간 감소하나 낚시에는 큰 지장이 없다고 보면 된다. 찌가 바닷물을 먹어도 그 부력 차이는 G5 봉돌 하나의 차이보다 작다고 보면 된다.

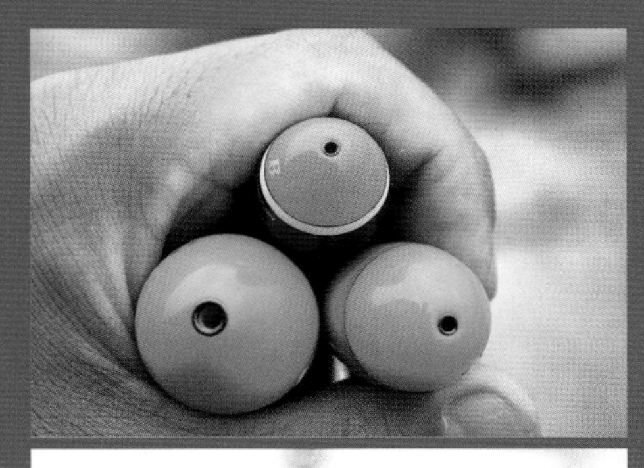
구멍찌에 따라 찌 구멍의 구경이 다르다. 찌구멍이 좁으면 채비가 천천히 내려가고 넓으면 빨리 내려간다

갯바위에 부닥쳐 도장이 깨진 찌들. 오래 쓰면 잔존부력이 약간 줄어들지만 쓰는 데는 큰 지장이 없다.

다양한 형태의 수중찌들. 형태는 신경 쓰지 말고 크기와 비중에만 중점을 두고 선택하면 된다.

수중찌

구멍찌 밑에 다는 수중찌는 다양한 모양으로 출시되고 있으나 모양은 크게 중요치 않고, '크기'와 '비중'만 따져서 고르면 된다. 또 전유동낚시와 벵에돔낚시에선 거의 사용하지 않는다는 것도 알아두자.

수중찌의 초기 재질은 흑단

1980년대에 제작된 초기 수중찌는 흑단목으로 만들었다. 그래서 지금도 수중찌를 '흑단'이라 부르기도 한다. 흑단(ebony)은 열대지방에서 나는 목재인데 비중이 1.2로서 바닷물에 가라앉는 성질 때문에 수중찌 재료로 사용되었다. 검은빛을 띠고 단단하며 광택이 우수해 고급 가구에 주로 쓰인다.

그러나 흑단은 너무 비싸서 지금은 강화목을 많이 사용하고 있다. 또 강화 플라스틱, 금속성 소재들도 활용되고 있다. 3B 이상으로 무거운 수중찌를 만들려면 흑단목을 써도 하단에 싱커를 또 박아야 하기 때문에 굳이 비싼 흑단 소재를 사용할 필요가 없다. 그러나 -B 안팎의 가벼운 수중찌는 흑단으로 만든 초기 모델이 속조류 타기 성능이 우수하다며 지금도 흑단 수중찌를 고집하는 애호가들이 제법 있다.

수중찌를 이용한 하이테크

●잠길찌낚시

1호 구멍찌에 -1.2호 수중찌를 단 후 목줄에 봉돌을 물리거나 -1.5호 수중찌를 달아서 채비 정렬 후 구멍찌를 서서히 잠기게 만드는 채비다. 수심 차와 바닥 요철이 아주 심한 여밭에서 바닥층의 감성돔을 노리거나 참돔을 노릴 때 많이 쓴다. 채비가 정렬된 후 천천히 가라앉기 시작하는 것을 보고 채비가 어느 정도 가라앉았는지 추측하며, 더 깊은 곳을 노리고 싶다면 채비를 계속 가라앉히고, 바닥에 걸릴 것 같으면 살짝 당겨서 들어 올렸다 다시 흘리는 식으로 운용한다.

●본류대 고부력 전유동낚시

주로 원도권 참돔낚시에 활용하는 채비로, 2~3호 고부력 구멍찌에 -0.5~-0.8호 수중찌를 달아 찌매듭 없이 전유동낚시를 한다. 참돔은 밑밥에 반응하면 유영층이 상당히 폭넓어지므로 반유동낚시보다 전유동낚시가 유리한 면이 많은데, 본류대에선 일반적 무게의 봉돌을 달아선 가라앉히기 어려우므로 무거운 수중찌를 다는 것이다. 수심이 깊고 속조류가 강한 곳에서 효과적이다. 채비견제를 잘 하면 무거운 수중찌라도 바닥에 닿지 않고 중하층을 효과적으로 탐색할 수 있다.

수중찌의 8대 기능과 핵심 3대 기능

수중찌는 〈그림〉에서 보듯 8가지의 기능을 갖고 있지만 그중 핵심 기능은 다음의 3가지다.

① 채비 하강 – 수중찌는 1차적으로 싱커(봉돌)의 역할을 한다. 즉 원하는 수심까지 원하는 속도로 내릴 수 있는 무게의 수중찌를 선택한 다음 그에 맞는 어신찌를 고른다.

② 수중조류 타기 – 수중찌의 역할은 물속에서 조류를 받아 자연스럽게 밀리며 채비를 정렬시켜주는 역할이다. 조류가 약하면 수중찌의 체적이 큰 것을 써서 조류를 받는 면적을 넓게 하고, 조류가 세면 수중찌의 체적이 작은 것을 쓰거나 수중찌 대신 구멍봉돌을 써서 조류를 받는 면적을 줄여준다. 따라서 수중찌는 조류가 미약한 상황에서 많이 사용한다. 특히 바람과 조류가 역방향일 때, 채비를 원래 조류 방향으로 이끌어주는 큼직한 수중찌를 반드시 사용해야 한다.

③ 채비(미끼) 선행 – 만약 수중찌 없이 목줄에 봉돌만 왕창 단다면 채비가 무겁기만 하고 조류를 잘 받지 못하게 된다. 그래서 면적이 큰 구멍찌가 조류에 먼저 밀리면서 미끼보다 구멍찌가 먼저 흘러가는 '미끼 후행' 현상이 생긴다. 이러면 낚시인이 수시로 뒷줄을 잡아 구멍찌를 흘러가지 못하게 해야 물속의 미끼가 선행하게 된다. 그러나 수중찌를 달면 물속에서 속조류에 잘 밀리며 미끼 선행이 가능하게 된다.

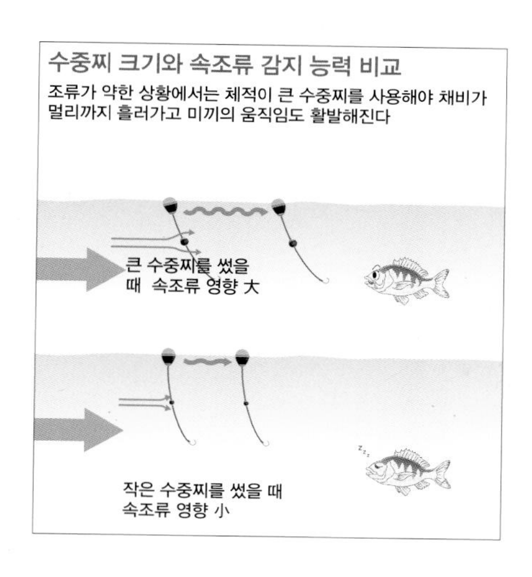

수중찌 크기와 속조류 감지 능력 비교
조류가 약한 상황에서는 체적이 큰 수중찌를 사용해야 채비가 멀리까지 흘러가고 미끼의 움직임도 활발해진다
큰 수중찌를 썼을 때 속조류 영향 大
작은 수중찌를 썼을 때 속조류 영향 小

수중찌의 8대 기능

1. 원투 기능
강풍과 맞바람 속에서 원투가 필요한 경우 수중찌를 평소보다 크고 무거운 것을 쓰면 멀리 날려 보낼 수 있다. 이런 상황에서는 수중찌가 어신찌보다 약간 커도 상관은 없다.

2. 속조류 판별 기능
수중찌가 가라앉는 방향으로 속조류 방향을 알 수 있다. 만약 구멍찌가 흘러가는 방향과 반대라면 겉조류와 속조류의 흐름이 반대라는 뜻이다. 그에 맞춰 채비에 변화를 주면 된다.

3. 유인 기능
채비를 흘리다가 뒷줄을 잡아주면 수중찌가 물속에서 활발히 움직이며 미끼를 흔들어준다. 또 한 번 당겨진 수중찌는 본래 상태로 가라앉는데 오랜 시간이 걸려 미끼의 움직임 시간도 그만큼 길어진다.

4. 밑걸림 극복 기능
조류가 수중여와 정면으로 부닥치면 위쪽으로 솟아오르는 용승조류가 발생한다. 수중찌를 쓰면 이 용승조류를 타고 채비가 떠올라 밑걸림을 피할 수 있다.

5. 제어 기능
높은 파도가 치거나 강풍에 구멍찌가 밀리더라도 물속에서 속조류를 받고 있는 수중찌가 채비의 떠오름을 막아준다.

6. 동조 기능
속조류의 흐름에 맞춰 움직이는 밑밥띠에 채비를 동조시키는 역할이다. 별다른 채비 조작 동작 없이도 수중찌만 달면 얻을 수 있는 기능이다.

7. 이단파 극복 기능
상층 조류와 하층 조류가 역방향일 때 채비를 원래 조류 방향대로 나갈 수 있도록 해준다. 강풍이 불 때 이런 현상이 강한데 이럴 때일수록 큰 수중찌를 쓰는 게 유리하다.

8. 미세 조류 타기 기능
체적이 큰 수중찌를 사용하면 속조류가 미약해도 조류를 넓게 맞받기 때문에 채비를 멀리 흘려보낼 수 있다.

어신찌와 수중찌의 매칭

① 부력과 침력을 맞춘다 – 1호 구멍찌엔 1호 수중찌, 0.8호 구멍찌엔 0.8호 수중찌를 사용해야 구멍찌의 부력과 수중찌의 침력이 맞아떨어져 예민한 상태가 된다. 그러나 목줄에 무거운 봉돌을 물리기 위해 구멍찌 부력보다 가벼운 수중찌를 매칭하기도 한다. 가령 잔존부력이 작은, 예민한 스타일의 1호 구멍찌엔 –0.8호 수중찌를 세팅해야 여부력이 충분히 남아 목줄에 봉돌을 물릴 수 있는 여유가 생긴다.

감성돔낚시에선 0.5호, 0.8호, 1호, 1.5호, 2호 구멍찌를 많이 쓰는데, 그에 맞는 수중찌 조합은 각각 0.5호:–3B~–4B, 0.8호:–0.6호, 1호:–0.8~–1호, 1.5호:–1.5호, 2호:–2호다.

② 수중찌 크기는 구멍찌 크기와 맞춘다 – 크기를 비슷하게 맞추는 이유는 구멍찌와 수중찌가 동시에 조류를 받아 정렬된 상태로 흘러가게 하기 위해서다. 만약 큰 구멍찌에 너무 작은 수중찌를 채우면 수중찌보다 체적이 큰 구멍찌가 먼저 흘러가는 폐단이 있다. 한편 작은 구멍찌에 부피가 큰 수중찌를 채우는 것은 큰 문제가 되지 않는다. 원투엔 이런 조합이 오히려 유리할 수 있다. 조류를 많이 받는 수중찌가 구멍찌보다 앞서 나가면 자연스레 채비가 선행하여 입질 전달력이 좋아진다. 단, 강한 조류에는 큰 수중찌가 좋지 않다.

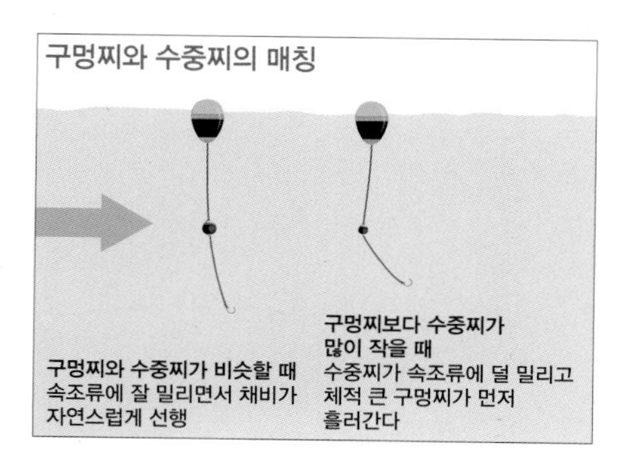

구멍찌와 수중찌의 매칭
구멍찌와 수중찌가 비슷할 때 속조류에 잘 밀리면서 채비가 자연스럽게 선행
구멍찌보다 수중찌가 많이 작을 때 수중찌가 속조류에 덜 밀리고 체적 큰 구멍찌가 먼저 흘러간다

전유동엔 왜 수중찌를 쓰지 않을까?

전유동 채비는 수중찌를 거의 쓰지 않으며 대신 훨씬 더 가벼운 '전유동용 수중찌'를 쓴다. 이런 전유동용 수중찌들은 'J쿠션' '조수우끼' '스텔스' '제로쿠션' 등의 상표명으로 주로 불린다. 전유동 채비에 수중찌나 쿠션을 달면 그것이 속조류를 받아 채비가 떠오르지 않게 하고, 조류가 흐르는 정방향으로 미끼를 가라앉게 해주어 요즘은 전유동채비에 전유동용 수중찌를 많이 쓰는 추세다.

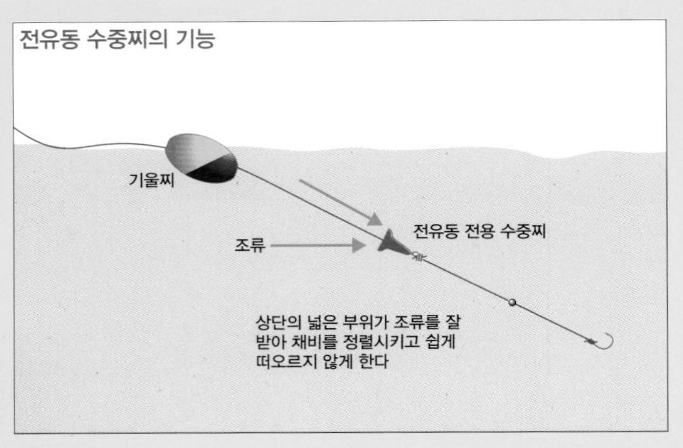
전유동 수중찌의 기능
기울찌
전유동 전용 수중찌
조류
상단의 넓은 부위가 조류를 잘
받아 채비를 정렬시키고 쉽게
떠오르지 않게 한다

전유동 수중찌. 비중이 가벼우면서도 조류를 잘 받아 저부력 전유동 채비에 자주 사용한다.

조류 약하고 바람 셀 때는 수중찌 필수!

구멍봉돌보다 비싼 수중찌를 쓰는 이유는 '수중 조류'를 받기 위함이다. 같은 비중의 납봉돌보다 나무나 플라스틱 재질로 만든 수중찌는 물속에 있는 조류를 많이 받아서 밑밥이 흘러가는 속도와 채비의 속도를 맞춰주는 역할을 한다.

만약 수중찌가 없으면 바람과 조류 방향이 엇갈릴 경우, 수면의 어신찌가 바람에 의해 조류 방향과는 엉뚱한 방향으로 밀리면서 밑밥 속에 있어야 할 미끼를 끄집어내버리는 결과를 초래한다. 그러나 〈수중찌의 8대 기능〉 중 7번 기능처럼 수중찌가 있으면 바람에 밀리는 어신찌를 잡아서 조류 방향대로 끌고 가는 역할을 해준다. 바람이 없어도 조류가 미약한 상황에서는 수중찌를 달아서 채비가 조류를 조금이라도 더 잘 받게 하는 것이 유리하다.

또 수심이 얕아 멀리 원투해야 될 상황 또는 맞바람 속에서 채비를 원투해야 될 상황에서는 평소보다 무거운 수중찌를 사용하는 게 좋은 방법이다.

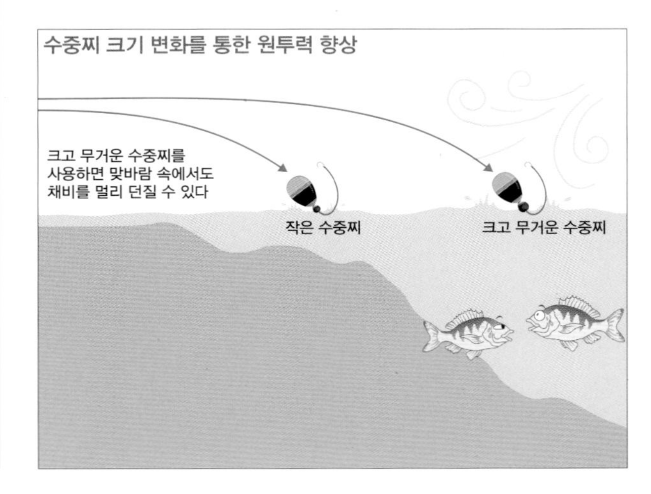
수중찌 크기 변화를 통한 원투력 향상
크고 무거운 수중찌를
사용하면 맞바람 속에서도
채비를 멀리 던질 수 있다
작은 수중찌
크고 무거운 수중찌

조류가 너무 센 상황에서는 나무로 만든 수중찌보다 금속 재질의 수중봉돌을 사용하는 게 유리하다.

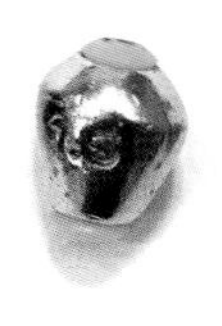

동명산업에서 출시한 '속공수중'. 친환경소재(쇼트볼+에폭시수지)로 만든 수중봉돌이다.

조류 셀 땐 수중찌보다 구멍봉돌로 대체

그러나 오히려 급류가 흐르는 곳에선 조류를 많이 받는 수중찌를 빼고 작은 구멍봉돌로 바꿔야 채비가 급류에 떠밀리지 않는다. 이런 상황에서 작은 수중찌를 쓰기도 하지만 작은 수중찌는 사실 납이나 황동으로 만든 구멍봉돌과 기능상 큰 차이가 없어서 값이 싼 구멍봉돌(수중찌 대용이란 뜻에서 '수중봉돌'이라 부르기도 한다)을 많이 쓴다. 다만 구멍봉돌을 쓰면 어신찌만 조류를 많이 받아서 미끼 선행이 어려워지는 수가 많은데, 가끔 뒷줄 견제로 어신찌를 잡아서 밑채비가 선행할 수 있게 해주는 게 좋다.

급류에서 구멍봉돌이 유리한 이유

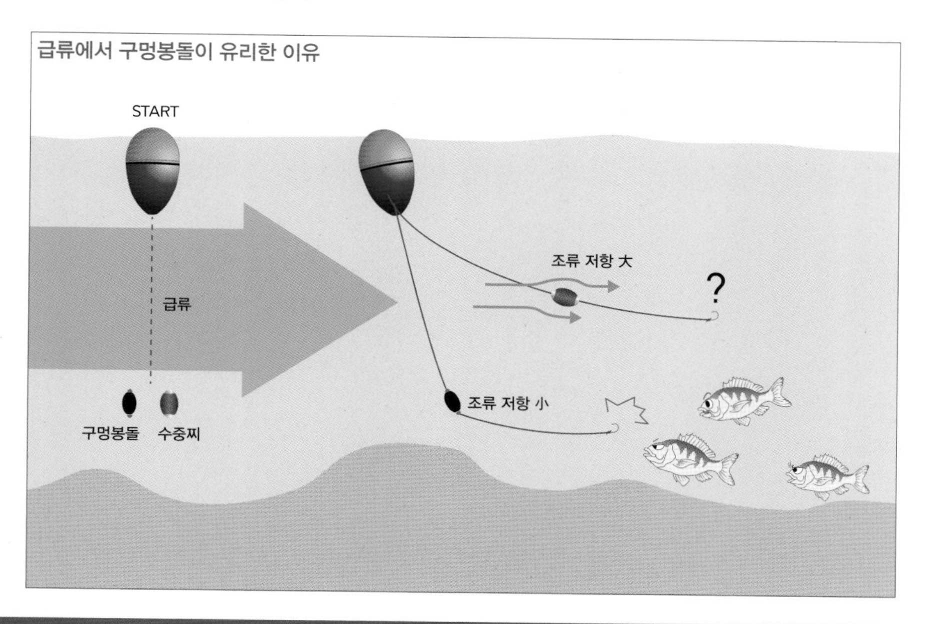

수중찌 형태도 도토리형이 좋아

수중찌도 구멍찌와 마찬가지로 고전적인 도토리형이 가장 무난하다. 특히 상단이 커트되거나 컵처럼 오목하게 파여서 구멍찌 하단과 밀착될 수 있는 것이 캐스팅 때 구멍찌와의 엉킴을 줄여준다. 수중찌 상단이 뾰족하면 캐스팅 시 구멍찌와 잘 엉키므로 피하는 게 좋다. 길쭉한 형태보다는 둥근 형태가 쓰기 편하며, 구멍찌와 마찬가지로 너무 특이한 형태는 피하는 게 좋다.

구멍찌와 마찬가지로 수중찌도 도토리형이 무난하다. 길쭉하거나 특이하게 생긴 수중찌는 캐스팅 때 채비가 잘 꼬이는 단점을 갖고 있다.

CHECK POINT

▶수중찌를 안 달면 구멍찌낚시를 할 수 없나?

아주 가벼운 봉돌만 사용해 천천히 미끼를 내리는 벵에돔낚시 등 전유동낚시는 수중찌가 필요 없지만, 채비를 신속하게 내려야 하는 감성돔과 참돔낚시에서는 수중찌가 반드시 필요하다. 다만 수중찌 대신 같은 비중의 구멍봉돌을 사용할 수는 있다.

▶'순강수중'은 무엇인가?

일본의 쯔리겐사가 만든 속공형 수중찌의 상표명이다. 흑단 같은 나무가 아니라 황동으로 제작해 크기가 작고 무겁다. 순강(瞬降)이란 순식간에 내려간다는 뜻이다. 순강수중이 출시된 후 여러 회사에서 비슷한 제품을 출시했는데 '순간수중'이라 부르기도 했다. 실제 역할은 납봉돌과 거의 비슷하다. 지금도 금속 재질로 만든 구멍봉돌류를 순강수중이라고 부르는 사람이 많다.

▶벵에돔낚시에서는 수중찌를 안 쓰나?

벵에돔낚시는 깊어야 5~6m 수심을 노리기 때문에 목줄에 다는 작은 좁쌀봉돌 무게만으로 채비를 가라앉힐 수 있어서 수중찌는 불필요하다. 그러나 벵에돔낚시라도 반유동채비로 8~12m 수심을 노릴 땐 수중찌를 사용해야 한다.

▶한 개에 1천원 미만의 싸구려 수중찌도 쓸 만한가?

기본적으로 쓰는 데는 큰 무리가 없다. 다만 표기된 호수만큼 침력이 정확한지는 낚시를 하면서 직접 테스트해볼 필요가 있다. 실제 표기보다 무게가 더 나가거나 덜 나가는 경우가 종종 있기 때문이다.

▶수중찌 대신 구멍봉돌을 써도 상관은 없나?

뒷줄 관리를 잘해 채비 선행(구멍찌보다 물속의 미끼가 앞서 흐르게 하는 것)만 원활하게 만든다면 큰 문제는 없는 편이다. 구멍봉돌은 수중찌보다 부피가 작아서 잘 흘러가지 않기 때문에 수시로 뒷줄을 잡아주지 않으면 구멍찌보다 뒤처지는 현상이 생기는데 이 점이 꾸준히 속조류를 받으며 채비를 끌고 앞으로 나가는 수중찌와 가장 큰 차이점이다. 또 체적이 큰 수중찌는 물속에서 암초를 만나면 용승조류를 타고 암초를 훌쩍 넘어가지만 구멍봉들은 그러지 못해 그냥 걸리고 만다. 빠른 채비 내림에는 구멍봉돌이 단연 유리하지만 이런 단점도 있다는 사실을 잊지 말 것.

▶수중찌의 모양은 각양각색인데 어떤 걸 골라야 하나?

둥근형, 계란형, 도토리 형태가 가장 무난하다. 길쭉하거나 유달리 하부나 상부가 팽창된 형태의 특이한 형태는 피하는 게 좋다. 수중찌가 처음 등장했을 때는 다양한 형태로 제작되며 업체에서 각각의 기능성을 강조했지만 실제 역할에는 큰 차이가 없다는 게 경험적으로 밝혀졌다.

감성돔낚시에 사용하는 다양한 막대찌들.

막대찌

갯바위낚시에 입문할 때는 구멍찌로 시작하는 것이 정석이며 낚시실력을 빠르게 익히는 데 유리하다. 그러나 실전현장에서는 막대찌가 구멍찌보다 유리한 상황도 많다. 특히 미끼를 빨리 내려야 하는 상황에서 구멍찌보다 채비 하강속도가 빠른 막대찌를 사용해볼 필요가 있다.

막대찌의 5가지 장점

막대찌의 가장 큰 장점은 ①시인성과 ②예민성이다. 찌톱이 수면 위로 높게 솟아있어 멀리 흘려도 눈에 잘 보이며 수면에 닿는 면적이 구멍찌보다 작아서 고부력찌를 써도 시원스레 잘 빨려든다.

그 다음 장점으로 ③빠른 채비 하강과 ④정확한 수심파악 능력을 꼽을 수 있다. 긴 구멍을 통과하는 구멍찌보다 고리를 통과하는 막대찌는 채비가 쏜살같이 내려가고(이것은 단점이 되기도 한다), 구멍찌의 경우 〈그림1〉에서 보듯 밑걸림이 생겨도 잘 표시가 나지 않고 한참 뒤에야 찌가 스르르 잠겨들지만, 막대찌는 찌톱 높이가 눈에 띄게 달라지거나 곧바로 잠기기 때문에 밑걸림 파악이 빠르다.

특히 자립막대찌는 ⑤원투력이 좋아 강풍이 불거나 포인트가 멀리 형성되는 상황에서 목표 지점을 정확하고 지속적으로 노릴 수 있다.

빠르고 정확한 수심 파악 능력은 감성돔의 활성이 떨어져 깊은 골에서만 입질할 때 매우 위력적이다. 일부러 채비 수심을 실제보다 깊게 맞춘 후 여러 지점에 두루 던져보아 찌가 눕지 않고 똑바로 서는 곳(깊은 곳)을 찾아내 공략하면 되기 때문이다. 반면 구멍찌는 깊든 얕든 높낮이 차이가 크게 나지 않아 이런 변화를 알아채기가 쉽지 않다. 한겨울부터 영등철(음력 2월이자 양력 3월)까지 감성돔이 깊은 수심의 바닥에 웅크려있거나 골자리에서 낚이는 저수온기에 막대찌 채비가 위력을 발휘하는 것은 이런 장점 때문이다.

〈그림1〉밑걸림 직후 찌에 나타나는 반응

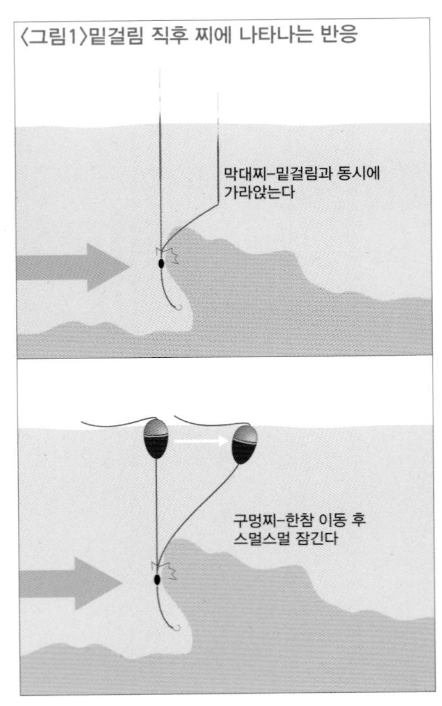
막대찌-밑걸림과 동시에
가라앉는다
구멍찌-한참 이동 후
스멀스멀 잠긴다

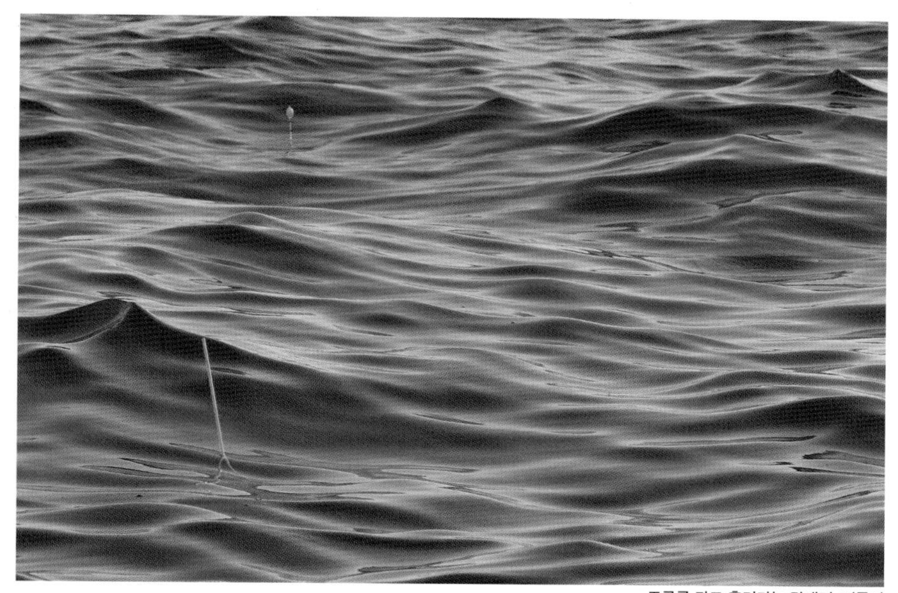

조류를 타고 흘러가는 막대찌. 찌톱이
높이 솟아 있어 멀리 흘러가도 잘 보인다.

거제, 통영, 남해도에서 인기

막대찌를 가장 많이 쓰는 지역은 경남 거제도, 남해도, 통영 등지다. 대체로 이곳 바다는 전남에 비해 물이 맑아서 입질수심이 깊으며, 바다낚시 인구가 많아 감성돔이 근거리에서 잘 낚이지 않는다. 이런 여건이 멀리 던져 깊이 노리는 '원투심장' 스타일에 적합한 막대찌낚시를 즐기는 인구가 많은 요인일 것이다. 그동안 구멍찌 위주로 사용하던 여수와 고흥 지역에서도 막대찌를 꺼내드는 낚시인들이 많이 늘었는데, 그만큼 남해서부 감성돔도 점점 먼 거리에서 낚이고 있는 것이다.

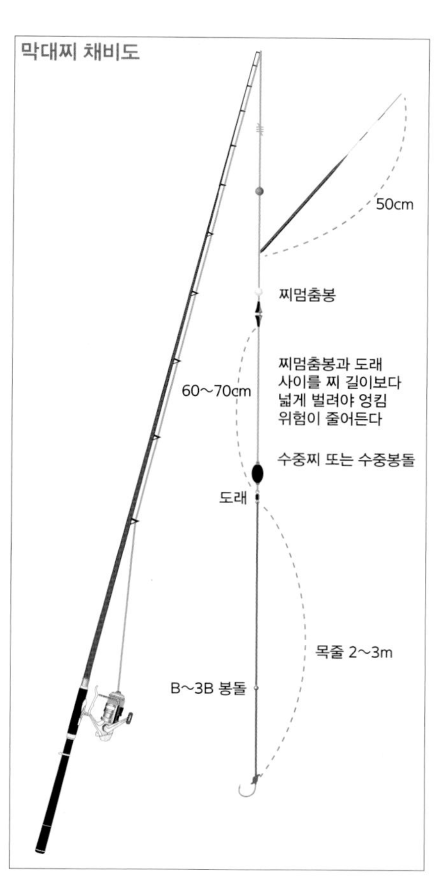

막대찌 채비를 캐스팅하고 있다.

남해도 가천 갯바위에서 막대찌 채비로
감성돔을 낚아내고 있다.

자립찌, 반자립찌, 비자립찌로 구분

막대찌는 찌 하단 봉돌에 따라 크게 3종류로 나뉜다.

▶자립찌-하단에 큰 봉돌이 내장돼 있어 수면에 떨어지면 똑바로 일어서는 찌를 말한다. 찌 자체가 무거워 초원투가 필요한 상황에서 유리하다. 그러나 찌가 무거운 만큼 연질대를 사용하면 캐스팅이 불편하다는 점, 미약한 입질이나 밑걸림 때 찌에 표시가 덜 난다는 점 등은 단점이다.

▶반자립찌-찌 하단에 몸통 부력의 절반 정도의 봉돌이 내장된 찌다. 그래서 수면에 떨어지면 찌가 비스듬하게 서 있다가 밑채비가 완전히 가라앉으면 그제야 똑바로 일어서므로 채비의 안정 상태를 쉽게 확인할 수 있다. 만약 수면에 착수하자마자 찌가 똑바로 선다면 채비가 엉킨 것이다. 원투성, 채비 정렬 확인 능력이 모두 뛰어나 가장 많이 쓰는 막대찌다.

▶비자립찌-비자립찌는 작은 몸통으로 큰 부력을 만들기 위해 봉돌을 내장하지 않았다. 그래서 멀리 던지기 어렵고 찌 밑에 다는 구멍봉돌의 무게로 던질 수밖에 없다. 그러나 아주 무거운 봉돌을 달 수 있어서 근거리 심층공략용으로 쓴다. 감도도 가장 예민하다. 수면에 떨어지면 누워 있다가 밑채비가 다 내려가야 비로소 일어선다. 채비의 완벽한 입수, 밑걸림 확인에 강하다. 비자립찌는 근거리를 노리는 1호 이하의 소형과 원투심장형 5~6호까지 있다. 특히 5호 이상의 대형 비자립찌는 선상낚시에서 많이 쓴다.

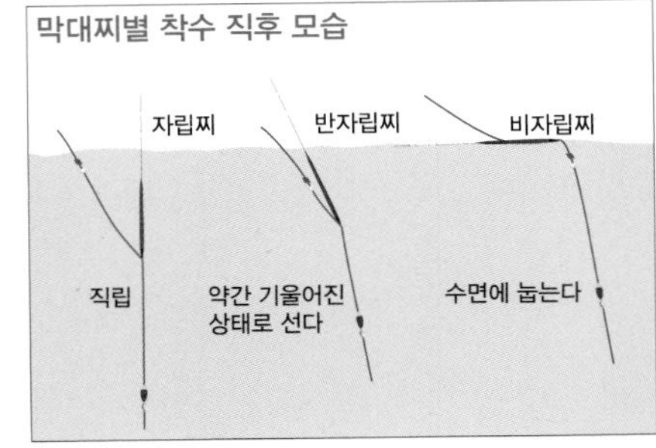

막대찌가 바닥층 공략에 유리한 이유?

목줄 짧고 무거운 봉돌 쓰기 때문

막대찌가 바닥층이나 골자리 공략에 유리한 또 다른 이유는 짧은 목줄과 무거운 봉돌에 있다. 보통 구멍찌 낚시는 4m 안팎의 긴 목줄을 쓰지만 막대찌는 채비 엉킴을 방지하기 위해 2m 안쪽으로 쓴다. 그래서 약간만 수심을 깊게 주거나 얕아지면 찌가 곧바로 눕게 돼 바닥 수심을 쉽게 감지하고 찌밑수심을 조절하는 것이다. 1호나 2호 이상의 묵직한 봉돌을 사용하므로 그만큼 미끼를 바닥층에 안정되게 깔아놓을 수 있다.

수심에 맞는 적정부력은 구멍찌와 비슷

막대찌의 부력 역시 구멍찌처럼 수심에 맞춘다. 대개 10m 안팎 수심에서 낚시할 때는 1호, 15m 수심에서 낚시할 때는 1.5~2호, 7~8m 수심에서는 0.8~1호 막대찌가 알맞다. 그래서 남해 갯바위의 평균 수심이 8~12m인 점을 감안하면 1호 막대찌가 가장 보편적으로 쓰인다.
그런데 비슷한 수심대라도 구멍찌를 쓸 때보다 약간 더 고부력을 쓴다. 그 이유는 막대찌의 주 목적이 바닥층 공략과 원투에 있기 때문이며, 무거운 수중찌나 봉돌을 써야 이런 장점이 살아나기 때문이다. 막대찌는 예민해서 1호 막대찌를 써도 0.8호 구멍찌보다 잘 빨려든다.
같은 수심이라도 조류가 빠를 때는 부력이 더 센 찌를 써야 한다. 그러므로 하나를 더 구입한다면 2호 막대찌를 여분으로 준비하는 게 좋다.

톱 굵기는 4mm가 적당

찌톱(대롱)의 굵기는 4mm가 적당하다. 막대찌 톱 굵기는 2mm부터 6mm가 넘는 것까지 있다. 찌톱이 너무 얇으면 예민하지만 잘 보이지 않는다. 또 너무 예민하면 자잘한 밑걸림을 지나쳐 가지 못하고 잠기게 돼 불편하다. 반대로 찌톱이 너무 굵으면 잘 보이기야 하겠지만 잔존부력이 톱에 너무 많이 남아 막대찌 특유의 예민함이 떨어진다.
막대찌는 잔존부력이 찌톱에 있다. 수면 위로 톱이 3cm 올라와 있을 경우, 찌톱 굵기가 2mm라면 G2~B의 잔존부력이 남아 있는 셈이고, 6mm면 2B~3B의 부력이 남아 있는 셈이다. 4mm라면 B~2B 정도의 잔존부력이 남아 적당하다.

막대찌는 길고 가늘수록 감도가 좋다.

길이는 40~50cm가 무난

막대찌는 길수록 잘 보이고 예민하다. 긴 것은 80cm가 넘는 것도 있다. 그러나 처음부터 너무 긴 찌를 쓰면 불편하다. 40~50cm짜리가 입문자에게는 좋다. 긴 찌는 예민하지만 캐스팅할 때 채비가 자주 꼬이고 가지고 다니기에도 불편하다.

막대찌의 장점과 단점

장점	단점
입수저항이 작아서 고부력의 찌도 예민하다.	채비가 너무 빨리 내려가서 벵에돔낚시 등 띄울낚시엔 부적합하다.
찌톱이 높이 솟아 있어서 멀리 흘리거나 역광에서도 잘 보인다.	전유동낚시(찌매듭 없이 전층을 공략하는)를 할 수 없다.
동일무게의 봉돌을 달아도 구멍찌보다 채비가 빨리 내려간다.	수심이 얕은 곳에선 바닥걸림이 심하다. 그래서 동해안에선 수심 깊은 방파제를 제외하고는 막대찌를 쓰지 않는다.
구멍찌는 최대무게가 20~25g이지만 막대찌는 최대무게가 30~40g이라 훨씬 멀리 던질 수 있다.	캐스팅 시 수면 착수 직전 뒷줄을 잡아주지 않으면 막대찌와 원줄이 엉키기 쉽다.

막대찌의 챔질타이밍

찌톱 잠기면 바로 채는 게 좋다

금성철 경기공방 대표, 쯔리켄 필드스탭

막대찌와 구멍찌의 입수 수심 비교

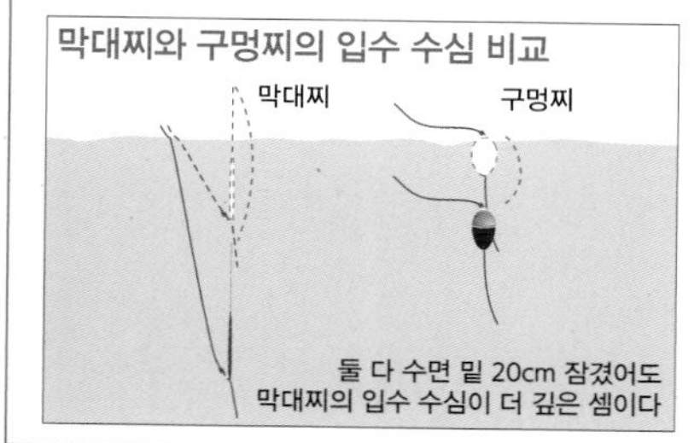
막대찌
구멍찌
둘 다 수면 밑 20cm 잠겼어도
막대찌의 입수 수심이 더 깊은 셈이다

막대찌는 구멍찌보다 예민하기 때문에 감성돔이 미끼를 살짝 건드리기만 해도 찌가 흔들리거나 살짝 잠기는 입질로 나타난다. 이때를 본신으로 챔질하면 헛챔질이 될 확률이 높다. 따라서 일반적인 막대찌 챔질 타이밍은 '찌가 완전히 입수된 뒤 2초 정도 지나도 떠오르지 않을 때 챔질'하는 것이다.
그러나 나는 막대찌의 챔질 타이밍을 무조건 늦게 가져가는 것이 항상 바람직하다고는 보지 않는다. 막대찌는 수면 위로 드러난 찌톱 길이만 20cm에 이르기 때문에 이 길이가 모두 물속에 잠기는 시간도 감안해야 하기 때문이다. 따라서 막대찌낚시에 있어서 챔질 타이밍은 입수 후 1~2초 뒤가 적당하며 오히려 3초 이상 기다리는 것은 역효과를 낼 수 있다. 막대찌가 입수저항은 작을지 몰라도 입수 직후 40~50cm 길이에 이르는 막대찌가 받는 물속 저항은 감성돔에게 이물감을 전달할 위험이 높기 때문이다. 3초 이상 기다렸다가 찌가 다시 떠오르는 것을 보고 "감성돔 입질이 예민하구나"하고 판단하는 것은 옳지 않다.

CHECK POINT

▶막대찌엔 왜 잔존부력 표시 없나?

막대찌는 구멍찌와 달리 잔존부력 표기가 없는데 그 이유는 막대찌의 잔존부력이 너무 크기 때문이다. 1호 막대찌의 잔존부력은 때로 0.5호가 넘는다. 1호 막대찌에 -1호 수중찌(혹은 구멍봉돌)를 달고 목줄에 2~3B 봉돌을 두 개 정도 달아도 찌톱이 3cm 정도 올라온다. 그래서 막대찌 잔존부력은 사용자가 현장에서 직접 맞추는 수밖에 없다. 막대찌를 자주 쓴다면 2~3B 봉돌을 많이 갖고 다니는 것이 좋고, 아예 막대찌보다 한 호수 높은 구멍봉돌을 단 다음 부력이 맞을 때까지 조금씩 깎아서 맞추는 것도 방법이다.

▶캐스팅 시 착수 직전 반드시 서밍해줘야

막대찌는 던질 때 구멍찌보다 채비 엉킴이 잦다. 따라서 막대찌를 쓸 때는 가급적 찌 길이보다 멀리 떨어뜨린 지점에 찌스토퍼를 고정시켜 찌톱이 구멍봉돌 부근까지 내려오지 않도록 해야 한다. 그러나 그 경우 원투력이 떨어져 원투낚시를 즐기는 사람들은 막대찌와 구멍봉돌 사이에 찌스토퍼를 끼우지 않는다.
어떤 식의 채비든 찌 착수 직전의 서밍(손으로 원줄을 잡아주는 동작)은 필수다. 구멍찌 채비는 대충 던져도 찌와 수중찌(구멍봉돌)가 엉키는 경우가 적지만 막대찌 채비를 서밍 없이 그냥 던지면 엉킬 확률이 50% 이상이다. 낚싯대를 뒤로 젖혀 캐스팅 자세를 취할 때 채비가 깔끔히 정렬된 것을 확인한 뒤 부드럽고 유연하게 풀스윙하는 자세가 중요하다.

▶막대찌에는 수중찌보다 구멍봉돌이 적합

막대찌는 채비를 빨리 가라앉히고자 하므로 수중찌보다 작아서 빨리 가라앉는 구멍봉돌(또는 순강수중찌)을 많이 쓰는 추세다. 다만 조류가 약해 조류발을 받고 싶을 때, 바람이 불어 물 속에서 채비를 묵직하게 잡아주고 싶을 때는 부피가 큰 수중찌를 쓰기도 한다.

▶구멍찌로 노릴 수 있는 거리와 상황에서 막대찌 쓰면 안 되나?

안 될 것은 없지만 여러 조작성에서 구멍찌가 막대찌를 앞서는 능력이 많아 근거리를 노릴 땐 구멍찌를 쓰는 게 낫다. 다만 개인 취향으로 상황에 관계없이 막대찌만 고수하는 사람이 있다.

▶막대찌 톱은 수면 위로 얼마나 올라오는 게 좋은가?

멀리 노릴 땐 찌톱 전체 길이의 1/3, 가까이 노릴 땐 찌톱의 1/4이 노출되는 것이 적당하다. 갯바위에서 먼 거리의 고기들은 입질이 시원한 편이므로 좀 많이 노출시켜도 입수에는 상관없다.

▶남해도 본섬낚시터에서 유독 막대찌를 많이 쓰는 이유는?

본섬 낚시터는 늘 많은 낚시인이 몰리게 돼 있다. 그만큼 감성돔의 경계심이 높아 연안 접근을 꺼려한다. 그래서 30m 이상 멀리 날아가는 막대찌로 원투찌낚시를 하는 것이다. 그러나 남해도에서도 배를 타고 들어가는 한적한 섬 포인트에서는 고기가 가까운 곳에서 입질하기 때문에 막대찌를 고수할 필요는 없다.

감성돔을 만나러 이 바다에 왔다. 와서 보니 못 낚아도 후회는 없겠다.
감성돔을 알기 전엔 미처 몰랐다. 이토록 아름다운 자연일 줄은.
연화도 두렁여에서.

다양한 호수의 원줄들. 왼쪽부터 조무사의 1.65호, 고센의 2호와 2.5호 원줄로서 1.65호는 벵에돔낚시에 많이 쓴다.

원줄

구멍찌낚시에 쓰는 낚싯줄은 바늘을 묶는 3~4m 길이의 목줄과 릴에 감는 150~200m 길이의 원줄로 나뉜다. 그중 조과에 큰 영향을 미치는 것은 원줄이다. 좋은 원줄을 사용해야만 구멍찌 조작과 입질 유인 조작을 정확히 구사할 수 있다.

구멍찌낚시용 원줄은 나일론 단사를 쓴다. 비중이 무거운 카본사는 원줄로 부적합하다. 또 루어낚시나 배낚시에 쓰는 합사(PE라인)는 조작의 불편함 때문에 쓰지 않는다. 나일론사에 시인성을 높이기 위해 빨강, 흰색, 오렌지색 등으로 염색을 한 제품이 대다수지만, 무색투명한 원줄도 있다. 원줄 제조사들은 구멍찌낚시용 원줄을 비중에 따라 플로팅, 세미플로팅, 싱킹으로 구분하는데, 실제 현장에서 써보면 그 구분과 성능이 명확히 일치하지는 않는다.

구멍찌낚시용 원줄은 시인성을 높이기 위해 밝은 형광색 제품이 많다.

▶플로팅 라인

플로팅(Floating) 라인은 나일론 원사에 6공, 8공, 13공, 17공의 공기구멍을 낸 중공사(中空絲)를 말한다. 이 공기층이 부력재 역할을 해 원줄을 뜨게 만든다. 공기층 구조의 플로팅 줄은 2000년대에 개발된 것으로 알려져 있지만, 사실은 90년대에 구멍찌낚시 보급 초기에 개발된 줄이다.

플로팅 중공사가 구멍찌낚시 전용 라인으로 개발된 이유는 구멍찌 속으로 더 쉽게 빨려 들어가는 원줄이 필요했기 때문이다. 플로팅 줄은 수면마찰계수가 낮아 뜬 상태로 미끄러지기 때문에 구멍찌 속으로 쉽게 빨려 들어가고 그래서 채비 내림 속도가 빠르다. 물에 젖은 낙엽보다 갓 떨어진 낙엽이 더 잘 미끄러지는 것과 같다.

단점은 중공처리 과정에서 강도가 약해진다는 것과 바람에 많이 밀린다는 것이다.

원줄 포장의 겉 표면에 FLOAT이라고 적혀있는 플로팅 줄.

쯔리겐의 프릭션 제로 원줄. 왼쪽이 플로팅, 오른쪽이 세미 플로팅이다.

▶세미플로팅 라인(서스펜드 라인)

세미플로팅(Semi Floating)은 나일론 원사에 발수효과를 내는 불소코팅, 실리콘코팅 등의 2차가공을 한 줄을 말한다. 나일론이 물을 흡수해 가라앉는 것을 방지함으로써 어느 정도의 플로팅 효과를 발휘한다. 겉포장에 'Semi Floating' 또는 'Suspend'라 적혀있다. 원줄이 살짝 잠겨있어 수면 위 바람의 영향을 많이 받지 않는 것이 장점이다.
단점은 물에 잠겨 있어서 릴대를 들었을 때 플로팅 줄처럼 바로 원줄이 들리지 않는다는 것과, 멀리 흘리거나 복잡한 와류대에 줄이 휘말리면 많이 가라앉는다는 것이다.

▶싱킹 라인

나일론 원사에 별도 가공을 하지 않아서 흡수로 인해 가라앉는 정도가 심한 원줄이다. 겉포장지에 'Singking'이라고 적혀있다. 잠수찌낚시처럼 채비를 가라앉히는 낚시에 유리하다는 평이 많지만, 밑밥보다 더 깊이 가라앉아서 오히려 불리하다는 평가도 있다. 대체로 싱킹 라인은 강도가 높아서 이 줄만 고집하는 사람도 있으나 일반적 상황에서는 낚시를 불편하게 만들므로 입문자가 사용하기엔 부적합하다.

최상의 원줄은 플로팅과 세미플로팅 중간!

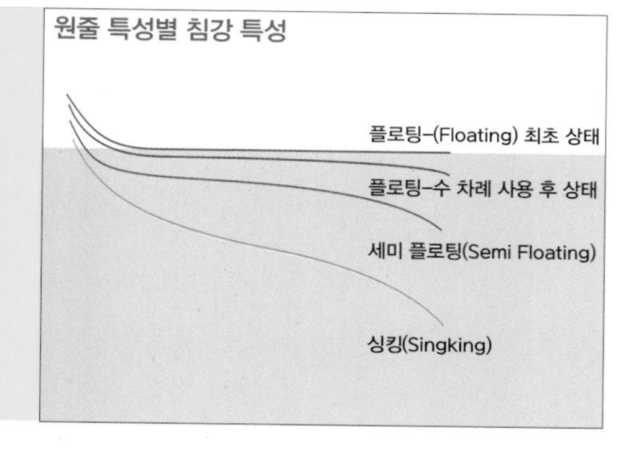

구멍찌낚시 전용 원줄로 플로팅 줄이 개발되었으나 강도 저하와 바람 등 환경변화에 취약하다는 이유로 요즘은 세미플로팅 줄이 많이 쓰이고 있다. 그러나 플로팅 줄의 뛰어난 조작성을 포기하기는 아깝다. 따라서 '플로팅에 가까운 세미플로팅 줄'이 최적으로 평가된다. 사실 세미플로팅의 개념 자체가 모호하여 어떤 줄은 플로팅에 가깝고 또 어떤 줄은 싱킹에 가깝다. 판별 요령은 '낚싯대로 들었을 때 쉽게 들릴 정도로' 얕게 가라앉는 원줄을 고르는 것이다. 쉽게 들리지 않을 만큼 깊이 가라앉는 줄로는 바람과 파도에 원줄이 휘말리는 것을 막을 수가 없다. 안타깝게도 포장지의 설명서를 읽고는 그런 원줄을 고를 수 없다. 여러 원줄을 써보면서 최적의 원줄을 찾는 수밖에 없다.
발수코팅을 한 플로팅 계열의 줄은 가이드와의 마찰, 자외선, 염분 등의 영향으로 코팅이 벗겨지면 물을 흡수해 플로팅 기능이 떨어지므로 일정기간 후엔 교체해 줘야 하는 것이 어쩔 수 없는 태생적 결함이다.

낚시점에 걸려있는 다양한 종류의 구멍찌낚시용 원줄.

세미플로팅이 최상?
채비 조작 능력은 플로팅 라인이 갑!

원줄은 가늘수록 채비가 빨리 내려간다. 가는 원줄은 수면과 마찰 면적, 바람과 파도에 밀리는 면적이 작기 때문이다. 그러나 실전에서 원줄의 굵기만큼 채비 입수에 큰 영향을 미치는 것은 '원줄의 비중'이다.

구멍찌를 통한 입수는 수면에 떠 있는 플로팅 원줄이 가장 원활하다. 그 이유는 줄과 수면의 마찰력이 플로팅 라인이 가장 작기 때문이다. 일반 스크루 선박보다 선체가 수면에 떠서 달리는 공기부양선이 더 빠르게 달리듯이, 원줄이 수면에 떠 있어야 미끄러지듯이 이동하면서 빠르게 구멍찌를 통과한다. 반면 원줄이 가라앉아 있으면 바닷물의 점성이 저항으로 작용하여 원줄이 전진하는 속도가 느려지고 그로 인해 채비하강 속도가 떨어진다. 플로팅 원줄과 싱킹(혹은 세미플로팅) 원줄의 채비하강 속도 차이는 멀리 흘릴수록 즉, 수면에 늘어진 원줄의 길이가 길수록 커진다.

최근 00호 찌를 사용한 잠수찌낚시가 유행하고 있는데, 그 경우엔 부력이 있는 플로팅 라인보다 줄 자체가 가라앉는 세미플로팅 라인으로 더 빨리 채비를 내릴 수 있겠다. 그러나 수면에 떠 있는 찌를 통과해야 원줄이 가라앉는 상황이라면 플로팅 줄의 입수속도가 더 빠르다.

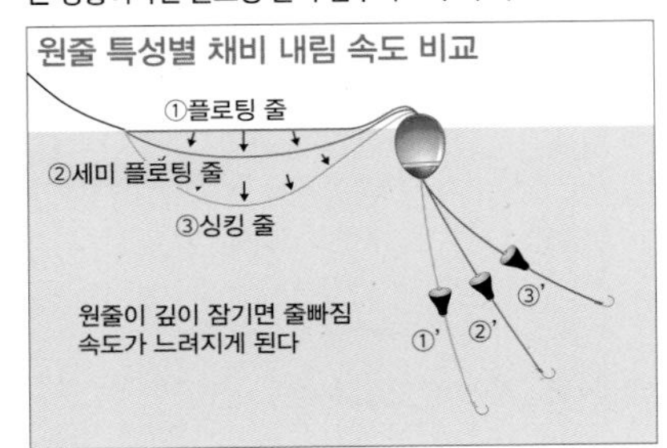
원줄 특성별 채비 내림 속도 비교
①플로팅 줄
②세미 플로팅 줄
③싱킹 줄
원줄이 깊이 잠기면 줄빠짐 속도가 느려지게 된다
①'
②'
③'

수면 위에 떠 있는 플로팅 원줄. 바람이 없고 잔잔한 상황에서는 플로팅 원줄의 채비 입수 속도가 빠르다.

수면에 뜬 줄이 점성저항 적게 받아 빨리 흐른다

또한 플로팅 원줄의 장점은 낚시 도중 대 끝을 들어서 수면 위에 펼쳐진 원줄의 각도나 형태를 바꾸거나 견제하기가 편하다는 것이다. 그래서 특히 전유동낚시를 할 때 플로팅 원줄은 필수사양이 된다. 반대로 물에 가라앉는 원줄은 가라앉은 만큼 물의 압력을 받고 그로 인해 채비가 잘 내려가지 않으며 한 번 물속으로 가라앉은 원줄은 조작하기도 어렵다. 원줄을 들어주면 쉽게 들리지 않고 찌만 끌려오게 된다.

또 횡으로 흐르는 조류에서도 플로팅 원줄의 장점은 두드러진다. 이때 가라앉는 원줄을 쓰면 플로팅 원줄보다 조류의 영향을 더 많이 받아 원줄이 먼저 밀리고 찌도 안으로 당겨져 오는 불편이 발생한다.

물론 플로팅 원줄의 단점도 있는데 바람에 취약하다는 것이다. 만약 횡으로 흐르는 것이 조류가 아니라 바람이라면 싱킹 원줄보다 플로팅 원줄이 더 많이 밀린다. 그러나 전체적으로는 플로팅 원줄의 장점이 단점보다 더 많고 플로팅 원줄도 대 끝을 물에 담가주면 수면 아래로 잠기기 때문에 오히려 실전적인 측면이 많다.

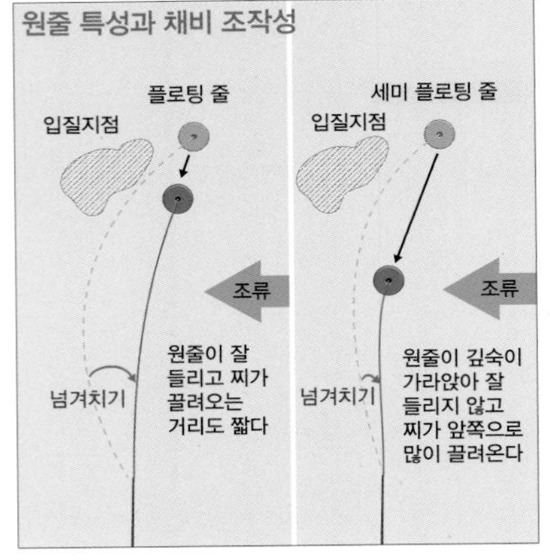
원줄 특성과 채비 조작성
플로팅 줄
입질지점
조류
넘겨치기
원줄이 잘 들리고 찌가 끌려오는 거리도 짧다
세미 플로팅 줄
입질지점
조류
넘겨치기
원줄이 깊숙이 가라앉아 잘 들리지 않고 찌가 앞쪽으로 많이 끌려온다

어종별 적합 원줄 호수

▶감성돔용 – 2.5~3호

감성돔낚시에서는 바닥층을 많이 노리므로 밑걸림이 심하다. 그때 목줄만 끊어져야 채비를 잃어버리지 않기 때문에 목줄보다 굵은 원줄을 사용한다. 감성돔낚시에서 가장 많이 쓰는 목줄은 카본사 1.5~1.7호이므로 원줄은 2.5~3호가 적합하다.

단순히 호수로만 비교하면 1호 이상 굵은 원줄이 무조건 강할 것 같지만, 카본줄의 강도가 나일론줄보다 강하고, 목줄은 매번 새 걸 쓰지만 원줄은 오래 써 노후한 경우가 많기 때문에 원줄이 끊어지는 경우가 많다. 그래서 목줄 1.7호를 쓴다면 원줄 3호는 써줘야 안전하다.

요즘 원줄은 강도가 매우 좋아져 2호로도 충분하다는 주장도 있지만 실전에서 1.5호 카본 목줄과 2호 원줄을 연결해 쓰면 2호 원줄이 터지는 경우가 대부분이다. 그래서 감성돔낚시에서는 최소 2.5호를 사용하고 있다.

▶참돔용 – 3~5호

60cm급까지는 3호 원줄로도 충분히 제압 가능하며, 80cm~1m급을 노린다면 4호 원줄이 적합하다. 참돔낚시용 목줄은 4~5호를 많이 쓰기 때문에 밑걸림 때 6호 원줄을 써도 원줄이 터지는 것을 막기 어렵다. 그래서 원줄은 5호를 초과하지 않는다. 그리고 참돔은 떠서 낚이는 물고기이므로 감성돔처럼 바닥을 긁을 필요는 없다.

▶벵에돔용 – 소형 1.5~2호, 대물 2.5~3호

벵에돔은 상층으로 띄워 낚기 때문에 밑걸림으로 원줄이 끊어지는 경우는 없어 감성돔낚시보다 가늘게 쓴다. 35cm 이하 소형어를 노릴 경우 2호, 1.8호, 1.5호를 많이 쓰며 낚시대회에서는 1.3호도 쓴다. 원줄이 가늘수록 원투성이 좋고, 가벼운 채비도 빨리 내릴 수 있다. 한편 제주도나 일본 대마도에서 45~50cm 대형 벵에돔이나 긴꼬리벵에돔을 상대한다면 2.5~3호 원줄이 필요하다.

◀ 원도 갯바위에서 감성돔을 히트한 낚시인. 대물이 많은 원도권으로 출조할 때는 근해보다 원줄을 굵고 강하게 쓸 필요가 있다.

동명산업의 인팩션 R4 플로팅 원줄. 눈에 잘 보이는 흰색을 채택했다.

CHECK POINT

▶적정한 원줄 가격은?

원줄의 가격은 1만원부터 4만원대에 이르기까지 편차가 크다. 대체로 유명 메이커 제품일수록 비싸며 플로팅, 세미플로팅, 싱킹이냐에 따라서 가격 차이가 나지는 않는다. 가장 무난한 가격대는 2~3만원대다. 4만원이 넘는 고가의 줄도 있지만 그만큼 품질도 좋다고 장담할 수는 없다. 대체로 1만원대의 저가 줄은 구멍찌낚시에 쓰기엔 품질이 떨어지는 경우가 많다.

▶원줄은 왜 베스트셀러가 없는가?

찌낚시용 원줄은 특이하게도 베스트셀러가 없는 편인데, 그 이유는 메이커와 이름만 다를 뿐 품질이 유사한 경우가 많기 때문이다. 원줄 종류가 많지 않았던 시절에는 몇몇 회사의 특정 제품이 인기를 끌었으나 원줄 업체가 많아진 현재는 춘추전국시대라 해도 과언이 아니다. 또 다른 이유는 개인 취향에 따라 선호하는 줄이 다르기 때문이다. 어떤 낚시인은 뜨는 줄을 좋아하고 또 어떤 낚시인은 가라앉는 줄을 좋아한다. 또 색상에 대한 선호에도 차이가 있고, 부드러운 줄과 강한 줄을 좋아하는 부류가 나눠진다. 결국 자신의 낚시 스타일에 딱 맞는 줄을 찾기 위해선 다양한 줄을 경험하는 수밖에 없다.

▶원줄은 얼마 만에 교체하는가?

거의 매주 출조하는 사람이라면 6개월에 한 번 교체하면 적합하다. 연간 출조횟수가 10회를 밑도는 사람도 1년에 한 번은 갈아주는 게 좋다. 그리고 참돔, 부시리 등 대형어를 많이 상대한 원줄은 그만큼 빨리 손상되므로 더 자주 갈아주는 게 좋다. 또 2호 이하의 가는 원줄은 교체 주기를 더 앞당기는 게 좋다. 새 원줄로 교체하기 전 릴 안쪽에 감긴 줄과 바깥쪽 줄을 교체해 사용하는 것도 좋은 방법이긴 하나 스풀에 감겨 있었던 원줄도 염분에 손상될 수 있으므로 통째 교환이 바람직하다.

▶좋은 원줄을 고르는 방법은?

널리 알려진 줄 전문 메이커의 제품을 구입하는 것이다. 그 다음은 유명 종합낚시용품업체의 제품을 추천한다. 종합낚시용품업체는 원줄 생산설비는 없지만 회사의 이미지를 고려해 양질의 원사를 공급받아 판매하기 때문이다.

▶원줄 색상이 강도에 영향을 미치는가?

색상이 있는 줄보다 무색의 줄이 강하다고 알려져 있으나 사실이 아니다. 나일론줄은 염색이 대단히 쉬워서 온갖 색상으로 만들 수 있으며 염색과정에서 강도 저하가 일어나지는 않는다. 무색투명한 원줄 중 강도가 높은 줄이 있을 수는 있으나, 그것은 염색과는 무관하다.

▶꼬불꼬불한 원줄을 쉽게 펴는 방법은?

원줄이 빳빳해져 꼬불꼬불한 것은 염분 때문이다. 철수 후엔 스풀을 분리해 미지근한 물에 담가 염분을 제거한다. 그러나 뜨거운 물에 담가 놓으면 줄의 강도가 약해지니 주의할 것. 그 외에 염분중화제를 갖고 다니다가 낚시 후 원줄에 고루 뿌려주는 것도 좋은 방법이다. 낚시 직전 미지근한 민물에 스풀을 잠시 담가두면 부드럽게 펴진다.

스풀을 민물에 담가 염분을 빼고 있다.

▶새 줄인데도 빳빳하고 퍼머현상이 심한 경우엔 어떻게 하나?

원사 자체의 품질이 나쁜 것이다. 값싼 저가 제품에서 이런 현상이 잦은데 구멍찌낚시에 맞게 제조한 줄이 아니라 일반 원투낚시용 줄을 원사로 사용했을 수도 있다.

심화 학습

낚싯줄의 종류

나일론 VS 플로로카본

조홍식 理學博士, 루어낚시 100문1000답, 루어낚시 첫걸음 저자

1990년대 중반에 PE라인이 등장하기 전까지는 낚싯줄 소재는 크게 나일론과 플로로카본으로 갈라져 있었다.

나일론 라인은 폴리아미드라는 화학섬유를 길게 뽑아놓은 것으로 미국에서 탄생했다. 1937년 미국 듀퐁사의 연구원이던 월리스 캐로더스(W. Carothers)는 10년간의 연구 끝에 인류 최초의 완전한 합성섬유인 폴리아미드(polyamide) 섬유를 발명하고 나일론(Nylon)이란 상품명을 붙였다. 1960년대엔 나일론이 낚싯줄에 적합하다는 점을 알고 낚싯줄로서 재탄생하게 된다.

플로로카본 라인은 1970년대에 일본에서 개발한 또 다른 합성섬유 낚싯줄이다. 여기에서 플로로카본은 '플루어로카본(Flouoro carbon)'을 일본식으로 읽은 것으로 실제로는 섬유의 명칭이 아니고 탄소-불소 결합을 갖는 유기화합물의 총칭이다. 즉 낚싯대 소재로 쓰이는 카본섬유와는 완전히 다르다. 그 성분은 '폴리불화비닐리덴(polyvinylidine di fluoride 또는 PVDF)'이며 원래 기계나 건물 외장 코팅제로 개발되었지만 1971년 일본의 쿠레하화학이 '시가'라는 상품명을 붙여 낚싯줄로 만들어서 팔기 시작했다. 그 당시 시가 낚싯줄 포장지에 폴리불화비닐리덴 대신 플로로카본이라고 표기하는 바람에 오늘날까지 플로로카본 라인, 또는 카본사라 불리고 있다.

나일론과 플로로카본은 저마다 다른 특성을 가지고 있어서 낚시 환경에 따라 적절하게 나눠 사용하면 서로 보완적인 관계가 된다. 각각의 특성을 비교해 보면 다음과 같다.

구멍찌낚시로 올린 감성돔들. 여느 바다낚시보다 가는 낚싯줄을 사용하는 장르인 만큼 품질 좋은 원줄과 목줄을 선택하는 것이 중요하다.

●나일론 라인의 특성

① 적당한 신축성이 있고 부드럽다. 특히 영하의 기온에서도 유연성을 유지한다.
② 반응성이 높아 약품에 의한 가공(염색 등)이 쉽다.
③ 가격이 저렴하다.
④ 열세트(heat set)가 가능하므로 실의 신축가공, 성형을 자유롭게 할 수 있다.
⑤ 물을 빨아들이는 흡수성이 있다.
⑥ 자외선에 영향을 받아 장기간 사용하면 누렇게 변하고 약해진다.

●플로로카본 라인의 특성

① 단단하고 잘 늘어나지 않는다.
② 화학반응이 일어나지 않는 안정된 화합물로 영구불변이다.
③ 비중이 높아 무거우므로 물속에서 쉽게 가라앉는다.
④ 수중에서 굴절률이 물과 비슷해 잘 보이지 않는다.
⑤ 물을 거의 흡수하지 않는다.
⑥ 자외선에 노출되어도 변화가 없다.

원줄로 적합한 나일론사

나일론 라인은 값이 저렴하고 다목적으로 사용할 수 있다. 한겨울 영하의 날씨에서도 부드럽고 다양한 색상으로 쉽게 염색할 수 있으며 표면 가공은 물론 단면을 원형이 아니라 각이 지도록 하거나 속이 비어 공기가 들어있는 구조로도 가공할 수 있는 특성을 가지고 있다. 다만 수명이 길지 않아 자주 갈아주어야 한다.

목줄로 적합한 플로로카본사

플로로카본 라인은 가격이 나일론에 비해 비싸지만 튼튼하고 빳빳하여 직선성이 좋고 빠르게 가라앉는다. 약한 힘에는 잘 늘어나지 않아서 감도가 좋아 입질 파악에 도움을 준다. 그런데 직선성이 좋은 성질은 단점으로 작용하기도 한다. 릴에 감았을 때 저절로 풀어져버리기 쉬운가 하면, 스풀에 오랫동안 감아 두면 휘어진 상태가 굳어버려 스프링처럼 코일링 현상이 일어나기도 한다. 그래서 플로로카본 라인을 릴에 감아 사용하는 경우는 바다낚시에선 거의 없다. 플로로카본 라인은 그 성분이 매우 안정적인 화합물이라서 천년이 지나도 썩지 않고 그대로 남아 환경에 큰 악영향을 줄 수 있음을 기억해야 한다.

구멍찌낚시용 나일론사의 진화

1990년대 이후 구멍찌낚시가 유행하면서, 구멍찌의 구멍에 원줄이 좀 더 자연스럽게 통과되고 잘 보여서 원줄의 움직임으로 입질을 간파할 수 있는 기능성 라인이 필요하게 되었다. 그 결과 나일론 라인에 매끄러운 발수성 표면 코팅을 하여 낚싯대나 찌 표면에 잘 붙지 않는 낚싯줄이 일본에서 생산되기 시작했다.

나일론 라인의 성능을 향상시키는 후처리 가공은 표면 코팅만이 아니라 다양하게 이루어지고 있다. 시인성을 높이는 형광색 염색, 원줄의 움직임을 바로 알 수 있는 길이별 염색, 흡수율을 낮추는 코팅, 표면강도를 높이는 코팅 등의 표면처리, 첨가제를 섞어서 강도를 높이거나 투명도를 높이는 가공 등등 나일론 라인의 가공은 그 범위가 넓다. 그밖에도 섬유를 뽑아낼 때부터 단면이 원형이 아니라 6각형이 되도록 하거나 속이 비어있도록 하는 기계적인 가공도 가능하다. 갯바위나 선상 찌낚시용으로 사용하는 원줄의 경우 플로팅, 세미플로팅, 싱킹과 같이 비중을 조절시켜서 목적에 맞도록 선택할 수 있게 상품화되어 있다.

최근엔 가공기술의 다양화로 부드러운 정도를 조절하고 가늘고도 강도가 높은 나일론 라인도 등장하였다. 1980년대에 3호 줄의 강도가 최근에는 1.5호 줄로도 충분히 발휘되고 있다. 이는 모두 나일론이 가지고 있는 좋은 화학적, 물리적 성격 덕분이다.

플로로카본 VS 나일론 비교

	플로로카본	나일론
비중	1.78	1.12~1.20
흡수율	0.01%	8~10%
내자외선성(강도 저하율)	0%, 1000시간	50%, 50시간
굴절률	1.42	1/531.62
연신률	20~30%(제품별로 격차 큼)	14~30%(제품별로 격차 큼)

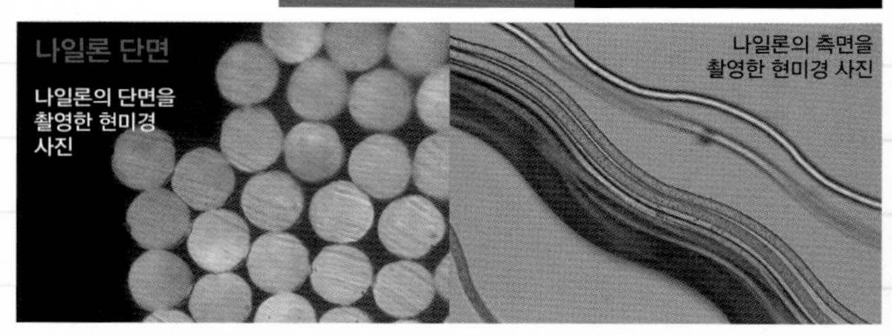

나일론의 단면을 촬영한 현미경 사진

나일론의 측면을 촬영한 현미경 사진

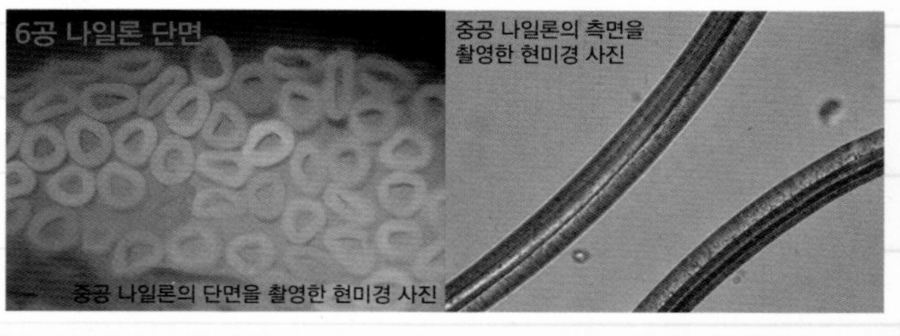

중공 나일론의 측면을 촬영한 현미경 사진

중공 나일론의 단면을 촬영한 현미경 사진

"이게 바로 갯바위의 여왕, 참돔입니다!"
부산낚시인 김태규씨가 추자도 목개 끝에서 낚은
참돔을 들어 보이고 있다.

남녀군도 원정의 울트라급 목줄

일본 큐슈에 있는 꿈의 갯바위낚시터 남녀군도에선 60cm가 넘는 긴꼬리벵에돔을 만날 수 있다. 초대형 긴꼬리벵에돔의 파워와 톱날 같은 이빨은 위협적이다. 그에 대비해 낮에는 5~6호, 밤에는 8~10호의 초강력 목줄을 사용한다. 원줄은 낮에 4호, 밤에 6호, 낚싯대는 낮에 1.5호, 밤에 2호 릴대를 쓴다.

목줄

바늘에 묶는 목줄은 물고기와 만나는 최전선이다.
그래서 목줄은 가늘고 강해야 한다.
구멍찌낚시에서 원줄은 나일론사를 쓰지만
목줄은 비중이 무겁고 강도가 높은 카본사를 쓴다.

카본사의 등장

1971년 일본 쿠레하화학에서 폴리불화비닐리덴으로 만든 실을 개발하면서 낚싯줄은 새로운 역사를 맞게 된다. 이 줄은 나일론줄보다 강도가 높고, 비중이 높아서 봉돌을 달지 않아도 잘 가라앉으며, 곧게 펴지는 직진성이 좋아 극세사 분야에서 종전의 나일론줄을 밀어내게 된다.

카본사는 비중이 1.78로 바닷물보다 높아서 잘 가라앉는다. 줄이 굵을수록 무게는 늘어나서 더 빨리 가라앉는다. 벵에돔낚시용 제로찌에 2호 목줄을 묶었을 때는 G2 봉돌을 달아도 찌가 잘 떠 있지만 4호 목줄을 묶고 G2 봉돌을 달면 찌가 가라앉는다. 그만큼 4호 목줄의 비중이 무겁다는 얘기다. 이 얘기는 곧 4호 목줄을 쓸 경우에는 봉돌을 달지 않거나 G5 봉돌만 달아도 충분히 가라앉는다는 얘기가 된다. 그러나 고부력 구멍찌를 쓰는 감성돔낚시와 참돔낚시에서는 그 미세한 차이를 느끼기 힘들다.

바다낚시에서 목줄로 사용하는 플로로카본줄. 비중이 높고 강도가 좋아 구멍찌낚시에서는 거의 플로로카본줄이 사용된다.

카본사에 관한 각종 유언비어

▶"나일론줄에 카본 성분을 가미한 것이 카본사다."

카본사는 나일론사와는 완전히 다른 소재로 만들어진다. 카본사의 소재인 플로로카본(Flouoro carbon)은 폴리불화비닐리덴(polyVinylidine DiFluoride)인데, 쿠레하화학에서 '탄소-불소 결합을 갖는 유기화합물'이란 뜻에서 플로로카본이라 이름을 붙이는 바람에 낚시인들이 종종 혼동하고 있다.

▶"카본사는 물고기에 경계심을 주지 않기 위해 염색을 하지 않는다."

카본사는 나일론사에 비해 염색이 대단히 어렵다. 그래서 투명한 줄만 생산하고 있다. 그런데 간혹 반투명한 연분홍색이나 하늘색 카본사도 있다. 그것은 염색을 한 것이 아니라 그런 색깔을 내는 합성섬유로 만들었기 때문이다. 일본에선 옛날부터 빨간색이 물고기를 유인한다고 하여 빨간 목줄에 대한 수요가 있는데, 우리나라에선 유색 카본사는 인기가 없다.

감성돔·벵에돔 사이즈별 목줄 적합 호수

30cm 미만	0.8~1.2호
35cm 안팎	1.2~1.5호
40cm 안팎	1.5~1.7호(벵에돔은 2호)
45cm 안팎	1.7~2호
50cm 안팎	1.7~2.5호(벵에돔은 3~4호)
60cm 안팎	2~3호
70cm 이상(참돔)	4호 이상

긴꼬리벵에돔 사이즈별 목줄 적합 호수

30cm 미만	1.2~1.5호
35cm 안팎	1.5~2호
40cm 안팎	2~3호
45cm 안팎	3~4호
50cm 안팎	4~5호
60cm 안팎	6호 이상

목줄 호수와 비중

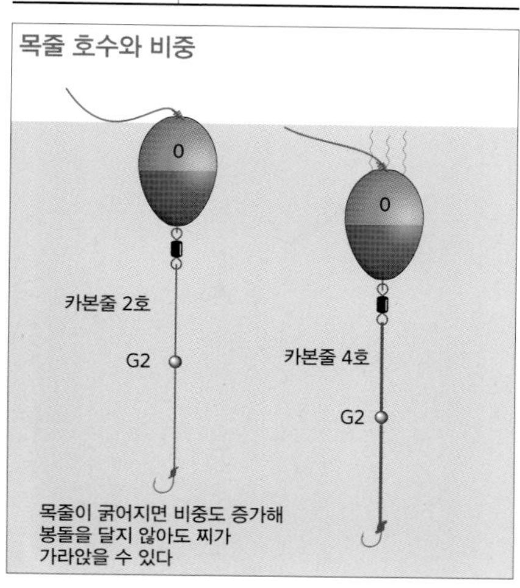

바늘을 묶기 전에 목줄에 흠집이 났는지 살피고 있다. 큰 고기를 걸어낸 후에는 반드시 목줄 상태를 점검해야 한다.

어종별 적합 목줄의 굵기는?

▶벵에돔 노릴 때

벵에돔은 시력이 좋아서 물이 맑은 상황에선 목줄을 가늘게 쓸수록 입질 확률이 높다. 특히 햇빛 투과량이 많은 상층에 떠서 물 때는 굵은 목줄을 식별하고 입질하지 않을 수도 있다. 따라서 1.7호 이하의 가는 줄이 유리하다. 그러나 40cm 이상 대형 벵에돔은 강한 힘으로 암초대로 파고들기 때문에 2호 이상 써줘야 안전하다. 특히 목줄이 암초에 쓸릴 위험이 큰 여밭에서는 3~4호 줄이 필요하다.

▶감성돔 노릴 때

감성돔은 벵에돔만큼 목줄에 민감하지는 않기 때문에 아주 가는 목줄은 필요 없다. 일본에선 "감성돔은 2호 줄 이하면 입질빈도는 동일하다"고 알려져 있다. 감성돔은 벵에돔보다 힘이 약하고 암초대로 파고드는 성질이 약해서 아주 굵은 목줄은 필요 없다. 1.5, 1.7, 2호 세 호수만 준비하면 거의 모든 상황에 대비할 수 있다. 그러나 겨울철 가거도나 태도, 추자도의 험한 여밭에서 5짜 감성돔을 상대할 땐 2.5~3호 목줄을 쓰기도 한다.

▶참돔 노릴 때

참돔낚시라면 일단 70cm 이상부터 1m급을 노리고 하는 낚시다. 따라서 목줄은 최하 3호, 주로 4~5호를 사용한다. 잔챙이만 연달아 낚여도 목줄을 바꾸지는 않는 게 좋다. 언제 대물이 달려들지 모르기 때문이다. 또 참돔은 여간해선 목줄을 타지 않는다.

▶긴꼬리벵에돔 노릴 때

긴꼬리벵에돔은 벵에돔보다 스피드가 빠르고 날카로운 이빨을 갖고 있어 가는 목줄을 사용하면 파이팅 도중 목줄이 끊길 위험이 높다. 가급적 2호 밑으로는 쓰지 않는 게 좋고, 대물이 출현하는 새벽이나 해거름엔 3~4호 목줄을 사용하는 게 좋다. 맑은 한낮엔 긴꼬리벵에돔이 목줄을 타기도 하지만 어두운 시간이나 포말 속에선 목줄을 타지 않으므로 안심하고 굵은 목줄을 사용해도 된다.

대형 참돔이 뜰채에 담기고 있다. 큰 고기를 걸고 나면 목줄이 손상을 입기 때문에 새 목줄로 교체하는 게 바람직하다.

Tournament
1.7

목줄 타래를 잡은 상태에서 릴의 핸들을 돌리며 필요한 만큼의 목줄을 빼내고 있다. 보통 대 끝과 구멍찌 사이의 거리가 1~1.5m 남았을 때의 목줄 길이가 가장 적당하다.

목줄 길이는 왜 두 발을 쓸까?

구멍찌낚시에서 목줄 길이는 보통 두 발('발'은 양팔 벌린 길이, 두 발이면 약 3.5m)을 쓴다. 아마도 모든 낚시 중 가장 긴 목줄일 것이다. 사람에 따라선 4m 이상 쓰는 경우도 많다. 구멍찌낚시에서는 왜 목줄을 길게 쓰는 것일까?

그 이유는 목줄이 길어야 채비가 자연스럽게 움직이고 대상어가 입질 시 이물감도 적기 때문이다. 또 목줄수심만으로도 깊이 내려가니까 미끼를 빨리 대상어 유영층까지 가라앉힐 수 있다. 그러나 목줄이 낚싯대보다 길면 캐스팅과 뜰채질이 힘드니까 무한정 길게 쓸 수는 없는데, 뜰채로 떠낼 때 낚싯대가 휘어진 만큼(약 1.5m)을 감안하여 두 발이 적정길이가 되는 것이다.

새 목줄이라도 반드시 곧게 펴줘라

방금 타래에서 빼낸 목줄이라도 양손으로 지긋이 당겨 곧게 펴줄 필요가 있다. 그렇지 않으면 타래에 감겼던 탄성이 그대로 남아있어 물속에서 나선형을 그리기 때문이다. 이런 현상은 굵은 목줄일수록 더욱 심하다.

긴 목줄 유행 무작정 따라하는 건 위험

최근 우리나라 낚시인들의 목줄은 점점 길어지고 있다. 그것은 대상어가 점점 깊이서 입질하기 때문이기도 하지만, 유행의 측면이 더 크다. 목줄 길이는 3.5~4m가 적정선이며 더 길면 보기에는 멋질지 몰라도 실전에선 득보다 실이 많다.

일단 목줄이 길면 캐스팅이 어렵고 큰 고기를 걸었을 때 뜰채를 대기 어렵다. 그리고 더 큰 문제는, (특히 벵에돔낚시에서) 목줄이 길면 입질이 더디다는 것이다. 벵에돔은 계속 자유낙하하는 미끼보다 스톱 상태로 정렬된 미끼를 공격하는 습성이 있다. 벵에돔이 완전히 떠서 물 때 목줄찌를 다는 이유도 긴 목줄 중간에 목줄찌를 달아 1~2m 수심에 미끼를 스톱시켜주기 위함이다. 만약 목줄찌에만 입질이 오는 상황이라면, 목줄을 1~1.5m로 짧게 묶으면 목줄찌 없이 구멍찌만 달아도 입질을 받을 수 있다.

일본의 벵에돔낚시 명인들은 목줄을 3m 이하로 짧게 쓴다. 물론 일본 벵에돔이 우리나라 벵에돔보다 더 잘 뜨기는 한다. 하지만 우리 바다에서도 4~4.5m는 너무 긴 감이 있다.

특히 고부력찌를 쓰는 감성돔낚시와 너무 긴 목줄은 언밸런스다. 고부력찌를 쓰는 이유는 채비를 빨리 가라앉히고자 함인데, 목줄이 길수록 미끼가 최종적으로 바닥에 닿는 시간은 길어지기 때문이다.

상황별 목줄 적합 길이

3.5m	일반적 낚시상황
4m	잡어가 많이 피지 않고 벵에돔이 깊이서 물 때
2.5~3m	잡어와 벵에돔이 활발하게 피어서 물 때
2m	고부력찌나 막대찌로 속공낚시를 할 때

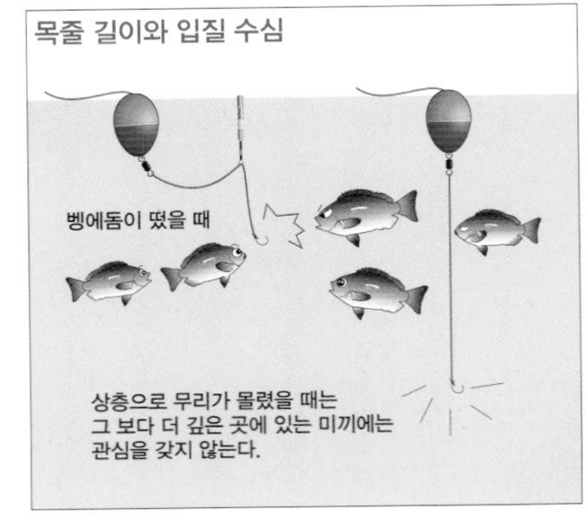
목줄 길이와 입질 수심
벵에돔이 떴을 때
상층으로 무리가 몰렸을 때는
그 보다 더 깊은 곳에 있는 미끼에는
관심을 갖지 않는다.

제주 형제섬에서 2호 목줄로 낚은 42cm 긴꼬리벵에돔. 긴꼬리벵에돔낚시에는 최하 2호, 해거름엔 3~4호 목줄을 쓰는 것이 안전하다.

CHECK POINT

▶꼭 필요한 목줄의 호수는?

한 어종만 상대한다면 몇 가지 호수만 갖고 다니면 된다. 예를 들어 근해에서 감성돔낚시만 한다면 1.5호와 1.7호만 있어도 충분하다. 그러나 벵에돔낚시까지 한다면 1.2호와 2호가 추가로 필요하며, 참돔낚시까지 한다면 3호, 4호, 5호도 있어야 한다.

▶왜 구멍찌낚시엔 1만원이 넘는 비싼 목줄만 사용하나?

구멍찌낚시는 가는 목줄로 대어를 상대하는 만큼 강도와 품질에 신뢰성이 있는 제품을 써야 하기 때문이다. 목줄도 원줄과 마찬가지로 원사는 일본 토레이, 썬라인, 미쯔비시 등 몇 개 회사에서만 생산하고 여러 국내외 판매회사에서 다양하게 상품화하여 판매한다. 일단 플로로카본줄로 1만5천원 이상이면 안심하고 써도 된다. 비싼 제품은 3만원이 넘는 것도 있으나 목줄은 소모품이므로 너무 고가품은 부담스럽다. 원줄은 가격에 따라 품질 차이가 많이 나지만 목줄의 품질 차이는 그렇게 크지 않다.

▶나일론줄은 목줄로 쓰면 안 되나?

나일론줄은 부드러운 장점 때문에 고기의 입질이 약한 저수온기나 각종 악조건 때 유리하다고 한다. 그러나 구멍찌낚시에서는 여쓸림에 약하다는 이유 때문에 거의 쓰지 않는 편이다. 나일론 목줄은 오히려 지깅낚시에서 많이 쓴다. 지깅에선 참치나 대부시리의 충격을 완화할 목적으로 나일론 줄을 목줄로 애용하고 있다.

▶쓰고 남은 온전한 목줄 다시 쓰면 안 되나?

목줄에 상처 나지 않게 온전하게 보관만 할 수 있다면 문제없다. 하지만 목줄은 투명도가 중요하고 구불구불하지 않아야 하는데, 타래에서 풀어내 몇 차례 사용하면 그 자체만으로도 표면이 지저분해진다. 그래서 한 번 사용한 목줄은 버리는 게 낫다.

▶낚시 도중 목줄은 언제 교체하는 게 좋은가?

목줄에 상처가 없다면 계속 써도 상관없다. 그러나 고기를 낚는 과정에서 여쓸림이 있었다면 손으로 훑어보고 상처가 있을 시 교체해야 한다. 그때 원줄 하단부도 상처가 있다면 잘라내고 새로 묶는 게 좋다. 그리고 바늘묶음 부위가 잡어의 이빨에 긁혔거나 꼬불꼬불해지면 수시로 그 부위를 잘라내고 다시 바늘을 묶어 써야 한다. 그런 과정이 반복되면 목줄이 짧아지는데, 3m 길이까지는 상관없지만 더 짧아지면 교체해주는 것이 좋다.

감성돔바늘은 가볍고 날카로워서 챔질 성공률이 높은 게 장점이다.

낚싯바늘

구멍찌낚시는 바다낚시 장르 중 가장 작고 가벼운 바늘을 쓴다. 찌낚시는 미끼가 떠있기 때문에 물고기의 입질이 예민할 때는 바늘의 무게가 큰 변수로 작용하기 때문이다.

가장 많이 쓰는 바늘은 감성돔 3호

우리나라에서 구멍찌낚시용 바늘로 가장 많이 팔리는 호수는 감성돔 3호다. 금호조침 영업부에 따르면 "감성돔 3호 바늘이 가장 많이 팔리며 그 다음으로는 2호, 1호, 4호, 5호 순으로 많이 팔린다"고 한다. 낚시인들은 감성돔 3호 바늘이 미끼인 크릴의 크기와 잘 들어맞고 적당히 커서 강도를 유지하며, 적당히 작아서 감성돔이 쉽게 흡입하기 때문이라고 말한다. 그러나 감성돔낚시에서 항상 3호 바늘이 최적의 선택인 것은 아니다.

깐새우 등 큰 미끼 쓸 땐 감성돔 4~5호

겨울 감성돔낚시에서는 망상어가 가장 성가신 잡어로 대두되는데 그때는 크릴보다 크고 단단한 깐새우나 활새우를 미끼로 쓰면 효과적이다. 또 가을 감성돔낚시에선 잡어 퇴치용 미끼로 갯벌에서 채취한 게를 쓰기도 한

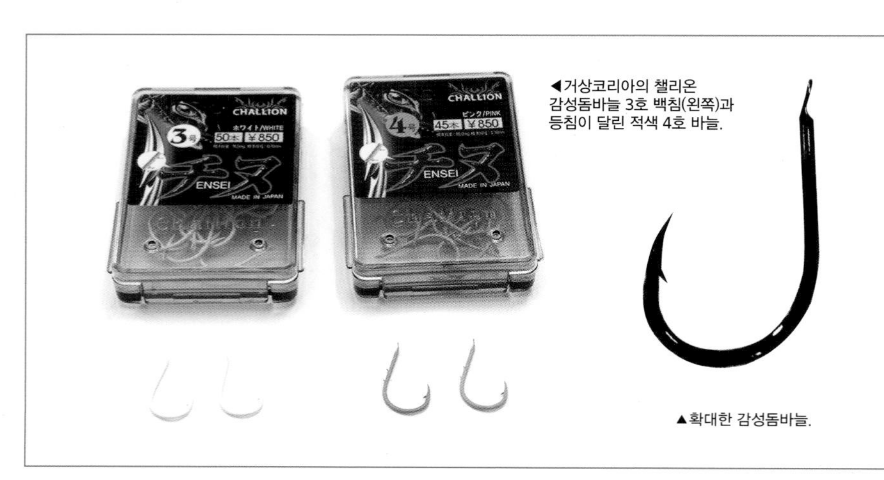

◀거상코리아의 챌리온 감성돔바늘 3호 백침(왼쪽)과 등침이 달린 적색 4호 바늘.

▲확대한 감성돔바늘.

감성돔바늘에 깐새우를 꿴 상태. 깐새우 미끼에는 4호나 5호가 알맞다.

다. 이렇게 큰 미끼를 쓸 때 바늘이 작으면 바늘이 미끼 속에 묻혀서 챔질이 실패할 위험이 있다. 그래서 4호나 5호 바늘을 쓴다. 그리고 바늘 끝이 게나 활새우 바깥으로 충분히 노출되게끔 꿰는 게 좋다.

급류대와 파도밭에서도 감성돔 4~5호

조류가 빠르면 그 속에서 입질하는 감성돔도 미끼를 빠르게 공격하고 돌아서기 때문에 바늘을 깊이 삼키지 않는다. 또 파도가 높을 때도 역시 미끼의 요동이 심하고 감성돔도 빠르게 먹이를 취하기 때문에 깊이 삼키지 않는다. 따라서 이런 상황에선 살짝 물어도 입걸림이 잘 되는 큰 바늘이 유리하다. 그리고 맞바람에 원투가 필요한 경우에도 작은 바늘보다는 큰 바늘에 크릴미끼를 꿰면 잘 떨어지지 않는다.

한편 50~60cm 감성돔을 상대하는 원도에선 미끼에 상관없이 강도가 높은 큰 바늘을 쓴다.

잔잔한 여밭에선 감성돔 1~2호

조류가 느리고 수심이 얕은 여밭에선 감성돔의 입질도 약하고 느리다. 이때 너무 큰 바늘을 쓰면 감성돔이 이물감을 느낄 수 있다. 바늘이 가벼우면 약한 조류 속에서도 미끼가 자연스럽게 움직인다. 특히 여밭은 밑걸림이 심한데, 작은 바늘을 쓰면 크릴로 바늘을 감쌀 수 있기 때문에 바닥에 잘 걸리지 않는다. 기타 포인트에 상관없이 수온이 낮아 감성돔의 입질이 아주 약할 때는 작은 바늘이 유리하다.

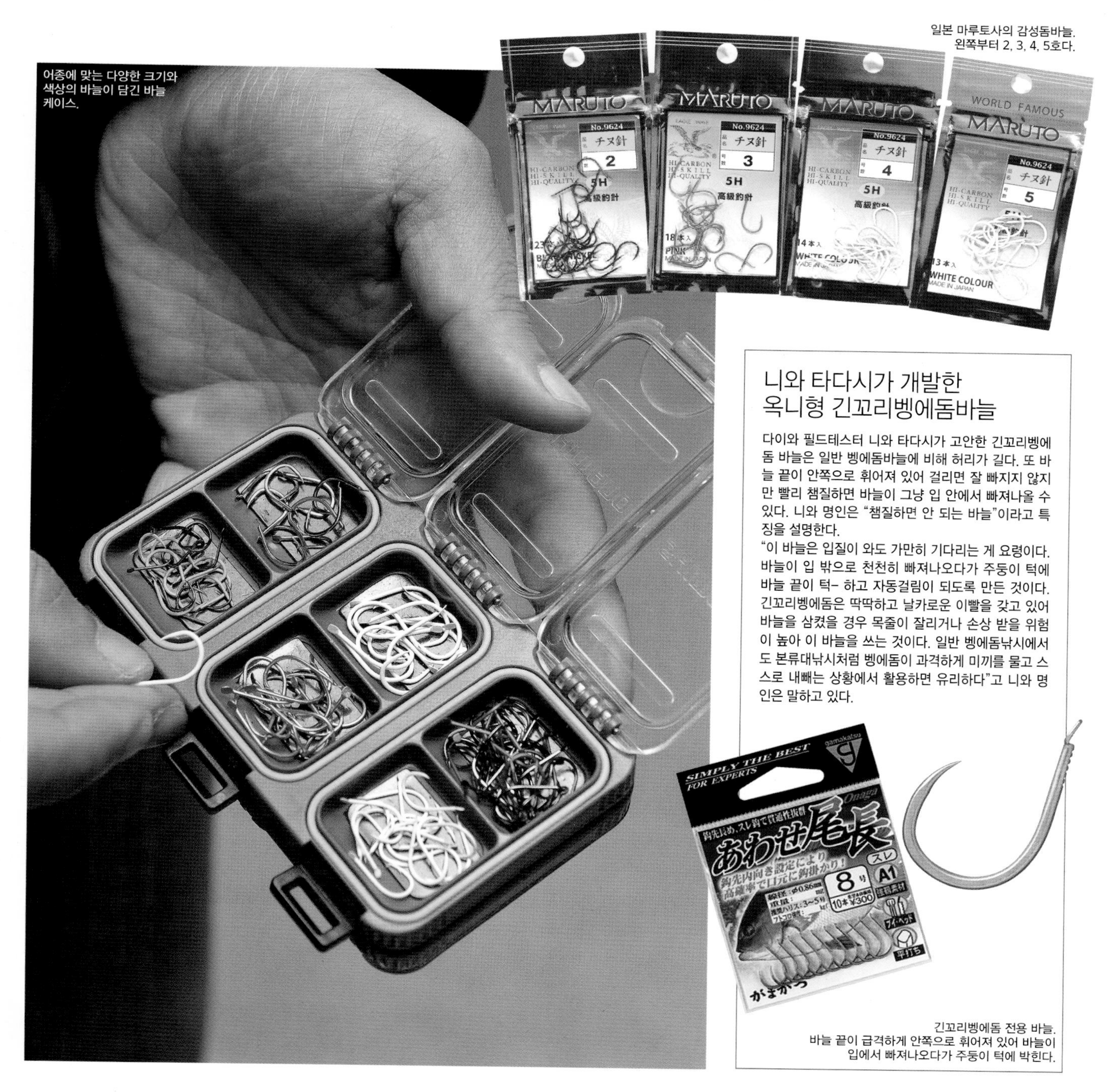

일본 마루토사의 감성돔바늘. 왼쪽부터 2, 3, 4, 5호다.

어종에 맞는 다양한 크기와 색상의 바늘이 담긴 바늘 케이스.

니와 타다시가 개발한 옥니형 긴꼬리벵에돔바늘

다이와 필드테스터 니와 타다시가 고안한 긴꼬리벵에돔 바늘은 일반 벵에돔바늘에 비해 허리가 길다. 또 바늘 끝이 안쪽으로 휘어져 있어 걸리면 잘 빠지지 않지만 빨리 챔질하면 바늘이 그냥 입 안에서 빠져나올 수 있다. 니와 명인은 "챔질하면 안 되는 바늘"이라고 특징을 설명한다.

"이 바늘은 입질이 와도 가만히 기다리는 게 요령이다. 바늘이 입 밖으로 천천히 빠져나오다가 주둥이 턱에 바늘 끝이 턱– 하고 자동걸림이 되도록 만든 것이다. 긴꼬리벵에돔은 딱딱하고 날카로운 이빨을 갖고 있어 바늘을 삼켰을 경우 목줄이 잘리거나 손상 받을 위험이 높아 이 바늘을 쓰는 것이다. 일반 벵에돔낚시에서도 본류대낚시처럼 벵에돔이 과격하게 미끼를 물고 스스로 내뱉는 상황에서 활용하면 유리하다"고 니와 명인은 말하고 있다.

긴꼬리벵에돔 전용 바늘. 바늘 끝이 급격하게 안쪽으로 휘어져 있어 바늘이 입에서 빠져나오다가 주둥이 턱에 박힌다.

벵에돔바늘은 강선이 굵어서
강도가 높다.

벵에돔바늘.
감성돔바늘보다 품이 넓고 강선이 굵다.

다양한 호수의 벵에돔바늘.

벵에돔낚시엔 벵에돔바늘을

벵에돔(구레)바늘은 감성돔(치누)바늘보다 굵고 강하다. 벵에돔은 입이 작아서 작은 바늘을 써야 하는데 힘은 오히려 감성돔보다 세기 때문에 작으면서도 강한 바늘을 사용하는 것이다. 그러나 작은 벵에돔은 감성돔바늘로도 충분히 상대할 수 있다. 25~35cm까지는 벵에돔 5~6호(또는 감성돔 1호) 바늘이면 무난하며 35~40cm급은 7호, 45cm급 이상이 낚이는 상황이라면 8호나 9호를 쓴다. 구레바늘은 초기에는 직사각형 형태의 바늘이 인기를 끌다가 점차 감성돔바늘을 닮은 형태로 바뀌었다.

한편 일본 이즈(伊豆)반도에서 개발된 벵에돔바늘은 이두메지나라 불리는데, 바늘이 가늘어서 벵에돔낚시에선 쓰이지 않고 붕어낚시용 바늘로 사용된다. 그리고 다이와 필드테스터 니와 타다시가 개발한 긴꼬리벵에돔(尾長)바늘은 대물용으로 쓰이는데 크기는 벵에돔바늘 호수와 동일하다.

최고의 강도 자랑하는 참돔바늘

참돔바늘은 벵에돔바늘보다 더 강하고 굵게 만들어진다. 60~70cm급까지는 10호나 11호가 적당하며 80cm~1m급을 노린다면 13호가 알맞다.

참돔바늘 중에는 축광 도료를 칠한 제품도 있다. 어두운 물속에서 약간이라도 돋보여 참돔의 시각을 유혹해보려는 목적에서다. 실제로 참돔은 빛에 대한 호기심이 강해 밤낚시를 할 때는 목줄 중간에 '루미꼬'라는 집어용 케미컬 라이트를 달기도 했다. 루어에도 종종 걸려들 정도로 참돔은 움직이는 미끼나 눈에 띄는 미끼에 잘 달려드는 물고기다.

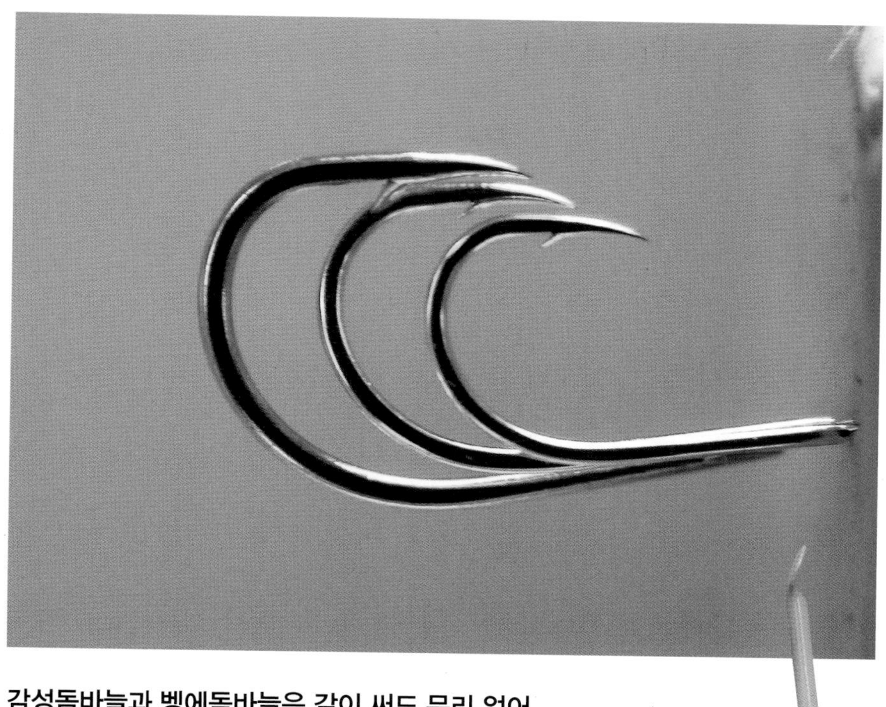

◀바늘을 확대한 모습. 제일 작은 바늘부터 감성돔바늘 1호, 3호, 5호다.

낚싯바늘 호수 제각각인 이유?

일본의 뿌리 깊은 지역감정 탓

일본산 바늘을 쓰다보면 비슷한 크기인데 호수는 크게 차이 나는 경우를 종종 볼 수 있다. 그 배경엔 일본의 역사와 지역감정이 있다. 일본은 도쿄를 중심으로 한 관동지방과 교토, 오사카, 큐슈를 중심으로 한 관서지방으로 크게 나뉘는데, 두 지역 사이의 골은 상당히 깊어 우리가 상상하는 그 이상이다. 전국시대와 막부시대에 일본의 중심은 교토와 오사카였으나, 그 후 막부가 몰락하고 에도시대가 되면서 에도(지금의 도쿄)가 중심지가 되었다.

가령 감성돔과 벵에돔을 관동지역에서는 '구로다이'와 '메지나'로 부르는데, 관서지방에서는 '치누'와 '구레'라 부르고 있다. 그래서 관서지방에서 만들어진 치누바늘과 관동지방에서 만들어진 구로다이 바늘의 호수가 다르다. 그런데 일본의 바다낚시 중심지는 관서지방이기 때문에 낚싯바늘 호수는 관서식이 주류를 형성하고 있으며, 우리나라에도 지리적으로 가까운 관서지방의 낚시용품들이 수입되었다.

감성돔바늘과 벵에돔바늘은 같이 써도 무리 없어

감성돔, 벵에돔, 참돔바늘은 반드시 어종별로 맞춰 써야만 할까? 참돔바늘은 그래야 할 필요가 있지만 감성돔과 벵에돔바늘은 같이 써도 된다. 감성돔바늘 3호는 벵에돔바늘 8호와 크기가 비슷한데 벵에돔바늘이 품이 약간 넓고 무겁지만 사용하는 데는 큰 문제가 없다. 또 벵에돔 8호는 감성돔바늘 5호만큼의 강도를 발휘해 대어와 안심하고 겨룰 수 있다. 그러나 참돔바늘은 크기가 비슷해도 무겁고 굵어 벵에돔이나 감성돔이 이물감을 느낀다는 게 낚시인들의 얘기다.

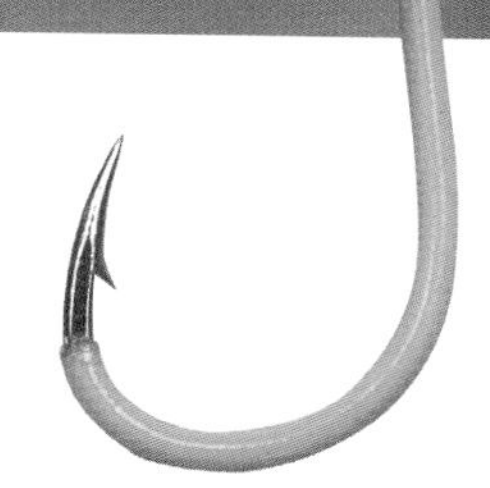

형광물질이 칠해져 있는 참돔바늘. 깊고 어두운 물속에서 참돔의 시각을 끈다.

CHECK POINT

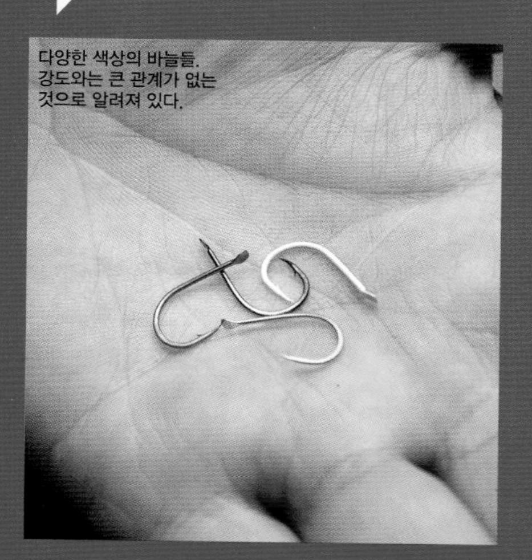

다양한 색상의 바늘들. 강도와는 큰 관계가 없는 것으로 알려져 있다.

▶감성돔바늘은 왜 바늘 끝이 비틀어져 있나?

바늘 끝이 비틀어져 있는 이유는 자동걸림이 잘 되도록 하기 위해서다. 바늘 끝이 바늘 축과 일자이면 챔질 때 딱딱한 주둥이 천장에 주로 걸리지만 비틀어져 있으면 끌려나오는 도중 살짝 바늘이 돌면서 주둥이 옆 살점에 박힐 확률이 높기 때문이다. 이렇게 설계하면 바늘에 전달되는 힘이 한쪽으로 치우쳐 불안할 것 같지만 실제로는 큰 문제는 없는 편이다.

▶바늘의 색상

강철이 주성분인 바늘은 원래 짙은 자주색을 띠는데 그 위에 어떤 도금을 입히는가에 따라 색상이 바뀐다. 색상과 강도는 무관하다. '금침이 은침보다 강하다'고 알려져 있는 것은 금침의 강선을 통상적으로 은침보다 더 굵게 만들기 때문이지, 금침에 더 강한 철을 쓰는 것은 아니다. 또 '금침은 반짝임이 강해 감성돔의 경계심을 유발할 수 있다'거나 '크릴색 바늘은 감성돔이 잘 보지 못해 이물감 없이 삼킨다'는 말도 그다지 신빙성 없다. 다만 수면 상층을 노리는 벵에돔낚시에선 반짝이는 바늘이 벵에돔의 경계심을 자아낸다는 일본의 연구결과가 있기는 하다.

▶비싼 바늘과 싼 바늘의 차이

바늘은 가격에 따른 품질 차이가 큰 제품이다. 싼 바늘은 바늘 끝이 몇 번만 암초를 스쳐도 쉽게 무뎌지고 대어를 걸었을 때 부러질 위험이 크므로 가급적 유명 메이커의 바늘을 선택하는 게 바람직하다. 그러나 바늘을 꿀꺽 삼키는 어렝이나 용치놀래기 같은 잡어가 설치고 벵에돔, 참돔 등이 모두 잔챙이급만 계속 낚일 땐 다소 저렴한 바늘을 사용하는 게 경제적이다. 씨알이 35cm 이내라면 바늘의 강도는 중요하지 않다.

▶무미늘 바늘의 용도

무미늘 바늘은 낚은 물고기에게 상처를 주지 않고 바늘을 쉽게 뽑기 위해 고안된 바늘로서 원래 제한된 시간에 많이 낚아야 하는 떡붕어 경기낚시용으로 개발되었다. 최근 바다낚시용으로도 출시되었는데 미늘이 없는 만큼 관통력이 좋아 일부 마니아들이 선호하기는 하지만 대중성은 떨어진다. 아무래도 파이팅 도중 바늘이 빠질 때가 많다.

▶H 표기와 바늘의 경도

바늘 포장지에는 H 표시가 적혀있는데, 바늘의 경도를 나타내는 하드니스(Hardness)의 약자다. 3H보다 4H가, 4H보다 5H가 더 경도가 높은 바늘이다. 국내에 판매 중인 바늘은 대부분 5H인 반면 일본에서는 3H, 4H, 5H가 고루 팔린다고 한다. 그 이유는 부러지는 바늘은 용서해도 휘어지는 바늘은 용서 못하는 우리나라 낚시인들의 정서 때문이라고 한다. 3H나 4H 바늘은 밑걸림이 심한 여밭을 공략할 때 바닥에 걸려도 지긋이 당기면 약간 휘어지며 빠져나와 전체 채비를 살릴 수 있다. 그러나 물고기와 파이팅 과정에서 휘어질 정도로 약하지는 않다.

봉돌 케이스에서 목줄에 달 봉돌을 꺼내고 있다.
구멍찌낚시에서는 극소형 좁쌀봉돌을 사용한다.

봉돌

구멍찌낚시의 싱커는 원줄에 다는 수중찌와 목줄에 부착하는 좁쌀봉돌로 나뉘는데, 찌낚시에서 '봉돌'이라고 하면 목줄에 다는 좁쌀봉돌을 지칭한다. 큰 싱커는 원줄에 달고 목줄에는 작은 봉돌만 다는 이유는 그래야 미끼의 움직임이 자연스러워지기 때문이다.
제일 작은 G8부터 시작해 G7, G6… G1, B, 2B, 3B까지가 일반 좁쌀봉돌이고,
본류낚시용으로 4B, 0.5호, 1호 봉돌도 사용한다.
그중 목줄에 가장 많이 다는 봉돌은 G5, G2, B, 2B 네 가지다.

봉돌의 4대 역할

① 목줄이 조류에 밀려 떠오르는 것을 방지한다.
② 미끼를 빨리 내려 목줄을 일직선으로 정렬시킨다.
③ 포말이나 와류 속에서 미끼를 안정시켜 대상어가 먹기 좋게 한다.
④ 수중찌가 미처 잡지 못한 구멍찌의 잔존부력을 상쇄하기 위한 목적으로 쓰인다.

순정봉돌 vs 고무봉돌

좁쌀봉돌은 벌어진 틈에 목줄을 끼운 뒤 집게나 이빨로 물려서 고정하는데 물릴 때 압력으로 목줄이 상해서 쉽게 끊어질 수 있다. 그를 방지하기 위해 부드러운 연납으로 만든 '순정봉돌'을 사용한다. 봉돌은 고급품일수록 연해서 목줄이 상하지 않는데, 한 번 물린 다음 손톱으로 다시 벌릴 수 있는 정도가 적당한 무르기다. 만약 딱딱한 싸구려 봉돌을 쓰면 물릴 때 목줄이 손상될 뿐 아니라 파이팅 도중 목줄이 여에 쓸릴 때 봉돌이 목줄 위에서 미끄러지지 않아 목줄이 쉽게 터진다.

최근엔 납봉돌 안에 고무판을 붙인 고무내장 봉돌(고무봉돌)을 많이 쓴다. 고무봉돌은 물릴 때 목줄이 상하지 않고 손으로 쉽게 벌려 제거할 수 있다는 장점 때문에 낚시를 마친 후 다시 회수할 수 있어 인기가 좋다. 그런데 고무봉돌은 단점도 있다. 목줄 위에서 잘 미끄러지지 않아 큰 고기가 걸렸을 때 여쓸림에 약하다는 것이다. 또한 G5~G4 크기의 극소형 봉돌은 고무판 내장이 어려워 만들기 어렵다.

그런 고무봉돌의 단점을 보완하여 연납 위에 말랑말랑한 우레탄코팅을 입힌 '컬러봉돌'도 출시하고 있는데, 가격이 비싸다는 것과 극소형 봉돌이 없다는 게 단점이다.

대체로 벵에돔낚시용 G 봉돌은 순정봉돌을, 감성돔낚시용 B 봉돌은 고무봉돌이나 코팅봉돌을 많이 쓴다. 가격은 일반 봉돌 1천원선, 고무내장 봉돌 3천원선, 코팅봉돌 2천원선.

봉돌 외부를 다양한 색상으로 칠한 코팅 봉돌들.

봉돌세트보다는 개별 호수 구입

동근 케이스에 다양한 호수의 봉돌이 수납된 봉돌세트 제품이 있다. 초보자가 쓰기에 편리해보이지만 쓰다보면 자신이 선호하는 봉돌이 몇 가지로 한정되는 경우가 많으므로, 한 호수씩 개별 포장된 봉돌을 구입하여 별도의 봉돌 케이스에 담아 쓰는 것이 좋다.

매장에 걸려있는 다양한 무게의 좁쌀봉돌들.

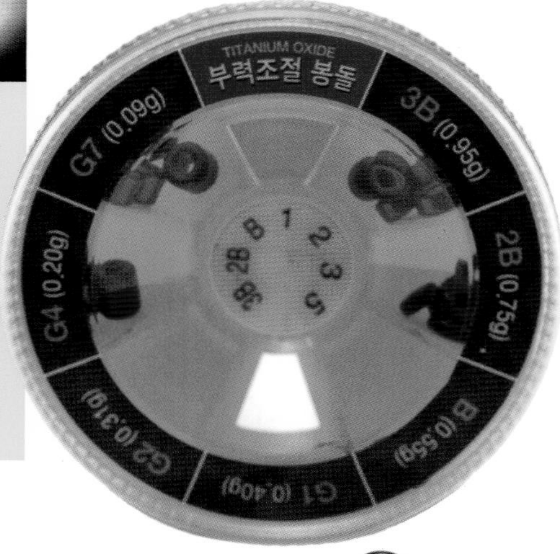

친환경봉돌의 사용

인체에 해로운 납 대신 황동이나 주석 같은 금속으로 만든 이른바 '친환경봉돌'이 구멍찌낚시용으로도 제작되고 있다. 다만 납이 아닌 금속들은 연성(軟性)이 없어서 고무대롱 등을 삽입해야 목줄에 부착할 수 있다. 고무대롱의 갈라진 틈에 목줄을 밀어넣고 봉돌을 반 바퀴 돌려주면 고정된다. 납추보다 부피가 커서 조류 저항을 많이 받고 값이 비싼 단점이 있지만 깔끔하다는 장점 때문에 사용자가 늘고 있다.

세라믹으로 만든 친환경봉돌. 칸찌 제조업체 창해에서 개발한 부력조절 봉돌로서 별도의 케미커넥터를 찌에 연결한 후 다양한 무게의 세라믹봉돌을 삽입해 구멍찌의 부력을 수시로 조절할 수 있다.

'G' 봉돌 이니셜의 어원

총알이 아니라 물려서 부착하는 소형 봉돌의 총칭이다

방문일 서울 낚시인

G 봉돌의 이니셜 G가 간다마(ガン玉)의 영문식 첫 글자인 것은 이미 설명했다. 그런데 간혹 '간'이 '건(Gun)'의 일본식 발음인 것으로 잘못 알고 있는 경우가 있다. 일본인들은 'ㅓ'와 'ㅐ' 발음이 안 돼 건을 간으로 읽기 때문이다. 또 B 봉돌이 산탄총알에서 유래했다는 얘기까지 있으니 간다마의 G를 영문 Gun의 첫 이니셜로 오인할 만하다.

그러나 정확히 말해 간다마는 목줄에 물려서 부착하는 봉돌을 부르는 순수 일본말로서 물다라는 뜻의 가무(噛む : 물다)와 구슬(玉)이 합쳐진 단어다.

일본에서 추를 부르는 또 다른 이름으로 오모리(おもり)가 있는데 간다마와는 구조가 약간 다르다. 간다마는 갈라져 있어 목줄을 끼운 후 다물게 할 수 있는 추를 의미하며 오모리는 구멍이 뚫어져 있거나 고리가 달린 추를 의미한다. 즉 구멍찌낚시용 좁쌀봉돌은 간다마이고 원투낚시나 배낚시용 구멍봉돌 또는 고리봉돌은 오모리인 셈이다.

97년에 G2 탄생! 2000년대는 'G 봉돌 시대'

쯔리겐은 무질서하게 사용되던 B 봉돌의 무게를 정리해 도표화하면서 구멍찌의 부력 단위를 통일하였고, G 봉돌의 무게도 그처럼 통일했다. 그 결과가 뒷장의 〈도표1〉에 정리된 G1, G2…G8의 무게다.

그러나 이미 있던 봉돌에 G라는 단위를 붙였을 뿐 봉돌을 새로 만든 것은 아니므로 B 단위와 연계성을 주지는 못했다(가령 G1을 1/2B로 한다든지 하는). 또 그렇게 하는 것도 무의미했다. 왜냐하면 봉돌 무게를 절반씩 줄여가며 만들려면 다양한 무게의 봉돌을 많이 생산하지 못하기 때문이다. G1은 단순히 B보다 약간 작은 봉돌, G2는 그보다 더 작은 봉돌의 의미 이상이 될 수 없었다. 낚시 입문자들에겐 불행한 일이다.

그리고 이듬해인 97년에 쯔리겐사는 최초의 G 부력을 가진 G2찌를 생산했다. 이때 쯔리겐은 G라는 무게단위를 특허출원했다. 따라서 다른 찌 회사에선 G라는 부력을 쓰지 않고 있다. 이를테면 기자쿠라사의 J쿠션은 G 표기 대신 J를 선택한 것이다. J6은 G6과 무게가 같다. J는 '저팬'의 영문 이니셜이다.

손에 잡히지도 않는 극소형의 G 봉돌은 벵에돔 띄울낚시의 발전과 더불어 빠르게 보급되었다. 90년대 말에 제로조법이 유행하면서 G5 봉돌이 주력으로 자리잡았고, G2 봉돌마저 무거운(?) 축에 끼게 되었다.

혼란스런 무게 단위, 근사치로 맞춰 쓰면 된다

호라는 단위는 옛날부터 있었으나 B, G는 근래에 낚시인들이 만든 것이라서 그 무게 사이에 일관성이 없다. 그러므로 'B 봉돌 몇 개가 1호와 맞먹는지' 또는 'G4 봉돌 몇 개가 B와 맞먹는지' 계산이 안 되는 것이다. 다만 우리는 근사치로 맞추어서 쓸 뿐이다.

그 근사치를 계산해서 무게 순서를 정해놓은 것이 뒷장의 〈도표2〉다. 이 표를 보면 호, B, G 봉돌의 무게에 대한 전체적인 감을 잡는데 도움이 될 것이다.

다행히 바다낚시를 성공적으로 즐기는 데는 그 근사치만 가지고도 충분한데, 1호 찌에 0.8호 수중찌를 달고 그 밑에 2B 봉돌을 달아도 대충 무게의 등식이 성립하며, 1호 찌에 1호 수중찌를 달고 그 밑에 2B 봉돌을 달아도 1호 찌가 물속으로 가라앉지는 않는 것이다. 그 이유는 앞서 구멍찌 편에서 말했듯이 모든 찌에는 '잔존부력'이 존재하기 때문이다.

다양한 형태의 1호 구멍봉돌.

학습

알쏭달쏭? 봉돌 무게단위 이해하기

1호는 10B 아니고, G2는 1/2B 아니다

바다낚시 입문자들은 찌와 봉돌을 맞추는 데서 혼란을 느낀다. 세 가지 무게 단위(=부력 단위)인 호(号), B, G에 온통 신경을 빼앗긴다. 사실 그럴 수밖에 없다. 모든 찌와 모든 봉돌에 '호', 'B', 'G' 중 하나의 수치가 선명한 글씨로 적혀 있기 때문이다.

간단하게 생각해보자. 찌와 봉돌을 세팅할 때는 찌의 부력과 봉돌의 무게를 일치시키면 끝난다. 1호 찌에는? "1호 봉돌!" 3B 찌에는? "3B 봉돌!" G2 찌에는? "G2 봉돌!"…. 이것이 정답이다.

그러나 안타깝게도 이렇게 결론짓고 끝내기는 어렵다. 왜냐하면 1호 찌에 0.8호 수중찌를 세팅하고 나머지 무게를 좁쌀봉돌로 채우기도 하고, 3B 찌에 3B 봉돌 한 개만 물리는 경우보다 B 봉돌 2~3개 또는 B와 G2 봉돌 여러 개를 물려서 낚시하는 경우가 더 많기 때문이다.

다양한 무게의 봉돌이 담겨있는 봉돌 케이스.

'B'는 80년대, 'G'는 96년 일본에서 만든 낚시봉돌 단위

즉, 입문자들이 혼란을 느끼는 이유는 구멍찌낚시에서 하나의 봉돌만 쓰는 것이 아니라 최소한 수중찌 1개와 좁쌀봉돌 1개의 조합으로 봉돌 무게를 계산해야 하기 때문에, 그 합산한 무게와 찌의 부력을 딱딱 맞추려니 이것이 이빨이 들어맞지 않는 것이다.

가령 1호 찌에 0.8호 수중찌를 달면 목줄에는 0.2호 봉돌을 달아야 '1-0.8=0.2'의 등식이 성립하는데, 문제는 0.2호 봉돌이라는 게 없다는 사실이다. 어떤 사람은 "0.2호 봉돌은 2B 봉돌과 같으니 2B 봉돌을 달면 된다"고 하는데 그렇지 않다. 그런 계산이 나오려면 '1호=10B'여야 하는데, 〈표1〉에서 보듯이 1호 봉돌의 무게는 3.75g이고, B 봉돌의 무게는 0.55g이니, 10B=5.5g이 되어 1호와 10B의 무게가 일치하지 않는다.

즉, '호'와 'B'는 전혀 다른 무게단위인 것이다. B와 G도 마찬가지로 서로 다른 무게단위다. 게다가 B봉돌은 숫자가 높아질수록 무거워지는데 반해, G 봉돌은 숫자가 높아질수록 가벼워진다〈표1 참조〉.

그렇다면 왜 바다낚시에서는 이렇게 서로 상이한 무게 단위가 혼재되어 사용되는 것일까?

혼란의 불씨는 80년대 초 일본에서 비롯

그 의문을 풀려면 과거로 되돌아가서 각각의 무게단위가 생성된 당시의 배경을 알아볼 필요가 있다.

호라는 단위는 원래 한국과 일본에서 수백 년 전부터 사용되어온 '푼(分)'이라는 단위에서 출발한 것이다. 즉 10푼이 1호다. 1푼은 0.375g(약 0.38g)이며, 1호는 그 10배인 3.75g이다. 이 푼은 금(金)의 무게를 달 때 쓰이던 단위로, 10푼은 1돈, 혹은 1돈쭝이라고 불렀다. 그 무게단위를 옛날에는 낚시봉돌의 무게를 달 때 그대로 썼다. 우리나라에서는 1돈이라고 불렀으나 일본에서는 1'몬메'(匁, もんめ)라 불렀고, 일본의 낚시인들은 1몬메를 나중에 1'코우'(号)로 바꾸었다. 그 호 단위가 해방 전후 일본 낚시용품의 수입과 함께 우리나라에 도입된 것이다. 그 뒤로 1980년대까지 일본이나 한국이나 모두 낚시봉돌의 무게 단위로 푼(일본 발음으로는 부)과 호(또는 몬메)를 사용해 왔다.

그러다가 1980년대 초에 일본에서 구멍찌가 개발되면서 호 단위의 봉돌보다 작은 봉돌을 만들어 쓰기 시작했다. 새로운 낚시열풍을 일으킨 그 저부력의 구멍찌에는 재래식 호 봉돌은 너무 커서 맞지 않았다. 당시 새로 만든 소형 봉돌의 크기는 사슴사냥용 산탄총의 탄환 크기만 했는데(아마 엽총탄을 만드는 금형으로 낚시봉돌을 만들었을 것이다), 영어 쓰기를 좋아하는 일본 사람들이 그 새로운 봉돌의 무게 단위로 숫사슴(Buck)의 머릿글자인 B를 붙였다는 것은 앞서 말했다.

그러므로 B 봉돌의 실제 무게인 0.55g은 결국 산탄총 납탄환의 무게인 셈이다. 그 후 B보다 더 큰 탄환을 본떠 만든 봉돌에는 각각 2B, 3B…의 숫자를 붙였다. 그때 일본인들은 B×2=2B로 만들지는 않았다(그랬더라면 지금보다 혼란이 적었을 테지만). 〈도표1〉에서 보듯이 B 봉돌 두 개를 합친 무게(1.1g)는 2B(0.75g)보다 훨씬 무겁다. 각 봉돌의 크기를 산탄의 종류에 맞추다보니 이런 불규칙한 무게 단위가 파생된 것이다.

B는 숫사슴(Buck), G는 '간다마'(봉돌)의 이니셜

그러면 G 봉돌은 언제 만들어진 것일까? G 봉돌도 역시 산탄의 크기에 맞춘 것이다. B보다 작은 산탄을 본떠 만든 봉돌에 G1, G2…의 단위를 붙였다.

그러나 G라는 기호는 훨씬 뒤에 만들어졌다. B 봉돌을 만든 1980년대 초에는 G 단위의 극소형 봉돌은 사용되지 않았다. 그러다가 80년대 말~90년대 초에 이르러 일본에서는 띄울낚시 붐과 함께 '더 작은 봉돌'에 대한 수요가 생겼고, 그로 인해 과거 산탄을 만들던 금형으로 더 작은 봉돌을 만들기 시작했다. 그리고 B보다 더 작은 봉돌에는 호(코우)라는 단위를 사용했다. 즉 B 밑에 1호, 2호, 3호…8호의 숫자를 붙인 것이다.

그런데 여기에서 혼란이 일었다. 호라는 단위는 이미 척관법에서 사용되고 있었기 때문에 새로운 좁쌀봉돌의 무게로 쓰려니 일본의 낚시인들이 혼동을 일으킨 것이다.

90년대 초에 한국에 수입된 극소형 봉돌의 봉지에는 '호'라고 적혀 있다. 당시 한국 낚시인들은 극소봉돌을 '좁쌀봉돌'이라 부르며, 3.75g의 진짜 호와 구별하기 위해 '-번'이라 부르기도 했다. 즉 4호 봉돌 대신 4번 봉돌이라 부른 것이다.

그래서 일본 최초의 구멍찌 제조업체인 쯔리겐(釣研)사가 정리에 나섰다. 타나카 조신 사장은 '호 대신 새로운 부력단위가 필요하다'고 생각했고, 사장의 지시를 받은 츠리겐 개발부에서 G라는 단위를 만들었다. G는 봉돌의 일본말인 '간다마'의 영문 이니셜이다.

◀ 1호 구멍찌와 좁쌀봉돌들. 조류의 세기, 잔존부력의 크고 작음에 따라 봉돌 크기를 달리 쓴다.

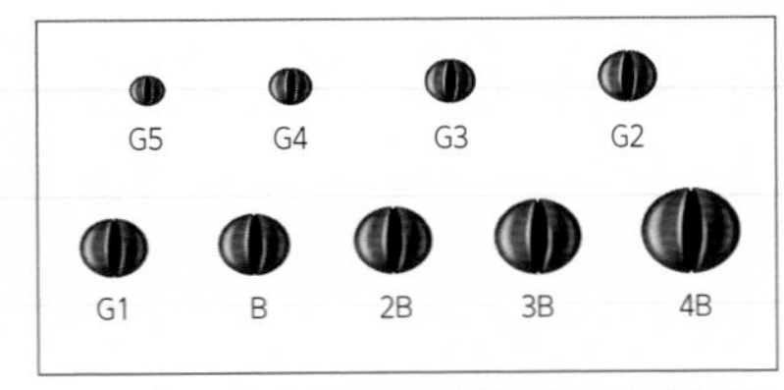

구멍찌낚시용 좁쌀봉돌의 실제 크기.

표1 봉돌의 무게 단위

전통 표기법(척관법)		
	10호	37.50g
	9호	33.75g
	8호	30.00g
	7호	26.25g
	6호	22.05g
	5호	18.75g
	4호	15.00g
	3호	11.25g
	2호	7.50g
	1호	3.75g
	0.9호	3.38g
	0.8호	3.00g
	0.7호	2.63g
	0.6호	2.25g
	0.5호	1.85g
	0.4호	1.50g
	0.3호	1.13g
	0.2호	0.75g
	0.1호	0.38g

B 표기법		
	6B	2.65g
	5B	1.85g
	4B	1.20g
	3B	0.95g
	2B	0.75g
	B	0.55g

G 표기법		
	G1	0.40g
	G2	0.31g
	G3	0.25g
	G4	0.20g
	G5	0.16g
	G6	0.12g
	G7	0.09g
	G8	0.07g

표2 호, B, G 봉돌의 무게 비교표

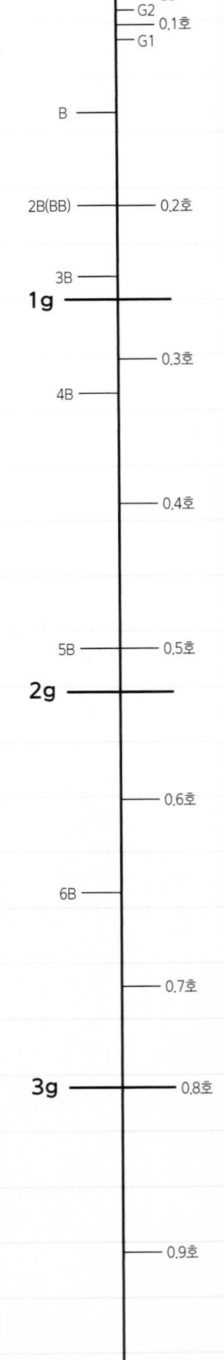

서해안 초여름 감성돔낚시 현장.
부천낚시인 이경호씨가 서천 오력도 개미여에서
감성돔을 낚아 올렸다.

소품

구멍찌낚시에는 자잘한 소품이 많이 쓰인다. 손에 잘 잡히지도 않는 이 소품들 때문에 입문자들은 머리가 아프기도 하지만 그만큼 찌낚시는 더 아기자기해진다.

낚싯바늘, 도래, 찌구슬, 봉돌 같은 필수 소품들을 담는 소품통. 낚시 도중 수시로 꺼내 써야 하므로 한 손에 쏙 들어오는 작은 게 좋다. 가격 1만~3만원.

소품통

낚싯바늘과 도래, 찌구슬 등 여러 소품을 수납하여 휴대하기 좋게끔 만든 케이스다. 구멍찌낚시용 소품통은 낚시 도중 수시로 꺼내야 하므로 한 손에 쏙 들어올 정도로 작은 것이 좋다. 큼직한 소품통 한 개에 모든 것을 다 담는 것보다 바늘케이스, 봉돌케이스, 소품케이스로 나눠 담는 것이 편리하다. 그리고 칸칸별로 뚜껑이 따로 있는 제품이 뚜껑을 여닫을 때 소품이 쏟아져도 한꺼번에 분실될 염려가 없어서 좋다. 가격은 1만원~3만원.

쿠션고무

구멍찌와 수중찌 사이, 수중찌와 도래 사이에 끼워서 찌와 수중찌, 도래가 서로 부닥쳐 원줄이 씹히는 것을 방지한다. 그런데 쿠션고무가 찌 파손 방지 목적만으로 쓰는 줄 오해하여 구멍찌와 수중찌 사이에 쿠션고무를 넣지 않는 낚시인들이 많다. 요즘 찌들은 내구성이 좋아 잘 깨지지 않기 때문이다. 그 경우 (특히 무거운 찌를 쓸 때) 구멍찌와 수중찌가 부닥치면서 그 사이에 낀 원줄이 씹혀서 챔질 순간 어이없이 원줄이 끊어져버릴 수 있다. 따라서 수중찌에 쿠션고무가 부착된 제품이 아니라면 반드시 쿠션고무를 넣어줘야 한다. 특히 수중찌 밑에는 반드시 끼워줘야 한다. 수중찌 구멍에 도래가 박히면 도래에 묶은 원줄 매듭이 충격으로 손상 받기 때문이다.
모양은 O형과 T형이 있는데 O형은 구멍찌와 수중찌 사이, T형은 수중찌와 도래 사이에 사용하는 것이 원칙이나, 뒤섞어 써도 문제는 없다. 가격은 1봉에 1천원선.

쿠션고무는 구멍찌와 수중찌, 수중찌와 도래 사이에 끼워 쓴다. 왼쪽이 O형, 오른쪽이 V형이다. 역할에는 큰 차이가 없다.

도래

원줄과 목줄을 연결할 때 쓴다. 구멍찌낚시엔 14, 12, 10, 9, 8번의 소형 맨도래를 쓰는데 번호가 클수록 크기는 작아진다. 아주 가벼운 채비가 필요한 벵에돔낚시엔 12~14번 도래가, 채비가 약간 묵직한 감성돔낚시엔 10~12번 도래가, 강한 채비가 필요한 참돔낚시에는 8번 도래가 적합하다. 가격은 1봉에 1천원선.

원줄과 목줄을 연결할 때 사용하는 도래. 감성돔낚시에는 10~12번이 적당하다. 가격 1천원.

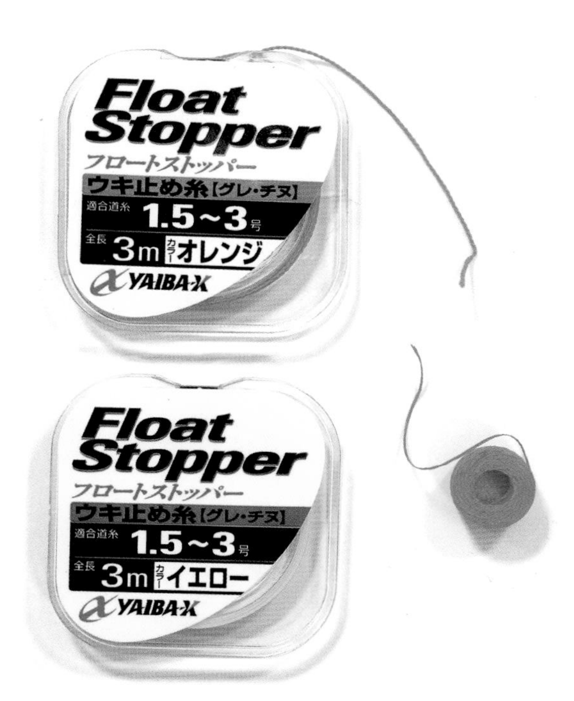

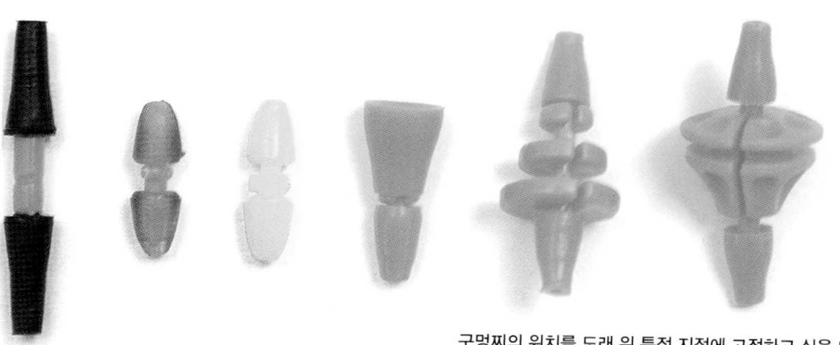

구멍찌의 위치를 도래 위 특정 지점에 고정하고 싶을 때 쓰는 찌멈춤봉. 단순 스토퍼 역할부터 조류를 잘 받게 설계한 제품까지 다양한 형태가 있다.

찌멈춤봉

90년대 말 제로조법과 함께 널리 확산된 소품이다. 구멍찌(또는 막대찌)의 위치를 도래 위(또는 직결매듭 위)의 특정 위치에 조절하고 싶을 때 사용한다. 원줄에 쐐기 형태로 꽂아서 고정한다.

밑걸림 때 원줄이 터지면 채비 전체가 유실되는 경우가 잦은데 구멍찌 밑에 찌멈춤봉을 끼워두면 원줄 도래매듭은 끊어져도 최소한 구멍찌는 살릴 수 있다. 특히 막대찌를 쓸 때 찌와 수중찌 채비가 엉키는 것을 방지하는 용도로 꼭 쓰인다. 도래에서 위쪽으로, 막대찌 길이만큼 찌멈춤봉을 고정하면 막대찌가 아래로 늘어져도 수중찌에 닿지 않게 돼 채비 엉킴이 줄어든다. 가격은 1봉지에 2천~1만원.

찌멈춤봉은 단순히 구멍찌 멈춤기능만 있는 것(사진의 왼쪽부터 세 개)과 단면적을 넓게 만들어 조류타기 기능을 키워서 수중찌 용도로 만든 것(오른쪽에서부터 세 개)이 있다. 전유동낚시에선 조류타기 기능을 키운 제품이 더 많이 쓰인다.

면사는 찌매듭을 만들기 위한 실이다. 약간 빡빡하게 묶어 위, 아래로 밀어서 조절하며 수심을 조절하는 용도다.

면사(찌매듭)

원줄에 묶는 수심 조절용 스토퍼다. 약간 빡빡하게 묶은 다음 손으로 밀어서 위, 아래로 이동시키며 찌밑수심을 조절한다. 매듭법을 모르는 초보자를 위해 원줄에 바로 끼워 쓰는 일회용 면사매듭도 시판되나, 매듭법이 아주 쉬우니까 익혀서 면사타래를 구입하는 게 좋다. 가격은 1천원선.

찌매듭은 채비를 모두 세팅한 뒤 마지막으로 묶는 게 옳은 순서다. 찌매듭의 양쪽 자투리 줄은 손으로 잡아당겨 다시 조일 수 있도록 0.5~1cm 길이만큼 남기는 게 좋다. 찌매듭은 낚시 도중 헐거워지는데 자투리를 너무 짧게 자르면 잡아당길 부위가 없어 다시 조일 수가 없다.

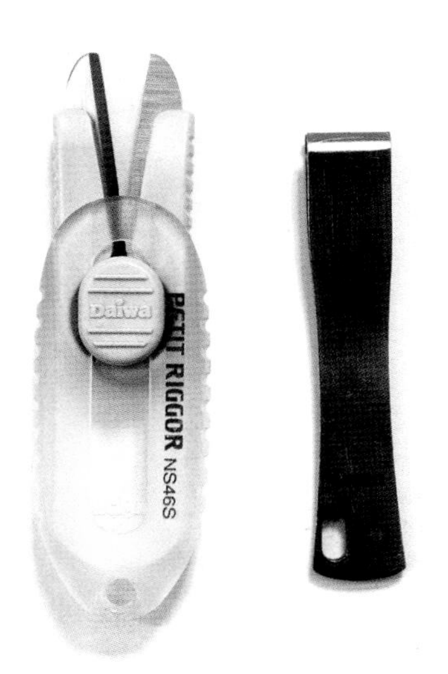

라인커터(커트기)

원줄과 목줄 자투리, 면사매듭 자투리를 잘라낼 때 쓴다. 커트기는 가격대가 매우 다양한데 자주 잃어버리는 소품이므로 저렴한 제품을 구입해 자주 교체해 쓰는 것도 좋은 방법이다. 구명조끼에 핀으로 꽂아 쓸 수 있는 핀온릴에 연결된 라인커터가 편리하지만, 라인커터만 사서 줄을 달아 목에 걸고 쓰기도 한다. 가격은 라인커터 5천~2만원, 핀온릴 1만~2만원.

원줄과 목줄 자투리, 면사매듭의 자투리를 잘라낼 때 쓰는 라인커터. 핀온릴과 함께 쓰면 편리하다.

구멍찌와 찌매듭 사이 원줄에 삽입하는 찌구슬. 반달형과 납작한 링형을 많이 쓰며 기능에는 차이가 없다.

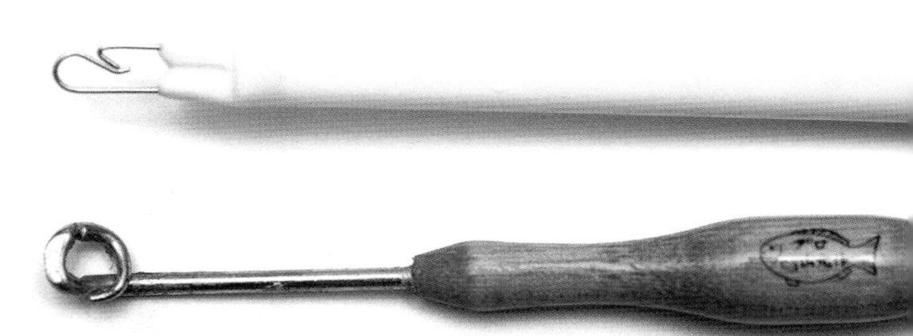

고기가 바늘을 삼켰을 때 바늘을 빼기 쉽도록 도와주는 바늘빼기.

찌구슬

구멍찌와 찌매듭 사이에 삽입하는 구슬이다. 찌구슬이 없으면 찌매듭이 구멍찌의 구멍 사이로 통과해버린다. 둥근 구슬형이 초기형인데 요즘은 반달형 구슬이나 납작한 링형 구슬을 많이 쓴다. 빨강과 흰색 등이 있는데 색상은 크게 중요하지 않다. 가격은 1봉에 1천원선.

바늘빼기

바늘빼기는 크게 두 가지 형태가 있다. 입 안 깊숙이 바늘을 삼켰을 때 쓰는 길쭉한 제품과, 입언저리에 박힌 바늘을 빼내는 짧은 제품이다. 길쭉한 제품은 바늘의 굽어진 부분에 바늘빼기를 건 뒤 아래로 밀어 빼내는 방식이 대부분이며, 짧은 제품은 철사로 된 바늘 끝에 바늘을 걸어 비틀어 빼내는 방식이다. 두 가지를 모두 갖고 다니는 게 편리하다. 가격은 5천~3만원.

밑밥 용품

구멍찌낚시의 성패는 밑밥에 의한 집어에 달렸다. 따라서 밑밥 품질을 위한 용품들은 편하고 효율적인 낚시를 즐기기 위한 필수품이다.

밑밥주걱

밑밥을 원하는 지점까지 날려 보내는 밑밥주걱은 밑밥용품 중 가장 중요하므로 반드시 고급품을 쓸 것을 권한다. 조과에 미치는 영향으로 보자면 낚싯대나 릴보다 밑밥주걱이 더 중요하다.

크게 감성돔용과 벵에돔용으로 나뉜다. 감성돔용(참돔 공용)은 L 사이즈의 컵이, 벵에돔용은 M이나 S 사이즈의 컵이 적합하다. 감성돔과 참돔을 집어하려면 밑밥이 깊이 가라앉아야 하므로 짧은 시간에 많은 밑밥을 품질하기 좋은 큰 컵이 필요하고, 벵에돔용으로는 소량씩 자주 뿌려서 어군을 띄워 올리기에 좋은 작은 컵이 유리하다. 참돔 전용으로 나온 초대형 밑밥주걱도 있는데 정투성과 원투성이 떨어져서 잘 쓰이지 않는다.

주걱 샤프트의 길이는 60~70cm가 좋다. 이보다 짧으면 원투성이 떨어지고 길면 정투성이 떨어진다. 몸체인 샤프트는 고탄성 카본 재질이 가장 좋은데, 힘주어 눌러도 많이 휘지 않고 무게가 가벼워야 한다.

컵의 재질은 티탄이 최고다. 컵 표면이 매끄러워 밑밥이 잘 떨어지므로 정투와 원투성이 좋다. 매끄럽기로는 스테인리스가 더 좋지만 다소 무거운 게 단점이다. 플라스틱 컵은 매끈하긴 하지만 충격에 약하고 컵 부위가 무겁다는 게 단점이다. 한편 컵에 작은 구멍이 뚫어져 있는 제품도 있는데 밑밥과 주걱 사이의 진공상태를 없애 밑밥이 컵에서 잘 떨어지게 만든 것이다. 플라스틱 컵의 경우 내부를 사포로 갈아주면 벽면에 미세한 홈이 파이면서 밑밥과 주걱이 진공상태로 맞붙는 것을 방지한다는 말도 있다.

밑밥주걱은 분실하거나 부러질 수 있기 때문에 꼭 예비용을 갖고 다녀야 한다. 고수들은 용도별로 3~4개의 주걱을 휴대하는 편이다. 가격은 1만원부터 8만원까지 다양하다.

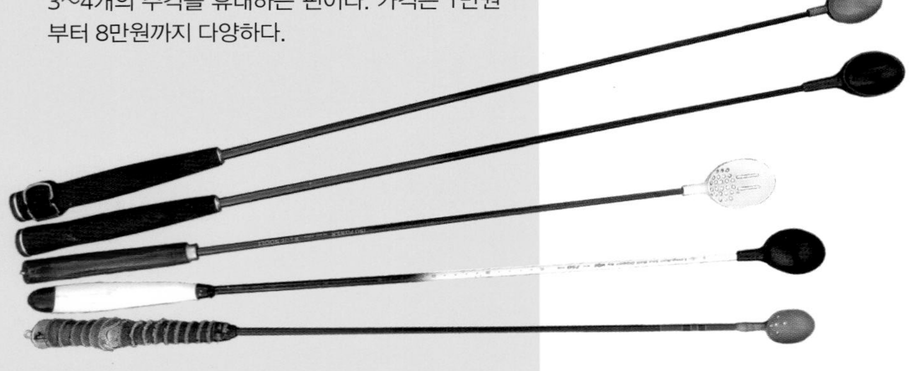

밑밥통

밑밥통은 길이 40cm짜리가 가장 많이 쓰인다. 보통 하루낚시에 크릴 5~6장, 집어제 1~2봉, 압맥 1~2봉을 쓰는데 이 정도를 담고도 약간 여유가 있는 용량이다. 꽉꽉 채워 넣으면 밑밥크릴 8장에 집어제 3봉, 압맥 3봉 정도 넣을 수 있다.

밑밥통은 큰 것과 작은 것 두 개를 구입하여 작은 것은 밑밥을 담는 용도로 사용하고 큰 것은 소도구(코펠, 버너, 채비, 여분의 의류 등)를 담는 용도로 사용하면 편리하다. 또 큰 밑밥통은 라이브웰(기포기를 연결해 낚은 고기를 살리는 살림통)로 사용해도 좋다. 나갈 때는 큰 밑밥통에 작은 밑밥통을 넣어 갖고 나갔다가 현장에서는 큰 통을 라이브웰로 쓰는 것이다. 최근 제품들은 기포기를 달 수 있는 전용 집이 옆면에 마련돼 있어 기포기만 구입해서 사용하면 된다. 기왕이면 동일 메이커에서 출시한 밑밥통이 사이즈를 맞추기 쉽다. 가격은 2만원~3만원. 라이브웰 전용으로 제작된 고급제품은 5만원 이상.

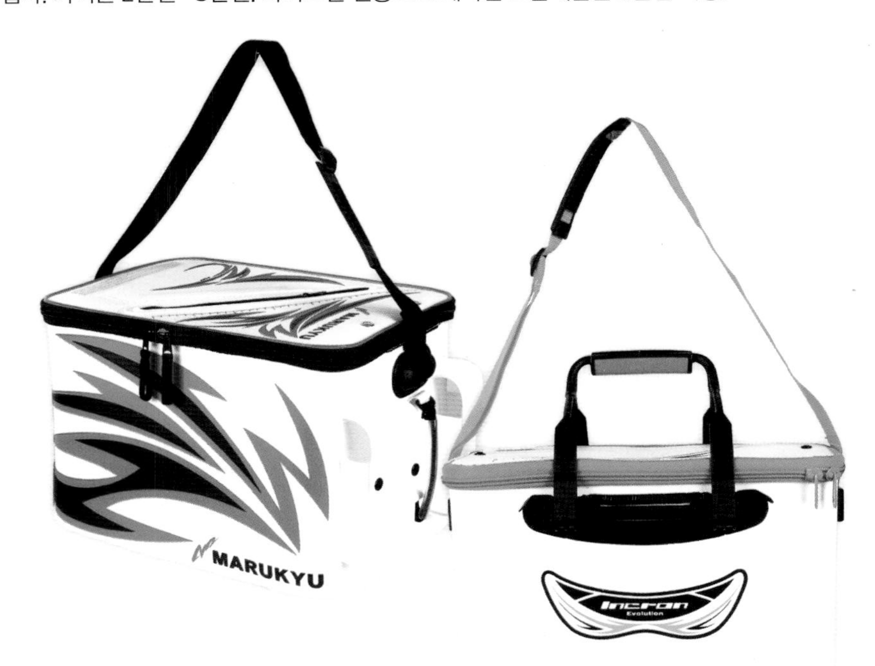

밑밥 다짐판

주걱으로 밑밥을 담은 뒤에 다짐판에 대고 꾹꾹 문지른 뒤 던지면 더 쉽게 원투할 수 있다. 밑밥통이 하드케이스로 제작되기 때문에 밑밥 다짐판이 필요 없다는 사람도 있지만 없는 것보다는 확실히 낫다. 밑밥통 벽면은 90도이지만 밑밥 다짐판은 70도 각도로 비스듬히 놓을 수 있어 밑밥 다질 때 손목에 무리가 덜 온다. 아크릴이나 플라스틱 판을 밑밥통 가로 폭만큼 잘라 써도 된다.

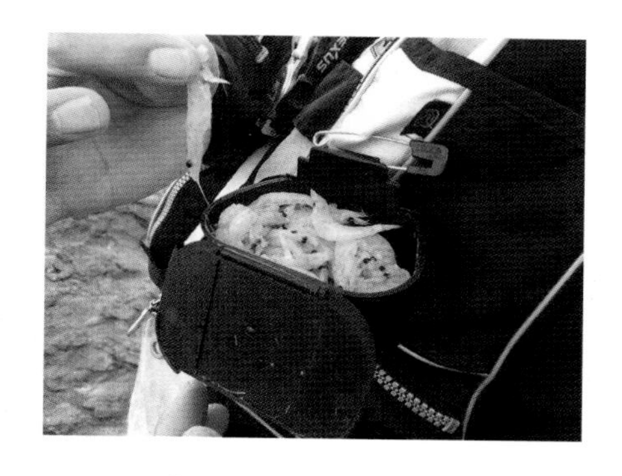

탈착형 미끼통

밑밥통에 끼우는 방식과 구명조끼에 고정하는 방식이 있는데 구명조끼에 옷핀으로 고정하는 제품이 편리하다. 구명조끼 양쪽에서 조이는 밴드 방식은 종종 밴드가 풀려 인기가 줄었다. 제주도나 동해안 낚시에선 필수품. 한 번에 크릴 40~50마리를 담을 수 있다. 1만~2만원.

미끼통 거치대

밑밥통에 하부를 끼워 단단히 고정하는 미끼통 거치대는 한 번 써보면 그 편리함에 반한다. 일일이 허리를 굽히지 않고도 미끼를 집을 수 있고 50~70cm까지 높낮이 조절이 가능하다. 처음 등장했을 때는 비싼 일산 제품뿐이었으나 지금은 국산 제품도 많이 출시됐다. 구입 시 유의할 점은 재질과 고정력이다. 스테인리스 재질이 녹이 안 슬어 좋다. 또 밑밥통과 연결되는 부위가 스프링 조임 방식인 제품이 안정적으로 고정된다. 저가 제품 중엔 바람이 불거나 미끼 무게만으로도 넘어지는 불량품이 있으니 주의할 것. 스테인리스 제품은 3만~3만5천원, 플라스틱 제품은 1만5천원선이다.

두레박

바닷물을 퍼 올리는 두레박이다. 살림통에 물을 담을 때, 밑밥을 갤 때, 낚은 물고기를 손질할 때, 밑밥으로 더럽혀진 갯바위를 청소할 때, 바닷물을 푸는 용도로 쓴다. 위쪽을 지퍼 달린 그물망으로 처리해 작은 물고기를 담는 임시 살림통을 겸하는 제품도 있다. 1만~2만원.

주걱물통

밑밥통에 붙여놓고 주걱을 씻는 가늘고 긴 물통이다. 주걱을 꽂아 놓으면 주걱에 묻은 밑밥이 불어 말끔히 씻기는데, 표면이 깔끔해진 주걱으로 밑밥을 담으면 캐스팅 때 밑밥이 잘 떨어져 원투와 정투가 잘된다.

초기엔 각진 플라스틱 하드 물통을 많이 사용했으나 최근엔 좁고 슬림한 비닐 물통이 인기가 높다. 밑으로 갈수록 좁아지기 때문에 바람이 불거나 외부 충격이 있어도 주걱을 안정적으로 잡아주는 효과가 있고 누르면 변형이 잘돼 좁은 낚시가방에 휴대하기도 좋다. 5천원~1만원.

크릴커터기(밑밥섞개)

크릴커터기는 크릴을 자르는 용도 외에 호미처럼 구부려 밑밥을 섞는 섞개 역할도 한다. 밑밥을 현장에서 갤 경우 매우 유용한 용품이다. 최근에는 섞개 면이 막힌 제품보다 일정 크기로 파여 있는 제품이 인기다. 호미 형태로 구부려 밑밥을 섞어보면 예상 외로 면으로 막힌 제품보다 약간이라도 뚫린 제품이 밑밥이 잘 섞이고 힘도 덜 든다는 걸 느낄 수 있다. 일산은 3만~8만원, 국산은 1만~2만원. 한편 대용으로 나무 밥주걱을 써도 꽤 편리하다.

피싱웨어

산에 갈 때 등산복을 입듯이 바다에 나갈 땐 낚시복을 입어야 한다. 특히 갯바위낚시는 늘 파도와 바람과 싸워야 하므로 가볍고 따뜻하면서 방수 기능이 뛰어난 전문 낚시복이 꼭 필요하다.

방수낚시복

흔히 '고어텍스'라고 부르는 방수투습 기능성 원단으로 만든 낚시복은 보통 상의와 하의가 한 세트로 판매된다. 겨울엔 바람과 파도에 장시간 노출되므로 방수낚시복이 없으면 낚시가 불가능하다. 또 하절기에도 새벽 바다는 쌀쌀하기 때문에 방풍 기능을 갖춘 낚시복을 입고 나가야 한다.

방수투습 원단 중 대표적 상표는 고어텍스다. 고어텍스로 만든 낚시복은 50만~100만원대를 호가한다. 그러나 요즘은 고어텍스와 기능성에서 별 차이 없는 원단들이 많이 생산되면서 낚시복의 가격이 많이 싸졌다.

낚시복은 땀을 배출하는 투습기능보다 비와 파도를 막아주는 방수기능이 더 중요하다. 낚시는 등산에 비하면 땀이 발생할 일이 많이 없기 때문이다. 투습기능이 약한 방수복은 가격이 훨씬 저렴하고 방수성은 오히려 더 높은 경우도 많다. 기본적인 방수투습 기능을 갖춘 소재로 만든 낚시복은 국산의 경우 20만~30만원대, 수입품은 30만~40만원대에 구입할 수 있다.

사진의 모델이 입고 있는 방수낚시복은 정우레스폴 퀴마의 '3레이어 피싱 아웃도어 웨어'다. 스포렉스라는 3레이어 원단을 사용한 고기능성 낚시복으로서 방수와 투습 능력이 고어텍스 못지않아 인기가 높다. 구명조끼와 결합되는 콤비네이션 지퍼 시스템, 방수 능력이 뛰어난 2중 지퍼시스템, 허리 사이즈 조절 기능, 앞면 마스크 기능을 높인 옷깃, 손목으로 물이 들어오는 것을 방지한 네오플랜 밴드 등을 채용했다. 모든 재단 부위를 심실링 처리해 방수 기능이 완벽하다. ●가격 53만원

내피

방수낚시복 안에 입는 낚시복을 말한다. 일반 면바지나 티셔츠를 입은 상태로 방수낚시복을 입으면 움직임이 불편하고 쾌적함도 떨어진다. 등산복을 입을 때 오버트라우저 안에 가볍고 따뜻한 내피를 입는 것과 동일한 용도로 보면 된다.

내피는 소재가 다양하다. 겨울에는 오리털 또는 솜을 함유한 패딩 내피가 인기가 높으며 그 외의 계절에는 일반 나일론, 폴라폴리스 또는 마이크로 화이버라는 신소재로 만든 내피를 주로 입는다. 가격은 10만~40만원대로 다양하다.

사진의 모델이 입고 있는 내피는 정우레스폴 퀴마의 신슐레이트 패딩내피 타입Ⅱ. 신슐레이트(THINSULATE)란 3M에서 개발한 특수 소재로서, 멜트 블로운(Melt-Blown) 공법으로 만든 이중구조로 자체에 무수히 많은 공기층을 형성하고 있어 보온력이 우수하다. 그래서 같은 두께의 덕다운보다 1.5배, 일반 패딩 소재보다 약 2배 강한 보온효과가 있다. 가볍고 속건성이 뛰어나며 온도 차를 이용한 섬유 간 접착방식(Themal Bonding)을 이용해 알레르기도 발생하지 않는다고 한다. ●가격 36만원

모자

자외선이 강하게 쏟아지는 바다에서 모자는 필수다. 햇빛을 많이 가릴 수 있는 챙이 넓은 모자가 좋다. 고어텍스 등 방수투습 기능 원단으로 만든 모자를 착용하면 매우 쾌적하다. 일반 모자는 2만~3만원, 고어텍스 소재는 5만~6만원대다.

●가격 흰색 세미 메시 타입 피싱모자는 1만8천원, 바이오 블랙 피싱캡은 2만5천원

모델 : 퀴마 필드스탭 현지훈

갯바위신발

갯바위낚시터에서 가장 중요한 안전장구는 갯바위신발이다. 갯바위 사고의 대부분이 갯바위에서 미끄러져 발생하기 때문이다. 스파이크 바닥보다 미끄러짐 방지력이 좋은 펠트바닥이 좋다. 단화와 장화가 있는데 장화가 낫다. 여름에는 단화보다 발이 덥지만 사계절 쓸 수 있기 때문이다. 특히 겨울철에 파도가 높을 때, 제주도와 동해안 낚시에선 장화가 꼭 필요하다. 발목 깊이의 물웅덩이나 물골을 자주 건너기 때문이다.

고어텍스로 만든 단화는 기본적으로 발목까지는 방수가 된다.

구명조끼

낚시 도중 물에 빠졌을 때 생명을 지켜주는 제1의 안전장구다. 구명조끼는 두꺼운 부력재가 들어간 고체형과 내부 튜브에 질소와 같은 공기를 주입하는 팽창형이 있다. 팽창형 구명조끼는 평소에는 얇게 접혀 있다가 물에 빠지면 자동적으로 가스가 주입되면서 풍선처럼 부풀어 오르는 제품이다.

얇고 가벼운 팽창형 조끼는 쉬지 않고 캐스팅을 반복하는 루어낚시인들이 많이 입지만, 갯바위낚시에서는 보온효과가 있고 호주머니가 많이 달린 고체형 조끼를 많이 입는다. 바다에 빠졌을 경우 팽창형보다 고체형은 훨씬 안전하다. 더운 여름에는 어깨 부위의 부력재를 떼낸 하계형 구명조끼를 입는다.

사진의 구명조끼는 정우레스폴 퀴마의 루어·선상 겸용 구명조끼(왼쪽)와 동계용 구명조끼(오른쪽)이다. 루어·선상 겸용 구명조끼에는 소품 외에도 중소형 태클박스를 담을 수 있어 편리하다. 뒷면에도 대형 수납 주머니가 달려있으며 전면을 4분할, 후면을 5분할해 활동성이 매우 높아졌다. 동계용인 카본 하이포라 카본 체스도비 구명조끼는 하절기에도 쾌적성을 높이기 위해 등판이 분리되는 투웨이 시스템을 채택했다. 통풍이 자유로워 굳이 하절기용을 따로 구입할 필요가 없다. 안감은 견고하고 통기성이 우수한 2중 메시 원단을 사용했다. 핀온릴을 부착할 수 있는 더블핀온릴 시스템이 마련돼 있으며 모든 지퍼에 염분에 강한 YKK 정품 지퍼를 사용했다. ●가격 루어·선상 겸용 구명조끼 21만5천원, 카본 하이포라 카본 체스도비 구명조끼 30만원

히프커버

날카로운 갯바위에 앉을 때 바지를 보호해 준다. 가볍고 보온성이 좋은 네오프렌 소재가 많으며 합성가죽으로 만든 제품도 있다. 가격은 2만원~10만원으로 다양하다.

정우 레스폴 퀴마의 3D 힙가드 8만5천원.

레인코트

퀴마에서 출시한 판초우의 스타일로서 낚시복과 동일한 3레이어 원단을 사용해 방수, 투습, 발수 기능이 탁월하다. 구명조끼 위에 바로 입을 수 있다. 얼굴로 들이치는 비바람을 막아주는 안면 마스크 기능, 소매 탈부착 기능, 허리 사이즈 조절 기능을 갖추고 있다. 또 옆트임까지 설계해 낚시 도중 물건을 꺼내기에도 좋다. 전체 폭을 3단으로 조절할 수 있어 체구가 큰 낚시인도 착용 가능하다. ●가격 18만5천원

Chapter 3
구멍찌낚시 실전

구멍찌낚시 양대 채비

반유동 vs 전유동

구멍찌낚시 채비는 크게 반유동(半遊動)과 전유동(全遊動)으로 나뉜다. 찌매듭을 묶어서 유동폭을 조절한 것을 반유동채비라 하고, 찌매듭을 없애 무한대로 유동할 수 있게 만든 것을 전유동채비라 한다.

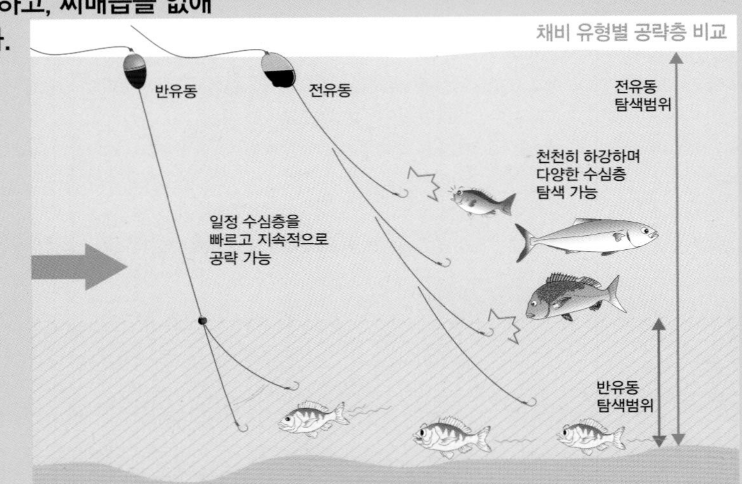

찌매듭 유무로 반유동과 전유동 구분

반유동채비는 구멍찌낚시의 원형이자 표준 채비다. 찌매듭을 이용해 공략 수심을 조절하는데, 찌매듭을 바늘에서 5m 위에 묶으면 그 채비로 5m 수심을 노릴 수 있고, 10m 위에 묶으면 10m 수심을 공략할 수 있다. 만약 더 깊은 수심을 노리고 싶다면 원하는 수심만큼 찌매듭을 위쪽으로 올리면 되고, 더 얕은 수심을 노리고 싶다면 찌매듭을 아래로 내리면 된다. 반유동채비의 장점은 이처럼 원하는 공략수심에 찌매듭을 지어서 정확히 반복 공략할 수 있다는 것이다.

0.5호 구멍찌에 4B 수중찌를 단 반유동채비.
목적한 수심을 지속적으로 노릴 수 있다.

그에 반해 전유동채비는 찌매듭을 사용하지 않는다. 투척 후 그냥 놔두면 채비가 계속 가라앉아 결국 바닥까지 내려간다. 그래서 전유동채비를 쓸 땐 밑걸림을 피하기 위해 채비가 천천히 가라앉게끔 반유동채비보다 가벼운 봉돌을 쓴다.
전유동낚시에서 수심 조절은 낚시인의 감으로 한다. 계속 원줄을 풀어주면 채비는 내려가고, 원줄을 잡아주면 채비는 내려가다 멈추며, 원줄을 당겨주면 채비는 다시 올라온다. 전유동채비의 장점은 이처럼 낚시인이 숙달되면 반유동채비보다 더 다양한 수심을 다채롭게 노릴 수 있다는 것이다.

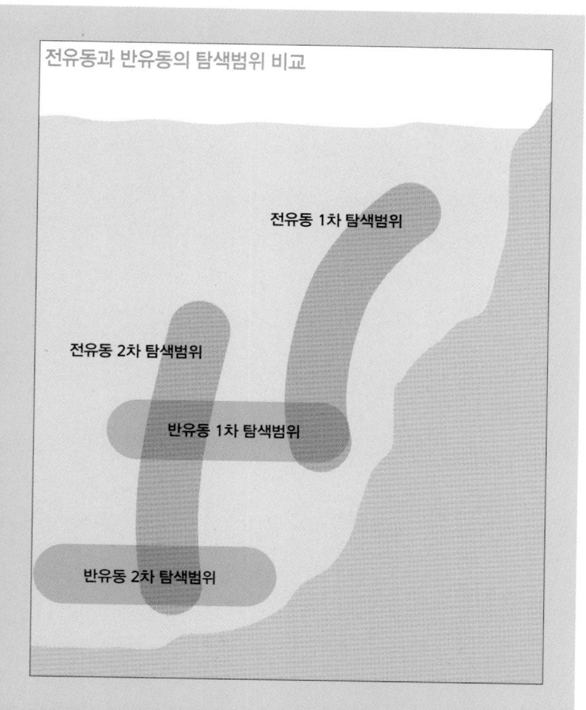

대상어종별 반유동과 전유동의 사용 빈도

▶감성돔낚시
반유동 70% : 전유동 30%
감성돔은 바닥층에서 입질하므로 깊은 바닥층을 집중적으로 노릴 수 있는 반유동채비 유리.

▶벵에돔낚시
반유동 20% : 전유동 80%
벵에돔은 중상층에 떠서 입질하므로 상층부터 서서히 하강하며 노릴 수 있는 전유동채비 유리.

▶참돔낚시
반유동 60% : 전유동 40%
참돔은 깊은 물골로 회유하므로 반유동채비가 많이 쓰이지만, 먹이활동을 할 땐 과감히 중상층까지 뜨므로 전유동채비도 적극 사용.

찌매듭이 없는 전유동채비.
다양한 수심층을 노릴 수 있다.

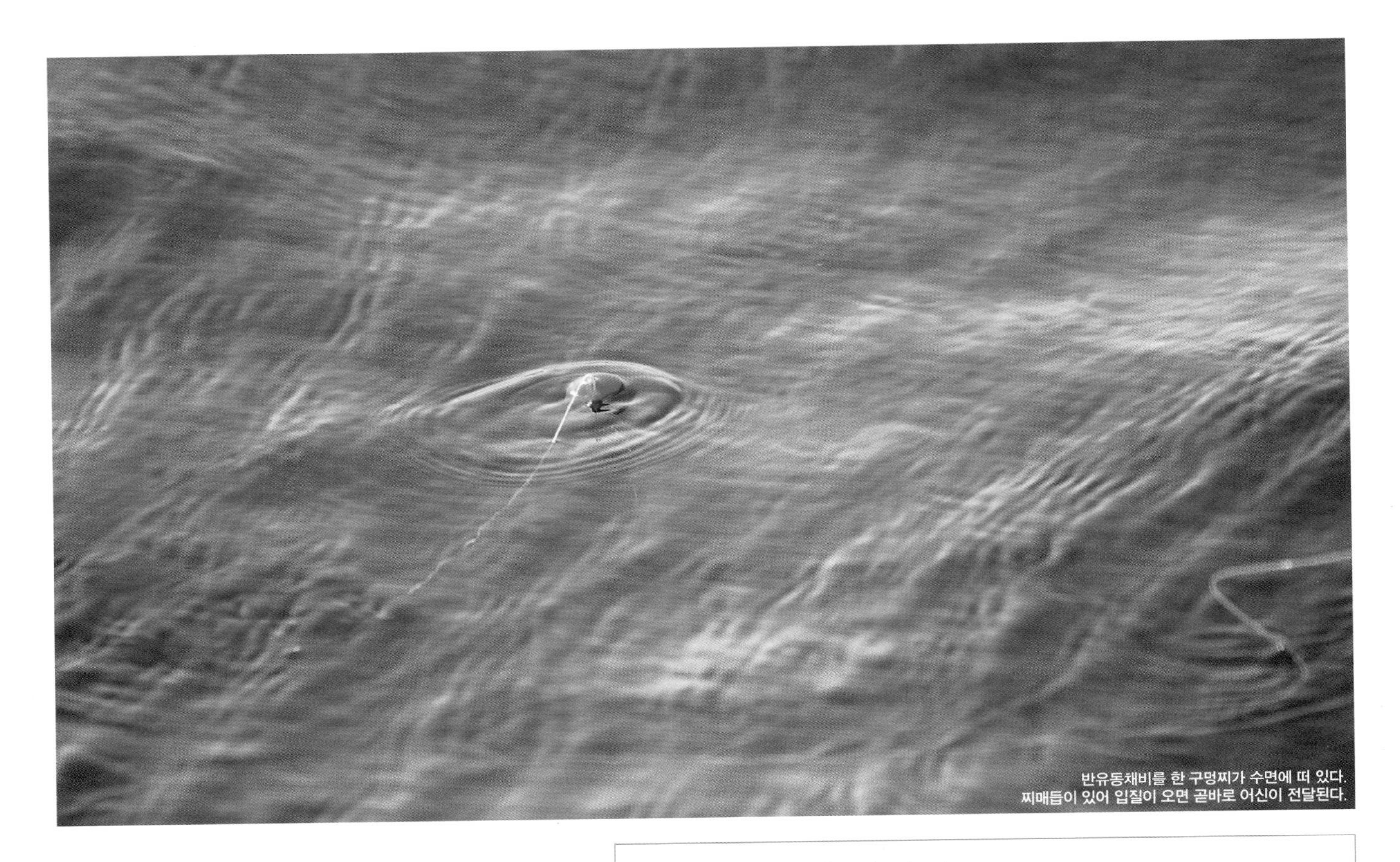

반유동채비를 한 구멍찌가 수면에 떠 있다.
찌매듭이 있어 입질이 오면 곧바로 어신이 전달된다.

반유동채비의 장점

1. 목표 수심층을 지속적으로 노릴 수 있다

반유동 채비의 가장 큰 장점이다. 중층이건 바닥층이건 입질이 오는 수심에 맞춰 찌매듭을 묶으면 지속적으로 그 수심층을 노릴 수 있다. 그래서 초보자라 해도 베테랑이 입질을 받고 있는 수심층과 같은 위치에 찌매듭을 고정하면 쉽게 입질을 받을 수 있다.

2. 깊은 수심층을 빠르게 노릴 수 있다

반유동채비는 무거운 봉돌을 쓸 수 있다. 그래서 목적한 수심까지 전유동채비보다 훨씬 빨리 미끼를 가라앉힐 수 있다. 상층에 잡어가 많은 상황, 급류대에서 빨리 채비를 내리고자 할 때 유리하다.

3. 바람과 파도가 강한 상황에서 유리하다

바람과 파도가 강한 상황에서는 원줄이 바람에 밀리기 때문에 평소보다 무거운 봉돌을 달아서 채비를 묵직하게 잡아줘야 하는데, 전유동은 가벼운 봉돌을 사용하므로 바람과 파도가 강하면 채비를 가라앉히기 어렵다. 그런 상황에서 찌매듭을 사용하는 반유동채비가 훨씬 유리하다.

4. 바닥에서 입질하는 감성돔낚시에 유리하다

감성돔은 대체로 바닥에서 1m 이상 떠오르지 않는 어종이다. 따라서 감성돔낚시에선 바닥층을 지속적으로 노릴 수 있는 반유동채비가 유리하다.

채비별 어신 전달 속도

찌매듭 있는 반유동이 훨씬 빠르고 정확해

반유동과 전유동의 어신 전달 속도는 어떤 게 더 빠를까? 일부 전유동 애호가들은 "찌매듭이 없는 전유동으로도 미약한 예신이 감지된다. 예신이 오면 찌가 살짝 잠기는 게 그 증거다"라고 말하지만 실제는 그렇지 않다. 전유동 낚시 때 찌가 쏜살 같이 사라지는 것은 이미 고기가 미끼를 삼킨 후 줄행랑칠 때 나타나는 동작이다. 예신 때 이미 원줄이 약간씩 빨려들어 갔지만 찌에 표시가 안 나다가 원줄이 직선으로 펴지면서 찌가 푹 하고 가라앉는 것이다.

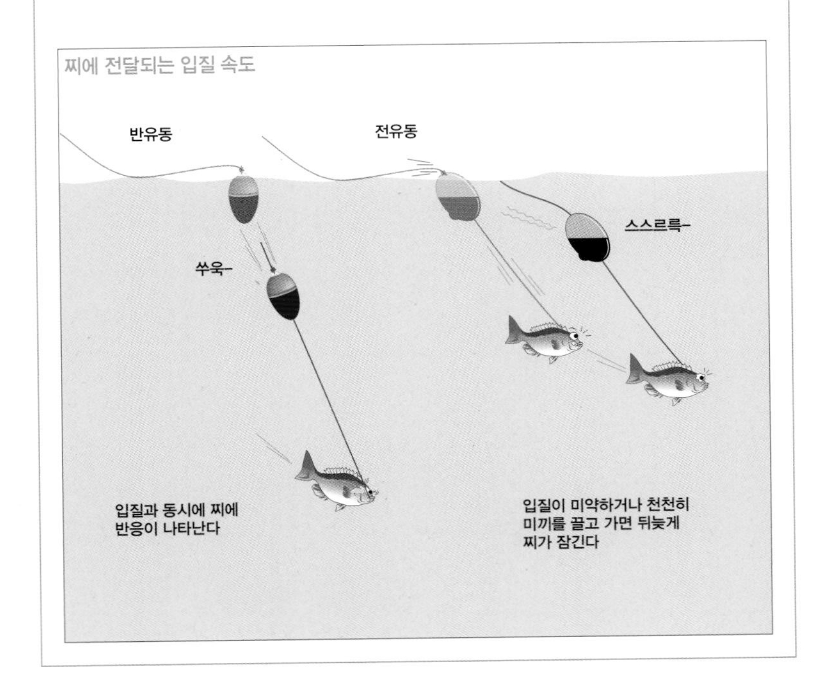

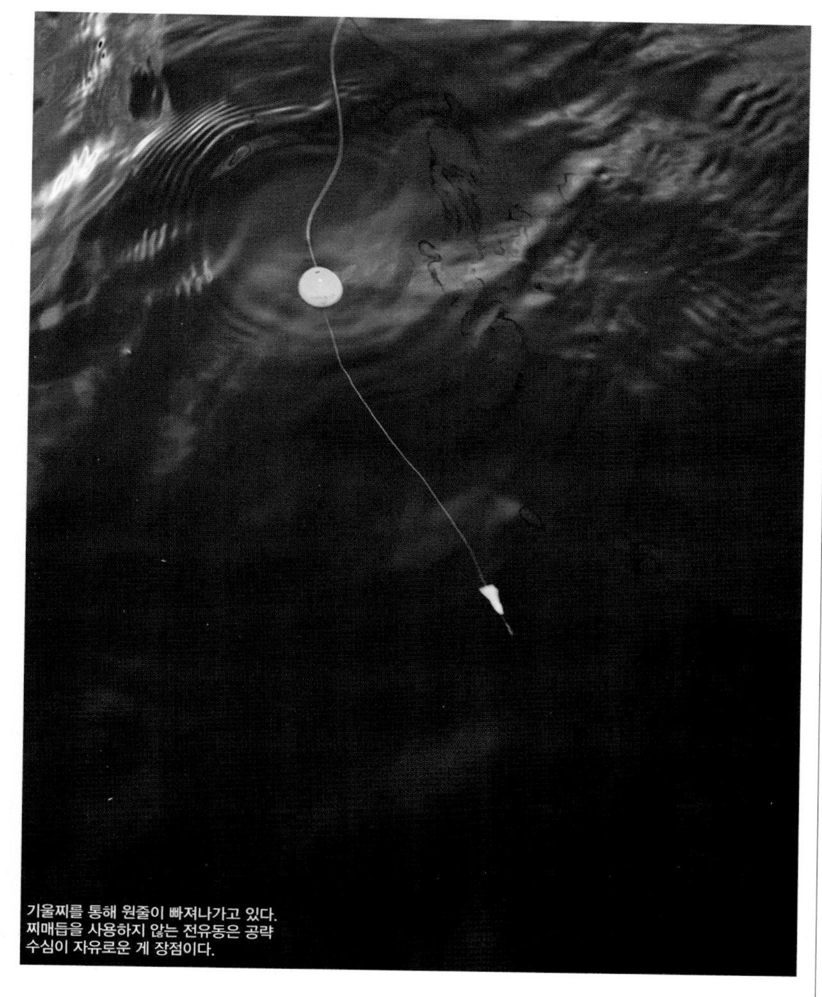

기울찌를 통해 원줄이 빠져나가고 있다. 찌매듭을 사용하지 않는 전유동은 공략 수심이 자유로운 게 장점이다.

전유동채비의 장점

1. 알 수 없는 입질층을 빠르게 찾아낼 수 있다

반유동채비는 너무 빨리 가라앉아서 고기가 상층이나 중층에서 입질할 경우 입질층을 그냥 지나칠 수 있다. 그에 반해 상층부터 하층까지 천천히 가라앉는 전유동채비는 모든 입질층의 물고기를 낚아낼 수 있다. 그래서 물고기들의 유영층 파악이 그만큼 용이하다.

2. 주변보다 깊은 골자리도 공략할 수 있다

찌매듭을 사용하지 않는 전유동은 공략수심이 제한된 반유동으로 노릴 수 없는 깊은 골 속까지 채비를 밀어 넣을 수 있다. 감성돔이 여 사이 골짜기에 웅크리고 있을 때 매듭채비는 여 위를 떠다니지만 전유동은 한번쯤 그 속으로 파고들 수 있는 것이다. 전유동의 가장 강력한 효과 중 하나다.

3. 미끼가 항상 움직이면서 입질을 유도한다

반유동은 일단 목적한 수심까지 내려가면 미끼가 정지하므로 미끼의 움직임에 생동감이 떨어진다. 반면 전유동은 채비가 늘 가라앉거나 뜨는 과정에 있으므로 미끼가 늘 움직이면서 입질을 유도한다.

4. 밑밥에 잘 뜨는 벵에돔낚시에 유리하다

벵에돔은 바닥에 웅크리고 있다가도 먹이활동을 개시하면 중층으로 뜨는데, 특히 밑밥에 반응하면 상층까지 떠서 입질한다. 따라서 벵에돔낚시에선 상층과 중층을 폭넓게 노릴 수 있는 전유동채비가 유리하다. 뿐만 아니라 밑밥에 잘 뜨는 부시리, 벤자리, 참돔, 뺀찌(작은 돌돔)를 낚을 때도 전유동이 유리하다.

양 채비의 단점

▶반유동채비의 단점

찌매듭에 의해 수심이 한정되므로 공략 수심이 단조롭다. 그래서 바닥 굴곡이 심하고 수심 편차가 큰 암초지대에서 암초 밑이나 골 속에 은신한 고기를 낚는 데 불리할 수 있다. 또 대상어가 밑밥에 반응하여 활발하게 부상해도 떠오른 대상어를 그냥 지나칠 수 있다. 그런 반유동채비의 단점을 보완하기 위해 반유동낚시를 할 땐 찌밑수심을 자주 바꿔줘야 한다.

▶전유동채비의 단점

채비가 가벼워 바람이 강하거나 파도가 높은 날은 미끼를 가라앉히기 어렵다. 특히 본류대처럼 조류가 세고 수심이 깊은 곳을 노릴 때 취약하다. 또 바닥을 지속적으로 노리기 어려워 대상어가 바닥층에서만 낚일 땐 불리하다. 반유동채비보다 숙달되는 데 시간이 걸리므로 초보자가 능숙하게 구사하려면 1년 이상의 출조경험이 필요하다.

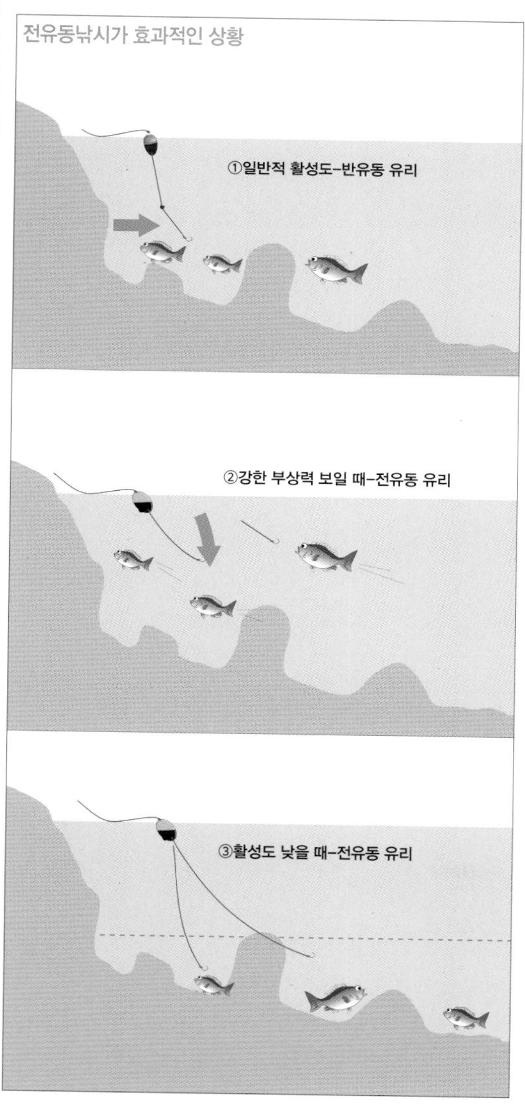

사진으로 배우는

반유동채비 만들기

구멍찌낚시의 기본 채비인 반유동채비를 만드는 순서를 알아보자.
반유동채비를 만들 때는 어떤 소품이 필요하고
또 어떤 묶음법이 필요한지 눈여겨보기 바란다.

1호 구멍찌에 1호 수중찌를 채운 반유동채비.

릴을 릴대에 결합한 후 릴의 베일을 젖혀 원줄을 1m가량 풀어낸다.

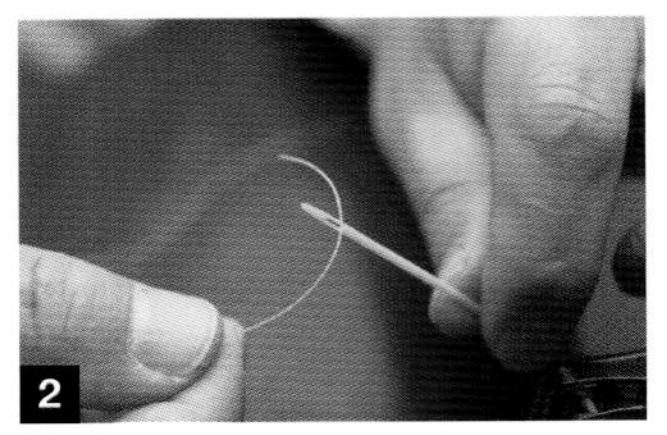

릴의 베일을 닫은 후 원줄의 끝을 가이드캡 안에 달린 침의 바늘귀에 삽입한다.

가이드캡을 천천히 잡아 빼면 침에 삽입했던 원줄이 전 가이드를 관통해 빠져나온다.

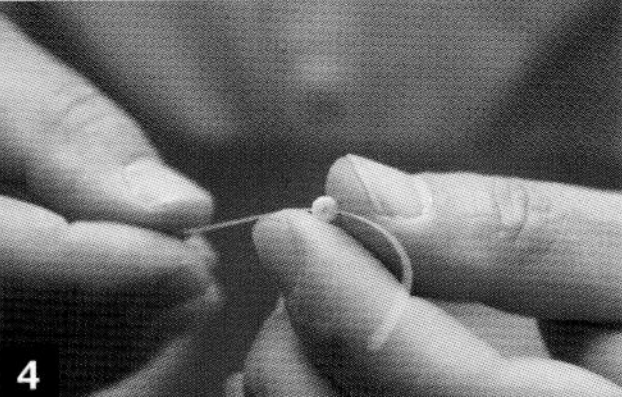

찌구슬을 원줄에 꿴다.

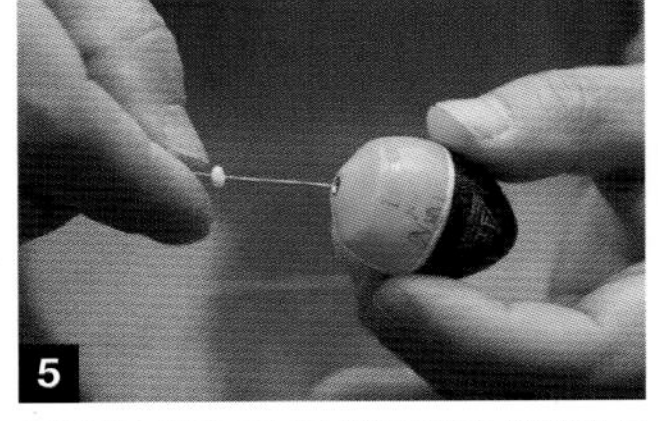

구멍찌를 꿴다. 찌 상단(붉은색이 칠해진 부분)부터 원줄을 삽입한다.

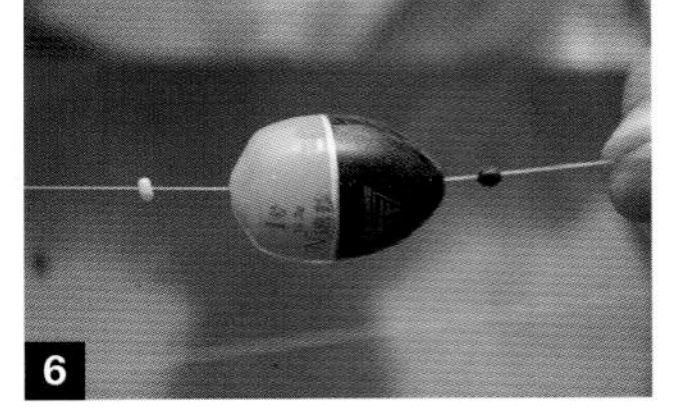

0형 쿠션고무를 꿴다.

수중찌(또는 구멍봉돌)를 꿴다

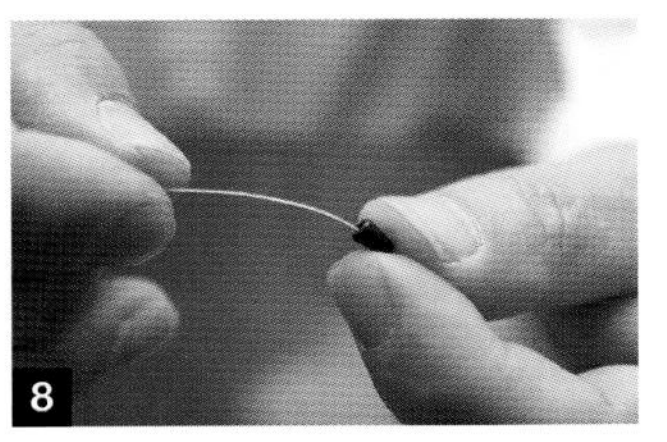

쿠션고무를 꿴다(형태는 0형이든 V형이든 상관없다).

진행
전재홍 N·S 명예프로스탭

전유동채비와의 차이점은?

반유동채비 만들기에서 찌매듭과 찌구슬을 빼면 전유동채비가 된다. 그리고 전유동채비는 수중찌 대신 극히 가벼운 전유동 전용 수중찌를 사용하거나, 수중찌를 아예 쓰지 않는다. 즉 전유동채비는 극히 심플하다.

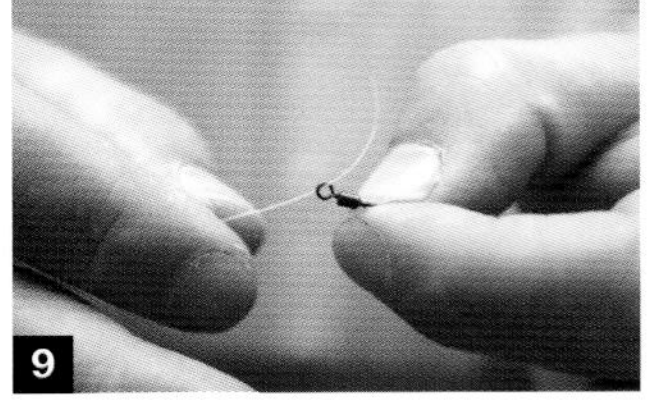

도래를 묶는다(도래 매듭법 참조)

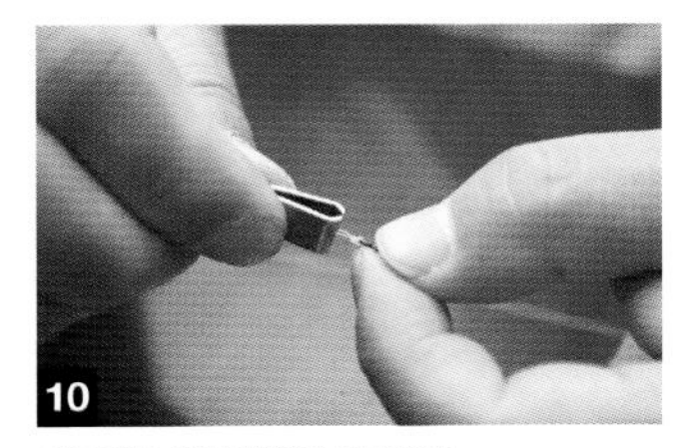

커트기로 자투리줄을 잘라낸다.

완성한 반유동채비.

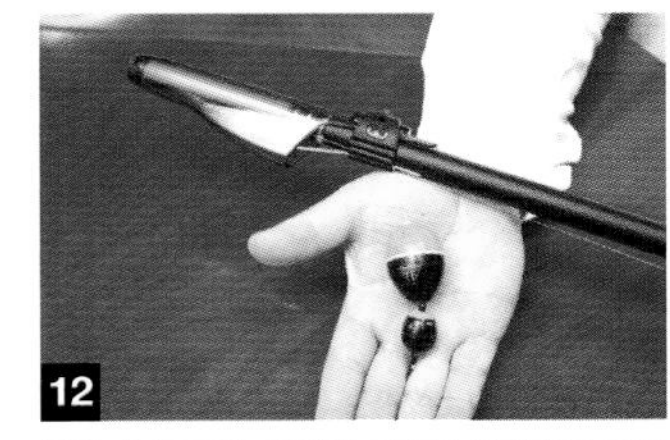

줄을 살살 감아 채비를 사진의 위치만큼 오게 한 뒤 가이드캡을 씌우고 밴드로 조인다.

- 위 과정대로 채비를 준비한 후 갯바위에 내리면 가이드캡을 벗기고 낚싯대를 다 펼친 다음, 목줄을 도래에 두 발 길이로 묶고, 바늘을 묶는다.
- 날이 완전히 밝으면 갯바위 지형과 조류를 눈으로 살피고, 동행한 낚시인들의 의견을 참고하여, 목줄에 적합한 무게의 봉돌을 물리고, 마지막으로 공략수심만큼의 원줄에 찌매듭을 묶으면 낚시 준비 끝!

★초보자는 이처럼 집에서 미리 구멍찌를 세팅해가면 편리하지만, 숙달되면 모든 채비를 갯바위 현장에 가서 하는 게 원칙이다. 왜냐하면 현장마다 적합한 구멍찌의 부력과 크기가 다르기 때문이다.

필수매듭 1 – 찌매듭 묶음법

면사매듭
기본 매듭법

1. 적당한 길이(약 10cm)의 면사를 잘라서 원줄과 함께 나란히 쥔다.
2. 사진처럼 면사를 겹쳐 둥근 원을 만든다.
3. 왼손으로 면사의 겹친 부분을 원줄과 함께 쥐고 오른손으로 면사의 한쪽 끝을 원 안으로 차곡차곡 5~6바퀴 감는다.
4. 다 감았으면 양쪽 끄트머리를 지긋이 당겨서 조인다.
5. 자투리를 1cm가량 남기고 잘라준다. 낚시 도중 종종 헐거워지므로 그때마다 당겨서 조여 줄 수 있도록 사진처럼 너무 짧게 자르지는 말 것.

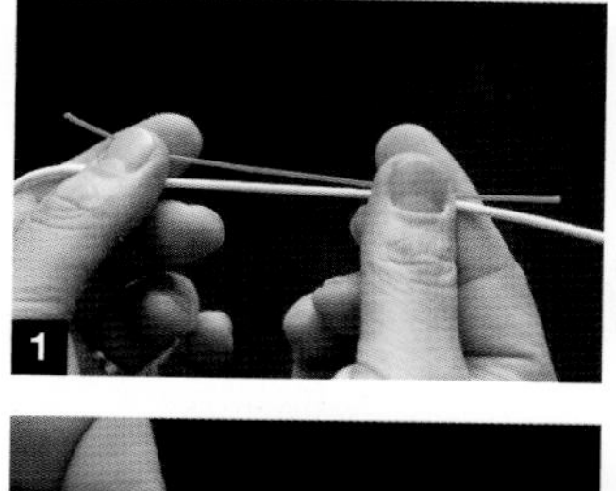

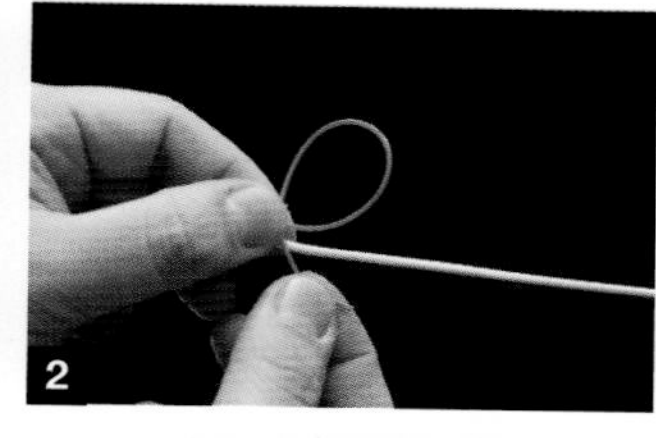

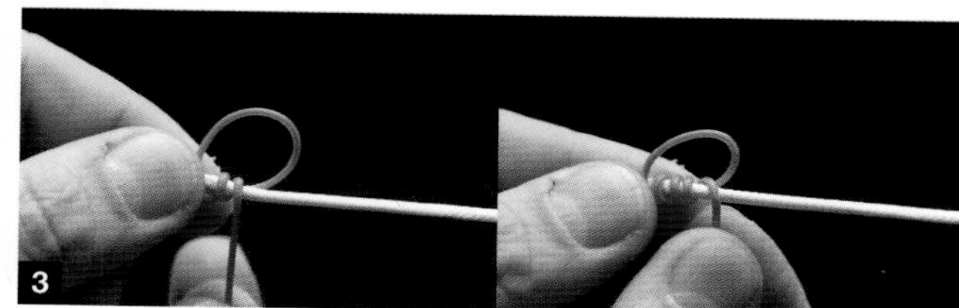

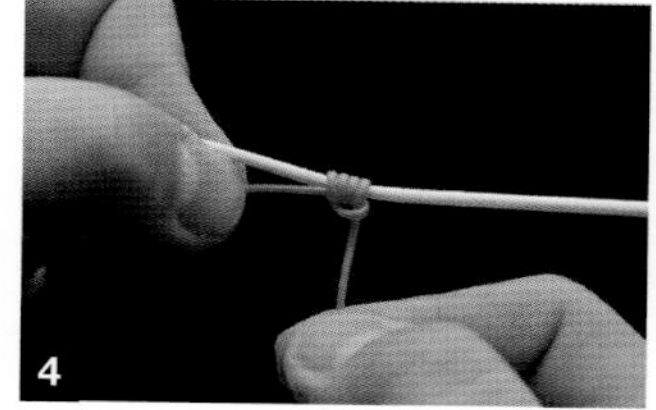

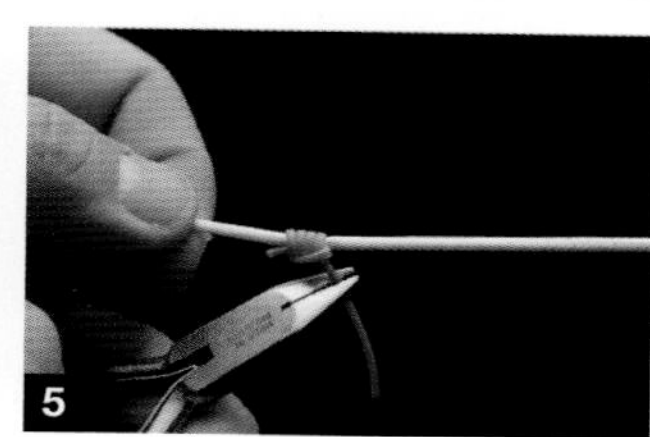

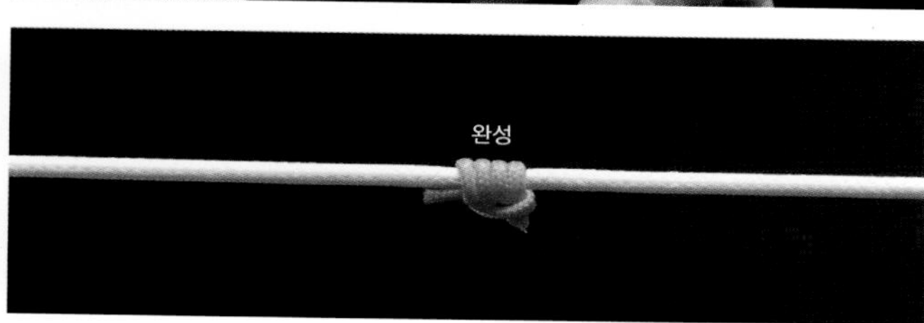

나비매듭
벵에돔낚시용

1. 원줄을 살짝 접어 고리를 만든다.
2. 고리 안으로(밑에서 위로) 손가락을 집어넣어 겹쳐 있는 원줄을 잡아당긴다.
3. 사진과 같은 고리가 생긴다.
4. 고리 사이로 미리 잘라놓은 10cm 길이의 나일론 줄을 집어넣는다.
5. 나일론 줄을 원줄에 감는다.
6. 사진과 같이 두 바퀴 감는다.
7. 원줄과 나일론 매듭 줄을 함께 잡고 양쪽으로 당겨준다.
8. 원줄의 양쪽을 잡고 팽팽하게 벌려준다.
9. 완성한 상태. 자투리로 남겨두는 길이는 6~7mm가 적당. 너무 짧게 자르면 매듭이 찌구멍을 통과해 버린다.

원래 은어낚시에 쓰던 매듭법인데 일본의 갯바위낚시 명인 야마모토 하찌로가 벵에돔 제로찌낚시에 사용한 후 널리 쓰이고 있다. 당시 일본 낚시인들이 이 매듭법의 편리함과 기발함에 놀라 감탄을 연발했는데 거기에서 "과연"이란 감탄사를 뜻하는 '나루호도' 매듭이라 불린다. 우리나라에선 그 모습이 나비를 닮아 '나비매듭' 또는 '제로매듭'이라 부르고 있다. 이 매듭은 면사 대신 1.2호 이하의 가는 나일론 줄을 잘라 만드는데, 빳빳한 자투리줄이 찌구멍에 걸리며 스토퍼 역할을 한다. 그래서 찌구슬이 필요 없다. 벵에돔낚시에서는 무거운 수중찌를 달지 않기 때문에 나비매듭으로도 채비를 멈추게 할 수 있다.

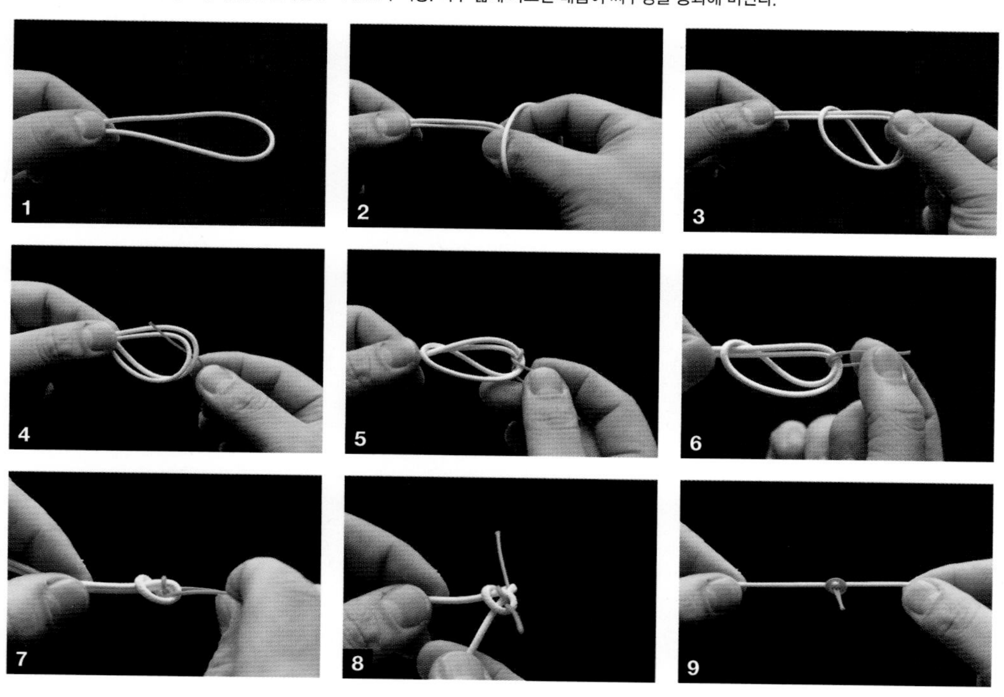

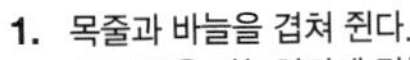

필수매듭 2 – 낚싯바늘 묶음법

바깥돌리기

기본 묶음법

1. 목줄과 바늘을 겹쳐 쥔다.
2. 목줄 끝을 바늘허리에 감는다.
3. 사진처럼 감을 때마다 왼손 손가락을 대거나 왼손 엄지와 검지로 감은 부분을 눌러 풀리지 않도록 한다.
4. 5회 정도 감는다.
5. 왼손 엄지와 검지로 감은 부분을 꽉 누른 후 오른손으로 목줄 끄트머리를 잡고 반 바퀴만 더 돌린다.
6. 이번엔 바늘귀와 목줄 사이로 감는다.
7. 왼손 손가락으로 줄이 풀리지 않도록 누른 후 고리로 목줄 끄트머리를 통과시킨다.
8. 그 상태에서 매듭을 살짝 쥐고 목줄을 당긴다.
9. 매듭이 조여진 상태. 목줄 끄트머리 쪽도 당겨서 마저 조인다.
10. 완성한 모습. 목줄이 바늘귀 위로 오게 해야 챔질 시 바늘이 예각을 이루어 잘 박힌다. 커트기로 자투리 줄을 잘라낸다. 너무 바짝 자르면 나중에 당겨질 때 매듭이 풀릴 수 있으므로 2mm 정도만 남기는 게 좋다.

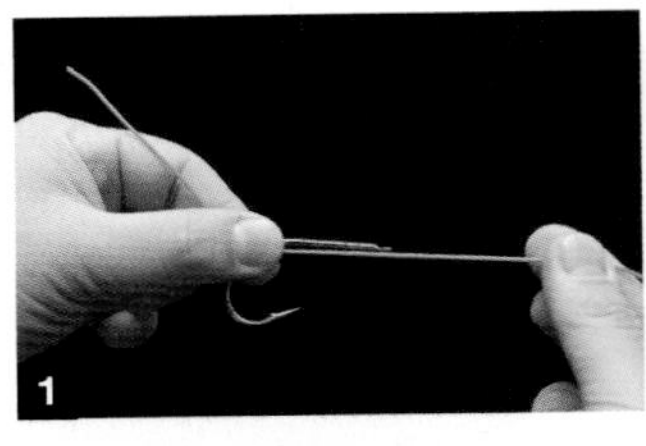

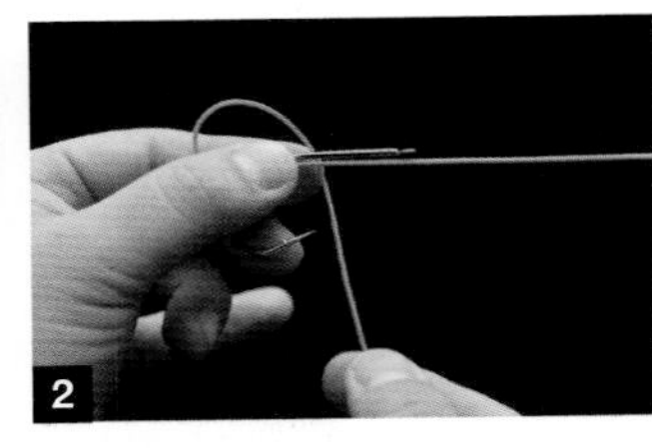

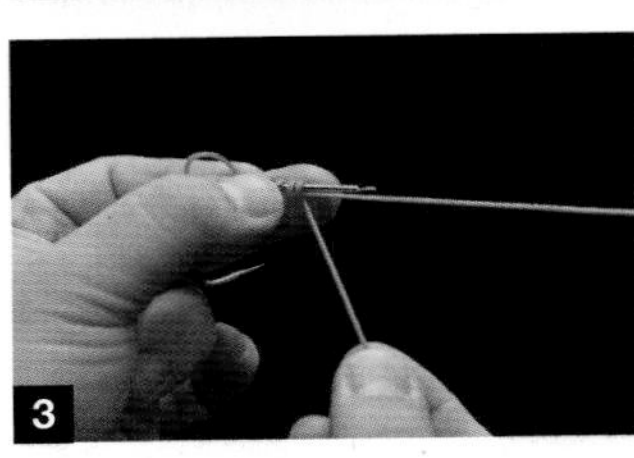

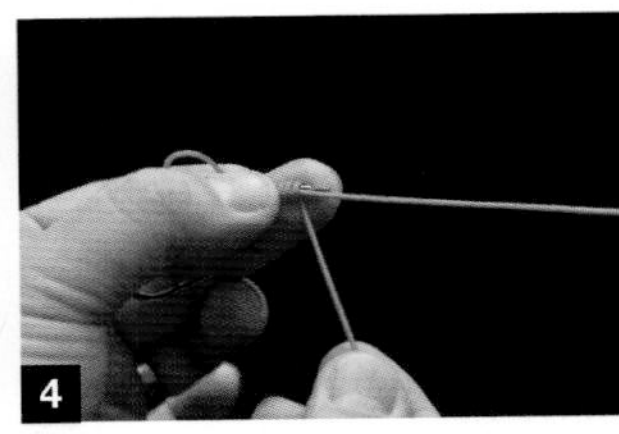

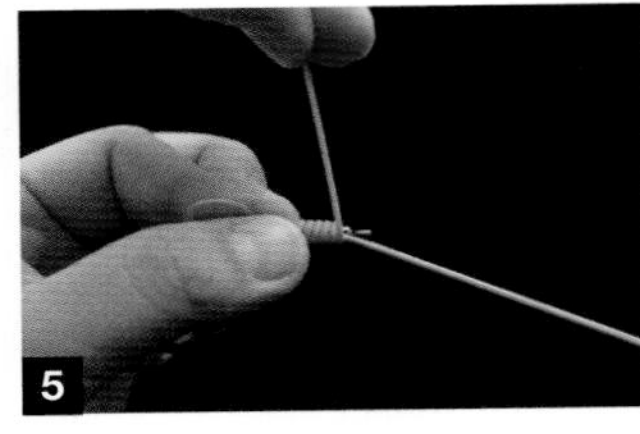

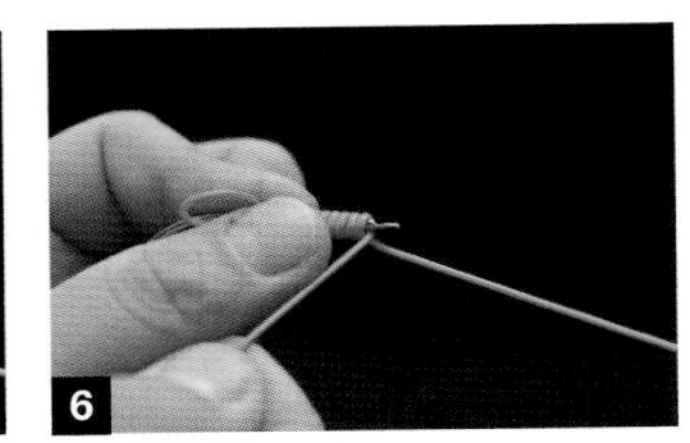

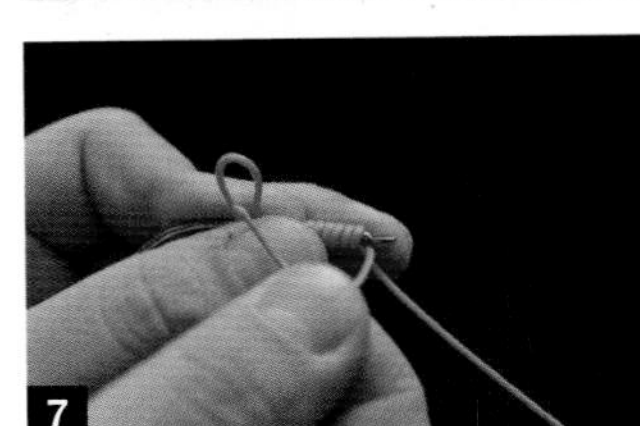

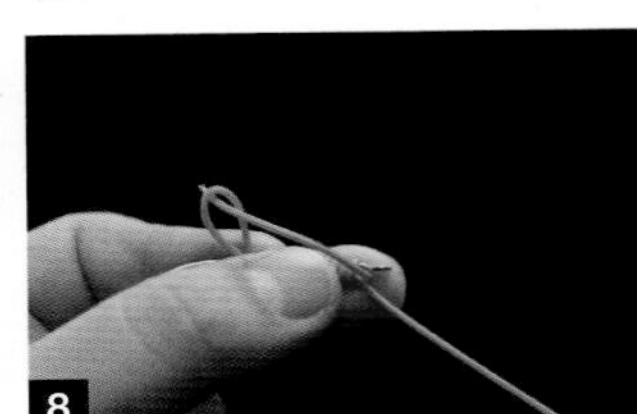

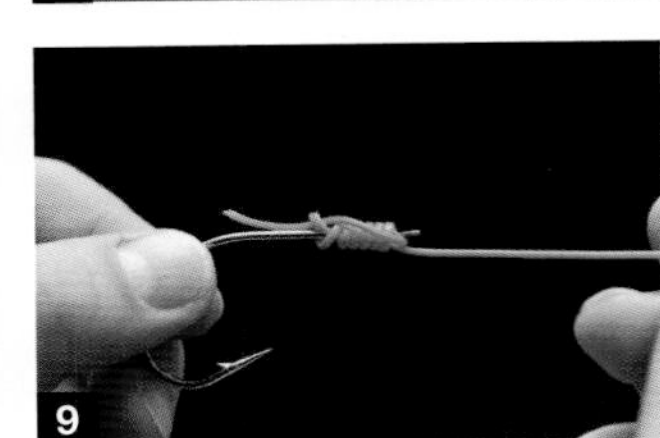

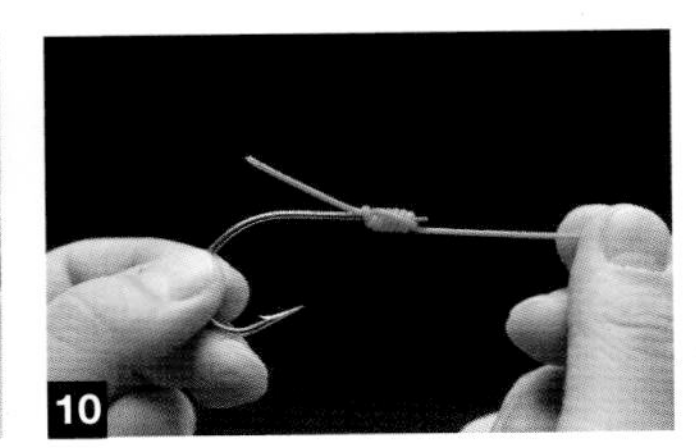

CHECK POINT

▶ 찌구슬의 3가지 형태

구슬형, 반달형, 도넛형이 있다. 성능은 비슷하다. 다만 구멍이 너무 커 찌매듭이 통과해버리는 제품은 사면 안 된다. 반달구슬의 경우 파인 부분이 위로 가도록 끼우는 낚시인도 있는데, 그래야 끌려갈 때 바람과 물의 저항을 덜 받아 채비가 잘 내려간다고 한다.

▶ 반유동채비를 할 때 구멍찌와 수중찌 사이에 찌멈춤봉을 다는 사람도 있는데, 그 이유는?

밑걸림이 생겨 도래나 직결 부위가 터졌을 때 구멍찌가 빠지지 않도록 하기 위해서다. 찌멈춤봉이 없다면 구멍찌까지 모조리 유실될 것이다. 그러나 채비가 간결하지 못한 느낌이 들어 많이 쓰지는 않는다.

▶ 찌회수기 사용법

밑걸림으로 원줄이 끊어져 찌가 수면 위에 동동 떠 있으면 재빨리 찌회수기를 꺼내 끊어진 원줄에 묶은 다음 구멍찌가 있는 곳보다 5m 이상 던진 후 천천히 끌고 오며 찌를 담는다. 휘청거리는 릴대로 찌회수기를 정확하게 던지는 것은 쉬운 일이 아니므로 가급적 찌보다 멀리 던진 후 천천히 끌고 오며 구멍찌를 조준해야 한다.

▶ 낚시 중 찌매듭이 헐거워져 오르내린다. 해결 방법은?

찌매듭 자투리줄을 당겨서 다시 조여준다. 그렇게 해도 곧 다시 헐거워지면 찌매듭을 새로 묶는 게 낫다. 귀찮다고 기존 찌매듭 밑에 새 찌매듭을 묶고 쓰는 경우가 있는데 이러면 새 찌매듭을 올릴 때 잘 밀리지 않는다. 또 찌매듭이 가이드를 통과할 때마다 저항이 심해져 원투도 잘 안 된다.

▶ 면사가 없을 때 찌매듭을 묶는 방법은?

갖고 있는 낚싯줄 가운데 가장 가는 목줄을 잘라서 묶어 쓴다(원줄을 잘라서 써도 된다). 이때 목줄은 뻣뻣하기 때문에 자투리줄은 최대한 짧게 잘라내야 캐스팅 시 가이드에 매듭이 많이 걸리지 않는다. 만약 찌구슬까지 없다면? 그때는 자투리 줄을 0.5cm 정도로 길게 잘라주면 찌구멍에 자투리줄이 걸쳐지며 찌구슬 역할을 한다. 그러나 0.5호 채비까지는 나일론 찌매듭의 자투리가 무게를 견디지만 1호 이상이면 쑥 하고 빠져버린다.

▶ 벵에돔낚시에서는 왜 원줄과 목줄을 직결하나?

봉돌을 전혀 쓰지 않는 띄울낚시를 할 때 채비가 전체적으로 자연스럽게 펴지도록 만들기 위해서다. 중간에 금속 도래가 들어가면 그 부분이 빨리 가라앉아서 채비가 L자로 꺾이게 되는데 그 경우 왜 그런지 정확한 이유는 모르지만 상층에 뜬 벵에돔은 입질하지 않을 수 있다. 그러나 벵에돔낚시라도 목줄에 봉돌을 달아서 낚시할 땐 목줄의 봉돌이 도래보다 앞서 하강하므로 직결이든 도래묶음이든 채비 꺾임이 없어서 상관없다. 다만 도래가 12~14호로 작고 가벼워야 한다.

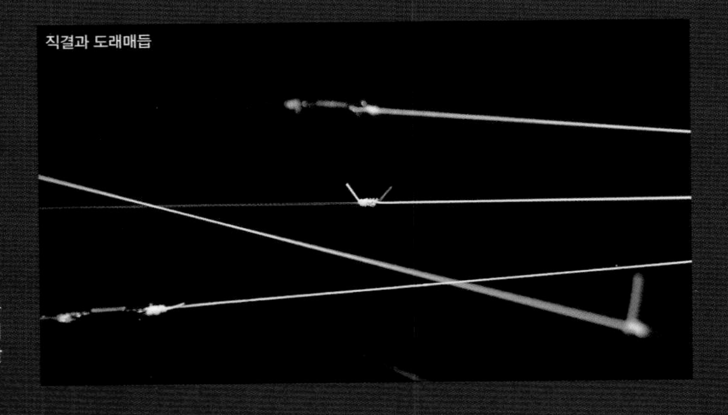
직결과 도래매듭

필수매듭 3 – 도래 묶음법

유니 노트

굵은 낚싯줄로도 묶기 좋고 매듭 과정에서 꼬임이 들어가지 않아 강도 손상이 거의 없다.

1. 도래에 낚싯줄을 통과시키고 사진과 같이 잡는다.
2. 고리 속으로 5~6회 돌려 감는다.
3. 끄트머리를 먼저 조이고 다음에 본줄을 당겨 조인다.
4. 자투리를 잘라내면 완성.

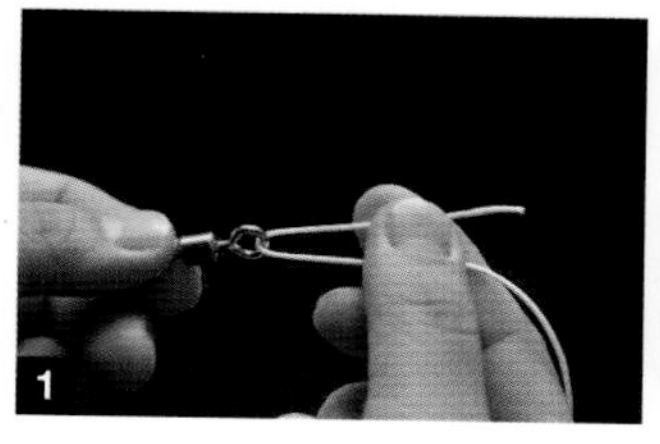

1

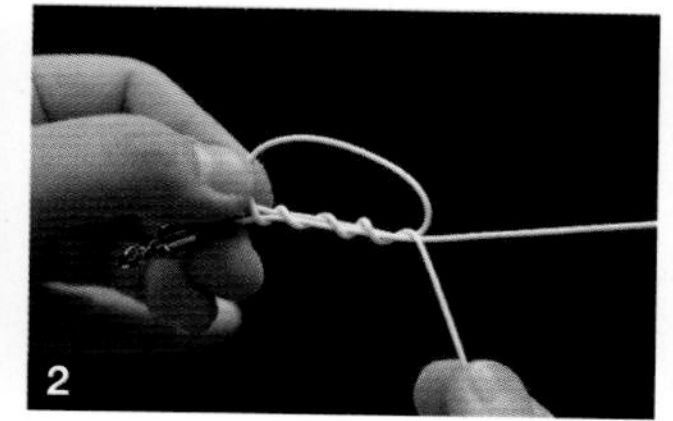

2

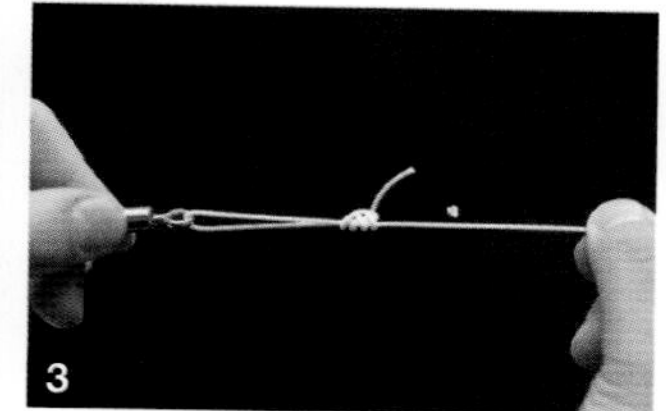

3

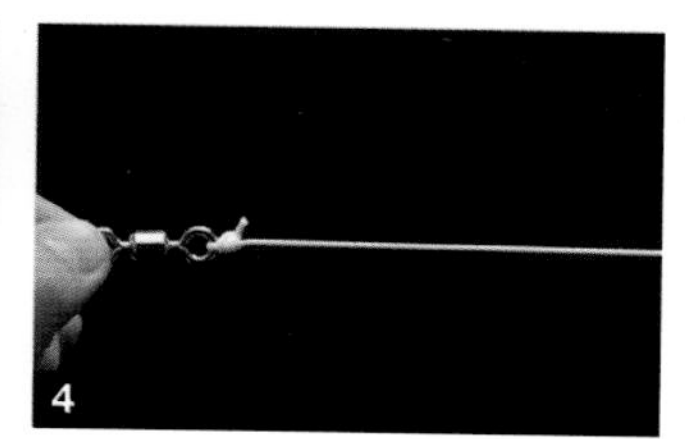

4

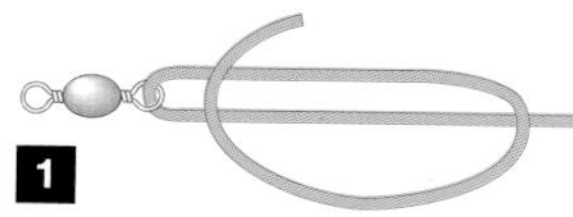

1 도래의 고리 속으로 낚싯줄을 통과시키고 그림과 같이 한 바퀴 돌린다.

5~6회 돌림

2 그림과 같이 본줄과 함께 5~6회 돌려 묶는다.

당긴다

3 끄트머리 줄을 먼저 당겨서 조이고 본줄을 당겨준다.

먼저 당긴다

4 매듭이 도래에 바짝 다가가 조여진다. 자투리를 잘라내면 완성.

잘라낸다

필수매듭 4 – 직결법

미하라 직결

가장 많이 사용하는 직결법이다.
매듭법이 간단하고 빠르다.
일본의 갯바위낚시인 미하라 겐사쿠가 외과의사들이 수술 후 봉합할 때 쓰는 매듭법을 보완해 완성했다.

1. 두 줄을 서로 교차시킨다.
2. 서로 꼬아 3회 감아준다.
3. 양 끄트머리를 쥐고 위에서 한 번 감아준다.
4. 더 감아 처음 감는 횟수와 마찬가지로 3회 감기도록 한다.
5. 양쪽을 쥐고 서서히 당겨준다.
6. 단단히 조인다.
7. 각각의 자투리를 잘라주면 완성.

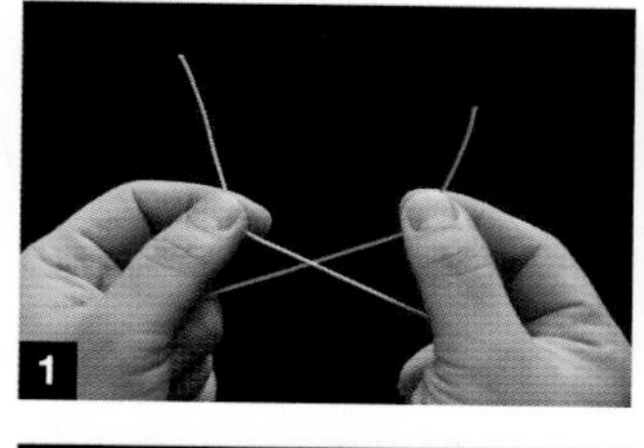

1

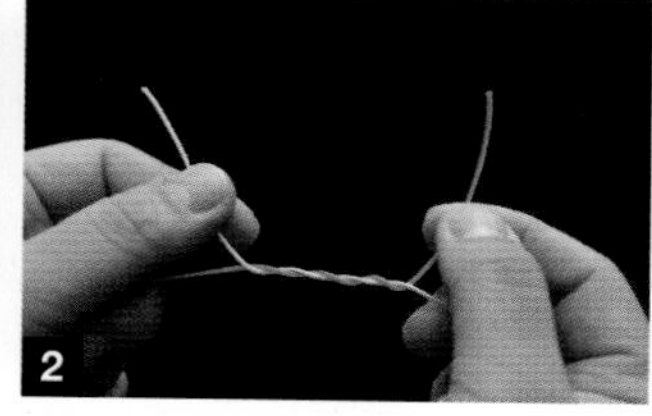

2

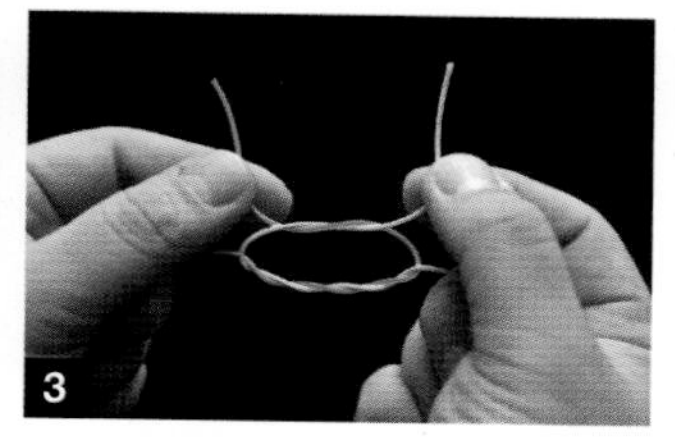

3

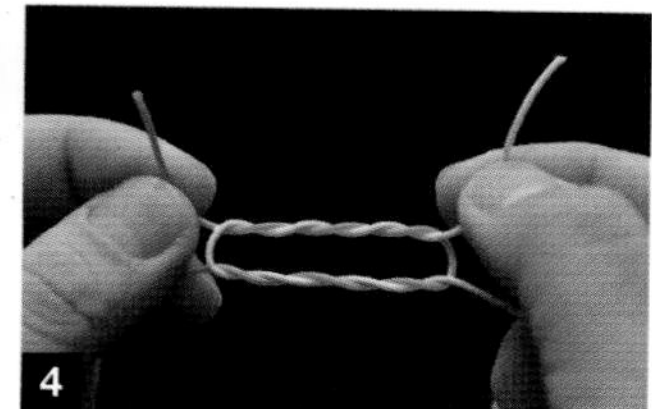

4

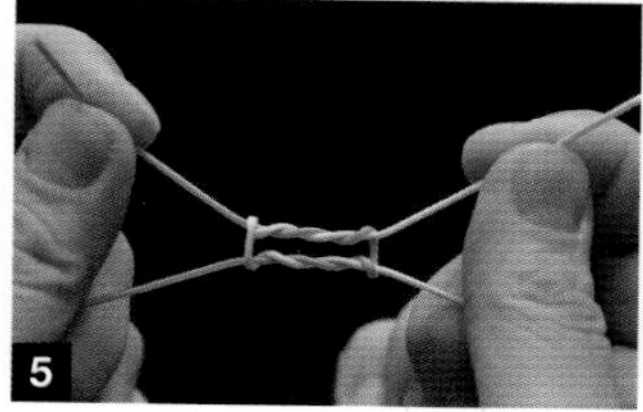

5

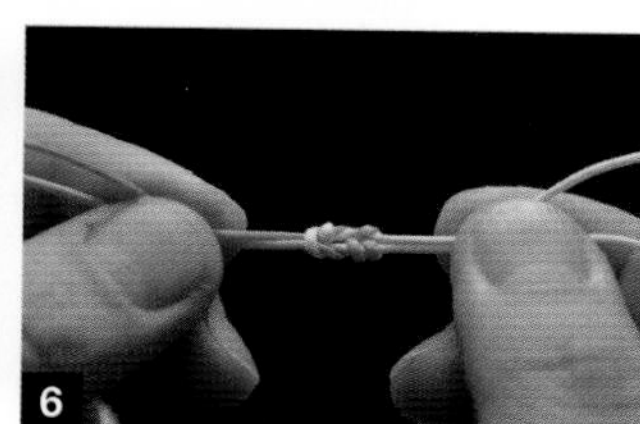

6

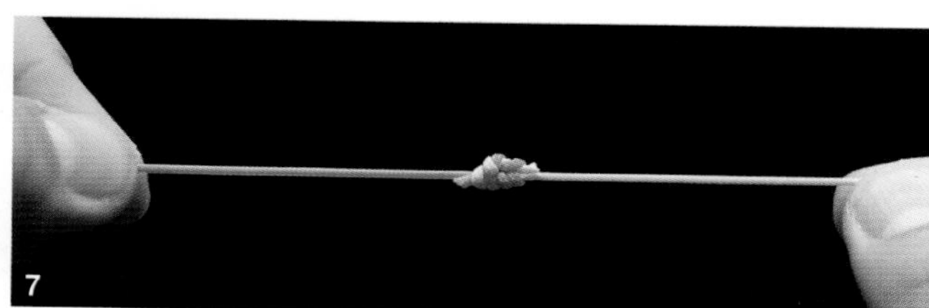

7

직결 VS 도래매듭 장단점 비교

	직결	도래매듭
쓰임새	벵에돔 띄울낚시(제로조법, 천조법)	나머지 모든 구멍찌낚시
강도	약하다	강하다
매듭속도	빠르다	양쪽으로 묶어야 하므로 느리다
장점	벵에돔 제로조법에 필수! 금속도래가 필요 없어 채비가 L자로 꺾이지 않는다	직결보다 강도가 높아서 대형어와 승부할 때 유리하다.
단점	강도가 낮아서 참돔낚시나 부시리낚시엔 부적합	채비 꺾임이 발생하여 봉돌을 쓰지 않는 제로조법엔 부적합.

찌낚시의 출발선

캐스팅

구멍찌낚시의 투척(캐스팅)은 어깨 힘을 빼고 낭창거리는 릴찌낚싯대의 탄력을 100% 활용하여 던지는 방법으로, 반복적 숙달을 통해 원하는 지점에 정확히 찌를 던질 수 있어야 한다. 무리한 힘을 주면 크릴이 떨어져 나가거나 목줄채비가 원줄에 엉켜버린다. 그런데 놀랍게도 구멍찌낚시 동호인의 70%가 자신이 원하는 위치에 찌를 정확히 던지지 못하고 있다. 캐스팅 훈련이 안 돼 있는 상태로 손맛 보기에만 급급하여 주먹구구식으로 찌낚시를 배웠기 때문이다.

구멍찌낚시가 붐을 일으키던 90년대 초, 제주도의 낚시클럽은 입문자들에게 첫날 하루는 미끼를 주지 않고 종일 캐스팅 연습만 시켰다. 캐스팅이 맘대로 안 되면 찌낚시의 이후 조작은 무의미하다는 사실을 체험케 한 것이다. 그런 전통이 제주도 낚시를 강하게 만들었다. 제주도의 강풍 속에서 능숙하게 캐스팅할 수 있는 고수들은 추자도에서 혁혁한 조과를 올리곤 했다.

바람이 마주 부는 상황에서, 두 발이나 되는 긴 목줄 끝에 살점 연한 크릴을 미끼로 달고, 30m 이상 되는 먼 거리를 정확하게 던질 수 있는 낚시인은 프로낚시인 중에서도 그리 많지 않다. 달리 말하면, 초보자라도 캐스팅만 열심히 연습하면 가장 단시간에 실력을 상위클래스까지 끌어올릴 수 있다.

갯바위로 나서기 전에 저수지나 강가에서 캐스팅 연습을 해보는 것도 좋은 방법이다. 구멍찌와 수중찌만 달고 연습하지 말고, 목줄 채비 3.5m를 달고 가능한 한 바늘에 크릴까지 달고 연습하면 더욱 좋다. 그래야 목줄 관리에 대한 감이 생기고 바늘이 바닥에 닿지 않고 던질 수 있게 되기 때문이다.

찌낚시 고수 되는 4가지 트레이닝

갯바위에 출조하여 꽝을 치더라도 다음 4가지 연습에 매진하면 조과 이상의 소득을 올릴 수 있고, 한 달만 연습하면 수준급 실력을 갖출 수 있다. 그러나 이 4가지가 서툴면 10년 넘게 낚시해도 제자리걸음이다. 부지런한 낚시인은 대상어가 안 낚여도 갯바위에서 지루할 틈이 없다.

❶ 임의목표 설정하여 구멍찌를 정확히 던지는 연습

눈으로 목표물을 정해놓고 그 자리에 정확히 찌를 던지는 연습을 반복한다.

❷ 구멍찌를 던져놓고 밑밥으로 구멍찌를 맞히는 연습

밑밥을 떠서 수면에 떠있는 찌를 맞히는 연습을 함으로써 품질 능력을 기른다.

❸ 채비 회수하여 바늘을 잡는 연습

"바람 속에서 채비를 회수하여 바늘을 잡는 동작만 보면 그 낚시인의 실력을 알 수 있다"는 말이 있다. 찌를 걷어내서 바늘에 새 미끼를 꿰어 던지고 다시 회수하기를 반복하는 연습을 통해 스피디한 찌낚시를 구사할 수 있다.

❹ 낚싯대 손에 든 채로 서서 바늘 빨리 묶는 연습

바늘 묶기가 서투르면 바늘 교체를 꺼리다가 결국 대어를 걸었을 때 터뜨리게 된다. 처음엔 바늘 묶는 제한시간을 1분으로 잡아서 연습하다가, 20초 안에 바늘을 묶을 수 있을 때까지 숙련한다.

●오버헤드 캐스팅 동작

*원거리 캐스팅에 사용하는 방법이다. 정확도가 높고 비거리가 길지만 뒤쪽에 장애물이 있으면 던지기 어렵다.

1. 미끼를 꿰고 릴을 감아 초리와 구멍찌와의 간격이 30cm 정도 되게 만든다. 너무 가까이 붙이면 릴대를 뒤로 보내는 과정에서 출렁대다가 채비가 초리와 엉킬 수 있다.

2. 검지로 릴줄을 건 뒤 릴의 베일을 젖힌다.

3. 그 상태로 릴대를 틀어서 초리를 뒤쪽으로 보낸다. 이때 목줄이 늘어져 바늘이 갯바위에 걸리지는 않는지 살핀다.

4. 바다를 향해 릴대를 휘두른다. 이때 릴대의 각도는 90도가 아니라 70도 정도가 휘두르기에 가장 자연스럽다. 릴대를 휘두를 때는 야구배트를 휘두르듯 강하게 휘두르지 말고 구멍찌의 무게를 자연스럽게 느끼며 휘두르는 게 중요하다. 중요한 게 원줄을 놓는 타이밍이다. 처음에는 검지로 걸고 있던 원줄을 놓는 타이밍을 맞추지 못해 찌가 발밑으로 바로 처박히거나 야구에서 빗맞아 플라이볼이 되듯 찌가 허공으로 높게만 뜰 수 있다. 초보자라면 어쩔 수 없이 이 과정을 거치게 된다.

5. 요령은 사진처럼 휘두른 릴대가 귀 옆을 지나 120도 각도에 이르렀을 때(느낌으로 표현한다면 릴대의 회전력이 정점에 이르러 검지손가락에 무게가 전달되는 순간)에 검지를 놓으면 된다. 수면을 향해 찌를 던진다기보다 전방 45도를 향해 곡사포를 쏜다는 느낌으로 탁 튕겨주면 된다.
   초보자라면 릴대가 귀 옆을 지나 120도 각도까지 올 때까지도 초리를 계속 쳐다볼 필요가 있다. 이러면 마음껏 휘두르지 못해 비거리는 짧아지지만 그만큼 안정감 있게 채비를 던질 수 있기 때문이다.

6. 검지를 놓은 후에도 찌가 착수할 때까지는 릴대를 정면으로 향한 채 그 자세를 2~3초간 유지해준다. 그래야 원줄이 자연스럽게 빠져나가고 원투거리도 늘어난다. 그리고 눈으로 채비를 추적하며 크릴미끼가 달려 있는지 눈여겨보는 습관도 필요하다.

1

2

3

4

5

6

●사이드 캐스팅 동작

*근거리 캐스팅에 사용하는 방법이다. 캐스팅 속도가 빠르고 뒤에 장애물이 있어도 쉽게 던질 수 있어 실전에선 가장 많이 쓰인다. 그러나 정확도와 비거리가 떨어지므로 초보자라면 오버헤드 캐스팅부터 숙달된 후 사이드 캐스팅을 익혀야 한다. 캐스팅이 서툰 낚시인들은 대부분 오버헤드 캐스팅에 미숙하다.

1. 미끼를 꿴 뒤 바늘 위 30~50cm 지점의 목줄을 잡고, 검지로 릴줄을 건 뒤 릴의 베일을 젖힌다.

2. 그 상태로 몸을 비틀어 릴대를 활처럼 휘게 한다. 목줄이 길면 찌를 초리 쪽으로 바짝 붙여서 많이 휠 수 있게끔 한다. 옆 쪽에 장애물이나 다른 낚시인이 있으면 반대편으로 낚싯대를 틀어 던진다.

3. 비틀었던 몸을 앞쪽으로 돌리면서 뒤로 젖혔던 릴대를 휘두르면서 손에 쥐었던 목줄을 놓는다.

●캐스팅 후 동작

채비를 던졌다고 해서 모든 게 끝난 게 아니다. 지금부터가 실질적으로 중요하다. 만약 날아가는 채비를 그냥 놔둔다면, 대부분 무거운 구멍찌와 수중찌가 먼저 바다에 떨어지고 그 위로 목줄과 바늘이 얹혀 떨어질 것이다. 이러면 채비가 뒤엉켜 아래로 내려가지 않는다. 채비를 엉킴 없이 가라앉히기 위해 취해야 할 필수 동작들을 소개한다.

1. 찌 착수 직전에 뒷줄을 잡아라
목표 지점을 향해 날아간 찌가 수면에 닿기 직전, 재빨리 릴 스풀을 손으로 감싸 더 이상 원줄이 풀리지 않도록 만든다. 이러면 〈그림〉에서 보듯 구멍찌와 수중찌는 스톱하고 뒤따르던 목줄이 앞으로 나아가며 일자로 펴지게 된다.

2. 뒷줄을 잡을 때 요령
손으로 단숨에 스풀을 감싸버리면 일종의 급브레이크 현상이 생겨 구멍찌와 수중찌가 다시 뒤로 튕기면서 그 과정에서 채비가 엉키기도 한다. 따라서 뒷줄을 잡을 때는 '스르르륵' 하는 느낌이 날 정도로 부드럽게 감싸주는 게 바람직하다.

사진처럼 채비 착수 직전에 스풀을 감싸 원줄 풀림을 막아야 목줄이 일자로 펴진다.

3. 찌 착수 1초 후 원줄을 쭉 당겼다가 놓아주라
채비가 수면에 떨어진 지 1초 후에 원줄을 2m 정도 쭉 당겨주면 미세한 엉킴은 쉽게 풀어지고, 원줄이 직선이 돼 채비하강이 더 원활해진다. 그러나 찌가 많이 끌려올 정도로 강하게 당기지는 말 것.

4. 채비 엉킴 확인
수면에 떨어진 채비의 엉킴 유무는 원줄이 끌려가는 것과 구멍찌의 동동거리는 상태로 알 수 있다. 찌밑수심을 꽤 많이 줬는데도 원줄이 찌 쪽으로 끌려가지 않으면 채비가 가라앉지 않는 것이다. 또 채비가 모두 가라앉을 시간이 안됐는데도 구멍찌가 잠길락 말락 잠방거리는 경우는 십중팔구 채비가 엉켜 구멍찌 바로 밑에 매달려 있는 경우다. 반대로 찌가 평소보다 훨씬 깊게 잠겨 잠방거릴 때도 있다. 이 상태에서 건져보면 목줄이 거미줄처럼 둥글게 엉켜 있는데 이러면 조류 저항을 강하게 받아 찌가 더 잠긴다.

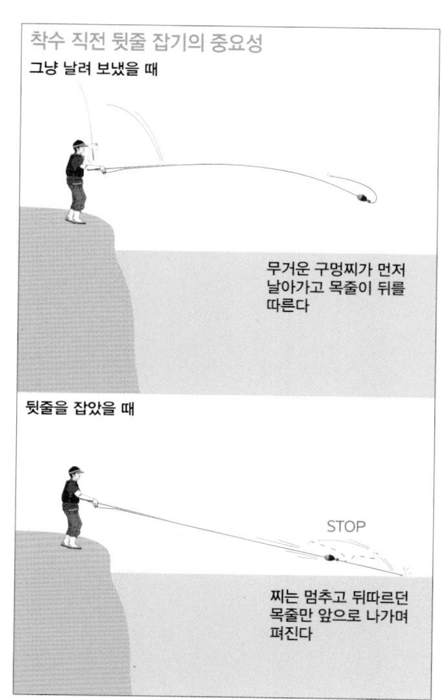
착수 직전 뒷줄 잡기의 중요성
그냥 날려 보냈을 때
무거운 구멍찌가 먼저 날아가고 목줄이 뒤를 따른다
뒷줄을 잡았을 때
STOP
찌는 멈추고 뒤따르던 목줄만 앞으로 나가며 펴진다

반유동낚시 제1의 핵심테크닉

찌밑수심 조절하기

김용화 거제 태조낚시 대표

갯바위에 내릴 때 낚싯배 선장에게 가장 많이 하는 질문이 "수심이 얼마냐"는 것이다. 왜 수심을 궁금해 할까? 수심을 알아야 '물속으로 가라앉힐 내 낚싯줄의 길이(=찌밑수심)'를 그 수심에 맞출 수 있기 때문이다. 특히 감성돔은 바닥층에서 회유하기 때문에 정확한 바닥수심 파악에 따른 바닥층 공략이 최대 관건이다.

갯바위에 내려 보면 수면 근처에 작은 물고기들이 돌아다니고 있다. 자리돔, 망상어, 새끼 놀래기 등 종류도 다양하다. 그 녀석들은 미끼를 수면에서 조금만 가라앉히면 입질하므로 낚기 쉽다. 그러나 큰 대상어, 특히 감성돔은 거의 갯바위 밑바닥에서 생활하기 때문에 미끼를 그곳까지 가라앉혀 주어야 입질을 받을 수 있다.

가령 수심이 8m라면 내 낚싯줄에 달린 미끼를 8m까지 가라앉혀야 하는 것이다. 감성돔뿐 아니라 구멍찌낚시의 주요 대상 어종인 참돔, 돌돔 등도 주로 바닥에서 활동한다. 미끼가 깊이 가라앉을수록 찌낚시는 어려워지지만 대신 대형어의 화끈한 손맛이 노력의 대가로 주어진다.

'벵에돔이나 참돔은 바닥에서 상층으로 많이 뜨던데?'하고 반문하는 사람도 있을 것이다. 그 말은 사실이다. 참돔은 감성돔보다는 약간 더 위의 수심층에서 낚이고, 벵에돔은 참돔보다 더 위의 수심층에서 낚이는 경우가 많다. 가령 수심이 8m라면 감성돔은 7~8m 수심에서 낚이고, 참돔은 6~7m 수심, 벵에돔은 4~5m 수심에서 주로 낚인다. 특히 벵에돔이란 놈들은 밑밥을 뿌려주면 1~2m 수심까지 떠오르기도 한다.

그러나 반유동낚시의 간판 대상어인 감성돔을 낚으려면 철저한 바닥층 공략이 필수적이며, 감성돔낚시의 찌밑수심 조절 요령만 안다면 구멍찌낚시 테크닉의 절반은 마스터한 셈이다.

먼저 선장에게 수심을 물어보자

갯바위 주변의 수심은 일단 배에서 내리기 전에 선장에게 물어보는 게 가장 빠르다. 선장은 낚싯배에 부착된 어군탐지기의 수심계를 보고 그 곳의 수심을 알 수 있기 때문이다. 그러나 어탐기의 수치를 100% 믿어서는 안 된다. 어탐기는 배 바로 밑의 수심을 측정하는 기계이므로 배가 접안할 때 뱃머리가 갯바위에 닿은 상태에서는 실제 낚시자리의 수심보다 얕게 표시될 수 있다. 또 해저는 굴곡이 심하기 때문에 어느 방향에서 배를 접안했는가에 따라서도 수심이 1~2m 이상 차이를 보인다. 그러므로 어탐기의 수심은 참고 사항이지 맹신해서는 안 된다. 그래도 대개 어탐기 수심과 실제 수심은 적어도 2m 이상은 차이 나지 않는다.

가장 확실한 방법은 직접 채비를 밑걸림이 발생할 때까지 가라앉혀서 정확한 포인트 수심을 측정하는 것이다. 더 쉬운 방법도 있는데, 고수나 이제 막 감성돔을 낚아낸 낚시인에게 염치불구하고 찌밑수심을 물어보는 것이다. 아니면 곁눈질로 옆사람의 면사매듭 위치를 봐도 찌밑수심을 알 수 있다.

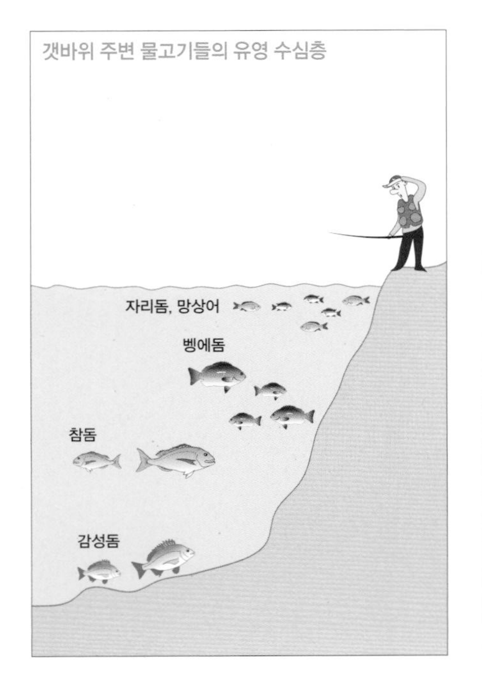

찌매듭을 위로 올리며 수심을 깊게 조절하고 있다.

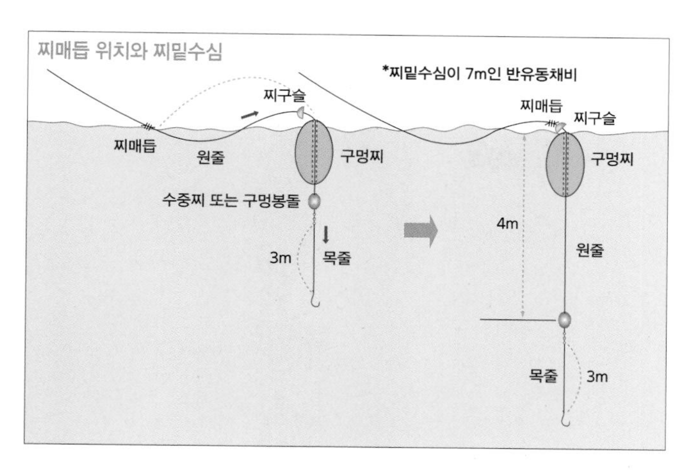

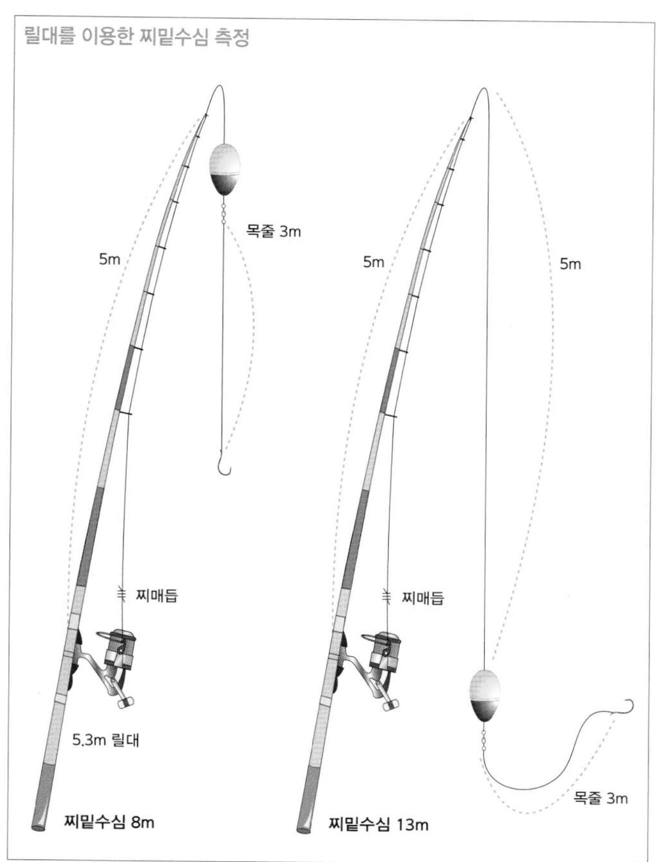

찌매듭 오르내려 수심 조절하기

구멍찌낚시의 수심 조절은 원줄(릴줄)에 묶은 '찌매듭'으로 한다. 일단 반유동채비를 세팅한 다음 채비를 던지기 전에 내가 내려 보내고자 하는 수심만큼의 위치에 찌매듭을 묶는다. 이 상태로 수면에 채비를 던지면 낚싯줄이 구멍찌의 구멍을 관통해서 쪼르르 내려가다가 찌매듭을 묶은 지점이 찌의 윗구멍에 걸리며 스톱된다.

찌매듭을 낚싯바늘에서부터 7m 높이에 묶으면 미끼는 7m 수심까지 내려가서 스톱. 원줄에 묶은 찌매듭을 50cm 더 밀어 올리면 미끼는 7m50cm 수심에서 스톱한다. 그때 "찌밑수심을 7.5미터로 조절했다"고 말한다. 옆의 낚시인이 "수심을 1미터 더 주세요"라고 말하면 찌매듭을 위로 1m 더 밀어 올리라는 말이다.

멀리 던질수록 찌밑수심 깊이 줘야

그런데 낚시를 하다보면 둘 다 똑같은 길이의 찌밑수심을 주었는데도 옆의 낚시인은 바늘이 바닥에 걸리지도 않고 감성돔을 낚아내는데 나는 자꾸 바늘만 바닥에 걸리는 수가 있다. 그 이유는 찌를 던지는 거리가 다르기 때문이다.

갯바위란 근거리는 얕고 원거리는 깊다. 그러므로 가까이 노릴 때는 찌밑수심을 얕게, 멀리 노릴 때는 깊게 조절해줘야 한다. 옆 사람은 멀리 노리기 때문에 7m 찌밑수심을 줘도 걸리지 않지만 나는 가까이 노렸기 때문에 7m 찌밑수심에서 밑걸림이 생기는 것이다. 그러므로 '눈치조법'을 구사할 때는 찌매듭의 위치만 훔쳐볼 것이 아니라 찌를 던지는 거리도 함께 맞춰줘야 한다.

조류 빠를수록 찌밑수심 늘려주라

찌밑수심을 아무리 잘 맞춰도 실제 수심과는 오차가 있다. 만일 배에서 수직으로 낚싯줄을 내리면 수심이 정확히 나오겠지만 갯바위에서는 물속에 잠긴 낚싯줄이 바람에 날리듯 조류의 흐름에 밀려서 비스듬한 사선(斜線)을 그리기 때문이다. 그 비스듬한 각도만큼 낚싯줄의 길이와 실제 수심 사이에 오차가 나타난다. 그래서 조류가 빠를수록 찌밑수심을 정확히 맞추기 어렵다.

수심과 찌밑수심

'수심'이란 실제 해저의 깊이를 말한다. 그리고 '찌밑수심'이란 내 찌에서부터 바늘까지의 채비수심을 말한다. 수심은 '바닥수심', 찌밑수심은 '채비수심'이라 부르기도 한다. 보통은 수심이 7m인 곳에서 찌밑수심

찌매듭을 묶은 뒤 자투리줄을 약간 길게 남겨둔 상태. 매듭이 헐거워졌을 때 다시 조여주기 위해 자투리줄을 남겨두어야 한다.

찌매듭의 자투리줄을 바짝 잘라주고 있다. 그래도 다시 조일 수 있도록 1cm는 남겨두어야 한다.

을 7m로 주어서 감성돔을 낚는 게 일반적이지만, 찌밑수심을 6m로 주고 감성돔을 띄워 낚을 수도 있고, 또 낚싯줄이 조류에 밀려 비스듬한 사선을 그릴 때는 찌밑수심을 8m로 주어야 실제 수심인 7m의 바닥에 근접할 수도 있다. 즉 수심은 불변이지만, 찌밑수심은 낚시인이 상황에 따라 조절하는 것이다. 낚시인의 대화 중에 "이곳의 수심이 얼마인가" 할 때는 수심을 묻는 것이며, "수심을 얼마나 주었나" 할 때는 찌밑수심을 묻는 것이다.

일단 미끼가 바닥에 걸릴 때까지 내려라

가장 정확히 수심을 체크하는 방법은 내 미끼가 바닥에 걸릴 때까지 계속 찌밑수심을 내려가며 낚시하는 것이다. 그러기 위해 미끼가 바닥에 걸릴 때까지 채비를 던질 때마다 찌매듭을 약간씩 올려준다. 내 채비가 바닥에 걸리지 않고 계속 흘러간다면 미끼가 바닥에서 떠 있다는 얘기가 된다. 그러므로 감성돔낚시에서는 최하 한 번의 밑걸림은 겪어야 '아 드디어 나의 미끼가 바닥에 닿았구나'하는 것을 알 수 있고, 바로 그 수심에서 ±50cm대가 최적의 찌밑수심인 셈이다.

다시 채비를 흘렸더니 동일 수심에서 계속 밑걸림이 생긴다면? 찌매듭을 약 50cm 내려서 미끼를 조금 띄워줘야 하고, 한 번 밑걸림 후로는 밑걸림이 없으면 찌매듭을 50cm 올려서 미끼를 더 가라앉혀준다.

밑걸림 여부는 수면의 찌를 유심히 살펴보면 알 수 있다. 구멍찌가 잠길락 말락 한 상태로 떠내려갈 때는 미끼와 봉돌이 달린 낚싯줄이 팽팽하게 내려서 있는 상태이므로 미끼가 아직 바닥에 닿지 않는 것이고, 구멍찌가 약간 솟아있으면 미끼가 바닥에 닿아 낚싯줄이 느슨해진 상태다.

찌밑수심을 잴 때는 릴대를 자(尺)로 사용

릴찌낚싯대의 길이는 5.3m인데, 릴 아래 손잡이부분을 제외하면 정확히 5m가 되므로 이것을 자처럼 활용해 수심을 잴 수 있다. 릴대를 수직으로 세웠을 때 바늘에서 찌매듭까지의 길이가 낚싯대 길이와 같다면 찌밑수심은 5m이고, 낚싯대 길이보다 2m 더 길다면 5.3m+2m=약 7m가 되는 셈이다.

한편 찌를 대 끝에 매단 상태로 릴 바로 위에 찌매듭을 묶으면, 찌밑수심은 5m + 3.5m(목줄 길이)=8.5m가 된다. 즉 감성돔낚시에서 가장 흔한 입질수심인 8m 수심부터 낚시를 시작하려면 구멍찌와 목줄채비를 다 세팅한 뒤 릴을 감아서 찌를 대 끝에 매달고 릴 바로 위 원줄에 면사매듭을 묶으면 되는 것이다. 앞서 채비를 다 세팅한 뒤 마지막에 면사매듭을 묶는다고 한 이유가 여기에 있다.

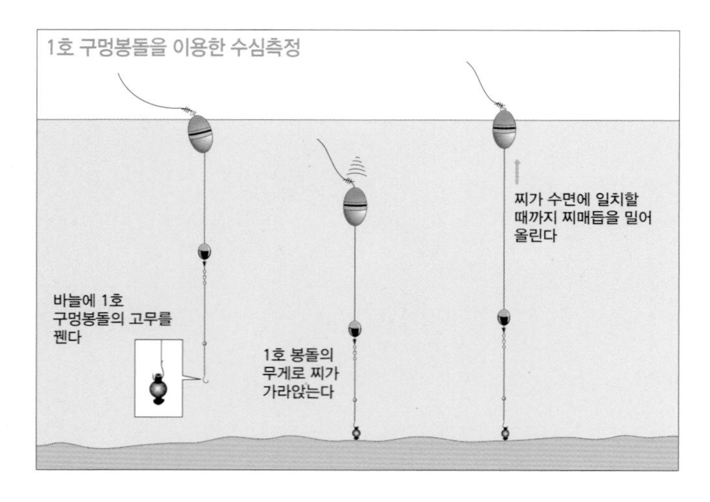
1호 구멍봉돌을 이용한 수심측정
바늘에 1호 구멍봉돌의 고무를 꿴다
1호 봉돌의 무게로 찌가 가라앉는다
찌가 수면에 일치할 때까지 찌매듭을 밀어 올린다

banax
바닥층을 정확히 노려 감성돔을 낚아낸 필자.

미끼가 바닥에 닿을 듯 말 듯하게

수심이 깊을수록 바닥수심을 빠르고 정확하게 재기 어렵다. 채비가 내려가는 시간도 오래 걸리고 그 사이에 조류에 밀려 채비가 비스듬히 내려가기 때문이다. 그때는 좀 더 고부력 채비를 사용해 채비를 빨리 내리는 게 좋다. 아무튼 감성돔낚시에서는 미끼가 바닥에 닿을 듯 말 듯하게 찌밑수심을 맞춰야만 쉽게 입질을 받을 수 있다는 사실을 잊지 말아야 한다.

감성돔낚시의 기본 수심은 7~8m

이제는 찌밑수심 조절에 대해 좀 더 구체적인 방법을 소개한다. 수심 조절은 간단한 산수일 수 있지만, 지형과 조류가 복잡한 곳에서는 그것이 간단치 않아서 처음에는 머리가 아플 것이다.

앞서 수심을 언급할 때 '8m' 수심을 예로 들어 설명한 것은 이유가 있다. 우리나라 갯바위낚시의 중심지라 할 수 있는 남해안(거제~통영~고성~남해도~여수~고흥~완도~진도) 갯바위 포인트에서 가장 많이 만나는 수심이 평균 8m이기 때문이다. 또 감성돔이란 물고기가 가장 즐겨 움직이는 수심도 7~8m다. 물론 감성돔은 그보다 더 얕거나 깊은 곳에서도 입질을 한다. 그래서 우리 갯바위낚시인들은 7~8m를 기준으로 삼아 4~6m는 '얕은' 지역으로, 10~12m는 '깊은' 지역으로 구분한다.

그러므로 생전 처음 내리는 갯바위에서 바닥의 수심을 모르는 상태에서 낚시를 시작한다면 일단 7~8m 수심을 주고 낚시를 시작하면 빠른 입질을 받을 확률이 높다.

고수들은 일단 바닥부터 찍는다

그런데 낚시깨나 했다는 고수들은 보통 그보다 약간 깊은 9~10m를 찌밑수심으로 설정한 뒤 낚시하는 경우가 많다. 그 이유는 일단 미끼가

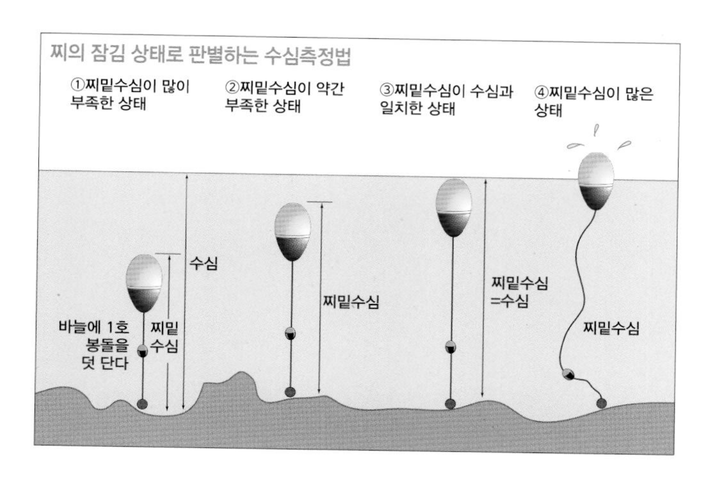

찌의 잠김 상태로 판별하는 수심측정법

빨리 바닥에 닿게끔 해서 빠른 시간에 정확한 바닥수심을 확인하려는 목적에서다. 만일 그때 밑걸림(바늘이 해저의 암초나 해초에 걸리는 현상)이 발생하면 거기에서부터 역으로 찌밑수심을 줄여가며 수심을 맞춘다.
이렇게 바닥수심을 체크하다 보면 바늘이 암초에 걸려 목줄이 끊어지거나, 원줄이 끊어져서 찌까지 잃는 경우도 있다. 그러나 감성돔낚시에선 그런 위험을 감수해야 한다. 경험이 많은 고수들은 찌를 멀리 던져서(노리고자 하는 지점보다) 깊은 수심부터 얕은 곳으로 천천히 끌고 오면서 찌가 스르르 잠기거나 기울면 밑걸림임을 눈치 채고 재빨리 채비를 걷기 때문에 밑걸림에 채비가 유실되는 경우가 많지 않다.
또 하나, 찌밑수심을 9~10m로 출발하는 이유는 물속의 낚싯줄이 늘 비스듬히 사선을 이루기 때문이다. 바다에는 늘 조류가 흐르고, 그 조류가 마치 바람처럼 낚싯줄을 날리기 때문 9~10m의 찌밑수심을 주더라도 실제 수심은 거의 7~8m인 것이다.
입문자들은 수심을 조금씩 내려가며 수심을 찾는데 비해, 고수들은 거꾸로 수심을 올려가며 맞추는 것은 '돔낚시' 위주의 우리나라 바다낚시 패턴을 고려할 때 효율적인 방법으로 볼 수 있다.

수심 측정을 위해 바늘에 덧단 봉돌.
너무 무거운 봉돌(왼쪽)보다 1호 봉돌(오른쪽)이 적당하다.

가장 정확한 수심 측정법-바늘에 1호 봉돌 달아서 입수

바닥수심을 빠르게 측정하는 방법은, 세팅된 반유동채비의 바늘에 봉돌을 덧달아서 구멍찌를 완전히 가라앉힌 다음, 구멍찌가 다시 수면에 뜰 때까지 계속 찌매듭을 올려가는 것이다.
이때 찌는 1호 이상의 고부력 찌를 써야 낚싯줄이 수직에 가까워져 찌밑수심과 실제 수심 사이의 오차가 적어진다. 일단 감성돔낚시에 통상적으로 쓰는 0.8~1호 찌로 세팅한 채비에 찌 부력보다 훨씬 무거운 구멍봉돌(1호)을 바늘에 달아 던진다. 이러면 찌밑수심보다 실제 수심이 깊을 경우 찌가 물속으로 '꼬로록' 가라앉게 된다.
그러면 채비를 회수해서 찌밑수심을 약간 더 올리고(1m 정도씩 수심을 조절해간다) 다시 던지기를 반복하면 언젠가는 찌가 수면 아래로 가라앉지 않고 수면 위에 떠 있을 것이다. 그때가 바로 미끼가 바닥에 닿은 상태다. 다시 그 상태에서 조금만(30~60cm) 찌매듭을 내리면 이제는 미끼가 바닥에 닿을락말락한 상태가 된다. 그러면 바늘에 달았던 봉돌을 떼어내고 낚시하면 정확한 찌밑수심으로 낚시할 수 있게 된다.
여기서 한 가지 조심할 점은 찌에 비해 지나치게 무거운 추(=봉돌)를 사용하면 안 된다는 것이다. 봉돌이 너무 무거우면, 찌매듭이 닿지도 않았는데도 찌가 처음부터 가라앉거나 빠르게 가라앉는 추의 속도 탓에 물속에 가라앉는 낚싯줄이 사선을 이루며 가라앉을 수 있기 때문이다. 그래서 수심측정용 봉돌은 1호를 넘지 않는 것이 좋다. 봉돌은 바늘을 끼울 수 있는 고무튜브 내장형이 좋다.

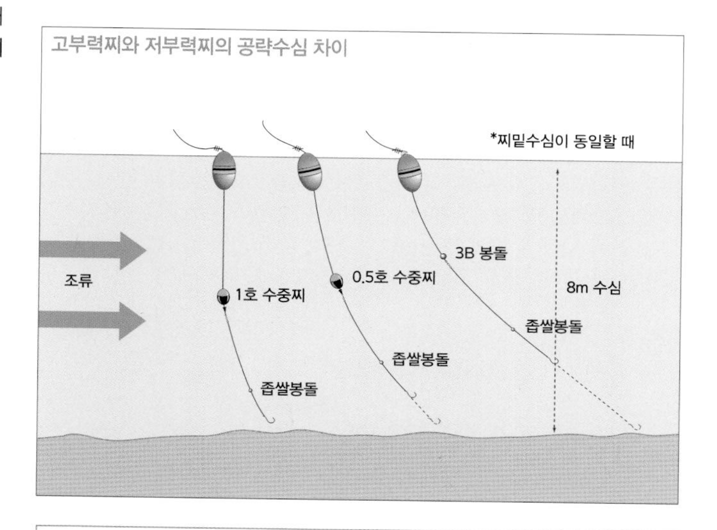

고부력찌와 저부력찌의 공략수심 차이

수심 조절 핵심 가이드

-선장이나 선배 조사에게 수심을 물어라
-일단 낚시할 거리를 결정하라. 처음에는 10m부터 노리고, 입질이 없으면 15m~20m로 점차 멀리 노려라.
-일단 바늘이 바닥에 걸릴 때까지 찌밑수심을 내려라. 멀리 노릴수록 찌밑수심을 더 내려라.
-한번 캐스팅 후 흘릴 때마다 처음에는 1m씩 찌밑수심을 내리고, 나중에는 50cm씩 내려라.
-일단 밑걸림이 발생하면 그때부터는 찌밑수심을 10~30cm 단위로 조절하라.
-조류가 세어지면 찌밑수심을 더 주어라. 반대로 약해지면 찌밑수심을 줄여라.

수심이 들쭉날쭉한 곳에선 깊은 수심에 맞추어서 낚시하라

반유동채비로 바닥층을 공략하려면 문제가 있다. 갯바위 근처의 해저는 울퉁불퉁한 암초바닥이라 평평하지 않다는 점이다. 오른쪽 전방의 수심은 7m인데 왼쪽 전방의 수심은 6m일 수 있다. 그럼 어느 수심에 채비 수심을 맞출까?

그때는 수심을 7m에 맞추는 것이 좋다. 물론 6m 수심 쪽으로 채비가 흐를 때는 밑걸림이 생길 수 있을 것이다. 그러나 얕은 수심에 채비를 맞추고 계속 낚시하면 밑걸림 위험은 없겠지만 미끼가 허공에 떠서 움직이므로 감성돔을 만날 확률은 그만큼 낮아지게 된다. 또 7m를 주고 낚시해도 바닷물은 조류라는 흐름이 있어서 약간 얕은 곳으로 채비가 흘러도 의외로 밑걸림이 자주 생기지는 않는다. 채비는 수직으로 머무는 것이 아니라 조류에 밀려 약간씩 사선을 이루기 때문이다.

따라서 실제로 감성돔낚시에서는 수심보다 찌밑수심을 조금 더 깊이 맞추어야만 미끼가 정확히 바닥 가까이 붙을 수 있다. 그래서 필자는 실제 수심에 20%의 수심을 더 추가한다. 예를 들어 8m의 수심이라면 약 1m를 가산하여 9m 정도로 맞추는 것이다.

그러나 그것도 조류의 강약, 봉돌의 무게에 따라 달라지는 문제다. 즉 조류가 센 곳에서는 낚싯줄이 더 사선을 그리고, 가벼운 0.5호 찌 채비는 1호 찌 채비보다 더 사선을 그리기 때문에 찌밑수심을 더 깊이 잡아야 하는 것이다(가령 1호 찌를 쓸 때는 9m 찌밑수심으로 8m 수심에 맞출 수 있지만, 3B 찌를 쓸 때는 12m 이상의 찌밑수심을 줘야 한다).

수중여 앞에서는 원줄 당겨 '연날리기'

구멍찌낚시는 연날리기와 흡사하다. 바다 속의 낚싯줄은 바람을 타는 연줄처럼 조류의 강약에 따라 떠오르기도 하고 내려가기도 한다. 바람이 강하게 불 때는 연줄을 적당히 풀어주어야 연이 지나치게 뜨는 것을 막을 수 있고, 바람이 약할 때는 연줄을 감아주어야 연이 떨어지는 것을 막을 수 있듯이, 찌낚시에서도 조류가 빠를 때는 원줄(뒷줄)을 적당히 풀어서 흘려주어야 미끼가 뜨는 것을 막을 수 있고, 반대로 조류가 약할 때는 원줄을 적당히 감거나 당겨주어야 미끼가 바닥에 닿는 것을 막을 수 있다. 이때 원줄을 풀어주는 것을 '흘림'이라 하고, 원줄을 감거나 당겨주는 것을 '견제'라고 한다.

특히 굴곡이 심한 지형에서는 '뒷줄 견제'를 적절히 해야 한다. 수심 8m인 포인트에서 갑자기 2m나 솟아오른 수중여(암초)를 만났다고 가정했을 때, 그대로 흘리면 바늘이 암초에 걸리게 된다. 그때는 원줄(뒷줄)을 당겨서 낚싯줄을 비스듬히 띄우면(조류가 빠른 곳이라면 풀어주던 원줄을 잡고만 있어도 줄이 조류에 밀려서 뜬다), 미끼는 8m-7m-6m로 떠오르면서 수중여를 타고 넘게 된다.

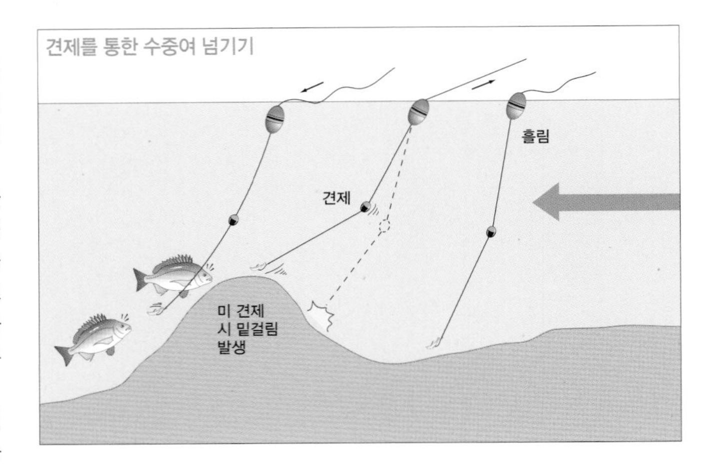

물론 초보자가 그 정도로 채비를 조작할 수 있는 단계에 이르려면 많은 경험을 쌓아야 한다. 그리고 그런 메커니즘을 이해하고 수중여 지대에서 낚시한다면 상황대처능력이 더 빠르게 늘 것이다.

가령 15m 거리쯤에서 밑걸림이 생겼다면 그곳에 돌출된 수중여가 있다고 생각하면 되는데, 다시 찌를 흘려서 채비가 그 위치에 도달할 때, 원줄을 팽팽하게 당겨주면 미끼가 수중여를 비스듬히 훑으며 떠오르게 되고, 5~10초 후 원줄을 다시 풀어주면 수중여를 넘어간 미끼가 다시 천천히 가라앉으며 원래 수심을 회복하며 흘러가게 된다.

감성돔이란 물고기는 수중여 근처에 숨어 살기를 좋아하므로 미끼가 그렇게 넘어가는 도중에 입질할 확률이 높다. 즉 견제란 밑걸림을 피하는 조작임과 동시에 감성돔의 입질을 유도하는 조작인 셈이다.

통째로 암기하세요!

찌밑수심 포켓북 가이드

- 수심을 측정할 땐 바늘에 1호 봉돌을 달아서 재라.
- 한군데만 찍지 말고 찌가 움직일 수 있는 범위에 세 군데 이상 수심을 잰다.
- 찍는 위치는 멀리 가까이가 아니라 좌우를 수평으로 재는 것이 좋다.
- 수심의 편차가 있을 때는 중간 수심을 평균으로 하여 찌밑수심을 맞춘다.
- 실제 수심보다 20% 더 깊이 주면 바닥을 꼼꼼히 탐색할 수 있다.
- 조류의 흐름을 감안하여 찌밑수심을 탄력 있게 조절하자.

원줄을 당기면서 뒷줄을 견제하고 있다. 이러면 흘러가던 미끼가 정지 후 떠오르며 고기를 유혹하게 된다.

추자도 푸렝이 연목의 급류대.
긴꼬리벵에돔의 입질을 기다리는 빨간 구멍찌가
금세라도 물속으로 사라질 것만 같다.

릴대를 치켜들어 낚싯줄을 당기고 있다.
가장 쉽게 할 수 있는 견제 방법이다.

구멍찌낚시의 마술

뒷줄 견제

구멍찌낚시는 조류를 타고 흐르는 채비를 그냥 방치하지 않고 팽팽하게 당기거나 살짝 풀어주는 동작을 반복하며 물고기를 유인하는 여러 동작을 가미한다. 이것을 '조작'이라 부른다. 조작에는 원줄(=뒷줄)을 풀어주는 '흘림'과, 원줄을 잡아주는 '견제'가 있는데, 그중 견제야말로 물고기의 입질을 부르는 구멍찌낚시의 하이테크라 할 수 있다.

아무리 잘 만든 채비를 완벽한 찌밑수심으로 흘린다 하더라도 무작정 조류에 내맡겨서 흘리는 것으로는 입질을 받기에 충분하지 않다. 재수가 좋아 지나가던 물고기가 미끼를 발견한다면 와락 달려들겠지만 구멍찌낚시에서는 낚시인이 채비를 '움직여주는' 조작이 중요하다.

채비 조작이란, 낚싯줄의 끝에 달린 미끼를 움직여서 물고기의 눈에 잘 띄도록 하고 물고기의 공격욕을 부추기며, 동시에 미끼가 바닥에 걸리지 않게 하는 것이다. 주로 낚싯대를 들어서 원줄을 당겼다가 다시 풀어주는 것이 대표적 조작법이다.

물고기는 가만히 있는 먹이보다, 눈에 띄는 먹이의 움직임이 나타날 때 그쪽으로 달려가는 습성이 많다. 그러므로 미끼를 조류에 자연스럽게만 흘리는 것보다 인위적으로 움직여줄 때 더 빠른 입질을 받는다. 즉 고기가 물어주기를 기다리는 것이 아니라 내가 미끼를 움직여서 고기가 미끼를 물도록 유혹하는 공격적 낚시법이 필요하다.

밑밥 크릴보다 부자연스러운 미끼 크릴에 입질하는 이유는?

찌낚시엔 밑밥과 미끼로 모두 크릴을 사용한다. 수천 마리 크릴 밑밥의 흐름 속에 단 한 마리 크릴 미끼를 넣어서 입질을 받아내는 게 구멍찌낚시 메커니즘이다. 그런데, 물고기는 왜 수많은 밑밥 크릴 속에서 유일한 미끼 크릴을 물 수 있는 것일까? 물고기 입장에선 낚싯줄에 연결되어 있고, 바늘까지 속에 든 미끼 크릴보다 자연스럽게 흘러내리고 수적으로도 훨씬 많은 밑밥 크릴만 먹을 것 같은데도 용케 미끼 크릴을 찾아서 입질한다. 그 이유가 뭘까?

그 이유는 미끼 크릴이 '부자연스럽기' 때문이다. 〈그림1〉에서 보듯 똑같은 속도로 흘러가는 밑밥 크릴 속에 딱 한 마리 튀는 동작을 보이는 미끼 크릴이 눈에 띄어 그것을 공격하는 것이다. 초원의 치타가 영양을 사냥할 때 무리 속에서 튀는 개체(어리거나 병든)를 공격하는 것과 같다. 즉 찌낚시는 미끼를 자유방임하지 않고 인위적으로 액션을 주어야 더 빠른 입질을 받아낸다.

동일한 움직임을 보이는
크릴보다 혼자만 튀는
크릴을 공격한다
〈그림1〉견제의 효과

'견제'란 용어의 유래

구멍찌낚시를 하다 보면 "30m쯤 흘러간 뒤 견제해라" "너무 오래 견제하면 안 된다"는 등 '견제'라는 말을 많이 듣게 된다. 견제가 대체 무엇인가?

견제(牽制)의 사전적 의미는 '경쟁 대상이나 감시 대상이 지나치게 세력을 가지거나 자유롭게 행동하지 못하도록 억누름'이다. 그러나 구멍찌낚시에서 견제는 '채비가 자유롭게 흘러가거나 가라앉지 못하도록 뒷줄을 팽팽하게 잡거나 당겨서 수중의 미끼가 멈추거나 조류에 밀려 떠오르게 하는 조작'을 뜻한다.

'견제'는 1994년 낚시춘추에서 「견제조법」이라는 기사를 통해 처음 사용한 용어다. 따라서 일본에는 없는 낚시용어다. 일본에선 대신 '하리기미(잡아서 멈추다)'라고 부른다. 견제의 일본발음인 '겐세이'는 당구용어로 쓰이고 있다.

94년의 「견제조법」 기사 발표는 한국 감성돔낚시의 큰 전환을 이끌었다. 그 전의 찌낚시는 조류에 순응하는 자연스런 흘림을 최선의 낚시방법으로 알고 있었으나, 빠른 조류에서 억지로 찌를 포인트에 오래 붙잡아두거나 느린 조류에서도 인위적으로 미끼를 잡아주는 견제조법이 더 강력하다는 사실이 알려진 것이다.

견제는 두 가지 방식으로 하는데, 조류가 잘 흐를 땐 풀려나가는 줄을 잡고만 있어도 되지만, 조류가 약할 땐 뒷줄을 살짝 당겨주는 식으로 한다. 당겨주는 견제는 '유인조작'이라 부르기도 한다.

견제와 미끼 선행

견제라는 용어가 생기기 전에도 구멍찌낚시에선 뒷줄을 잡아주는 조작을 했다. 그 이유는 '미끼 선행'을 시키기 위해서다. 미끼 선행(先行)이란 수중찌보다 미끼가 먼저 흘러가서 어신을 유도하고 입질이 선명하게 전달될 수 있는 상태를 말한다. 미끼가 선행되어야 그 미끼가 생동감 있게 움직이고, 또 물고기의 눈에 목줄이 보이지 않아서 확실한 입질이 나타난다〈그림2〉.

그런데 뒷줄 견제 없이 그냥 흘리면 미끼 후행이 된다. 그 이유는 구멍찌가 흐르는 상층조류(겉조류)가 미끼가 흐르는 하층조류(속조류)보다 빠르기 때문이며, 만약 유속이 같더라도 큰 구멍찌가 작은 미끼보다 더 조류를 많이 받기 때문이다.

연날리기를 상상해보자. 연의 몸통이 찌라고 가정하고, 연의 꼬리가 목줄, 꼬리의 끝부분이 미끼라고 가정했을 때 줄을 풀어주면 어떻게 될까? 순간적으로 연의 몸통이 바람을 타고 꼬리보다 멀리 날아가게 될 것이다. 반대로 줄을 잡아주면 어떻게 될까? 줄에 매인 몸통은 그 자리에 정지하고 대신 꼬리가 바람에 밀려 뒤로 쭉 뻗어나갈 것이다.

물속 상황도 마찬가지다. 채비를 흘리다가 미끼 선행이 의심스러울 땐 원줄을 다소 빠듯하게 잡아준다. 그러면 미끼가 연의 꼬리처럼 조류를 타고 멀리 나가게 되어 미끼는 찌보다 더 멀리 나가서 정렬된다. 그런 상태가 곧 미끼 선행이다〈그림3〉. 그런 과정을 반복하면서 채비를 흘리면 미끼가 찌보다 앞서거니 뒤서거니, 위로 떴다가 아래로 가라앉았다가 하면서 활발히 움직이며 물고기의 입질을 유혹하게 된다.

만약 뒷줄을 오래 잡고 있으면 미끼는 더 확실히 선행하면서 조류에 떠밀려 약간 떠오를 것이고, 내가 뒷줄을 계속 풀어주고만 있으면 미끼는 후행하면서 바닥을 끌듯이 흘러갈 것이다. 물고기의 입질은 뒷줄을 풀었다가 잡아주는 견제 순간에(미끼가 떠오르는 순간에) 나타나는 경우가 많다.

〈그림2〉견제 유무에 따른 경계심 정도

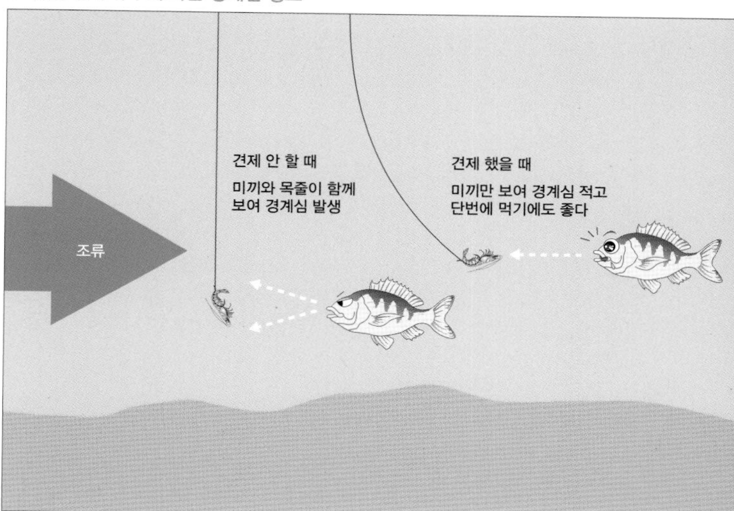
견제 안 할 때
미끼와 목줄이 함께
보여 경계심 발생
견제 했을 때
미끼만 보여 경계심 적고
단번에 먹기에도 좋다
조류

〈그림3〉견제 유무에 따른 미끼 선행 여부

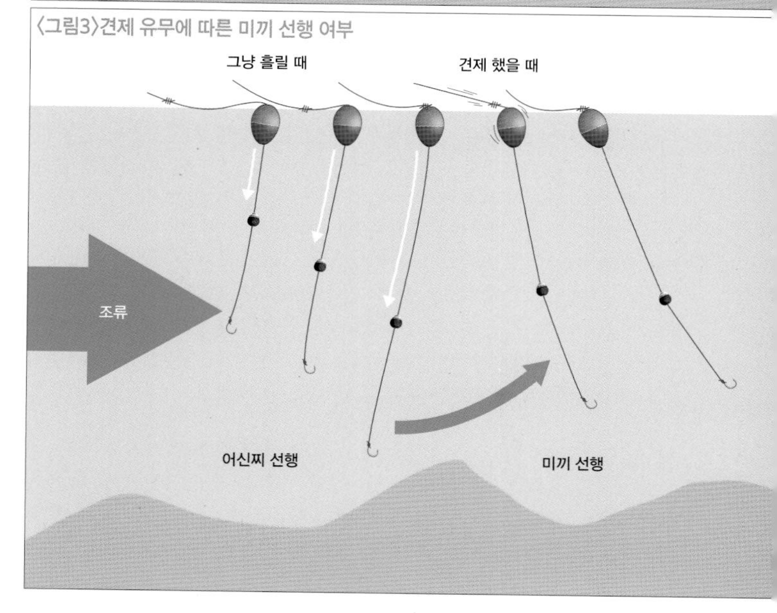
그냥 흘릴 때
견제 했을 때
조류
어신찌 선행
미끼 선행

견제시간은 10초가 적합

뒷줄을 견제할 땐 충분히 잡아줘야 미끼 선행의 효과가 발생하는데, 그 시간은 약 10초가 적합하다. 10초가 지나면 줄을 풀어서 흘려주었다가 새로운 지점에서 다시 10초 견제에 들어간다. 그런데 견제에 익숙하지 못한 초보낚시인들은 겨우 2~3초 찔끔찔끔 잡아주는 소극적 견제를 많이 하는데, 그 정도로는 찌만 멈출 뿐 깊은 바닥의 미끼까지 제동이 전달되지 않는다. 찌를 잡고 5초는 지나야 수중찌와 목줄이 차례로 펴지면서 미끼까지 제동이 걸린다. 수심이 깊을수록 견제시간을 길게 주어야 하는데, 찌밑수심이 15m 이상이라면 20초 정도 기다려줄 필요도 있다.

조류가 잘 흐를 때 견제

| 뒷줄만 잡아줘도 충분

우선 흐르는 물에서는 원줄을 잡기만 해도 견제가 된다. 채비가 조류에 밀려 팽팽하게 뻗기 때문이다. 그런데 급류가 흐르는 상황이라면, 계속 원줄을 잡고 있으면 미끼가 조류에 떠밀려 바닥층에서 벗어나버릴 수 있다. 그때는 더 무거운 봉돌과 더 부력이 센 찌로 바꾸어야 견제조작이 가능해진다.

우선 뒷줄을 팽팽하게 잡고 10초간 기다려본다. 그때까지 찌매듭이 찌에서 떨어지지 않으면 유속과 채비 무게가 적당히 맞는 것이다. 흐르는 물에서 10초의 견제는 상당히 길고 강한 견제지만, 찌매듭이 올라오지 않는다면 수중의 미끼는 생각보다 많이 떠오르지 않는다고 봐도 된다. 그러나 만약 10초 안에 찌매듭이 올라와버리면 유속에 비해 채비가 가벼운 것이므로 수중찌나 목줄의 봉돌을 더 무거운 것으로 바꾸어야 한다(그 경우 찌도 당연히 바꾸어야 한다).

그런데 이 '10초 견제'는 입질예상 포인트에서 시도하는 것이다. 즉 예상 포인트가 30m 전방에 있는데 발밑의 급류대부터 10초 견제를 시작하면 안 된다. 급류에선 견제를 해도 견제가 되지 않으므로 대충 흘리다가 유속이 한풀 꺾이는 입질 예상지점에 이르렀을 때 10초 견제에 들어가야 한다.

조류가 흐르지 않을 때 견제

| 조금씩 당겨 들인다

흐르지 않거나 앞으로 흘러드는 물에서의 뒷줄 견제는 낚싯대를 들어주거나 릴을 감아서 원줄을 조금씩 내 앞으로 당겨 들이는 조작을 말한다.

조류가 없다면 미끼 선행이 어려워진다. 찌가 한 곳에 머물러 꼼짝 않는다면 이것을 바라보는 것처럼 답답한 일도 없다. 입문자들의 경우 조류가 없는 홈통에서 낚시할 때 종종 가만히 서서 찌만 바라보곤 하는데, 물고기는 낚여주는 것이 아니라 낚아내는 것이라는 것을 생각한다면 그것은 감나무 밑에서 감이 떨어지기를 기다리는 것과 마찬가지라고 할 수 있다.

입질을 받아내기 위해서는 멈춘 조류 속에서도 미끼가 리드미컬하게 움직여 주어야 한다. 조류가 원활하게 흐를 때는 가끔 원줄을 잡아주는 것만으로도 그런 액션이 연출되지만 조류가 흘러가지 않는 상황이라면 억지로라도 줄을 당겨주어야 그런 액션이 나온다.

조류가 없는 상황에서는 멀리 던져서 가라앉힌 다음 천천히 앞으로 미끼를 당기면서 액션을 주어야 한다. 우선 멀리 원투할 수 있는 무거운 찌가 필요하다. 최대한 멀리(30m 이상) 원투한 채비가 완전히 정렬되면(찌매듭이 찌에 닿으면) 릴을 천천히 한두 바퀴 감아 들여 채비를 당긴 후 다시 정렬되기를 기다리는 동작을 반복한다. 기다리는 시간은 2~3분이 적당하며 채비가 앞으로 다 끌려오면 다시 회수하여 원투하는 과정을 반복한다.

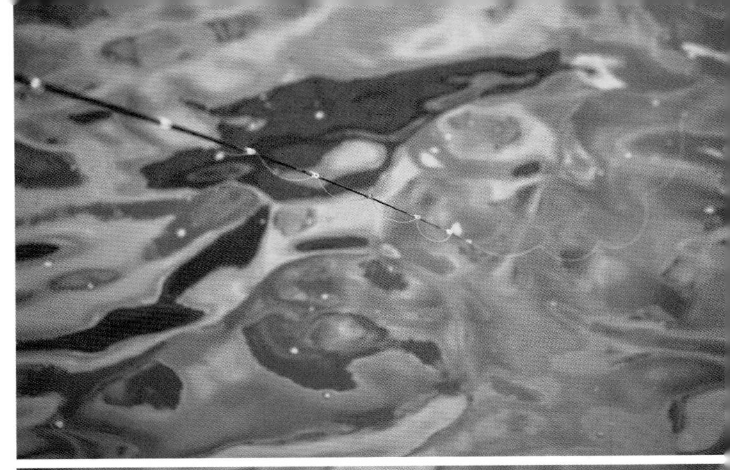

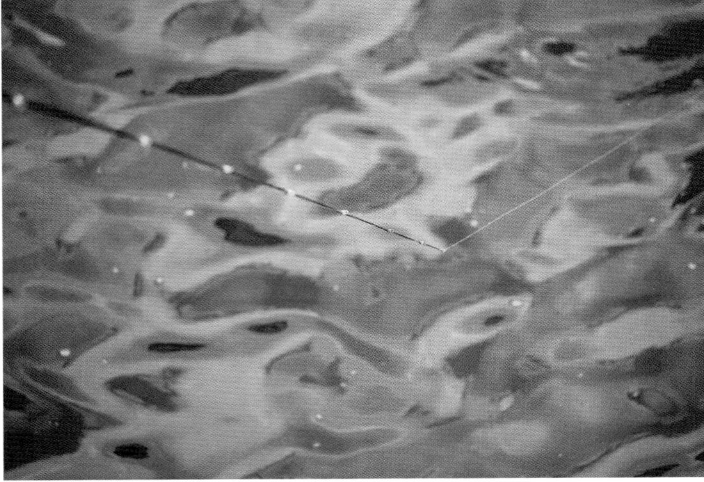

▲▲뒷줄을 풀어준 '흘림' 상태. 원줄이 찌구멍을 통해 빠져나가면서 미끼는 자연스럽게 하강한다.

▲뒷줄을 잡아준 '견제' 상태. 원줄이 팽팽해지면서 미끼는 밑밥크릴 속에서 튀는 액션을 보인다.

찌를 던졌다 감아 들일 때는 〈그림4〉처럼 부챗살 모양으로 고루 더듬어서 탐색하고, 밑밥은 중간지점에 집중 투입하여 채비가 당겨져 오면서 바닥에 깔린 밑밥 위를 스치도록 해주는 것이 중요하다. 어신은 채비를 감았다가 정렬되는 과정에서 들어오는 경우가 많은데, 이것은 움직이는 미끼를 보고 물고기가 반응한다는 것을 말해준다.

이때 찌의 부력도 중요하다. 1~1.5호에 이르는 고부력찌 채비는 살짝 감아 들일 때 떠오르지 못하고 그대로 바닥에 끌리게 돼 밑걸림만 심하게 될 수 있다. 또 지나친 저부력찌 채비는 미끼가 아예 중층에서 끌려오게 될 수도 있다. 대개 이때는 조류가 빠른 상황이 아니므로 0.5~0.8호 부력의 찌를 사용하는 게 가장 무난하다.

채비를 끌어당기는 속도도 중요하다. 미끼가 충분히 바닥에 닿았다고 생각될 때 줄을 감아 들이는데 이때 살짝 떠오를 것을 염두에 둔다면 너무 빠르게 감아 들이는 것은 좋지 않다. 옆 사람도 모를 정도로 살짝 한두 바퀴 부드럽게 감아주고 기다리는 과정을 반복한다.

뒷줄 관리법

| 직선 유지

뒷줄(낚싯대와 찌 사이의 원줄을 뜻함) 관리는 채비 조작의 출발이며 가장 중요한 사항이다. 구멍찌낚시의 뒷줄 관리는 '직선상태 유지'가 생명이다.

조류가 앞으로 흘러가는 상황에서는 별다른 원줄 관리를 하지 않아도 일직선으로 술술 풀려나간다. 그러나 왼쪽 또는 오른쪽으로 횡으로 조류가 흐른다면 멀리 흘러갈수록 원줄이 활처럼 휘게 된다. 또 바람이 횡

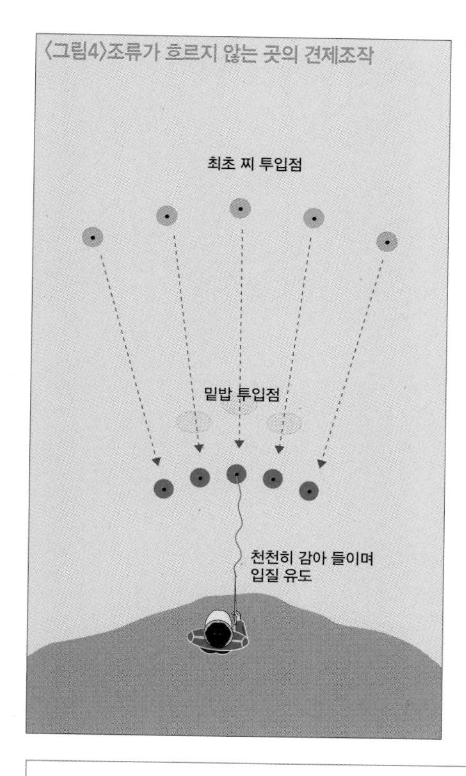
〈그림4〉조류가 흐르지 않는 곳의 견제조작
최초 찌 투입점
밑밥 투입점
천천히 감아 들이며
입질 유도

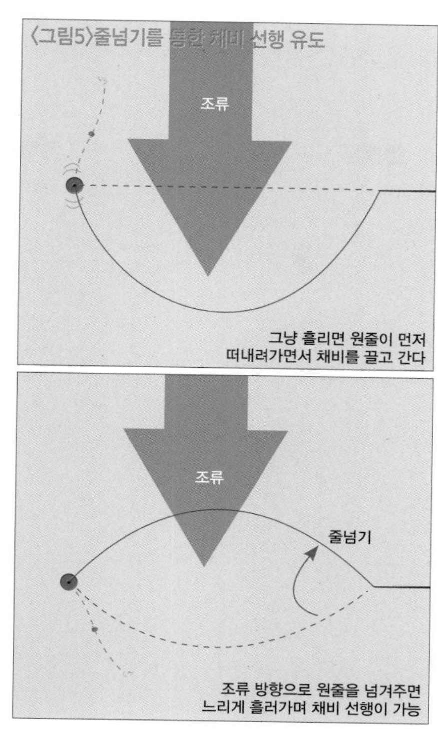
〈그림5〉줄넘기를 통한 채비 선행 유도
조류
그냥 흘리면 원줄이 먼저
떠내려가면서 채비를 끌고 간다
조류
줄넘기
조류 방향으로 원줄을 넘겨주면
느리게 흘러가며 채비 선행이 가능

으로 불 때도 원줄이 바람에 밀려 그림처럼 큰 포물선을 그리게 된다. 그 경우 문제점은 찌가 앞으로 끌려와서 밑밥의 띠에서 벗어나 버린다는 것이다.

그때는 〈그림5〉처럼 릴대를 치켜들어서 원줄을 들어 조류나 바람의 상류 쪽으로 넘겨야 하는데, 그것을 흔히 '줄넘기라고 한다. 그래야 원줄이 일직선을 복구하여 원하는 히트지점까지 찌를 보낼 수 있게 된다.

그런데 조류에 밀리는 원줄은 낚싯대만 들어서 넘기면 되지만, 바람에 밀리는 원줄은 낚싯대를 드는 순간 더 바람을 많이 타므로 넘기기가 어렵다. 그때는 대 끝을 물속에 담근 채 릴을 약간 감아서 줄을 다소나마 팽팽하게 만듦과 동시에 탁 채듯이 대를 들어서 넘겨야 한다. 상당한 숙련을 요하는 고난도 테크닉이다. 수면에 늘어진 원줄은 플로팅-세미플로팅-싱킹 순으로 잘 들린다. 물속에 깊이 잠길수록 조류 저항도 크게 받고 잘 들리지 않아 불편하다. 플로팅 줄은 바람에 많이 밀리는 단점이 있지만, 밀린 상태를 쉽게 복원할 수 있는 장점도 있다.

입질 파악 요령

찌에 나타나는 입질의 유형은 어종별, 상황별로 다양하다. 순식간에 휙-하고 빠르게 잠기는 경우도 있고 스멀스멀 사라지는 경우도 있다. 입질의 유형별 특징을 설명하면 〈그림6〉과 같다.

1 찌가 순식간에 사라질 때

미끼가 대상어의 유영층에서 많이 떠 있을 때 주로 나타난다. 특히 감성돔은 미끼가 바닥에서 많이 떠 있으면 위쪽으로 부상했다가 미끼를 물고 재빨리 내려간다. 바닥 쪽으로 내려가는 거리가 멀수록 찌의 입수도 시원하게 느껴진다. 이런 입질이 나타나면 찌밑수심을 좀 더 깊게 조절해준다.

2 찌가 스멀스멀 사라질 때

물고기가 미끼를 입에 물거나 삼킨 상태로 천천히 이동할 때 나타난다. 유영층보다 밑에 있는 미끼를 물었을 때 이런 입질이 나타나는데 이런 입질이 나타나면 찌밑수심을 조금 얕게 조절해준다. 미끼가 바닥에 너무 가깝거나 완전히 닿은 상태에서 물고기가 미끼를 물고 이동할 때도 스멀스멀 입질이 나타난다.

3 '깜박-쏙' 이단 입질

찌가 한 번 깜빡하고 살짝 잠겼다가 이후 쑥- 사라지거나 스멀스멀 사라지는 입질을 말한다. 전형적인 감성돔 입질이라고 부르는데, 일단 미끼를 입에 넣었을 때 깜빡하는 예신이 나타나고 이후 자리를 이동하면서 찌가 서서히 사라지게 된다. 미끼가 유영층에 가깝게 위치해 물고기가 굳이 높이 솟구쳐 미끼를 먹지 않아도 될 상황이다.

4 찌가 약간 수면 위로 솟아 동동거릴 때

잡어가 미끼를 따먹고 있는 과정이다. 특히 복어는 그 자리에서 움직이지 않고 미끼만 씹어 먹기 때문에 찌가 잠기지 않는다. 또 바늘을 통째로 삼킨 후 이빨로 목줄을 씹기도 하는데 그래서 찌가 동동거리는 것이다. 쥐치 역시 복어만큼 입질이 간사해서 찌가 잠기지 않고 동동거리는 식으로 입질이 나타난다.

5. 좌우로 쌩! 끌려갈 때

고등어, 전갱이, 부시리 같은 회유성 어종이 입질할 때 잘 나타난다. 이들 고기들은 상중하층을 가리지 않고 회유하는데 미끼를 물고 밑으로 내려가지 않고 옆으로 째는 버릇이 있다. 가을에 이런 입질이 나타나면 어김없이 고등어나 전갱이다.

6. 흐르다 멈춘 후 기울며 잠길 때

밑걸림이 생겼을 때다. 하지만 고기가 미끼를 물고 가만 있을 때도 가끔 나타난다. 특히 수심을 너무 깊게 줘 미끼가 바닥에 닿은 상태에서 물고기가 주워 먹으면 처음에는 어떤 입질도 나타나지 않다가 이후 점차 찌가 흘러가다가 기울며 잠기게 된다.

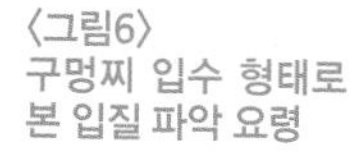
〈그림6〉
구멍찌 입수 형태로 본 입질 파악 요령

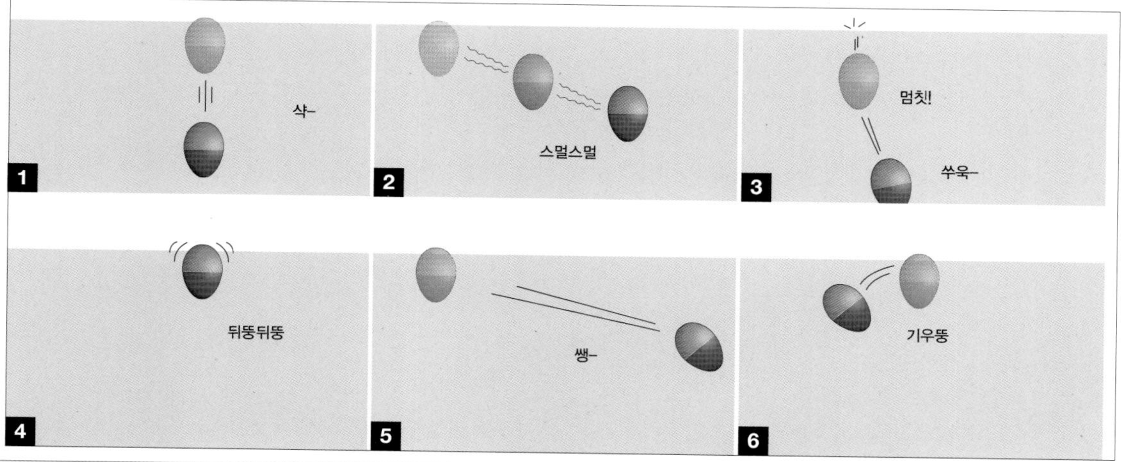
1
쏙-
2
스멀스멀
3
멈칫!
쑤욱-
4
뒤뚱뒤뚱
5
쌩-
6
기우뚱

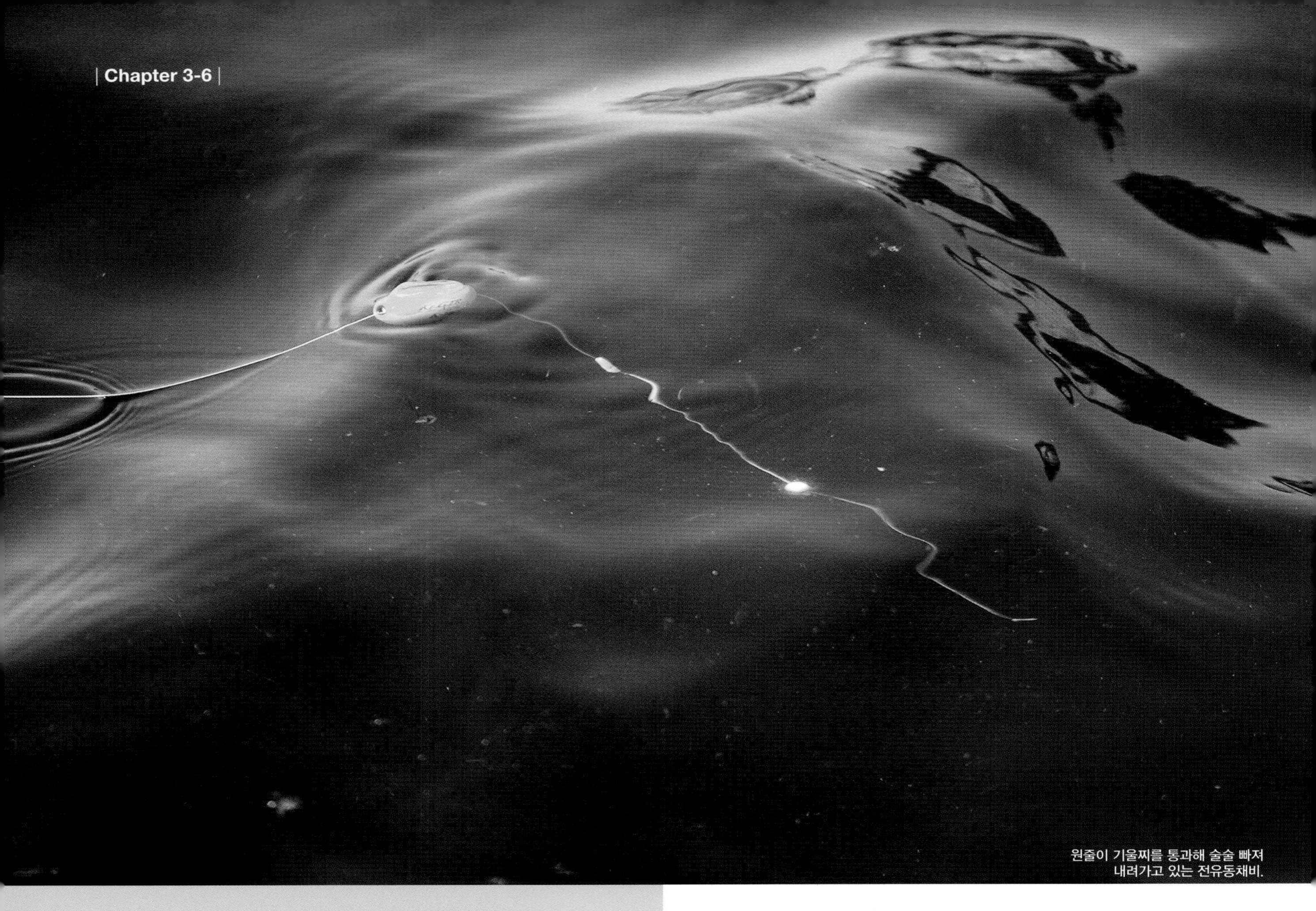

원줄이 기울찌를 통과해 술술 빠져 내려가고 있는 전유동채비.

전유동낚시 입문

전유동(全遊動)은 미끼가 가라앉은 찌밑수심을 표시하는 '눈금'인 찌매듭이 없기 때문에 부정확하다는 게 단점이지만 사용자의 숙련도와 창의성에 따라 훨씬 더 폭넓은 영역을 공략할 수 있다는 게 장점이다.

전유동채비 만들기

전유동채비는 무척 심플하다. 반유동채비에 쓰는 소품 중 면사매듭, 찌구슬, 수중찌는 필요없다. 찌도 3B 이상 부력은 거의 쓰이지 않는다. 봉돌은 G5 G3 G2 B 2B 사이즈만 있으면 충분하다. 그리고 바늘도 큰 바늘은 쓰지 않으므로(큰 바늘은 밑걸림이 심해서 전유동에선 잘 쓰지 않는다) 감성돔바늘 2호, 3호만 들고 바로 현장에 나서면 된다.

원줄에 구멍찌를 끼우고 쿠션고무(또는 찌멈춤봉)를 끼운 다음 도래를 묶고 목줄을 연결한 뒤 바늘만 묶으면 끝이다. 벵에돔 제로찌낚시처럼 완전 띄울낚시를 할 땐 도래를 빼고 원줄과 목줄을 직결하기도 한다. 직결 시엔 반드시 찌멈춤봉이 필요한데, 조류가 완만할 땐 조류타기 기능을 키운 큰 찌멈춤봉이 좋고, 급류나 복잡한 와류에선 일반 찌멈춤봉이 더 낫다. 낚시 도중 찌멈춤봉이 자꾸 밀려 내려오면 두 개를 끼우면 밀려 내려오지 않는다.

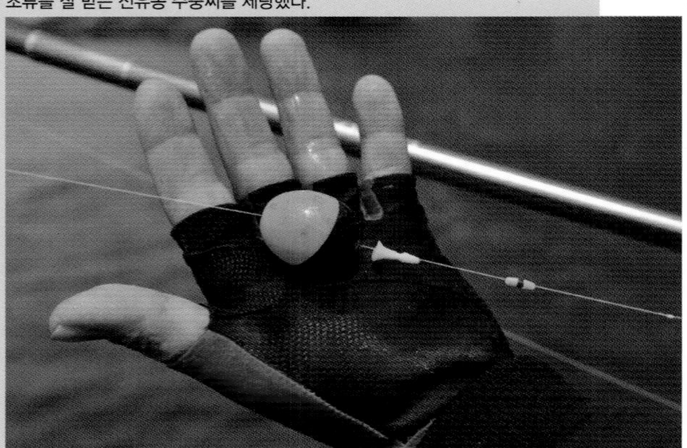

B부력의 기울찌를 사용한 전유동채비. 조류를 잘 받는 전유동 수중찌를 세팅했다.

3B 구멍찌를 사용한 전유동채비. 구멍찌는 기울찌보다 원줄 빠짐 속도는 약간 늦지만 무거운 봉돌을 달아도 뒷줄 견제가 잘 된다는 장점이 있다.

전유동에는 매듭이 없는데 어떻게 찌가 빨려들까?

전유동을 해보지 않은 낚시인은 한결같이 이런 의문을 품는데 해답은 간단하다. 물고기가 줄을 끌면 원줄이 일직선이 되려 하기 때문에 'ㄱ'자로 꺾인 꼭지에 위치한 찌를 끌어내리는 것이다〈그림1〉. "찌구멍과 원줄의 마찰에 의해 빨려든다"는 발상은 사실무근이다. 전유동에선 뒷줄을 팽팽하게 잡아주면 찌가 더 선명하게 잠기는데, 뒷줄을 잡는 순간 줄 전진이 없어지므로 줄의 마찰로 찌가 빨려들 리 없다. 수면에 떠있던 원줄이 잠기니까 원줄에 꿰어져 있는 찌도 할 수 없이 따라 잠기는 것이다.

마찰 때문에 잠기는 게 아니므로 찌 구멍이 작다고 예민하게 잠기는 것이 아니다. 그보다 찌가 작고 가벼울수록, 찌의 부력이 작을수록 예민하게 잠긴다.

다만 물고기가 미끼를 물고 천천히 유영하는 초기 단계에서는 줄이 직선으로 펴지기 전이라서 마찰에 의해 찌가 미세하게 움직일 수는 있다. 그러나 마찰에는 찌가 잠기지 않는다. 계속 물고기가 미끼를 물고 전진하거나, 낚시인이 어신을 확인하기 위해 뒷줄을 당겨주면 줄이 직선이 되면서 비로소 찌가 빨려든다. 그래서 반유동채비의 찌는 동~동~쏘옥-하고 단숨에 빨려들지만, 전유동채비의 찌는 깜박-스멀스멀-스르르-쏘옥-하고 찌가 잠기는 속도가 점점 빨라진다〈그림2〉.

전유동낚시는 찌매듭으로 인한 찌의 초기 저항감이 전해지지 않으므로 반유동보다 더 시원스런 흡입이 가능하다. 그래서 전유동에서는 대상어의 입질이 미약한 상황에서도 초릿대가 빨려드는 어신이 자주 나타나며, 밑채비에 비해 부력이 센 찌를 써도 큰 문제가 없다.

〈그림1〉찌매듭 없이도 찌가 빨려드는 이유

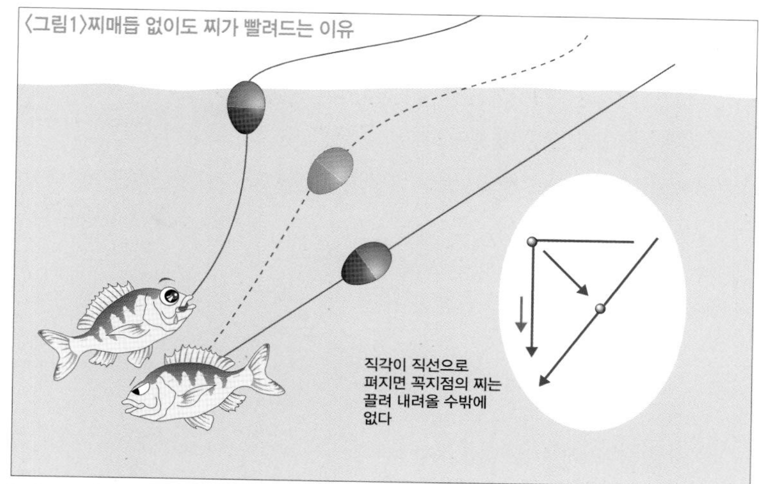

〈그림2〉전유동 채비의 입질 시 찌 입수 과정

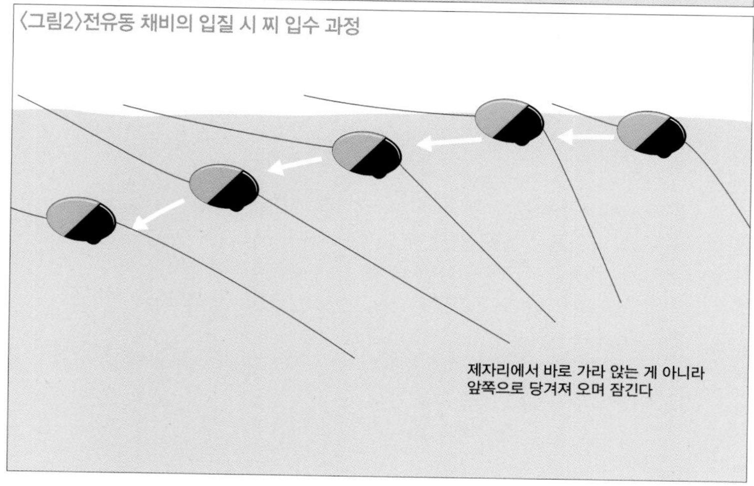

제자리에서 바로 가라 앉는 게 아니라
앞쪽으로 당겨져 오며 잠긴다

전유동에 잘 낚이는 대상어

▶부시리

부시리는 유영층이 대단히 폭넓게 변화하는 어종이다. 먹이활동을 하지 않을 땐 50~60m 심해에 머물다가도 피딩타임엔 수면까지 떠서 입질한다. 이처럼 유영층 변화가 심하기 때문에 전층을 탐색하는 전유동낚시가 유리하다.

대체로 조류가 원활하게 흐를 땐 떠서 입질하고, 조류가 미약할 땐 가라앉아 입질하며, 아침저녁엔 떠서 입질하고, 한낮이나 한밤엔 가라앉아 입질하므로 그에 맞춰 공략수심층을 조절한다.

또 부시리는 정지된 미끼보다 움직이는 미끼를 공격하므로 같은 수심을 노려도 반유동보다 전유동이 유리하다. 움직이는 미끼에 대한 공격성은 부시리보다 방어, 잿방어가 더 강하다. 그러나 너무 빠르게 내려가는 미끼는 먹지 않으며, 느릿느릿 사선으로 자연스럽게 흘러가는 미끼, 내려가다 정지하거나 튕겨오는 미끼에 달려든다. 그러므로 일단 부시리 입질층에 미끼가 내려갔다 싶으면 자주 뒷줄을 잡아서 5~10초 기다려주는 견제조작을 수시로 가해야 한다.

▶참돔

참돔은 본류를 끼고 회유하는 물고기이므로 100m 이상 흘리는 본류낚시를 많이 하며, 본류낚시에선 전유동보다 반유동이 적합하다. 그러나 참돔도 밑밥에 반응하면 상당히 가까운 거리까지 접근하는데 그때는 전유동낚시가 잘 된다.

그런데 참돔 전유동낚시 하면 고부력찌를 쓴다고 생각하는데, 그것은 본류대를 바로 노릴 때에 국한된 얘기다. 본류 전유동은 1~2호 구멍찌를 어신찌로 사용하고 목줄에 3B나 5B 봉돌을 3~4개씩 물려 콸콸 흐르는 조류에 바로 흘려 넣지만, 일반적 낚시상황에선 B~3B 구멍찌나 기울찌를 어신찌로 쓰고 목줄에 B~2B 봉돌을 한두 개씩 물려 비교적 근거리의 10~15m 수심을 전유동으로 노린다. 참돔은 벵에돔이나 부시리만큼 많이 뜨지는 않지만 감성돔보다는 많이 뜨고, 또 부시리만큼 움직이는 미끼를 좋아하기 때문에 중하층을 폭넓게 노릴 수 있는 전유동이 잘 먹힌다.

▶벵에돔

벵에돔은 밑밥에 대한 반응이 빠르고 부상력이 좋아 중상층에서 입질이 활발한 고기이므로 전유동 채비가 가장 적합한 대상어다. 더구나 깊이 내릴 필요가 없어서 참돔 전유동낚시보다 쉽다. 5~6m 수심이라면 목줄 길이(4m 내외)만으로도 낚시를 할 수 있다. 따라서 벵에돔 전유동은 '목줄만 가라앉아도 입질을 받으며, 목줄 정렬 후 1~2m만 더 가라앉히면 충분하다'고 생각하고 낚시하면 된다.

그러나 거문도나 삼부도, 통영 국도나 매물도, 제주 우도나 섶섬 같이 수심이 15m 이상으로 깊은 곳이라면 중층인 8m까지는 미끼를 내려줘야 잦은 입질을 받을 수 있다(벵에돔이 깊이 노닐 땐 12m 수심에서 낚이기도 한다). 즉 '목줄 정렬 후 4~6m를 더 가라앉힌다'고 생각하고 목줄에 G3~G1 봉돌을 한 개나 두 개 물려서 넉넉하게 가라앉힌다. 그 경우 찌는 G2, B, 2B 부력이 적합하다.

한편 추자도 끝연목처럼 수심이 깊지 않아도 조류가 빠른 곳에선 목줄에 G2~B 봉돌을 2~3개 분납해서 3~5m 수심층을 흘리기도 한다. 그런 급류에서 무거운 봉돌을 달지 않으면 미끼가 2m도 채 가라앉지 못한다.

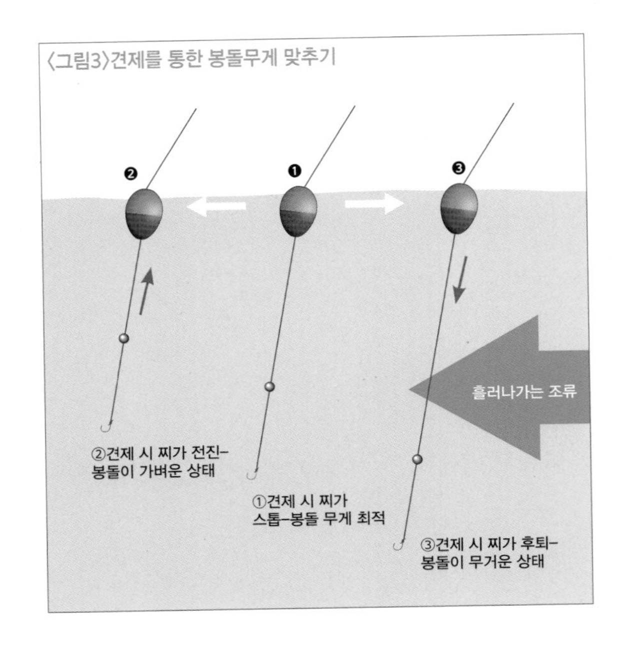

전유동의 찌매듭 '견제조작'

전유동에는 매듭이 없지만 뒷줄 견제를 통해 매듭효과를 얻는다. 술술 풀어주던 원줄을 잡아주면 내려가던 미끼가 스톱된다. 이런 매듭효과는 전유동의 목줄채비가 가볍기 때문에 가능하다.
전유동은 찌매듭을 원줄에 묶는 것이 아니라 '내 마음 속에 짓는' 것이다. 만일 6m 수심에서 미끼를 멈추고 싶다면 낚싯줄이 6.5~7m 내려갔을 때(원줄이 사선을 이루므로 그 차이를 감안해야 한다) 뒷줄을 잡으면 된다.
만일 뒷줄을 잡았는데도(견제를 했는데도) 찌가 앞으로 끌려오면서 미끼가 내려간다면 봉돌이 무거운 상태이므로 봉돌을 줄여야 하고, 계속 찌가 흘러가면서 밑채비가 떠오르면 봉돌이 가벼운 상태이므로 더 물려야 한다〈그림3〉.
그러나 아무리 봉돌을 맞춰도 찌매듭만큼 일정 수심에 오래 머물게 할 수는 없다. 그래서 고수들은 봉돌을 가감하기에 앞서 뒷줄을 감아 미끼를 더 띄우거나 뒷줄을 풀어서 떠오르던 미끼를 도로 내려주는 조작으로 응급대처한다. 이렇게 전유동은 채비를 바꾸지 않고도 뒷줄을 잡고 품으로써 순간순간 대응할 수 있어 숙달되면 아주 편하게 낚시를 즐길 수 있다.

봉돌 추가해가며 수심 탐색

처음 내려 수심을 알기 힘든 갯바위에선 가벼운 봉돌로 출발, 한 단계씩 봉돌을 늘려가면서 수심을 탐색한다. 일단 3.5~4m 길이의 목줄채비부터 완전히 내려서서 정렬되면(투척 후 10초 정도 걸린다), 뒷줄을 1~2m씩 풀어준다. 미끼가 내려간 수심을 속으로 계산하면서 뒷줄 견제 없이 계속 느슨하게 풀어주면서 가라앉힌 다음 2~3분 만에 채비를 회수한다. 그때까지 미끼가 바닥에 걸리지 않았다면 채비가 좀 가벼운 것이므로 봉돌 하나를 더 물려준다.
이러한 방법으로 바늘이 바닥에 걸릴 때까지 흘려보다가 생각 외로 수심이 얕으면 가벼운 봉돌로 교체하고, 적당하다 싶으면 그대로 낚시하면 되겠다. 전유동낚시는 이런 수심 탐색과 적합 봉돌무게를 찾는 과정에서 저절로 입질을 받는다고 생각해도 된다.
견제 없이 2분 만에 가라앉는 채비는 견제를 곁들일 경우 3~5분 수중에서 머물고 그 시간이면 충분히 입질을 받고 남는다. 처음에는 무거운 봉돌을 물려야만 채비가 바닥까지 가라앉겠지만 뒷줄 푸는 요령이 생길수록 더 가벼운 봉돌로 바닥층까지 공략할 수 있다. 가급적 가벼운 봉돌을 물릴수록 밑걸림이 줄고 입질이 시원스럽게 나타난다.

울릉도컵 벵에돔 토너먼트 현장. 전유동채비로 깊이 가라앉혀서 입질을 받았다.

상황별 전유동 채비 갖추기

▶얕은 여밭 노릴 때
탐색용으로 B 구멍찌(또는 기울찌)에 G2~G3 봉돌 하나를 바늘 위 50cm 위치에 물린다.

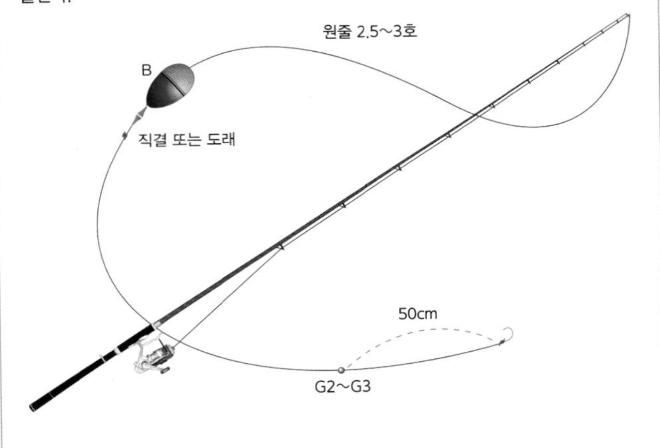

▶깊은 홈통이나 조류에 흘릴 때
탐색용으로 2B 구멍찌에 B봉돌 하나를 바늘 위 50cm 위치에 물린다.

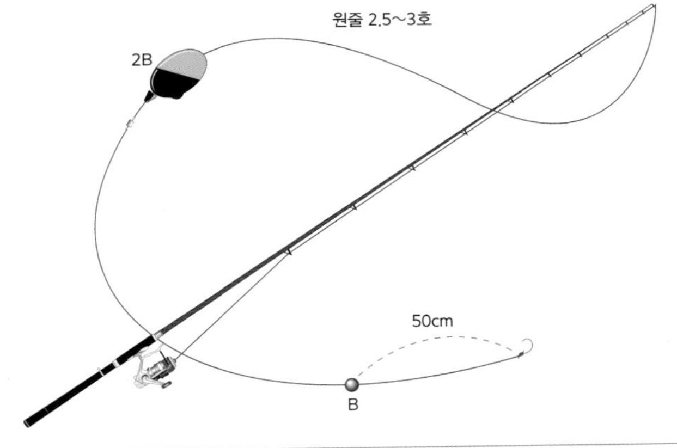

찌 부력 선택하기

전유동낚시에선 1차로 봉돌을 선택하고, 2차로 찌를 선택한다. 전유동에서 찌의 의미는 '채비 전달자'일 뿐 부력과 형태는 그다지 중요하지 않다. 전유동채비에선 매듭이 없어서 찌보다 봉돌이 무거워도 견제만 풀어주면 찌가 잠기지 않으며, 찌가 잠겨도 입질이 오면 원줄이 휙 빨려드니까 문제없다. 하지만 찌가 물속에 잠겨 있을 땐 원줄이 잘 빠져나가지 않는 면이 있다. 그래서 오히려 봉돌보다 넉넉한 부력의 찌를 세팅하는 것이 더 낫다. 극단적으로 말하자면 봉돌을 전혀 달지 않는 제로조법에 2B 찌를 달아도 입질이 오면 시원하게 빨려든다. 그 이유는 매듭이 없어서 초기 입질 시 찌가 주는 이물감이 적기 때문이다. 그러나 가급적 봉돌 무게에 찌 부력을 맞춰주면 좋은 것은 물론이다.

속공보다 강력한 지공

전유동낚시를 배우려면 '미끼는 반드시 바닥까지 내려가야 하며, 되도록 빨리 가라앉혀야 한다'는 강박감부터 버려야 한다. 전유동에서 무거운 봉돌을 물리면 미끼가 너무 빨리 하강하여 입질층을 순식간에 지나치거나 바닥에 걸려버리기 때문이다.

만일 바닥수심이 8m라면 감성돔의 입질 가능성은 원줄이 7.5m 내려갔을 때부터 9m(원줄은 수직이 아니라 사선이므로) 사이에서 나타날 것이다. 그러므로 원줄이 7.5m 내려갔을 때부터 견제를 시작해 9m 내려갈 때까지 잡고 풀고 당기는 유인동작을 반복하면 되겠다. 그때 미끼가 바닥 근처에서 머무는 시간이 길수록 입질 확률은 높아진다. 즉 봉돌이 가벼울수록 입질존(zone) 도달속도는 느리지만 입질존 체공시간은 길어지는 것이다.

반유동은 감성돔의 예상 유영층으로 빨리 밀어 넣고 기다리는 '속공채비'라고 한다면 전유동은 감성돔 예상 유영층 아래위 지역을 폭넓게 더듬는 '지공채비'라고 할 수 있다. 언뜻 속공이 더 나아보이겠지만 그것은 감성돔의 유영층을 정확히 알고 있을 때 이야기이고 유영층이 뚜렷하지 않을 때는 광범위하게 탐색할 수 있는 지공이 더 강력하다.

우리가 갯바위에서 하루 종일 낚시를 해서 4~5마리 정도 낚으면 호황이라고 볼 때 몇 시간에 기껏 한 마리를 낚는 꼴이니 급히 서둘 필요가 없다. 전유동과 반유동의 미끼 하강속도 차이는 불과 30~60초밖에 나지 않는다.

CHECK POINT

▶전유동이 반유동보다 더 고급 테크닉인가?

전유동은 조류를 읽고, 물속 지형을 상상하고, 내 미끼의 흐름을 추측할 수 있어야 매듭 없이도 미끼를 원하는 위치에 머물게 할 수 있다. 그만큼 많은 낚시경험이 있어야 구사할 수 있다. 그리고 전유동은 가벼운 채비를 쓰기 때문에 정확한 조경을 찾아야만 가라앉힐 수 있으며, 조금만 줄 조작을 잘못해도 미끼의 위치가 크게 변한다. 그만큼 소프트 터치를 요하는 낚시다. 무엇보다 중요한 건 완전 '수동'이란 것이다. 한 순간도 낚시인의 손길에서 방치되면 목적한 위치에서 벗어나버리는 이 낚시로 훈련된 낚시인이 긴 줄을 통해 해저의 작은 미끼가 받는 미세한 조류 저항을 느낄 경지에 이르게 되면 평생 매듭낚시(반유동낚시)만 익힌 사람은 따라오지 못할 조과를 올릴 수 있다. 그러므로 전유동이 더 고차원의 테크닉이라 할 수 있다.
그러나 결코 전유동의 조과가 더 뛰어난 것은 아니다. 찌낚시에 갓 입문한 사람에겐 매듭을 짓는 반유동채비가 물고기를 낚는 데 유리하다. 하지만 한 차원 높은 낚시기량을 갖추기 위해 훈련을 쌓고 싶다면 전유동낚시를 해볼 것을 권하고 싶다. 반유동낚시만 한 사람은 전유동을 못해도 전유동 숙련자에게 반유동낚시는 너무 쉽다.

▶전유동에선 밑걸림 여부를 어떻게 확인하나?

찌매듭이 있는 반유동은 밑걸림이 발생하면 찌가 잠기는 형태로 표시된다. 만약 수중찌가 수중 암초에 올라타게 되면 수면 아래 많이 잠겨있던 구멍찌가 위로 솟구치며 동동거리는 것으로도 밑걸림이 파악된다. 반면 찌매듭이 없는 전유동은 밑걸림이 생겨도 원줄이 계속 찌구멍으로 빨려들기 때문에 밑걸림 파악이 쉽지 않다.
그러나 전유동낚시도 채비 선행(구멍찌보다 물속의 채비가 더 앞서 나가게 만드는 과정)이 이뤄지면 밑걸림을 빨리 알 수 있다. 무작정 원줄을 풀어 채비를 가라앉히지 말고 적절히 뒷줄을 잡으면서 채비가 조류에 자연스럽게 밀리면서 가라앉도록 조절하는 과정이 잘 이루어진다면 밑걸림이 생길 시 더 이상 원줄이 빠져나가지 않고 멈추거나 빠져나가는 속도가 현저히 줄어들게 된다.
그러나 실제 현장에서는 흘림과 회수를 반복하면서 밑걸림을 파악하게 된다. 보통 전유동낚시는 3~5분 흘리고 채비를 회수하여 내 미끼의 하강강태를 점검하는데, 그때 밑걸림 유무를 통해 봉돌 무게와 뒷줄 견제타임을 조절해나간다.

▶전유동엔 왜 기울찌를 많이 쓰나?

전유동낚시에서 기울찌를 주로 쓰다 보니 초보자들 중에는 구멍찌는 반유동용, 기울찌는 전유동용으로 잘못 알고 있는 경우가 많다. 그러나 전유동낚시에서도 구멍찌를 많이 사용하며, 기울찌에 비해 채비하강속도가 크게 느리지 않다(대구경 기울찌보다는 천천히 내려간다). 특히 직벽낚시처럼 채비를 수직으로 가라앉히는 곳의 전유동이라면 오히려 구멍찌가 더 유리하다. 그리고 참돔 본류대 전유동의 경우 0.5호~1호 찌를 사용하는데, 기울찌 중엔 그런 고부력 찌가 드물기 때문에 구멍찌를 많이 쓴다.

추자군도 직구도의 북쪽 갯바위. 이런 직벽에선 전유동채비를 수직으로 내리므로 기울찌보다 구멍찌가 적합하다.

서서히 물밑으로 내려가고 있는 전유동 채비. 초보자들은 찌매듭을 묶어 채비 하강 속도를 파악하는 연습을 하는 게 좋다.

달인의 경지에 도달하는 길

전유동낚시 찌밑수심 계산법

전유동에 능숙해지기 전엔 미끼가 얼마나 가라앉아 있는지 파악하기 어렵다. '지금쯤이면 충분히 가라앉았겠지' 생각하고 뒷줄을 당겨보면 겨우 2~3m 내려가 있을 수도 있고, 자꾸 뒷줄을 주다보면 미끼는 바닥에 걸려 있고 찌만 멀리 흘러가 있는 경우도 허다하다. 전유동낚시에선 미끼 수심을 어떻게 알 수 있을까?

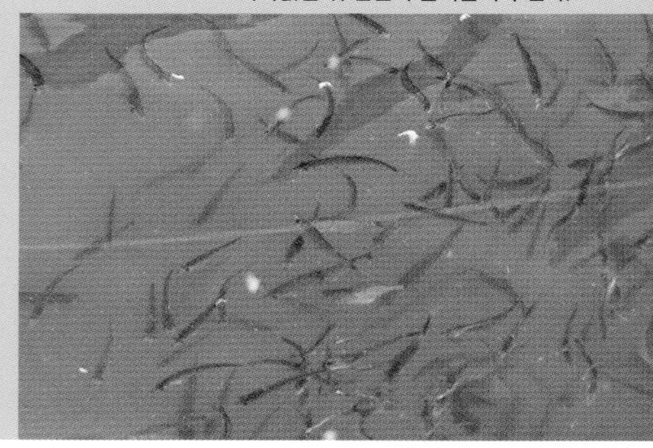
망상어 떼 위로 지나가는 원줄. 잡어가 많을 땐 멀리서 가라앉힌 뒤 천천히 끌어들여야 한다.

'내 미끼가 지금 얼마만큼 가라앉아 있는가'를 알지 못하면 전유동낚시는 불가능하며, 특히 바닥층에서 노니는 감성돔은 도저히 잡을 수 없다. 즉 찌밑수심 파악은 전유동의 전제조건이다. 그러나 전유동낚시에서 미끼의 위치를 정확히 파악할 수 있으면 사실상 완성단계에 이르렀다고 볼 수도 있다. 즉 찌밑수심 계산법은 전유동의 출발이자 끝이다.

반유동채비로 찌낚시를 수년간 해온 사람도 전유동낚시를 시작해서 수심을 계산해가며 낚시하는 단계에 이르려면 최소한 1년 정도의 시간이 걸린다. 궁극적으로, 수심 10m 이상 미끼를 가라앉혀 50cm 오차범위 안에서 미끼 수심을 컨트롤할 수 있는 경지에 도달한 낚시인은 전유동 전문가들 중에서도 많지 않다.

반유동채비에선 "8m층을 노린다" "7.5m 수심에서 입질을 받았다"고 자신 있게 말할 수 있지만 전유동채비에선 제 아무리 고수라도 "7~8m쯤에서 입질하더라"고 말할 수밖에 없다.

추자도 직구도에서 전유동채비로 대형 참돔을 낚아낸 수원 낚시인 임윤혁씨.

제로찌낚시는 전유동이 아니다

찌매듭이 없다고 다 전유동낚시는 아니다. 가령 수심 3~5m 상층을 노리는 제로찌낚시(벵에돔 띄울낚시)는 종종 찌매듭을 쓰지 않지만 깊이 가라앉히지 않기 때문에 전유동이라 하기 어렵다. 정확히 표현하자면 '상층 유동낚시'라고나 할까?

전유동낚시는 채비에 봉돌을 달아서 최하 6m 이상 가라앉혀줄 때 전유동이라 할 수 있으며, 그때부터 다양한 뒷줄 테크닉이 필요하다. 전유동낚시는 공략수심이 깊을수록 어려워지므로 처음엔 얕은 여밭부터 시작하여, 익숙해지면 8m, 10m, 12m, 15m 순으로 점차 수심을 늘려나가며 실력을 쌓는 것이 좋다.

전유동 기초 훈련 4단계

'몇 미터쯤에 가라앉혀 뒷줄을 잡겠다'는 생각 없이 무턱대고 흘려 넣다가 운 좋으면 입질을 받는(어느 위치에서 입질했는지도 모른 채) 낚시는 제대로 된 전유동낚시가 아니다. 전유동낚시는 '입질 예상수심'을 마음속에 설정한 다음 그 수심까지는 빠르게 흘려 넣었다가 입질 예상 수심에서 뒷줄을 빠듯하게 잡고 풀면서 입질을 유도하는 낚시다. 일단은 미끼 하강속도를 감 잡는 게 급선무다.

①단계 : 갯바위에 서서, 우선 전유동채비를 근거리(구멍찌 밑의 찌멈춤봉이 보이는 거리)에 투척하여 채비의 하강속도를 본다. 캐스팅 직후 잠깐 뒷줄을 잡고 목줄이 수직으로 내려서는 시간을 재보는데, 대략 15~20초 만에 정렬되면 목줄의 봉돌 무게가 적당한 것이다.

②단계 : 목줄이 정렬되면 뒷줄을 1~2m 풀어서 찌멈춤봉을 가라앉힌다. 그때 찌멈춤봉이 가라앉는 속도와 각도를 기억한다.

③단계 : 찌멈춤봉이 가라앉기 시작하면 뒷줄을 (감으로) 3m쯤 더 풀어서 그 뒷줄이 다 구멍찌 속으로 빨려들 때까지 몇 초나 걸리는지 세어본다. 3~4m 줄이 30~40초 만에 다 빨려들면, 대략 캐스팅 후 1분 안에 미끼가 7m 수심까지 가라앉는다고 볼 수 있다. 그리고 그 정도면 적당한 채비 하강 속도다(뒷줄을 견제하면 더 느리게 하강시킬 수 있다).

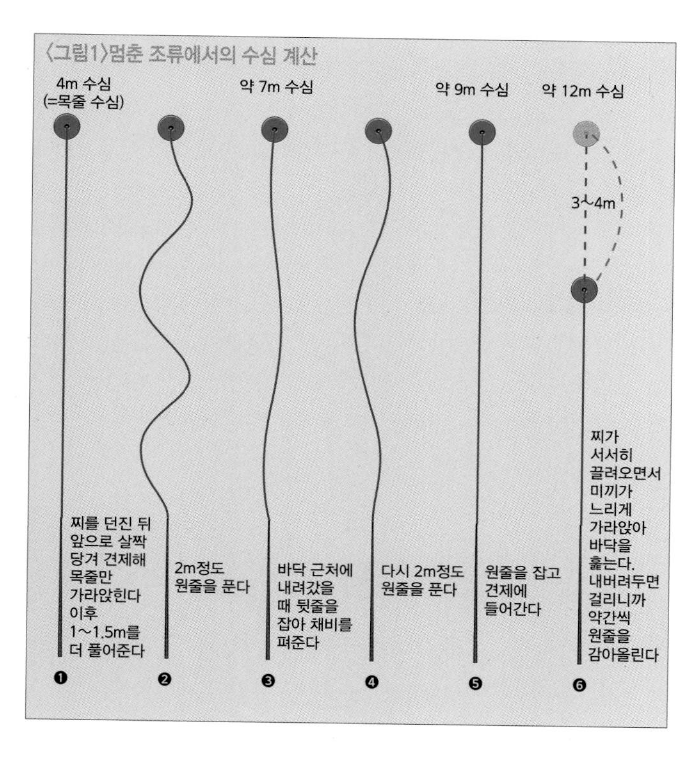
4m 수심
(=목줄 수심)
약 7m 수심
약 9m 수심
약 12m 수심
3~4m
찌를 던진 뒤 앞으로 살짝 당겨 견제해 목줄만 가라앉힌다 이후 1~1.5m를 더 풀어준다
2m정도 원줄을 푼다
바닥 근처에 내려갔을 때 뒷줄을 잡아 채비를 펴준다
다시 2m정도 원줄을 푼다
원줄을 잡고 견제에 들어간다
찌가 서서히 끌려오면서 미끼가 느리게 가라앉아 바닥을 훑는다. 내버려두면 걸리니까 약간씩 원줄을 감아올린다
❶
❷
❸
❹
❺
❻
〈그림1〉멈춘 조류에서의 수심 계산

④단계 : 뒷줄이 구멍찌 속으로 다 들어가서 팽팽해지면, 맘속으로 원줄이 몇 m 들어갔는지 예상해본다. 그 다음 릴을 감지 말고 낚싯대를 위로 쑤욱 뽑아 올려 과연 물속에 들어간 원줄 길이가 얼마인지 확인해본다. 내 예상과 실제 원줄 길이의 오차가 거의 없을 때까지 이 과정을 반복 연습한다.

이 4단계 연습만 반복해도 6~7m 이내의 얕은 포인트에선 능숙하게 전유동낚시를 구사할 수 있게 된다.

뒷줄 푸는 요령

뒷줄을 풀 때는 초릿대를 상하로 짧게 '탁' 흔들어주면 된다. 대 끝을 물속에 살짝 담그고 탁 쳐주면 더 쉽게 풀 수 있다. 숙달되면 줄을 1m씩 풀어줄 수 있고 30cm씩 풀어줄 수도 있다.

가장 정확한 방법은, 스풀에서 풀어주고 싶은 만큼의 원줄을 뺀 다음 초릿대를 흔들어서 풀어주는 것이다. 이렇게 일정량씩 줄을 푸는 이유는? 물속에 가라앉은 줄의 길이를 정확히 기억함으로써 미끼 수심을 계산하기 위해서다.

한 번에 5m의 줄을 방출하는 방법도 있다. 릴대를 아래로 숙여 초릿대를 수면에 댔다가 90도로 세우며 원줄을 풀어준다. 릴대의 길이가 5.3m이므로 한번 90도로 치켜세울 때마다 약 5m의 원줄이 풀려나가게 된다. 이 상태에서 다시 초릿대를 아래로 향하게 한 뒤 수면에 늘어진 원줄이 모두 구멍찌로 빨려 들어가기를 기다린다. 그러나 이 방법은 한 번에 방출되는 원줄이 너무 길어서 원줄이 수면에 늘어지는데, 늘어진 원줄이 많을수록 수면 저항이 커져 채비 하강속도가 느리다.

찌밑수심 계산 기초 훈련(멈춘 조류에서)

전유동낚시의 기초 훈련은 조류가 약하거나 거의 없는 곳에서 하는 것이 좋다. 갯바위에서 입질이 뜸한 시각에, 잔잔한 홈통지역을 골라 전유동 연습을 하면 된다. 요령은 〈그림1〉과 같다.

①일단 찌를 던져서 목줄이 완전히 가라앉을 때까지 뒷줄을 잡는다. 목줄이 정렬되면 찌 밑의 도래가 하강하기 시작한다. 도래 위에 눈에 잘 띄는 형광색 쿠션고무를 쓰면 편리하다. 찌멈춤봉이 너무 빨리 내려가면 조류에 비해 채비가 너무 무거운 상태이므로 봉돌의 무게를 줄인다. 찌멈춤봉이 어느 정도 내려가면 눈에 보이지 않는데, 그 이후에는 찌매듭을 보고 채비가 내려간 수심을 파악한다.

※우선 목줄만 완전히 내려서도 3.5~4m 수심은 확보할 수 있다는 것을 생각해야 한다(그래서 전유동채비의 목줄은 긴 게 편리하다). 전유동채비에서 목줄 길이는 '뒷줄을 주지 않아도 미끼가 내려갈 수 있는 최소한의 수심'이라는 의미가 있다. 목줄이 완전히 수직으로 정렬된 뒤 뒷줄을 1~1.5m만 더 푼 다음 풀어준 원줄이 술술술 내려가 다시 줄이 팽팽해지면 릴을 닫은 상태로 입질을 기다린다. 이러면 약 5m 수심을 노리게 된다.

②7m 수심 가라앉히기

5m 수심에서 입질이 없으면 원줄을 다시 2m만 더 릴에서 풀어주고, 풀어준 원줄이 다시 팽팽해질 때까지 가라앉힌다. 7m만 가라앉혀도 우리나라 감성돔 포인트의 70%에서 입질을 받을 수 있다. 만약 더 가라앉히고 싶으면 다시 2m씩 풀어주고 줄이 팽팽해지기를 기다렸다가 다시 풀어주는 ③~⑤와 같은 방식을 반복하면, 9m, 11m 수심을 계속 노릴 수 있다.

한편 이때 조류가 앞으로 흐르면 찌가 끌려오면서 뒷줄을 더 풀어주지 않아도 미끼가 조금씩 가라앉는다. 찌가 끌려온 거리만큼 미끼가 내려가므로 9m 수심에서 견제에 들어가 찌가 3m 끌려왔다면 미끼는 약 12m 수심에 가라앉아 있을 것이다.

실전에선 '풀어준 원줄 – 흘러간 찌 거리 = 미끼 수심'

그러나 문제는 실전에서 감성돔이 잘 낚이는 포인트는 늘 조류가 흐르는 곳이란 것이다. 풀어준 뒷줄 길이는 기억하겠는데 찌가 자꾸 흘러가니까 그 흘러간 거리를 다시 가산해줘야 정확한 미끼 수심이 나온다. 만일 9m 수심에 가라앉히려고 할 때 뒷줄을 5m 풀어줬는데 찌가 4m 흘러갔다면 실제로는 1m밖에 안 들어간 셈이다. 4m를 더 풀어줘야 한다. 그 와중에 다시 찌가 흘러가면 역시 그 거리만큼 더 풀어줘야 하므로 조류가 빠르게 흐를 땐 산술적인 계산보다 '감'으로 수심을 잡아나갈 수밖에 없다.

실전 1 앞으로 밀려드는 조류에서 수심 계산법

조류가 흐르는 실제상황에서 수심 계산요령을 살펴보자. 먼저 '앞으로 밀려드는 조류'〈그림2〉. 가장 계산하기 쉬운 케이스다. 앞으로 밀려드는 조류에서 15m 수심에 미끼를 가라앉히려면 15m 거리에 찌를 던진 다음 찌가 릴대 끝에 대롱대롱 매달릴 때까지 줄을 잡고만 있어도 된다. 추자도 나바론, 거문도 구로바 등 깊은 직벽에서 바닥층을 노릴 때 흔히 쓰는 방법이다.

우선 찌를 15m 원투한 뒤 바로 뒷줄을 잡는다(전유동에 능해지려면 캐스팅 거리가 정확해야 한다. 거리 측정은 낚싯대를 이용한다. 10m는 낚싯대 두 대 길이이며, 15m는 낚싯대 세 대 길이, 20m는 낚싯대 네 대 길이다).

찌는 조금씩 앞으로 끌려오면서 채비가 점점 가라앉고 이윽고 초릿대 끝에 찌가 대롱대롱 매달리게 될 것이다. 이 경우 물속에 들어간 원줄 길이가 15m가 되므로 목줄 4m 포함, 19m 길이가 비스듬히 가라앉아 있는 셈이다. 이때 수직 수심은 원줄의 각도에 따라 차이 나는데 15~17m가 될 것이다.

원줄 각도를 결정짓는 요인은 ①봉돌의 무게 ②견제하기 전에 풀어준 뒷줄 양이다. 봉돌이 무거울수록 빠르게 가라앉으니까 수직에 가깝게 되고, 채비가 많이 가라앉은 다음 견제하면 곧바로 견제한 것보다 수직에 가깝다.

이처럼 밀려드는 조류에서는 전유동이 쉽고 또 반유동보다 입질 확률도 높다. 반유동채비를 쓰면 찌보다 미끼가 벽에 먼저 붙어서 밑걸림이 잦지만 전유동채비로 견제낚시를 하면 찌가 미끼보다 먼저 들어오므로 밑걸림 없이 바닥을 훑을 수 있다〈그림3〉.

실전 2 흘러나가는 조류에서 수심 계산법

밀려드는 조류보다 계산하기 어려운 경우다. 흘러나가는 조류도 두 가지 유형으로 나눠볼 수 있다. 먼저 본류가 있고, 먼 본류를 향해 서서히 흘러가는 지류가 있는데, 전유동낚시를 주로 펼치는 곳은 유속이 느린 지류다.

〈그림2〉밀려드는 조류에서 수심 계산

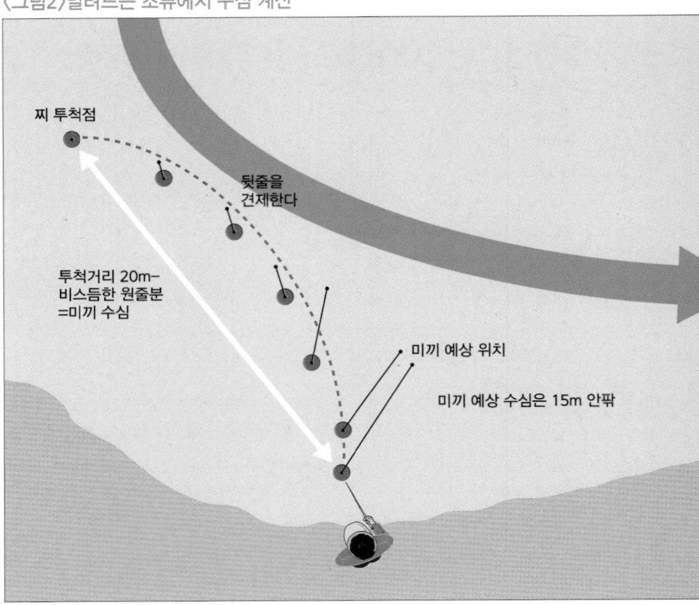
찌 투척점
뒷줄을
견제한다
투척거리 20m–
비스듬한 원줄분
=미끼 수심
미끼 예상 위치
미끼 예상 수심은 15m 안팎

〈그림3〉밀려드는 조류에서 단계적 바닥훑기

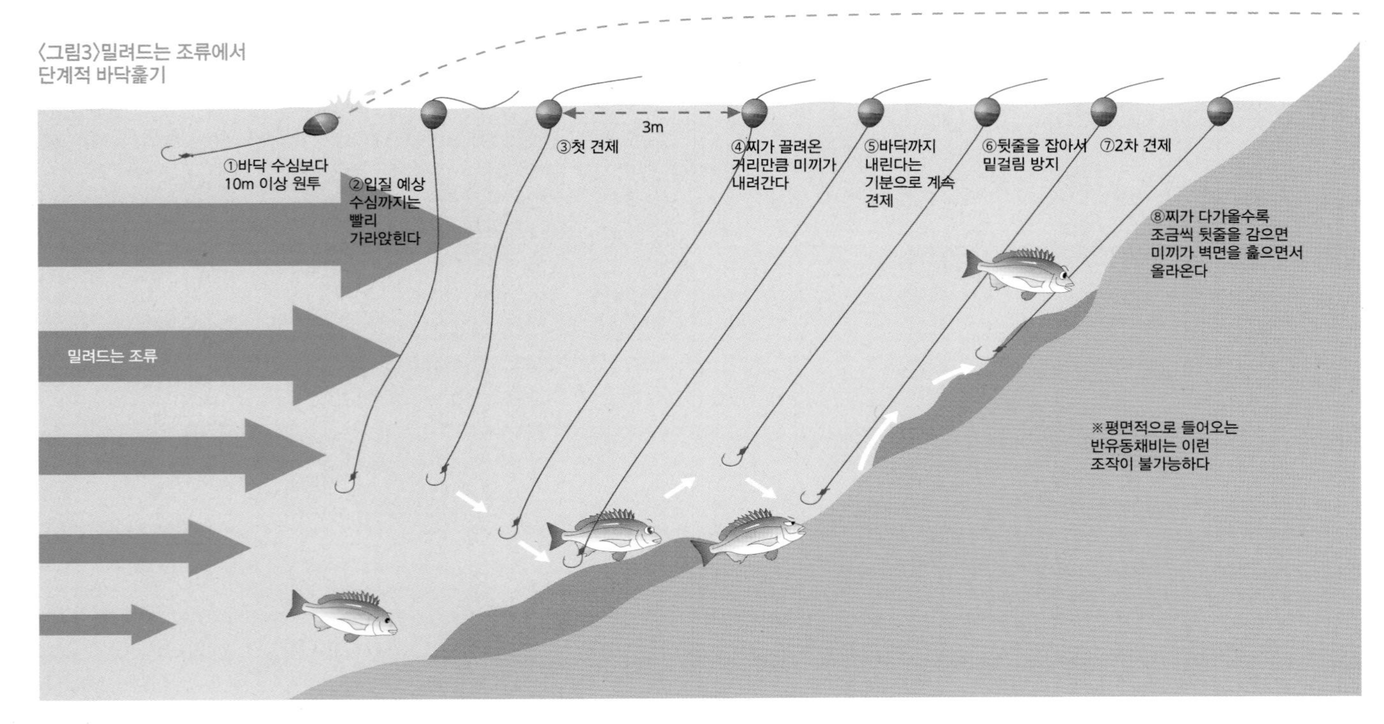
3m
①바닥 수심보다
10m 이상 원투
②입질 예상
수심까지는
빨리
가라앉힌다
③첫 견제
④찌가 끌려온
거리만큼 미끼가
내려간다
⑤바닥까지
내린다는
기분으로 계속
견제
⑥뒷줄을 잡아서
밑걸림 방지
⑦2차 견제
⑧찌가 다가올수록
조금씩 뒷줄을 감으면
미끼가 벽면을 훑으면서
올라온다
밀려드는 조류
※평면적으로 들어오는
반유동채비는 이런
조작이 불가능하다

▶지류 공략

느린 지류에 찌를 던진 뒤 일단 목줄이 내려설 때까지 뒷줄을 팽팽히 잡은 다음 목줄이 정렬되면 뒷줄을 풀어주는데 이때 한꺼번에 줄을 풀면 늘어진 원줄이 저항으로 작용해 채비 입수가 느려진다. 그래서 처음 4m 정도만 듬뿍 풀어주고 그 다음부턴 1~2m씩 풀어주도록 한다〈그림4〉.

9m 수심을 노린다고 가정하면, 근거리에서 6~8m 수심까지 가라앉힌 다음 멀리 흘려보낸다. 찌가 멀어질수록 원줄이 길게 늘어지면서 저항으로 작용, 미끼 하강속도가 느려진다는 것을 염두에 두고 근거리에서 충분히 수심을 확보해주어야 한다. 뒷줄을 5m 풀어줬는데 찌가 3m 흘러갔다면 실제로는 2m밖에 안 내려갔다는 것을 염두에 두고 계속 풀어주면서 흘린다.

흘리는 도중 미끼가 바닥에 걸리면 낚시인 쪽을 향해 비스듬히 누워 있던 구멍찌가 곧추서면서 뒷줄이 느슨해진다. 그런 조짐이 들면 얼른 뒷줄을 감아서 밑걸림을 확인한 뒤 재차 흘리거나 회수해야 한다.

▶본류 공략

본류는 전유동으로 가장 공략하기 어려운 상대다. 봉돌무게 총합 5B~1호의 특별히 무거운 채비가 필요하다. 우선 찌가 본류를 타기 전에 미리 본류 외곽의 잔잔한 지류에서 채비를 가라앉혀 기본 수심을 확보해야만 한다. 지류에서 미끼를 중층 이하로 가라앉힌 다음 찌를 본류로 끌어당겨 흘려준다. 일단 일정 수심에 가라앉은 전유동채비는 여간해서 떠오르지 않는다.

본류 흘림에선 10m 흘러갈 때 1m씩 가라앉을 정도로 봉돌 무게와 뒷줄 푸는 속도를 조절해준다. 그러나 뒷줄이 '줄줄줄줄' 풀려나갈 정도로 찌가 빠르게 이동하고 멀리 흘릴수록 원줄의 저항이 늘어나 정확한 수심 조절이 사실상 불가능하다. 다만 감각적으로 근사치 수심을 어느 정도 유지하며 떠오르는 속도를 늦출 뿐이다. 본류를 유영하는 물고기는 떠서 먹이를 찾기 때문에 미끼가 바닥에서 30%층만 흘러가면 입질을 받을 수 있다.

실전 3 옆으로 흐르는 조류에서 수심 계산법

이때는 내 앞에서 바다를 이등분하여, 조류의 상류부터 내 앞까지는 조류가 밀려드는 형태, 내 앞에서 조류의 하류로는 조류가 흘러나가는 형태로 구분하여 대처한다〈그림5〉.

일단 찌를 상류 쪽으로 가라앉히고자 하는 수심만큼 던진 다음(10m 가라앉히려면 15m쯤 원투) 찌가 전방에 올 때까지 뒷줄을 잡는다. 찌가 전방에 흘러왔을 땐 찌가 다가온 거리만큼 원줄이 가라앉아 있을 것이다. 만일 조류가 빨라서 찌가 앞에 올 때까지 뒷줄이 다 들어가지 않으면 봉돌을 더 무겁게 달거나 상류 쪽으로 더 멀리 찌를 던져야 한다.

찌가 하류지역으로 들어서면 그 때부터가 입질타이밍이다. 그 전까진 수심을 확보하기 위한 조작일 뿐이었다.

뒷줄을 잡고 10초가량 견제해 미끼를 선행시킨 다음, 견제와 흘림을 반복하면서 살짝 띄우기도 하고 바닥으로 가라앉히기도 하면서 입질을 유도한다. 이때 수심 계산요령은 흘러나가는 조류에서와 동일하다.

만일 뒷줄을 전혀 풀지 않고 그대로 잡고만 있으면 찌가 갯바위 쪽으로 붙으면서 미끼는 대각선으로 비스듬히 갯바위의 경사면을 긁으면서 오르는 효과를 내게 된다. 감성돔이 갯바위 벽면에서 입질할 때 꽤 재미를 보는 테크닉이다.

〈그림4〉흘러나가는 조류에서 수심 계산

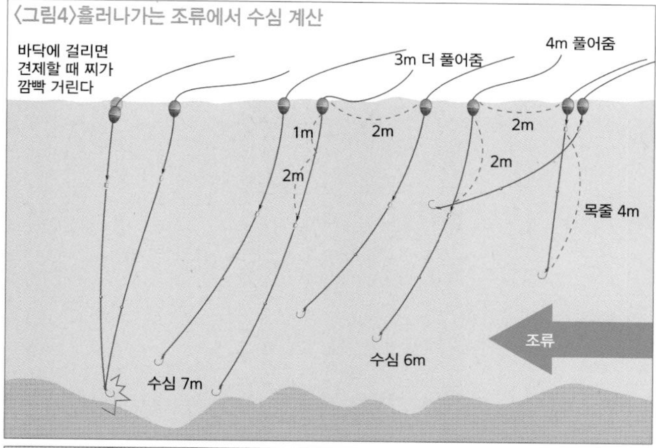

〈그림5〉옆으로 흐르는 조류에서 수심 계산

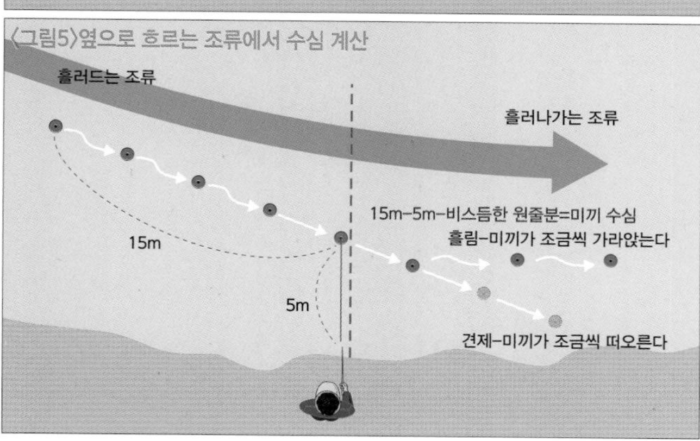

CHECK POINT

▶전유동에선 미끼가 얼마나 하강했는지를 어떻게 파악하나?

일단 내가 풀어준 원줄의 길이가 총 얼마인지 알고, 내 찌가 흘러간 거리가 얼마인지 알면, 대략 내 미끼가 얼마나 하강했는지 알 수 있다. 원줄이 6m 들어갔고, 목줄 길이가 4m라면 대략 10m 수심에 미끼가 있을 것이다. 그러나 실제 미끼 수심은 그보다 얕다. 왜냐하면 물속의 전유동채비는 반유동채비보다 가벼워서 조류에 밀리는 경사도가 크기 때문이다. 따라서 낚싯줄이 총 10m 들어갔다면 실제 미끼 수심은 8~9m일 확률이 높다.

따라서 정확하게 수심을 체크하기 위해서는 같은 방법으로 계속 원줄을 풀어주어 밑걸림이 발생하는 시점을 찾는 수밖에 없다. 만약 미끼가 바닥을 찍는 데 너무 오랜 시간이 걸린다면? 그때는 목줄에 봉돌을 추가로 달아 하강속도를 높여야 한다. 반대로 밑걸림이 자주 발생하면 봉돌을 줄여 하강속도를 늦춘다.

▶전유동에선 왜 입질이 오면 릴을 살살 감은 다음 챔질하나?

원줄을 직선으로 만들어서 만약 입질이라면 찌가 선명하게 잠기게끔 하기 위해서다. 그러나 입질을 확인하기 위해 릴을 감으면 스피닝릴의 회전에 의해 미끼가 도는데 활성도가 낮은 감생이는 그 이물감에 뱉어버리기도 한다. 그러므로 릴을 감지 말고 대 끝을 끌어당겨서 확인하는 것이 안전하다.

그런데 가장 좋은 것은 그냥 그대로 지켜보는 것이다. 물고기 활성도가 극히 낮을 경우 뒷줄을 당겨주는 순간 미끼를 뱉기 때문이다. 혹자는 "줄을 당겨주면 미끼가 달아나는 줄 알고 물고기가 더 확실히 삼킨다"고 하는데, 볼락이나 노래미 같은 육식성 록피시들은 그럴 수 있지만 돔은 그런 성향이 약하다.

▶초보자는 전유동에 찌매듭 활용해보라

연습단계에서는 포인트 수심에 맞춰 원줄에 10m 혹은 15m를 표시하는 찌매듭을 달아두고 낚시하면 전유동을 할 때 내 채비가 얼마나 내려갔는지 쉽게 알 수 있다.

고차원 낚시로 도약하기 위한

물때 이해하기

바다의 조류는 조석(潮汐)현상에 의해 생성된다.
그 조석의 규칙성을 정리하여 고기잡이에 편리하게끔 만든 것이 물때다.
조석현상은 밀물과 썰물, 간조와 만조를 말하는데, 밀물의 끝이 만조(滿潮)이며 썰물의 끝이 간조(干潮)다.

추자도의 유명 초등감성돔낚시터인 소머리섬.
워낙 수심이 얕아 중썰물이 가까워질 무렵이 되자 바닥을 드러내고 있다.

물때란 무엇인가?

어촌 사람들은 국립해양조사원에서 발간하는 조석표를 보지 않고도 그날의 간조와 만조시각을 척척 알아맞힌다. 달력의 음력날짜만 보고 "오늘이 음력 초이레니까 점심때쯤 갯벌이 드러나겠군"하는 식이다. 그 이유는 어촌 사람들이 '물때'를 이해하고 있기 때문이다.

하루에 두 번씩 바닷물이 들고 나는 현상을 조석이라 하는데, 조석은 달과 태양의 인력에 의한 천문과학현상이다. 우리 선조들은 그런 조석현상의 규칙성을 이용해 밀물과 썰물 시각을 예측할 수 있게끔 보름 단위의 조석 예측표를 만들었는데 그것이 '물때'다. 따라서 조석은 지구촌 어디에나 있지만 물때는 우리나라에만 있다. 세계 어느 나라도 우리나라처럼 편리하고 정교한 물때는 없으니 물때는 우리 민족의 귀중한 자산이 아닐 수 없다.

물때는 음력 1달을 2물때로 나누며, 1물때는 15일을 1물, 2물, 3물… 사리(6물)…11물, 12물, 13물, 조금(14물), 무쉬(15물)로 나눈 것이다. 현재 우리가 사용하는 물때는 '7물때식'이라 하여 음력 1일을 7물로 정해놓고 그 다음날부터 1물씩 더해나가고 있다. 즉 음력 2일은 8물이고, 음력 3일은 9물이다.

그 물때를 정리해놓은 '물때표'는 월간 『낚시춘추』의 맨 마지막에 실려 있어 바다낚시인들이 일일이 음력날짜를 보고 계산하지 않고도 편리하게 이용하고 있다.

밀물과 썰물은 왜 생기나?

밀물(들물)과 썰물(날물)의 조석현상이 생기는 이유는 지구 둘레를 공전하는 달의 인력이 지구 표면의 물을 당겼다 늦추었다 하기 때문이다. 달이 한반도의 머리 위에 왔을 때와 지구 정반대편에 있을 때 달의 인력이 최고조가 되어 만조가 되고, 달이 그 중간인 두 개의 직각방향에 있을 때 달의 인력이 최저가 되어 간조가 된다.

만조에서 간조로 진행하는 흐름을 썰물이라 하고, 간조에서 만조로 진행하는 흐름을 밀물이라 한다. 그리고 썰물과 밀물에 의해 생기는 바닷물의 흐름을 '조류'라고 한다. 조석현상에 의해 생기는 조류는 늘 일정 방향으로 흐르는 해류(쿠로시오난류나 리만해류 등)와는 다르다.

보름 만에 735분 늦어져 되돌아오는 간만조 시각

만조와 간조는 각각 하루 2번씩 나타난다. 즉 만조에서 다음 만조까지는 약 12시간 걸리고, 만조에서 간조까지는 약 6시간 걸린다.

그러나 실제 걸리는 시간은 그보다 좀 더 길다. 그 이유는 지구가 24시간 만에 한 바퀴 자전할 때 달은 지구를 24시간 49분 만에 한 바퀴 공전하기 때문이다. 달의 공전주기가 지구의 자전주기보다 49분이 더 길기 때문에 매일 만조와 간조시각은 49분씩 늦어진다(49분을 4로 나누면 약 12분이 되어 만조에서 간조까지는 6시간 12분이 걸린다).

오늘 아침 7시에 만조였다면 내일은 아침 7시 49분에 만조가 된다. 또 모레는 아침 8시 38분에 만조가 된다. 그렇게 49분씩 늦어지면 보름 후엔 735분(약 12시간 15분)이 늦어지게 되어, 보름 전의 만조 시각과 보름 후의 만조 시각이 15분 오차범위 안에서 같아진다. 바로 이 현상을 발견한 우리 선조들은 보름 주기로 반복되는 물때를 만든 것이다.

물때의 효용성은 간조 시각과 만조 시각을 예측할 수 있다는 것이다. 음력 7일의 물때는 13물인데 마산과 거제도 어부들은 13물일 때 만조시각이 밤 12시와 낮 12시에 걸친다는 걸 외우고 있다. 그것은 조력이 오래된 바다낚시인들도 마찬가지다.

추자도 푸렝이 큰연목의 간조 때 모습(위)과 만조 직전 모습(아래). 이런 자리는 수심이 얕아서 중들물 이상 물이 차야 물고기가 낚이므로 그 시간대를 잘 맞춰서 낚시해야 한다.

왜 바다낚시는 물때를 알아야 하나?

바다낚시인이 물때를 알아야 하는 이유는 그것을 토대로 출조일과 낚시터를 선정할 수 있기 때문이다. 가령 거제도와 통영 쪽으로 자주 출조하는 낚시인이라면 '10물~12물일 때 아침부터 오전 11시~12시까지 밀물이 흐른다'는 것을 공식처럼 암기해두면 편리하다. 그것은 천년이 지나도 변치 않는 것이며 물때의 유용성이 여기에 있다.

옛날부터 '갯바위낚시는 9물부터 12물 사이의 죽는 물때에 잘 된다'고 했는데, 그 이유도 이런 물때와 깊은 연관이 있다. 갯바위낚시의 발원지인 경상도 바다에서는 9물~12물에 아침에 들물이 흐른다. 감성돔이 잘 낚이는 시간대(아침)와 잘 낚이는 조류(들물)가 일치하므로 낚시가 잘 되는 것이다.

또 물때를 알아야 간조와 만조시각을 미리 알 수 있어서 낚시시간과 이동시간, 철수시간을 계획할 수 있다. 만약 오늘 만조가 오전 8시 30분이라면 아침에만 잠깐 밀물이 흐를 뿐 썰물시각이 훨씬 더 길기 때문에 밀물 포인트보다 썰물 포인트에 내리는 게 낫다. 그리고 오후 2시 30분에는 다시 밀물로 바뀌므로 오후낚시를 하려면 밀물 포인트를 택해야 할 것이다.

반달 뜨면 조금, 보름달 뜨면 사리

조석현상은 달의 인력에 좌우되는 것이므로 달을 보면 물때를 알 수 있다. 보름달이 뜰 때와 달이 없는 그믐일 때는 사리물때이며, 반달이

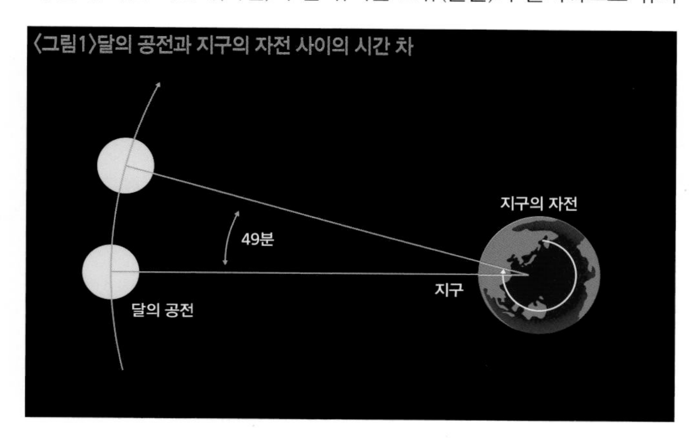

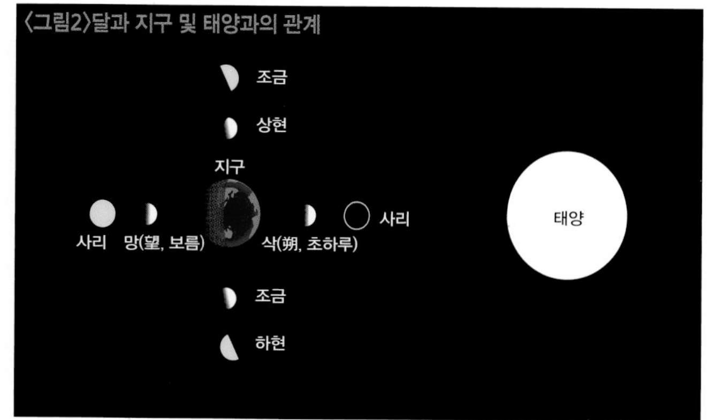

'대사리'와 '쪽사리'

같은 8물이라도 보름 전의 8물과 오늘의 8물은 같은 유속이 아니다. 이번 8물의 유속이 빠르면 다음 물때(보름 후)의 8물은 유속이 느리고, 그 다음 물때(한 달 후)의 8물은 다시 빨라진다.
그런 현상은 15일 단위로 대사리(큰사리)와 쪽사리(작은사리)가 순환하기 때문이다. 대사리 기간에 흐르는 조류는 전체적으로 강하고 쪽사리 기간에 흐르는 조류는 전체적으로 약한데, 대사리의 12물이 쪽사리의 11물보다 빠른 경우가 허다하다. 쪽사리엔 사리물때에도 물힘이 약하고, 대사리엔 조금물때에도 콸콸 흐르기 때문에 단순히 사리물때는 어떻다 조금물때는 어떻다 단정하기 어렵다.
대사리와 쪽사리의 구분은 물때표를 보면 알 수 있는데, 7물의 조고차를 비교하여 조차가 큰 사리가 대사리다(가령 10월 21일 통영의 조고차는 '만조 219cm – 간조 95cm = 124cm'인데 비해 11월 5일 통영의 조고차는 '만조 220cm – 간조 87cm = 133cm라면 11월 5일이 속한 물때가 대사리다). 하여튼 대사리 후에는 쪽사리가 오고, 쪽사리 후엔 대사리가 오는 순환이 계속된다. 이처럼 대사리와 쪽사리가 있기 때문에 단순히 '9물의 조류가 10물의 조류보다 세다'고 단정할 순 없다는 것을 명심하기 바란다.

〈그림3〉하루의 물때 주기(24시간 49분)

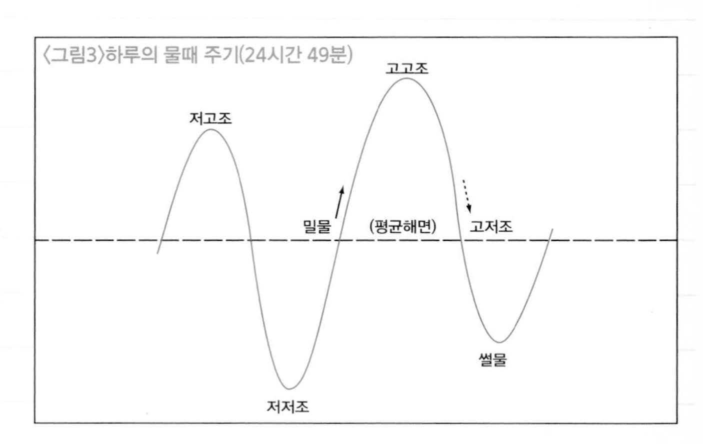

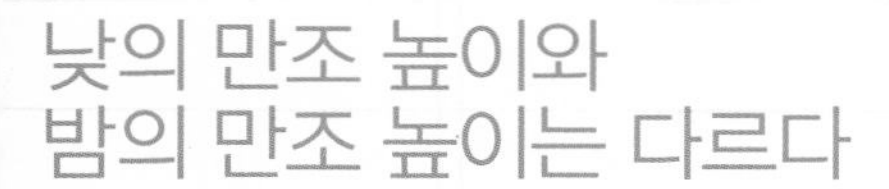

낮의 만조 높이와 밤의 만조 높이는 다르다

하루 2회의 만조와 2회의 간조가 반복되지만 낮의 만조와 밤의 만조는 그 물높이가 다르다. 즉 낮엔 만조 때 잠기지 않던 갯바위가 밤엔 만조 때 잠기는 차이가 발생하여 야영낚시에서 조난사고를 일으킬 수도 있다.
그 원인은 '일조부등(日潮不等)' 현상 때문이다. 일조부등 현상이 발생하는 이유는 지구의 자전축이 23.5도 기울어져 있기 때문인데, 그로 인해 달이 지구 둘레를 도는 궤도면이 지구의 적도선과 일치하지 않아서 달과 지구와의 거리가 계속 달라지기 때문이다. 태양의 위치가 여름에는 지구의 북회귀선(북위 23.5도), 겨울엔 남회귀선(남위 23.5도)에 걸쳐 사계절이 나타나는 것도 이 자전축의 기울기 때문이라 할 수 있다.
일조부등은 달의 위치가 남·북회귀선에 가까이 놓였을 때 가장 심하게 나타난다. 즉 봄, 가을의 삭망과 여름, 겨울의 상현·하현에는 달이 적도 부근에 있으므로 일조부등이 적지만, 봄, 가을의 상현·하현과 여름, 겨울의 삭망엔 달이 적도로부터 멀어지므로 일조부등이 뚜렷하다. 간단히 '여름과 겨울의 사리물때에 일조부등이 가장 심하다'고 이해하면 되겠다.
그로 인해 여름에는 밤물이 낮물보다 훨씬 많이 드니까 야영 시 안전사고에 주의해야 하고, 겨울엔 아침 간조 때 걸어서 건너간 여를 오후 간조 때는 건너갈 수 없을 만큼 낮물이 많이 든다는 사실을 기억해두면 좋겠다.

〈그림4〉달의 위치에 따른 조석 현상

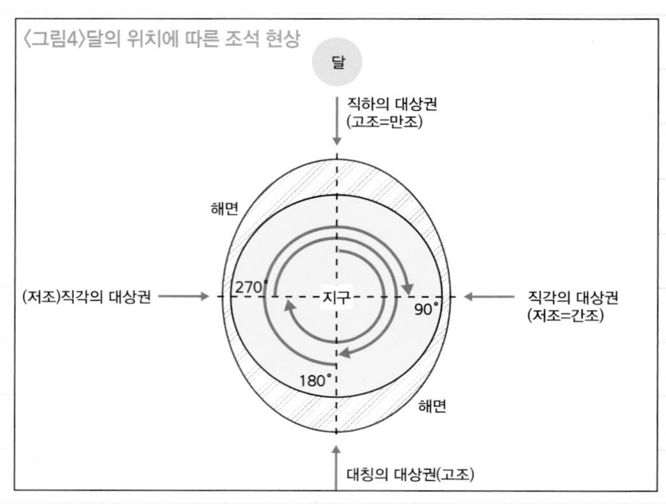

뜰 때는 조금물때다.
달의 모양에 따라 인력이 달라지는 이유는, 바닷물을 당기는 힘은 달 외에 태양의 인력도 작용하기 때문이다. 태양은 달의 질량보다 2700만 배나 크지만 달까지의 거리보다 390만 배나 멀기 때문에 그 인력은 달의 인력의 1/2밖에 안 된다. 그러나 역시 무시할 수 없는 인력이어서 태양의 인력이 달의 인력과 한 방향으로 합쳐지는 날, 바닷물을 당기는 힘이 더 세지는데, 그런 날이 보름과 그믐이다.
〈그림2〉를 보면 이해가 빠를 것이다. 달은 그 자체로 빛을 내지 못하며 태양빛을 받아서 반사할 뿐이다. 보름달은 태양이 지구의 바로 뒤에서 달을 비추는 현상이며, 반달은 태양이 옆에서 직각으로 비출 때의 현상이며, 그믐은 달이 태양에 가려 보이지 않는 현상이다.
보름과 그믐에는 태양–달–지구가 일직선이 되므로 인력이 최대치가 되어 바닷물이 많이 드는 사리가 되고, 반달이 뜨는 상현과 하현은 달–지구의 선과 태양의 위치가 직각이 되어 인력이 분산되므로 바닷물이 적게 드는 조금이 된다.

사리보다 이틀 후인 8물에 조류가 가장 빠르다

이론적으로는 달과 태양의 인력이 최고조를 이루는 사리(음력 15일과 30일)에 바닷물이 가장 많이 들었다 빠지고 조류도 가장 빨라야 하지만, 실제로는 사리보다 하루나 이틀 뒤인 7물이나 8물에 바닷물이 가장 많이 드나들고 조류도 가장 빠르다.
그 이유는 바닷물이 기동하는 데 하루나 이틀의 시간이 걸리기 때문이다. 자동차가 시동을 걸 때 가장 많은 연료가 소모되지만 정작 속력은 시동이 걸린 후에 나기 시작하듯이, 거대한 질량을 가진 바닷물도 강한 인력이 가해진 지 하루 이틀 후에야 제대로 흐름의 탄력이 붙어서 빠르게 흐르는 것이다. 마찬가지로 조금보다 무시나 1물의 유속이 더 느리다.

사리물때가 좋은가 조금물때가 좋은가?

사리 전후를 사리물때(사리-7물-8물-9물)라 부르고 조금 전후를 조금물때(조금-무쉬-1물-2물)라 부른다. 사리물때엔 조류가 빠르고, 조금물때엔 조류가 느리다. 대체로 유속이 느린 내해에선 사리물때가 좋고 유속이 빠른 외해에선 조금물때가 좋으며, 얕은 갯바위를 노리는 갯바위낚시에선 사리물때가 좋고, 깊은 난바다를 노리는 배낚시에선 조금물때가 좋다.

그러나 구멍찌낚시는 조류가 너무 빨라도 너무 느려도 좋지 않다. 그래서 사리물때와 조금물때 사이의 중간물때가 최적이다.

한편 간출여를 노리는 여치기낚시를 할 때는 사리물때가 좋은데, 사리물때라야 간조 때 간출여가 더 많이 드러나기 때문이다. 반면 야영낚시를 할 때는 사리물때는 피하는 게 좋은데, 야간 만조 때 수위가 너무 많이 올라 해일의 위험이 있기 때문이다.

사는 물때와 죽는 물때

중간물때 중에서도 3물-4물-5물은 유속이 점점 살아난다는 뜻에서 '사는 물때'라 부르고, 10물-11물-12물-13물은 유속이 점점 죽는다는 뜻에서 '죽는 물때'로 부른다. 사는 물때와 죽는 물때는 유속은 비슷하나 물색이 다르다. 사리물때에 일어난 뻘물이 여전히 유지되는 죽는 물때의 물색이 더 탁하기 때문에 탁한 물에서 잘 낚이는 감성돔, 농어, 내해 벵에돔낚시엔 죽는 물때가 유리하고, 맑은 물에서 잘 낚이는 참돔, 돌돔, 외해 벵에돔낚시엔 사는 물때가 유리하다.

또 지역적으로 뻘물이 자주 이는 해남-진도-신안-무안-부안 등 서해남부와 남해서부에선 사는 물때에 낚시가 잘 되고, 반대로 물이 너무 맑은 거제-통영-사천-고성 등 남해동부에선 죽는 물때에 낚시가 잘 된다. 또 계절별 차이도 있다. 이를테면 감성돔낚시의 경우 물이 맑은 가을엔 죽는 물때가 좋지만, 물이 흐린 한겨울~봄에는 사는 물때가 좋다.

각 물때별 '아침 조류'를 암기하면 편리

바다낚시는 대개 동틀 무렵부터 오전 10시 사이에 가장 잘된다. 그러므로 그 시간대에 최적의 조류가 흘러주면 손맛확률은 배가된다. 가령 집에서 가까운 방파제낚시터가 들물 포인트라고 하자. 그렇다면 아침~오전에 들물이 흘러야 좋을 것이다. 그래서 오전에 들물이 흐르는 물때를 택하는 것이 좋다. 그 물때는 남해안의 경우 죽는 물때(9물~12물)이며, 서해안의 경우 사는 물때(2물~5물)이다.

똑같은 11물이라도 여수나 통영에선 오전에 들물이 흐르지만, 군산이나 격포에선 오전에 썰물이 흐르므로, 자주 낚시를 가는 해역이 몇 물때에 아침 조류가 들물인지 썰물인지 암기해두면 대단히 편리하다. 그 암기는 어렵지 않다. '물때표' 왼쪽의 물때와 오른쪽의 간만조시각을 대조해가며 몇 번만 보면 외울 수 있다.

낚시춘추 말미에 수록된 '물때표'의 일부를 복사해봤다. 인천과 안흥 밑의 숫자들을 보면, 괄호 안의 작은 숫자는 간조 물높이이고 괄호안 큰 숫자는 만조 물높이다. 해당 숫자가 표기된 시각이 곧 간조시각과 만조시각이며, 두 숫자의 차이가 클수록 조류는 빠르다.

양력	요일	음력	물때	일출 시분	일몰 시분	인천		안흥	
10/17	수	9/7	조금	06 41	17 53	01:57(209)▼ 13:58(136)▼	07:45(707)▲ 20:12(770)▲	01:04(195)▼ 12:56(131)▼	06:42(510)▲ 19:20(568)▲
18	목	8	무쉬	06 42	17 52	02:32(267)▼ 14:34(190)▼	08:20(652)▲ 20:55(715)▲	01:41(235)▼ 13:33(166)▼	07:16(474)▲ 20:06(531)▲
19	금	9	1	06 43	17 51	03:17(327)▼ 15:23(248)▼	09:08(596)▲ 21:59(663)▲	02:31(273)▼ 14:24(202)▼	08:04(438)▲ 21:14(499)▲

초물, 중물, 끝물

밀물과 썰물은 다시 초밀물-중밀물-끝밀물-초썰물-중썰물-끝썰물의 6단계로 세분한다. 그 이유는 단계별로 유속이 달라지기 때문이다. 사리보다 7물, 8물의 유속이 더 센 것처럼, 조류도 시작되는 초물보다 어느 정도 흐름이 진행된 중물에 유속이 빨라진다. 같은 썰물시간대라도 초썰물보다 중썰물이, 초들물보다는 중들물이 더 빠르게 흐른다. 즉 오늘 여수 해역의 간조시각이 오전 9시라면, 오전 10시까지는 들물 조류가 천천히 흐르고, 그 이후라야 들물 조류가 제대로 왕성하게 흐를 것이다.

왜 밀물 시각인데 계속 썰물 조류가 흐를까?

이 조류의 관성에 의하여 썰물 시각에도 들물 조류가 흐르는 현상이 발생한다. 물때는 이미 간조에서 반환점을 돌아 수위가 차오르는 들물이 되었지만, 조류는 관성의 법칙에 의해 계속 썰물의 방향으로 흘러버리기 때문이다. 그래서 오늘 물때표상의 간조시각이 오전 7시라도 정작 들물 조류는 30분~1시간 후인 7시 30분이나 8시부터 시작되는 경우가 많다.

그로 인해 '오늘은 아침에 간조가 걸리니까 들물 포인트에 내려야지'하고 생각했다가 뜻밖에 오전 내내 썰물 조류를 만나서 낭패를 겪는 경우가 자주 생긴다. 특히 사리물때나 강한 바람이 조류의 방향과 겹쳐서 불 때는, 물돌이 시각이 2시간 가까이 지연되는 경우도 흔하다. 차라리 '초들물 시각에는 주로 끝썰물의 조류가 흐르고, 초썰물 시각에는 거의 끝들물의 조류가 흐른다'고 생각해두는 것이 더 맞아 떨어지는 편이다.

CHECK POINT

▶물때표 없이 물때 아는 법

물때표가 없어도 음력날짜만 알면 물때를 알 수 있다. 물때 표기는 '음력 초하루를 7물로 삼고' 이후 숫자를 하나씩 더한 것이다. 즉 달력을 보고 음력 1일을 무조건 7물로 잡은 뒤, 2일-8물, 3일-9물…9일-무시(15물), 10일-1물…5일-사리(6물)로 적으면 된다. 모든 물때표는 이런 식으로 작성된 것이다. 정말 간단하지 않는가?

▶추석과 설날은 항상 사리물때다

간혹 물때표를 보고 "야, 올 추석은 사리물때네? 낚시하기 좋은 물때인 걸?"하고 좋아하는 초보 낚시인들이 있는데 그야말로 놀림감이다. 추석은 음력 8월 15일이므로 항상 사리이기 때문이다. 마찬가지로 구정도 음력 1월 1일이므로 늘 7물이다. 추석과 구정은 이처럼 조류가 강한 물때이므로 먼 바다보다는 내만에서 고기가 잘 낚이는 날이다. 약간 느린 조류를 원한다면 추석 전날 낚시를 가는 것이 좋고, 힘찬 조류를 원한다면 추석 뒷날 낚시를 가는 것이 좋다.

남해안의 경우 추석, 즉 사리 때는 오전 9시와 오후 9시경에 각각 만조가 된다. 그러므로 아침낚시를 하든 해거름낚시를 하든 수위가 적당히 오른 중들물에 걸리기 때문에 감성돔을 낚기에 좋은 시기가 된다.

▶물때표에 간혹 '5물'이 사라진 물때도 있는데 그 이유는?

어떤 달의 물때표를 보면 '5물'이 사라지고 대신 그 자리에 '사리'가 들어가는 때가 있다. 즉 …3물-4물-사리-7물…로 진행되는 것이다. 그것은 음력 한 달이 29.5일이기 때문에 발생하는 현상인데, 한 달은 29.5일로 나눌 순 없으니까 음력에선 한 달을 30일로 하면 다음 달은 29일로 해서 맞추고 있다. 30일인 달은 4물-5물-사리-7물로 아귀가 딱 맞지만, 29일인 달은 하루가 부족하므로 5물과 6물을 합쳐서 사리로 적어버린다. 그래서 '5물'이 물때표에서 사라지는 것이다.

베이스 오브 베이스

조류 읽기

민물과 달리 바닷물은 흐른다. 그 흐름을 조류(潮流)라 하는데, 바닷고기는 이 조류를 타고 이동하거나 먹이를 사냥한다. 그러므로 조류를 모르고선 바다낚시를 할 수 없다. 특히 갯바위 구멍찌낚시는 철저히 조류에 편승한 낚시이므로 조류에 관한 이해가 필수다.

빠르고 강하게 흐르는 본류대 옆의 훈수지대를 공략 중인 낚시인. 훈수지대는 구멍찌낚시의 대표적 공략지점이다.

4대 지류와 3대 명당

조류(潮流)란 바닷물이 들고 나는 밀물과 썰물 현상에 따라 발생하는 '바닷물의 흐름'이다. 따라서 조류는 밀물과 썰물이 바뀔 때마다 그 흐름의 방향도 반대로 바뀐다. 밀물의 조류는 외해→내해→육지로 흐르고, 썰물의 조류는 육지→내해→외해로 흐른다. 따라서 남해안과 동해안에서는 밀물 조류는 육지 쪽인 북이나 서로 흐르고, 썰물 조류는 외해 쪽인 남이나 동으로 흐른다. 반면 서해안에서는 밀물 조류는 육지 쪽인 동으로 흐르고, 썰물 조류는 외해 쪽인 서로 흐른다. 이것이 가장 원천적인 조류의 방향으로서 낚시에선 '대조류'라고 부른다. 그러나 이런 대조류는 섬이나 해안에 부딪치면 방향이 틀어진다. 이렇게 대조류가 섬에 부딪쳐 방향이 변환된 조류를 '본류(本流)'라고 한다.

〈그림1〉여수 안도의 대조류→본류→지류의 형성

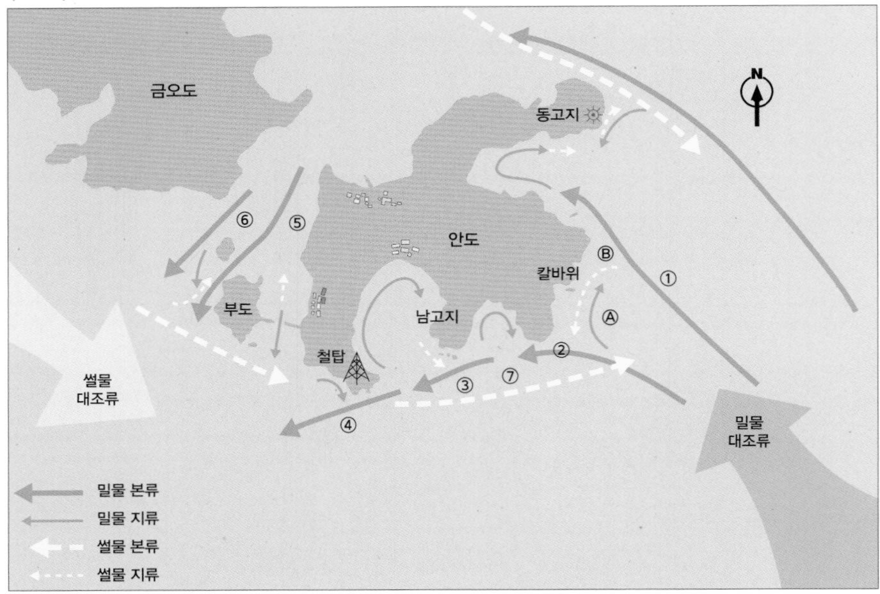

〈그림2〉지류의 4가지 종류

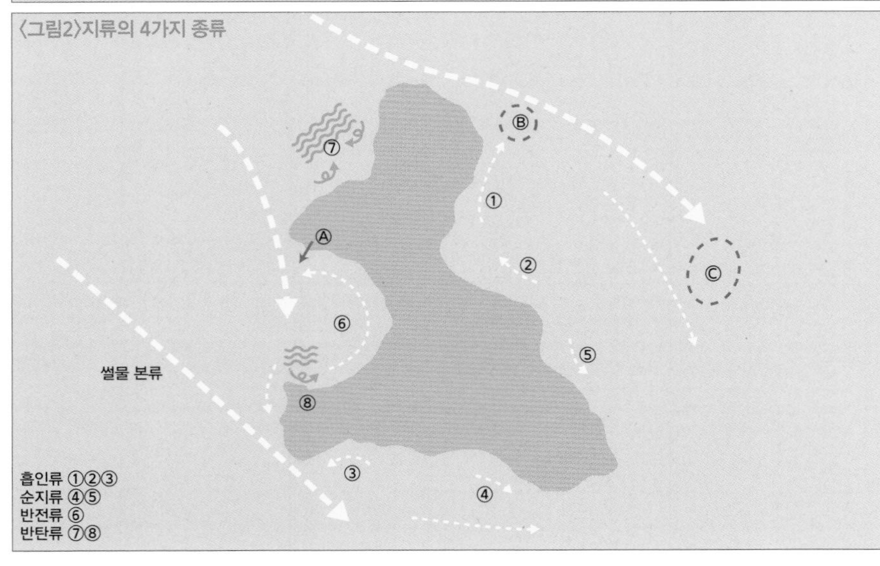

낚시하는 조류는 본류보다 지류다

대조류는 우리 눈에 보이지 않지만, 본류는 섬 주변의 얕은 바닥 위를 흐르는 일종의 병목현상에 의해 대조류보다 빨라져서 눈에 보인다. 즉 우리 눈에 콸콸 흘러가는 조류는 대조류가 아닌 본류인 것이다.

그리고 그 본류가 다시 섬의 자잘한 곶부리나 여에 부딪쳐서 파생되는 작은 조류를 '지류(支流)'라고 한다. 지류는 그 흐름이 약하여 눈에 잘 보이지는 않지만 찌나 밑밥을 흘려보면 파악할 수 있고 출조경험이 쌓이면 눈으로도 식별할 수 있다.

본류는 그 흐름이 너무 강하기 때문에 물고기가 그 속에서 먹이활동을 하기엔 힘겹다. 그래서 대다수 물고기는 본류 옆 또는 본류 끝의 지류에서 먹이활동을 하며, 그로 인해 우리가 찌낚시를 하는 포인트도 90% 지류에 형성된다.

본류낚시도 결국 '먼 지류'를 노리는 것

구멍찌낚시는 유속이 완만한 지류대에서 유영하는 물고기들을 밑밥으로 불러 모아 낚는 것이다. 그런데 때로는 고기들이 갯바위 가까이 접근하지 않을 때가 있다. 이때는 찌를 본류에 실어서 아주 먼 거리의 지류대까지 이동시켜서 그곳의 고기를 낚는데, 이것을 '본류낚시'라고 한다. 즉 본류낚시란 본류 속의 물고기를 낚는다기보다 본류를 이용하여 '먼 지류'를 노리는 것임을 이해할 필요가 있다.

대조류-본류-지류의 구분

〈그림1〉은 여수 안도를 그린 것인데, 보다시피 대조류가 안도-부도-금오도의 복잡한 해안선에 부딪쳐 다양한 본류가 파생한다. 실선은 밀물, 점선은 썰물을 그린 것인데 일단 밀물 본류만 가지고 설명해보자.

여기에서 밀물 본류 ① ②는 밀물 대조류와 거의 같은 방향으로 흐르지만, 본류 ③ ④는 90도 각도로 꺾여서 흐르고, 본류 ⑤ ⑥은 오히려 정반대의 방향으로 흐른다는 것을 알 수 있다. 여기에서 헷갈리기 쉬운 것은 대조류와 반대로 흐르는 본류 ⑤ ⑥이다. '밀물은 북서진, 썰물은 남동진한다'는 대원칙에 예외가 되기 때문. 이런 반대방향의 본류는 대조류 쪽으로 빨려드는 흡인지류의 발생에 따른 것인데, 본류도 결국 대조류의 지류에 불과하기 때문이다.

본류와 지류의 구분은 상대적인 것이다. 가령 〈그림1〉에서 A와 B는 각각 밀물본류 ①과 썰물본류 ⑦의 지류지만, 실제 갯바위에서 보면 본류낚시를 할 만큼 강한 흐름을 가진 조류다. 즉 칼바위에 서서 낚시하는 사람들의 눈에는 A가 밀물 본류, B가 썰물 본류로 보이는 것이다. 그런 의미에서 본류와 지류의 정의는 다음과 같이 내리는 것이 합당하다.

본류-지류를 파생시킬 수 있을 정도의 힘을 가진 조류
지류-자체적 흐름만 있을 뿐 지류를 파생시킬 힘은 없는 조류

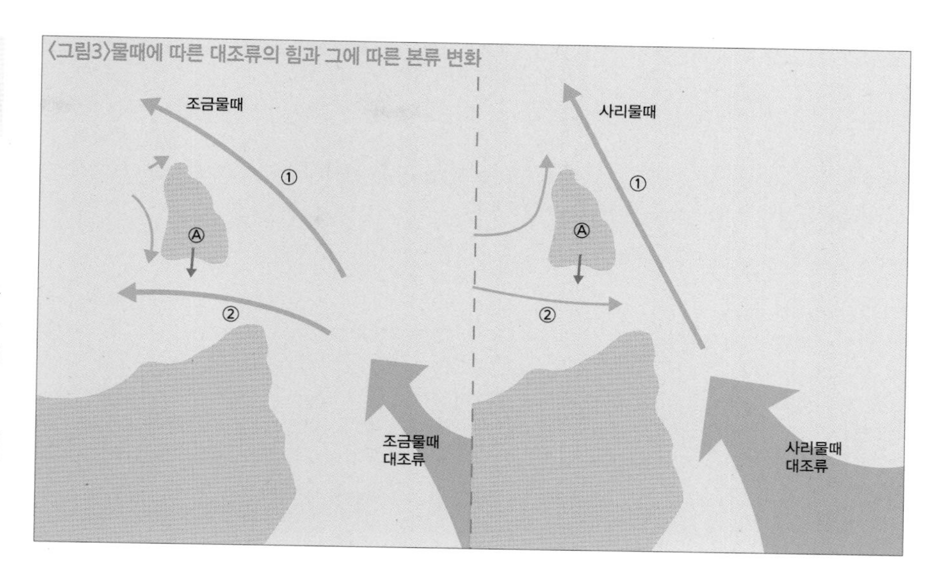

〈그림3〉물때에 따른 대조류의 힘과 그에 따른 본류 변화

구멍찌낚시 포인트를 만드는 「4대 지류」

실질적 찌낚시 포인트가 되는 지류는 본류가 갯바위에 부딪쳐 발생하는데 그 형태에 따라 네 가지 이름으로 불린다. 〈그림2〉는 가상의 섬에서 4가지 지류를 그린 것이다.

● 흡인류(역류)

〈그림2〉의 ① ② ③. 본류가 빠른 곳에서 발생하는 지류다. 추자도 등 원도와 서해 내만에서 주로 볼 수 있다. 수심이 얕고 섬과 여가 조밀하게 붙어 있는 해역에서 많이 발생한다. 조류의 방향은 본류 쪽으로 빨려들기 때문에 흡인류(吸引流)라 부르며, 본류와 반대 방향으로 흐른다고 해서 역류라 부르기도 한다. 흡인류에선 본류와 흡인류가 만나는 경계에 밑밥이 모이기 때문에 소나기성 어신이 빈번하다. 떼고기의 명당이라서 베테랑 낚시인들은 좋아하지만 속조류 파악이 서툰 초보자에게는 난해한 지류대라 할 수 있다. 또 물고기의 활성도가 좋을 땐 명당이 되지만 활성도가 떨어질 땐 피해야 할 조류이기도 하다.
흡인류는 도로에서 차가 빠르게 지나간 뒤에 먼지가 도로 쪽으로 빨려드는 것처럼, 본류가 밀고 나간 빈 공간을 주변의 바닷물이 채우려는 현상에 의해 발생하는 조류다. 그래서 늘 강한 본류 쪽으로 빨려들기 때문에, 두 개의 본류 사이에선 흡인류의 방향이 수시로 변할 수 있다. 〈그림3〉이 그것을 예시한 것이다. 조금물때엔 느리게 흐르는 대조류가 본류 ①과 ②로 쪼개지면서 A자리에서 오른쪽으로 본류가 흐르지만, 사리물때엔 섬에 강하게 부딪친 대조류가 ①의 본류만 낳고 ②의 본류는 소멸된다. 결국 소멸된 ②의 본류 자리엔 ①의 본류로 빨려드는 강한 지류가 발생하면서 A자리에선 왼쪽으로 흐르는 반대방향의 조류를 만나게 된다. 그래서 종종 "어? 오늘은 왜 이 자리의 들물이 썰물 방향으로 흐르는 거지?" 하고 의아해하는 경우가 생기는 것이다.

● 순지류

〈그림2〉의 ④ ⑤. 본류가 느린 곳에서 발생하는 지류다. 통영, 거제 등 남해안의 내만에서 많이 볼 수 있는 지류로서 '약해진 본류'라고 이해하면 편하다. 수심이 깊고 해안선이 비교적 단조로운 곳의 주된 지류다. 조류의 방향은 본류 방향과 같고 겉조류와 속조류의 방향이 같아서 초보자도 대응하기 쉽고, 밑밥이 일정한 지역에 꾸준히 쌓이기 때문에 소나기 어신은 드물지만 다문다문 지속적인 입질을 받을 수 있다. 특히 저수온기나 기타 악조건에서 빛을 발하는 지류다.

● 반전류

〈그림2〉의 ⑥. 만입부나 홈통에서 발생하는 지류다. 본류가 만입부의 곶부리에 부딪치면 만 안쪽으로 튕기면서 밀고 나가는 흐름이 생기는데, 그 흐름이 만 안을 한 바퀴 빙 돌아서 다시 본류에 합쳐지는 긴 사이클을 보인다. 이렇게 본류가 부딪쳐서 만 안을 회전하는 지류를 반전류(反轉流)라 한다. 유속이 적당하고 밑밥이 모이는 성질이 뚜렷하여 홈통 낚시에서 이 반전류가 생기는 타이밍엔 연속적 입질을 받을 수 있다. 한편 만 초입의 곶부리에선 이 반전류의 종착점이 흡인류〈A 지점〉의 형태로 보일 수 있다.

● 반탄류

〈그림2〉의 ⑦ ⑧. 본류가 정면으로 부딪쳐서 발생하는 지류다. 이 조류는 수심이 깊은 지벽지형에서만 발생하고 또 유효하다. 참돔과 부시리, 특히 돌돔이 잘 낚이는 조류인데, 찌나 채비가 벽면에 붙어버리기 쉬우므로 초보자가 대응하기엔 다소 난해한 조류다. 약한 반탄류에선 발밑을 노리는 벽치기 스타일의 낚시가 잘 되며, 파도가 일면 반탄류가 더 강해지는데, 그때는 반탄조류와 밀려드는 조류의 경계를 노린다. 조류를 뚫고 빨리 가라앉힐 수 있는 묵직한 채비가 적합하다. 돌돔 민장대낚시 포인트의 90%가 이 반탄류 지대이기도 하다.

조류가 만드는 「3대 명당」

● 조경(물목)

본류와 본류가 만나는 물목을 조경(潮境)이라고 한다. 대개 갯바위에서 70~100m 이상 먼 거리에 형성되며, 작은 여에선 30~40m 거리에서 형성되기도 하고, 큰 섬에서는 형성되지 않기도 한다. 육안으로 식별되기도 하지만 대개 빠르게 흘러가던 찌가 머뭇거리면서 방향을 전환하는 곳이 조경일 가능성이 크다. 참돔 본류낚시의 대표적 포인트 중 하나다.

● 건지

원래 어부들이 쓰는 순우리말인데, 흘러가던 조류가 죽는 끝지점을 말한다〈그림2의 C〉. 조경과 다른 점은, 다른 조류와 만나지 않고 자체 소멸한다는 것이다. 사실 본류낚시 포인트의 90%는 조경이 아니라 이 건지다. 대개 본류가 소멸되면서 건지되는 것처럼 보이지만, 사실은 본류의 끝에서 파생된 순지류가 건지되는 것이다. 유속이 약하면 근거리에서 건지되고, 유속이 강하면 100~200m 거리에서 건지된다.

● 훈수(훈수지대)

본류나 지류가 갯바위에 부딪쳐 그 흐름이 약해지는 지점을 '훈수' 혹은 '훈수지는 곳'이라고 부른다. 역시 어부들이 쓰는 순우리말이다. 건지와 다른 점은 갯바위 근처에 형성된다는 것이다. 급류대에서는 갯바위 근처의 이 훈수지대에서 주로 낚시가 이뤄진다. 낚시방법은 훈수지대 중심에 찌를 던져 채비를 가라앉힌 다음 미끼가 훈수지대 외곽의 급류 속으로 들어가기 직전에 뒷줄을 잡아주는 '견제조법'이 가장 강력하다.

평면조류와 단면조류

조류는 눈에 보이는 '평면조류'와 눈에 보이지 않는 물속의 '단면조류'로 구분된다. 앞서 설명한 본류와 4대 지류는 모두 평면조류에 해당하며, 단면조류는 다시 '용승조류'와 '종조류'로 나뉜다. 단면조류는 채비와 밑밥의 흐름에 실질적 영향을 미치는 조류이며 물고기를 많이 낚고 싶다면 평면조류보다 단면조류를 이해해야 한다.

단면조류는 '부딪침'에서 시작된다

본류와 지류는 서로 부딪치면서 물속에 새로운 흐름을 낳으니 그것이 '단면조류'다. 단면조류는 아래로 빨려들거나 위로 솟구치는 흐름이다. 아래로 빨려드는 조류를 종조류(하강조류), 위로 솟구치는 조류를 용승조류(상승조류)라 부른다.

종조류와 용승조류는 서로의 반작용으로 인해 동시에 생성된다. 충돌의 접점에선 종조류가 발생하고, 충돌의 후방에선 그 반발에 의한 용승조류가 발생하며, 용승조류의 후반에선 다시 종조류가 발생한다. 〈그림1〉은 종조류와 용승조류를 그린 것이고 〈그림2〉는 위에서 본 모습이다. 이처럼 종조류와 용승조류는 마치 한 몸처럼 붙어 다닌다. 마치 긴 풍선을 놓고 한 쪽 끝을 누르면 다른 쪽 끝은 불룩 튀어 오르는 것과 같은 원리다.

조류가 부딪치면 종조류가 발생한다

종조류는 회오리바람의 발생원리와 같다. 회오리는 지상에서 두 바람이 부딪쳐 발생하는 것이다. 서로 충돌한 바람은 어디론가 튕겨나가야 하는데, 땅속으로 파고들지는 못하니까 하늘로 솟구치는 것이다. 한편 바다에서는 반대다. 두 조류가 부딪치면 역시 어디론가 튕겨야 하는데, 바닷물이 하늘로 솟구치지는 못하니까 밑으로 빨려드는 것이다.

강한 조류가 부딪치는 해협에선 때로 배를 침몰시키는 무시무시한 소용돌이가 나타나기도 하지만 우리가 갯바위에서 만나는 종조류는 아주 약한 형태의 소용돌이다. 그 소용돌이는 ①조류가 갯바위와 충돌하는 곳, ②지류가 본류와 충돌하는 곳에서 나타난다.

찌를 흘리다 보면 입질이나 밑걸림이 없는데도 찌가 어느 지점에 이르러 가물가물 잠겨드는 경험을 해본 적 있을 것이다. 그곳이 바로 종조류 구간이다. 종조류가 찌와 채비를 물속으로 끌어당기기 때문에 가물거리는 것이다〈그림3〉. 그 사실을 모르는 초보자들은 입질인 줄 알고 챔질을 하거나, '찌가 물을 먹었나?' 하고 고개를 갸웃거리곤 한다. 그러나 베테랑들은 그것이 종조류란 놈의 소행임을 알고 뒷줄을 팽팽하게 당겨서 찌가 더 이상 잠기는 것을 막아주거나, 아니면 오히려 종조류를 이용해 더 깊이 미끼를 가라앉혀서 깊은 바닥층의 큰 고기 입질을 받아낸다.

용승조류 피해서 종조류를 노려라

이 종조류를 알아야 하는 이유는 그곳이야말로 최고의 찌낚시 포인트가 되기 때문이다. 그 이유는 종조류가 '밑밥의 엘리베이터' 역할을 하기 때문이다〈그림4〉.

크릴밑밥을 뿌리면 그냥 밋밋한 조류에선 천천히 가라앉다가 종조류 구간에 이르면 그 조류에 편승하여 심층까지 빠르게 가라앉는다. 따라서 얕은 상층부까지 떠오르기를 꺼려하는 큰 고기(감성돔, 참돔, 돌돔, 우럭 등)들이 종조류 구간에 몰리게 되므로 당연히 종조류 구간에서 입질을 자주 받을 수밖에 없다. 사실 밑밥을 뿌리지 않아도 바다에 떠도는 각종 먹잇감들이 이 종조류 구간에서 해저로 하강하므로 늘 큰 고기들이 그 밑에서 먹이활동을 하고 있다고 봐야 한다.

종조류는 밑밥의 엘리베이터 역할 뿐 아니라 채비(미끼)의 엘리베이터 역할도 한다. 똑같은 무게의 채비도 종조류를 타면 더 쉽고 빠르게 가라앉는다. 가령 급류대에서 가벼운 전유동채비로 바닥층 가까운 곳까지 미끼를 가라앉혀 감성돔을 낚을 수 있는 것은 종조류의 도움이 없이는 힘든 일이다. 그래서 흔히 "전유동낚시는 조류가 흐르지 않는 곳에선 잘 안된다"고 말하는 것인데 정확히 고쳐 말하면 "종조류가 흐르지 않는 곳에선 전유동낚시가 어렵다"고 해야 한다.

〈그림2〉조경지대의 종조류 형성

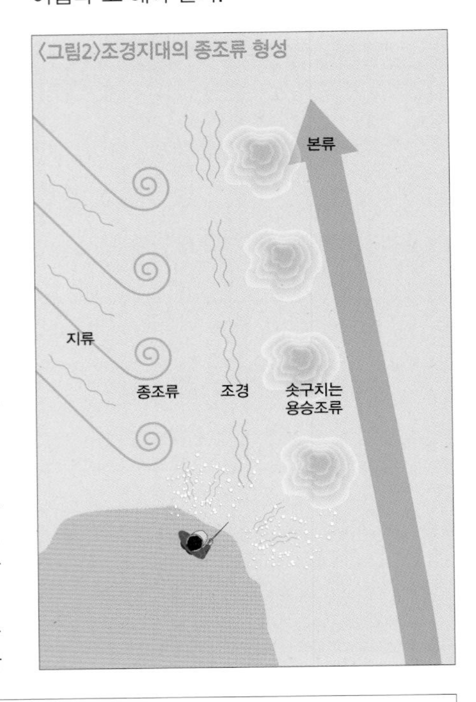
본류
지류
종조류
조경
솟구치는
용승조류

〈그림1〉종조류와 용승조류

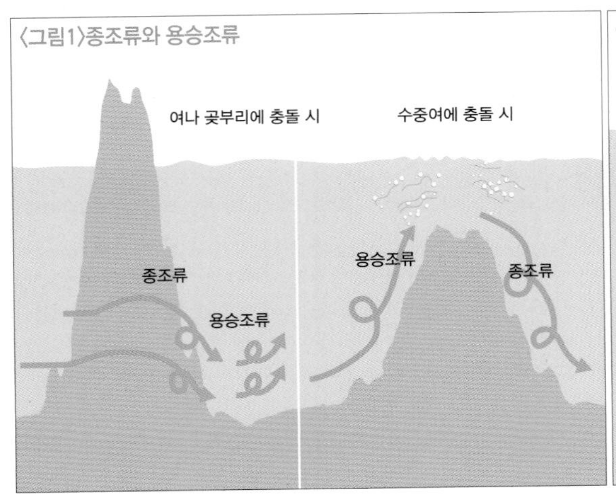
여나 곶부리에 충돌 시
수중여에 충돌 시
종조류
용승조류
용승조류
종조류

〈그림3〉종조류에서 찌와 채비의 반응

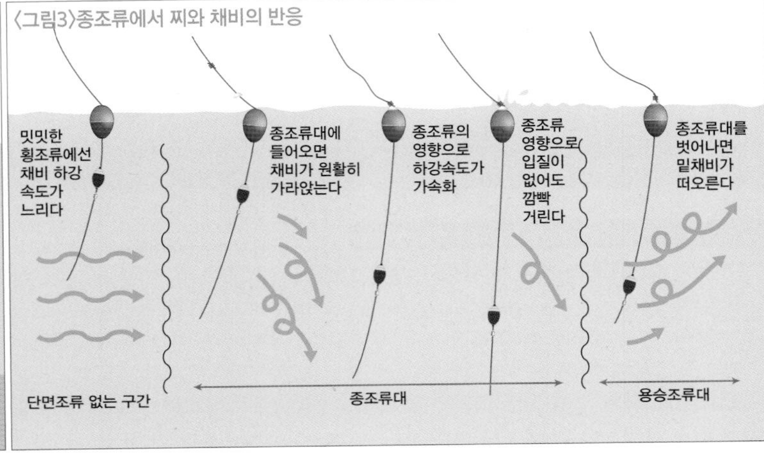
밋밋한
횡조류에선
채비 하강
속도가
느리다
종조류대에
들어오면
채비가 원활히
가라앉는다
종조류의
영향으로
하강속도가
가속화
종조류
영향으로
입질이
없어도
깜빡
거린다
종조류대를
벗어나면
밑채비가
떠오른다
단면조류 없는 구간
종조류대
용승조류대

조류를 등지는 곳에 포인트가 형성되는 추자도 작은 오동여.
썰물이 훈수지는 동쪽이 포인트다.

조류를 맞받는 곳에 포인트가 형성되는 추자도 푸렝이 셋째연목.
들물이 부딪치는 끝연목 남동쪽과 사이 물골이 포인트다.

갯바위낚시를 다녀보면 그냥 밋밋하게 찌가 흐르는 곳보다 잠길 듯 말 듯 깜박거리는 움직임을 보이는 곳, 즉 종조류대에 이르러서 시원스럽게 빨려드는 입질을 자주 받는다.

찌가 종조류에 오래 머물게 하는 게 하이테크

그러나 지나치게 강한 종조류는 오히려 찌낚시 포인트가 안 되는 경우가 많다. 그 이유는 종조류의 뒤에는 항상 용승조류가 있기 때문이다. 밑밥이나 채비가 용승조류를 만나면 위로 솟구쳐 올라서 고기로부터 멀어져버린다. 급류가 흐르는 곳에선 종조류의 후면에서 부글부글 끓어오르는 강한 용승조류를 직접 눈으로 볼 수도 있는데, 종조류가 강하면 용승조류도 그만큼 강해지고 종조류와 용승조류의 거리가 좁아져서 찌낚시를 구사하기가 어려운 것이다.

〈그림 5〉와 〈그림 6〉은 추자군도 오동여를 그린 것이다. 각각 본류가 약할 때와 강할 때의 상황을 그린 것인데, 두 그림에서 모두 A가 종조류, B가 용승조류 구간이다. 오동여뿐 아니라 본류가 흐르는 여나 곶부리에선 모두 이런 형태의 조류가 형성된다.

이때 물고기들은 A 종조류 구간에 있으므로 채비가 최대한 A 구간에서 오래 머물 수 있도록 조작해야 입질을 자주 받는다. 그러나 찌가 흘러가기 때문에 무한정 머물게 할 수는 없다. 특히 〈그림 5〉처럼 조류가 콸콸 흐르는 중썰물에는 찌가 금세 흘러가버려 종조류에 오래 머물게 하기가 아주 어렵거나 거의 불가능하다. 종조류대에 힘들게 가라앉히는 순간 이내 용승조류에 휘말리기 때문이다. 반면 본류가 약해지는 초썰물과 끝썰물엔 종조류 구간과 용승조류 구간이 모두 넓어지면서 서로 멀어지게 되므로 그때는 찌와 채비를 종조류 구간에 오래 머물도록 할 수 있고, 결과적으로 참돔이나 돌돔, 감성돔의 입질을 자주 받아낼 수 있다〈그림 6〉.

구멍찌낚시에서 초물과 끝물의 '물돌이시각'을 피크타임으로 꼽는 이유도 이 때문이다. 특히 조류가 빠른 포인트일수록 중물보다는 유속이 약화되는 초물과 끝물에 물고기의 입질이 집중된다. 구멍찌낚시 고수(高手)란 이런 자리에서 채비가 용승조류에 휘말리기 전까지 종조류 속에서 오래 머물도록 뒷줄조작을 할 수 있는 사람을 말한다.

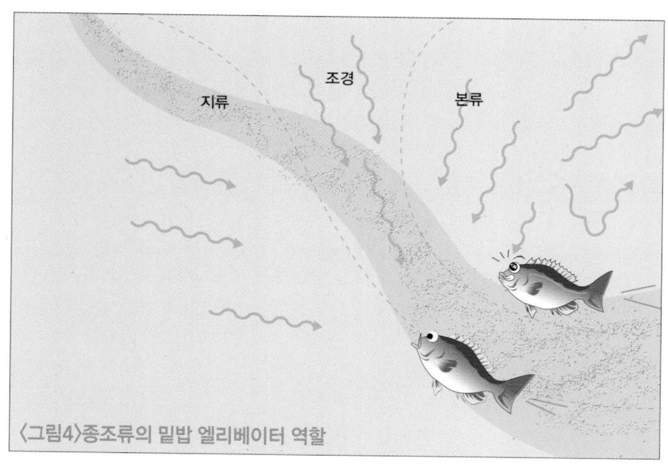

〈그림4〉종조류의 밑밥 엘리베이터 역할

〈그림5〉본류가 강할 때 종조류와 용승조류

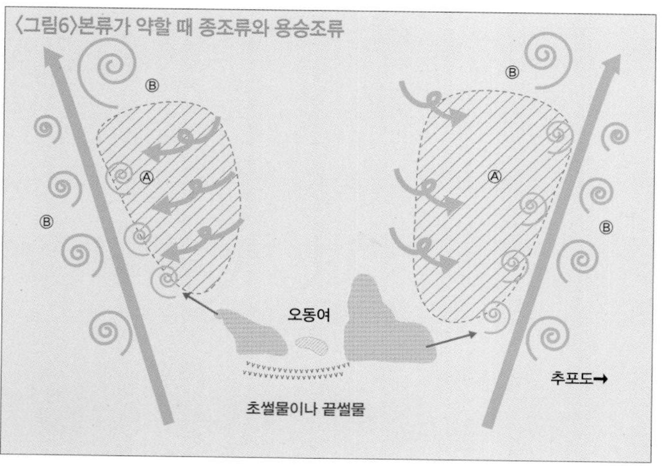

〈그림6〉본류가 약할 때 종조류와 용승조류

델타존 공략 -여와 곶부리의 제1포인트-

조류가 빠른 여(작은 섬)나 곶부리엔 빠른 용승조류 안쪽에 느린 종조류 지역이 둥그런 '삼각형(델타)'의 에어리어를 형성하는데 그것을 '델타존(delta zone:델타지대)'이라 부른다. 델타존 공략은 여치기낚시나 곶부리낚시의 기초 테크닉이므로 꼭 익혀두어야 한다.

절명여 끝여의 델타존에서 참돔을 건 순간.

〈그림1〉은 추자군도 절명여 끝여의 델타존을 그린 것인데, 조류는 썰물이다. 찌를 던지면 먼저 ①처럼 본류 쪽으로 빨려들어 아주 멀리 흘러가버리거나, ②처럼 지류 쪽으로 밀려나서 흐름이 약한 지역(약한 종조류와 약한 용승조류의 넓은 경계지역)을 서서히 돌다가 다시 갯바위 쪽으로 접근하여 낚시인의 발밑에서 다시 본류에 합류되거나 한다. 이때 마릿수 조과를 누리려면 ①보다는 ②처럼 흐르게 해야 한다.

①과 ②의 차이는 첫째 낚시자리에 달렸고 둘째 낚시인의 채비 조작에 달렸다. 〈그림1〉의 A에 섰으면 ①처럼 흘러가기 쉽고, B에 섰으면 ②처럼 흘러들어오기 쉽다. 또 A에 섰을 경우에도 찌를 그냥 조류에 방치해버리면 ①의 흐름이 되고, 찌가 종조류의 끝에 이르렀을 때(그 지점을 간파하는 것은 경험이다) 뒷줄을 지그시 잡아 당겨주면 ②의 흐름으로 전환하는 것이다.

이때 ①의 흐름은 이른바 '본류낚시'로서 참돔낚시나 부시리낚시를 할 때 이용하는 흐름이다. ②의 흐름은 보편적인 낚시방법으로, 감성돔 벵에돔을 낚을 때 이용한다. 적절한 뒷줄 견제조작에 의해 유속이 느릿한 구간 안에서 서서히 흘러나갔다가 다시 돌아 들어오는데, 참돔이나 부시리도 수심이 깊은 직벽에선 본류보다 이 흐름에서 더 잘 낚인다. 이렇게 누구에게나 익숙한 ②의 흐름이 델타존이며 바로 그림처럼 삼각형을 그리고 있다.

델타존(Delta Zone)은 육안으로도 식별할 수 있을 만큼 선명하게 나타난다. 흡사 태풍의 눈처럼, 잔잔한 조류가 느리게 돌아들어오는 '급류 속의 훈수지대'다. 평소엔 멀리서 회유하던 큰 고기들이 급류가 흐르면 빠른 물살을 피해 이 델타존 안에 모여 들어온다. 따라서 당연히 낚시가 잘될 수밖에 없다.

또 우리가 뿌리는 밑밥도 이 델타존 안을 맴돌면서 가라앉는다. 채비도 델타존 안에서 가라앉혀야 원활하게 하강하며 델타존을 벗어나면 급류에 휘말려서 떠내려 가버린다. 즉 급류대 낚시는 곧 델타존의 효과적 공략 여하에 달려 있다 해도 과언이 아니다.

급류 속 고기들은 델타존에서 사냥한다

여나 곶부리에서 낚시를 하면 전방에 본류가 흐르고, 그 안쪽 지류와의 경계에 띠 모양의 종조류가 길게 흘러간다. 찌를 던지면 그 종조류 구간을 따라 흘러가다가 종조류가 끝나는 곳에 이르러 두 갈래의 흐름을 보인다.

〈그림1〉델타존의 형성과 입질지점

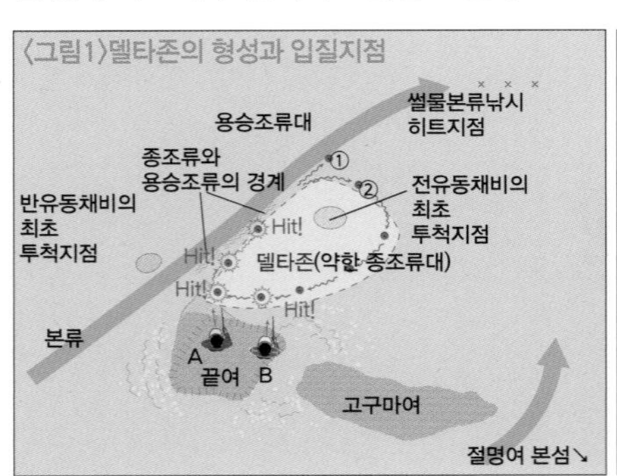

〈그림2〉델타존의 단면도와 어신찌의 견제지점

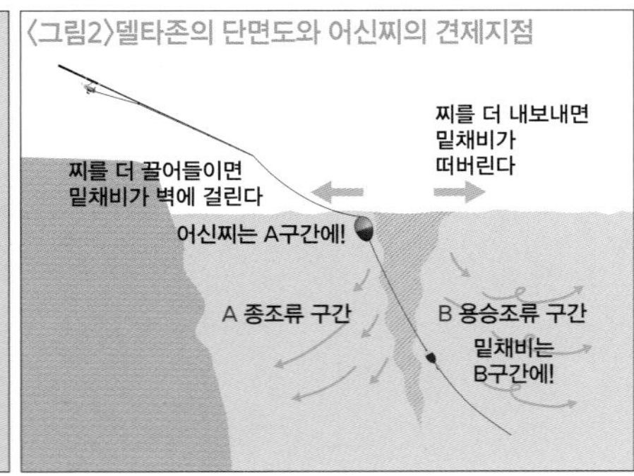

마릿수 호황은 델타존 안에서 터진다

전혀 입질이 없는 경우, 본류낚시를 시도해볼 수도 있지만 대개는 델타존 안에서 찌를 반복해서 흘리는 게 물고기를 낚을 확률이 더 높다. 왜? 델타존 안에 대상어와 밑밥이 함께 맴돌고 있기 때문이다.

겉으로 보기엔 밑밥이 본류를 타고 끝없이 흘러가버릴 것 같지만 상층에서 멀리 흘러간 밑밥은 찌의 궤적보다 더 큰 원을 그리며 가라앉은 다음 하층에선 다시 델타지대 쪽으로 끌려 들어오는 흐름을 보인다. 그로 인해 밑밥에 반응한 고기들은 먼 본류대에 있다가 점점이 델타지대 속으로 유영해 들어온다. 조류가 없을 땐 델타존이고 뭐고 없으므로 광범위하게 분산되어 헤엄치던 물고기들이, 본류가 흐르면 갯바위 근처의 델타지대 안으로 들어와서 응집되기 때문에 연타로 터지는 마릿수 입질을 볼 수 있는 것이다.

그러나 더러는 고기들이 높은 경계심이나 낮은 활성도 탓에 델타존 안쪽으로 접근하지 않을 때가 있는데, 그때는 하는 수 없이 델타존 바깥의 영역을 공략하기 위해 본류에 찌를 실어 보낸다. 그런 낚시패턴이 이른바 '본류낚시'다.

델타존은 외곽 노릴수록 입질 확률 높아

델타존의 완벽한 공략법은 피겨 여왕 김연아의 플레이를 눈여겨보면 된다. 피겨스케이팅 선수가 아이스링크의 중앙에서만 연기하면 안전하지만 높은 점수를 받기 어렵다. 아이스링크의 외곽까지 넓게 돌며 고난도 연기를 펼치는 김연아 선수처럼, 델타존에서의 낚시인도 찌가 쉽게 머무는 델타존 중심만 노리지 말고, 종조류 외곽(용승조류와의 접경)을 아슬아슬하게 찌가 붙어서 돌도록 채비를 부지런히 조작해주면 남보다 더 잦은 입질을 받을 수 있다.

그런 조작에 익숙해지려면 델타존에서의 속조류가 어떻게 흐르는지를 알아야 한다. 〈그림2〉는 델타존의 단면도다.

본류와 지류가 충돌하는 곳에서 종조류가 발생하면 A 구간에선 채비가 급속하게 하강하면서 (하늘에서 수직으로 내려다볼 때) 물속 채비는 갯바위 쪽으로 더 가까이 휘어져 들어오고, 그 종조류가 끝나는 B에선 용승조류가 발생하여 채비가 서서히 하강하면서(가벼운 채비는 떠버리기도 한다), 물속 채비는 난바다 쪽으로 휘어져 나간다.

이때 낚시인은 채비가 종조류 구간을 벗어나지 않는 선에서 최대한 용승조류 쪽으로 가까이 붙이면서 긴 원호를 그리며 찌를 돌려서 넓은 포인트를 탐색해야 입질 확률을 높일 수 있다. 만약 A구간에서만 찌를 붙잡고 있으면 채비가 급속하게 하강해서 밑걸림이 발생할 위험이 높고(특히 전유동낚시를 할 경우), 반대로 B구간에 너무 붙이려다보면 채비가 중상층으로 떠올라서 감성돔의 유영층을 벗어나버릴 위험이 높다.

따라서 최상의 조작술은 '찌는 A(종조류) 구간에 두고, 밑채비는 B(용승조류) 구간에 걸쳐 있게 하는' 일종의 양다리 조작이다. 일단 채비하강은 B구간에서 한 다음 찌를 조금씩 당겨서 A구간 안쪽으로 살짝 넣어주는 것이 기본요령이다. 다시 설명하자면 '밑채비가 바깥쪽으로 뻗는 구간에서 채비를 내린 다음, 찌는 밑채비가 안쪽으로 뻗는 구간으로 당겨서 인위적 뒷줄견제를 통해 그곳에 머물게 하는 조작'이다.

이런 아슬아슬한 균형상태를 오래 유지하는 것이 델타존 공략 테크닉인데, 손바닥에 긴 막대기를 세우는 것과 같다. 좌우로 쓰러지려는 막대기를 계속 세우려면 손의 위치를 쉴 새 없이 움직여줘야 하는 것과 마찬가지로, 때로는 뒷줄을 당기고 때로는 뒷줄을 푸는 조작을 반복하면서 밑채비가 본류에 휘말리지도 않고 갯바위에 붙지도 않게 조정하는 것이다. 이 조작을 능숙하게 구사할 수 있다면 이미 당신은 베테랑이다.

심화 학습

꼭 익혀야 할 델타존 공략 ABC

1. 초급 코스(1호 이상 반유동채비를 쓸 경우)

①일단 찌를 본류에 던져서(지류에 던지면 밑걸림 위험이 있다)
②본류와 지류의 경계선인 종조류 구간 위로 끌어들인 다음
③뒷줄을 풀어서 채비를 빠르게 가라앉힌다.
④본류 외곽으로 흘러가는 찌를 살짝살짝 뒷줄을 잡아가며 흘리다가
⑤밑채비가 완전히 내려가서 정렬되면(찌매듭이 구멍찌에 닿고 몇 초 후) 뒷줄을 최대한 길게 잡아주며(5~10초간의 긴 견제 반복) 종종걸음으로 흘리면서 입질을 기다린다.
⑥찌가 흘러나가면서 본류에서 점점 지류 쪽으로 비켜나면(뒷줄을 잡아주니까) 어느 순간 뒷줄을 풀어줘도 흘러나가지 않는 지점에 이른다.
⑦그 지점에서 10~20초 기다려보고 입질이 없으면 릴을 감아서 찌를 천천히 감아 들인다.
⑧찌는 억지로 앞으로 끌려오다가 어느 순간 저절로 본류 쪽으로 빨려들며 흐르게 된다.
⑨뒷줄을 잡아서 찌가 천천히 흐르도록(본류에 휘말리지 않도록) 조작하다가
⑩이윽고 찌가 본류에 다시 합류하면, ④의 상태로 복귀하는 셈이므로 이상의 조작을 반복한다.

2.상급 코스 (3B 이하 전유동채비를 쓸 경우)

①〈그림3〉처럼 찌를 델타존 중앙에서 약간 멀리 던져서(본류에 던지면 채비가 가라앉지 않고, 너무 가까이 던지면 밑걸림 위험이 있다)
②찌를 델타존 중앙부까지 끌어들인다(찌를 그대로 방치했을 때, 안으로 흘러드는 지역과 밖으로 흘러나가는 지역의 경계선이다).
③뒷줄을 풀어서 채비를 빠르게 가라앉힌다. 그 과정에서 찌는 천천히 본류 쪽으로 이동해야 찌의 위치가 맞는 것이다. 찌가 빠르게 본류로 이동하면 너무 본류에 가깝게 던진 것이다.
④내가 노리고자 하는 바닥 수심의 80%까지 가라앉힌 다음(10m 수심을 노릴 경우 8m 정도만 가라앉힌 뒤) Ⓐ위치에서 여유줄을 감아서 팽팽하게 잡는다. 즉 뒷줄견제에 들어간다.
⑤그 상태에서 그대로 기다리면 찌는 둥글게 돌아서 갯바위 발밑쪽으로 끌려오고, 밑채비는 그보다 약간 느리게 끌려오면서 서서히 바닥을 향해 가라앉는다. 입질의 50%가 이 단계에서 들어온다.
⑥이윽고 찌는 종국에는 낚싯대 끝까지 와서 달랑거리고 지류에 있던 낚싯줄은 본류 쪽으로 휘어진다(뒷줄을 잡지 않았으면 찌도 본류 쪽으로 빨려들 것이다). 종조류에 있던 채비가 용승조류로 들어서려는 순간이다. 입질의 30%가 이 단계에서 들어온다.
⑦그대로 방치하면 채비가 떠올라버리므로 뒷줄을 빠듯하게 풀면서 찌를 종종걸음으로 전진시킨다. 그 경우 밑채비는 그 수심을 유지한 상태로 본류 외곽의 종조류 경계선을 따라 전진한다. 입질의 20%가 이 단계에서 들어온다.
⑧이윽고 흘러간 찌와 채비는 본류에 휩쓸려 떠버린다. 본류낚시를 하지 않을 바에는 채비를 회수하여 다시 캐스팅한다

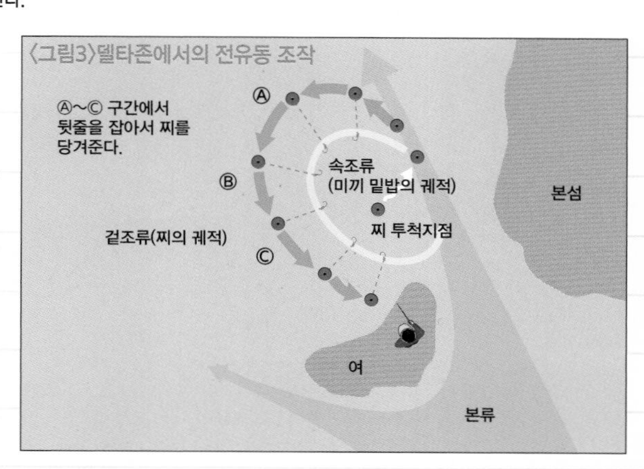

〈그림3〉델타존에서의 전유동 조작

CHECK POINT

▶어떤 빠르기의 조류가 좋을까?

아기의 걸음 속도인 '동-동-'은 느린 조류, 성인의 걸음 속도인 '동동동동-'은 빠른 조류에 해당하며 그보다 느리거나 빠른 조류는 찌낚시에 부적합하다고 보면 된다.
낚시에 적합한 조류 속도는 대상어종에 따라 다르다. 붙박이성 텃고기(감성돔, 벵에돔, 우럭, 볼락 등)은 약간 느릿한 조류에서 잘 낚이고, 회유성 철고기(참돔, 긴꼬리벵에돔, 부시리, 농어, 전갱이 등)는 약간 빠른 조류에서 잘 낚인다. 그리고 포인트 수심에 따라서도 다르다. 얕은 여밭에선 빠른 조류에 잘 낚이고, 깊은 물골에선 느린 조류에 잘 낚인다. 시간대에 따라서도 달라지는데, 아침 저녁의 피딩타임엔 느릿한 조류가 좋고, 잡어가 설치는 한낮엔 약간 빠른 조류가 좋다.
어쨌든 조류가 전혀 흐르지 않을 땐 입질이 없고, 조류가 너무 빨라도 물고기들이 급류를 피해 웅크린다.

▶시시각각 바뀌는 조류 중 어떤 방향으로 흐르는 조류가 좋은가?

탁 트인 난바다로 뻗는 조류가 가장 좋다. 그래야 그 조류를 거슬러 바깥쪽의 큰 고기들이 들어오기 때문이다. 특히 참돔과 긴꼬리벵에돔은 조류와 밑밥이 바깥으로 뻗을 때 입질 확률이 높다. 그러나 감성돔낚시의 경우 깊은 난바다보다 얕은 여밭 쪽으로 흐르는 조류에 잘 낚이는 편이다. 한편 조류가 앞으로 밀려들면 낚시가 잘 안 되는 편인데, 다만 수심이 깊은 직벽에선 느린 조류가 앞으로 밀려들 때 잘 낚인다.

▶조류의 역할 중 '채비 이동시키기'와 '고기 불러들이기' 중 어느 게 더 중요할까?

두 역할은 동시에 진행되므로 우열을 가린다는 게 무의미하다. 굳이 나누자면 밑밥에 잘 반응하는 벵에돔, 참돔, 부시리 낚시엔 고기 불러들이기 역할이 중요하고, 밑밥 반응도가 낮은 감성돔, 대형 벵에돔 낚시엔 채비 이동시키기 역할이 더 중요하다.

▶조류가 없을 때 고기가 물기도 하던데?

조류가 없다고 해서 고기들이 멀리 사라지는 게 아니라 잠시 그 자리에서 먹이활동을 멈추고 있을 뿐이다. 그러므로 휴식을 취하는 물고기 코앞에 미끼를 내려서 유혹동작을 취해주면 입질을 받을 수 있다.

▶조류가 흐르면 잡어가 사라지나?

유영력이 약한 자리돔, 망상어, 놀래기, 학공치, 쥐치, 복어 등은 조류가 빨라지면 사라지는 경우가 많다. 그러나 전갱이, 고등어처럼 유영력이 강한 잡어들은 웬만큼 조류가 빨라져도 사라지지 않는다.

▶낚시 중에 솟아오르는 조류는 어떻게 생성되는 것인가?

강한 조류가 수중의 암초에 부딪쳐 생성되기도 하고, 강한 조류끼리 부딪쳐 형성되는 소용돌이(종조류)의 반작용으로 생성되기도 한다. 이런 용승조류는 급류에서 발생하는데 솟아오르는 외곽의 빨려드는 조류를 노려서 낚시해야 한다. 그러나 용승조류가 부글부글 끓을 때보다는 유속이 죽으면서 용승조류가 사라진 후에 낚시가 잘되는 편이다.

구멍찌낚시 명당론

포인트 찾기

모든 낚시에 명당이 있듯이 갯바위낚시도 마찬가지다.
갯바위의 명포인트는 큰 고기들이 은신하기 좋은 암초대가 깔려 있거나,
멀리 있는 물고기들의 은신처를 향해 조류가 흘러가는 곳이다.

갯바위 포인트 7대 유형

곶부리

가장 흔한 포인트 유형. 특별한 포인트 정보가 없을 땐 곶부리가 가장 확률이 높다. 특히 수심이 얕은 내해에선 갯바위 포인트의 90%가 곶부리에 형성된다. 밖으로 돌출되어서 수심이 깊고 조류가 빠르다. 들물 썰물이 모두 잘 흘러 입질시간이 길다. 그러나 고활성기엔 명당이지만, 저수온기나 고기 활성도가 낮을 땐 실패할 가능성이 있다. 파도가 높은 날과 사리물때엔 낚시가 어렵다. 조류가 약해지는 물돌이가 피크타임.

직벽

수심이 깊어서 대형어가 잘 낚이고 저수온기 등 악조건에 강하다. 그냥 밋밋한 직벽 중에 돌출된 수중턱이 있으면 수중턱 주변에서 입질이 잦다. 조류가 빠를 때보다 느릿느릿 앞으로 밀려올 때 입질이 잦다. 오히려 조류가 전혀 없어도 낚인다. 파도가 높을 땐 부진한 것이 특징.

홈통

조류가 맴돌기 때문에 밑밥 효과가 높고 찌를 동동 띄워놓기에 편하다. 큰 홈통보다 바깥에 빠른 조류가 흐르는 작은 홈통이 명당이다. 파도가 적당히 치는 날 종종 마릿수 조황이 나온다. 홈통 가운데보다는 홈통 초입을 노리는 게 좋고 홈통 안에 수중여가 있으면 수중여를 노린다. 간혹 넓은 만입부를 홈통이라 부르는 사람이 있는데, 만입부와 홈통은 다르다. 굳이 정의를 내리자면, '안에 진입한 낚싯배가 뱃머리를 돌릴 수 없는 넓이'가 홈통이다.

물골

섬과 섬 사이, 섬과 여 사이의 조류가 빠른 해협을 말한다. 용존산소량이 풍부해 생물군이 다양한 찌낚시 제1의 명당 중 하나다. 물골의 수심이 깊으면 참돔이 잘 낚이고, 수심이 얕고 여가 많으면 감성돔과 벵에돔이 잘 낚인다. 조류가 빨라서 물돌이시각에 입질이 집중된다.

여밭

크고 작은 암초가 모인 지역으로 소형어부터 대형어까지 먹이사슬이 잘 형성되어 있는 감성돔과 벵에돔의 영원한 명당이다. 얕은 여밭은 초여름 산란기와 가을~초겨울에 좋고, 깊은 여밭은 겨울에 좋다. 떼고기 조과가 가장 빈번한 포인트여서 늘 예의주시해야 한다.

몰밭

조류가 약하고 일조량이 풍부한 만입부 안에 형성되는 모자반(몰) 군락지다. 물이 맑은 남해동부 내만에 주로 분포한다. 초겨울부터 봄을 지나 초여름까지 감성돔이 잘 낚이는 포인트다.

여

잔잔한 날에만 내릴 수 있는 작은 암초. 큰 고기들이 늘 회유하는 곳이어서 상륙 1순위에 꼽히는 명당이다. 주변 역시 수중여밭으로 형성되고 늘 빠른 조류가 흘러서 다양한 공략이 가능하다. 특히 간조 전후에만 내릴 수 있는 여는 간출여라 부르는데, 서해안과 제주도 낚시에서 최고의 명당으로 꼽힌다.

내해는 깊은 곳, 외해는 얕은 곳에 명당 많아

바다낚시 초보자들은 깊은 바다에 큰 고기가 있을 것으로 생각하지만 감성돔과 벵에돔은 높은 수압에 약하기 때문에 너무 깊은 곳에는 서식하지 않는다(참돔, 부시리, 긴꼬리벵에돔은 수압에 강하여 깊은 바다에서 잘 낚인다). 더구나 먹이활동을 할 때는 더 얕은 곳까지 올라와서 낚인다. 대개 8~10m 수심에서 가장 많이 낚이고, 15m 이상 깊어지면 입질빈도가 현저히 떨어진다. 오히려 8m 이내의 얕은 수심에서 잘 낚이는 경우가 많다.

따라서 전체적으로 얕은 내해에선 깊은 곶부리나 직벽에 포인트가 형성되지만, 전체적으로 깊은 외해에선 얕은 여밭이나 물골, 홈통에 포인트가 형성된다.

썰물엔 깊은 곳, 밀물엔 얕은 곳

물고기의 먹이는 얕은 곳에 많다. 얕은 곳은 햇빛이 투과되어 해조류가 풍성하고 해초를 먹는 갑각류와 패류, 각종 치어 등 대형어의 먹잇감이 풍부하다. 그래서 돔들은 기회만 닿으면 얕은 곳으로 접근한다. 특히 감성돔은 얕은 수심을 좋아하여 파도가 치거나 물색이 흐려지면 2~3m 수심까지 타고 오른다.

밀물에는 고기들이 먹이를 찾아 본능적으로 얕은 곳으로 기어오르기 때문에 얕은 여밭이 가장 확률이 높다. 반면 썰물에는 고기들이 깊은 바다로 빠져나가기 위해 수심이 깊고 조류가 빠른 곶부리나 여에 잘 모인다. 입질 패턴은 들물엔 바닥층에서 드문드문 꾸준히 입질하고, 썰물엔 와르르 소나기성 입질이 잦고 약간 떠서 낚인다.

바람과 포인트의 관계

바람은 갯바위낚시에서 조류와 함께 가장 큰 변수다. 바람의 세기와 방향에 따라 포인트가 바뀌며, 바람이 세지면 낚시가 불가능할 수도 있다. 강풍이 불 땐 바람을 피한 곳에 포인트가 형성되고, 적당한 순풍이 불 땐 바람을 받는 곳에 파도가 찰랑거리며 포인트가 형성된다. 그러나 바람만 불고 파도가 없다면 그런 곳은 피해야 한다.

흔히 '동풍(샛바람)이 불면 낚시가 안 된다'고 하는데, 그것은 남해동부에 국한된 얘기이며, 동해에선 적당히 동풍이 불어야 파도가 일어서 낚시가 잘된다. 또 동풍이라도 북동풍은 윗파도를 일으켜 낚시의 호조건을 형성하지만 남동풍은 속파도(너울파도)를 일으켜 물고기를 은신처로 숨게 만든다. 남동풍은 원양에서부터 불어오기 때문에 같은 풍속이라도 큰 진폭의 파도를 일으킨다.

한편 서해는 남서풍이 불 때 가장 낚시가 잘되는데, 북서풍으로 바뀌면 짙은 뻘물이 발생하고 파도가 높아져서 낚시가 잘 안 된다.

각 해역별 낚시가 잘 되는 바람

해역	낚시가 잘되는 바람	낚시가 안되는 바람
남해동부(부산~여수)	북서풍	남동풍
남해서부(고흥~목포)	북서풍	남서풍
서해(무안~태안)	남서풍	북서풍
동해(울산~강릉)	북동풍	북서풍

가을~초겨울엔 북서쪽, 한겨울~초여름엔 남동쪽

우리나라 남해안의 섬들은 남고북저, 동고서저의 형태를 띠고 있다. 그로 인해 남쪽과 동쪽은 수심이 깊고 북쪽과 서쪽은 밋밋하게 얕다. 그래서 감성돔이 얕은 여밭에서 잘 낚이는 가을~초겨울엔 섬의 북서쪽 해안에 포인트가 형성되고, 감성돔이 깊은 골에서 잘 낚이는 한겨울~초여름엔 섬의 남동쪽 해안이 포인트가 되는 경우가 많다.

물때와 포인트를 맞춰라

사리물때에는 조류가 빠르게 흐르므로 평소 유속이 느린 포인트를 고른다. 〈그림1〉의 만입부 안쪽 구간을 포인트로 잡는 게 유리하다. 여나 곶부리처럼 조류를 바로 맞받는 곳에 내린다면 마치 홍수 난 강물에 채비를 던진 것처럼 정신없이 떠내려 갈 것이다. 반대로 조금물때에 찾았다면 평소 유속이 빠른 여나 곶부리에 내리는 게 유리하다.

그러나 사리물때에도 평소 유속이 빠른 구간에 내려 재미를 볼 수 있다. 다만 그때는 조류가 느려지는 물돌이(끝들물과 끝썰물) 시간대를 집중적으로 노려야 한다. 비록 낚시시간은 1시간 내외로 짧지만 폭발적 입질을 받는 경우가 있다.

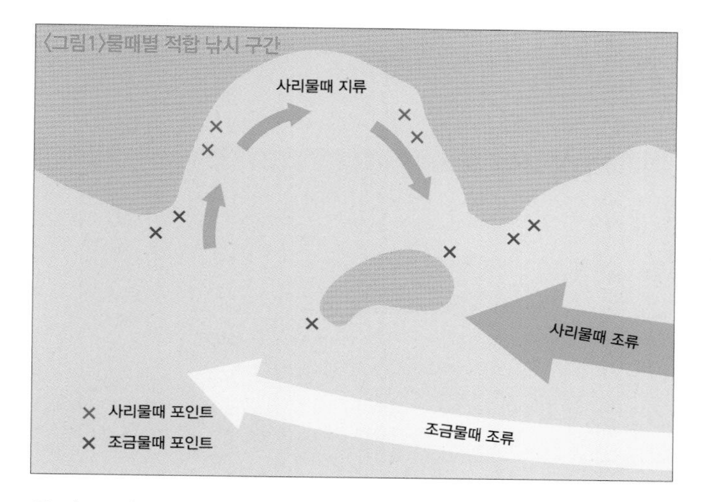

유명 포인트라도 물때와 맞지 않으면 버려라

갯바위 포인트에는 모두 적합한 물때가 있다. 강한 본류를 곧바로 받는 곶부리는 조금물때가 좋고, 안쪽으로 깊숙이 들어와 있는 곳은 사리물때가 좋다. 더 세분하면 3~5물(사는 물때), 사리~9물(사리물때), 10~13물(죽는 물때), 조금~2물(조금물때)에 적합한 포인트가 따로 있다.

구멍찌낚시에 입문한 초보자들은 물때를 감안하지 않고 무작정 유명 포인트에만 내리려고 하는데, 그 포인트가 비어 있어도 선장이나 가이드가 내려주지 않는다면 물때가 맞지 않기 때문일 가능성이 크다.

조류가 흘러드는 곳보다 흘러나가는 곳을 찾아라

갯바위에 내리면 높은 곳에 올라가 조류를 유심히 살펴보고, 조류가 앞으로 흘러드는 곳보다 멀리 뻗어나가는 곳에서 찌낚시를 해야 한다. 가상의 갯바위를 그린 뒷장의 〈그림2〉를 보면서 포인트를 설명해본다.

그림의 굵은 화살표는 본류의 흐름을 나타낸 것이다. 실선은 들물 본류, 점선은 썰물 본류다. 포인트를 잡는 요령은 두 가지다. 단순히 현재 흐르고 있는 조류 방향에 맞춰 자리를 잡는 법과 앞으로 바뀔 조류 방향까지 감안해서 포인트를 선정하는 것이다.

만약 갯바위에 내린 시점이 들물이라면 그림의 Ⓕ, Ⓖ, Ⓐ가 좋은 포인트가 된다. 이런 자리가 좋은 이유는 강하게 흘러드는 들물 조류를 등지거나 측면에서 빗겨 받고 있어 고기들이 안정감을 느끼며 머물기 때문이다.

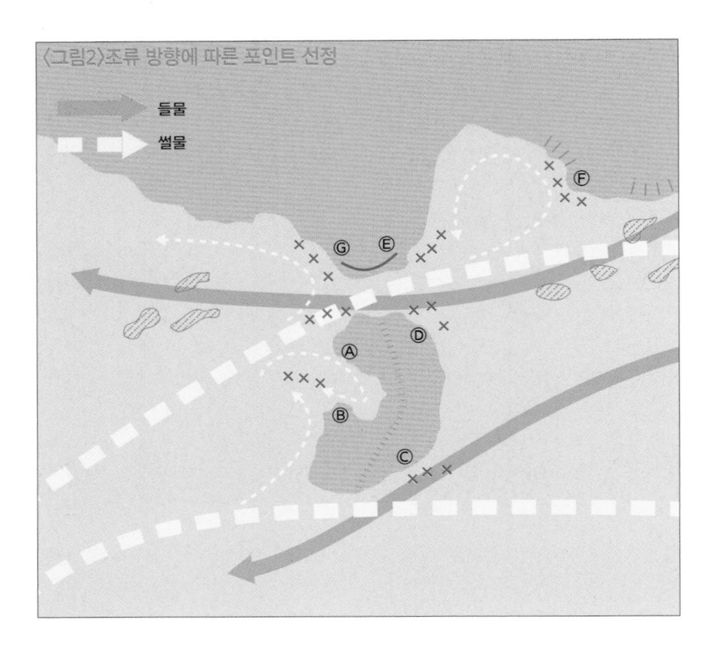

일단 구멍찌낚시에서 조류를 정면으로 받는다면 좋은 여건이 아니다. 고기는 조류를 거슬러 이동하므로 조류가 밖으로 흘러줘야 바깥의 고기들이 갯바위로 접근할 수 있다. 또 조류가 정면으로 달려들면 채비가 갯바위에 달라붙어 밑걸림이 생길 수밖에 없다. 들물 때 Ⓔ, Ⓓ, Ⓒ는 강한 본류를 정면으로 받기 때문에 낚시가 어려운 여건이다.

그런 원리로 볼 때 썰물 때는 반대로 Ⓔ, Ⓓ, Ⓒ가 좋은 자리임을 쉽게 이해할 수 있을 것이다. 이런 곳을 훈수지대라고 하는데 조류 흐름이 완만하고, 품질한 밑밥이 계속 맴돌다가 조금씩 천천히 흘러나가며 고기들을 불러 모은다.

다만 정면으로 밀려드는 맞조류 상황에서도 갯바위 지형이 반탄류를 만들어낼 수 있는 직벽 지형이고 유속이 세지 않다면 고기를 낚을 수 있다. 돌돔과 긴꼬리벵에돔, 농어는 맞조류에서 잘 낚인다. 하지만 수심이 얕거나 갯바위가 완경사를 그리는 곳에서는 반탄류가 형성되지 않아 맞조류대 낚시가 불가능하다.

들물, 썰물 모두 노릴 수 있는 자리가 명당

〈그림2〉에서 가장 좋은 자리는 어디일까? 단연 Ⓖ와 Ⓔ를 꼽을 수 있

CHECK POINT

▶아래 그림의 갯바위라면 과연 어디에서 낚시해야 하나?

조류가 이렇게 흐르는 상황에선 일단 ①이 제1의 포인트다. 조류가 흘러나가는 곳이므로 밑밥과 찌를 멀리까지 흘려서 마릿수 입질을 받아낼 확률이 높다. 그러나 이 갯바위의 수심이 아주 깊다면 ②가 포인트가 될 수 있다. 수심이 깊을 경우 조류까지 세면 고기들이 머물기 어려우므로 조류가 약한 홈통 안으로 들어오기 때문이다. 한편 ③은 조류가 흘러드는 곳이라 밑걸림이 심하고 밑밥효과도 적지만 만약 ③에 더 멋진 수중여밭이 형성되어 있다면 최고의 포인트가 될 수도 있다.

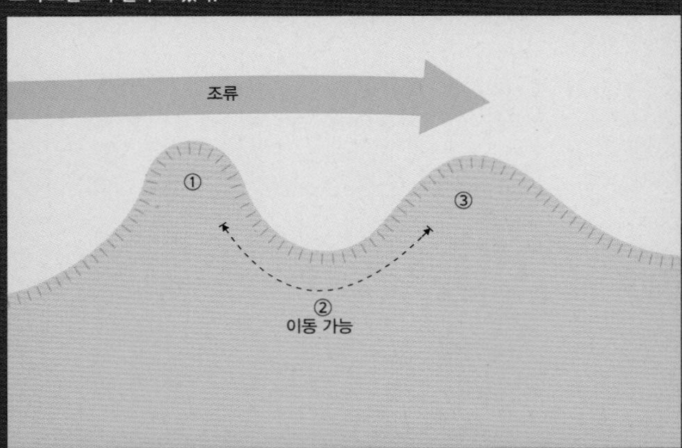

▶명당이 되기 위한 필수조건은?

첫째, 본류의 영향을 늘 받아서 조류가 원활하게 흘러줘야 한다.
둘째, 낚시자리 주변에 크고 복잡한 암초대가 있거나 적어도 조류에 태워 흘릴 수 있는 사정거리 안에 큰 암초대가 있어야 한다.
셋째, 얕은 6~8m 수심대부터 깊은 12~15m 수심대가 찌 원투거리나 흘림거리 안에 함께 있어야 한다.
넷째, 악천후가 아닌 한 내려서 낚시할 만큼 발판이 확보되어야 한다.

▶생전 처음 내린 곳에서 입질지점 찾는 법

첫째, 물색을 본다 – 물색이 탁하면 감성돔은 시야가 좁아져서 벽이나 바닥에 바짝 붙어서 먹이를 찾는다. 따라서 탁수에선 발밑 수중턱에 미끼를 붙이거나 중거리 바닥을 긁어준다. 반대로 물색이 맑으면 감성돔은 경계심이 높아져서 갯바위 가로 잘 붙지 않는다. 따라서 청수에선 원거리를 노리는데, 시야가 넓어서 미끼가 약간 떠 있어도 감성돔이 입질한다.
둘째, 배를 접안한 방향으로 낚시한다 – 낚싯배는 가장 깊은 물골을 타고 갯바위에 접안한다. 따라서 배를 댄 곳은 다른 곳보다 수심이 깊으며 그 골을 집중적으로 노리면 대어가 낚일 가능성이 크다.
셋째, 근래 낚시한 흔적을 보고 판단한다 – 하루 전날 누가 내린 듯 밑밥 찌꺼기가 떨어져 있으면 이미 손을 탄 자리다. 그렇다면 근거리는 먼저 내린 낚시인들이 훑었다고 보고, 그들이 더듬지 않은 원거리를 포인트로 정하고 원투조법을 펼치면 확률이 높다. 반대로 근래 아무도 내린 흔적이 없다면 근거리부터 차근차근 공략해나간다.
넷째, 높은 곳에 올라가 수중여를 찾는다 – 높은 곳에서 조망하면 물속에 거뭇거뭇 수중여(암초)가 보이는 곳이 있다. 돔은 맨바닥보다 수중여 밑에 있으므로 그 주변을 직접 노리거나 조류를 이용해 그곳까지 흘려준다.

▶적당한 수심과 적당한 공략거리는?

감성돔낚시는 8~12m 수심이 좋고, 벵에돔낚시는 6~10m 수심이 좋고, 참돔낚시는 10~20m 수심이 좋다. 공략거리는 각각 그 해당수심이 형성되는 곳까지 찌를 투척하거나 흘리면 된다. 그러나 멀리까지 동일한 수심이 이어지는 곳이라면 약간 깊어도 멀리 노려주는 것이 좋고, 가까이에 암초가 있고 멀리는 뻘밭인 곳이라면 얕아도 가까이 노려주는 것이 좋다.

▶포인트 이동은 언제 하는 게 좋은가?

보통은 낚싯배가 하루에 1회 오전 10~11시에 포인트를 옮겨준다. 그런데 배가 왔다고 해서 무조건 포인트를 옮길 필요는 없다. 고기가 꾸준하게 낚이고 있거나 해당 포인트의 입질 시간이 아직 찾아오지 않았다면 그 자리를 고수하는 게 유리하다. 전반적 호황 속에 내 자리만 부진했다면 옮기는 것이 좋지만, 전체적으로 불황이라면 차라리 오전 동안 밑밥이 쌓인 첫 자리를 고수하는 게 낫다. 하지만 포인트가 들물 포인트와 썰물 포인트로 확연히 나뉜다면 물때에 맞춰 포인트를 옮기는 게 맞다.

▶생자리 포인트

낚시인들이 내리지 않았던, 손을 덜 탄 생자리는 알려진 명당보다 물고기의 서식여건은 뒤지지만 평소 낚시인들이 등한시한 덕에 잡어가 적고 대어 자원이 잘 보존되어 있다. 그래서 대박 조황은 생자리에서 터질 때가 많다.

▶본류대 포인트

빠른 본류가 바로 붙어서 흐르는 본류대 포인트는 대개 곶부리나 여에 형성된다. 이런 곳에서는 고부력 채비를 사용해 빨리 가라앉힐 필요가 있다. 가깝게는 50m, 멀게는 100m 이상 흘러가서도 입질이 들어오는데 그 지점에 고기가 은신하기 좋은 수중여가 박혀있거나 다른 방향에서 흘러든 조류와 만나 조경지대가 형성되면 그곳이 본류낚시 명당이 된다.

▶밤낚시 포인트

밤이 되면 고기들이 얕은 곳으로 몰리는 습성이 있다. 그래서 밤에는 깊은 직벽보다 얕은 여밭을 노리는 게 좋다. 특히 원도의 가을 시즌에는 얕은 여밭에서 도미류는 물론 전갱이, 볼락, 농어 등이 다양하게 낚인다.

거제 안경섬 남여도의 물골자리. 이런 물골은 들물과 썰물 모두 조류가 잘 흐르는 찌낚시 명당이다.

거문도 제립여 일대 조류 흐름으로 본 포인트 형성

다. 이 두 자리는 걸어서 이동할 수 있기 때문에 들물 때는 Ⓖ 앞에, 썰물 때는 Ⓔ 앞에 생겨나는 훈수지대를 노릴 수 있기 때문이다. 특히 Ⓖ에서는 채비를 원투해 멀리 떨어져 있는 수중여지대를 직공할 수도 있어 더욱 유리하다고 볼 수 있다.

한편 여기서 독특한 포인트 여건을 지닌 자리가 Ⓑ다. Ⓑ는 들물 때는 본류에서 너무 멀리 비켜나 있어 포인트 가치가 떨어진다. 돔류는 물 흐름이 없는 곳은 좋아하지 않기 때문이다. 그러나 Ⓑ는 조류를 정면으로 받는 썰물 때 빛을 발할 수 있다. 그림에서 보듯 정면에서 밀려온 썰물 조류가 갯바위와 부닥쳐 안쪽으로 돌아드는 반전류를 만들어내므로 이 지류에 채비를 태워 흘리면 되기 때문이다. 또 그림에서 보듯 Ⓐ에 부닥친 썰물 조류가 홈통 안쪽으로 돌아들면서 지류를 형성하므로 홈통 안쪽을 노려보는 것도 좋은 방법이다.

똥여
※만 안의 얕은 여밭은 폭풍 뒤의 여파가
남아 았을 때 포인트가 된다.
수심 6~8m
장언여

감성돔 명당들이 집중되어 있는 하태도 연등 주변.
장언여 직벽 뒤 능선에 올라 촬영했다.

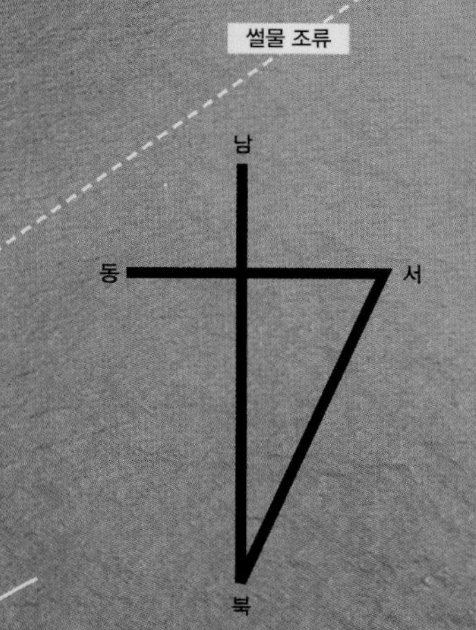

사진으로 보는

갯바위 지형과 찌낚시 포인트

*신안 하태도 서쪽 해안의 밀물 썰물과 포인트 형성

하태도 서쪽 여밭은 겨울철 감성돔낚시의 명당으로 전역의 수심이 6~8m로 얕기 때문에 간조 전후보다 만조 전후에 낚시가 잘 된다. 중밀물부터 2시간 동안 가장 입질이 왕성하고, 만조 전후에는 잠시 소강상태를 보이다가 썰물로 돌아서면 초썰물에 반짝 입질을 보이고 상황 종료된다. 만약 썰물에 낚시를 하려면 사진의 칼바위 연등을 돌아 남쪽 깊은 곳으로 내려가야 한다.

●연등
하태도 최고의 감성돔 포인트. 이처럼 밀물 썰물 모두 원활히 흐르는 곶부리에 위치한 여는 대부분 명당이다. 연등은 본섬 보는 남동쪽이 주 포인트로 밀물 조류가 발 앞으로 밀려올 때 채비를 최대한 멀리 원투하여 본섬과 사이 물골에서 감성돔 입질을 받아낸다. 반대편 북서쪽 곶부리에선 밀물 본류대에 찌를 실어 촛대바위 근처까지 멀리 흘려야 입질을 받을 수 있다. 본류대 입질수심은 10~12m로 깊은 편.

●촛대바위(기둥바위)
본섬에서 떨어진 크고 가파른 여인데 북쪽 사면에 두 군데 내릴 자리가 있다. 밀물 포인트로서 서쪽 큰 물골로만 밀물이 흐르는 초밀물엔 입질이 없고, 중밀물 이후 본섬과 사이 작은 물골로 밀물이 차고 넘치면서 두 줄기 밀물이 촛대바위 앞에서 만날 때 활발한 입질이 이어진다.

●자락여
촛대바위보다 약간 안쪽에 위치한 큰 여로 조류가 장언여 방향으로 흐를 때가 찬스다. 즉 밀물 포인트다. 포인트는 북쪽인데 얕은 여밭에 수중여가 많이 잠겨 있어서 배를 댈 수가 없으므로 뒤편에 접안한 뒤 넘어와야 한다. 2명 정도 내리면 알맞고 사리물때 전후에 마릿수가 뛰어나다. 입질수심은 6~8m.

●장언여
두 사람이 겨우 낚시할 수 있는 작은 여로 만 안쪽에 위치해 있어 웬만한 바람과 파도에도 상륙 가능하다. 주변 전역이 크고 작은 여밭으로 특히 좌우측의 간출여 주변이 급소다. 대물급은 드물어도 중치급 감성돔이 마릿수로 낚인다. 이런 자리는 입질 포인트가 광범위한 게 장점이다. 수심이 얕지만 중밀물 이상 물이 차면 발 앞까지 감성돔이 몰려들기도 한다.

도도히 흐르는 썰물 조류를 타고 내 미끼를 탐하여 올 너를 기다리며….

구멍찌낚시의 최고 미끼인 크릴.
바닷고기들이 가장 좋아하는 미끼다.

프리마돈나 크릴과 그 밖의 조연들

미끼

구멍찌낚시 최고의 미끼는 단연 크릴(krill)이다. 남극에서 잡히는 크릴은 분류학적으로는 동물성 플랑크톤이지만 새우처럼 생겨서 크릴새우라 부른다. 크릴 외에 민물새우, 게, 개불, 경단, 옥수수 등을 미끼로 사용하기도 한다.

크릴의 놀라운 집어력

남극에서 잡히는 크릴은 원래 식용으로 개발하려 했으나 아직까지는 양식사료와 낚시용 미끼로 이용되고 있다. 크릴은 남위 60~80도, 서경 42~72도의 한지(寒地)에서 자생하는 부유성 플랑크톤이다. 남극의 빙산 아래가 주 서식처다.

크릴은 대단히 풍부한 아미노산과 효소를 지니고 있는 영양가 100%의 생물로서 그 체내에서 발효가스를 방출한다. 크릴의 냄새가 밴 천을 바다 속에 버린 것만으로도 물고기가 모여든다고 하니 대단한 집어력이 아닐 수 없다. 크릴이 국내에 처음 보급되었던 1980년대엔 "아무 홈통이나 골라서 크릴을 뿌려주면 곧 감성돔이 모여들었다"고 한다.

크릴이 주도한 바다낚시의 혁명

일본에서는 1970년대부터 미끼와 밑밥용으로 크릴을 사용하기 시작했고 우리나라엔 1970년대 말 일본 낚시인들이 갖고 들어와 사용한 후로 80년대 초부터 크릴이 수입되기 시작했다. 1990년대 후반부터 우리나라의 인성실업과 동원산업이 남극에서 크릴을 잡아 국내 시장에 공급하고 있다.

크릴의 보급은 바다낚시의 판도를 바꿔놓았다. 바닥을 노리는 투박한 원투낚시에서 띄울낚시의 경쾌한 찌낚시로 변모했다. 강한 집어력을 발휘하는 크릴을 밑밥으로 사용함으로써 '불러모아 낚는' 낚시가 가능해졌고, 갯지렁이보다 현저히 싼 가격으로 바다낚시의 대중화를 이끌었다.

◀남빙양에서 잡히는 크릴. 크릴의 등장으로 바다 미끼 시장의 판도가 바뀌었다.

크릴에도 등급이 있다

크릴은 백색에 가까울수록 단단하여 미끼용으로 선호된다. 크릴의 색상은 화이트(백색), 핑크(분홍색), 레드(붉은색) 3단계로 분류하며, 미끼의 가치 순위도 이 순서대로다. 크릴의 크기는 〈표1〉에서 보듯 S, M, L로 구분하는데, 크릴을 잡는 트롤 선박들이 정한 규격을 낚시용 크릴 선별에서도 그대로 활용하고 있다. 크릴의 색상은 〈표2〉에서 보듯 포획 시기에 따라 달라진다. 낚시인들이 선호하는 '백크릴'은 4~7월에 주로 잡히며 9~2월엔 붉은빛을 띠는 크릴이 잡힌다.

〈표1〉미끼용 크릴의 크기 기준

어종 \ 크기	S	M	L	2L	3L
벵에돔	3.5cm	3.5~4.0cm	4.0~4.5cm		
감성돔				4.5~5.0cm	5.0cm 이상

〈표2〉크릴 포획 시기와 색상

포획 월(月)	1월	2월	3월	4월	5월	6월	7월	8월	9월	10월	11월	12월
몸체 색상	레드	레드	핑크	화이트	화이트	화이트	화이트	핑크	레드	레드	레드	레드

미끼용 선별 크릴의 등장

낚시점에선 미끼용 크릴과 밑밥용 크릴을 따로 팔지만, 사실은 동일한 크릴이다. 크릴 원판에서 알이 굵고 큰 놈들만 골라 별도로 포장해 상품화한 게 미끼 크릴이다.

◆진공크릴 – 색이 하얗고 알이 단단한 A급 크릴을 밑밥 크릴의 4분의 1크기로 잘라 진공 포장한 것이다. 다른 미끼 크릴보다 1~2천원 비싸다. 해동하면 파란 인이 그대로 살아 있어서 밤낚시용 미끼로 선호된다.

◆곽크릴 – 스티로폼 곽에 M, L, 2L 등으로 씨알을 표기한 선별 크릴이다. 특별한 가공은 없으나 씨알이 굵어서 물색이 탁하거나 수심이 깊은 포인트 공략용으로 쓰이고 있다.

◆파워크릴 – 당분을 섞어 가공한 크릴로 쫀득쫀득 질겨서 잡어에 강하고 원투해도 잘 떨어지지 않는다. '너무 딱딱하다' '고기들이 인공 감미료가 들어있는 크릴은 싫어한다'는 등의 선입견이 있었으나 막상 써보니 조과에 별 차이가 없어 지금까지 롱런하고 있다.

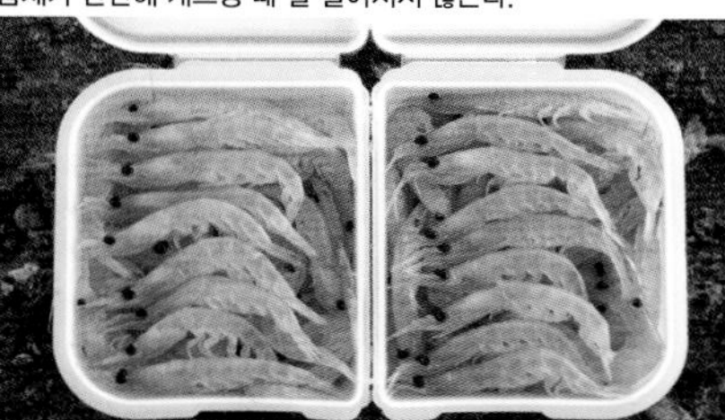

크릴에 첨가제를 넣어 가공을 한 파워크릴. 몸체가 단단해 캐스팅 때 잘 떨어지지 않는다.

상태가 좋은 고품질 크릴을 진공상태로 포장한 진공크릴. 냉동상태만 유지하면 장기 보관이 가능하다.

다양한 크릴 꿰기

배 꿰기

가장 보편적인 방법이다. 이 상태로 바다에 던지면 대개 물속에서 일자로 뻗는데 이때 미세한 발들이 조류를 맞받아 나풀거리며 고기를 유혹한다. 바늘 끝을 꼬리지느러미와 붙은 단단한 등부분부터 꿰어야 잘 빠지지 않는다.

등 꿰기

배 꿰기의 반대 방향으로 꿰는 방법이다. 질긴 등껍질을 따라 꿰기 때문에 다소 강하게 캐스팅해도 크릴이 잘 빠지지 않는다. 강풍, 맞바람, 원투 때 요긴한 방법이다.

마주보고 꿰기

한 마리 배 꿰기의 보완형이다. 배 꿰기로 크릴을 꿴 뒤 바늘 끝에 또 다른 크릴을 추가로 꿴다. 두 마리를 함께 꿰면 미끼 유실 위험이 그만큼 줄어들어 장시간 포인트를 노릴 때 유리하다. 잡어가 있는 상황에서도 한 마리 꿰었을 때보다 미끼가 붙어있을 확률이 높다.

몸통만 꿰기

주로 벵에돔을 노릴 때 이 방법을 쓴다. 감성돔과 달리 벵에돔은 몸통만 있어도 입질 받는데 전혀 문제가 없으며 오히려 단숨에 미끼를 삼킬 수 있어 걸림 확률이 높아진다. 벵에돔의 입질이 아주 예민할 때는 아예 껍질까지 벗기고 꿴다.

여러 마리 꿰기

주로 참돔을 노릴 때 쓰는 방법이다. 크고 활발히 움직이는 미끼에 잘 달려드는 참돔의 습성을 이용한 것이다. 장시간, 멀리 흘려도 미끼가 오래 붙어있는 장점이 있다. 그러나 미끼의 부피가 커졌다고 참돔 씨알도 굵게 낚이는 것은 아니다. 조류 흐름이 빨라 미끼 유실 위험이 높은 본류대에서 이 방법을 많이 쓴다.

밑밥 크릴 중 '백크릴'은 최상급 미끼

현재 미끼용 크릴은 파워크릴과 진공크릴로 양분되고 있으며 그 중 파워크릴의 사용 빈도가 높다. 그러나 사실은 밑밥 크릴을 미끼 크릴로 써도 문제가 없고, 오히려 벵에돔은 더 잘 낚이는 편이다.

밑밥 크릴 중 색상이 희고 알이 단단한 상품을 '백크릴'이라 부르는데, 밑밥을 갤 때 크릴 5장 중 한 장은 백크릴로 구입해 그중 1/4을 잘라 미끼로 쓰면 좋다. 백크릴은 일반 밑밥용 크릴보다 1천원가량 비싸다.

그러나 크릴을 많이 접해보지 못한 초보자는 외관상으로 양질의 크릴을 구별하기 어렵다. 따라서 밑밥 크릴의 일부를 잘라 미끼용으로 쓰더라도 미끼용 크릴 한 통 정도는 별도로 구입해 나가는 게 바람직하다. 크릴 밑밥은 막상 녹여보면 흐물흐물해 미끼로 쓰기 어려운 경우가 왕왕 있기 때문이다.

(위) 밑밥 크릴을 잘라 미끼통에 담아 놓았다. 품질이 좋은 밑밥크릴은 미끼로 사용해도 상관없다.

(아래) 크릴 중 유난히 몸체가 흰색을 띠는 크릴을 따로 백크릴이라고 부른다. 알이 단단하고 색이 밝아 미끼로 사용해도 손색이 없다.

크릴 미끼 크기는 바늘 크기에 맞춘다

미끼 크릴은 큰 게 좋을까 작은 게 좋을까? 대부분 '큰 크릴이 고기 눈에 잘 보이므로 더 좋다'고 하지만 크기에 따른 입질빈도 차이는 없다. 벵에돔낚시에서는 머리와 꼬리를 떼고 크릴 몸통만 꿰어 써도 잘 낚인다. 오히려 너무 큰 크릴은 잡어에게 먼저 공격받게 되고 캐스팅 때 바늘에서 잘 떨어진다. 고기의 활성이 나쁠 때는 끄트머리만 물고 늘어질 때도 있다.

미끼 크릴은 바늘 크기에 맞춰 선택하는 게 현명하다. 바늘에 크릴을 꿰었을 때 크릴 몸체가 바늘 끝에서 1cm 정도 더 남았을 때가 가장 이상적이다.

바늘 크기에 맞춘 크릴들. 바늘과 크릴을 비슷한 크기로 맞춰 쓰는 게 좋다.

벵에돔은 가공크릴보다 밑밥 크릴에 더 잘 낚여

벵에돔낚시에서는 감성돔낚시와 달리 파워크릴이 인기가 없다. 그 이유에 대해 '벵에돔은 예민한 고기여서 가공한 파워크릴은 좋아하지 않는다'는 얘기가 있으나, 실제로 그렇지는 않다. 파워크릴을 써도 벵에돔이 정상적인 활성을 보인다면 잘 낚인다. 다만 벵에돔 입질이 아주 약해진 상황에서는 파워크릴보다 부드러운 밑밥 크릴에 더 잘 낚이는 점은 있다.

참돔낚시에서도 밑밥 크릴을 미끼로 많이 쓴다. 참돔낚시에선 크릴을 4~5마리씩 꿰는 수가 많아 미끼 소모량이 워낙 많기 때문이다.

냉동크릴 한 장에는 몇 마리의 크릴이 들어있을까?

1.5kg짜리 냉동크릴에 2130마리의 크릴이 들어있다

일본의 한 낚시잡지사에서 무려 5시간(해동시간까지 합쳐)에 걸쳐 크릴의 숫자를 세어본 결과(일본의 크릴 1장은 3kg짜리다) 정확히 4,253마리였다. 일본 크릴 업체는 '2L(약 5cm 전후) 크기가 4000~5000마리 정도 들어있다'고 주장했는데, 그 얘기가 어느 정도 맞아떨어진 셈이다.

우리나라에서 판매하는 크릴은 한 장이 1.5kg짜리다. 따라서 크릴 한 장에 약 2130마리의 크릴이 들어있다고 볼 수 있다.

CHECK POINT

▶크릴에는 방부제가 첨가되는가?

냉동크릴은 크릴+바닷물+방부제(약 4%) 또는 부패방지 첨가제로 이루어져 있다. 크릴에 방부제를 넣는 이유는 크릴이 갖고 있는 단백질 분해효소 프로테아제(protease) 때문인데, 해동과 더불어 온도가 상승하면 크릴 속 아미노산으로부터 멜라닌이 생성돼 검은색으로 변하는 '흑변'현상이 일어난다. 산화가 진행되면서 악취도 함께 발생한다.

이런 흑변현상과 부패를 늦추기 위해 방부제를 초기 냉동할 때 투입하는데 그 투입량은 각 회사마다 차이가 있다. 방부제는 많이 넣을수록 흑변현상이 적다니 햇빛에 종일 놔뒀는데도 색에 변화가 없다면 방부제가 많이 들어간 크릴로 보면 되겠다.

▶한국과 일본의 크릴 규격

크릴 원판은 가로 35cm, 세로 60cm, 높이 7cm다. 이 원판을 일본에선 4조각(약 3kg)으로 잘라 밑밥용으로 판매하고, 우리나라에서는 8조각(약 1.5kg)으로 잘라 판매한다. 한편 제주도에서는 10조각(약 1.2kg)으로 잘라 판매하고 있어 제주도에 처음 낚시 간 사람들은 혼란을 느낀다. 따라서 일산 집어제를 사용할 때는 사용 설명서에 나와 있는 대로 배합해선 곤란하다. '집어제 1봉지에 크릴 2장을 섞어라'하고 적혀 있으면 우리나라의 크릴로는 4장을 섞어야 한다.

▶크릴의 꼬리지느러미를 떼고 바늘에 꿰는 이유는?

꼬리를 떼면 바늘을 꿰기 편하다. 그밖에 넓고 둥근 꼬리지느러미가 조류를 받으면 크릴이 물속에서 빙빙 돌아 채비를 엉키게 만든다는 주장도 있다. 그러나 대다수 낚시인들은 꼬리를 떼지 않고 꿰어 쓰고 있으며 아무 문제없이 입질을 받아내고 있다.

▶검게 변한 크릴은 미끼로 쓰면 안 되나?

크릴이 검게 변했다는 건 부패 중이라는 얘기다. 그래서인지 검게 변한 크릴을 미끼로 쓰면 입질이 뜸하다는 게 낚시인들의 중론이다.

▶크릴은 한 마리 꿰는 게 좋은가 여러 마리 꿰는 게 좋은?

크릴은 한 마리 꿰기가 원칙이다. 여러 마리를 꿴다고 입질빈도가 높아지거나 큰 씨알이 낚이지는 않는다. 특히 잡어가 많을 땐 여러 마리를 꿴 바늘에 잡어들이 먼저 달려든다. 그러나 물속이 아주 흐려서 미끼가 잘 보이지 않을 땐 여러 마리 꿰기가 바람직하다. 그밖에 밤낚시, 빠른 본류에서 멀리 흘릴 때도 여러 마리 꿰기가 좋다.

▶캐스팅 때 크릴이 벗겨지지 않게 꿰는 방법

일반적인 캐스팅 때는 배꿰기로 충분하지만 원투를 한다면 등꿰기를 추천한다. 살점이 약한 배 쪽으로 바늘을 꿰는 것보다 단단한 각질의 등 쪽으로 꿰는 게 크릴이 빠질 위험이 적다.

▶크릴 몸통만 써도 입질에는 전혀 지장이 없나?

아무 상관이 없다. 오히려 벵에돔낚시에서는 크릴 머리만 물고 늘어질 때가 있는데 그때 멀리를 잘라주면 입질이 시원하다. 몸통만 꿰면 잡어 공격에도 강하다.

▶한 번 녹았던 크릴을 다시 얼렸다가 써도 되나?

크릴의 집어력은 아미노산에서 비롯되는데, 초기 해동 단계에서 가장 강하게 아미노산이 방출된다고 한다. 따라서 한 번 녹았던 크릴은 김 빠진 소주처럼 집어력이 약해진다. 즉 녹은 크릴을 다시 얼렸다가 써도 되기는 하지만 집어력은 다소 떨어진 상태라 할 수 있다.

크릴 대체 미끼들

*특급 미끼 크릴은 돔도 좋아하지만 잡어들도 환장하고 달려든다. 그래서 잡어가 극성을 부릴 땐 크릴 외의 대체 미끼를 써야 한다.

▶깐새우
바다새우 살을 쫄깃하게 가공한 미끼다. 크고 단단하며 잡어에 강하다. 학공치, 망상어, 복어 같은 잡어가 많은 상황에서 사용하면 효과적이다. 깐새우를 쓸 때는 감성돔 5호 바늘이 적당하며 바늘 끝을 돌출시켜 주어야 걸림 확률이 높다. 벵에돔을 노릴 때는 벵에돔 8호 바늘 크기에 맞춰 작게 자른 뒤 역시 바늘 끝이 약간 돌출되게 끼워 주면 된다.

▶파래새우
동해안 방파제에서 벵에돔이 즐겨 먹는 먹이로서 동해 벵에돔낚시에 많이 쓰인다. 구하기 어려워서 그렇지 남해안에서 사용해도 효과가 뛰어나다는 게 경험자들의 얘기다. 고등어와 전갱이 성화에 강한 것이 장점이다. 크릴과 달리 띄워놓기보다는 바닥이나 벽에 바짝 붙일수록 입질이 잦다. 물이 맑은 상황에서는 입질이 빨라도 밤낚시 때는 입질이 뜸하다. 몸체가 작아서 망상어바늘 6호 정도에 꿰면 적합하다. 꼬리에서 머리 쪽으로 바늘을 꿴다.

▶활새우
바다새우를 파워크릴처럼 가공한 새우다. 크고 단단해 잡어가 많은 가을철에 사용하면 효과적이다. 잡어가 많지 않은 상황에서도 크릴보다 빠른 입질이 들어오는 경우가 많다.

▶홍갯지렁이
동해안과 남해동부에서 크릴이 보편화되기 전에 벵에돔 미끼로 인기가 높았다. 지금도 홍갯지렁이는 벵에돔낚시의 특효 미끼이며 크릴이 잘 먹히지 않을 때 사용하면 효과를 볼 수 있다. 저수온기에 입질이 빠르고 밤에도 잘 먹히며 굳이 밑밥을 뿌리지 않아도 입질이 잦은 편이다.

▶경단
크릴을 갈아 가래떡처럼 만든 가공미끼다. 가을철 고등어, 전갱이 등이 극성을 부릴 때 사용하면 효과를 볼 수 있다. 엄지손톱만큼 뜯어 바늘을 감쌀 수 있을 정도 크기로 사용하면 된다. 경단은 크릴이 주성분이지만 단단한 고형 미끼이므로 크릴을 쓸 때보다 한 템포 늦게 챔질하는 게 좋다.

▶민물새우
딱딱한 외피를 갖고 있어 복어, 학공치, 자리돔 등의 성화를 극복할 수 있다. 살아있는 민물새우의 꼬리를 살짝 꿰어 쓰면 물속에서 파닥거리며 대상어를 유인한다. 벵에돔이나 참돔보다는 감성돔(특히 가을 시즌)에 잘 먹히는 미끼다. 포인트에 감성돔만 들어와 있다면 크릴만큼 반응이 빠르다.

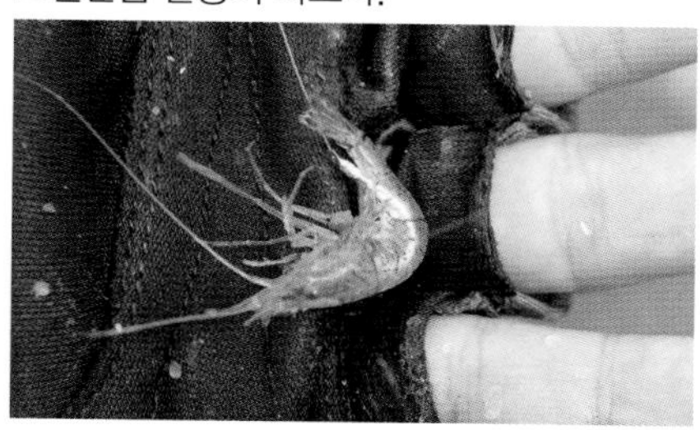

▶게
잡어 성화를 가장 완벽하게 피할 수 있는 철갑 미끼다. 갯바위에 사는 게는 미끼효과가 없고 갯벌에 사는 등딱지가 다소 연한 게를 써야 한다. 등딱지가 엄지손톱만 한 사이즈가 좋다. 게는 통째로 꿰어도 되지만 양 다리를 모두 떼고 몸통만 쓰는 게 보편적이다. 다리를 그냥 놔두면 수중여나 해초 등에 닿았을 때 게가 붙어버릴 수 있다. 출조 전에 바닷가로 나가 미리 쓸 만큼 잡아 놓는 게 좋다. 잡어 성화가 심한 가을에는 출조점에서 게를 파는 곳도 있다. 게를 미끼로 쓸 때는 감성돔 4~5호 바늘을 사용하고 챔질타이밍을 늦게 가져가야 걸림 확률이 높다. 감성돔, 참돔은 잘 먹지만 벵에돔은 게를 먹지 않는다. 용치놀래기와 쥐치 공격엔 취약한 단점이 있다.

▶옥수수
최근에 각광받고 있는 대체 미끼다. 잡어 성화가 심한 가을에 잘 먹히는데 가장 유행하는 곳은 거제도다. 옥수수는 한 알이나 두 알만 바늘에 꿴다. 일반 옥수수보다 통조림에 든 캔옥수수를 써야 하며 바늘은 감성돔 3호가 적당하다.

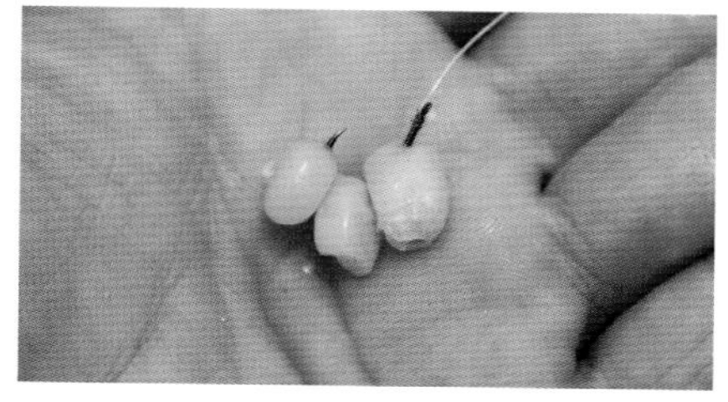

▶보말
갯바위에 붙어사는 보말은 워낙 질겨서 이빨이 없는 잡어들은 쉽게 따먹지 못한다. 잡어 퇴치용 대체 미끼를 준비하지 못했을 때 최후의 수단으로 사용한다.

실제 효과로 본 미끼 서열

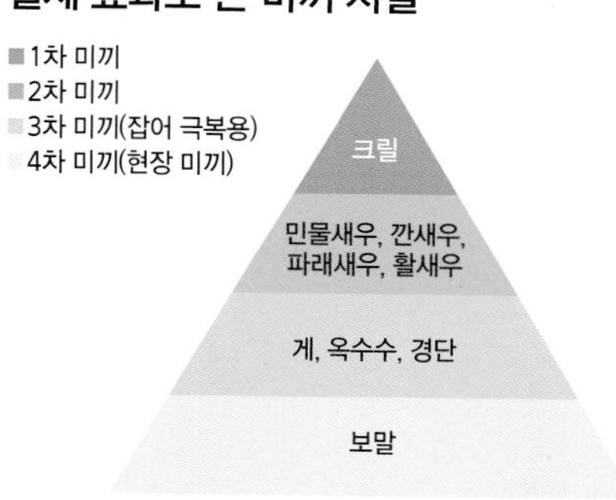

수면 위에 떨어지고 있는 밑밥.
구멍찌낚시는 밑밥으로 고기를
불러 모아 낚는 기법이다.

찌낚시 성패를 가르는 키워드

밑밥

바다는 끝없이 넓고 깊지만 구멍찌낚시는 밑밥이라는 강력한 유인제를 사용하여 물고기들을 내 앞으로 불러 모을 수 있다. 그러므로 밑밥이 없이는 구멍찌낚시를 할 수 없고, 밑밥 테크닉이 그 어떤 채비 조작 테크닉보다 더 중요하다.

크릴과 집어제를
섞어 만든 밑밥.

(1) 밑밥 준비

밑밥의 3가지 역할

1 흥분

밑밥이 들어가면 고기들이 흥분하게 된다. '뭔가 먹을 것이 들어왔다'는 사실이 물속에 전파되기 때문이다. 어항 한 쪽에 먹이를 떨어뜨려도 어항 속의 모든 금붕어들이 먹이를 찾아 움직이는 것처럼, 밑밥은 휴식을 취하고 있던 고기들에게 먹이욕구와 경쟁을 유발한다. 발밑에만 밑밥을 뿌렸는데 먼 곳의 고기가 낚이는 이유는 발밑의 잡어들의 흥분이 멀리까지 전달되었기 때문이다.

2 부상(浮上)

상층에서 하층으로 밑밥이 천천히 내려가면 바닥에 머물러 있던 고기들이 밑밥을 주워 먹기 위해 점차 상층으로 떠오른다. 그 덕분에 굳이 미끼를 바닥 가까이 내리지 않아도 고기를 쉽게 낚을 수 있다.

3 집어

밑밥을 지속적으로 뿌려주면 고기들이 밑밥이 투여된 지점에 오글오글 모이게 된다. 그래서 처음에는 고기들이 멀리서 띄엄띄엄 입질하지만 본격적으로 집어가 되면 근거리에서 연속적인 입질을 받아낼 수 있다.

밑밥의 필요성

갯바위 출조비용에서 가장 큰 부분이 밑밥 값이다. 그래서 밑밥 준비에 인색하거나 극단적 밑밥 무용론을 펼치는 사람도 있다.

"밑밥이 없어도 감성돔 한 마리는 낚이더라. 밑밥을 많이 뿌려도 어차피 한두 마리인데 꼭 돈을 들여 밑밥을 사야 하느냐?"

그러나 이렇게 말하는 사람은 아직 밑밥의 효과를 체험하지 못했거나 밑밥을 제대로 사용하지 못한 사람이다. 자연상태에서 돔류의 큰 물고기들은 특별한 변화가 없는 한 바닥에서 생활한다. 녀석들을 찌낚시의 사정거리로 띄워 올리기 위해선 밑밥을 뿌려 유인하는 수밖에 없다. 대상어가 뜨지 않으면 미끼가 바닥을 훑어야 하는 힘든 낚시를 해야 한다. 그리고 마릿수 조과는 절대 거둘 수 없다〈그림1〉.

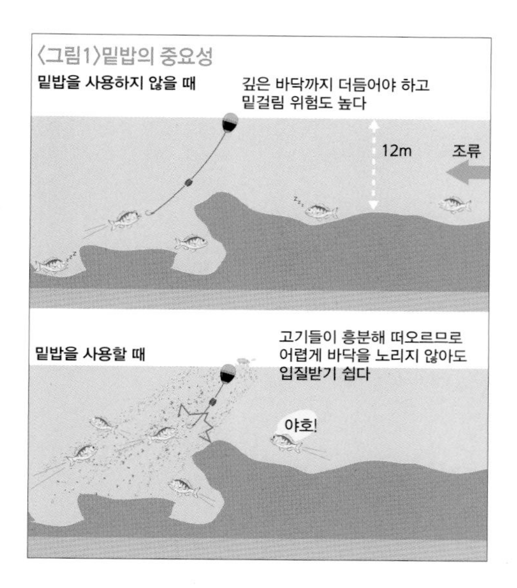
〈그림1〉밑밥의 중요성
밑밥을 사용하지 않을 때
깊은 바닥까지 더듬어야 하고
밑걸림 위험도 높다
12m
조류
밑밥을 사용할 때
고기들이 흥분해 떠오르므로
어렵게 바닥을 노리지 않아도
입질받기 쉽다
야호!

잡어가 들끓어도 밑밥을 뿌려야 하는 이유

가끔 낚시를 하면서 밑밥을 뿌리지 않는 낚시인들이 있는데, 왜 그러느냐고 물어보면 이렇게 대답한다. "밑밥을 뿌리면 이렇게 잡어들이 새까맣게 모여들어서 내 미끼를 다 따먹는데 어디 겁이 나서 밑밥을 뿌리겠어요?"

그러나 그래도 밑밥을 계속 뿌려야 감성돔이나 벵에돔이 피어오르고, 일단 돔이 피면 잡어들은 돔에게 쫓겨 달아난다. 잡어가 많은 것은 악조건이긴 하지만 잡어가 전혀 없는 것보다 백번 낫다. 잡어가 많다는 것은 수온과 기타 물속여건이 좋다는 뜻이기 때문이다. 다만 잡어를 뚫고 돔의 입까지 미끼가 살아서 가야 하는데, 잡어를 피하기 위해 밑밥을 치지 않는 건 구더기 무서워 장 못 담그는 소극적 전략이다. 오히려 밑밥으로 돔을 유인하여 잡어를 쫓아내는 적극적 전략이 필요하다. 수면 가까이에서 잡어들이 설치면 깊은 곳의 돔도 "재들이 왜 저러지? 먹잇감이 왔나본데"하며 어슬렁거리고 나오다가 미끼를 발견하는 것이다. '잡어가 없는 물에는 돔도 없다'는 말을 명심하고 잡어가 설쳐도 꾸준히 밑밥을 뿌려야 한다〈그림2〉.

〈그림2〉잡어 많아도 밑밥을 뿌려야 하는 이유
잡어가 몰리면 도미도
호기심을 갖고 몰려든다
뭐 맛있는 거라도
떨어졌나?
오글오글

밑밥 만들기

출항지 낚시점에서는 낚시점주가 서비스로 밑밥을 개주는 곳이 많다. 그러나 입문자라면 직접 밑밥을 개봐야 한다. 그래야 적정한 밑밥 양과 점도에 대한 감이 생긴다.

준비물
감성돔용 : 크릴 5~6장, 집어제 2봉, 압맥 1봉.

1. 크릴 으깨기

밑밥은 출조 전 미리 냉동고에서 꺼내 충분히 해동시키는 게 좋다. 그러나 완전히 녹이지 말고 발로 지그시 밟았을 때 으깨질 정도가 좋다. 그 이유는 크릴이 발산하는 아미노산 수치가 해동 후보다 해동과정에서 가장 높기 때문이다. 보통 출조 전에 낚시점에 미리 전화를 해 크릴을 녹여놓을 것을 주문하는데, 낚시점주의 노련한 해동시간 조절이 중요하다.
출조점에 크릴 분쇄기가 있다면 분쇄기를 이용한다. 분쇄기를 이용할 때도 70% 해동돼 있어야 고르게 분쇄된다. 분쇄기에서 나온 크릴도 덩어리 진 게 더러 있는데 크릴커터기를 이용해 완벽하게 으깨준다. 녹지 않은 덩어리 크릴은 얼음처럼 가라앉지 않고 둥둥 떠다니므로 밑밥 역할을 하지 못한다.

2. 압맥 섞기

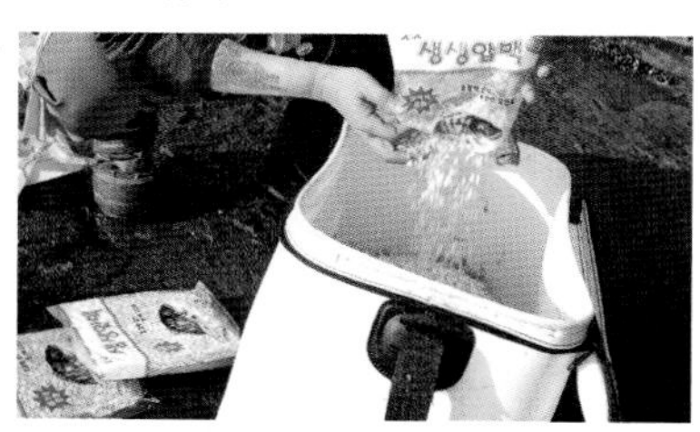

압맥은 감성돔용 밑밥에 사용한다. 따라서 벵에돔낚시에선 섞지 않는다. 압맥은 크릴보다 무거워 빨리 가라앉고 물속에서 잘 보여 시각적 집어효과를 높여주는 역할을 한다. 보통 크릴 5장에 압맥 1~2봉을 섞는다. 밑밥 크릴이 적당히 해동된 경우라면 압맥이 크릴 녹은 물에 촉촉하게 젖어 금방 불어 오르지만 그렇지 않은 때는 원형 그대로 남아있어 밑밥과 잘 섞이지 않는다. 그때는 압맥 봉지를 약간 뜯고 물을 부어두면 10분 만에 퉁퉁 불어 양도 증가하고 끈기도 생겨서 좋다.

3. 집어제 섞기

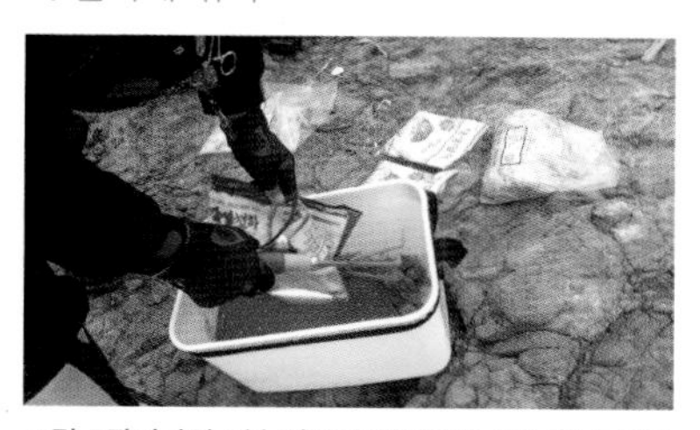

크릴 5장이라면 2봉 정도가 적당하다. 비중을 높이거나 원투 목적으로 점도를 높이려면 크릴 5장에 집어제 3봉을 섞는다. 습식 집어제는 적당히 해동된 크릴과 섞으면 물을 붓지 않아도 섞이지만 건식 집어제는 물을 부어야만 크릴과 섞인다. 그래서 결과적으로 완성된 밑밥의 비중은 건식 집어제가 높은 편이다. 밑밥을 차지게 만들어 원투하거나 깊은 수심에 밑밥을 빨리 내려보내려면 건식 집어제를 섞는 것이 좋다.

4. 물 붓기

습식 집어제라면 상관없지만 만약 건식 집어제라면 물을 좀 더 부어서 크릴과 배합한다. 벵에돔이나 참돔낚시에 쓰이는 습식 집어제는 물을 많이 흡수하므로 추가로 물을 부어야 할 상황이 많다. 벵에돔 집어제를 만들 것이라면 크릴을 으깬 후 집어제를 섞기 전에 물을 부어 적당하게 물기를 머금게 하는 것도 좋은 방법이다. 적당한 물의 양은 건식 집어제의 포장지에 표시돼 있는데, 만약 포장지에 그런 표시가 없으면 집어제 한 봉에 낚시용 두레박 1/3 정도 물을 붓고 배합한 뒤 물을 추가해가면서 조절한다. 가급적 민물보다 바닷물로 섞으면 좋은데, 민물은 겨울엔 냉동크릴과 닿는 순간 얼어버려 배합하는 데 애를 먹기 때문이다. 그래서 겨울엔 갯바위에 나가서 따뜻한 바닷물을 떠서 배합하는 것이 가장 좋다.

5. 밑밥 배합하기

크릴커터기나 주걱으로 크릴과 집어제, 압맥을 고루 섞는다. 밑밥을 대량으로 섞는 출조점에선 삽으로 섞기도 하고, 고무장갑을 낀 손으로 정성스레 섞는 사람도 있다. 크릴이 잘 녹지 않는 추운 겨울엔 손으로 직접 밑밥을 개는 것이 좋다. 제대로 섞지 않은 밑밥은 크릴 따로 집어제 따로 놀면서 바람에 날리기만 하고 원거리 투척이 되지 않는다. 그런 밑밥을 들고 나가 제대로 품질도 못해보고 황금 같은 아침시간대를 허비하는 낚시인들이 허다하다.

6. 점도 확인

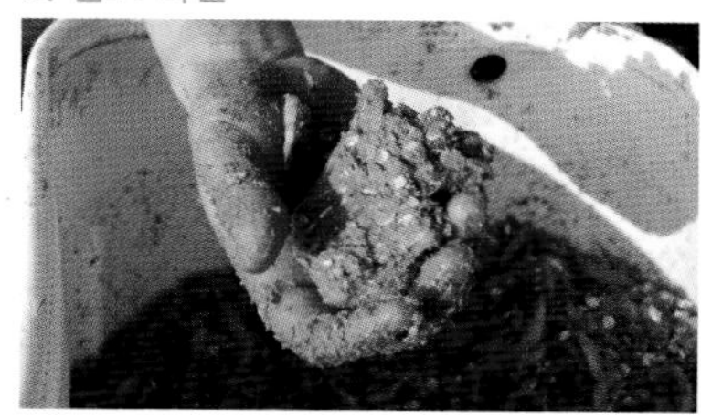

손으로 한 움큼 밑밥을 쥐었다가 손을 폈을 때 주먹밥처럼 잘 뭉쳐져 있으면 합격이다. 만약 밑밥을 쥔 손가락 사이로 물이 흘러나오면 너무 질게 반죽된 것이므로 집어제를 더 넣고, 푸슬거리고 잘 뭉쳐지지 않으면 물을 좀 더 붓는다.

집어제의 선택

구멍찌낚시용 밑밥은 60~70%가 크릴, 30~40%가 분말 집어제(파우더)로 만들어진다. 그중 크릴은 동일하지만 집어제는 대상어종별로 그 성분과 배합비율이 다르다. 집어제는 단품으로 크릴과 섞기도 하고, 두 개 이상을 혼합하여 섞기도 한다.

집어제의 선택기준은 '점도'와 '비중'이다. 주로 바닥층에서 입질하는 감성돔용 집어제는 비중을 무겁게 만든다. 그를 위해 압맥, 옥수수 같은 무거운 곡물이 많이 배합되어 있다. 한편 약간 떠서 무는 벵에돔용 집어제는 비중을 가볍게 하고 점도를 높게 만든다. 천천히 가라앉고 잘 뭉쳐지는 빵가루, 비지 분말 등이 벵에돔 집어제의 주 성분이다.

같은 집어제를 사용하더라도 집어제의 양을 늘리면 밑밥의 점도가 높아져서 멀리 투척할 수 있고, 깊이 가라앉힐 수 있다.

크릴과 섞어 쓸 집어제(왼쪽).
어종별 특성에 맞는 집어제를 사용해야 한다.

밑밥 적정량

하루낚시용 밑밥의 표준량은 감성돔 기준 크릴 5~6장, 집어제 2봉, 압맥 1봉이다. 이것이 오전 6시부터 12시까지 6시간 정도 낚시하기에 적당한 양이다. 만약 오후까지 낚시하려면 크릴을 한두 장 더 섞거나, 입질이 뜸한 시각에 밑밥 품질을 잠시 멈추어야 한다.

그러나 조류가 빠른 본류대를 노리거나, 겨울에 12m 이상으로 깊은 수심을 노릴 때는 그보다 20~30% 더 많은 밑밥을 준비해야 한다. 밑밥이 계속 흘러나가거나 깊은 수심에서 낚시할 경우 정작 바닥의 감성돔에게 영향을 미치는 양은 미약하므로 더 넉넉하게 준비해야 한다.

건식 집어제와 습식 집어제

집어제는 수분 함유량에 따라 건식과 습식으로 나뉜다. 건식 집어제는 완전히 마른 곡물가루로 제조하여 물을 섞어야만 배합할 수 있고, 습식 집어제는 물기를 함유하고 있어서 물을 섞지 않고도 배합할 수 있다. 습식 집어제엔 누룩과 같은 효모가 들어 있어 발효가 진행되면서 부패를 막는데, 그래도 장기보관은 어려운 게 단점이다.

흔히 '건식은 가벼워서 벵에돔용이고, 습식은 무거워서 감성돔용이다'라고 하는데, 그렇지 않다. 집어제의 비중은 곡물의 성분에 따른 것이며, 오히려 물을 많이 빨아들이는 건식 집어제가 배합하면 습식 집어제보다 더 무거워져 빨리 가라앉는 제품이 많다. 대체로 건식은 점성이 높기 때문에 원투찌낚시를 하려면 건식 집어제를 선택하는 것이 좋다.

3대 어종별 집어제 비교

▼감성돔 집어제

치누베스트
성분:조개가루, 옥수수, 양식용 펠렛, 보리, 빵가루, 미네랄 등
사용법:크릴 3kg+치누베스트 1봉+해수(상황에 맞추어)
특징:깊은 수심 노릴 때 효과적, 무거운 소재가 중심, 3.2kg 대용량.

치누파워 V-10 백치누
성분:조개가루, 빵가루, 비지성분, 보리, 옥수수, 성게분말, 효모, 미네랄, 유산균 등
사용법:크릴 3kg+치누파워 V-10 백치누 1봉+해수 1000cc
특징:백색 연막이 감성돔의 시각에 어필, 신MP효모로 감성돔을 유인, 점성의 가감에 의하여 확산, 침하속도 조절, 3.5kg 대용량 타입.

치누구루메
성분:새우엑기스, 비지분말, 효모, 옥수수, 보리, 조개가루, 미네랄, 유산균 등
사용법:크릴 1.5kg+치누구루메 1봉+해수(상황에 맞추어)
특징:감성돔이 좋아하는 집어성분 배합, 무게감이 있어서 원투가 가능.

▼벵에돔 집어제

구레파워 V-10
성분:비지분말, 빵가루, 조개가루, 효모, 보리, 유산균 등
사용법:크릴 3~6kg+구레파워 V-10 1봉+해수 2000cc
특징:집어 성분이 높으며 시인성이 뛰어나 조류의 흐름을 보기 쉽고 벵에돔에 어필력이 강한 백색 배합파우더. 원투성, 확산성이 뛰어나며 집어력을 높여주는 신MP효모 배합.

구레베스트
성분:빵가루, 비지분말, 보리, 전분, 새우가루, 파래, 유산균, 조개가루 등
사용법:크릴 3kg+구레베스트 1봉+해수 1200cc
특징:가벼운 소재를 많이 사용하였으며, 빵가루와 벵에돔이 좋아하는 새우, 파래를 배합하여 중층부터 바닥까지의 대형 벵에돔 공략.

구레점보
성분:빵가루, 비지분말, 조개가루, 보리, 반짝이가루, 유산균 등
사용법:크릴 3kg+구레점보 1봉+해수 2500cc
특징:집어파우더와 빵가루가 함께 들어있으며, 빵가루, 조개가루, 보리 등의 소재가 기능적으로 작용, 대용량 3kg 포장.

▼참돔 집어제

이소마다이 화이트
성분:빵가루, 조개가루, 게분말, 비지분말, 보리, 효모 등
사용법:크릴 3kg+이소마다이 화이트 1봉+해수 500cc
특징:백색의 연막으로 공략하는 참돔찌낚시 전용 파우더. 뛰어난 시인성으로 복잡한 조류를 찾아내며, 오징어 성분, 보리, 게 성분, 효모로 집어력 증가.

마다이 파워
성분:대두, 비지성분, 찐쌀겨, 빵가루, 새우분말, 반짝이, 유산균 등
사용법:크릴 3kg+마다이 파워 1봉
특징:배낚시, 갯바위낚시, 카고낚시 등 올라운드 타입. 참돔이 좋아하는 새우, 크릴, 아미노산이 가득 들어있으며, 반짝이 성분으로 어필력, 집어력이 뛰어나다.

슈퍼 이소마다이
성분:빵가루, 게성분, 보리, 비지분말, 어분, 고기 내장 성분, 효모, 대두, 조
사용법:크릴 3kg+슈퍼 이소마다이 1봉+해수 1000cc
특징:상층부에서 노리는 갯바위 참돔낚시용 파우더. 연막과 함께 콜라겐 입자가 천천히 침하하여 상층에서 광범위하게 어필. 참돔에 효과가 높은 오징어 성분, 게 성분, 보리 등이 대량으로 배합. 참돔의 시각을 자극하는 적, 황, 녹색의 정제입자가 배합.

(2) 밑밥 사용(품질)

밑밥과 미끼의 동조(同調)

밑밥 사용의 대원칙은 '밑밥과 미끼의 동조'다. 동조(同調)란 흘러가는 밑밥 띠 속에 미끼를 흘려서 밑밥에 유인된 대상어가 미끼를 발견하게 하는 테크닉을 말한다. 밑밥과 미끼의 동조가 깨지면 밑밥에 유입된 대상어를 낚을 수가 없다.

이 동조를 위해 1차로 채비의 무게를 조절하고, 2차로 밑밥의 비중과 점도를 조절하며, 3차로 찌와 밑밥의 투척점을 맞추고, 4차로 뒷줄 조작을 통해 미끼를 밑밥의 흐름에 집요하게 일치시켜 나가는 것이다.

품질은 일행 중 최고수가 담당

과거 부산지역에선 밑밥을 '품'이라 했고 밑밥을 뿌리는 행위를 '품질'이라 불렀다. 오늘날 품이란 말은 잘 쓰지 않지만 품질은 여전히 널리 통용되고 있다.

밑밥 품질의 대원칙은 '조류의 상류에 뿌리기'다. 민물처럼 정지된 수면에선 밑밥이 투척점 바로 밑에 쌓이겠지만, 늘 조류가 흐르는 바다에선 투척점과 착지점이 달라진다. 조류가 빠를수록, 그리고 수심이 깊을수록 수면의 투척점과 해저의 착지점은 차이가 나는데, 깊은 본류대의 경우 10m 이상 차이가 날 수 있다.

따라서 조류와 수심을 정확히 읽지 못한 채 밑밥을 뿌리면 밑밥이 엉뚱한 곳에 쌓여 오히려 물고기를 내 미끼로부터 멀어지게 할 수 있다. 그래서 품질은 사실상 조력이 쌓여야만 제대로 할 수 있으며, 2인 이상 출조할 경우 각각 따로 품질하는 것보다 고수가 혼자 품질하고 한자리에 모여 낚시하는 것이 집어력을 높일 수 있는 방법이다.

〈그림3〉밑밥과 미끼 동조의 중요성

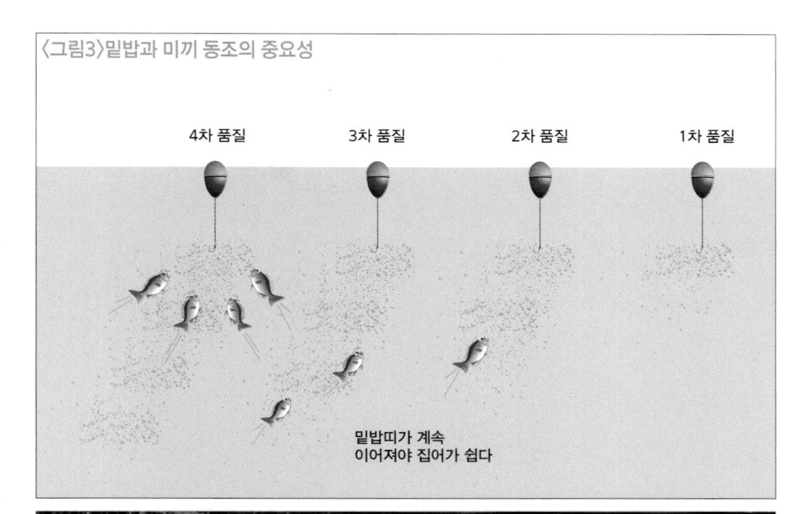

구멍찌 옆에 떨어지고 있는 빵가루 밑밥.

◀물속으로 서서히 가라앉고 있는 밑밥크릴.

밑밥 품질 10계명

1 품질은 조류의 상류에!

2 뭉치면 살고 흩어지면 죽는다
(2인 이상 내려도 분산품질하지 말 것)

3 아침에는 근투, 낮에는 원투

4 유실되는 밑밥이 고기를 유인한다

5 선 품질 후 캐스팅(밑밥 동조요령)

6 감성돔 밑밥은 아침 피딩타임에
40%를 쏟아부어라!

7 벵에돔 밑밥은 처음부터 소량씩
끊임없이 뿌려라!

8 참돔 마릿수는 밑밥 양에 비례한다

9 감성돔 밑밥은 베이스 60, 부상유도용 40

10 벵에돔 밑밥은 잡어용 90, 벵에돔용 10

조류 파악 어려우면 발밑에만 뿌려라

초보자의 경우 조류 파악이 어려워 밑밥 투척점을 제대로 잡기 어렵다면 발밑에 뿌리는 것이 가장 무난하다. 그 경우 밑밥의 3대 기능 중 '집어' 기능은 기대하기 어려우나 '흥분'과 '부상' 기능은 얻을 수 있다. 또한 갯바위 가장자리엔 늘 반탄류가 발생하기 때문에 발밑에만 뿌려도 8~10m 수심까지 내려가는 동안 갯바위에서 꽤 먼 거리까지 흘러나가게 된다. 특히 급류가 갯바위를 스쳐 지나는 곳이나 파도가 높게 이는 상황에선 밑밥이 상당히 멀리 확산되므로 발밑에만 밑밥을 뿌리는 것이 정석이다〈그림4〉.

발밑에만 품질해도
충분히 집어효과를
얻을 수 있다
반탄류
〈그림4〉급류대나 파도 칠 때 품질법

감성돔 밑밥은 '베이스 밑밥'

감성돔은 부상력이 약하기 때문에 밑밥으로 중층까지 띄우기는 어렵고 밑밥이 바닥까지 내려가 쌓여야만 집어효과를 얻을 수 있다. 그래서 벵에돔이나 참돔보다 밑밥 품질이 더 어려운 게 감성돔낚시다.

벵에돔낚시와 참돔낚시가 밑밥과 미끼를 동조시켜서 낚는 낚시라면 감성돔낚시는 미리 포인트에 '베이스 밑밥'을 깔아놓고 미끼를 그 베이스 밑밥 위에 반복적으로 흘리는 낚시라 할 수 있다. 따라서 조류가 빠를 때보다 느릴 때 집중적으로 뿌리고, 특히 잡어들이 피기 전인 동틀 무렵에 밑밥의 30~40%를 왕창 투여해 베이스 밑밥군을 형성하는 것이 중요하다.

감성돔 밑밥을 만들 때는 크릴이 빨리 가라앉을 수 있도록 원형을 그대로 유지하는 게 좋고 압맥, 옥수수 등 무거운 곡물을 많이 첨가한다. 그러나 베이스 밑밥으로 감성돔을 붙잡아 놓았다고 하여도 감성돔의 시선이 바닥에 가라앉은 밑밥에만 쏠려서 머리 위의 미끼를 발견하지 못한다면 무용지물이므로 언제나 적은 양의 밑밥이 미끼와 함께 수중에 흘러 다니게끔 지속적 품질을 가미해야 한다.

벵에돔 밑밥은 소량씩 끊임없이

벵에돔은 특정 암초대에 집단서식하며 감성돔보다 회유반경이 좁다. 따라서 선장이나 가이드가 벵에돔 포인트라고 내려준 곳에는 반드시 그 주변 물속에 벵에돔이 있다. 낚시의 관건은 밑밥으로 그 벵에돔을 띄워 올리느냐 그렇지 못하느냐에 달렸다.

감성돔은 바닥에서 먹이활동을 하기 때문에 미끼로 바닥을 긁어서 낚을 수 있지만, 벵에돔은 바닥에서 은신만 할 뿐 먹이활동은 중상층에서 하기 때문에 바닥을 긁어선 낚을 수 없다. 오로지 벵에돔이 먹이를 찾아 바닥에서 떠올라야만 낚을 수 있는 것이다. 그만큼 밑밥에 조과가 좌우되는 확률이 감성돔보다 훨씬 높다.

벵에돔을 낚은 직후 곧바로 밑밥을 품질하고 있다. 고기를 처리하는 사이에 밑밥띠가 끊어지는 것을 막기 위해서다.

벵에돔 밑밥은 미끼와 동조를 위해 중상층을 계속 부유해야 하므로 소량씩 지속적으로 품질해야 한다. 크릴이 두세 마리씩이라도 지속적으로 들어가면 벵에돔은 그 밑밥의 띠를 따라 와서 미끼를 공격한다. 그러나 초기에 다량의 밑밥을 투여해도 밑밥의 띠가 끊기면 벵에돔은 다시 바닥으로 내려앉는 수가 많다〈그림5〉.

특히 벵에돔낚시에서는 잡어들을 분리하는 밑밥과 벵에돔을 띄워 올리는 밑밥이 이중으로 들어가므로 감성돔낚시보다 1.5배 더 많은 밑밥이 필요하다.

그러나 일단 벵에돔들이 부상하여 먹이 경쟁을 시작하면 그때부터는 품질의 양을 줄여야 한다. 벵에돔이 포만감을 느끼지 않고 왕성한 먹이 경쟁을 벌일 정도로 소량을 뿌려야 입질이 빠르고 시원스럽다.

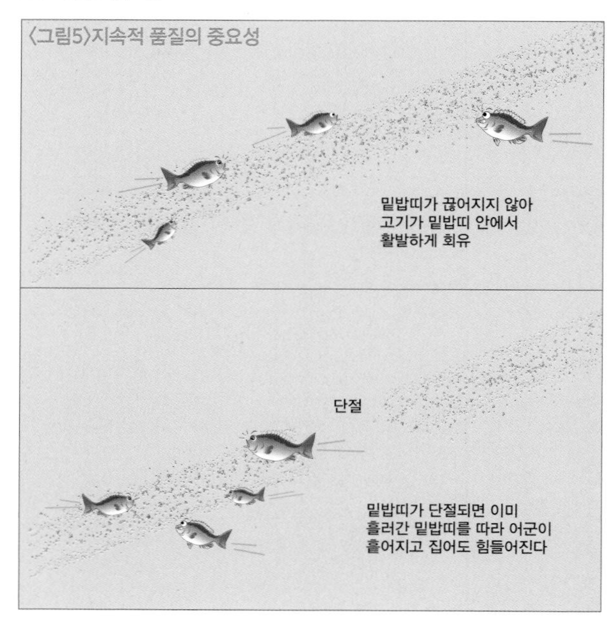
밑밥띠가 끊어지지 않아
고기가 밑밥띠 안에서
활발하게 회유
단절
밑밥띠가 단절되면 이미
흘러간 밑밥띠를 따라 어군이
흩어지고 집어도 힘들어진다
〈그림5〉지속적 품질의 중요성

벵에돔 밑밥용 크릴은 잘게 부숴라

벵에돔 밑밥은 빨리 가라앉으면 좋지 않다. 천천히 가라앉아야 벵에돔을 많이 띄울 수 있다. 그래서 약간 덜 녹은 크릴을 잘게 부순다. 통크릴보다 잘게 부순 크릴이 더 천천히 가라앉기 때문이다. 잘게 부순 크릴은 밑밥주걱에 담아 던질 때도 단단하게 뭉쳐져 잘 날아간다.

크릴 : 집어제 : 빵가루를 5 : 1 : 2 의 비율로 섞는데 처음에는 물을 적게 부어서 약간 푸슬푸슬하게 배합했다가 나중에 물을 더 첨가해 점성을 조절하는 것이 좋다.

벵에돔용 밑밥크릴은 잘게 부숴준다. 입자가 작아야 천천히 내려가 확산되며, 크릴의 원형 유지와 입질 빈도와는 별 관계가 없다.

참돔 밑밥은 하루낚시에 크릴 10장 이상

참돔만큼 밑밥 투자효과가 확실한 어종도 드물다. 참돔은 밑밥에 대한 반응도가 높고 조류에 흘러오는 밑밥을 따라 쉽게 집어되므로 밑밥을 많이 준비할수록 많이 낚을 확률이 높다. 참돔 포인트는 수심이 깊고 조류도 빠르기 때문에 훨씬 많은 밑밥이 필요하다.

당일낚시라면 최소 크릴 10장 이상이 필요하고 1박2일 일정이라면 한 박스(16장)는 준비해야 한다. 그러나 수심이 깊지 않고 조류도 빠르지 않은 근해권에서 참돔을 낚는다면 감성돔낚시 때보다 2장 정도만 더 준비하면 된다.

아침에는 근거리, 오후에는 장타낚시

동틀 무렵부터 아침에는 대상어들이 포인트에 가까이 진입해서 입질하므로 밑밥을 발밑에 뿌리고 근거리부터 노려야 한다. 감성돔이 이미 발밑에 와 있을 가능성이 크므로 경계심을 주지 않도록 밑밥은 소리가 나지 않게 뿌리는 것이 좋다.

오전에 입질이 집중되었다가 입질이 서서히 사라지면 그때부터는 멀리 노려본다. 감성돔들이 갯바위 주변을 완전히 떠나지 않고 멀리서 띄엄띄엄 입질하는 일이 더러 있으므로 낚시를 포기하지 말고 밑밥과 채비를 원투해서 더 먼 지점을 노려보면 의외로 큰 씨알이 낚이는 경우가 많다.

장거리 투척을 연습하라

밑밥 품질 테크닉의 완성은 원투라 할 수 있다. 근거리에 정확히 품질하는 것은 쉽지만 원거리에 정확히 품질하는 건 어렵다. 오늘날 갯바위의 어자원이 줄면서 감성돔이나 벵에돔이 점점 멀리서 낚이기 때문에 밑밥도 장거리에 투척해야 하는 경우가 많아지고 있다.

일단 탄력이 강한 고성능의 밑밥주걱과 밑밥을 흘리지 않고 원하는 지점에 깔끔하게 떨어지도록 주걱을 씻을 수 있는 물통 등을 완비하고 꾸준한 투척 연습으로 장타력을 길러야 한다. 밑밥통을 확실한 자리에 고정하고, 던지고자 하는 포인트 방향을 먼 산봉우리나 섬의 끝 등으로 표식을 정하고, 일정한 양을 일정한 힘으로 쏘아주는 연습을 자주 하면 거의 같은 지점에 원투가 가능하다.

밤낚시엔 맨크릴이 최상

'맨크릴'이란 집어제를 섞지 않은 상태의 크릴을 말한다. 크릴은 해동 초기에 몸에서 푸르스름한 인광을 발산하는데 그 빛이 컴컴한 밤에 집어력을 발휘한다. 밤에 참돔, 벤자리, 농어, 긴꼬리벵에돔 같은 고기를 노릴 때는 크릴의 인광이 묻히지 않도록 집어제를 섞지 않는 게 좋다. 그러나 맨크릴만 가지고는 원투하기 힘들기 때문에 조류가 발밑에서부터 뻗어나가는 포인트라야 하는데, 밤에는 고기들이 갯바위 가까이 붙어 입질하므로 근거리에만 품질해도 효과가 높은 편이다.

발밑에 밑밥을 뿌리며 고기를 유인하고 있다. 사진처럼 빠른 조류가 흐르는 곳에서는 평소보다 많은 양의 밑밥이 요구된다.

심화 학습

벵에돔낚시 품질 특강

잡어 피하는 품질법 3단계

민병진 한국다이와 이소필드마스터, 제로FG 회장

벵에돔낚시에서 가장 큰 고민이 잡어 분리다. 벵에돔낚시터에는 늘 잡어가 바글대기 때문에 찌에 밑밥을 바로 뿌리면 잡어에게 미끼만 따먹히게 된다. 그래서 발밑에 잡어용 밑밥을 뿌려 붙들어놓고 벵에돔용 밑밥은 멀리 소량 뿌리는 2단계 품질이 가장 많이 쓰인다.

▼1단계 : 발밑과 원거리 2단 품질

〈그림1〉에서 보듯 ①~⑤의 순서대로 잡어를 분리한다.

①의 과정은 잡어를 발밑에 불러 모으는 방법이다. 밑밥은 철저히 잡어 유인용이며 갯바위에서 1m 이내에만 품질을 한다.

②의 과정에서는 ①의 과정에서 모여든 잡어를 확인한 뒤 재차 같은 방식으로 조류의 2~3m 상단에 2차 밑밥을 2~3주걱 소리 내어 투입한다.

충분히 잡어가 발밑에 모여들었다고 생각되면 이번엔 20m 이상 떨어진 ③번 지점에 채비를 원투한다.

이후 ④지점에 밑밥을 투입한다. 이 밑밥은 채비가 착수하는 소리를 듣고 몰려든 잡어의 관심을 돌려놓기 위해서다. 소리를 듣고 밖으로 나가는 잡어의 바로 뒤에 밑밥을 투여하여 재차 불러 모은다(밖으로 빠져나가는 잡어가 없다고 판단될 때는 뿌리지 않는다).

이 과정이 끝났으면 이제 찌와 가까운 ⑤지점에 벵에돔 집어용 밑밥을 가능한 조용히 투척한다.

이때 주의할 점은 〈그림2〉에서 보듯 날아가는 밑밥에서 떨어지는 밑밥 유실분이 없어야 한다는 점이다. 적잖은 낚시인들이 '그 정도 흘리는 거야 무슨 상관이 있겠는가'라며 대수롭지 않게 생각하지만 실제론 이 유실 밑밥이 징검다리 식으로 잡어들의 관심을 끌면서 멀리 떨어진 미끼에까지 잡어를 유도하는 역할을 초래한다.

〈그림2〉밑밥의 징검다리 효과의 위험성

날아가는 도중 떨어진 밑밥이 채비 쪽으로 잡어를 유도한다

▼2단계 : 조류를 이용한 시간차 분리

〈그림3〉에서 보듯 측면에서 원활히 흘러드는 조류에 밑밥을 태워 일정 범위에 잡어를 묶어 놓는 분리법이다. 우선 조류와 90도 각도로 선 뒤 전방 10m 지점에 ①~⑤의 순서대로 약 10여분 동안 밑밥을 품질한다. 이 동작은 잡어의 군집 지역을 어느 한 쪽으로 한정시키는 반복 학습과정이라고 할 수 있다. 이 과정이 오래 지속될수록 잡어들도 리듬을 타게 된다. 잡어들의 움직임이 통일성을 갖게 됐다고 판단되면 밑밥이 떨어진 지점보다 약 10m 상단에 채비를 투입한다. 이때는 절대 밑밥을 함께 주어서는 안 된다. 일정 수심 아래로 잠겨 흘러내려온 미끼가 밑밥이 투여된 지점에 가까이 다가서면서 벵에돔 입질을 받아낼 수 있는 낚시법이라고 할 수 있다. 조류가 횡으로, 일정하게 흘러 나가주는 상황에서 매우 잘 먹히는 방식이다.

〈그림3〉조류를 이용한 시간차 분리

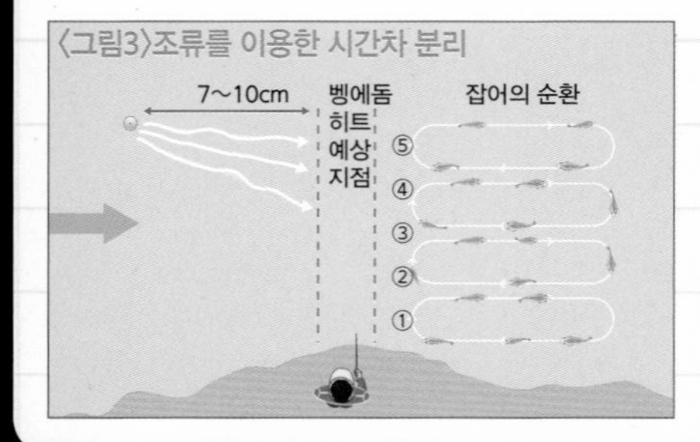

▼3단계 : 오직 발밑에만 품질하고 찌는 원투

앞서의 방법이 잘 먹혀들지 않는 상황에서 시도해 보는 최후의 전략이다. 당일 준비해간 밑밥의 전부를 발밑에만 뿌린다. 좌우 범위는 얼마든지 넓어도 좋지만 절대로 멀리 밑밥이 투여되어선 안 된다. 그리고 찌는 20~25m 이상 멀리 던져놓고 기다리는 방식이다. '밑밥이 전혀 들어가지 않는데 과연 입질이 들어올까'도 싶지만 의외로 잦은 입질이 받히는 게 특징이다. 이때 벵에돔은 갯바위 앞에서 벌어지고 있는 상황 자체엔 관심을 갖지만 적극적으로 접근하지 않고 먼 거리에서만 배회하다가 미끼가 눈앞에 보이면 입질하는 것이다. 유념할 점은 25m 이상 원투를 해도 고작 두 발 수심에 떠서 무는 경우가 많다는 것이다.

〈그림1〉일반적 잡어 분리 요령

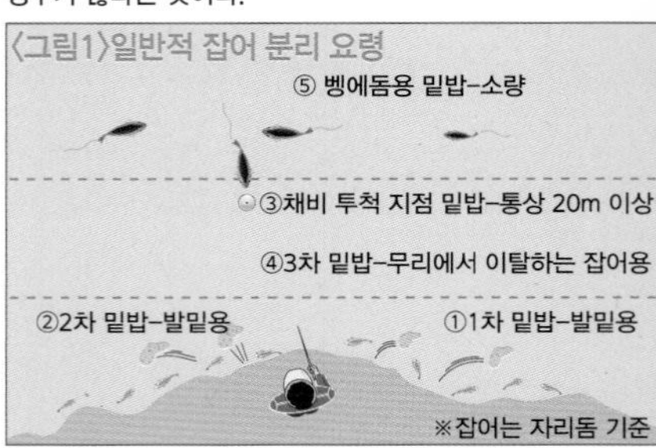

잡어의 행동 유형별 종류

행동 유형	종류
주로 가로(橫) 방향으로 움직이는 잡어	학공치 전갱이 고등어 등
주로 세로(縱) 방향으로 움직이는 잡어	쥐치 복어 등
이동 속도가 빠른 잡어	고등어 전갱이 등
중간 속도로 움직이는 잡어	숭어 학공치 볼락 어린 독가시치 벵에돔 돌돔 등
느린 속도로 움직이는 잡어	복어 자리돔 용치놀래기 쥐치 등
주로 상층에 머무는 잡어	전갱이 학공치 숭어 자리돔 어린 독가시치 벵에돔 등
주로 중층 이하에 머무는 잡어	용치놀래기 복어 쥐치 볼락 어린 볼락 등
주로 발밑에 붙어있는 잡어	자리돔 어린 독가시치
소리에 민감한 잡어(밑밥 및 채비 투척 등)	자리돔 전갱이 학공치 숭어 어린 독가시치 벵에돔

밑밥을 담은 밑밥주걱(위)과 품질 후 주걱물통에 넣어 밑밥이 깔끔하게 닦여나간 밑밥주걱(아래). 밑밥주걱이 깔끔해야 캐스팅 때 찌꺼기가 중간에 떨어지는 것을 막을 수 있다.

CHECK POINT

▶집어제 가격에 따른 품질 차이는?

집어제 시장은 전문업체와 영세한 업체들이 난립해 있다. 전문업체의 제품은 품질이 우수하지만, 영세업체의 제품은 성분 표시조차 돼 있지 않은 저급 제품이 많다. 그러나 가격이 전문업체 제품의 절반 내지 3분의 1 수준에 불과하여 낚시점에선 이윤이 많이 남는 영세업체 집어제를 많이 판매하고 있다. 전문낚시인들은 "저급 집어제에는 톱밥이나 모래 같은 성분이 많이 함유돼 있어 집어력이 떨어진다. 특히 홈통이나 조류가 덜 흐르는 곳에서 고기를 집어해 보면 유명 메이커의 고급 집어제가 고기를 오래 머물게 한다"고 말한다.

▶밑밥 크릴을 녹이니 물이 많이 나오고 집어제와 섞으니 형태가 녹아버린다. 어떻게 하나?

이런 크릴을 흔히 '죽크릴'이라고 부르는데 한 덩어리에 2천원이 채 안 되는 하급 크릴이다. 이런 크릴은 밑밥 효과가 떨어지고 미끼용으로는 아예 쓸 수도 없다.

▶왜 어종마다 집어제를 달리 쓰나?

벵에돔은 중상층에 떠서 입질하는 고기이므로 집어제도 비중을 가볍게 해서 상층부의 미끼와 동조되게 만든다. 반면 감성돔은 주로 바닥층에서 낚이므로 비중이 무거운 집어제를 섞어 빨리 바닥까지 내려가게 만든다. 만약 가벼운 벵에돔용 집어제를 감성돔낚시에 쓰면 중층에서 멀리 흘러가 버려 감성돔 무리가 멀리 흩어져 버리는 결과를 초래할 것이다.

▶하루에 밑밥은 어느 정도 써야 알맞나?

하루에 6시간 낚시가 평균이라고 볼 때 감성돔 밑밥의 경우 하루 적정량은 크릴 5장에 집어제 2봉, 압맥 1봉이다. 만약 아침이나 오후에 잠깐 낚시한다면 크릴 3장에 집어제 1봉, 압맥 1봉만 써도 충분하다. 그러나 아침부터 오후 늦게까지 낚시하려면 10장의 크릴이 필요하다. 밑밥은 남으면 그냥 버리고 오면 되지만 부족하면 막상 입질이 왔을 때 집어할 수 없어 난감해진다. 따라서 밑밥은 늘 여유 있게 준비하는 게 좋다.

▶조류 상황에 따른 밑밥 품질 양

조류가 세면 그만큼 밑밥도 많이 품질해야 한다. 그래서 본류낚시에서는 하루 10장의 밑밥도 모자란다. 조류가 약하거나 돌아드는 홈통 안이라면 약간만 품질해도 밑밥이 그 자리에 쌓이지만 먼 바다로 세차게 조류가 흘러가면 그만큼 유실되는 양이 많다. 그런데 유실되는 양이 많을수록 먼 거리의 고기까지 집어할 수 있음을 알아야 한다. 이런 상황에서 품질을 멈추면 밑밥띠가 끊겨 다가오던 어군이 다시 돌아가버리기 때문에 지속적으로 품질할 필요가 있다.

▶쓰고 남은 밑밥 처리

겨울엔 냉장고에 밑밥통째로 보관했다가 다음 출조 때 써도 큰 상관은 없다. 그러나 여름엔 크릴의 부패가 빨리 진행되므로 반드시 갯바위에서 버리고 와야 한다. 부패된 크릴은 검게 변하는데 검게 변한 크릴에는 고기가 덜 몰린다는 실험 결과가 있었다. 겨울이라도 벵에돔용 밑밥은 신선한 크릴로 다시 개어 쓰는 게 좋다. 감성돔용은 바닥층을 노리므로 약간 뭉쳐진 상태로 가라앉아도 상관없지만 벵에돔 밑밥은 상층에서부터 부슬부슬 내려와야 하므로 뭉쳐진 밑밥은 불리하다.

참돔 생포를 위한 협동작전.
추자도 목개 끝에서 부산낚시인 김광민씨가 끌어낸
참돔을 김태규씨가 뜰채에 담으려 하고 있다.

라인을 메인으로 생각하는

45도 컨트롤 낚시

오구라 토모카즈 한국다이와(주) 기획부장

한 낚시인이 구멍찌낚시로 고기를 걸어 파이팅을 벌이고 있다. 좋은 조과를 올릴 수 있는 숨은 비결 중 하나가 자신이 쓰고 있는 원줄의 이해와 조작이다.

여러분 안녕하세요. 그리고 낚시춘추의 기자 여러분,
제4호 무크지 발행을 축하드립니다. 한국에서 처음 시도한 낚시무크지가 4호까지 발행된다는 것은 그만큼 많은 분들이 애독하고 있다는 증거이며,
그런 책에 기고할 수 있다는 것에 저도 정말 행복합니다.
이번 4호는 「구멍찌낚시」입니다만, 한국의 감성돔을 포함한 갯바위낚시의 지식, 테크닉에 대해서는, 아마 다른 분들이 기고할 것이라고 생각하기 때문에, 저는 그런 분들의 테크닉과는 다른 시점, '라인에서 본 갯바위낚시'에 대하여 쓰고 싶습니다.

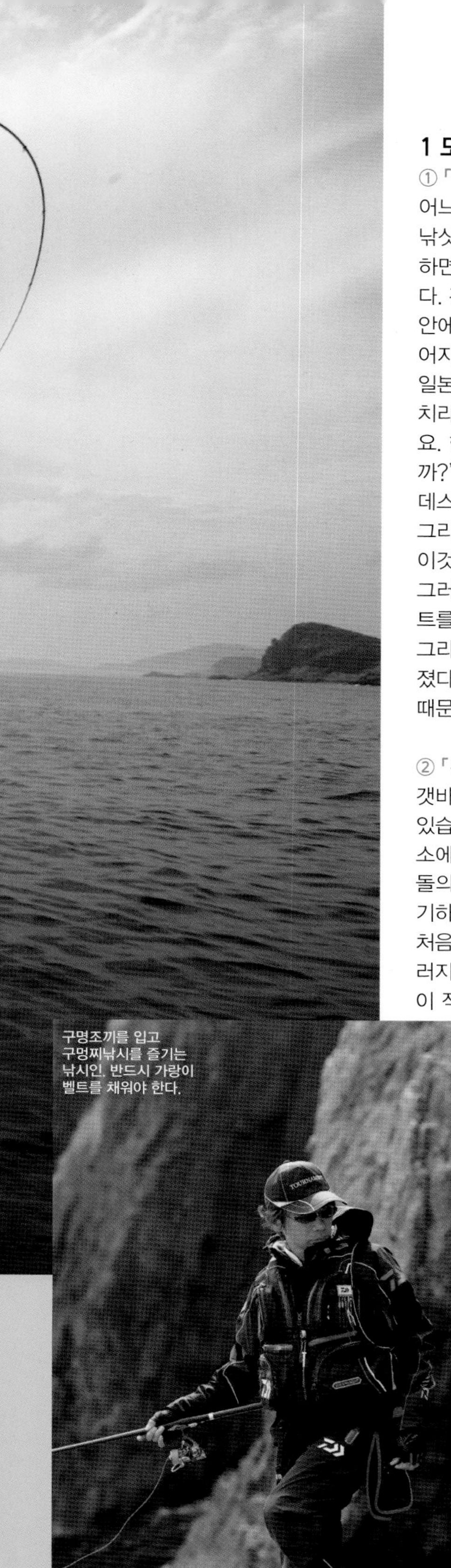

구명조끼를 입고 구멍찌낚시를 즐기는 낚시인. 반드시 가랑이 벨트를 채워야 한다.

1 도구편

①「구명복」을 착용하지 않는 사람은 갯바위에 가지 말아 주세요

어느 갯바위에서든 가장 필요한 것이 구명복입니다. 아마 여러분이 도구로 가장 먼저 생각하는 것은 낚싯대나 릴일지도 모릅니다만, 생명을 지키는 안전장비를 우선적으로 생각해 주세요. 이것은 차로 말하면, 벤츠나 아우디가 아무리 멋있어도 안전벨트가 붙어 있지 않으면 구입하지 않는다는 말과 같습니다. 갯바위에서 사용하기 때문에, 선상낚시 등에서 사용하는 팽창식 구명복은 부적합합니다. 팽창식은 안에 비닐봉투(나일론 등)가 부풀어 오르는 것으로 부력이 생기는 것인데, 봉투가 갯바위 등에 스쳐 찢어지면 기능을 잃어버립니다. 대신 고정 부력재식 구명복이 좋습니다.
일본의 기준입니다만, 품질이 견실한 구명복에는 부력을 나타내는 수치가 기재되어 있습니다. 초기 수치라고 말하며,「초기 74 N(7.5킬로그램/24시간)」과 같이 기재되어 있기 때문에 이것을 확인해 주세요. 한국이라면 KC마크가 있을 것입니다. 문의전화 중 '체중이 많이 나가는데, 구명복 부력이 괜찮을까?'라는 질문이 있습니다만, 통상의 어른으로 생각할 수 있는 범위이면 전혀 문제 없습니다. 아르키메데스의 원리를 참조하면, 체중이 무거운 사람이 부력도 더 크다는 사실을 알 수 있습니다.
그리고 사용 시 반드시 가랑이 벨트를 매주세요. 구명복의 뒤편 아래에 보통 2개의 벨트가 있습니다. 이것을 좌우 앞쪽에 연결합니다. 구명복을 잘 입고 있어도 이 가랑이 벨트를 하지 않은 사람이 있는데, 그러면 구명복을 착용하고 있어도 의미가 없습니다. 바다에 떨어져 보면 알 수 있습니다만, 가랑이 벨트를 하고 있지 않으면 구명복이 간단하게 몸에서 분리되거나 밸런스를 무너뜨려 버립니다.
그리고 구명복에도 수명이 있습니다. 소지하고 계신 구명복의 부력재를 보고, 원래의 상태보다 납작해졌다면, 교환할 시기입니다. 구명복은 항상 착용하는 것으로 애착이 가지만, 생명을 다루는 도구이기 때문에 정기적으로 점검을 실시해 주세요.

②「갯바위신발」에 대한 과신은 금물

갯바위용 부츠에는 펠트, 펠트 스파이크, 스파이크, 방사선 모양 등 여러 가지 신발 바닥재가 발매되고 있습니다. 기본은 스파이크 혹은 펠트 스파이크입니다만, 주의가 필요합니다. 하나의 부츠로 어느 장소에서도 OK인 신발 바닥재는 없습니다. 시기에 따라서는 바위에 김이 있거나 이끼가 있거나 갯바위 돌의 종류에 따라서도 미끄러지는 것이 다릅니다. 제가 가장 이야기하고 싶은 것은 '과신'을 하지 말라는 것입니다.
처음 가는 장소는 발 밑을 확인하면서, 천천히 움직이며, 만약 미끄러지는 위험이 있다면, 무리를 하지 않는 것입니다. 당연히 미끄러짐이 적은 부츠로 교환하며, 밑바닥에 김 등이 붙어 있으면 바로 제거합니다. 부츠는 차로 말하면 타이어와 같습니다. 아무리 밸런스가 좋고 갯바위낚시에 능숙한 사람이라도, 발밑이 미끄러운 상태이면 낚시하는 것조차 할 수 없습니다.

갯바위에서는 구명조끼가 쓸리거나 상처를 입을 수 있어 팽창식보다는 고정 부력식 구명조끼가 안전하다.

작은 여에 올라가 낚시를 즐기고 있다. 이런 상황에서는 너울파도가 올 수 있으므로 반드시 구명조끼를 착용해야 한다.

2. 실전낚시편

① 라인에서 중요한 것은 「강도」와 「내마모성」

갯바위낚시에서 낚싯대와 릴 못지않게 중요한 라인(낚싯줄)에 대하여 이야기하겠습니다. 갯바위낚시에서 라인을 컨트롤하는 것은 매우 중요하며, 그를 위해서는 라인을 충분히 알아 두지 않으면 안됩니다. 통상 후카세낚시(띄울낚시)는 찌에 주목 합니다. 그러나 그 찌의 능력을 끌어내기 위해서도 라인 컨트롤, 즉 라인을 잘 이해해두지 않으면 안 됩니다. 어쨌든 갯바위 후카세의 찌는 표적만이 아니고, 채비를 '옮기는' 일도 하고 있습니다.
라인에는 크게 나누어 나일론 라인과 카본 라인의 두 종류가 있어, 일반적으로 원줄은 나일론을 사용합니다. 여기서 중요한 것은 강도와 내마모성입니다.
강도 즉, 라인의 힘을 나타내는 표시는 파운드(기호=lb 1lb=약 450g)입니다. 그리고 일반적으로 표시되고 있는 호수는 굵기입니다. 종종 3호=12lb라고 기재하고 있습니다만, 일반적으로 12lb의 강도를 가지고 있는 굵기가 3호 클래스가 많기 때문에 이러한 표시를 하고 있습니다.
갯바위낚시에서는 이 파운드 표시를 하고 있는 상품은 루어에 비해 적지만, 만약 여러분이 사용하고 있는 라인에 lb가 쓰여 있으면 꼭 확인해 주세요. 같은 12lb에서도 3호 굵기인 것과 2호 굵기인 것이 있습니다. 또 3호=00mm라고 하는 업계 공통의 룰도 없기 때문에, 같은 3호에서 굵기도 다르며, 강도도 다르기 때문에, 구입 시에 주의가 필요합니다.
그리고 라인에는 강도만이 아니고, 쓸림에 강한 내마모성, 미끄럼을 중시한 발수 처리, 결속부를 강화한 결속 강도를 강화한 것 등이 있습니다. 그 중에서도 내마모성이라고 하는 것이 중요합니다.
이것은 굵기의 관계로 연결됩니다. 3호=12lb의 강도는 약 5.4kg입니다만, 5kg의 물고기를 직접 매달 일도 없습니다. 그럼 왜 3호인가? 이것은, 마모성·내구성을 생각하고 있기 때문입니다. 갯바위에는 당연히 거친 바위가 있어, 라인이 스쳐 끊어지게 됩니다. 그러니까 조금이라도 끊어지기 어려운 실이 되어야 하는데, 이때 내마모성이 우수하면 가늘어도 매우 강한 실이 됩니다. 다이와에서는 현재 트리플 1000이라고 하는 종래의 10배의 내마모성을 가진 라인이 나오고 있습니다. 지금까지 3호를 사용하고 있었다면 이 줄이면 2호로 충분합니다. 그 정도로 높은 내마모성을 자랑합니다.

내마모성이 종래의 10배에 달하는
다이와의 트리플 1000 원줄.

구멍찌낚시로 굵은 감성돔을 낚아낸 낚시인. 가늘지만 강도와 내마모성이 우수한 라인을 사용하면 훨씬 능률적으로 고기를 낚아낼 수 있다

② 「비스듬한 45도」를 의식하세요

갯바위낚시에 100가지의 테크닉이 있다 해도 제가 갯바위낚시에서 중요시하고 있는 것은 두 가지입니다. 이 두 가지의 간단한 방법을 실행하여도, 어느 정도의 결과가 나오기 때문에 여러분에게 자신 있게 소개합니다.
솔직히 저도 100% 수행할 수 없습니다만, 미끼가 붙어 있는 바늘(이후 미끼라고 부릅니다)이 찌보다 전방 45도에 있는 것이 이상적이라고 알려져 있습니다. 이유는 정확히 모릅니다만, 지금까지 많은 프로들이 오랜 세월 경험으로 전해 온 것이기 때문에, 거짓은 아니라고 생각합니다.
이것을 간단하게 실행하기 위해서 앞에서 말한 라인이 매우 중요합니다(당연히 찌도 중요합니다만). 빨리 바다에 채비를 흘리고 싶다고 찌를 착수시킨 후 곧바로 라인을 자꾸자꾸 풀어 "빨리 나와라 빨리 나와라"하고 바라는 사람도 있습니다만, 이렇게 되면 찌는 점점 바다로 흘러가지만, 미끼는 찌보다도 뒤에 있기 때문에 고기를 잡기 힘들어집니다.
그 이유는 ①채비가 찌에 끌려가서 채비와 미끼가 가라앉지 않기 때문이며 ②항상 찌가 끌어당기기 때문에 물고기가 미끼를 먹을 때 위화감이 있기 때문입니다.

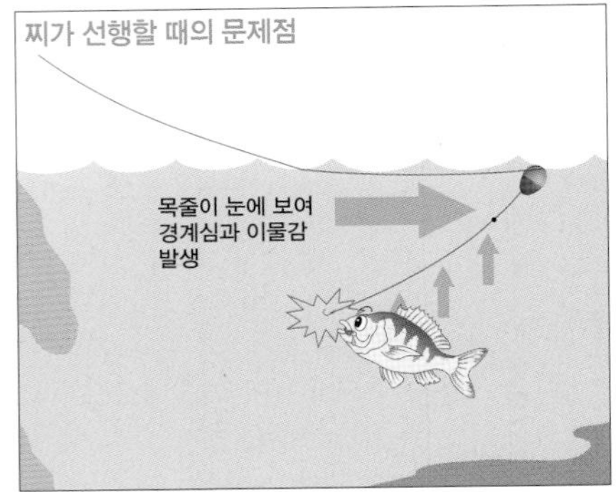

이 45도를 컨트롤하기 위해 중요한 것은 투입 후의 액션입니다. 미끼를 투입하고, 찌가 안정되면 낚싯대 끝을 내리고 찌가 당겨지지 않도록 여분의 원줄을 풀어 줍니다. 이것을 2회 정도 반복하면, 로드에 전해지는 채비의 저항이 무거워집니다. 이것으로 완료입니다. 여분의 라인이 없어지면 이제부터 시작 시점이 됩니다. 투입 할 때가 시작점이 아니고, 여분의 실이 없어지고 스타트입니다. 이것이 '비스듬한 45도'의 기초입니다.
중요한 것은, 찌부터 아래까지가 아니고 낚싯대 끝부터 찌까지입니다. 그리고 찌까지의 원줄이 가늘면 가늘수록, 그 저항은 적게 되어, 찌부터 아래의 라인보다 자유롭게 됩니다. 여러분은, 채비는 찌의 흐름에 의해 이동된다고 생각하겠지만, 사실은 찌보다 라인이 그 역할의 대부분을 담당하고 있습니다. 찌와 그 찌

까지의 라인 중 어느 쪽이 저항을 받을까요? 간단하네요? 당연히 라인이 저항을 받고 있습니다. 후카세낚시는 자연스럽게 흐르게 하는 것으로 물고기가 잡히기 때문에, 당연히 라인을 가늘게 하고 저항을 줄이는 것이 중요합니다.
덧붙여서 저 개인적으로는, 옆으로 조류가 흐르고 있을 때는(일반적으로 원줄을 당기면 입질을 알기 쉬워진다고 합니다만, 원줄을 당기면 점점 채비가 앞으로 오기 때문에) 가능한 한 줄을 느슨하게 두는 것이 좋다고 생각합니다. 그리고 그냥 줄을 느슨하게 두는 것이 아니라, 조류 흐름과 반대로 라인을 넘기는 것으로, 저항을 억제할 수 있습니다.
그럼 실제 자신의 채비는 비스듬한 45도가 되어 있는지 간단하게 판단하는 방법이 있습니다. 그것은 채비를 회수할 때입니다. 미끼가 찌보다 먼저 흐르고 있을 때는 반드시 채비의 회수가 무거워집니다. 반대로 스르르 올라오고 있을 때는, 확실히 선행되지 않은 상황입니다.
※ 덧붙여서 순서를 정리해보면, 비스듬한 45도로 되어 있을 때 바다 쪽에서부터 ①미끼 ②찌 ③낚시인 순이 되어 있으면, 자연스럽게 직선 상태가 되기 때문에, 맞춤도 낚싯대를 들어 올리는 것만으로 충분합니다. 낚싯대는 5m 이상이기 때문에, 낚싯대를 들어 올리는 것만으로 5m 이상 채비가 움직이는 것이므로 필요 이상의 정렬은 불필요합니다.

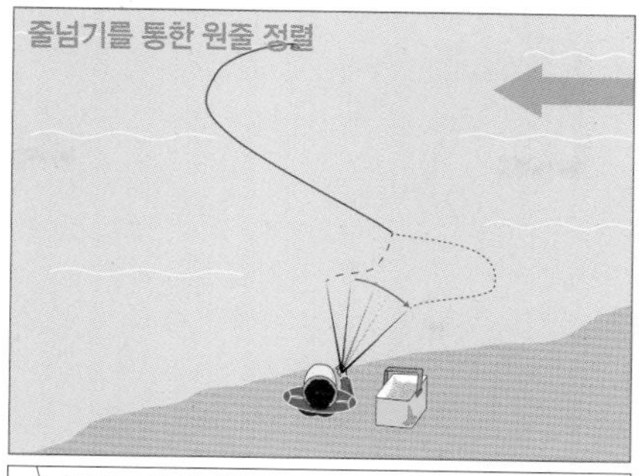

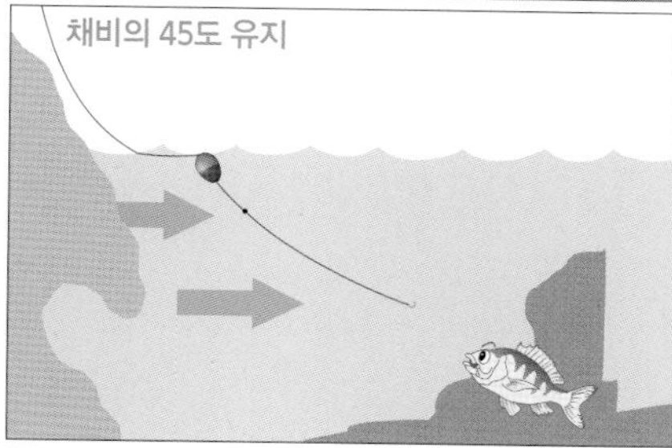

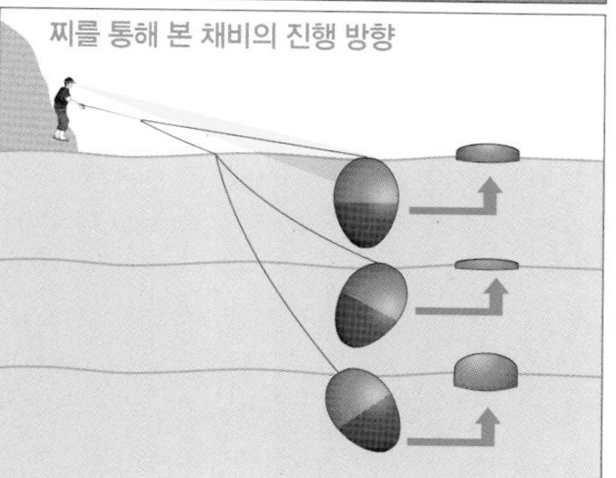

③ '찌의 자세'로 조류의 흐름을 읽는다

갯바위의 후카세낚시는 조류의 흐름을 읽어, 밑밥을 미끼와 동조시켜, 채비를 흘리고, 찌가 천천히 가라앉아 입질이 오는 묘미가 있습니다, 하지만 이 조류의 흐름을 읽는다는 것은 매우 어렵고, 솔직히 100% 할 수 있는 사람은 없다고 생각합니다.
자주 이중 조류라고 말하는 것은 압니다만, 수심 몇 미터부터라든지, 어느 정도의 스피드로 조류가 움직이고 있는 등을 정확하게 파악하기는 어렵습니다. 그렇기 때문에 재미있는 것인지도 모릅니다.
조류의 흐름을 읽을 때에 가르쳐 주는 것이 '찌의 자세'입니다. 찌를 잘 보고 있으면 찌도 아래의 라인에 이끌려 자세가 변합니다. 그렇다고 해도 솔직히 3cm 정도의 길이의 구멍찌 자세를 보는 것은 어렵습니다. 간단한 분별방법은 '노리는 방향에 대해서 찌가 어떻게 보이고 있을까'입니다.
예를 들면, 낚시인 정면의 위치에서 찌의 톱(윗쪽)이 잘 보이고 있는 상태로 흐르고 있을 때. 이것은 바다 쪽으로 조류가 흐르고 있는 증거입니다. 물고기가 활발히 움직이는 속조류 흐름이 발생해, 조류가 채비를 이끌고 있는 것으로 보입니다. 이때는 평상시보다 찌가 잘 보이므로 쉽게 알 수 있습니다. 또 물고기가 매우 잘 잡히는 조류이므로, 잡히지 않는다면 곧바로 찌밑수심 등을 조정해 보세요.
반면에 찌의 머리가 먼저 흐르고 있는 경우는, 조류가 움직이지 않는 것이거나, 아니면 찌가 선행하고 채비가 뒤쫓고 있는 것입니다. 찌가 직립하여 어딘지 모르게 '강동강동'하고 있는 경우라면 찌 밑에 큰 변화를 주든지, 조류가 바뀔 때까지 도시락이라도 먹으면서 휴식을 취해 주세요.

지면 관계상 길게는 적을 수 없습니다만, 우선 이 두 가지를 베이스로 낚시를 조합해 보세요. 이 기초가 어떻게 되어 있는지를 이해한 뒤에 다음 공정으로 이동할 수 있습니다. 조류의 흐름에 싣는 것으로, 보다 내추럴하게 미끼를 흘리는 것은 한번 보면 간단합니다만, 잘 생각하면 상반되는 것이 있기도 하고, 낚시인이 생각하는 것보다 간단하지는 않습니다.
또 갯바위낚시는 이밖에 목줄의 길이, 좁쌀봉돌을 붙이는 방법, 수중찌의 사용법 등 수없는 테크닉이 있습니다. 그러나 기초를 소홀히 해버리면, 터무니없게 되어버립니다. 안전을 확보하고, 즐거운 감성돔낚시가 가능하도록 저희도 더 좋은 상품을 만들기 위해 노력하고 있으므로 앞으로도 많은 관심 부탁드립니다.

지속적인 원줄 관리를 통해 고기를 히트한 낚시인. 라인을 가늘게 해 저항을 줄이는 게 중요하다.

Chapter 4
감성돔낚시

WONDERLAND
FIELD TESTER
TEAM WONDERLAND

감성돔낚시 현장

N·S 필드스탭

김선구·김지송의 거문도 공략

이기선 낚시춘추 기자

감성돔은 우리나라 바다낚시 대상어 가운데 최고의 인기 어종이다.
'바다의 왕자', '갯바위의 은빛 백작'이라 불리는 감성돔은 순발력과 강인한 힘으로
스릴과 호쾌한 손맛을 안겨주지만, 타고난 경계심 탓에 쉽게 낚이지 않는 대상어다.
4대돔(감성돔, 벵에돔, 참돔, 돌돔) 중 서식범위가 가장 넓어서
동서남해 어디서든 낚을 수 있으며 사철 낚을 수 있다.
늦봄과 여름에는 잔잔한 내해에서 낚이다가 가을에는 내해와 외해에서 고루 낚이기 시작하며,
겨울과 초봄에는 외해와 원도에서 대형급이 낚인다.

거문도 안간여에서 감성돔을 히트한 김선구씨.
건너편 오른쪽 곶부리가 유촌밭너머다.

김지송씨의 소품통. 찌멈춤봉과 봉돌, 도래, 낚싯바늘 등이 수납되어 있다.

김지송씨의 소품가방 속. 릴 2개에 예비스풀 2개, 기타 소품통이 들어 있다.

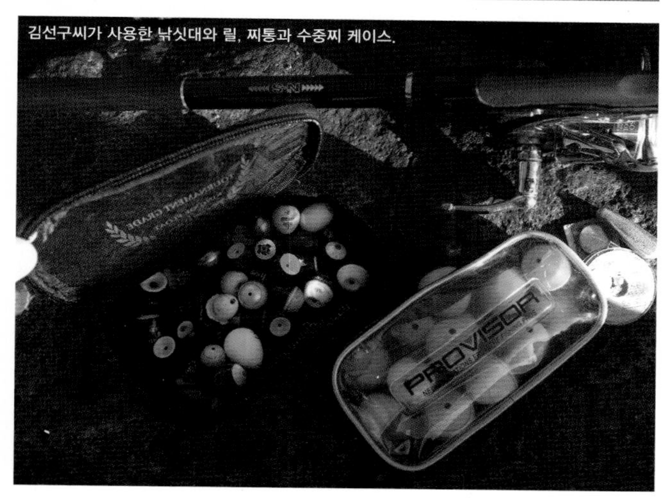

김선구씨가 사용한 낚싯대와 릴, 찌통과 수중찌 케이스.

겨울철 남해 원도에서 펼쳐지는 감성돔낚시를 취재하기 위해 김선구(1958년생, N·S 바다프로스탭 팀장), 김지송(1969년생, N·S 바다프로스탭, 고흥 실전낚시 대표)씨와 함께 전남 여수시 삼산면 거문도를 찾았다. 취재팀이 내린 곳은 서도 서쪽의 대원도 맞은편에 있는 신추 여밭.

김선구 팀장은 빠른 조류에서 낚시를 즐기는데, N·S 알바트로스 기 1.5호 릴대에 원줄 3호, 목줄 2호를 사용했다. 릴은 LB릴을 썼다. "감성돔을 노릴 때는 드랙릴이면 충분하지만 거문도의 5짜급 벵에돔은 순간적으로 발밑을 파고들기 때문에 드랙이 풀리지 않는 경우가 종종 생긴다. 그래서 즉시 줄을 풀어 대를 세울 수 있는 LB릴이 좋다"고 말했다. 목줄은 대형 벵에돔이 출몰하면 2.5호나 3호, 참돔이 낚이면 3호나 4호로 업그레이드한다고.

김지송 프로는 N·S의 연질대인 알바트로스 지누 기 1호대에 원줄 2호, 목줄 1.75호를 사용했다. 릴은 2500번 드랙릴을 썼다. "대어가 걸려서 저항이 커지면 원줄이 자동으로 풀리는 드랙릴이 대형어를 상대하기 더 쉽다. 대물 감성돔은 입질 받은 후 초기 대응에서 원줄을 풀어주면 안 된다. 그냥 드랙을 꽉 잠가놓고 버티는 게 승산이 더 높다"고 말했다.

●거문도 감성돔 채비

김지송 : 저부력 반유동채비
3B 구멍찌에 3B 수중찌를 달고 찌매듭을 묶었다.
김선구 : 고부력 반유동채비
1호 구멍찌에 1호 수중찌를 달고 찌매듭을 묶었다.

두 사람 모두 목줄에는 봉돌을 달지 않았는데 "얕은 여밭에선 긴 목줄이 바닥을 자연스럽게 훑도록 하기 위해 봉돌을 달지 않는다. 봉돌을 달면 밑걸림이 자주 발생하기 때문이다. 그러나 조류가 빨라지면 봉돌을 달아야 한다"고 말했다.

●감성돔 포인트를 선정할 때 주안점은?

김선구 "계절과 그날 날씨에 따라 포인트를 선정한다. 감성돔 활성도가 매우 좋은 가을엔 수심이 6~8m로 깊지 않은 곳이 좋은데, 조류가 원활하고, 바닥에 물속여가 잘 발달되어 있는 곳이라면 감성돔이 서식

갯바위낚시 장비 관리 TIP

김선구 N·S 바다프로스탭 팀장

낚시장비를 보관할 때는 일차적으로 갯바위에서 염분을 제거하는 게 좋다. 생수를 한 병 더 챙겨가서 염기가 스며들기 쉬운 스풀이나 낚싯대 가이드, 뜰채 프레임에만 민물을 뿌려 씻어준 뒤 챙기면 부식 방지에 큰 효과가 있다.
그리고 낚싯대를 접을 때 낚싯대 밑부분을 갯바위에 놓지 말고 신발 위에 올려놓고 접으면 밑뚜껑이 상하지 않는다. 또 낚시 후 많은 낚시인들이 낚싯대를 접고 난 다음 찌를 자르는데, 그때 원줄이 꼬여 초릿대가 부러지기도 하므로 원줄을 잘라 찌를 뺀 뒤 낚싯대를 접는 게 좋다. 또 낚싯대를 펼 때 릴 베일을 젖혀놓고 대를 뽑으면 원줄이 많이 풀려서 갯바위에 줄이 스쳐 스크래치가 날 가능성이 높다. 나는 그 대신 드랙을 아주 느슨하게 풀어놓은 뒤 낚싯대를 펴는데 원줄에 여유줄이 생기지 않아 그런 상처를 방지할 수 있다.

거문도의 명포인트인 소원도와 대원도(가운데 큰 섬).
대원도 너머에 신추 여밭이 있다.

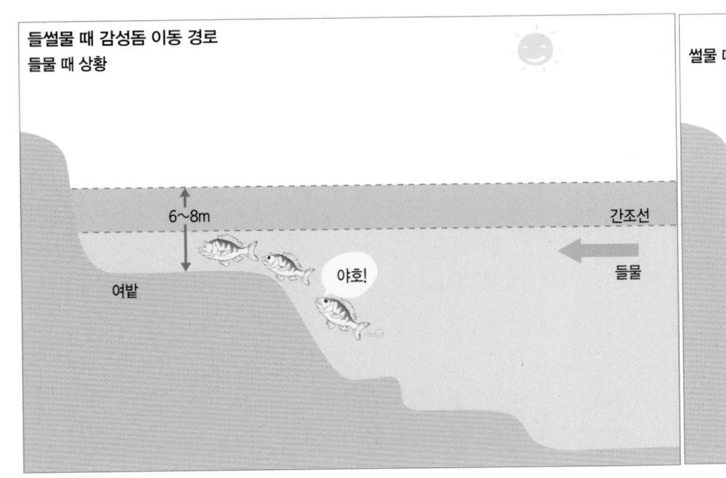

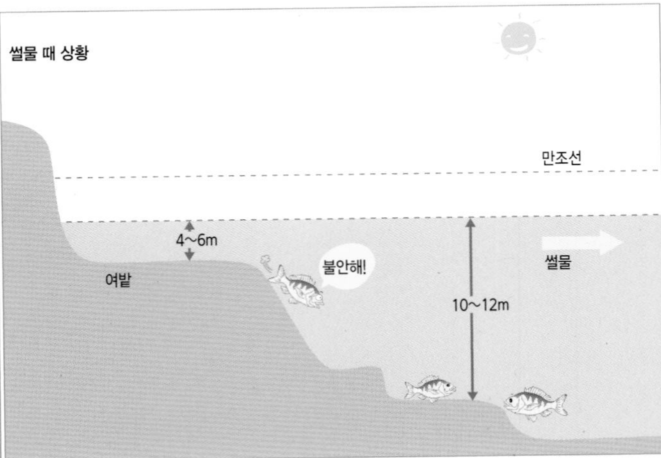

할 가능성이 높다. 이때는 남해안 중거리권 섬을 많이 찾는다. 겨울이 되면 좀 더 먼 바다에 있는 섬을 찾는데 겨울철 공략수심대는 8~12m 정도다. 시간여유가 있으면 2박3일 일정으로 원도권을 주로 찾는다."
김지송 "수온이 낮은 한겨울이라도 거문도 같은 남쪽의 원도는 수온이 11도 이하로 잘 떨어지지 않기 때문에 겨울에도 얕은 여밭에서 쉽게 감성돔을 낚을 수 있다. 특히 오늘처럼 아침 물때가 초들물에서 중들물로 넘어가는 날에는 수위가 점점 오르는 얕은 여밭을 공략 포인로 삼으면 좋다. 가급적 본류가 흐르는 깊은 수심대가 그 여밭 근처에 있으면 최상의 조건인데 이곳 신추 여밭이 그런 곳이다. 그러나 썰물시간이라면 여밭을 피하고 깊은 수심대를 노려야 한다. 들어왔던 물이 빠지게 되면 감성돔 역시 불안감을 느껴 빠지는 조류와 함께 깊은 곳으로 이동한다."

●포인트 탐색 요령

김선구 "포인트 유형별로 탐색요령이 다르다. 첫째, 여밭에선 부챗살 모양으로 전방 5m부터 10, 15, 20m 거리까지 차례대로 수심과 물속 바닥의 굴곡을 체크해 나간다. 둘째, 본류대에선 기본수심만 멀리까지

김선구씨가 사용한 1호 반유동채비.

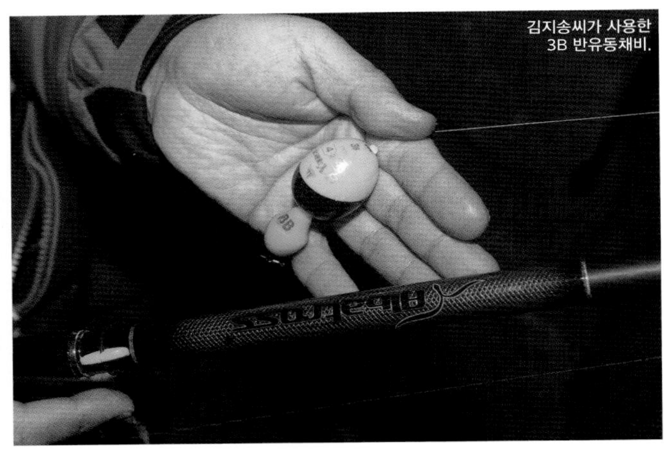
김지송씨가 사용한 3B 반유동채비.

신추 여밭에서 낚시하고 있는 N·S 필드스탭들.

"감성돔은 동틀 무렵에 가장 잘 낚입니다." 여명이 밝기 전 서둘러 채비를 하고 있는 김지송씨.

체크한 후 그때그때 조류 변화에 맞춰 수심을 조절한다. 단 멀리까지도 여밭이 형성된 곳은 시간이 다소 걸리더라도 꼼꼼히 수심 체크를 해야 한다. 그런 곳에서는 멀리서도 입질 받을 확률이 높기 때문이다. 셋째, 직벽에선 먼저 수중턱 끝자락에 수심을 맞춰 공략한다. 저수온기 외에는 이 부분에서 거의 입질을 받는다. 수중턱에서 입질이 없을 경우엔 그 너머 바닥의 큰 수중여를 찾는다."

●채비 선택 요령

김선구 "수심과 조류의 강약에 따라 채비를 달리한다. 6~9m 수심대를 공략할 때는 0.5호~0.8호 찌를 많이 선택하되, 조류가 강하게 흐른다면 1호로 올려 사용한다. 8~12m로 좀 더 깊은 곳을 노린다면 1호 찌를 기본으로 사용하고(수중찌도 1호), 조류가 강하게 흐른다면 1.5호 구멍찌로 교체하고 수중찌는 1.2호를 선택한다. 수중찌가 찌보다 약간 가벼운데, 그 이유는 목줄에 2B~3B 좁쌀봉돌을 넉넉하게 달아서 목줄이 조류에 밀리는 걸 방지하기 위함이다."

김지송 "나는 시즌을 따지지 않고 수심 얕은 여밭을 선호하는 편이다. 얕은 여밭은 파도가 쳐 물색이 흐린 날에는 떼고기 조과를 보이기도 하고, 깊은 곳보다 오히려 대형급 출몰 가능성도 높다. 여밭에선 저부력찌에 목줄에는 극소형 봉돌만 물리거나 봉돌을 뗀 채비를 선택한다. 전유동보다 원줄에 찌매듭을 지어 수심에 맞춰 내리면 밑걸림도 방지할 수 있고 입질 받을 확률도 높다. 다만 포말이 근거리에 형성되는 경우는 수중턱 끝자락을 공략하는데 그때는 0.8호~1호 반유동채비를 사용한다."

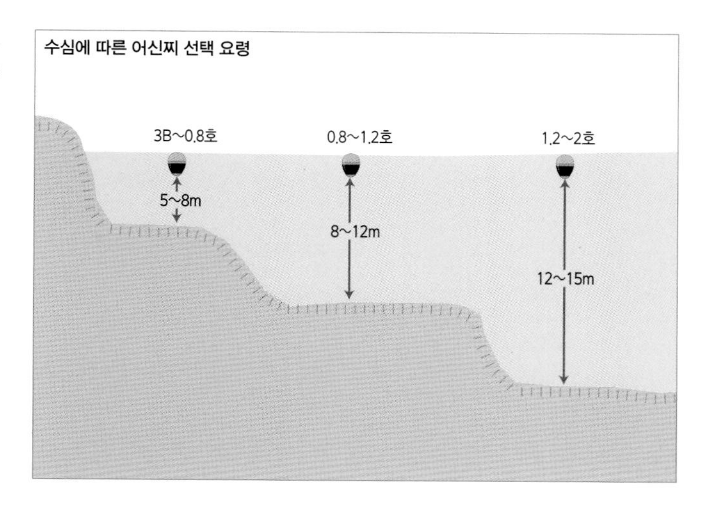

고수들의 감성돔낚시 주안점

▶김선구 "내 바늘에 미끼가 달려있는지 없는지를 알고 찌를 흘려야 한다. 미끼 유무 확인 방법은 줄을 감았을 때 작은 무게 차이로 느낄 수 있다. 그 감을 연습을 통해 익혀야 한다."

▶김지송 "밑밥이 찌를 따라 다니지 말라는 것을 말씀드리고 싶다. 입문자들을 보면 찌가 가는 대로 여기저기 중구난방으로 품질하는 분들이 많다. 감성돔을 불러 모으는 게 아니라 들어온 감성돔을 오히려 멀리 내쫓는 격이다. 처음에 예상 입질 지점을 생각하고 밑밥을 꾸준하게 뿌려주는데 찌는 여러 군데 던지더라도 밑밥은 일정한 지점에 꾸준히 투척해야 한다. 나는 찌낚시에서 캐스팅과 집어가 가장 중요한 부분이라고 생각한다."

3B 반유동채비로 여밭을 노려 47cm 감성돔을 낚은 김지송씨.

감성돔 밑밥 품질 요령

김지송 고흥 실전낚시 대표

밑밥이란 멀리 있는 감성돔을 불러들이고, 또 들어온 감성돔을 묶어두는 두 가지 목적으로 사용한다. 갯바위에 서면 먼저 고부력채비로 지형을 파악한 다음(이때 바닥을 더듬어 감성돔이 있을 만한 수중여를 찾는다) 조류 흐름을 보고 예상 입질 지점을 파악해둔 다음 20~30주걱 듬뿍 밑밥을 뿌려 물속에 있을 감성돔들을 움직이게 한 뒤 채비를 세팅한다.

낚시를 시작하면 잡어든 대상어든 첫 입질을 받을 때까지는 채비를 던지기 전 5주걱, 채비를 회수하기 전 5주걱 정도를 꾸준히 뿌려준다.

그러나 입질을 받기 시작하면 그때부터는 밑밥의 양을 1~2주걱으로 줄여준다. 밑밥의 양을 줄여주는 이유는 감성돔 간 경쟁심리를 불러일으켜 시원한 입질을 유도하고, 또 미끼를 먹을 확률도 높이기 위해서다.

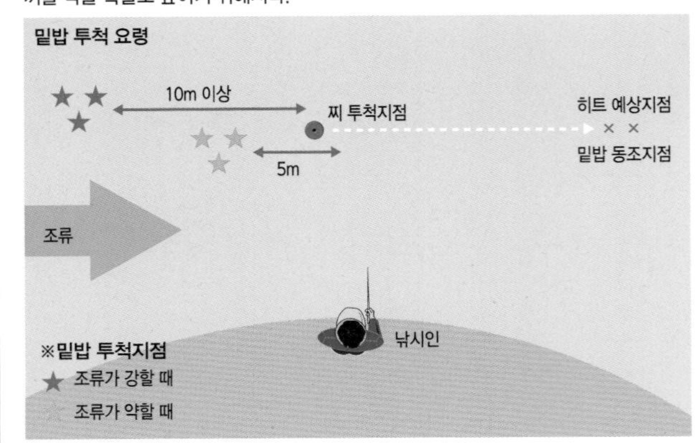

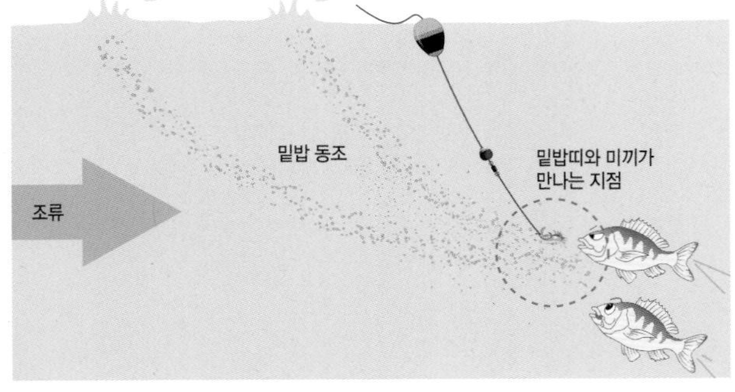

겨울낚시엔 크릴 6장, 집어제 4봉, 압맥 10개

나는 개인적으로 밑밥을 많이 쓰는 편인데, 오전낚시 기준으로 크릴 6장, 파우더(집어제) 4봉, 압맥 10봉을 섞어 사용한다. 압맥을 많이 섞는 이유는 요즘 감성돔들이 근거리보다는 먼 거리에서 낚이는 확률이 높기 때문에 원투력을 높이기 위해서다. 또한 압맥은 크릴보다 깊이 가라앉아서 집어가 잘 되기 때문이다.

잡어가 많을 경우에는 먼저 잡어 퇴치용으로 발밑에 10주걱 이상 뿌려주고, 감성돔 유인용으로 찌 투척지점 상류에 두세 주걱을 뿌려준다. 이 같은 방법은 채비를 던질 때마다 반복적으로 하는데 잡어가 없을 경우에는 반대로 발밑에 두세 주걱, 찌 투척지점 상류에 5주걱 이상 뿌려준다.

감성돔 미끼로 사용한 크릴과 깐새우

수면에 떠서 천천히 흘러가는 구멍찌.

신추 여밭의 저부력 반유동채비

두 낚시인이 갯바위에 내린 시각은 조류가 멈춘 간조였다. 한 시간 정도 지나 들물 조류가 흐르자 두 사람의 눈빛이 번뜩였다. "자, 시작합시다!"

들물은 구로바 쪽(남쪽)에서 솔곶이 방면(북쪽)으로 흐르기 시작했다. 가까운 곳은 8m, 먼 곳은 10m 수심에서 미끼가 바닥에 닿는 느낌이 왔다. 그리고 20m 전방에 듬성듬성 깔려 있는 수중여도 찾아냈다.

"수중여를 찾아내는 방법은 간단합니다. 찌가 잘 흘러가다 멈칫멈칫거리면 바닥에서 솟아오른 수중여에 바늘이 살짝 걸렸다는 뜻이거든요. 그때는 뒷줄을 살짝 잡아주든지 낚싯대를 살짝 들어주면 바늘이 수중여를 타고 넘어가게 됩니다. 그때 입질이 많이 오게 되지요." 김지송씨의 말이다.

"잘아도 손맛이 대단합니다!" 김선구씨가 안간여에서 낚은 35cm 감성돔을 보여주고 있다.

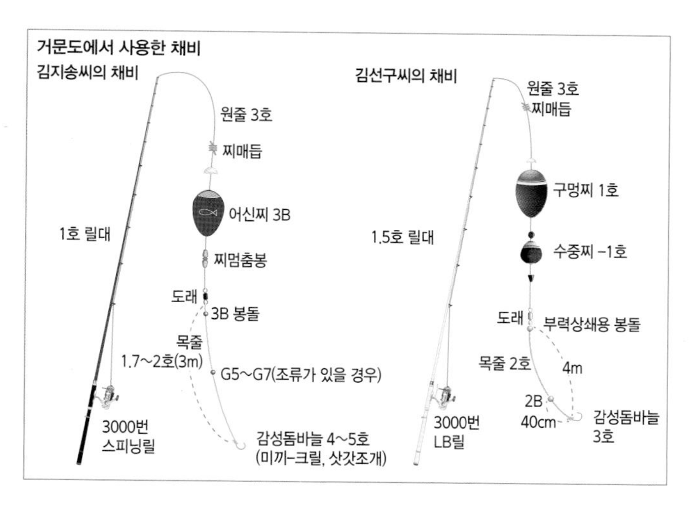

김선구씨가 밑밥을 품질하고 있다.

밑밥을 뿌리니 학공치 떼가 우리 앞을 둘러싸기 시작했다. 김지송씨는 발밑에 잡어를 묶어두기 위해 밑밥을 10주걱 이상 흩뿌려주고, 20m 전방에 찌를 던진 다음 찌를 보고 정확하게 밑밥을 던졌다. “찌가 있는 곳에는 밑밥을 많이 뿌려주면 안 됩니다. 발밑에 있던 잡어가 순식간에 그쪽으로 이동하거든요.”

김지송씨는 “일단 철수할 때까지는 계속 낚시를 하겠지만 감성돔낚시는 집중력 싸움입니다. 그래서 동틀 무렵부터 2시간 안에 승부를 건다고 생각하고 최선을 다합니다. 그 후에는 물돌이시간이나 조류가 변하는 시간대를 집중 공략합니다”라고 말했다.

처음에는 학공치에게 여러 번 크릴 미끼를 빼앗겼으나 점차 미끼가 살아나오기 시작했다. 그리고 한 시간 정도 지날 무렵 20m 전방 수중여 주변에서 찌가 사라지는 입질이 왔다.

“왔어요, 왔어!”

한참동안 힘겨루기가 이어졌고, 드디어 김지송씨의 뜰채에 은빛 반짝이는 감성돔이 담겼다. 45cm는 가뿐하게 넘을 듯. 그의 얼굴에는 승자의 미소가 흘렀다.

안간여에서 빛을 본 고부력 잠길찌낚시

이튿날 찾은 곳은 동도의 안간여. 들물과 썰물에 모두 감성돔이 낚이는 곳인데, 특히 썰물 조류가 낭끝 방향으로 콸콸콸 흐를 때 30~40m 거리에서 씨알 좋은 감성돔이 낚여 본류대 낚시의 진면목을 즐길 수 있는 곳이다. 이날은 오전 9시까지 썰물이 흘러 오전 7시에 갯바위에 내리자마자 낚시를 서둘렀다. 김선구 팀장은 본류낚시용 3호 구멍찌 반유동채비를 사용했다.

“안간여는 멀리까지 수심이 일정해 반유동채비로 공략하기 좋습니다. 그러나 어느 정도 흘러가다 점차 수심이 깊어지는 곳에서는 반유동채비에 좁쌀봉돌을 더 달아서 찌까지 천천히 잠긴 채 흘러가는 잠길찌낚시를 즐겨 사용합니다. 목줄 맨 상단에 B나 2B 봉돌을 달아 찌매듭이 구멍찌에 닿은 후에는 찌가 서서히 잠기는 형태로 변환하는 것이죠. 그러면 깊어져가는 수심대에 맞춰 채비를 계속 내릴 수 있어 깊어져가는 수심에도 대응할 수 있습니다.”

김선구씨는 채비를 흘리고 회수하기를 반복하는 과정에서 쉬지 않고 밑밥을 뿌려주었다.

“본류낚시에서는 밑밥 품질이 아주 중요합니다. 밑밥 띠가 끊어지지 않도록 꾸준하게 뿌려 주어야 합니다.”

낚시 시작 30분 만에 입질이 들어왔다. 급류에서 히트하여 끌어내는 데 시간이 많이 걸렸다. 씨알은 35cm급으로 기대에는 미치지 못했지만 김선구씨는 “낚시가 어려운 이 시기에 잠길찌낚시로 본류대 공략에 성공한 것에 만족한다”고 말했다.

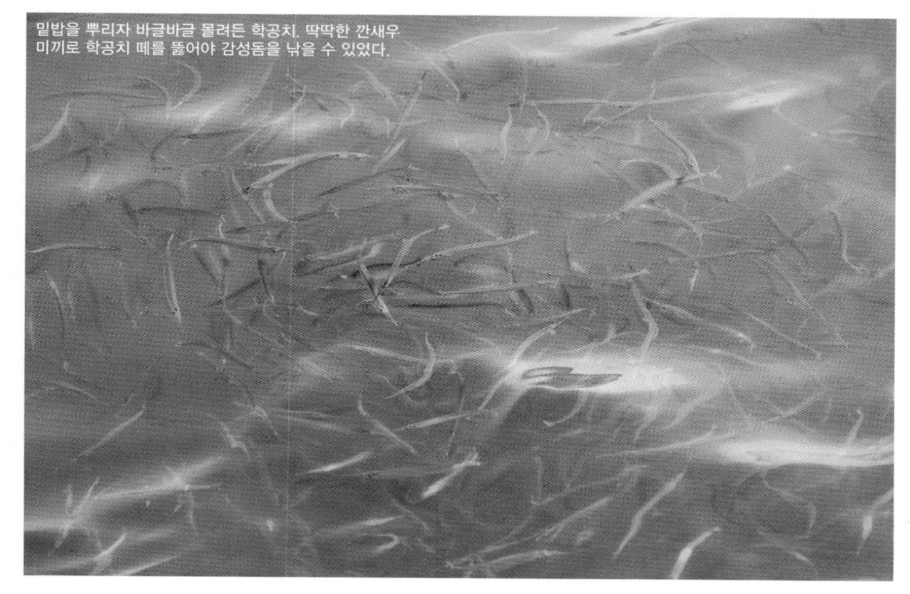

밑밥을 뿌리자 바글바글 몰려든 학공치. 딱딱한 깐새우 미끼로 학공치 떼를 뚫어야 감성돔을 낚을 수 있었다.

서도 덕촌리 마을에서 바라본 거문도의 중심지 고도.

감성돔낚시의 표준

1호 반유동채비

초보자가 꼭 알아야 할 감성돔낚시의 표준을 소개한다.
여기 소개하는 채비와 낚시방법은 말 그대로 스탠더드일 뿐 모든 낚시상황에 적용되는 것은 아니다.
그러나 낚시는 확률게임이므로 최대한 감성돔을 낚을 가능성이 높은 표준낚시부터 시도해보고
그것이 여의치 않을 때 각자 임기응변으로 현장상황에 대처해야 할 것이다.

완도 황제도에서 감성돔을 낚아 올리고 있다.

감성돔의 생태와 습성

한국, 일본, 중국, 호주, 뉴질랜드 등 온대해역에 폭넓게 분포하는 감성돔은 영어로는 black porgy, 일본어로는 구로다이(クロダイ 관동), 치누(チヌ 관서)라 불린다. 우리나라 전역에 서식하여 방언도 많은데 경상도에선 감생이, 여수에선 감숭어, 제주도에선 가문돔, 북한에선 먹도미라 부른다. 그리고 치어는 서해에선 비되미, 동해에선 남정바리, 남해에선 똥감생이, 깡냉이라 부른다.
감성돔은 생후 1년이면 12~13cm, 2년이면 19~22cm, 3년이면 23~26cm까지 자란다
감성돔은 암수가 한 몸인 자웅동체(雌雄同體)로 태어나는 고기라는 게 독특하다. 그래서 어릴 땐 난소와 정소를 모두 갖고 있다가 20cm 이상으로 자라면 드디어 성이 분화된다. 일단 25~30cm(2~3년생)가 되면 모두 수컷이거나 수컷 역할을 하다가 4살이 되면 최초로 암컷이 나타나고, 그 비율이 점차 높아져 결국 수컷보다 암컷이 훨씬 많아지게 된다. 그래서 봄에 내만으로 들어오는 대형 감성돔은 거의 암컷이다. 암컷이 알을 낳으면 수컷이 그 알에 방정해 수정이 이루어진다.
바닷고기 중 감성돔만큼 식성이 다양한 고기도 없다. 번쩍이는 은린(銀鱗)과 등가시 덕분에 '바다의 백작'이라는 멋진 별명을 갖고 있지만 정작 먹성은 게걸스럽다. 게, 보말, 홍합, 지렁이, 개불 등 바다에서 나는 각종 해산물뿐 아니라 육지에서 나는 옥수수, 번데기까지 닥치는 대로 먹어치우는 악식가다.

감성돔낚시 장비

5.3m 길이의 1호 릴대(손잡이에 '1-530'이라고 쓰여 있다)에 릴은 중소형 2500~3000번이 좋다. 원줄은 세미플로팅 타입의 나일론줄 2.5호와 3호를 많이 쓰며 둘 중에선 2.5호 원줄을 더 많이 쓴다. 벵에돔낚시에선 2호 이하의 가는 원줄을 종종 쓰지만 감성돔낚시는 밑걸림이 잦기 때문에 너무 가는 원줄을 쓰면 목줄 대신 원줄이 끊어져서 찌 손실이 잦다.
목줄은 강하고 잘 가라앉는 카본줄을 사용한다. 1.5호가 표준이지만 35cm 이하 잔 씨알만 낚이면 1~1.2호 목줄을 쓰기도 하고 5짜급 대형 감성돔이 낚이는 곳에선 1.7호나 2호도 쓴다. 6짜가 출몰하는 원도에선 2.5~3호 목줄도 필요하다.
낚싯바늘은 미끼에 맞춰 쓰는데 크릴 미끼엔 감성돔 2~3호, 깐새우와 게 미끼엔 감성돔 4호가 좋다. 여밭에서 목줄을 늘어뜨려 바닥을 훑을 땐 여걸림을 줄이기 위해 아주 작은 감성돔 1호 바늘을 쓸 때도 있다. 같은 크기의 벵에돔바늘을 사용해도 되는데 벵에돔바늘은 튼튼한 반면 좀 무거운 단점도 있다.

1호 반유동채비. 감성돔낚시의 표준채비로서 8~12m 수심에 두루 쓸 수 있다.

1.2호 반유동채비. 12~15m 수심 공략에 알맞다.

감성돔낚시 채비

감성돔 채비는 반유동채비(매듭채비)가 기본이며, 상황에 따라 전유동채비를 함께 사용한다. 사용비율은 반유동 7 : 전유동 3이다.

▶반유동채비

반유동채비는 감성돔이 바닥층에서 입질하는 일반적 상황에서 쓴다. 1호 구멍찌와 -1호 수중찌가 기본 구성이다. 1호 반유동은 감성돔 낚시의 표준수심인 8~12m 수심에서 적합한 채비이며, 8m보다 얕으면 0.5호~0.8호 반유동이 적합하고, 12m보다 깊으면 1.5호 반유동이 적합하다.

목줄 길이는 두 발(3.5m)이 표준이며, 조류가 흐를 땐 바늘 위 50cm 높이에 G2~B봉돌 하나를 물리고, 조류가 미약할 땐 봉돌을 물리지 않거나 도래 쪽으로 완전히 밀어 올려버린다.

▶전유동채비

벵에돔낚시나 참돔낚시에선 깊은 수심에서도 전유동채비를 쓰지만 감성돔낚시에선 7m 이내의 얕은 여밭을 노릴 때만 주로 사용한다. B 찌에 수중쿠션(가급적 봉돌 내장되지 않은 것), 10호 도래, G4~G2 좁쌀봉돌 1~2개, 감성돔 2호 바늘이 표준구성이다.

여밭에서는 무거운 반유동채비보다 가벼운 전유동채비가 밑걸림이 적고, 여와 여 사이 골을 리드미컬하게 탐색하는 데 전유동이 유리한 측면이 많다. 그러나 여밭이라도 조류가 빠르게 흐르는 상황이면 반유동채비가 더 편리하다. 그리고 겨울 추자도나 거문도, 가거도처럼 감성돔이 밑밥에 잘 부상하는 곳에선 깊은 물골, 직벽에서도 전유동채비를 즐겨 쓴다. 목줄 길이는 두 발 반(4m)으로 길게 쓰는데 뒷줄을 주지 않고도 기본수심을 확보하기 위해서다. 7m 수심이면 목줄이 완전히 정렬된 후 3m만 더 풀어주면 바닥에 도달한다.

5짜 감성돔의 위용. 신안 태도에서.

구멍찌의 선택

반유동용 1호 구멍찌와 전유동용 기울찌 B 中사이즈 하나는 꼭 있어야 한다. 구멍찌의 종류가 워낙 많기 때문에 다 구입하려면 끝도 없지만 딱 하나만 고른다면 1호 구멍찌에 모양은 도토리형, 무게는 원투용 15g 안팎이 좋다.

1호 구멍찌 상단에는 대개 '+B'라고 표기되어 있는데 이것은 잔존부력을 표시한 것이다. 즉 1호 부력 외에 잔존부력이 B만큼 더 있으므로 1호 수중찌를 달고 B 봉돌을 물리면 잔존부력까지 상쇄되어 낚시하기에 적합하다는 뜻이다. 그러나 대개 표시된 잔존부력보다 더

B 전유동채비. 감성돔낚시에서 가장 많이 사용하는 전유동채비로서 5~8m 수심 공략에 알맞다.

3B 전유동채비. 10m이상 깊은 수심의 바닥층을 노리고자 할 때 사용한다.

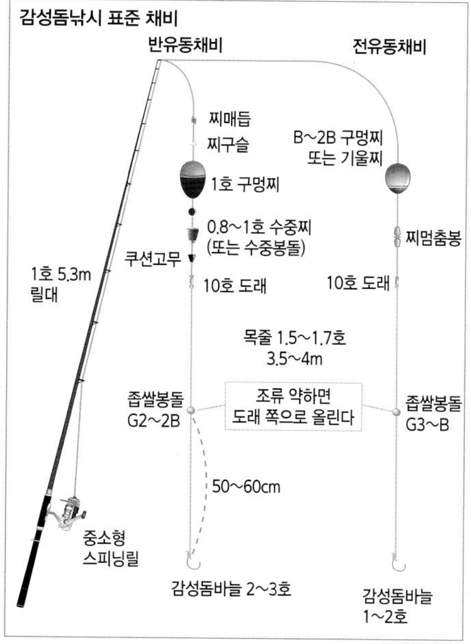

감성돔낚시 사계

봄

감성돔낚시의 산란 호황기다. 매년 4월 중순부터 6월 중순까지 약 2달간 전국적으로 봄감성돔낚시가 호황을 맞는데 수온이 15도선을 회복할 시점인 5월 중순 무렵 절정을 이룬다. 연중 최고의 씨알 피크로서 45~50cm급 출현이 빈번하다. 특히 서해는 봄이 연중 최고의 시즌으로 6짜 감성돔도 낚인다.

4월의 통영 추봉도

여름

감성돔낚시의 비수기다. 6월 중순~8월 말에 해당하는 이 시기에도 고흥, 완도권 섬에선 감성돔이 낚이지만 낚시인들이 벵에돔, 참돔, 돌돔낚시에 몰리기 때문에 여름 감성돔낚시는 거의 하지 않고 있다.

6월의 삼천포 장곶이

가을

감성돔 마릿수 피크 시즌이다. 9월 중순~11월 초가 피크이며 이때는 육지에서 뱃길 10분 거리의 근해 섬낚시터에만 나가도 30cm 내외로 잘기는 하지만 1인당 10마리 안팎의 감성돔을 낚을 수 있다. 낚시하기 쉬운 5~7m 수심에서 주로 낚이고 감성돔 활성이 연중 최고에 달할 때여서 초보자도 쉽게 손맛을 볼 수 있다. 다만 잡어가 성화를 부릴 때이므로 물이 맑은 남해동부보다는 물이 흐린 남해서부나 서해가 유망하다.

10월의 완도 생일도

겨울

초등철(11월 하순~12월)과 한겨울(1월~2월 초순), 영등철(2월 하순~3월)로 시즌이 구분된다. 초겨울 시즌이 되면 북서풍의 영향으로 물색이 흐려지면서 내해 외해를 가릴 것 없이 남해 전역에서 마릿수 호황이 펼쳐진다. 특히 가거도, 태도, 만재도 같은 원도에 감성돔이 떼로 올라붙는다. 1~2월은 대물 감성돔이 낱마리로 낚이는 비수기이며, 2월 하순부터는 마릿수가 서서히 늘어나는 영등철로 진입한다. 원도에서 산란기를 맞은 6짜 감성돔이 많이 배출되는 시기다.

1월의 삼척 근덕리 갯바위

무거운 봉돌을 목줄에 물려도 구멍찌가 가라앉지는 않으며, 잔존부력이 찌에 좀 많이 남아 있어도 감성돔 입질이 왔을 때 찌가 빨려드는 데는 전혀 지장이 없으니 너무 정밀하게 맞추려 애쓰지 않아도 된다.

수중찌와 수중봉돌

수중찌는 찌와 봉돌의 기능을 함께 가진 소품인데, 수중찌 기능 즉 속조류를 타는 기능을 키우고 싶으면 크고 가벼운 나무 수중찌를 사용하고, 봉돌 기능 즉 빠른 채비 하강을 원하면 작고 무거운 금속 수중봉돌(구멍봉돌)을 사용한다.

과거엔 나무 수중찌를 많이 썼으나 지금은 금속 수중봉돌을 더 많이 쓰고 있다. 수중봉돌이 수중찌보다 작아서 예민한 어신 전달에 유리하고, 본류 흘림낚시나 원투찌낚시에 편리한데다 값도 싸기 때문이다. 그러나 바람과 조류가 반대로 흐르는 상황에선 꼭 나무 수중찌를 써서 채비가 속조류를 따라 갈 수 있도록 해야 입질 확률을 높일 수 있다. 만약 바람과 조류 방향을 잘 모르겠다 싶으면, '바람이 세게 불면 무조건 나무 수중찌를 쓴다'고 생각해도 되겠다.

감성돔낚시용 좁쌀봉돌

감성돔낚시에선 벵에돔낚시에 쓰는 G5 이하의 극소형 봉돌은 없어도 된다. G3, G2, B가 가장 많이 쓰이고 급류대에선 2B와 3B도 쓰이므로 우선 이 다섯 가지 봉돌만 갖춰주면 된다. 여러 무게의 봉돌을 함께 담은 봉돌케이스보다 필요한 봉돌만 한 봉지씩 사서 담아 쓰는 것이 좋다. 과거엔 납봉돌만 사용했으나 최근엔 고무코팅을 입히거나 주석 등으로 만든 친환경봉돌이 많이 쓰이고 있다.

바닥 공략이 관건

감성돔낚시에서 가장 중요한 핵심은 바닥 공략이다. 감성돔은 바닥에서 먹이활동을 하는 고기이므로 미끼를 늘 바닥 가까이에 머물게 하는 것이 관건이다. 그래서 찌밑수심 조절이 중요하다. 낚시 도중 밑걸림이 없으면 찌매듭을 30~50cm씩 위로 밀어 올리면서 최대한 바늘이 바닥에 근접하게 조절한다.

만약 채비는 잘 떠내려가는데 감성돔의 입질이 없거나 전갱이, 복어 등만 문다면 찌매듭을 올려서 채비를 내려보면 바닥 근처에 있는 감성돔이 낚인다. 만약 바닥에 사는 쥐노래미

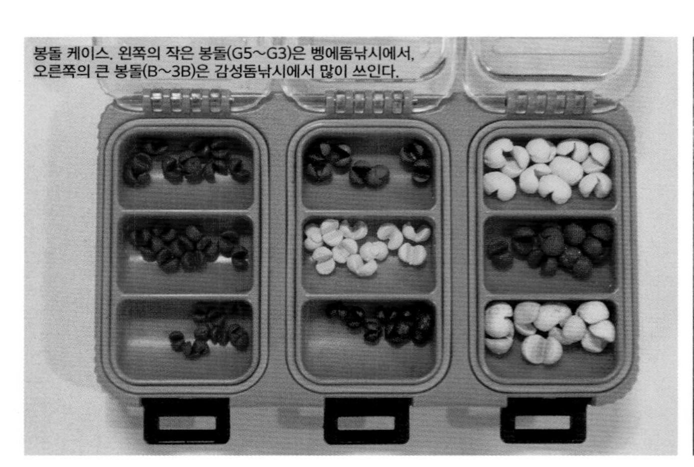
봉돌 케이스. 왼쪽의 작은 봉돌(G5~G3)은 벵에돔낚시에서, 오른쪽의 큰 봉돌(B~3B)은 감성돔낚시에서 많이 쓰인다.

감성돔과 함께 낚인 쥐노래미. 바닥고기인 쥐노래미가 낚이면 미끼가 제대로 바닥을 긁고 있다는 증거다.

부천 낚시인 김영문씨가 신안 상태도에서 낚은 52cm 감성돔.

나 미역치가 물거나, 바늘이 바닥에 살짝 걸리면 찌밑수심이 제대로 맞은 것이다. 그러나 바닥에 너무 자주 걸리면 한 뼘이나 두 뼘 정도 수심을 올려준다.

감성돔 밑밥은 무겁게

벵에돔낚시의 밑밥은 벵에돔을 띄우고 가까이 불러들이는 역할을 하지만, 감성돔낚시의 밑밥은 감성돔을 띄우기는 어렵고 약간 불러들이기는 하지만 주로 들어온 감성돔이 오래 머물게 만드는 역할을 한다. 그래서 낚시를 시작하기 전에 충분히 뿌려 감성돔이 들어오기 전에 미리 바닥에 깔아두어야 하며, 조류에 쉽게 떠내려가지 않도록 무겁게 만들어야 한다. 밑밥을 무겁게 만드는 방법은 크릴과 집어제 외에 압맥(보리)이나 옥수수, 홍합 등 무거운 것을 섞어주면 된다. 또 크릴은 완전히 녹아야 잘 가라앉으니까 미리 해동시킨 후에 집어제와 섞는다.

밑밥은 가까운 곳에 먼저 뿌리고 나중에 먼 곳에 뿌린다. 감성돔은 먹성이 활발할 때는 의외로 가까이 붙기 때문에 특별히 먼 곳을 노려야 할 포인트가 아니라면 가까운 곳을 먼저 노리는 것이 정석이다.

물색에 따른 낚시방법

감성돔 조황의 가장 큰 변수는 물색이다. 조류나 수온보다 물색에 좌우되는 경우가 많다. 감성돔은 벵에돔 참돔과 달리 청물을 싫어하며 물이 맑아서 2m 수심의 바닥이 보이는 곳에선 잘 낚이지 않는다. 반대로 너무 탁한 뻘물이 들어와도 감성돔의 시야가 좁아져서 낚시가 안 된다. 푸른 물에 우유가 섞인 듯한, 흔히 '비췻빛' 또는 '쌀뜨물색'이라 부르는 물색에서 감성돔은 잘 낚인다.

남해안의 경우 물색은 여름과 가을에 맑고 겨울과 봄에 흐리다. 그래서 가을과 초겨울엔 물색이 탁한 곳을 골라 내리면 호황 확률이 높다. 대체로 사리물때 이후 죽는 물때에 물색이 흐려지면서 감성돔 조황이 살아나거나, 북서풍이나 남서풍이 몰아친 다음날 서쪽 해안에 물색이 흐려지면서 감성돔 떼가 들어오는 경우가 많다. 반대로 한겨울과 영등철~봄에는 물색이 맑은 곳을 골라 내리는 게 낫다. 그래서 사리물때보다는 조금물때와 사는 물때가 좋고, 폭풍 뒤끝보다는 잔잔한 바다가 며칠 지속되었을 때 호황을 보인다.

만약 섬에 갔을 때 전반적 물색이 탁하다면 얕은 곳에 내리고, 물색이 맑다면 깊은 곳에 내리는 게 좋다. 그리고 물색이 탁하면 직벽에 미끼를 붙이거나 바닥을 긁어주는 게 좋고, 물이 맑으면 최대한 멀리 흘려서 밑밥과 미끼를 바닥에서 띄워 낚는 전략이 잘 먹힌다.

조류에 흘리며 포인트 찾기

찌를 던져서 조류에 자연스럽게 흘려주면 채비는 흘러가면서 바닥을 향해 가라앉는다. 그렇게 해서 조류가 흘러가면 밑밥과 채비가 함께 일정 지역으로 이동하여 모이기 때문에 감성돔이 입질하는 지점을 쉽게 찾을 수 있다. 그러나 조류가 흐르지 않으면 그런 지점을 찾기 어려우므로 부챗살 모양으로 일일이 훑으면서 찾아낼 수밖에 없다. 또 감성돔은 조류가 흘러야 본능적으로 먹이활동에 나서므로 조류가 흐를 때 입질이 활발하다.

감성돔낚시에선 조류의 상류 방향으로 찌와 밑밥을 던져서 조류의 하류 방향에서 입질을 받게 되는데, 수심이 깊고 조류가 빠를수록 투척점과 입질지점의 거리가 크게 벌어지며 그만큼 능숙한 원줄조작 능력이 필요하다. 따라서 입문자라면 부득이한 상황이 아니면 너무 깊은 수심이나 너무 빠른 조류에서 낚시하는 것은 피하는 게 좋다. 10m 이내의 그리 깊지 않은 수심과 동동동 완만한 흐름에서 오히려 감성돔이 더 잘 낚인다. 너무 센 조류가 흐를 때는 조류가 맴도는 곳이나 서서히 흐르는 곳을 찾아서 낚시하는 게 좋다.

꾸준한 밑밥 품질과 반복적인 캐스팅과 흘림, 그리고 남보다 더 자주 찌매듭을 오르내리며 입질층을 찾는 부지런함이 있다면 누구나 쉽게 감성돔을 낚을 수 있다.

입질 포인트인 수중암초 찾기

감성돔은 밋밋한 맨바닥에서 입질하는 경우는 거의 없다. 주로 바닥에서 솟아오른 암초 주변에서 입질하므로 채비를 흘리다가 걸리는 수중암초의 위치를 기억하는 것이 중요하다. 감성돔은 수중암초의 앞, 뒤, 옆 혹은 윗부분 중 어디에 있을지 모른다. 그래서 채비가 수중암초에 걸려도 피하지 말고 끈기 있게 도전하는 것이 중요하다. 입질을 할 때는 신기하게도 자주 걸리던 채비가 걸리지 않는데 그것은 조류가 바뀌거나 살아났기 때문이다. 그때가 입질찬스다.

채비를 흘리다가 자주 바늘이 걸리는 자리가 있다면 수중여가 있는 곳인데 걸리는 지점을 기억해두었다가 낚싯대를 들어주면 채비가 들리면서 걸림을 피할 수 있고 그때 미끼에 액션이 전달돼 감성돔을 유혹할 수도 있다. 그러나 걸림만 있고 감성돔의 입질이 없으면 더 멀리 던져서 수중여 너머를 노려본다.

CHECK POINT

▶감성돔 밤낚시

감성돔은 주로 낮에 낚지만 수온이 높고 물이 맑은 가을엔 밤낚시도 잘된다. 가을엔 동틀 무렵에 반짝 낚이고 낮에는 감성돔이 안 낚이는 경우가 많은데 맑은 물색 탓에 감성돔이 연안 가까이 접근하길 꺼리기 때문이다. 그런 날은 초저녁과 새벽녘을 노려보는 게 좋다. 하지만 한밤중엔 입질이 뜸하다. 해 진 후 두 시간, 날 밝기 전 두 시간에 가장 입질 확률이 높다. 밤에는 깊은 곳보다 얕은 여밭에서 감성돔이 잘 낚인다.

▶파도가 있을 때와 없을 때 중 언제가 좋은가?

동해안이나 제주도처럼 수심이 얕고 물빛이 맑은 곳에서는 파도가 치는 게 좋다. 아직 물색이 맑은 초겨울 원도에서도 파도가 칠 때 감성돔이 잘 낚인다. 반면 서해, 진도, 해남, 고흥처럼 물색이 탁한 지역은 파도가 치는 날보다 잔잔한 날 감성돔이 잘 낚인다. 또 여수 금오열도처럼 수심이 깊은 갯바위에서는 파도가 치는 날보다 잔잔한 날 잘 낚인다. 조류와도 상관관계가 깊다. 작은 여나 곶부리처럼 조류가 빠른 곳은 파도가 치면 큰 너울이 일어서 낚시가 안 될 뿐 아니라 낚시인이 위험하다. 반대로 홈통 같이 조류가 약한 곳은 파도가 일어야 큰 고기들이 들어온다.

▶갯바위마다 들물 포인트니 썰물 포인트니 하는데 뭘 보고 그렇게 말하는 건가?

들물에 낚시하기 좋은 조류가 형성되면 들물 포인트, 썰물에 낚시하기 좋은 조류가 형성되면 썰물 포인트다. 한편 조류가 특정 방향으로 흘러줘야 감성돔이 낚이는 갯바위가 많은데, 그 이유는 그 방향에 감성돔들의 서식처가 있기 때문이다. 즉 들물 조류가 감성돔이 서식하는 수중여밭으로 흘러주면 그곳은 들물 포인트인 것이다. 이런 정보들은 많은 낚시인들이 반복 출조를 통해 확인한 것이므로 그대로 믿고 따르면 된다.

만약 아무런 정보가 없는 상황에서 낯선 섬에 도착하면 들물 포인트와 썰물 포인트를 어떻게 찾을까? 대체로 얕은 여밭이나 홈통은 들물 포인트가 많고, 작은 여나 곶부리, 깊은 직벽은 썰물 포인트가 많다(물론 예외가 많다). 또 규모가 큰 섬에서는 들물에는 들물 조류를 강하게 받는 남쪽과 동쪽에서 낚시가 잘되고 썰물에는 썰물 조류를 강하게 받는 북쪽과 서쪽에서 낚시가 잘된다. 그러나 작은 여에선 그 반대로 조류를 등지는 곳에 포인트가 형성되므로 들물엔 북서쪽, 썰물엔 남동쪽에 포인트가 주로 형성된다

전유동이 가장 잘 먹히는 계절

가을 감성돔낚시

이성규 부산 긱스코리아 대표

동 트기 직전을 노려 감성돔을 낚아낸 필자.

가을은 감성돔낚시의 최적기이며 활황기이다. 1년 중 가장 마릿수 조황이 좋기 때문에 많은 낚시인들이 설레는 마음으로 출조길에 오른다. 그러나 가을 감성돔낚시가 생각하는 것처럼 그렇게 만만하지만은 않다. 그 까닭은 잡어라는 복병이 있기 때문이다. 따라서 가을철 감성돔낚시는 잡어를 얼마나 잘 극복하느냐에 따라 조과가 좌우된다고 할 수 있다.

제로찌를 활용하라

가을철 감성돔은 5m 이내의 얕은 수심에 수중여가 복잡하고 조류가 약한 여밭에서 잘 낚인다. 그런 곳에서 보통 3B~5B 어신찌를 사용하지만 사실은 제로(0)찌로도 충분히 공략할 수 있다. 3B 찌와 제로찌를 함께 써보면 확실히 제로찌에 더 잦은 입질이 들어오는데, 활성이 좋은 가을 감성돔이기는 하지만 고기들이 느끼는 채비에 대한 이물감 차이는 분명하게 존재하는 것 같다.

필자 채비도

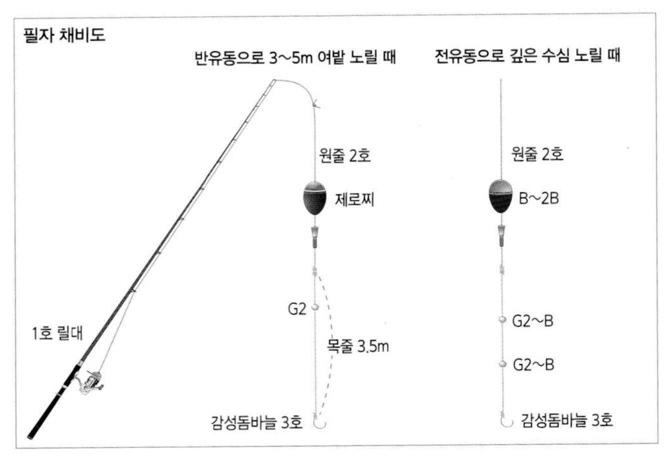

채비도에서 보듯 2호 원줄 사용으로 채비 내림 효과가 좋게 하고 어신찌는 착수음이 적은 계란형의 슬림한 제로찌를 사용하면 밑채비가 매우 가벼워 놀림과 유인 효과가 뛰어나 기대 이상의 효과를 거둘 수 있다.

'제로찌가 너무 가벼워 채비 내림이 가능할까?' 하는 의문은 기우에 불과하다. 제로찌는 기본적으로 G5~G2 정도의 여부력을 가지고 출시되기 때문에 여부력 내의 적정 봉돌을 목줄 상단 60cm 정도에 달아주면 채비의 자연스러움을 손상시키지 않으면서 좋은 채비 내림을 보여준다. 뒷줄 정리만 잘해준다면 수심 7~8m 정도는 문제없이 내릴 수 있다.

밑밥은 동트기 전에 70%를 깔아라

가을에는 잡어가 성화를 부리기 전인 여명 전에 준비해간 밑밥의 50~70%를 예상 포인트에 미리 뿌려 바닥에 깔아주는 것이 좋다. 주먹밥처럼 뭉쳐서 던지는 폭탄 밑밥도 효과적이다.

일단 날이 새면 본격적인 잡어의 성화가 시작되므로 그때는 밑밥을 뿌려봐야 감성돔이 있는 바닥까지 내려가지 못한다. 그래서 잡어가 잠에서 깨기 전에 바닥에 밑밥을 베이스로 깔아놓고 낚시를 하다가, 깔아놓은 밑밥 냄새를 맡고 감성돔이 들어와 입질을 하면 잡어의 성화가 덜하므로 그때 남은 밑밥을 상황에 따라 적당량씩 뿌려주면서 낚시하면 된다.

만약, 이렇게 하지 않고 고등어나 전갱이 치어 등이 설치는 상황에서 밑밥을 뿌려주게 되면 결국은 잡어가 산더미처럼 몰려들어 밑밥을 주자니 잡어가 극성이고 안 주자니 입질 받을 확률이 희박해지는 난감한 상황에 봉착하게 된다.

잡어가 많을 때 효과적인 게 미끼.

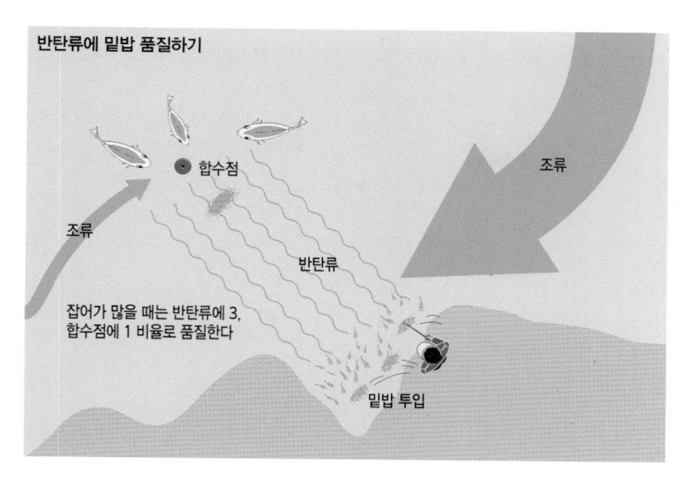

잡어 많으면 발밑에만 밑밥 투척

다른 계절도 그렇지만 특히 가을 감성돔낚시에서 밑밥 운용법은 큰 비중을 가진다. 앞서 말한 대로 잡어에 얼마나 잘 대처하느냐에 따라 조과가 좌우되는 경우가 많기 때문이다.

잡어가 많은 상황에서 밑밥은 가능한 한 발밑에 집중적으로 뿌려주는 것이 좋다. 그래야만 잡어를 갯바위 부근에 묶어둘 수 있다. 그렇다고 발밑에만 무조건 투척하는 것은 아니다. 갯바위 부근을 흘러가는 조류를 잘 살펴보면 큰 조류에서 갈라져 나오는 지류가 갯바위에 부딪혀서 다시 나가는 반탄류를 찾을 수가 있다. 이 반탄지점에 밑밥을 집중적으로 투척한다. 공략지점은 반탄되어 나간 지류가 합쳐지는 전방의 합수점이며 이곳을 노릴 때 입질 확률이 높다. 반탄지점과 공략지점에 뿌리는 밑밥 비율은 3대 1 정도가 좋다.

이렇게 밑밥으로 적정 상황을 만들어놓으면 가볍고 예민한 제로찌채비와 가벼운 빵가루 밑밥의 조합으로 활성 좋고 부상력 높은 감성돔을 연달아 낚을 수 있고 부수적으로 벵에돔의 입질까지도 받을 수 있게 된다.

전유동채비로 원거리를 공략하라

만약 내린 포인트에 잡어의 성화가 너무 심하다면 원거리를 공략하는 것도 좋은 방법이다. 밑밥은 가급적 앞에만 집중적으로 뿌리는 게 좋다. 발 앞에 뿌리는 밑밥은 잡어를 묶어둘 수 있고, 일부는 지류를 타고 생각보다 먼 거리까지 도달하므로 밑밥의 효과는 충분히 볼 수 있다.

착수음이 작은 가벼운 전유동채비를 전방 20m 이상 멀리 투척하여 서서히 가라앉히면서 바닥층을 탐색하며 끌고 들어오는 방법이 효과적이다. 이때 목줄의 길이는 3.5~4m로 길게 하는 것이 자연스러움이 뛰어나 잡어의 시선을 덜 받게 된다. 바늘은 밑걸림 방지를 위해 감성돔 1호 정도로 작게 쓰는 것이 효율적이다.

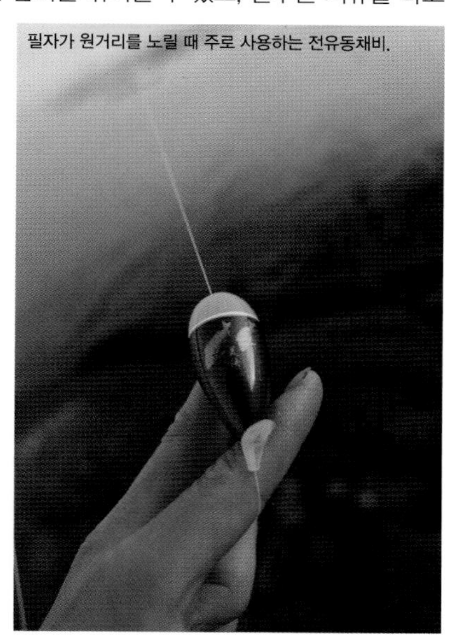
필자가 원거리를 노릴 때 주로 사용하는 전유동채비.

가을 감성돔 전유동 키포인트 5

1 기울찌보다 구멍찌가 더 적합하다

기울찌는 원줄이 통과하는 찌구멍 각도가 45도 이하를 이룬다. 그래서 구멍 각도가 90도인 구멍찌에 비해 원줄이 꺾이는 정도가 약해 원줄이 훨씬 잘 빠진다. 전유동낚시는 반유동낚시보다 채비를 가볍게 구성하므로 언뜻 생각하면 구멍찌보다 기울찌를 사용하는 게 유리할 것처럼 보인다. 그러나 감성돔 전유동낚시만큼은 기울찌보다 구멍찌가 더 많은 장점을 지니고 있다.

구멍찌와 기울찌에 동일한 B봉돌을 물리면 기울찌를 통과한 채비가 30~40%는 더 빨리 내려간다. 그래서 기울찌를 쓰게 되면 구멍찌를 썼을 때보다 훨씬 가벼운 봉돌을 물리고도 동일한 하강 속도를 얻을 수 있게 된다.

그러나 여기서 간과해서는 안 되는 것이 감성돔은 바닥을 샅샅이 공략할수록 입질 확률이 높아진다는 사실이다. 그래서 바닥층에 채비가 내려갔을 때 오래 머물게 하는 견제조작이 필수적이다. 이때 가벼운 채비는 뒷줄 견제가 들어가면 곧바로 떠오르지만 무거운 채비는 묵직하게 일정 수심을 지키므로 저서성 어종인 감성돔을 유인하는 능력은 훨씬 앞서게 된다.

채비가 술술 내려가는 기울찌의 장점은 유영층이 수시로 변하는 벵에돔, 참돔, 돌돔, 부시리 같은 고기를 노릴 때는 매우 강력하나, 채비 내림 속도는 다소 느려도 원하는 수심층을 지속적으로 노릴 수 있는 능력은 구멍찌가 기울찌를 앞선다.

2 원줄을 굵고 가는 것 두 종류 준비

대부분 낚시인이 한 가지 호수의 원줄만 사용하는데 전유동낚시 때는 원줄 굵기 조절만으로도 많은 이득을 얻을 수 있다. 특히 수심이 깊은 곳에서는 목줄에 봉돌을 추가로 부착해 내리는 것보다 가는 원줄을 쓰는 게 훨씬 빨리 내릴 수 있다. 기존 채비에 봉돌을 추가로 부착하면 밑채비의 무게 증가로 인해 채비보다 찌가 먼저 흐르는 역전 현상이 벌어진다. 그러나 가는 원줄을 쓰면 봉돌 무게는 그대로이지만 채비의 밸런스는 동일하게 유지할 수 있게 된다. 그렇다고 너무 많은 원줄 스풀을 갖고 다닐 필요는 없다. 2호와 2.5호 정도면 충분하다.

3 수심, 조류 달라지면 찌 부력도 바꿔라

만약 낚시 도중 조류가 느려졌거나 깊은 수심에서 얕은 수심으로 포인트를 옮겼다면? 그때의 포인트 여건에 맞는 호수의 찌로 바꿔주는 게 좋다. 예를 들어 2B 찌로 12~14m 수심을 공략하다가 7~8m 수심의 포인트로 자리를 옮겼다면 B 찌로 바꿔주는 것이다.

낚시인 중에는 "수심이 얕아진 만큼 봉돌 무게만 절반 수준으로 가볍게 쓰면 되지 않느냐"고 묻는 사람이 있는데 이렇게 되면 찌에 나타나는 여러 변화점을 캐치하지 못할 수 있다. 예를 들어 B 찌에 B 봉돌을 물렸을 때는 찌가 수면에서 잠방잠방하므로 미약한 입질이 와도 찌가 살짝 눌리는 모습을 발견할 수 있고, 선행하던 바늘이 밑걸림이 생길 경우 찌가 수면 위로 살짝 떠오르게 돼 낚시인이 채비 상태를 쉽게 감 잡을 수 있다. 단순히 목줄에 다는 봉돌 무게만 조절해서는 예민한 전유동낚시를 구사하기는 어렵다.

가을 시즌에 낚은 감성돔들. 감성돔 활성이 좋은 가을에는 마릿수 조과가 뛰어나다.

4 입질이 바닥에서만 온다는 생각을 버려라

이 사실은 찌낚시 경험이 많은 낚시인일수록 공감하는 사항이다. 벵에돔이나 참돔이 수십m 이상 흘러간 채비에도 잘 낚이는 것은 멀리 있는 고기일수록 경계심이 적고 잘 떠오르기 때문이다. 이 특징은 감성돔이라고 다르지는 않다.

5 어차피 감성돔은 조류가 느릿느릿한 물돌이에 입질한다

본류가 강물처럼 흐르는 상황에서는 고부력 반유동채비를 사용해도 입질 받기 어렵다. 채비가 조류를 이기지 못해서가 아니라 감성돔은 그런 급류 속에서는 돌아다니지 않기 때문이다. 조류가 이제 막 살아날 때, 강물처럼 흐르다 죽기 시작할 때처럼 조류가 완만한 속도로 흐를 때가 흔히 말하는 물돌이인데 이때는 가벼운 전유동채비를 써도 어렵지 않게 가라앉힐 수 있다.

5짜 대물과의 한판승부

영등철 감성돔낚시

강민구 쯔리겐 인스트럭터, 여수 서울낚시 대표

여수 안도에서 영등감성돔을 낚은 필자.

감성돔낚시가 가장 매력적인 때는 영등철 대물시즌이다. 수온이 최저점을 찍는 시기라서 마릿수는 적지만 걸면 5짜 안팎의 대물급이 흔한지라 모 아니면 도의 남성다운 겜블링 피싱이 펼쳐진다.

음력 2월, 즉 양력 3월경을 영등달이라 하는데, 영등달 전후의 양력 2월부터 4월까지를 영등철이라 부르며 이 시기에 낚이는 대물감성돔을 '영등감생이'라 부른다. 아직 물속은 차갑지만 일사량이 많아졌고 감성돔 배에 알집이 형성되면서 갯바위 가까이로 접근하여 먹거리를 찾다가 밑밥과 미끼에 걸려들기 쉬운 시즌이다.

영등철 포인트 선정

햇빛이 좋고 맑은 날이면 깊은 곳 주변의 얕은 곳을, 물힘이 센 곳 주변의 은은한 곳을 선호하는 편이며, 황사나 비 등으로 흐린 날이면 깊은 곳과 물힘이 왕성한 곳을 직접 공략한다.

① 들물이든 썰물이든 조류가 오랫동안 같은 방향으로 흘러주는 포인트에서 영등철 대물의 출현이 잦다. 수심의 깊고 낮음은 가리지 않으나 대략 12m 수심층이 가장 좋았다.

② 대물급들이 휴식을 취할 수 있는 여밭과 어초가 가까이 있는 포인트가 좋다.

③ 수심 15~20m 직벽 포인트에서 느린 조류가 흐르는 물때에 대물급 마릿수 재미를 보기도 한다.

④ 일사량이 풍부한 날 적당히 탁한 물색과 약간의 조류만 받쳐주면 얕은 여밭이나 몰밭으로 접근하는 놈들을 타깃으로 삼는다.

영등철에 도움 되는 대물 공략 TIP

▶ 영등철 막바지인 3월 중순 이후엔 수온이 오르기 시작하고 감성돔의 먹이활동이 왕성해져서 바닥층을 떠나 미끼를 향해 곧잘 부상하므로 바늘의 위치가 너무 바닥지향적일 필요는 없다. 특히 조류가 왕성하여 밑밥의 영향이 멀리까지 미친다면 반유동채비라 할지라도 매우 멀리까지 흘려보내서 바닥에서 떠 있는 감성돔을 히트하는 경우가 많다.

▶ 영등철의 대물급들은 먹성이 뛰어나므로 밑밥의 양을 늘리고 품질 횟수도 평소보다 자주 하여 감성돔의 관심을 조류의 상방향에 두도록 유도해야 한다.

▶ 수심 얕은 여밭에서 공략할 때는 발자국 소리, 어른거리는 그림자 등에 감성돔이 경계심이 발동하여 뒤로 빠지는 경향이 있으므로 펠트바닥 신발을 착용하는 등 조심성이 필요하다.

대물 감성돔용 장비

50~60cm 감성돔을 자주 대하게 되는 영등철에는 1호 낚싯대 중에서 허리힘이 좋은 것을 골라 사용하고 있으며 1.2~1.5호 낚싯대도 자주 사용한다. 2500번 LB릴에 매끄럽고 플로팅 성능이 좋은 쯔리켄 프릭션 제로 2.5호 원줄을 사용한다. 원투 공략을 자주 하는 영등시즌에는 경쾌한 투척과 안정적인 입수를 위해 원줄의 역할이 매우 중요하다.

목줄은 강도와 투명도, 직진성이 뛰어난 쯔리켄 제로알파 1.7호를 사용하는데 여밭이나 직벽 등 터뜨릴 위험이 큰 지역에선 2호를 사용한다. 감성돔 1~2호 바늘에 크릴새우 미끼를 주로 쓰고, 망상어, 전어, 학공치 등의 잡어를 피하고자 할 때는 감성돔 4호 바늘에 깐새우 미끼를 사용한다.

영등철에 적합한 채비

깊은 수심을 주로 노리는 시기인 만큼 고부력 반유동채비를 쓴다. 반유동채비는 전유동채비에 비하여 상상력이 절약되고 단순 편리하지만, 그런 편리함에 안주하지 말고 잦은 찌매듭의 이동으로 정확한 입질층을 탐색해야 하며, 고부력채비지만 미끼의 자연스러움과 미끼 선행을 연출해주기 위해 부지런한 원줄 조작이 동원되어야 한다.

투척에 지장이 없는 한 목줄을 4m 정도로 길게 사용하는 편이며, 될수록 목줄에 봉돌을 물리지 않고 미끼의 자유낙하를 연출한다.

공략할 포인트가 갯바위 전방 10~20m로 가까운 곳이면 1호 찌를 사용하지만 그 이상 원투해야 한다고 판단되면 수심과 상관없이 1.5~2호의 고부력찌를 이용한다. 쯔리켄의 본류원투, 한국지누, M16, N원투, 급류심장, 원투빅구로다이 등의 1호, 1.5호, 2호 찌를 애용하고 있다.

고부력찌는 대부분 여유부력이 크므로 이를 상쇄하기 위해서 2호 찌에 2.5호 구멍봉돌을, 1.5호 찌에 1.7호나 2호 구멍봉돌을 사용하기도 하며 그 이상의 세밀한 조절은 도래 바로 밑에 B, 2B 봉돌을 물려서, 바람 부는 날이면 수면에 딱 맞게, 잔잔한 날이면 5% 노출되게 사용한다.

부지런함이 최고의 테크닉

영등시즌에 채비나 테크닉보다 더 중요하게 생각하는 것은 부지런함이다. 한 번 투척하여 원하는 지역을 지났거나 기다림의 시간이 지나면 즉각 회수하여 재투입하여야 하며, 재투입 할 때마다 1m 정도 전후좌우로 변화를 주고 그 때마다 찌매듭을 10~50cm 가감해주면서 공략한다.

감성돔낚시에서 가장 중요한 밑밥 투척은 영등철에도 마찬가지이며 특히 장타 공략일 때는 밑밥으로 새로운 포인트를 만든다는 확고한 생각으로 많은 양을 투입한다.

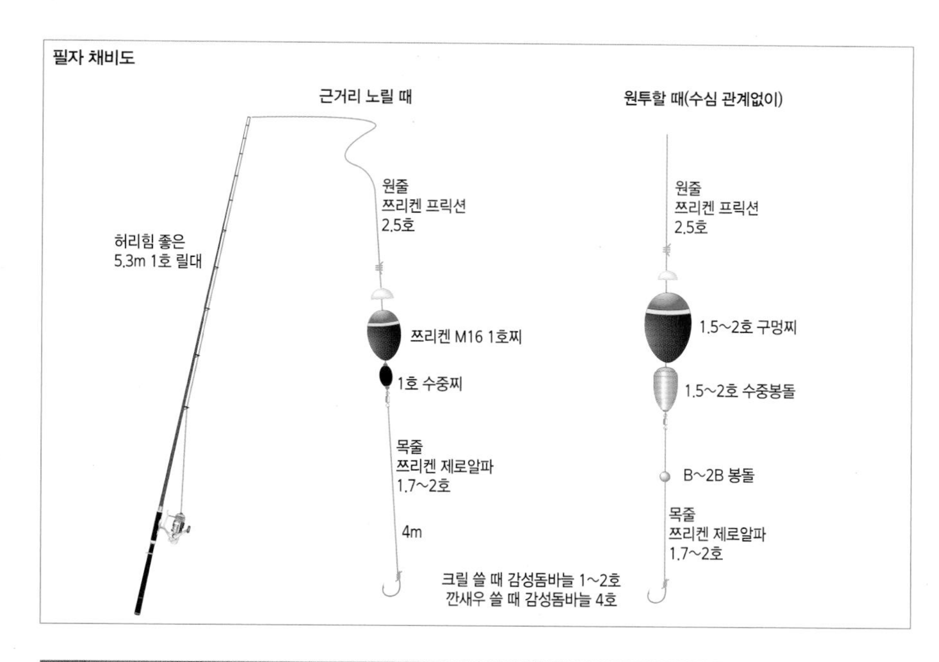

밑밥 투척 시간 안배

4-3-2-1작전으로!

일단 갯바위에 내리면 낚싯대를 펼치기 전에 가장 먼저 광범위하게 밑밥을 흩뿌려 근처에 있는 감성돔들의 활성을 부추긴다. 20~30주걱 고루 뿌리고 난 후 채비를 준비한다.

본격적으로 서너 번 흘리면서 밑밥도 함께 투입하다가 조류와 지형에 잘 어울리는 포인트의 확신이 서면 집중적인 밑밥의 투여로 밑밥 포인트를 조성해야 한다. 보통 이 시간이 새벽과 오전으로 전체 양의 40%를 사용한다.

그 후에도 지속적으로 30%의 양을 더 투여하여 오전 황금시간대에 전체 양의 3/4 정도를 사용하고 나머지 시간대에 20% 양으로 지속적인 입질을 유도하고 마지막 끝나는 시간대에도 10% 정도의 비상용은 남겨두었다가 갑작스러운 소나기 입질에 대처하는 지혜가 필요하다.

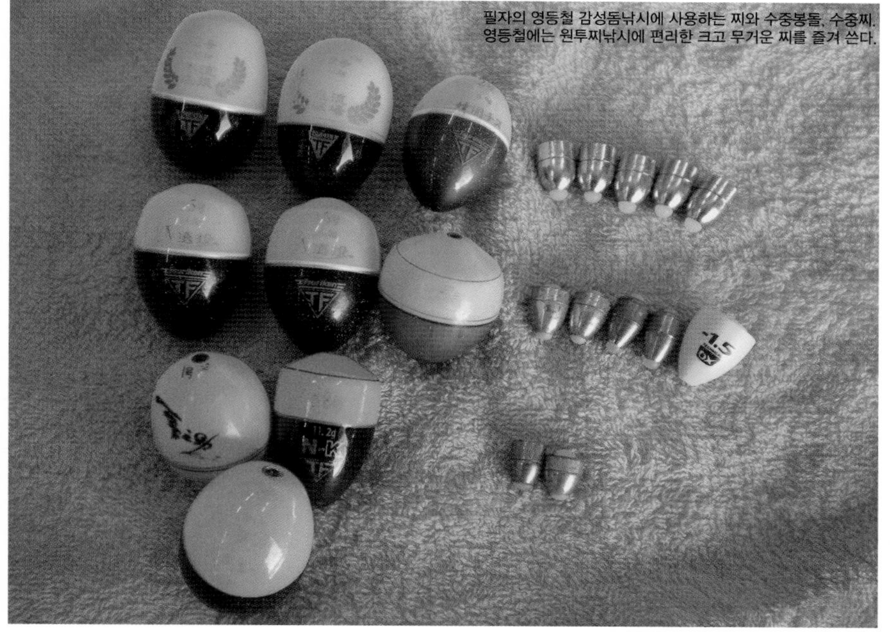
필자의 영등철 감성돔낚시에 사용하는 찌와 수중봉돌, 수중찌. 영등철에는 원투찌낚시에 편리한 크고 무거운 찌를 즐겨 쓴다.

파이팅 초기에 밀리면 안 돼

대물급들은 오랜 세월 바닥층에서 살아오며 몸에 학습된 방어본능이 탁월하여 바늘에 걸리면 급하게 여를 타고 돌거나 몸을 붙이는데 이때 어정쩡한 힘으로 상대하였다간 반작용으로 더욱 강하게 처박히며 순간적인 힘과 무게가 매우 큰지라 웬만한 베테랑들도 제대로 대항하지 못하고 낚싯대를 숙이거나 드랙을 열어주어 초기제압에 실패한다. 그 결과 여에 목줄을 쓸리게 되어 허망한 실패를 경험하게 된다.

이를 극복하기 위해선 대물 감성돔을 걸었을 때엔 초기에 "목줄이 터지면 터지고 낚싯대가 부러지면 부러졌지 절대로 질 수 없다"는 확고한 버팀이 필요하며, 이 짧은 순간만 이기면 그 후론 힘과 힘 또는 드랙이나 브레이크 레버의 기능으로 힘겨루기를 하면서 끌어내는 데 성공할 수 있다.

"목줄이 터지면 터져라"고 한번 버텨보라. 부러질 듯한 낚싯대의 허리힘이 얼마나 놀라운지, 1.7호 목줄이 얼마나 질기고 감성돔 1호 바늘이 얼마나 강한지 알게 될 것이라 확신한다.

2호 반유동채비 원투찌낚시로 낚은 48cm 감성돔.

안도 서고지 입구에서 감성돔을 낚고 있다. 2호 구멍찌로 13m 수심을 노렸다.

누가 빚은 작품인가. 제주 서귀포 범섬의 아찔한 주상절리.
그 비경의 한가운데 서서 맘껏 찌를 던지리라.

5월 중순~6월 중순이 피크

서해 감성돔낚시 패턴

이영광 격포 새만금낚시 대표

격포 내만 갯바위에 선 필자. 밑밥을 뿌리며 감성돔을 유혹하고 있다.

서해 감성돔낚시는 초여름이 최고의 전성기다. 산란기와 맞물린 이때는 평소 보기 드문 5짜급 출현이 잦아 연중 최고의 씨알 피크를 맞는다. 얕은 여밭과 빠른 조류로 상징되는 서해 감성돔낚시의 특징을 설명해 본다.

서해의 감성돔낚시 시즌은 봄과 여름에 걸쳐져 있다. 4월 중순부터 시작되어 5월 중순~6월 중순의 한 달간 절정기를 맞기 때문이다. 흔히 5월에 낚이는 서해 감성돔을 봄감성돔이라 하지만, 5월이라도 초여름 기운이 완연한 중순 이후부터 제대로 감성돔이 낚이기 때문에 정확히는 초여름감성돔이라 부르는 게 맞겠다.

서해 초여름 감성돔은 먼 바다 섬보다 육지에서 가까운 내만의 수심 얕은 여밭부터 입질이 시작된다. 그 이유는 깊은 곳보다 얕은 갯벌의 수온 상승이 빠르기 때문이다. 또 이 무렵 감성돔은 산란터를 찾아서 얕은 백사장 주변의 여밭 지형에 몰려있다. 그런 곳은 겨우내 자란 김이나 파래 같은 해조류가 많이 자라고 있어 산란을 앞둔 감성돔에게는 최고의 서식처라고 할 수 있다.

육지에서 가까운 갯바위부터 입질 스타트

본격 감성돔 시즌을 알리는 척도는 어부들이 연안에 설치한 정치망이다. 정치망이 등장했다는 건 감성돔이 확인됐다는 증거이므로 이때부터 낚시가 활발하게 이루어진다.

필자가 있는 전북 부안 격포권에서 첫 입질이 시작되는 곳은 격포해수욕장 인근이다. 궁항의 견도, 수산종묘배양장, 적벽강 사자머리, 반월리 매표소 일대, 위트미 등이다. 모두 걸어서 진입할 수 있는 곳들인데 만조 때 수심이 2~4m로 극히 얕다. 군산과 서천권에서도 걸어서 진입할 수 있는 포인트에서 첫 감성돔이 올라온다.

5월 중순부터 최고 활성기 돌입

첫 감성돔은 빠르면 4월 15일경부터 출현하지만 바로 활발한 출조가 이루어지지는 않는다. 초반에는 워낙 마릿수가 적어 허탕을 치는 경우가 많기 때문이다. 그래서 5월 초순부터 출조가 늘기 시작하는데 이때는 근해 간출여와 부속섬까지 감성돔 입질이 확산된다. 이때의 수온은 13~14도를 보인다.

가장 활성이 높은 시기는 5월 중순부터인데 이때부터 수온이 15도를 넘어서고 감성돔 활성도 역시 최고조에 달하게 된다. 이 황금기는 약 한 달 가까이 진행되어 6월 중순까지 절정을 구가한다.

간조 때 드러나는 여밭을 만조 전후에 노려라

서해 감성돔 포인트 중 반드시 노려볼만한 곳이 간조 때는 바닥을 드러냈다가 만조 때 깊어지는 지형이다. 따라서 입질 타이밍은 감성돔이 안심하고 들어오는 중들물 이후가 되는데 이미 바닥을 드러낸 시기부터 밑밥을 품질해 놓는 것이 중요하다.

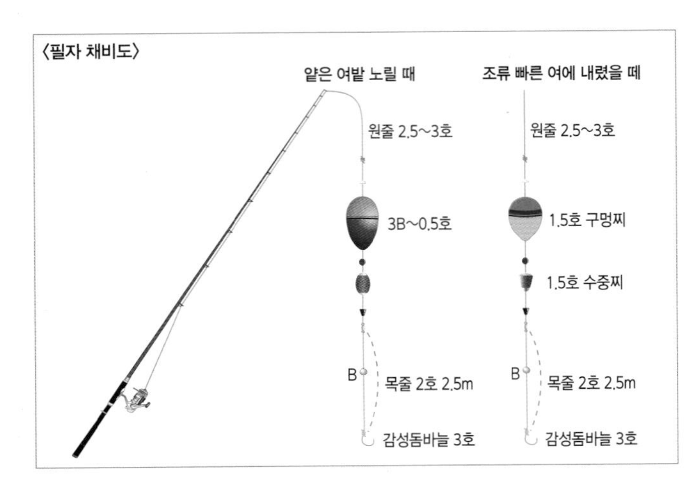

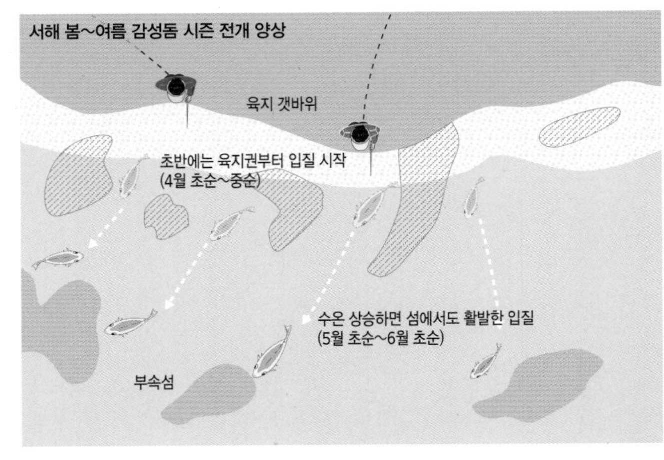

서해안에서 초여름에 낚이는 대물 감성돔들.

맨바닥의 골과 골 사이에 밑밥을 충분히 품질하고 중들물 이후부터는 발밑에 집중적으로 품질한다. 이러면 한 번 들어온 감성돔이 좀처럼 빠져나가지 않는다. 입질은 물이 완전히 찬 만조 무렵보다 초썰물 때 집중되는 게 특징인데 들물 때는 감성돔이 몰려드는 범위가 넓지만 썰물 때는 약간이라도 깊은 수중골 쪽으로 감성돔이 집결하는 게 원인으로 추측된다.

반대로 간조 때도 최소 3m 이상 수심이 확보되는 수중턱을 갖고 있는 포인트라면 초들물 때 입질이 들어오는 경우가 많다. 들물을 타고 들어오는 감성돔들이 약간이라도 깊은 수심을 중심으로 움직이기 때문이다. 대개 이런 곳은 초들물 이후로는 발목까지 물이 차올라 더 이상 낚시하기 어려운 곳이 많으므로 짧은 시간 안에 집중적으로 낚시할 필요가 있다.

간출여 급류낚시에서는 고부력찌 필수

초여름 감성돔은 잔잔한 내만에서만 잘 낚이는 것으로 알려져 있으나 수온이 15도를 회복하면 가을 포인트로 알려진 급류대낚시도 활발하게 낚인다. 대표적인 곳이 격포 근해의 쌍여, 명인여 같은 곳으로 이런 곳은 조류가 너무 빨라 1호 찌도 순식간에 흘러가 버린다. 그래서 현지 낚시인들은 수심은 4~5m에 불과하지만 부력이 1.5호나 되는 고부력찌를 사용해 감성돔을 낚고 있는데 남해안의 잔잔한 수면에서 산란감성돔을 낚던 낚시인들은 이 점 때문에 당황해 한다.

사리물때가 찬스, 조금물때 호황은 옛말

남해와 달리 서해는 연안 경사가 완만한 곳이 많다. 그래서 간조 때 물이 적게 빠지는 조금물때에는 그만큼 내릴만한 포인트가 적고 간출여를 타는 것도 어려워진다. 또 중썰물 이후에나 드러나는 수중턱 포인트도 조금물때에는 아예 드러나지 않거나 드러났다 해도 낚시 시간이 너무 짧은 단점이 있다. 그래서 사리물때가 낚시의 적기다.

옛날에는 “서해는 사리물때에 뻘물이 지므로 조금물때에 찾는 게 좋다”라는 말이 유행한 적 있지만 지금은 그 얘기는 쏙 들어가 버렸다. 서해의 뻘물은 빠른 조류보다 강한 바람 때문에 발생한다. 수심이 얕다보니 강한 폭풍이 이틀만 불어도 물색이 급격히 탁해지는 것이다.

바닥 긁기보다 꾸준한 품질과 견제를!

감성돔낚시는 바닥을 긁을수록 유리하다는 말이 있지만 서해처럼 수심이 얕고 수중여가 거친 곳에서는 오히려 약간 띄워서 노리는 게 유리하다. 바닥을 샅샅이 더듬겠다는 생각에 무리하게 수심을 깊게 주면 밑걸림만 심해지고 한참 고기를 낚아내야 할 시간에 채비를 다시 묶느라 아까운 시간을 허비한다. 또 수심이 10m 이상으로 깊은 곳에서는 바닥 가까이 미끼를 내리는 것 자체가 쉽지 않아 바닥 공략을 제1순위로 봐야 하지만, 만조 수심이 고작 4~5m밖에 안 되는 서해에선 바닥 수심이란 게 크게 의미를 갖지는 않는다. 여기에 밑밥까지 가세하면 감성돔이 미끼를 발견할 수 있는 확률은 더욱 높아진다. 일단 목줄 두 발만 해도 3.5m로 기본 입질 수심은 확보한 상태이므로 꾸준한 품질과 견제 동작으로 감성돔을 유혹하는 게 더 빠를 수 있다.

특히 수중여와 수중여 사이를 노릴 때는 바늘 위 30~50cm 지점에 B 크기의 다소 무거운 봉돌을 부착해주는 것도 좋다. 이 시기만큼은 감성돔이 수중 골 사이로 이동하는 경우가 많아 목줄이 너무 날리는 것은 좋지 않다.

수심 얕아도 고부력 유리, 목줄에도 봉돌 무겁게 달아야

서해낚시는 수심에 관계없이 고부력 채비가 유리할 때가 많다. 조류가 강하게 흐르기 때문이다. 밑채비가 너무 가벼우면 빠르고 강한 조류에 쉽게 떠오르게 돼 입질 확률이 떨어진다. 그래서 현지꾼들은 만조 수심이 7m 미만인데도 0.8~1호, 심지어 1.5호의 고부력 채비를 즐겨 쓴다. 또 목줄에도 무거운 봉돌을 부착해 목줄 날림을 최대한 방지한다. 예를 들어 1호 찌를 썼다면 수중찌는 0.8호를 쓰고 목줄에는 B봉돌을 두세 개 부착해 쓰는 것이다. 급류가 아니라 여밭을 노릴 때도 수중여와 수중여 사이를 샅샅이 노리려면 목줄에 무거운 봉돌을 단 채비가 유리하다.

짧은 목줄이 오히려 정확한 수심 파악에 유리

목줄을 짧게 쓰는 것이 좋다. 평소 남해안에서 두 발 정도 썼다면 서해에서는 한 발(약 1.5m) 정도만 쓰는 것이다. 이렇게 하면 같은 5m라도 이미 수중찌가 2.5m 이상 내려가 있는 상태이므로 기본 수심을 잡아놓고 낚시할 수 있어 유리하다.

뻘물이 심할 때는 이보다 더 짧게 써도 무방하다. 만약 주의보 여파 등으로 물색이 급격히 탁해졌다면 감성돔은 뻘물 때문에 시야가 확보되지 않아 행동반경을 좁힌다. 눈으로 확인되는 수중지형에만 바짝 붙어 움직이기 때문이다. 물색이 탁할 때 원투 처넣기나 민장대 맥낚시가 잘 먹히는 것과도 비슷한 맥락이다.

목줄은 최하 2호, 현지꾼들은 3호 목줄 사용

서해는 수심이 얕고 거친 여밭이 많아 1.5호나 1.7호 목줄로는 큰 고기를 걸어내기 어렵다. 그래서 최하 2호부터 시작하는 게 좋다. 고기가 힘이 세서라기보다는 거친 여밭에 목줄이 쓸려 터질 확률이 높기 때문이다. “알을 밴 포란 감성돔은 힘이 없다”고 주장하는 사람도 있는데 어림없는 소리다. 대물을 많이 걸어본 현지꾼 중에는 2호 목줄도 불안하다며 3호 목줄을 선호하는 사람들도 적지 않다. 2.5호 목줄은 어중간하다.

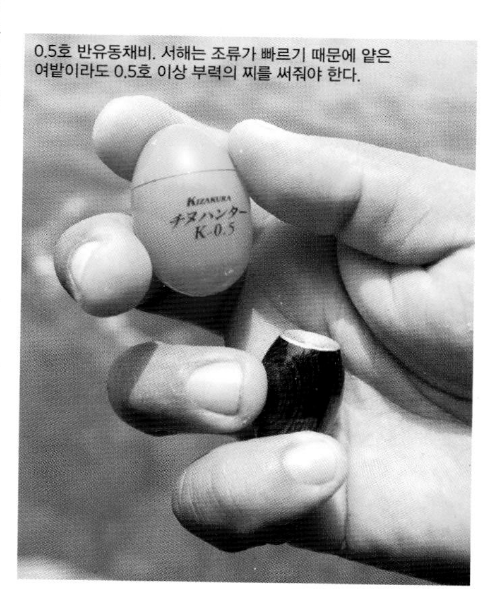

0.5호 반유동채비. 서해는 조류가 빠르기 때문에 얕은 여밭이라도 0.5호 이상 부력의 찌를 써줘야 한다.

현장의 고민 해결

입질 없을 때 점검사항 7가지

김지송 NS 바다스탭, 고흥 실전낚시 대표

여수 안도 벼락바위에서 감성돔을 낚은 필자.

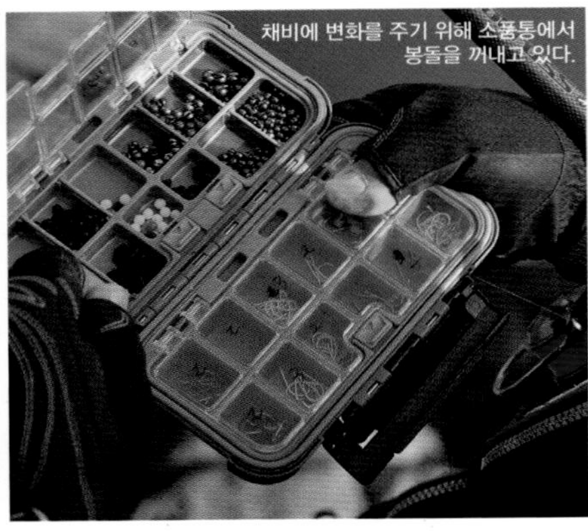
채비에 변화를 주기 위해 소품통에서 봉돌을 꺼내고 있다.

원투가 필요할 땐 가는 원줄로 바꿔주면 효과적이다.

1 바늘과 미끼를 더 작게 써보라

잘 낚이다가 입질이 뚝 끊어졌거나 입질이 미약해졌다면 제일 먼저 감성돔이 쉽게 삼킬 수 있도록 바늘을 한 단계 작은 사이즈로 바꾸고 크릴도 작은 걸 골라 꿰어보라. 그래도 입질이 없다면 크릴의 머리와 꼬리를 떼어내고 몸통만 꿰어보라. 하지만 이는 조류가 잘 갈 때 효과적이며 조류가 없는 상황이라면 꼬리를 떼지 않는 게 좋다. 꼬리가 방향키 역할을 하기 때문에 약한 조류에도 마치 살아 움직이는 것처럼 생동감을 주어 감성돔 입질을 유도할 수 있기 때문이다.

2 찌밑수심을 더 깊게 주라

비단 저수온기가 아니라도 감성돔은 수시로 활동 폭이 달라진다. 약간의 수온 변화에도 감성돔은 움직임이 둔화되는데, 머리 위에 지나가는 미끼를 보고 막 달려들다가도 입 언저리까지 붙여줘야 겨우 받아먹을 정도로 소극적이 되는 경우가 허다하다. 따라서 8m 수심을 주고 낚시했다면 8.5m→9m→9.5m 순으로 바닥 걸림이 있을 때까지 수심의 변화를 준다.

3 좁쌀봉돌 위치와 크기를 바꿔보라

좁쌀봉돌을 목줄에 다는 가장 큰 이유는 목줄이 조류에 밀려 뜨는 것을 방지하여 미끼를 안정시키기 위함이다. 목줄의 중앙에 봉돌을 물려서 사용했다면 바늘 쪽으로 내려 감성돔 입 앞에 더 오랫동안 머물도록 해주는 방법을 시도해본다. 만약 조류가 빨라졌다면 더 무거운 봉돌을 달아주어야 한다.

4 한 단계 가는 목줄로 바꿔보라

1.7호와 2호 목줄은 감성돔낚시에서 상당한 차이가 있다. 두 사람이 한 자리에서 각자 다른 호수의 목줄을 달아 흘렸을 경우 한 단계 낮은 1.7호에만 입질하는 경우를 많이 경험했다. 소위 '목줄을 탄다'고 표현한다. 특히 맑은 물색에서는 이런 현상이 더욱 뚜렷하다. 따라서 2호 목줄을 사용했다면 1.7호로, 그래도 입질이 없다면 1.5호로 바꿔 사용해본다. 단, 감성돔 씨알이 크지 않아 1.5호 목줄로도 대응할 수 있는 선에서 가능한 일이다.

또한 1.5호 목줄에 비해 2호 목줄은 굵기 때문에 조류를 받는 면적도 크다. 따라서 굵은 목줄일수록 조류에 떠밀리는 경향이 많아 입질지점에 오래 머물게 할 수 없어 입질 받기가 힘든 단점이 있다.

5 수중찌에 변화를 주라

감성돔낚시에 있어서 예상 입질 지점에 밑밥을 쌓아두고 그 지점에 내 미끼를 열 번 흘려서 열 번 보낼 수 있는 사람과 열 번 흘려서 다섯 번 보내는 사람 중에 누가 입질 받을 확률이 많겠는가? 당연히 전자일 것이다. 조류가 세다면 조류의 영향을 적게 받는 작고 무거운 수중찌로 바꾸고, 그래도 떠밀린다면 수중봉돌로 바꿔야 한다. 반대로 조류가 없는 상황이라면 수중봉돌 대신 부피가 큰 수중찌로 바꿔 조류를 타고 감성돔이 머무는 곳까지 보낼 수 있게 한다.

6 어신찌를 바꿔보라

어신찌는 당일 수온, 바람, 조류의 강약, 파도에 따라 선택하게 된다. 감성돔은 동틀 무렵에 입질이 가장 활발하기 때문에 특별한 경우가 아니고서는 대부분 낚시 시작 한 시간 안에 입질이 오는 경우가 많다. 따라서 맨 처음 갯바위에 내렸을 때 낚시인이 어떤 어신찌를 선택하느냐에 따라 그날 조과가 판가름 난다. 구멍찌를 바꿔야 할 상황은 얕은 발밑을 노리다 수심 깊은 곳을 노리기 위해 원투를 하고자 할 때, 조류가 약하게 흐르다 급격하게 빨라졌을 때 등 큰 변화가 있을 때 교체하고 그 외에는 사소한 것 위주로 변화를 주는 게 좋다.

7 원줄을 바꿔라

원투가 필요하거나 바람에 원줄이 날릴 때 원줄을 한 단계만 가는 호수로 바꿔주면 원투거리가 늘어남은 물론 채비 정렬에 큰 도움을 줄 수 있다. 가는 원줄은 바람이나 조류의 영향을 덜 받기 때문에 원하는 공략 지점까지 쉽게 채비를 도달시킬 수 있다. 악천후 때도 효과를 발휘한다. 따라서 항상 가는 원줄이 감긴 여분의 스풀을 함께 가지고 다니면 효과적으로 사용할 수 있다.

약한 어신 개선책

수심 깊으면 고부력찌가 더 예민하다

조경래 칸찌 필드테스터, FS-TV '바다낚시 배틀' 출연

감성돔은 잡어에 비해 입질이 시원하여 고부력의 큰 구멍찌도 시원스레 빨고 들어가며 챔질이 늦어지면 낚싯대가 끌려가는 화끈한 어신을 전달한다. 그러나 종종 잡어 입질처럼 약하게 입질해 혼란스럽게 만들기도 한다. 특히 12m 이상 깊은 수심을 노릴 때 약한 입질이 자주 나타나는데, 그런 입질을 선명하게 잡아내는 방법은 없을까?

감성돔의 표준 입질

정상적 활성도의 감성돔은 깜빡-슬로우-퀵의 3단계 입질을 보여준다.

◇1단계 : 구멍찌가 '깜빡' 하고 움직이거나 살짝 잠긴다. 감성돔이 미끼를 입에 문 상태다. 물론 잡어의 입질일 수도 있지만 구멍찌낚시에선 일단 입질이 오면 대상어의 것으로 생각하고 챔질을 준비한다.

◇2단계 : 구멍찌가 슬금슬금 잠긴다. 감성돔이 미끼를 물고 돌아가는 단계다. 찌가 3초 이상 연속동작으로 50cm~1m 잠수했을 때 챔질하면 정확히 챔질된다. 반유동낚시의 표준 챔질타이밍이다.

◇3단계 : 찌가 완전히 시야에서 사라진 직후 원줄이 와라락- 끌려간다. 전유동낚시에선 이 3단계까지 느긋하게 기다린 후 채는 것이 좋다. 또 반유동낚시에서도 저수온 등 악조건으로 감성돔의 먹성이 약할 땐 대 끝이 휠 때까지 완전히 먹여서 채야 바늘 벗겨짐을 예방할 수 있다.

3~5cm 살짝 잠긴 채 그대로 있을 때

일단 찌가 깜박 하면 아무런 조작도 하지 말고 그대로 지켜본다. 뒷줄을 당기거나 낚싯대를 들거나 하는 견제조작을 해선 안 된다. 대상어의 입질이라면 깜박거리던 찌가 수면 밑으로 서서히 잠겨든다. 그 잠수 깊이는 3~5cm에 불과할 때도 있지만, 찌가 잠긴다는 것은 확연히 느낄 수 있다. 그때 확연히 수면 아래 잠긴 찌가 다시 떠오르지 않고 3초 이상 그대로 있으면 바로 챔질해야 한다.

다시 말하지만 견제조작은 하지 않는 게 좋다. 그런데 대다수 낚시인들은 "더 확실한 흡입을 유도한다"며 찌가 살짝 물속으로 잠기면 뒷줄을 당겨서 견제를 한다. 그러나 그렇게 한다고 감성돔이 미끼를 더 깊이 삼키는 것은 아니다. 다만 놀라서 달아나기 때문에 찌에 선명한 어신이 전달될 뿐이다. 문제는 입질이 약할 땐 감성돔이 견제조작에 놀라 미끼를 물고 있다가 놓아버리는 수도 있다는 것이다.

입질 약할 때 저부력찌로 바꾸는 건 역효과

이렇게 약한 입질은 겨울철 물색이 탁하고 조류가 거의 없는 홈통지역에서 자주 나타난다. 특히 수심이 얕은 곳보다 깊은 곳에서 많이 나타나는데, 그 이유는 수심이 깊을수록 찌와 바늘 사이의 거리가 멀어서 약한 어신은 완전하게 찌에 전달되지 않기 때문이다.

이때 낚시인들은 찌를 더 예민한 저부력찌로 바꾸는데 오히려 잘못된 선택이다. 찌가 살짝 잠기는 약한 어신이 나타나는 이유는 찌가 둔해서가 아니라 감성돔의 입질 자체가 약하기 때문인데, 저부력찌로 바꾼다고 해서 약한 입질이 개선되지는 않는다. 오히려 수심이 깊은 곳에서 저부력찌로 바꾸면 고부력찌 채비에 비해 찌와 봉돌 사이의 원줄이 느슨해지기 때문에 어신이 더 약하게 전달된다.

그러므로 찌는 고부력찌를 그대로 쓰되 목줄에 봉돌을 더 물려서 전체 채비를 일직선에 가깝게 펴줌과 동시에 원줄에도 좁쌀봉돌을 더 물려서 찌의 잔존부력을 줄여주는 것이 올바른 해결책이다.

대체로 수심이 12m를 넘어서면 1호 찌보다 1.5호 찌에 더 선명한 어신이 표시되며, 수심 15m를 넘어서면 2호 구멍찌나 차라리 고부력 막대찌로 바꾸는 것이 더 현명한 선택이다.

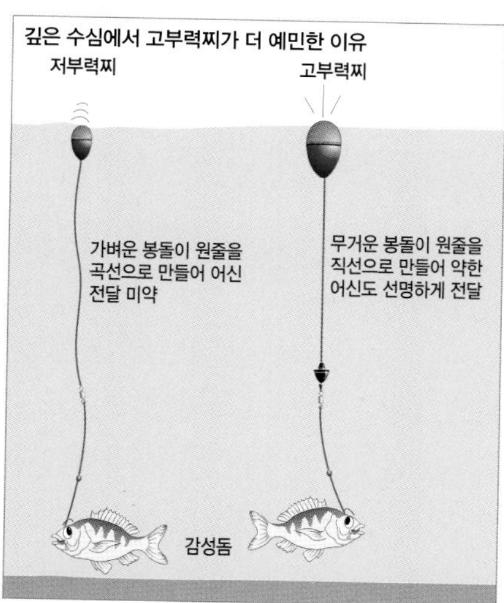
깊은 수심에서 고부력찌가 더 예민한 이유
저부력찌
고부력찌
가벼운 봉돌이 원줄을 곡선으로 만들어 어신 전달 미약
무거운 봉돌이 원줄을 직선으로 만들어 약한 어신도 선명하게 전달
감성돔

근거리 수심이 15m로 떨어지는 거문도 삼백냥. 이렇게 깊은 곳에선 고부력찌가 더 선명한 어신을 전달한다.

전유동과 반유동의 장점 믹스

B조법

박진철 아티누스 인스트럭터, 시마노 명예 인스트럭터

필자가 B조법으로 낚아 올린 감성돔.

릴찌낚시 중에서 쉬운 듯하면서 어려운 것이 감성돔 낚시다. 찌낚시의 방법으로만 본다면 가장 기본적이고 쉬울 것 같지만, 막상 출조횟수를 대비해본다면 '빵'이 가장 많은 것이 감성돔 낚시다. 감성돔을 낚을 확률을 더 높일 수는 없을까?

감성돔은 갯바위낚시 동호인들이 가장 좋아하는 대상어종이기는 하나, 그만큼 자원이 많이 줄어서 예전 같지 않다는 것이 '빵'의 가장 큰 원인이 될 것이다. 하지만 꾸준하게 감성돔낚시를 다니다보면 누구에게나 대박의 확률은 비슷하게 다가온다. 다만 그 기회 앞에서 어떤 낚시인은 낱마리 조황에 그치고, 또 어떤 낚시인은 '두자리수'의 조황을 만나게 된다. 그것은 낚시방법의 차이라고밖에 설명하기 힘들 것이다.
지금부터 소개하는 필자의 낚시방법은 아직 자신의 명확한 감성돔낚시를 정립하지 못한 낚시인들에게 자신의 것으로 소화해보기를 강력하게 추천한다.

미끼는 바닥에서 약간 떠 있어야 한다

우리나라의 감성돔낚시는 대부분 중층 이하에서 이루어진다. '감성돔은 바닥에서 낚인다'는 잘못된 인식이 많은 사람들의 낚시를 어렵게 해오고 있다. 완전히 틀린 말은 아니지만, 상세한 설명이 뒷받침되지 않은 상황에서 '바닥'이라고 표현하는 것은 초급, 중급의 낚시인들을 너무도 힘들게 하고 릴찌낚시의 문턱에서 돌아서게 하는 것이다.
바닥층이라는 말은 하층의 공간을 말하는 것이지, 바닥에 붙여야 한다는 것이 아님을 꼭 기억해야 한다. 채비를 바닥에 완전히 붙이는 것은 낚시 그 자체도 어려운 일이지만, 밑밥에 반응하여 활성도가 높아지는 감성돔의 입장에서도 바닥에 붙은 미끼를 찾는 것은 어렵다. 물속을 유영하는 감성돔의 시각에선 위에서 내려오는 밑밥에 더욱 관심을 가지게 되므로 미끼를 바닥에 두는 것은 히트의 확률이 떨어지는 것이다.
그래서 감성돔낚시에서는 갯바위의 하층에 해당하는 공간에 얼마나 미끼를 자연스럽게 오랫동안 머물게 하는가에 따라 확률이 완성되는 것이라 생각한다.

가장 심플하면서도 강력한 채비

지금부터 필자가 소개하는 B조법은 바로 이 하층의 공간을 가장 효율적으로 공략할 수 있는, 확률을 최대치로 끌어 올리게 되는 채비의 구성과 운용방법이며, 이해만 하면 누구나 쉽게 시작할 수 있는 낚시다.
우선 〈그림1〉은 필자가 추구하는 B조법의 기본 채비도이다. 채비를 들여다보면, B찌에 제로쿠션을 세팅하고 B봉돌 한 개를 제로쿠션에 붙여 물림으로써 채비의 구성은 끝난다.

필자의 B조법 채비. B 봉돌 하나만 달아서 모든 필드에 대응할 수 있다.

특징이라면 목줄을 약 4m로 길게 쓰고 채비 운용은 전유동 형태로 운용하지만 매듭이 들어가 있다는 것이다. 또 도래를 사용하지만, 제로쿠션 속으로 들어가므로 밖에서는 보이지 않는다.
이 채비의 특징은 매우 단순하다는 것이다. 필자는 개인적으로 릴찌낚시의 채비는 간결할수록 좋다고 생각하며 또 그것은 평생 풀어야 할 숙제라고 생각한다. 이 채비는 수심 4~5m 의 여밭부터 10m가 넘는 다소 깊은 수심층까지 다양한 필드에서 효과를 발휘하게 된다.

왜 이름이 B조법인가?

B조법이라 부르는 이유는, 언제 어떤 상황에서든 B 봉돌 한 개만 물려서 채비를 가라앉히기 때문이다. 그러니 찌도 당연히 B 구멍찌만 쓴다. 이 단순해 보이는 채비로 남해든 서해든 가리지 않고 감성돔낚시를 할 수 있고, 수심이 얕은 여밭에서나 아주 깊은 직벽에서도 어려움 없이 감성돔을 낚을 수 있다.

10m가 넘는 다소 깊은 포인트에서 B 봉돌 한 개로 채비를 내리기는 어렵지 않겠는가? 걱정한다면, 한번 시도해보라고 말하고 싶다. 기우에 불과했다는 것을 금방 알게 될 것이다.

요즘 우리나라 낚시인들은 고부력찌 채비에 너무 젖어서 필요 이상으로 빨리 미끼를 내리기에 급급해 하는 면이 많다. 그러나 구멍찌낚시라는 확률게임에선 가능한 한 미끼를 천천히 내리는 것이 더 낫다. 그래야만 하층의 입질예상지점에서 더 자연스럽게 더 오래 미끼가 움직이면서 감성돔의 입질을 유도하기 때문이다.

목줄만 정렬돼도 4m는 내려간다

우리가 감성돔낚시에서 많이 만나게 되는 약 6m 수심의 여밭 포인트가 있다고 가정하자. 6m 정도의 수심에서는 조류 상황에 따라 매듭의 위치를 조금 더 올려서 약 7m에 채비수심(찌밑수심)을 맞추면 적당하다.

이 상황에서는 캐스팅을 하고 곧바로 채비를 풀지 말고, 목줄 4m가 약 45도 정도로 내려가서 안정될 때까지 6~7초 정도 원줄을 잡고 있다가 풀어주기 시작한다. 6m 수심대에서는 목줄만 정렬되더라도 바닥층에 미끼가 도달하면서 입질 확률이 높아진다.

이 상황에서 천천히 전유동 형태로 채비를 내리다가 미끼가 바닥에 닿을 때쯤, 매듭이 찌에 닿으면서 반유동 형태의 구성이 되므로 채비는 더 이상 내려가지 않고 미끼가 바닥에 닿기 바로 직전에 채비 하강을 멈추고 감성돔의 입질을 기다리게 된다.

이렇게 매듭이 찌에 닿으면 자신의 미끼가 바닥에 도달했다는 것을 느끼면서 잠시 후 원줄을 1~2m 뽑아주거나 당겨주는 견제동작을 적절하게 연결해주게 되면 입질 확률이 가장 높은 하층(바닥층)의 전 구간을 매우 천천히 자연스럽게 공략할 수 있으며, 매듭을 통하여 채비의 상태와 미끼의 위치를 확실하게 느끼면서 채비를 운용할 수 있는 것이다.

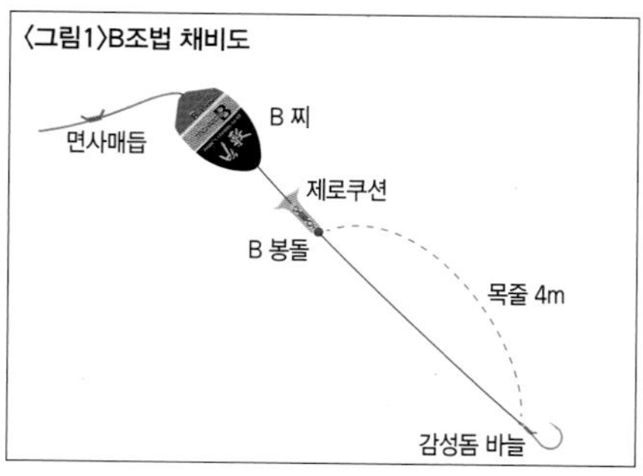

〈그림1〉B조법 채비도

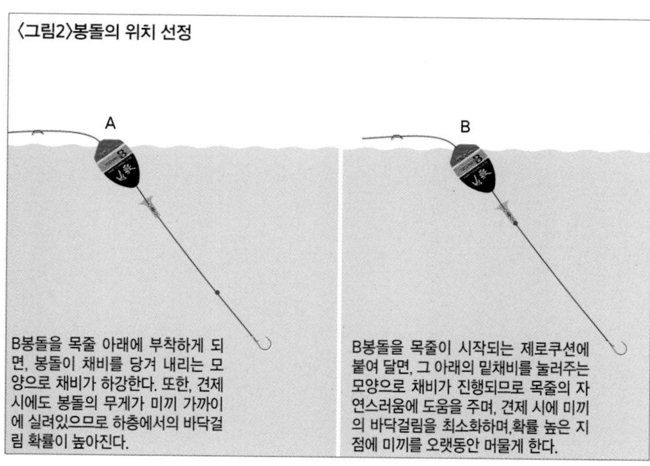

A
B
B봉돌을 목줄 아래에 부착하게 되면, 봉돌이 채비를 당겨 내리는 모양으로 채비가 하강한다. 또한, 견제 시에도 봉돌의 무게가 미끼 가까이에 실려있으므로 하층에서의 바닥걸림 확률이 높아진다.
B봉돌을 목줄이 시작되는 제로쿠션에 붙여 달면, 그 아래의 밑채비를 눌러주는 모양으로 채비가 진행되므로 목줄의 자연스러움에 도움을 주며, 견제 시에 미끼의 바닥걸림을 최소화하며,확률 높은 지점에 미끼를 오랫동안 머물게 한다.

〈그림2〉봉돌의 위치 선정

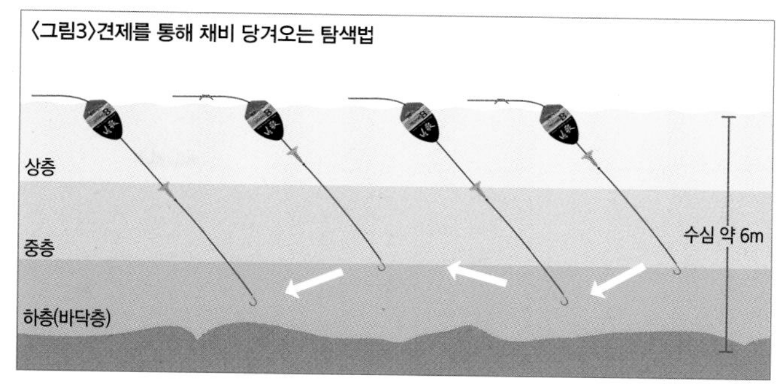

수심 약 6m

〈그림3〉견제를 통해 채비 당겨오는 탐색법

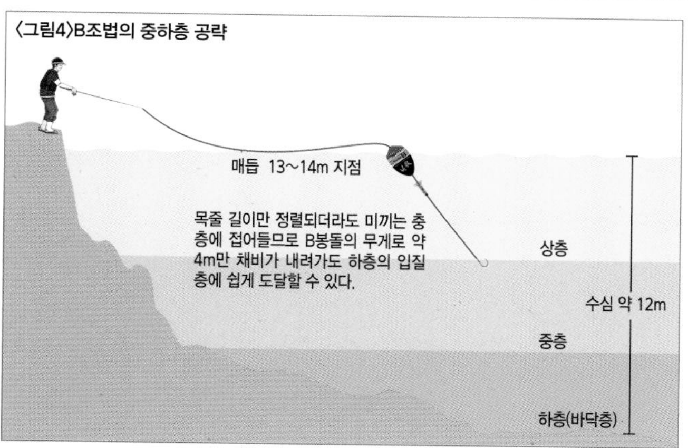

매듭 13~14m 지점
목줄 길이만 정렬되더라도 미끼는 충층에 접어들므로 B봉돌의 무게로 약 4m만 채비가 내려가도 하층의 입질층에 쉽게 도달할 수 있다.

수심 약 12m

〈그림4〉B조법의 중하층 공략

밑걸림 없이 바닥층을 폭넓게 탐색

또한 필자가 소개하는 B조법의 운용은, 〈그림3〉과 같이 채비를 당겨오는 방법은 물론 가까운 곳부터 점점 먼 곳의 깊은 곳으로 채비를 보낼 때도 매우 효과적이다.

일반적인 고부력 반유동채비로는 본인이 정해놓은 수심층만을 공략할 수 있는 반면, B조법채비는 전유동 형태의 채비 운용으로 가까운 곳에서부터 점차적으로 깊어지는 수심층의 먼 지점까지도 하층(바닥층)의 입질 높은 구간을 효과적으로 공략할 수 있다.

이때 매듭의 위치를 적절하게 맞춤으로써 수심10m 지점부터는 비슷한 수심대가 형성될 경우에도 점점 깊어지는 하층을 공략하다가 먼 지점의 일정한 수심대를 밑걸림 없이 안전하고 정확하게 공략할 수 있는 것이다.

목줄엔 봉돌 물리지 않는 것이 B조법의 원칙

B조법의 채비 구성에는 나름대로의 원칙이 있다. 〈그림1〉에서 보듯, 제로쿠션 아래에 봉돌을 붙여서 물리고 목줄 전체 구간에는 웬만해선 봉돌을 물리지 않는다. 그것은 B찌의 작은 부력을 상쇄시키면서 채비를 천천히 내리게 하는 B 봉돌의 무게가 〈그림2〉의 A와 같이 밑에서 채비를 끌어내리는 느낌이 아닌, B처럼 위에서 아래로 눌러주는 무게감을 주면서 〈그림3〉과 같은 뽑아주고 당겨주는 견제 시에 봉돌 아래의 목줄 전체와 미끼가 달린 바늘이 더욱 자연스럽게 오랫동안 하층에서 머물게 하기 위해서다.

또한 목줄 길이를 4m 정도로 길게 쓰는 것도 특징이다. 12m 수심의 깊은 포인트라 하더라도 목줄 4m는 저절로 내려가는 것이고, 낚시인의 채비 조작으로 내리는 수심은 〈그림4〉와 같이 4m 정도만 채비를 내리는 조작을 두 번 반복하면 입질수심층에 도달하는 것이니 B 봉돌 한 개의 무게로 4m의 수심을 확보하는 것은 생각보다 쉬운 일이며, 어떻게 생각하면 4~5m의 얕은 여밭에서 지속적으로 채비의 조작에 신경을 써야 하는 것보다 더욱 편한 낚시가 될 수도 있을 것이다.

Chapter 5
벵에돔낚시

쯔리겐 필드스탭

박범수·고영종의 제주 우도 공략

김진현 낚시춘추 기자

벵에돔낚시 현장을 취재하기 위해 쯔리겐 스탭 박범수(한조무역 대표), 고영종(제주 부산낚시 대표)씨와 함께 1월 중순의 제주 우도를 찾았다. 성산포 앞에 떠있는 우도는 수심이 깊어서 사철 벵에돔낚시터로 인기 있는 곳이다.

고영종씨의 릴찌낚싯대. 원줄 빠짐이 좋은 IM 가이드가 장착돼 있다.

우도 절터 포인트에서 벵에돔을 히트한 고영종씨가 손맛을 즐기고 있다.

우도의 벵에돔낚시터는 절벽이 깎아지른 서남쪽에 집중되어 있다. 수심이 15m가 넘는 큰동산, 작은동산이 가장 인기가 높고 큰 홈통을 낀 주간명월, 절터도 유명하다. 취재팀은 절터 곶부리에 하선했다. 절터는 수심이 7~8m로 그리 깊지 않지만 암초가 잘 발달해 있고 조류 소통이 좋아 큰 벵에돔을 기대할 수 있는 곳이다.

쯔리겐 스탭들의 벵에돔 채비

박범수 : 원줄 1.5호에 목줄 1.5호 10m를 연결하고 목줄 중간에 0C(제로씨) 구멍찌를 세팅한 천조법 채비.

고영종 : 원줄 1.2호에 1.2호 목줄을 10m 연결하고 00(투제로) 구멍찌를 세팅한 천조법 채비.

천조법은 일본 쯔리겐 인스트럭터 이케나가 유지가 개발한 벵에돔 토너먼트용 채비로 '00'나 0C 구멍찌에 '10'm 목줄을 연결한다고 해서 '1000조법'이라고 부른다. 이 채비는 구멍찌를 포함해 채비 전체가 천천히 가라앉으며 밑밥과 함께 자연스럽게 동조되어 중층 이하의 벵에돔을 노리기 좋다.

벵에돔을 뜰채에 담은 박범수씨. 천조법을 사용했다.

박범수의 어드바이스

"어신은 찌 대신 원줄의 움직임으로 파악하라"

많은 낚시인들이 00찌와 같이 구멍찌가 물속에 가라앉는 경우 어신을 파악하기 힘들어 하는 것 같다. 찌를 원투하면 가물가물 잘 보이지도 않는 찌를 보기 위해 애를 쓴다. 그러나 전혀 그럴 필요가 없다. 벵에돔 어신은 찌를 보고 파악하는 것이 아니라 원줄의 움직임으로 파악하기 때문이다. 벵에돔이 약한 입질을 해도 원줄이 순간적으로 빨려 들어가며, 강할 땐 낚싯대가 끌려간다. 찌를 보지 않으면 오히려 편하다. 역광이나 어두운 상황에서도 어신 파악이 쉬워지며, 손끝의 감각을 살려 어신을 잡아내기 때문에 스릴도 넘친다.

쯔리겐 스탭들이 천조법을 쓰는 이유는?

–벵에돔낚시라 하면 0(제로) 찌를 사용하는 제로조법을 생각했는데, 천조법을 쓰는 이유는?

박범수 "0 찌는 상층의 벵에돔을 노리는 한 패턴일 뿐이지 벵에돔낚시의 기본은 아니다. 0 찌는 미세하나마 부력이 있어 원줄이 수면 위로 노출되기 때문에 깊거나 먼 곳을 노리기엔 적당하지 않다."

–천조법에서 목줄을 10m로 아주 길게 쓰는 이유는?

박범수 "목줄을 원줄처럼 쓰기 위해서다. 목줄은 카본사라서 나일론사로 만든 원줄보다 빨리 가라앉기 때문이다. 보통 가는 원줄을 써서 빠른 채비 하강을 꾀하는데, 아무리 가는 원줄도 표층에 떠 있으면 조류나 바람의 영향을 받는다. 하지만 천조법에선 가라앉는 카본 목줄을 원줄로 사용하여 조류나 바람과 무관하게 내려간다."

–천조법 채비를 보니 봉돌을 전혀 달지 않는데, 그래도 잘 가라앉는가?

고영종 "찌와 목줄, 바늘로만 구성된 채비지만 전체가 가라앉기 때문에 자연스럽게 잘 가라앉는다. 만약 좀 더 빨리 내리고 싶다면 G3 봉돌 한 개를 찌 밑에 물려준다. 천조법을 구사할 땐 여유줄을 빠듯하게 풀어주어야 한다. 원줄을 많이 풀어주면 채비가 더 빨리 내려갈 것 같지만, 실제로는 그 반대다. 늘어진 원줄이 조류와 바람의 영향을 많이 받기 때문에 채비하강 속도가 더 느려진다. 밑채비가 어느 정도 내려가서 가라앉은 밑채비가 조류를 받는 느낌이 들 때 비로소 조금씩 원줄을 풀어주어야 더 빨리 내려간다."

벵에돔 밑밥은 빨리 가라앉으면 역효과

밑밥은 두 사람 모두 벵에돔 집어제 1봉에 크릴 2장 비율로 섞어서 사용했다. 박범수씨는 크릴의 원형을 그대로 살려 비볐고, 고영종씨는 크릴커터기를 이용해 크릴을 잘게 잘라서 비볐다.

–크릴을 잘게 자르는 이유는?

고영종 "잘게 자르면 더 천천히 가라앉기 때문이다. 벵에돔낚시는 밑

고영종씨가 올린 35cm 긴꼬리벵에돔.

박범수씨가 손가락으로 원줄 풀림을 제어하며 뒷줄을 견제하고 있다.

낚시자리를 번갈아 가며 채비를 흘리고 있는 박범수씨(왼쪽)와 고영종씨.

밥과 미끼의 동조가 무엇보다 중요하다. 밑밥이 무거워서 미끼보다 빨리 가라앉으면 밑밥을 보고 부상한 벵에돔의 유영층과 미끼의 유영층이 달라서 벵에돔의 입질을 받기 어렵다. 수심이 깊을수록 차이가 두드러지게 나기 때문에 벵에돔이 미끼를 놓쳐 조과가 떨어지게 된다. 또 밑밥이 빨리 가라앉으면 벵에돔을 중상층으로 띄워 올리기가 어렵다. 겨울에는 벵에돔이 깊이 있지만, 그래도 그 벵에돔을 중층 위로 띄우려면 밑밥은 천천히 가라앉아야 한다. 그래서 어떤 경우든 비중이 높은 감성돔용 집어제는 사용하지 않는다."

낮에는 원거리 포인트 공략

–우도는 수심이 깊은 곳인데 왜 그렇게 찌와 밑밥을 멀리 던지는가?

고영종 "낮에는 벵에돔의 활성이 낮기 때문에 가까운 곳에서는 입질을 받기 힘들다. 벵에돔이 낚시자리에서 멀리 떨어진 곳의 중층 이하에 있다고 보고 낚시해야 한다. 찌를 멀리 던지면 가까운 곳을 노리는 것보다 채비를 조작하기 어렵고 미끼와 밑밥을 동조시키기도 어렵지만, 어려움 속에서 동조시키는 것이 벵에돔낚시의 재미다. 밑밥도 멀리 던지기 위해 샤프트가 길고 컵이 작은 벵에돔 전용 주걱을 사용한다. 주걱이 작아야 밑밥이 잘 뭉쳐지고 조금씩 정확히 날리기 좋다. 뒷줄 조작만으로 채비를 내리기 힘든 경우엔 좁쌀봉돌을 물려 채비가 가라앉는 것을 도와주어야 하는데, 단 봉돌을 많이 물려 미끼가 너무 빨리 가라앉을 경우 벵에돔이 미끼를 물지 않으므로 주의해야 한다."

조류의 변화를 놓치지 마라

–낚시한 지 두 시간이 지났는데 왜 벵에돔이 낚이지 않는 것일까?

박범수 "지금 조류가 흐르지 않기 때문이다. 조류의 변화가 있어야 벵에돔이 낚인다. 남해 동부에서 장마철에 꼬마벵에돔을 낚을 때는 조류가 없어도 된다. 하지만 제주도나 남해 원도에서 큰 벵에돔을 낚을 때는 조류가 큰 영향을 미친다. 조류가 흘러야 잡어와 벵에돔이 먹이를 먹기 위해 움직이기 때문이다. 조류가 없으면 밑밥의 효과도 떨어져 대상어를 집어하는 것이 어려워진다. 하지만 조류가 너무 빨라도 좋지 않다. 만약 강한 조류가 흐르는 곳이라면 어느 정도 조류가 죽는 타이밍에 벵에돔이나 잡어가 움직인다. 그래서 항상 조류가 바뀌는 시점에는 긴장해서 낚시를 해야 한다."

3B 잠길찌 vs 00 전유동

낚시를 시작한 지 두 시간 동안 조류가 살아나지 않으니 잡어의 입질도 없었다. 그러나 한 자리에 집요하게 밑밥을 뿌리고 채비를 천천히 가라앉힌 결과 박범수씨가 바닥의 벵에돔을 걸었다. 그러나 그만 첫 입질은 터트리고 말았고 연이어 고영종씨가 히트, 잘생긴 35cm 긴꼬리벵에돔을 낚아 올렸다.

벵에돔이 낚인 후 서서히 조류가 흐르기 시작해 기대감을 높였는데, 생각지도 않은 참돔들이 입질하기 시작했다. 75cm 참돔을 비롯해 5마리를 낚고, 오후에는 벵에돔 명당인 큰동산으로 이동했다.

큰동산은 발 앞이 10m가 넘고 조금만 멀어지면 18m를 넘는 아주 깊은 곳이다. 두 사람은 이곳에서도 멀리 30m 전방을 노렸다.

고영종씨는 절터에서 사용한 천조법 채비를 그대로 사용했고, 박범수씨는 더 빠르게 내리기 위해 3B 구멍찌 잠길찌채비로 교체했다. 잠길찌채비는 일단 반유동채비를 한 다음, 구멍찌 부력보다 더 무거운 봉돌을 물려 가라앉히는 채비다. 채비가 완전히 정렬되어 찌매듭이 구멍찌에 걸리면 찌가 서서히 잠기면서 중

> 고영종의 어드바이스
>
> **"사용하는 구멍찌의 특성을 100% 파악하라"**
>
> 나는 즐겨 쓰는 구멍찌들이 있다. 만약 다른 찌를 가지고 낚시하라고 한다면, 섬세한 낚시를 할 자신이 없다. 그 이유는 같은 호수라도 찌가 가진 고유의 특성이 다르기 때문이다. 작은 차이라고 느낄 수 있겠지만, 그 작은 차이를 완벽히 이해하고 채비를 조작하는 데 숙달되어야 자신이 원하는 채비 운용이 가능하다.
>
> 단적인 예로 똑같은 원줄과 목줄을 사용했을 때 채비가 가라앉는 속도가 차이 나면, 밑밥과 채비를 동조시키는 것부터 어려워진다. 따라서 벵에돔낚시를 좀 더 잘하고 싶다면 자신이 사용하는 구멍찌의 특성을 100% 파악하는 것이 중요하다. 한 가지 제품의 특성을 파악하면 다른 제품의 특성을 파악하기도 쉬워진다.

고영종씨가 천조법으로 올린 35cm 긴꼬리벵에돔을 보여주고 있다.

고영종씨가 조류 흐름을 살피며 밑밥을 던져넣고 있다.

박범수씨와 고영종씨가 우도 절터 포인트의 큰 홈통을 공략하고 있다.

박범수의 피싱 스타일

64년생, 한조무역 대표. 95년에 일본 쯔리겐 해외무역부 입사 후 97년 한국으로 돌아와 주식회사 한조무역 설립. 쯔리겐, 토레이, 메이호 총판 운영. M16, N12, 한국지누, 급류심장 등 쯔리겐의 한국형 구멍찌를 다수 개발했다.

① 0C 구멍찌 채비 – 쯔리겐 '엑스퍼트구레' 0C와 1.5호 원줄, 1.5호 목줄 10m를 사용해 천조법을 구사한다. 엑스퍼트구레 0C는 1.5호 목줄 10m, 벵에돔 6호 바늘, M 사이즈의 크릴을 사용했을 때 조금씩 잠겨들도록 설계한 제품이라 거기에 맞게 사용해야 한다. 찌 중량은 9.1g으로 가벼워 원투에는 다소 불리하지만 벵에돔의 예민한 입질을 잡아낸다.
② 잘 녹은 크릴을 벵에돔 집어제와 섞는다. 크릴을 자르지 않고 원형 그대로 쓴다. 크릴과 집어제는 2:1로 섞는데, 잡어의 양이나 노리는 수심에 따라 비율을 다르게 할 수도 있다.
③ 박범수씨가 즐겨 사용하는 0C와 0α 구멍찌. 0와 00의 중간 부력으로 원줄, 목줄, 바늘, 미끼의 무게만으로 천천히 찌가 잠기게 해준다. 1000조법에 사용하기 적합하다. 원투를 목적으로 만든 찌가 아니라서 작고 10g 이하로 가벼운 것이 특징이다.
④ 전지찌는 직접 실제 부력을 체크해서 표기해 두었다. 정확한 부력 세팅이 벵에돔낚시의 기본이다.
⑤ 봉돌케이스 뒤에 붙어 있는 봉돌 무게표. 작은 봉돌의 무게까지 꼼꼼하게 챙긴다.
⑥ 조류의 세기, 수심 등에 따라 다양하게 쓸 수 있도록 봉돌은 5B부터 G8까지 모두 구비하고 있다.
⑦ 도래, 찌멈춤봉, 면사매듭, 찌구슬 등 전유동채비와 반유동 채비에 필요한 모든 소품들을 가지고 다닌다.
⑧ 벵에돔바늘 6~9호, 긴꼬리벵에돔바늘 6~9호, 감성돔바늘 2~3호 등을 가지고 다닌다

1 박범수씨가 사용한 0C 채비.

2 벵에돔낚시용 밑밥과 미끼.

3 박범수씨가 즐겨 사용하는 0C와 0α 구멍찌.

4 전지찌에도 정확한 부력을 표기해 두었다.

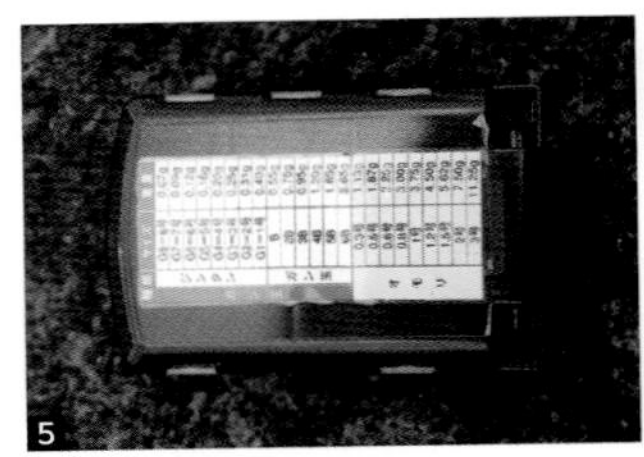

5 봉돌 케이스에 부착한 봉돌 무게표.

6 다양한 무게의 봉돌이 담긴 봉돌 케이스.

7 찌멈춤봉, 찌매듭 등이 담긴 소품 케이스.

8 다양한 호수의 벵에돔용 바늘.

박범수씨가 벵에돔을 제압하고 있다.

층 이하에 있는 벵에돔을 노리게 된다.

박범수씨는 8m 수심에 매듭을 묶고, 2B 봉돌을 두 개 물려서, 수심 8m까지는 빠르게 가라앉고 이후 찌가 잠기면 천천히 9m–10m–11m–12m…로 가라앉게 만들었다. "벵에돔은 천천히 가라앉는 미끼에 반응하기 때문에 바닥층에서는 더 천천히 가라앉도록 뒷줄을 잡아주는 것이 중요하다"고 했다.

고영종씨는 중층에서 잡어의 입질을 자주 받았다. 미끼와 밑밥이 함께 내려가니 잡어들에게 미끼를 빼앗기는 빈도가 높았다. 그러나 박범수씨의 채비에는 잡어가 전혀 입질하지 않았다. 어떤 채비가 유리한지는 알 수 없다. 그 이유는 박범수씨의 채비가 바닥에서 밑밥과 동조가 이뤄지는지 알 수 없기 때문이다.

입질은 고영종씨가 먼저 받았다. 잡어에게 계속 미끼를 뺏기더니 마침내는 잡어층 사이로 올라온 벵에돔이 입질했다. 27cm 벵에돔이다. 박범수씨는 계속 바닥층을 공략해 26cm 벵에돔을 낚는 데 성공했다. "씨알은 잘지만 거의 바닥에 있는 벵에돔을 낚아냈다"고 말했다.

두 채비는 서로 장단점이 뚜렷해 우열을 가릴 수는 없었다. 공통점은 바닥에서 밑밥과 채비가 동조된다는 것, 입질 예상층에서는 채비 전체가 천천히 가라앉아 조류에 순응해 움직인다는 것이었다.

고영종의 피싱 스타일

67년생, 제주 부산낚시 대표. 제주도 벵에돔낚시 고수로 유명하다. 한국에서 크게 히트한 쯔리겐의 '전유동 X-B'를 개발했다. 2004년 일본 WFG 토너먼트 준우승.

① 00 구멍찌 채비 – 쯔리겐 '전유동 4-2-4 X-B' 00호에 1.2호 원줄, 1.2호 목줄 10m를 묶어 1000조법을 구사한다. 1.2호 목줄을 사용하기 때문에 1.5호 목줄 채비보다 가벼운 것을 감안해 찌멈춤봉 아래에 G4 봉돌을 하나 물린다. 가는 줄 덕에 섬세한 채비 조작이 가능하며, 깊은 수심까지 밑밥과 동조되어 내려간다.
② 밑밥은 크릴 2장에 벵에돔 집어제 1봉 비율로 배합한다. 크릴은 잘게 잘라 천천히 가라앉게 해주는데, 깊은 수심이라 할지라도 가벼운 집어제를 사용해 천천히 가라앉게 만든다. 원투력을 높이기 위해 잘 뭉쳐지도록 배합한다.
③ 고영종씨의 구멍찌 케이스. 제주도에 맞는 한두 가지 패턴의 찌만 사용한다. 원투력이 좋은 무거운 구멍찌를 선호한다. 가장 즐겨 쓰는 모델은 쯔리겐 '전유동 4-2-4 X-B'.
④ 목줄은 1.2, 1.5, 1.7호만 가지고 다닌다. 더 굵은 목줄은 쓰지 않는다. 수심 10m가 넘는 곳에서 40cm급 벵에돔을 노릴 때도 1.2호 목줄을 사용했다. 목줄은 토레이와 쯔리겐 제품.
⑤ 00 구멍찌를 쓸 땐 봉돌은 B 이하만 사용한다. G2~G8을 많이 쓴다. 조류가 빠른 곳이라도 가벼운 봉돌만 달아서 뒷줄 조작으로 채비를 충분히 내릴 수 있다고.
⑥ 소품통 내용물은 상부 넓이가 다른 찌멈춤봉과 미늘이 없는 6호 벵에돔 바늘이 전부다. 구사하는 채비가 언제나 비슷하기 때문에 소품도 심플하다. 미늘이 없는 바늘을 쓰는 이유는 바늘이 목구멍에 걸리는 안창걸이를 막기 위해서다. 안창걸이가 되면 긴꼬리벵에돔의 이빨에 목줄이 쓸려 터지므로 미늘이 없는 것을 쓴다고 한다.
⑦프레임이 작은 뜰채를 사용하는 고영종씨. 프레임이 작고 가벼울수록 순발력 있는 뜰채질이 가능하다. 이 뜰채로 75cm 참돔도 담아 올렸다.

1 고영종씨가 사용한 00찌 채비.

2 밑밥을 천천히 가라앉히기 위해 크릴을 잘게 분쇄하고 있다.

3 고용종씨가 즐겨 사용하는 제로 계열의 찌들.

4 고영종씨가 애용하는 목줄들.

5 G2~G8까지의 봉돌이 담겨 있는 봉돌 케이스.

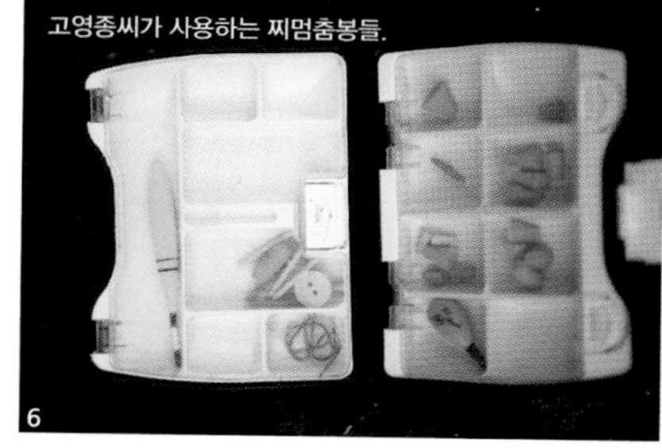
6 고영종씨가 사용하는 찌멈춤봉들.

7 뜰채를 조립하고 있는 고영종씨.

제주 차귀도에서 벵에돔낚시를 하고 있는 일본의 야마모토 하찌로 명인.
다이와 필드테스터인 그는 제로조법을 정립했다.

벵에돔낚시의 표준

제로조법

제로조법이란 제로찌(0)를 사용하는 완전 띄울낚시를 말한다. 도래와 봉돌을 전혀 사용하지 않는 게 특징이다. 제로조법 이전에는 B~3B 부력의 찌로 벵에돔을 낚았으나 1998년 제로조법 도입 이후 제로찌낚시가 벵에돔낚시의 표준이 됐다. 이후 제로조법은 약간의 봉돌을 물린 제로찌 전유동낚시로 발전했다.

벵에돔의 생태와 습성

벵에돔은 우리나라 동해, 남해, 제주도 해역과 일본 동북지방 이남, 동지나해, 필리핀 북부 및 대만 근해까지 연안 암초지대에 널리 분포하는 고기다. 영어로는 Opaleye, 일본어로는 메지나(メジナ 관동) 또는 구레(グレ 관서)로 불린다. 전 세계적으로 6속 10종이 알려져 있는 가운데, 우리나라 해역에는 벵에돔과 긴꼬리벵에돔 2종류가 서식하는 것으로 보고되어 있다.

벵에돔과 긴꼬리벵에돔은 유어 땐 서로 섞여 떼를 지어 다니는 습성을 보인다. 벵에돔과 긴꼬리벵에돔의 혼합서식 습성은 유어 때만 관찰된다. 간혹 남해 근해에서 긴꼬리벵에돔 새끼가 낚인 것을 두고 쿠로시오난류의 확장 영향으로 보기도 하지만 그보다는 단순히 유어 때의 특징으로 보는 게 타당하겠다.

우리나라 벵에돔 기록은 부산 외섬에서 2005년 2월 13일 박현석씨가 낚은 55.7cm다. 긴꼬리벵에돔 기록은 제주 대관탈도에서 1971년 6월 2일 김태현씨가 낚은 66cm다(낚을 당시엔 벵에돔으로 기록되었으나 추후 어탁심사를 통해 긴꼬리벵에돔으로 판정).

벵에돔 산란기는 2~6월경으로 지역과 개체에 따라 차이가 있으나 5월이 산란의 피크기로 알려져 있다. 출생 후 1년까지는 연안의 암초지대에서 생활하다 10cm 이상의 2년생이 되면 밤에는 일정한 바위틈에 머물다가 주로 주간에 먹이를 찾아다닌다. 3년생이 되면 드디어 연안 암초지대를 떠나 좀 더 깊은 수심층으로 이동하는데, 주로 원도와 같은 먼 바다로 나가야 굵은 씨알의 벵에돔이 잘 낚이는 것은 이런 벵에돔의 성장과 연관이 있는 듯하다.

벵에돔낚시 장비

벵에돔낚시 장비는 1호 릴대에 릴은 중소형 2500~3000번 릴을 쓴다. 장비는 감성돔용과 별 차이는 없다. 다만 제주도나 남해 원도, 일본 등지에서 45cm 이상급을 상대한다면 1.5호 이상 릴대가 적합하다.

원줄은 플로팅과 세미플로팅을 모두 써도 상관없지만 벵에돔낚시에서는 플로팅 줄이 좀 더 유리하다. 벵에돔낚시는 채비와 밑밥 동조가 매우 중요하므로 원줄을 이용한 뒷줄 관리를 잘하려면 물에 잘 뜨는 플로팅 줄이 유리한 것이다. 그러나 투제로찌 등으로 잠길낚시를 시도할 때는 세미플로팅 라인이 채비를 가라앉히는 데 유리하다. 가장 보편적인 원줄 호수는 2호이며 예민한 낚시를 구사할 때는 1.5호까지도 낮춰 쓴다. 반면 45cm 이상급의 대물을 상대하거나 해거름에 얕은 여밭에서 대물을 노린다면 3호 원줄이 안전하다.

목줄은 30cm 미만의 잔챙이라면 1.2~1.5호, 35~40cm는 1.7~2호, 45cm 이상은 2.5~3호가 적당하다. 그러나 물속 여건이 험한 곳에선 더 굵게 써야 한다. 일본 남녀군도에서 50cm가 넘는 긴꼬리벵에돔을 노린다면 6~8호 목줄도 사용한다.

낚싯바늘은 벵에돔 씨알에 관계없이 큰 것보다 작은 게 유리해 벵에돔 바늘 5~7호를 많이 쓴다. 단 제주도나 대마도에서 해거름 대물을 노릴 땐 벵에돔 8호가 적당하다.

벵에돔낚시 채비

▶제로찌 반유동채비

제로조법의 표준채비다. 찌 위 30cm 지점 원줄에 찌매듭(나비매듭)을 묶은 후 제로찌와 찌멈춤봉을 차례로 끼우고 목줄과 직결한다. 목줄은 보통 두 발(약 3.5m)을 사용하며 목줄 끝에 바늘만 묶으면 끝이다. 봉돌은 달지 않고 목줄과 바늘 무게로만 미끼를 내린다. 이 낚시는 기본적으로 두 발 수심을 목표로 삼고 밑밥에 유혹되어 부상한 벵에돔을 낚는 낚시다.

찌매듭의 위치는 찌 위 30cm 정도가 적당하다. 좀 더 깊은 수심을 노려보겠다며 찌매듭을 50cm나 1m에 고정하는 경우가 있는데 효과적이지 못하다. 채비가 내려가서 정렬하는 데 시간이 너무 오래 걸리기 때문이다.

채비가 정렬되기 전, 즉 찌매듭이 찌에 닿기 전에는 입질이 뜸하다는 점은 벵에돔 낚시에서 매우 중요한 사항이다. 그 이유는 벵에돔은 너무 자연스럽게 내려가는 미끼보다 스톱된 상태의 미끼를 공격하는 습성이 있기 때문이다. 찌매듭이 찌에 닿아 채비 하강이 멈추는 순간, 똑같은 속도로 떨어지는 밑밥 크릴들 사이에서 정지하면서 홀로 튀는 미끼 크릴이 사냥 대상이 되는 것이다.

▶제로찌 전유동채비

벵에돔이 밑밥에 반응하여 뜰 때는 제로조법이 잘 먹히지만, 벵에돔이 잘 뜨지 않을 때는 두 발 수심만 겨냥하는 제로조법은 한계가 있다. 그때는 찌매듭을 풀어 전유동으로 전환한 뒤(나비매듭은 풀지 않고 찌 구멍을 통과시켜 직결매듭 쪽으로 끌어내리면 전유동으로 바뀐다) 작은 봉돌을 물려서 더 깊이 가라앉힌다.

그리고 바늘 위 30~50cm 지점에 G5나 G4 봉돌을 하나 물려준다. G5 봉돌은 '물렸을 때 목줄 각도가 꺾이지 않는 한도 내의 가장 무거운 봉돌'이라서 벵에돔낚시에서 가장 많이 사용한다. G5만 물려도 5~7m 수심은 쉽게 가라앉힐 수 있다. 만약 조류나 바람 탓에 더 무거운 봉돌을 써야겠다면 G3나 G2 봉돌을 물린다.

▶제로찌 잠길낚시채비

아예 찌를 가라앉히는 방식이다. 이때는 제로찌 대신 제로씨(0C)나 투제로(00)찌를 쓴다. 이 찌들은 여부력이 거의 없어서 목줄이 아래로 완전히 정렬되면 목줄의 무게에 의해 서서히 잠긴다. 그러나 바닥까지 내려가는 게 아니라 대개 수면 아래 1~2m까지만 가라앉은 뒤 서스펜드(가라앉지도 뜨지도 않는) 상태를 이룬다. 그 이유는 수면에 떠 있는 원줄이 브레이크 역할을 하기 때문이다. 이 채비의 대표적 케이스가 '천조법'인데, 천조법에 대해선 다음 코너에서 상세히 설명한다.

제로 계열 찌의 선택

제로조법 초기에는 찌에 제로(0)로 표기된 찌밖에 없었으나 지금은 제로씨(0C), 제로알파(0α), 투제로(00)까지 개발되었다. 그래서 넓은 의미의 제로찌라면 0, 0α, 0C, 00를 모두 포함한다.

그중 가장 많이 쓰는 제로찌는 잔존부력이 가장 커서 G2 봉돌을 물려도 가라앉지 않는 잔존부력을 지니고 있다. 그래서 벵에돔이 평소보다 깊은 곳에서 물거나 조류가 센 상황, 와류가 심하게 일거나 본류를 노

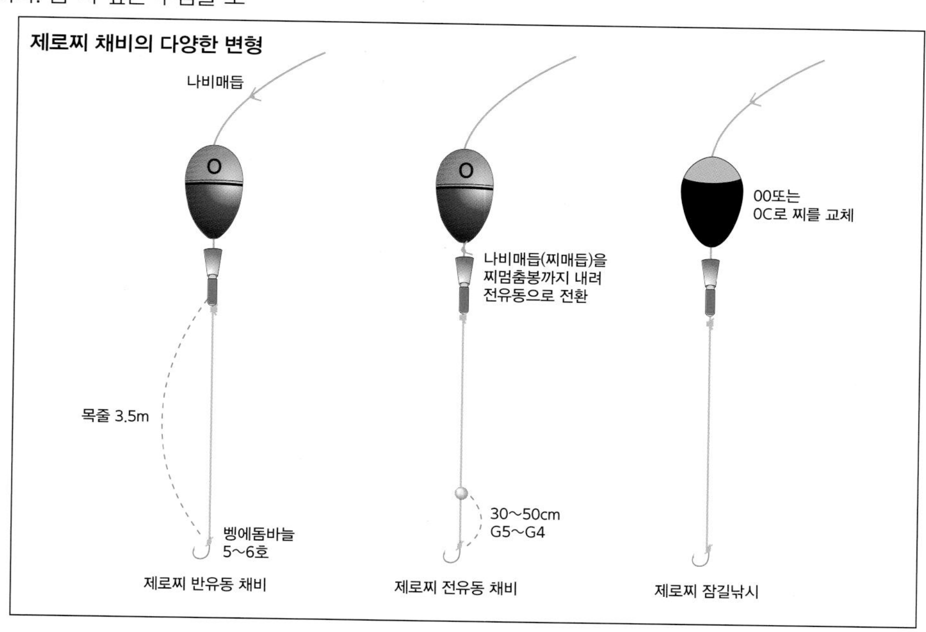

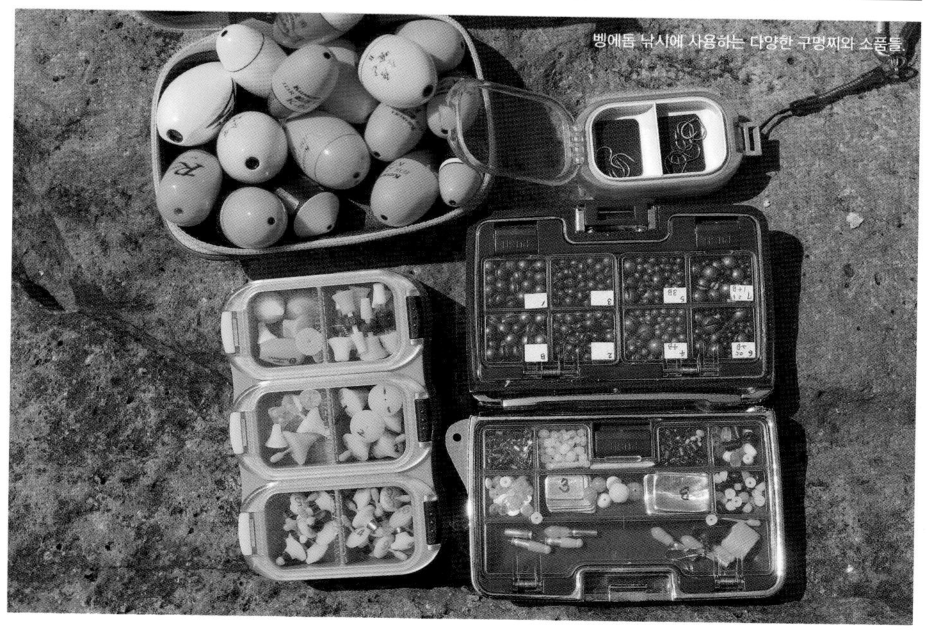
벵에돔 낚시에 사용하는 다양한 구멍찌와 소품들.

벵에돔 제로조법용 저부력 구멍찌들.

려야 할 경우에 G2 이내의 봉돌을 물려서 가장 폭넓게 사용할 수 있다. 두 번째로 많이 쓰이는 찌는 잔존부력이 가장 작은 투제로찌다. 투제로는 민물에는 가라앉고 바닷물엔 뜨는 부력을 말한다. 봉돌을 달지 않은 상태로도 목줄채비만 정렬되면 찌 자체가 가라앉아 중층까지 노릴 수 있다. 특히 강풍이 부는 상황, 본류대 흘림낚시에서 투제로찌는 종종 놀라운 효과를 선사한다.

G2, B, 2B 찌도 꼭 필요하다

목줄에 봉돌을 거의 달지 않고 낚시할 수만 있으면 제로찌만으로 충분하지만, 벵에돔낚시에서도 조류나 바람을 이기기 위해 봉돌을 꼭 물려야 하는 상황이 많다. 그때를 대비해 제로찌보다 부력이 센 G2와 B, 2B 찌도 꼭 있어야 한다.

▶포말이나 심한 와류

이런 곳에서 가벼운 제로찌 채비를 고집하면 목줄이 포말이나 와류에 휘말려 벵에돔이 머물고 있는 수심까지 미끼가 내려가지 못한다. 이 경우는 채비의 자연스러움보다 접근성이 더 중요한 경우이므로 무거운 봉돌을 달아 입질 수심까지 내려주는 것이 실전적이다.

▶급류나 본류

빠른 조류에서 미끼를 빨리 벵에돔의 입질수심인 3m 안팎까지 내려보내려면 B 정도의 무거운 봉돌이 필요하다. 또 채비를 본류대에 실어 50~60m 이상 흘려보낼 경우에도 제로찌보다 B나 2B 찌가 좋다. 채비가 멀리 흘러갈수록 물에 잠긴 원줄 저항이 커져 휘어진 원줄이 채비의 진행 방향을 틀어 놓는데 부력이 센 찌는 수면에 꼿꼿하게 떠서 흘러가므로 원줄이 채비를 당기는 힘을 이겨내지만 제로찌는 물속에 잠기며 원줄이 끌려가는 방향대로 진행하면서 밑밥과 동조되지 못한다.

벵에돔낚시용 찌멈춤봉. 체적이 넓은 것은 수중찌 역할을 겸한다. 사진의 찌멈춤봉은 중앙에 싱커가 있지만, 제로조법엔 싱커 없이 물에 뜨는 찌멈춤봉을 써야 한다.

▶밤낚시

벵에돔낚시의 피크타임인 해거름에는 전지찌가 필요한데, 전지찌의 경우 가물거리는 제로찌보다 선명하게 떠 있는 B 찌가 입질 파악에 편리하다. 해거름에 낚이는 대물 벵에돔은 B 찌의 부력 정도는 이물감으로 느끼지 않는다.

찌멈춤봉 : 제2의 어신찌이자 수중찌

제로조법에서는 찌멈춤봉의 중요성이 크다. 찌멈춤봉의 원래 역할은 도래를 쓰지 않는 제로조법에서 구멍찌가 더 이상 내려오지 않게 하는 스토퍼 역할이었으나, 차츰 수중찌 기능과 제2의 어신찌 기능이 강화되어 지금은 크고 잘 보이는 형광색 찌멈춤봉들이 많이 쓰이고 있다. 체적이 넓은 찌멈춤봉을 사용하면 찌멈춤봉이 가라앉으면서 속조류를 받아 채비를 더 조류의 흐름에 일치시켜 밑밥으로 흐름과 동조시키는 수중찌 역할을 한다. 또 미약한 입질은 구멍찌에는 표시되지 않아도 찌멈춤봉에는 표시되어 일찍 감지해낼 수 있다. 만약 아래로만 가라앉던 찌멈춤봉이 좌우로 끌려가거나, 내려가다 갑자기 멈추면 입질로 보고 바로 챔질하면 된다.

제로찌 반유동부터 출발해서 전유동으로

벵에돔낚시는 제로조법의 표준인 제로찌 반유동채비로 시작하는 게 좋다. 벵에돔의 활성이 높다면 이 채비가 마릿수 조과를 거두기에 가장 적합하기 때문이다. 특히 입질이 약한 25cm급 꼬마벵에돔들은 제로찌 전유동보다 제로찌 반유동에 더 잘 낚인다. 제로찌 반유동은 조류가 느리거나 거의 없는 곳에서 잘 먹힌다.

만약 조류가 빠르면 봉돌을 물리고 전유동으로 전환하는 게 좋다. 제로찌에 달 수 있는 봉돌은 G2를 한계치로 본다. 원줄 2.5호에 목줄 2호를 세팅했을 경우 G2 봉돌을 달았을 때까지는 제로찌가 떠 있지만 봉돌이 더 무거워지면 점점 가라앉으므로 찌를 볼 수 없어 불편해진다.

밑밥 품질은 발밑에 7, 찌 주변에 3

벵에돔용 밑밥은 감성돔, 참돔용과 달리 주 대상어인 벵에돔보다 잡어를 따돌리는 데 더 많이 사용한다는 게 특징이다. 벵에돔용 밑밥을 3주걱 준다면 잡어를 따돌리는 데 7주걱을 사용하는 것이다. 벵에돔이 서식하는 환경에는 늘 잡어가 서식하고 있어 벵에돔과 잡어를 분리하지 않고는 좋은 조과를 거둘 수가 없다.

품질의 기본은 발밑에 잡어를 모으고 채비는 멀리 던져 벵에돔을 노리는 것이다. 일단 포인트에 도착하면 발밑에만 밑밥을 꾸준히 뿌려주며 잡어의 동향을 살핀다. 대부분 잡어가 새까맣게 몰려들 것이다. 그럴수록 발밑에 뿌려주는 밑밥의 양이 많아야 한다. 그래야만 잡어가 멀리 빠져나가지 않기 때문이다. 일단 발밑에 대여섯 주걱 밑밥을 준 뒤 채비를 멀리 던진다. 캐스팅 거리는 15~20m부터 시작한다. 그리고 찌가 떨어진 주변에 세 주걱 정도를 정확히 떨어뜨린다. 이러면 찌 주변에도 잡어가 몰려드는데 만약 벵에돔이 주변에 있다면 잡어보다 더 빨리 달려들어 미끼를 낚아챌 것이다.

그러나 벵에돔 입질은 없고 잡어만 걸려든다면, 잡어용 9, 벵에돔용 1의 비율로 바꿔도 보고, 극단적으로 발밑에만 밑밥을 뿌리고 찌에는 전혀 밑밥을 뿌리지 않는 방법도 강구해본다.

잡어가 뜨지 않으면 깊이 노려라

밑밥을 뿌려도 잡어들이 뜨지 않는다면 저수온 상태 등으로 벵에돔 활성도 극히 낮아 깊은 곳에 머물거나 먼 거리에 모여 있을 경우가 많다. 그때는 제로찌 채비로는 한계가 있다. G2나 B 찌로 교체하고 목줄에 G2~B 봉돌을 달아 5~8m 수심을 노려보다 그래도 입질이 없으면 10~15m 수심까지 노려본다.

만약 5~8m 수심에서 벵에돔은 아니지만 잡어가 계속 미끼를 따먹으면 더 깊이 내리지 말고 그 수심층에서 벵에돔 입질을 기다린다. 그리고 불현듯 잡어들이 눈에 보일 정도로 떠오르면 다시 제로찌로 바꿔 띄울낚시를 전개한다.

밑밥 품질은 소량씩 지속적으로

제로조법용 밑밥은 비중이 가벼워야 좋다. 밑밥이 천천히 내려가야 벵에돔이 떠오르기 쉽기 때문이다. 그래서 벵에돔용 집어제는 비중이 가벼운 것을 사용한다. 단 빵가루를 쓸 때는 주의를 요한다. 빵가루는 크릴과 버무려 오래 두면 물을 먹어 비중이 무거워진다. 따라서 빵가루를 섞을 때는 양을 최소화하고 낚시 직전에 비벼서 사용하는 게 좋다.

벵에돔 밑밥은 어군을 상층까지 끌어올려야 하므로 지속적인 품질이 매우 중요하다. 소량이라도 꾸준하게 품질해야 밑밥의 띠가 끊어지지 않고, 밑밥에 유혹된 벵에돔이 그 띠를 따라 미끼 근처까지 올라붙기 때문이다. 일단 벵에돔이 상층까지 올라붙었다 싶으면 밑밥 양을 줄여 경쟁심을 유발시키는 게 좋다.

발밑에 몰려있는 잡어들. 발밑에 많은 양의 밑밥을 품질 해 잡어가 멀리 나가지 못하도록 해야 한다.

벵에돔낚시용 밑밥과 미끼.

CHECK POINT

▶벵에돔낚시는 왜 '두 발 수심'을 주로 노리는가?

벵에돔은 먹이활동을 전개하면 중층보다 약간 위층에서 먹이를 찾는다. 보통 벵에돔 포인트의 수심이 6~8m이므로 그 중간층인 3~4m 수심을 주로 노리는 것이다. 제로조법이 두 발 수심(3~3.5m) 에 미끼를 고정하는 것도 그런 이유에서다. 그러나 수심이 10~15m로 깊은 곳(거문도, 제주 우도, 섶섬 등)에선 5~8m 수심이 중층이므로 그 수심까지 가라앉혀주는 전유동낚시가 더 잘 되는 편이다.

▶벵에돔은 늘 떠서 입질하나?

그렇지는 않다. 벵에돔이 떠서 무는 것은 어디까지나 밑밥 효과 때문인데, 벵에돔 활성이 낮으면 밑밥이 별 효과를 발휘하지 못할 때도 있다. 이때는 마냥 벵에돔이 떠오를 때를 기다리지 말고 전유동낚시나 잠길낚시를 시도하여 더 깊은 수심을 노려야 한다.

▶벵에돔낚시용 목줄의 길이

벵에돔낚시의 목줄 길이는 곧 찌밑수심이라 생각하는 게 좋다. 즉 목줄 길이를 벵에돔 유영층에 맞춰주고 됫줄을 잡은 채 일종의 고정찌 띄울낚시를 하는 것이다. 목줄 길이는 3~3.5m가 표준이지만, 벵에돔이 깊이 물 때는 목줄을 4~4.5m로 길게 준다. 반대로 벵에돔이 떠서 물 때는 목줄을 2~2.5m로 짧게 준다.

"목줄이 길어도 어차피 표층부터 천천히 훑고 내려갈 텐데 목줄을 굳이 짧게 쓸 이유가 있느냐"고 묻는 사람이 많다. 그러나 벵에돔은 떨어지는 미끼보다 스톱된 미끼를 공격하는 습성이 있기 때문에 뜬 벵에돔은 긴 목줄보다 짧은 목줄에 입질이 빠르다. 목줄찌엔 입질하는데 구멍찌만 쓰면 입질이 없는 것은 목줄찌를 써야만 미끼가 상층에서 스톱되기 때문이다.

▶벵에돔 채비에서 직결을 하는 이유는?

잔잔한 내만에서 제로찌채비에 봉돌을 전혀 달지 않고 벵에돔을 낚을 땐 도래를 쓰면 입질하지 않을 때가 있다. 도래를 쓰면 그 부분이 먼저 낙하하면서 채비가 L자로 꺾이는데, 그 때문인지는 모르나 하여튼 여수 금오도나 완도 청산도 등에서 직결한 채비에는 벵에돔이 낚이는데 도래를 묶은 채비엔 벵에돔이 낚이지 않는 사례가 자주 발견된다.

그러나 목줄에 봉돌을 달아서 낚시하는 상황에선 어차피 봉돌이 도래보다 먼저 가라앉기 때문에 도래를 써도 입질 받는 데는 아무 문제가 없다.

▶벵에돔은 왜 해거름에 대형이 잘 낚이나?

대형 벵에돔은 매우 경계심이 강한 고기다. 그래서 밝은 낮에는 깊은 곳에 머무르다보니 낮에 큰 놈을 낚기가 어렵다. 그러나 날이 어두워지면 다른 고기들처럼 얕은 연안으로 먹이사냥을 나서는데 해거름이 바로 그때다. 이때는 채비를 멀리, 깊은 곳을 노리면 오히려 불리하며 가까운 발밑이나 여밭을 노리는 게 오히려 큰 벵에돔을 만날 확률이 높다.

▶긴꼬리벵에돔은 날카로운 아가미로 목줄을 끊는다는데?

긴꼬리벵에돔에 대한 오인 중 하나다. 긴꼬리벵에돔의 아가미가 날카로운 것은 사실이지만 각도상 목줄이 아가미에 쓸릴 수는 없다. 입에 바늘이 걸린 상태로 도주하다보면 목줄이 뺨에 찰싹 붙을 수는 있다. 그러나 목줄이 잘리기 위해서는 수직으로 그어져야 하는데 그런 각도는 만들어질 수가 없다.

▶빵가루 미끼는 언제 잘 먹히나?

빵가루 미끼는 잡어가 많은 상황에서 크릴 미끼로는 도저히 잡어를 피할 수 없을 때 잡어를 피하기 위한 목적으로 쓴다. 그러나 빵가루 미끼가 지속적인 효과를 발휘하는 것은 아니다. 처음 쓸 때는 잘 먹히다가 점차 효과가 떨어진다. 벵에돔이 처음에는 호기심에 달려들지만 점차 시간이 지나면 미끼에 대한 흥미를 잃기 때문이다.

대마도 갯바위에서 굵은 벵에돔을 낚아낸 필자.

벵에돔 씨알 선별법

잔챙이 무리에서 큰놈 골라 낚기

민병진 한국다이와 이소필드마스터, 제로FG 회장, 대마도 우키조민숙 대표

**벵에돔은 비슷한 씨알끼리 몰려다니는 습성이 있어 한 번 잔챙이 무리를 만나면 계속 잔챙이만 낚일 때가 많다.
그러나 낚시방법에 따라서 약간 더 큰놈을 골라 낚을 수 있다.
다른 대상어들은 이런 씨알 선별이 어렵지만 벵에돔만큼은 가능하다.**

필자가 먼 거리를 노리기 위해 채비를 원투하고 있다.

고만고만한 씨알의 벵에돔 무리에서 굵은 벵에돔을 골라 낚을 수 있을까? 모든 벵에돔낚시인들의 고민일 것이다. 결론부터 말하면, 낚시하기에 따라 어느 정도는 가능하다.
단 몇 가지 전제조건이 필요하다. 선결 조건은 역시 벵에돔의 활성도다. 잔챙이든 굵은 놈이든 벵에돔이 모두 정상 수준의 활성도를 회복해야 씨알 선별이 가능하다. 활성도가 약하면 바다 밑바닥을 박박 긁어 운 좋게 한두 마리 낚아내는 것 외엔 뾰족한 수가 없다.
일단 활성이 좋다고 가정하자. 대체로 고활성 상황이라면 굵은 벵에돔의 스피드가 잔챙이보다 빠르다. 활동 범위도 넓다. 마치 중학생들의 축구 경기에 고등학생이나 대학생 두세 명이 섞여 뛰는 것과 같은 이치로 볼 수 있다.
따라서 낚시를 할 때 빠른 벵에돔이 먼저 미끼를 낚아챌 수 있도록 미끼를 패스해주면 되겠다. 채비나 기법에 획기적 변화를 주는 것은 아니다. 벵에돔의 이러한 특성을 미리 파악한 뒤 몇 가지 세부적인 변화를 꾀하는 방식을 써볼 필요가 있다. 4가지 방법이 있다.
①밑밥 투여량과 횟수 변화를 통한 씨알 선별, ②시간차 캐스팅과 거리차 캐스팅, ③밑밥의 영향권과 채비 투여 지점의 변화. ④목줄 길이 변화를 통한 수심 조절.
모든 조건이 양호하다면 첫 미끼에 무리 중 가장 큰 씨알이 걸릴 확률이 높다. 그것은 대부분 물고기 집단에서 가장 큰 우두머리가 맨 앞에서 헤엄치고 그 다음 큰놈 순서대로 뒤를 따르기 때문이다. 그래서 낚시를 하다보면 딱 한 마리 입질 받은 게 대물일 때가 많고, 첫 입질에 대물이 걸려 잔뜩 기대했지만 이후론 작은 놈만 낚이는 수가 많다.

천천히, 멀리, 짧게 노린다

방법1 밑밥 투여량과 투여 횟수 조절을 통한 씨알 선별법

처음엔 많은 양의 밑밥을 품질해 벵에돔을 불러 모은다. 밑밥의 대부분은 수면 가까이 몰려든 잔챙이들에게 먹히지만 살아남은 밑밥 잔여분은 아래층에서 어슬렁거리고 있는 굵은 놈들의 몫이다.

'집어(集魚)가 됐다'고 판단되면 밑밥의 양을 20~30%로 줄인다. 때론 50% 이상 줄일 때도 있다. 이렇게 되면 벵에돔끼리 밑밥 경쟁이 치열해질 뿐 아니라 아래층에서 밑밥을 받아먹던 굵은 벵에돔에게 돌아갈 밑밥 양도 줄어들 수밖에 없다. 이 점이 바로 굵은 벵에돔을 상층까지 솟구치게 만드는 요인이다〈그림1〉.

방법2 시간차 공략

밑밥을 투여하면 중간층에 머물던 벵에돔들이 상층까지 솟구쳐 밑밥을 받아먹는다. 잔챙이가 5~6m 수심에서 머물고 있다면 굵은 놈들은 대개 더 깊은 6~7m 수심에 머물고 있는 경우가 많다. 일단 잔챙이가 먼저 움직이고 굵은 놈들이 그 뒤를 따르게 된다〈그림2〉.

따라서 밑밥을 품질한 뒤 바로 채비를 던지지 말고 큰 놈들이 부상할 때까지 10~20초 정도 기다렸다가 던져볼 필요가 있다. 잔챙이들의 와글와글 성화가 잠잠해지면 그때서야 어슬렁거리며 떠오르는 놈들이 적지 않기 때문이다.

방법3 거리차 캐스팅

캐스팅(투척) 거리를 달리해보는 방법도 있다. 벵에돔은 씨알에 관계없이 떨어지는 밑밥에 관심을 보이지만 굵은 놈일수록 조심스러워서 발 밑이나 가까운 거리에선 잘 떠오르지 않는다. 오히려 멀리 흘러나가는 밑밥을 쫓아가다가 먼 지점에서 불쑥 떠오를 때가 많은데, 바로 그런 놈을 노리는 방법이다. 최근에 이런 사실을 캐치한 낚시인들 중에는 일부러 밑밥 외곽으로만 채비를 던져 굵은 놈을 골라 낚는 기법을 즐기는 사람이 많다.

〈그림3〉에서 보듯 일단 첫 미끼는 밑밥의 영향권보다 1m 정도 먼 거리에 던진다. 이곳에서도 잔챙이가 입질한다면 두 번째 캐스팅은 3m, 세 번째는 5m 거리 순으로 공략 거리를 점차 멀리 잡아나간다. 필자의 경우 밑밥 효과가 거의 상실됐다고 여긴 아주 먼 거리에서도 대물 벵에돔을 낚아 본 적이 있다. 의외로 효과가 높은 방법이다.

낮 시간에 올린 굵은 벵에돔들. 벵에돔은 낚시방법만 제대로 알면 씨알 선별이 가능한 고기이다.

해거름 낚시요령

얕아도 바닥을 노려라
제로찌보다 B나 2B 찌에 봉돌 사용

벵에돔낚시에서 최고의 대물 타이밍은 역시 해거름이다. 이때는 채비를 멀리 던지기보다 발 밑을 집중적으로 노리는 게 좋다. 큰 놈들이 연안으로 바짝 붙기 때문이다. 그런데 이 상황에서도 더 큰 놈을 노리고 싶다면 최대한 바닥을 노리는 게 유리하다. 큰 놈일수록 수중여와 수중여 사이의 골을 따라 연안으로 접근하기 때문이다. 그래서 낮에는 봉돌을 달지 않고 낚시했어도 해거름에는 목줄 위에 봉돌을 달아주는 게 유리하다. 해거름에는 찌의 민감도도 따지지 않기 때문에 오히려 제로찌보다 B나 2B찌를 사용하는 게 바닥층 공략에는 훨씬 유리하다.

〈그림4〉목줄 길이 조절 통한 씨알 선별

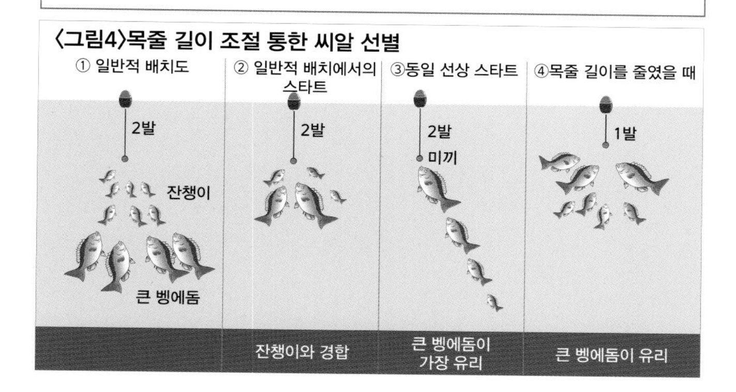

방법4 목줄 길이 조절을 통한 씨알 선별법

목줄의 길이를 달리 하는 것만으로도 굵은 놈을 골라 낚을 수 있다. 만약 동일선상에서 스타트를 끊는다면 굵은 벵에돔의 스피드가 단연 빠를 것이다. 그러나 물속에서의 씨알 배치는 항상 잔챙이가 위에 있고 밑에 굵은 놈들이 도사리고 있기 마련.

따라서 굵은 벵에돔이 잔챙이를 제치고 미끼를 먹을 수 있는 시간적, 공간적 거리를 만들어주어야 하는데, 이때 과감히 목줄 길이를 한 발 정도로 줄여줌으로써 굵은 놈이 잔챙이를 앞지를 수 있는 조건을 만들어줄 수 있다〈그림4〉.

매우 쉬운 방법인데도 실제 낚시현장에서는 목줄을 잘라내야 하기 때문에 '목줄을 새로 묶어야 하지 않을까'하는 부담 때문에 적극적으로 시도하는 낚시인은 많지 않다. 이때 효과적인 채비가 목줄찌 채비다. 벵에돔이 상층까지 떴다면 목줄 길이를 과감히 절반가량 줄여주면 훨씬 잦은 입질을 받을 뿐 아니라 씨알도 굵게 낚일 때가 많은데 수심을 얕게 잡으면 잡을수록 굵게 낚이는 경우도 종종 있다.

수시로 목줄 길이 조절이 가능한 천조법 채비라면 가장 적극적으로 시도해 볼 수 있는 방법인데 채비를 던진 후 무작정 가라앉게 놔두지 말고 적절히 뒷줄을 당겨 미끼가 천천히 가라앉도록 만들어야 한다. 천조법은 목줄을 10m 가까이 쓰기 때문에 다른 채비보다 빨리, 깊게 가라앉기 때문이다.

〈그림1〉밑밥량 조절을 통한 씨알 선별

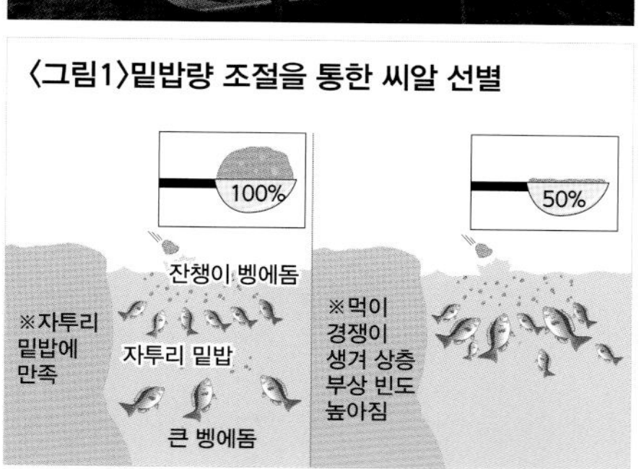

〈그림2〉시간차 캐스팅을 통한 씨알 선별

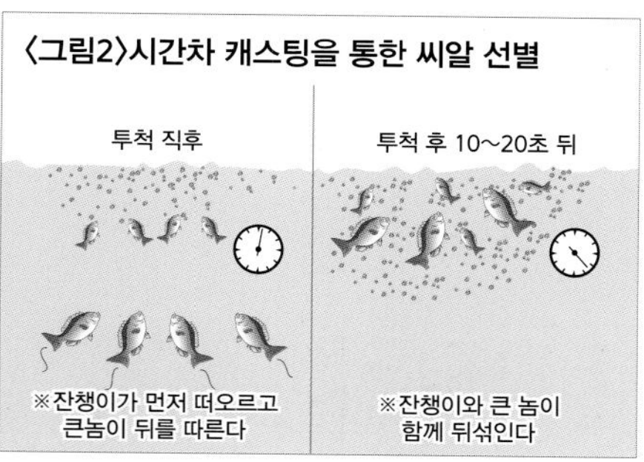

〈그림3〉투척거리 변화를 통한 씨알 선별

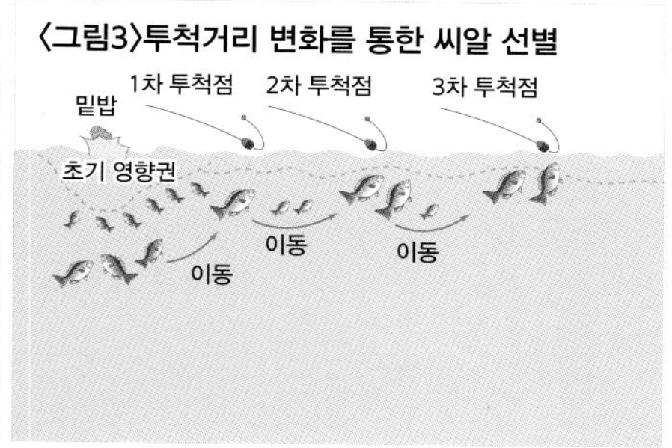

0α와 0c의 운용

박범수 한조무역 대표, 쯔리겐 인스트럭터

0α(제로알파) 찌와 0C(제로씨) 찌의 개발로 그간 0호와 00호로 뭉뚱그려져 있던 제로찌가 보다 세분화하며 극대의 효과를 얻을 수 있게 되었다. 얼핏 보기에는 일반 제로찌의 운용과 크게 차이 없어 보이지만 찌의 부력을 0(제로), 0α(제로알파), 0C(제로씨), 00(제로제로)로 세분화시킨 만큼 조금 더 정밀하게 나누어 사용하면 효과적이고 그 차이 또한 분명하게 벌어진다.

TSURIKEN

▲제주 우도에서 천조법을 구사해 벵에돔을 올린 필자.

개발된 시기는 0C가 0α보다 약간 앞선다. 먼저 0C가 천조법의 개발자 이케나가 유지 명인에 의하여 먼저 발표되었고 그 후 젊은 신예 이그마 히로유키에 의하여 0α 찌가 세상에 나오게 되었는데 이 두 사람 모두 일본의 메이저 벵에돔 토너먼트 대회인 WFG에서의 연승과 가마카츠컵 우승, 기타 여러 대회를 제패했다는 점과 쯔리켄, 가마카츠, 토레이라는 3대 메이저의 최고 레벨 인스트럭터라는 공통점을 가지고 있다.

0α는 찌매듭을 하는 것이 정석

0α 찌는 기본적으로 민물에서도 해수에서도 뜨는 여부력을 가지고 있는 찌이다. 그러나 그 여부력은 카본 목줄 1.5호 3m, 벵에돔 바늘 5호, 크릴 M 한 마리를 달게 되면 거의 제로 상태가 된다. 이런 0α는 찌매듭을 하는 것이 정석이다. 찌매듭을 한 채비로도 벵에돔이 위화감을 못 느끼는 상태라 할 수 있다. 이 상태로 세팅을 하면 미끼나 채비에 조금이라도 조류 등의 저항이 걸리게 되면 찌는 조금씩 그리고 천천히 가라앉게 되는데, 보통 찌가 착수한 후 50~60초부터 가라앉기 시작한다. 여기서 크릴 한 마리의 무게는 좁쌀봉돌 G7과 같다고 가정해서 다시 설명하면, 미끼가 있다면 찌가 가라앉는 것이고 미끼가 없어졌다면 찌가 가라앉지 않아 낚시인에게 미끼의 유무를 알려주는 똑똑한 찌가 된다 할 수 있다.〈그림1〉

지금 설명한 미끼의 유무에 따라 찌가 가라앉는다는 것은 앞서 이야기한 조건인 카본목줄 1.5호 3m, 벵에돔바늘 5호, 크릴 M 한 마리를 달았을 때 상황이므로, 만약 목줄이 굵어지거나 가늘어질 때 달라지며, 1.5호 목줄이라도 길게 사용할 때에는 가라앉는 속도의 변화가 생긴다.

그리고 조류가 없는 곳에서는 미끼가 있어도 가라앉지 않는 경우가 있는데 이때 G7~G8의 봉돌을 달아주면 앞서 이야기한 상태로 찌가 반응을 해준다.

전유동을 하면 0α의 장점 살리기 어렵다

그러면 찌에 매듭을 하지 않는 경우는 어떻게 될까? 여름철 벵에돔들은 많이 떠서 물기 때문에 0α 찌를 사용할 때 매듭을 안 해줘도 했을 때와 큰 차이는 없다. 그러나 매듭이 없다는 것은 찌 아래의 채비, 즉 원줄 바늘 미끼 등의 부하가 전부 찌에 걸리지 않고 그 부하만큼 원줄이 찌의 파이프를 통해 내려가기 때문에 찌가 잠기는 현상은 줄어든다. 앞서 '매듭을 한 채비로도 벵에돔이 위화감을 못 느끼는 상태'라 이야기했는데, 벵에돔이 입에 미끼를 문 순간에는 매듭을 하거나 하지 않거나 저항을 크게 느끼지 않지만 미끼를 물고 움직일 때는 매듭을 한 채비는 찌가 물에서 발생하는 저항을 벵에돔들이 좀 더 느끼게 되고 매듭을 하지 않은 채비는 원줄이 찌 파이프를 빠져 내려가게 되므로 저항을 작게 느껴 삼키기 쉬워진다.

여기서 한 가지 팁을 이야기하면, 긴꼬리벵에돔낚시에서 긴꼬리벵에돔이 미끼를 삼키면

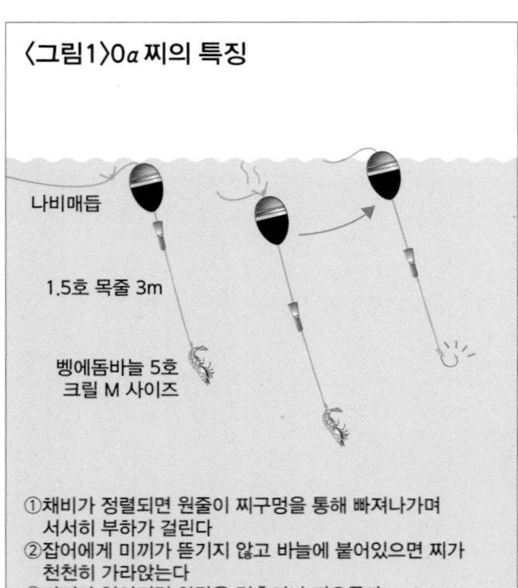
〈그림1〉0α 찌의 특징
나비매듭
1.5호 목줄 3m
벵에돔바늘 5호
크릴 M 사이즈
①채비가 정렬되면 원줄이 찌구멍을 통해 빠져나가며
서서히 부하가 걸린다
②잡어에게 미끼가 뜯기지 않고 바늘에 붙어있으면 찌가
천천히 가라앉는다
③미끼가 없어지면 하강을 멈추거나 떠오른다

TOURNAMENT
GRADE

제로찌들의 떠오르는 속도 비교. 맨 아래가 00이며 그 다음이 0C, 0α 순이다.

목줄이 이빨에 쓸려 터지는 경우가 많은데 덜 삼키게 하기 위하여 찌에 매듭을 해주는 것이 약간은 효과가 있다고 느껴진다.
찌매듭을 해도 찌매듭을 안 해도 벵에돔낚시에는 모두 적용할 수 있다. 그러나 예민한 0α 찌를 보다 효과적으로 이용하려면 찌매듭을 권하고 싶다. 매듭을 하지 않는 경우라면 전유동채비가 돼서 0 찌나 B 찌나 같은 사용방법이 되어 0α만의 장점을 살릴 수 없다.

0α의 실전 운용 방법

이제 매듭을 한 0α의 실전 운용 방법에 대하여 이야기해보자. 기본적인 채비의 구성은 앞서 이야기한 대로 준비하고 미끼를 달아 던지면 된다. 채비가 정렬되어 미끼가 목줄의 길이보다 아래로 내려가면서 찌가 살며시 가라앉기 시작한다. 찌가 천천히 내려가다 갑자기 빨려 내려가거나 옆으로 움직이면 어신이라 생각하면 된다.
이런 채비는 3~5m 수심에서 벵에돔이 물 때 효과적이다. 찌가 물에 잠겨 안 보일 때까지 어신이 없다면 조금 더 깊이 내리면서, 크릴의 유무를 확인하려면 줄을 당겨서 찌매듭을 올려주면 된다.
찌멈춤봉에서 매듭의 간격을 1m 정도 주면, 찌가 착수하고 미끼가 3m층에 정렬한 후 채비는 1m 정도를 전유동으로 천천히 내려가고 매듭이 찌에 걸린 후로는 찌가 천천히 가라앉기 시작한다. 가라앉는 찌는 물의 탁도에 따라 다르지만 2m까지는 눈에 보이기 때문에 5~6m까지 미끼가 내려갔다 생각하면 된다.
찌멈춤봉에서 매듭의 간격을 1m 정도 주었기 때문에 찌가 착수하고 미끼가 3m층에 정렬한 후 채비가 1m 정도를 전유동으로 내려가는 도중의 입질은 찌멈춤봉의 움직임과 속도로 캐치한다. 그리고 매듭이 찌에 걸려 찌가 잠기는 도중에는 찌의 움직임으로 판단한다. 끝으로 찌가 잠겨 안 보이는 상황, 즉 미끼가 6m보다 깊은 수심에서의 입질은 원줄의 움직임으로 판단하면 매우 예민하고 감각적인 베테랑의 낚시를 누구라도 구사할 수 있게 된다.〈그림2〉
0α 찌를 보다 효과적으로 이용하기 위해서는 매듭을 해주는 것이 유리한데 0α 찌에 남아있던 미세한 여부력으로 조류를 받아 침강하는 미끼의 침강력에 브레이크를 걸게 되고 그런 힘의 상호작용에 의하여 찌가 잠겨들며 미끼가 항상 선행되도록 매듭이 역할을 하게 된다. 이 점이 제로찌와 제로알파찌의 가장 다른 차이점이며 미끼의 유무까지 알 수 있다는 것과 함께 최고의 장점이다.

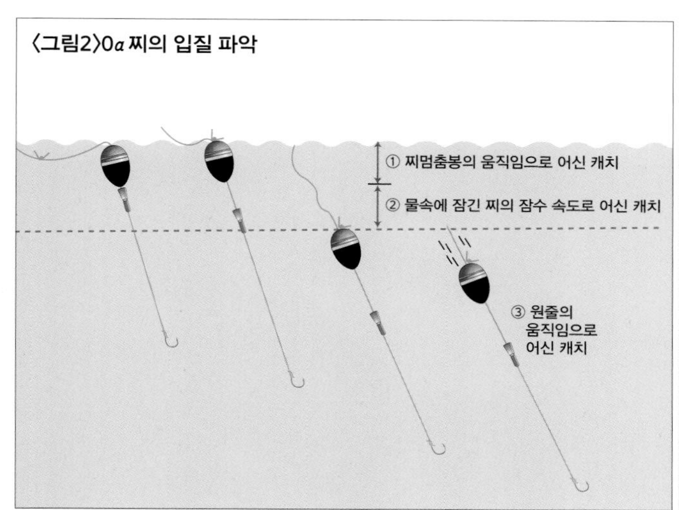

〈그림2〉0α 찌의 입질 파악

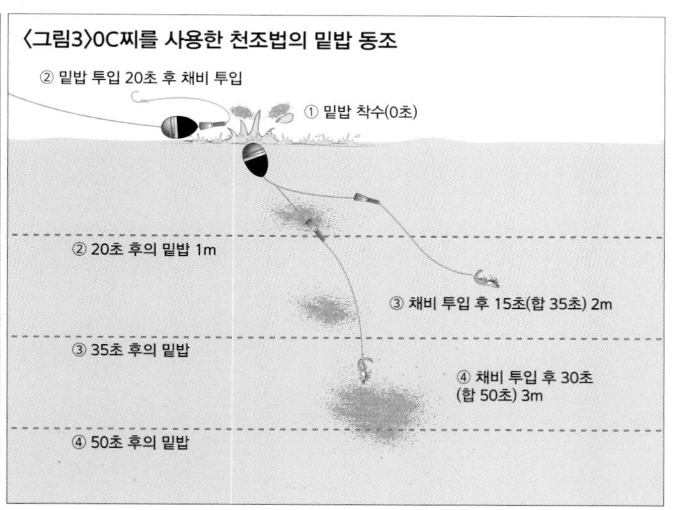

〈그림3〉0C찌를 사용한 천조법의 밑밥 동조

천조법을 구사할 때 사용하는 0C 찌와 1.5호 목줄.

0c(제로씨)는 10m 목줄의 무게로 동조가 이루어진다

천조법은 벵에돔낚시에서 하나의 기둥으로 확실하게 자리매김한 조법으로 개발자 이케나가 유지가 0C를 발표하고 불과 몇 년 사이에 전일본 벵에돔 토너먼트, 로얄컵, G컵 등 일본 전국의 메이저 토너먼트를 휩쓸며 낚시계에 충격의 화두가 되었다.
0호와 00호 사이의 부력을 가지며 앞선 0α와 비교한다면 여부력이 작다. 즉 부력이 큰 순서대로 하면 0(제로), 0α(제로 알파), 0C(제로씨), 00(제로제로)의 순서가 된다.
0c가 있어서 완성되는 천조법은 1.5호 10m의 카본 목줄이 사용되는데, 이 카본 목줄의 무게가 찌의 침강을 컨트롤하며 미끼의 유무를 낚시인에게 알려주는 한편 강풍 속에서도 채비를 눌러줘 바람에 떠밀리지 않도록 해주는 중요한 역할을 담당한다.
그러나 천조법이 명성을 얻게 된 가장 큰 이유는 위에서 열거한 역할보다도 채비가 밑밥이 가라앉는 속도를 그대로 따라서 침강하기 때문에 벵에돔의 취이층에 밑밥과 함께 도달할 수 있으며 장시간의 동조가 이루어진다는 최대의 장점 때문이다.〈그림3〉

0c 찌 사용하는 천조법이 수중에서 가장 오래 동조

밑밥 속의 크릴이 침강하는 속도와 바늘에 끼운 크릴이 가라앉는 속도를 비교하면 당연하게 바늘에 끼운 크릴이 빠르다. M사이즈의 크릴이 3m를 가라앉는 데 대략 50초가 걸리는데 벵에돔 바늘 5호에 끼워진 크릴은 약 30초에 3m에 다다른다. 그래서 밑밥이 착수하고 20초를 기다렸다 채비를 투입하면 30초 후에 3m 수심에서 최초로 동조가 이루어지게 된다.

밑밥 투입 후 20초 기다리고 채비를 투입하고 다시 30초 후, 토털 50초 후에 미끼와 밑밥이 3m에서 동조하는 것은 0, 0α, 0c, 00 찌 모두 같다. 그러나 4가지 부력 모두 잠깐의 동조는 이루어지지만 좀 더 긴 시간의 동조는 남들보다 앞서는 조과와 이어진다. 그 점에서 0C를 사용하는 천조법이 남달리 높은 실적을 보여주는 이유이다.

1.5호 카본 목줄 10m를 사용한 0C 채비는 찌를 중심으로 한 목줄의 무게에 의하여 천천히 가라앉는데 그 속도가 밑밥의 크릴이 가라앉는 스피드와 비슷하여 채비는 밑밥과 함께 조류에 흘러가며 장시간 동조를 지속하게 되고 벵에돔의 어신을 받을 확률이 그만큼 늘어나고 시간도 길어지게 되는 것이다.〈그림4〉

〈그림4〉천조법의 장시간 밑밥 동조 능력

① 밑밥 투입 50초
② 밑밥 투입 70초
③ 밑밥 투입 90초

※천조법의 최대 장점은 장시간 밑밥과의 동조다

뒷줄 조작 서툴러도 자동견제 효과 내는 0C 찌

제로 계열의 찌를 사용하여 낚시를 할 때는 원줄을 조금 여유 있게 풀어주면서 하는 것이 정석이다. 그 이유는 제로찌 사용 시 찌에 약간의 여부력이 있어 원줄에 매듭을 주지 않고 미끼가 하강 조류를 받아 조금씩 내려가도록 하는 것이 주된 스타일이기 때문이다.

그러나 원줄을 여유 있게 풀었을 때 적절히 견제하지 못하게 되면 바람이나 상층 조류에 따라 찌가 먼저 선행하여 입질이 나빠지는 경우가 자주 발생하게 된다. 그를 방지하기 위해 수시로 원줄을 관리해주면서 미끼의 선행에 신경을 써야 하고 또 필요 이상의 조작 시에는 미끼가 떠버리기도 한다.

그러나 0C의 천조법에서는 찌의 위쪽에 남은 목줄이 자동적으로 브레이크를 걸어주기 때문에 누구라도 채비를 투입한 그대로 같은 효과를 얻을 수 있는, 매우 효용성이 뛰어난 조법이라는 사실이 여러 필드에서 다양한 사람들에 의하여 증명되고 있다.

▼ 목줄에 좁쌀봉돌을 물리고 있는 필자.

심층 공략의 해결사

1000조법

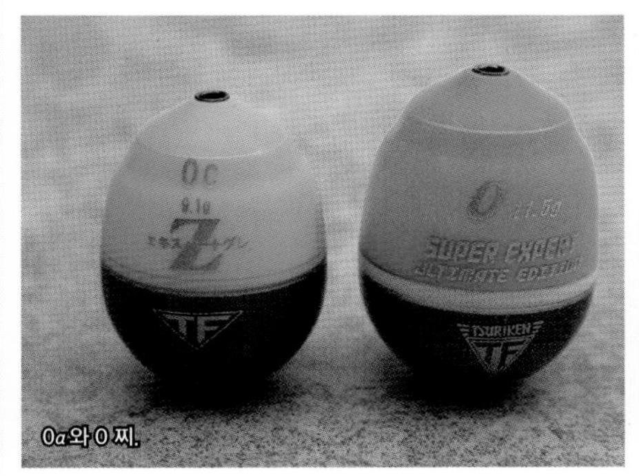
0α와 0 찌.

천조법을 고안한 일본의 이케나가 유지 명인. 대형 벵에돔과 0C 찌를 함께 보여주고 있다.

왜 이름이 천조법(千釣法)인가?

1000조법이라는 명칭은 이케나가 유지 명인이 이 기법을 고안할 초기에 투제로(00) 찌를 사용하면서 목줄 10m의 '10'과 투제로의 '00'를 합성해 만든 이름이다. 그런데 투제로를 써보니 채비가 조금 빨리 하강하는 것이 문제였다. 그래서 쯔리켄사에 투제로보다 부력이 약간 센 찌를 만들어달라고 해서 개발한 게 제로씨(0C)다.

2003년에 국내 도입된 신조법

2003년 6월, 제로FG와 일본 후쿠오카 구레 경우회의 2차 교류전이 제주 우도에서 열렸는데, 이 대회에 참가한 이케나가 유지 명인이 천조법을 구사해 압도적 성적으로 우승한 것이 「낚시춘추」에 보도되면서 우리나라 벵에돔낚시계의 화제가 됐다.
천조법의 채비 구성은 목줄을 10m로 길게 쓰고 제로씨(0C)라는 부력의 찌를 쓴 것 외에는 일반 제로찌 전유동과 다를 게 없다. 목줄의 길이가 10m라고 해도 찌멈춤봉을 높게 달 수 있는 높이는 최대 5m로 제한되므로(릴찌낚싯대의 길이가 5.3m이므로) 찌 아래 실질 목줄 길이는 4~4.5m인 셈이다. 나머지 5.5~6m는 원줄 역할을 한다.

봉돌을 달지 않고도 깊은 수심 노릴 수 있다

천조법의 가장 큰 특징은 봉돌을 쓰지 않고 목줄로 쓰는 카본사 10m의 비중으로만 가라앉힌다는 점이다. 이케나가 명인이 목줄을 이렇게 길게 쓴 이유는 뭘까? 바로 원줄을 더 원활하게 가라앉히기 위함이다.
투제로 찌를 단 잠길낚시 채비는 찌가 수면 아래 80cm~1m까지만 잠긴 채 계속 비슷한 수심을 맴돌게 되는데, 그 이유는 부력을 갖고 있는 플로팅 원줄이 가라앉는 목줄채비를 붙들기 때문이다. 그래서 더 깊은 곳까지 채비를 가라앉히려면 목줄에 봉돌을 달아줘야만 한다.
반면 10m 줄을 모두 카본사로 사용하는 천조법은 찌멈춤봉 위의 나머지 목줄까지 모두 가라앉으므로 봉돌을 달지 않고도 깊은 수심을 쉽게 노릴 수 있다. 그만큼 채비의 위화감이 적은 것이다.

천조법의 장점

1. 목줄 길이 조절이 자유롭다

10m 목줄에 끼운 찌멈춤봉 위치를 조절하여 목줄 수심을 자유롭게 조절할 수 있다. 만약 벵에돔이 수면 아래 1m에서 집어 됐다면 찌멈춤봉을 바늘 위 1m로 끌어내리면 된다. 찌멈춤봉을 최대로 올려 목줄을 약 5m까지도 길게 쓸 수 있다.

2. 목줄 교체 시간을 줄일 수 있다

벵에돔을 낚을 때마다 바늘을 새로 묶노라면 나중에는 목줄이 짧아진다. 그래서 나중엔 목줄을 길게 새로 묶어야 한다. 그러나 천조법은 처음부터 10m라는 긴 목줄을 사용했으므로 잘라낸 목줄 길이만큼 찌멈춤봉을 위로 올리면 원래 목줄 길이를 확보할 수 있어 목줄 교체가 필요없다.

3. 초보자도 잠길찌낚시를 쉽게 할 수 있다

잠길찌낚시는 봉돌을 달아 채비 하강속도를 조절하기가 어렵다. 봉돌 무게에 따른 채비 하강속도를 잘 모르는 초보자에게는 힘든 테크닉이다. 그러나 1000조법은 10m 목줄과 제로씨 찌만 쓰면 돼 쉽게 잠길찌낚시를 즐길 수 있다.
☞투제로 찌로 1000조법을 구사해도 되지만, 그 경우 너무 빨리 채비가 가라앉는 듯해서 약간 부력이 센 제로씨 찌를 쓰는 것이다.

천조법의 단점

1. 뒷줄 조작이 불편하다

천조법의 가장 큰 단점 중 하나다. 채비가 예상 못한 코스로 흘러들 때, 원줄이 바람에 지나치게 날려 포물선을 그릴 때는 원줄을 살짝 들어 원하는 방향으로 '줄넘기'를 시켜야 한다. 그러나 10m나 되는 카본 목줄이 물속에 깊이 잠겨 있으므로 이 동작이 어렵다. 조류가 앞으로 빠져나가는 상황에서는 큰 상관이 없지만 횡으로 흐를 때는 줄넘기를 하기가 불편하다. 또 원하는 시점에 견제를 해줘야 하는데 이 채비는 무거운 목줄 탓에 늘 견제 상태로 채비가 나아간다.

2. 상층에 뜬 벵에돔 공략에 불리하다

벵에돔낚시에서 채비가 너무 잘 가라앉는 것은 썩 좋은 현상은 아니다. 벵에돔은 띄울수록 낚기 쉬운 고기이기 때문이다. 천조법의 특징은 밑밥과 미끼의 가라앉는 속도가 비슷하다는 것인데 얼핏 장점 같지만 단점으로 작용할 확률이 높다. 밑밥띠 주변에는 늘 잡어가 몰리기 마련이므로 나의 미끼가 밑밥과 계속 동조된다는 건 그만큼 잡어에게 미끼를 뜯길 위험도 높다는 얘기가 된다. 따라서 천조법으로 상층에 뜬 벵에돔을 노리려면 스스로 가라앉게 그냥 놔둬서는 안되며, 부지런하게 채비를 견제해 너무 빨리 가라앉지 않도록 노력해야 한다.

3. 1.5호가 아닌 다른 목줄을 쓰기 어렵다

천조법은 1.5호 카본 목줄의 비중에 맞춘 채비다. 1.2호 이하로 내려가면 목줄의 비중이 가벼워 찌가 잘 가라앉지 않을 수 있고, 2호 이상 굵어지면 찌가 너무 빨리 가라앉을 수 있다.

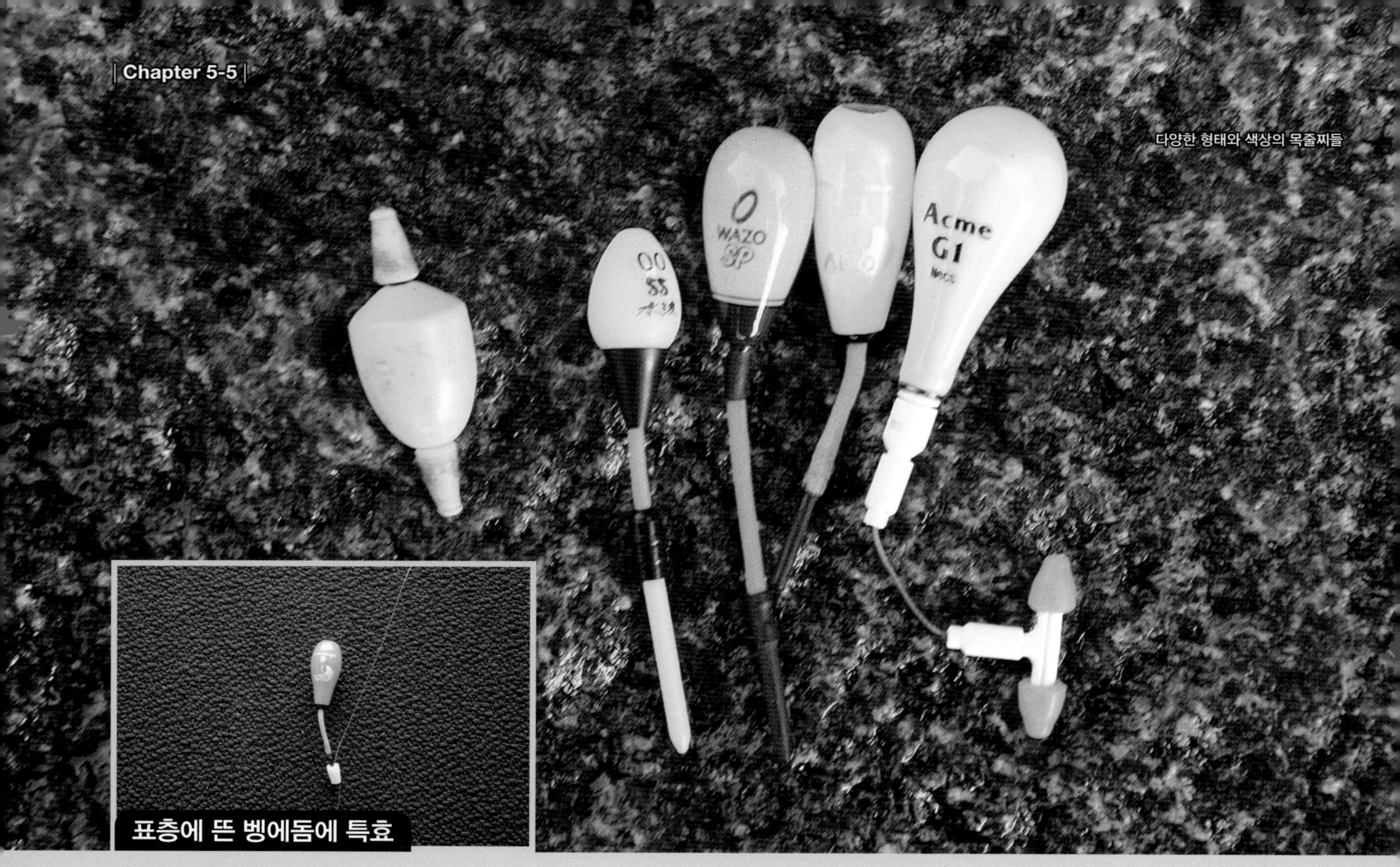

다양한 형태와 색상의 목줄찌들

표층에 뜬 벵에돔에 특효

목줄찌

벵에돔이 수면 가까운 곳까지 떠오른 상황에서 꼭 필요한 찌가 목줄찌다. 특히 여름철에는 벵에돔이 상층으로 떠오르는 경우가 허다해서 목줄찌의 사용빈도가 상당히 높다.

목줄찌는 이름 그대로 목줄에 다는 소형 찌다. 목줄의 중간쯤에 달아서 1.5m 안팎 수심에 미끼를 띄워 표층에 떠오른 벵에돔을 노리는 찌다. 언뜻 생각하면 밑밥에 유혹돼 떠오르는 벵에돔이라면 바닥에서 상승하다가 3~4m 수심에 떠 있는 미끼에도 입을 댈 것 같지만 실제론 그렇지 않다. 군중심리가 강한 벵에돔은 표층에 관심을 갖고 떠오를 땐 중간 수심층의 먹이는 거들떠보지 않기 때문이다.

두 발 수심에서 입질이 없어서 세 발, 네 발까지도 내렸는데도 여전히 입질이 없어 혹시나 하고 한 발 수심에 목줄찌를 달았더니 벵에돔이 낚이는 경우가 많다. 이미 벵에돔은 두 발 수심보다 훨씬 얕은 곳에 모여 있었고, 그런 벵에돔은 깊이 가라앉는 미끼는 공격하지 않았던 것이다.

목줄찌의 형태와 부력

목줄찌는 둥근 구슬형과 길쭉한 막대형이 있는데 막대형이 좋다. 감도가 더 좋고 발판이 낮은 곳이나 역광 상황에서도 잘 보이기 때문이다. 또 부력은 제로보다 B나 2B가 좋다. 입질 감도를 높일 생각으로 0나 00같은 초저부력 목줄찌를 사용하는 이들이 많은데 실제론 가라앉아 버려 입질 파악에 불편이 많다. 소형 막대형 목줄찌는 작고 가늘기 때문에 B 부력이라도 입수저항이 작다.

날라리로 연결된 막대형 목줄찌는 찌고무에 꽂아서 목줄에 고정한다. 낚시하다가 목줄찌를 떼내고 다시 깊이 가라앉히고 싶다면 목줄찌를

〈그림1〉목줄찌가 필요한 상황

?

ex)벵에돔이 상층에 떴을 때
깊은 곳의 미끼에는 관심을 갖지 않는다
눈높이가 맞는 미끼에만 반응

실전 하이테크

목줄찌 아래 봉돌 달면 더 입질 빠르다

보통 목줄찌를 쓸 때는 바늘 위에 봉돌을 달지 않는다. 1~1.5m 수심을 노리는데 굳이 봉돌을 달 필요가 있겠느냐 생각하기 때문이다. 그러나 벵에돔이 완전히 표층에 피어서 먹이경쟁을 펼칠 때는 목줄찌 채비에도 봉돌을 달아주면 입질이 빠르다. 특히 여러 명이 다 목줄찌를 사용할 때 봉돌을 달면 남보다 먼저 입질을 받아서 마릿수 조과를 올릴 수 있다. 그 이유는 벵에돔이 하강하는 미끼보다 스톱한 미끼를 먼저 공격하는 습성 때문이다. 즉 1m가 입질수심이라도 그 수심까지 느릿느릿 하강하는 미끼보다는 빨리 하강하여 스톱된 미끼를 먼저 공격하는 것이다. 특히 통영권 내만의 꼬마벵에돔낚시에서 그런 현상이 잦다. 이때 바늘 위에 물리는 봉돌은 G5~G4가 적합하고, 위치는 바늘 위 10cm가 좋다.

빼고 대신 찌고무에 찌멈춤봉 핀을 꽂아주면 되겠다.

이럴 때 목줄찌를 달아라!

벵에돔이 수면 가까이 떠 있을 땐 목줄찌를 달아야 입질을 받을 수 있는데, 과연 벵에돔이 떠 있는지 아닌지, 즉 목줄찌를 달아야 할지 말아야 할지를 알기는 쉽지 않다. 그것을 감 잡을 수 있는 방법.

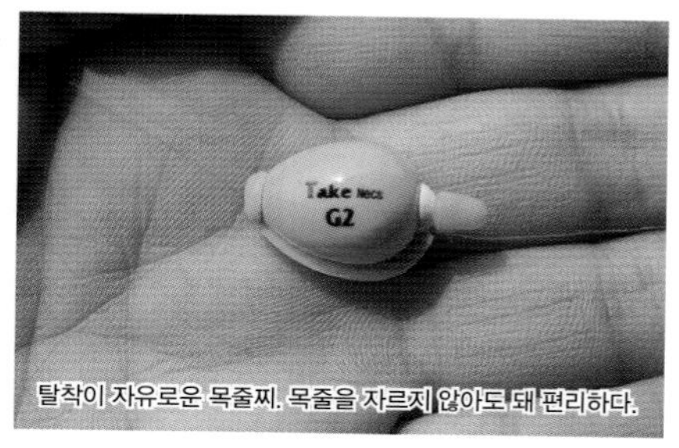

탈착이 자유로운 목줄찌. 목줄을 자르지 않아도 돼 편리하다.

▶잔잔한 수면에 잔 파문 일면 벵에돔이 뜬 것

표층에 뜬 벵에돔이 발생시키는 파문은 약간만 신경 쓰면 쉽게 발견해낼 수 있는 '타작의 전주곡'이다. 벵에돔이 수면에 일으키는 파문은 수면이 울컥거리는 크고 볼륨 있는 파문이 아니라 마치 작은 잡어가 살짝 물방울을 튀기는 듯한 모습이다. 〈그림2〉처럼 자리돔이나 도화돔 같은 잡어가 일으키는 파문은 말 그대로 수면이 '끓는 듯한' 모습이지만 벵에돔이 일으키는 파문은 짧고 간결하다. 경험이 없는 낚시인은 어떤 게 벵에돔 파문인지 구별해내지 못하지만 고맙게도 벵에돔이 파문을 일으킬 때는 잡어의 끓는 듯한 파문이 발견되지 않는다. 벵에돔이 최상층까지 부상하면 잡어들이 위축되기 때문이다. 고요하던 수면에 드문드문 물방울이 튄다면 십중팔구 벵에돔이다.
이런 현상은 제주도처럼 조류가 빠르고 거친 곳에서는 잘 발견되지 않지만, 남해안의 여수나 통영 내만처럼 수면이 잔잔하고 조류 흐름도 완만한 곳에서는 쉽게 발견할 수 있다. 남해 내만에는 군중심리가 유독 강한 25cm 이하 씨알들이 오글오글 몰려다니기 때문에 약간만 신경 써서 살펴보면 파문을 쉽게 발견해 낼 수 있다.

▶잡어가 많지 않은데 미끼가 자꾸 사라진다

밑밥을 뿌려보면 잡어가 그렇게 설치지는 않는 것 같은데 미끼를 자꾸 따먹히는 경우가 있다. 그것은 벵에돔들이 표층에 떠서 목줄채비가 정렬되기 전에 미끼를 따먹어버리거나 표층의 벵에돔이 외면한 미끼를 그 밑의 잡어들이 따먹기 때문이다. 그때 목줄찌를 달아보면 거짓말처럼 벵에돔이 낚이는 경우가 허다하다. 특히 잡어를 피해 찌를 상당히 원투했는데도 자꾸 미끼가 없어진다면 지체없이 목줄찌를 달아서 벵에돔이 표층에 떠있는지 확인하는 것이 좋다.

목줄찌가 옆으로 끌려가거나, 흐르다 멈춰도 입질

일단 벵에돔이 표층에 떠 있다고 판단되면 곧바로 목줄에 목줄찌를 달아 수심을 얕게 맞춘다. 처음엔 일단 1m 수심에 맞춰서 던져본다. 그러면 그동안 깊은 수심을 노릴 때는 없던 입질이 목줄찌에 들어오기 시작하는데, 미끼가 수면에 떨어진 뒤 불과 몇 초 안에 입질이 받힐 때가 대부분이기 때문에 던질찌로 사용한 구멍찌는 볼 필요도 없다.
한편 상층에 뜬 벵에돔의 입질은 미끼를 먹고 깊은 곳으로 황급히 내빼는 게 아니라 수평으로 이동할 때가 많다. 그래서 목줄찌가 항상 '쏙'하고 잠기는 어신이 나타나는 것은 아니며, 옆으로 질질 끌려가거나 잘 흘러가다가 갑자기 멈춰서는 등의 다양한 형태로 나타난다. 던질찌로 사용한 구멍찌와 목줄찌의 간격이 갑자기 좁아져도 입질이다. 작은 목줄찌에도 이런 식의 어신이 나타날 정도이니 일반 구멍찌에는 표시조차 나지 않는 것이다.

제로찌 채비에 연결한 목줄찌.

목줄찌 없으면 목줄 절반을 잘라보라

만약 목줄찌를 써야 하는 상황인데 목줄찌가 없다면? 목줄을 파격적으로 잘라서 1.5m 길이만 가지고 낚시한다. 그러면 목줄이 3m 이상으로 긴 일반 채비엔 입질하지 않던 벵에돔들이 입질하는 경우가 많다. 그 차이는 미끼가 1~1.5m 수심에 스톱하느냐 그냥 통과하느냐의 차이에서 비롯된다. 다시 말하지만 벵에돔은 스톱된 상태의 미끼를 공격하기 때문이다.
구멍찌는 당연히 소형을 쓰는 게 좋다. 그리고 채비를 캐스팅한 뒤 뒷줄을 팽팽하게 잡아주는 게 좋다. 입질이 더딜 땐 살짝 살짝 원줄을 당겨주면 가라앉는 속도도 늦출 수 있고 시각적 유인 효과도 있어 효과적이다.

목줄찌에 입질 끊기면 다시 깊이 노려라

벵에돔은 조류 방향 또는 속도에 약간의 변화만 생겨도 입질이 뚝 끊기거나 입질층이 달라질 때가 많다. 목줄찌 채비로 표층의 벵에돔을 타작하다가도 갑자기 입질이 뚝 끊기면 다시 목줄찌를 떼어내고 깊이 노리면 입질이 이어질 경우가 많다. 그래서 목줄을 끊지 않고도 탈부착이 가능한 목줄찌가 요긴하다. 만약 목줄찌가 없다면 그때마다 목줄을 자르고 새로 묶어야 할 것이다.

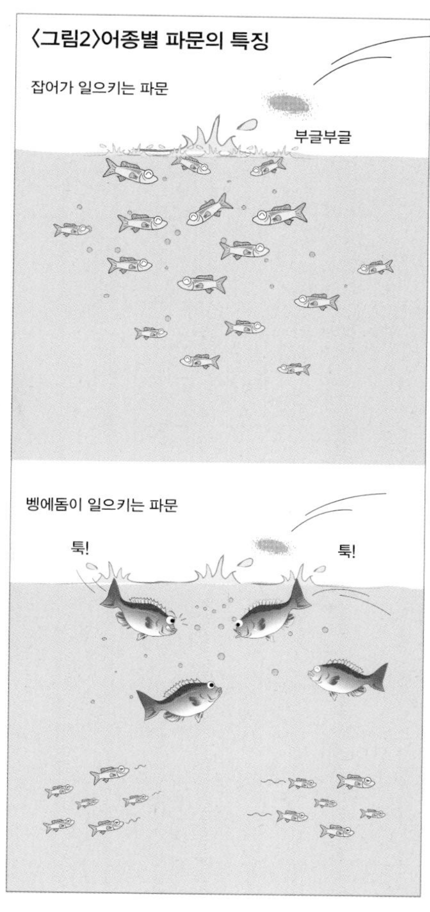

〈그림2〉어종별 파문의 특징

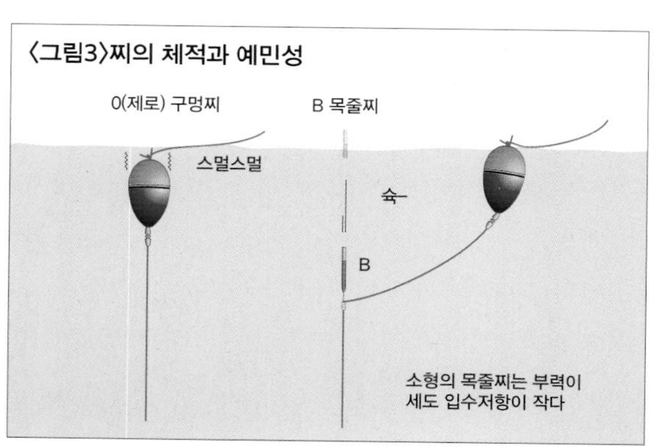

〈그림3〉찌의 체적과 예민성

절명여의 혼전. 코발트색 난류를 타고 들어온 긴꼬리벵에돔 떼가 추자군도를 포위하자 낚시인들이 일투일획의 소나기 입질 속에 손맛의 향연을 즐기고 있다.

최근 벵에돔낚시에 가장 많이 사용되고 있는 투제로찌(왼쪽)와 제로찌(오른쪽)를 보여주는 필자.

벵에돔 구멍찌의 쌍두마차

제로찌와 투제로찌의 차이

이승현 한국다이와 필드스탭

벵에돔낚시에서 가장 많이 쓰이는 제로찌(0)와 투제로찌(00)! 이 두 찌의 차이는 무엇일까?

벵에돔낚시를 하면서 가장 궁금했던 것은 똑같은 포인트에서 낚시를 하여도 어떤 경우는 0찌 채비가, 또 다른 경우는 00찌 채비가 잘 먹혔는데, 왜 이런 현상이 발생하는지 알 수 없다는 것이었다. 필자는 이 문제에 대해 오랫동안 고민을 해보았다. 아마 다른 벵에돔낚시 동호인들도 같은 고민을 해보았을 것이다. 그래서 이번 기회에 이 문제에 관해 그동안 느낀 필자의 생각과 낚시방법 등을 정리해 보고자 한다.

00찌는 속조류를 타므로 밑밥 동조 수월

대체로 우리가 알고 있는 벵에돔의 습성은 군집생활을 하면서 밑밥에 잘 반응하여 상층으로 부상한다는 것이다. 그러나 35cm가 넘는 큰 녀석들은 쉽게 떠오르지 않으며 깊은 수심에서 머물고 경계심 또한 높다고 알고 있다. 그리고 벵에돔이 미끼를 취하는 습성은 대체로 미끼가 벵에돔의 유영층 아래로 내려가면 입질이 약해지거나 미끼를 쉽게 취하지 않는다고 한다. 이러한 벵에돔의 습성과 조류, 물색, 수심, 수온 등의 포인트 환경을 잘 이해하고 낚시에 임해야 그때그때 상황에 맞는 채비를 구사할 수 있다. 즉, 그날의 벵에돔낚시 패턴을 빨리 찾아야 재미있는 낚시를 구사할 수 있는 것이다.

필자는 찌매듭이 없는 전유동 투제로 잠길낚시를 즐기는데, 이 채비는 필자가 혼자서 자유낚시를 하는 경우에 주로 사용하는 채비이다. 비교적 간단한 형태의 채비로서 뒷줄 조작만으로 깊은 수심의 굵은 벵에돔의 입질을 받아내기에 탁월한 위력을 발휘한다.

채비 구성은 2호 이하의 가는 원줄+00찌+찌멈춤봉(조수우끼고무)+원줄에 직결한 목줄 4m+바늘이며 목줄에는 봉돌을 물리지 않고 미끼와 바늘, 목줄의 무게만으로 자연스럽게 채비를 내린다. 이때 원줄은 주로 서스펜드(세미 플로팅) 타입을 사용한다.

채비를 캐스팅한 후 초리를 물속에 담근 상태로 1~2m 당긴다는 기분으로 릴링을 하면서 원줄을 정리해 두면 원줄의 표면 장력이 깨지면서 목줄채비의 무게로 00찌가 서서히 잠겨든다. 입질의 형태는 주로 원줄이 쭉 펴지면서 초리를 통해 강한 어신이 전달된다.

이러한 00 잠길채비의 장점은 찌와 원줄이 모두 잠기기 때문에 어지간한 바람에도 채비가 밀리는 현상이 적다는 것이다. 그리고 찌가 잠겨들면서 눈으로 볼 수 없는 속조류에 채비를 태울 수 있는 것이 장점이다. 잠길채비의 가장 큰 장점이 바로 속조류에 채비를 자연스럽게 태울 수 있고 그로 인해 자연스럽게 밑밥과 동조가 된다는 것이다.

그런데 필자는 왜 깊은 수심에서도 이렇게 가벼운 채비에 대물이 잘 걸려드는지 생각해 보았다. 필자의 경험으로 보건대 00찌가 잠기기 시작하여 속조류를 타기 시작하면 10m 이상의 깊은 수심까지도 채비를 천천히 내리면서 공략 가능하다. 가벼운 채비의 느린 하강속도 때문에 미끼를 깊은 수심(대물 벵에돔의 유영층)에 오래 머물게 할 수 있어서 대물이 잘 걸려드는 것으로 보인다.

00찌 채비는 하강시간 긴 것이 단점

낚시방법은, 근거리에 밑밥으로 잡어와 잔 씨알의 벵에돔을 묶어두고, 공략수심까지 충분히 가라앉힐 수 있는 거리까지 계산하여 캐스팅을 하고, 원줄을 정리하여 00찌가 가라앉기 시작하면 초릿대 끝부분의 원줄에 시선을 집중하는 것이다.

그러나 이러한 00찌 전유동 잠길조법의 단점이라면, 캐스팅부터 채비 정렬과 입질할 때까지 시간이 너무 오래 걸려 벵에돔 활성도가 좋아서 수면 근처의 상층부까지 부상하는 경우엔 오히려 불리하다는 것이다. 따라서 전유동 잠길낚시 방법은 짧은 시간에 많은 마릿수로 승부를 내는 토너먼트의 경우에는 적절하지 않은 낚시방법이라고 생각한다. 다만, 한 마리 대물로 승부를 내는 경우라면 시도해 볼 만한 방법이다.

▼ 목줄이 완전히 펴져 아래로 향하자 서서히 잠겨들고 있는 투제로찌.

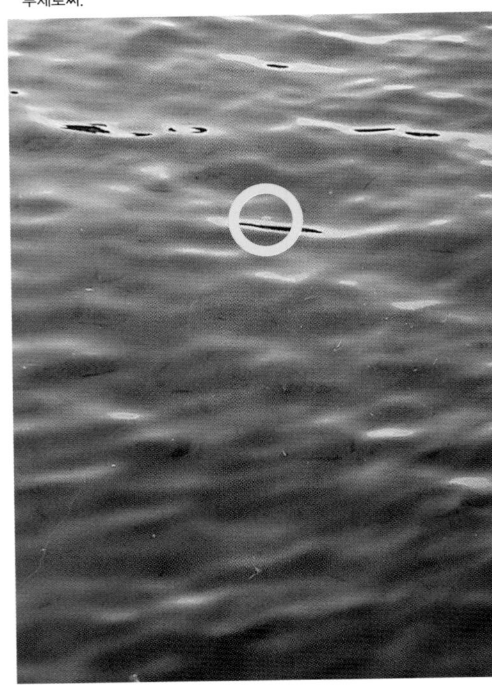

0찌 채비는 3~4m 공략 마릿수 승부에 우세

벵에돔의 입질이 엄청 예민한 시즌을 제외하면 벵에돔낚시는 뭐니 뭐니 해도 0찌 전유동 낚시가 기본이다. 밑밥에 유혹된 벵에돔을 3~4m 수심층에서 마릿수로 잡아내기에는 탁월한 위력을 발휘하는 것이 0찌 채비이다.
필자 역시 적당한 사이즈로 마릿수를 노리는 낚시를 하는 경우에 주로 0찌 채비를 사용한다. 필드 상황이 좋아서 밑밥에 부상한 벵에돔의 활성이 좋은 경우라면 약간의 여부력이 있더라도 0찌를 시원하게 끌고 내려가는 입질형태를 보인다. 입질이 찌를 통해 정확히 나타나므로 시각적으로도 매우 즐거운 낚시 방법이다. 또한 입질 수심층이 파악되면 원줄에 찌매듭을 묶은 후 채비수심을 고정하고 목줄에 소형 좁쌀봉돌을 물려 채비를 내리면 빠르게 채비정렬을 할 수 있고 입질 받는 횟수도 늘릴 수 있다.
하지만 제로찌 채비로 벵에돔낚시를 하는 경우 바람이 심하게 불거나 상하 조류가 반대로 흐르는 현상이 생기면 낚시하기가 어려워진다. 0찌의 경우 대체로 제작사에 따라 G2~G5의 여부력을 가지고 있는데, 이러한 여부력 때문에 수면 위로 떠 있는 0찌가 바람에 밀려 조류와 상관없이 채비를 끌고 가는 상황이 발생하면 채비를 목적 수심층까지 빨리 내릴 수 없고 밑밥과의 동조도 어렵게 된다. 따라서 목줄에는 여부력보다 봉돌을 조금 더 물리거나 직결 대신 도래를 사용해 약간 무거운 채비를 구성해야 한다. 도래를 사용하는 것은 채비를 조금 더 빨리 내리는 역할도 하지만 깊은 수심을 공략하는 경우 원줄의 꼬임 현상도 어느 정도 해결해 주기 때문에 효과적이다.

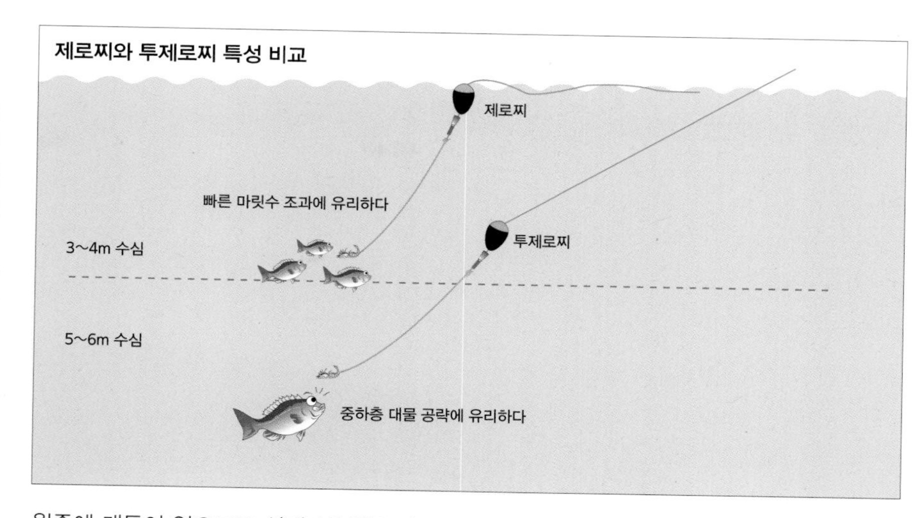

원줄에 매듭이 없으므로 실제 여부력보다 조금 더 봉돌을 물려도 0찌가 잠기지 않는다. 오히려 바람의 영향을 덜 받도록 잠길 듯 말 듯한 형태로 구사하는 게 좋다. 이렇게 하여 초리를 물속에 담근 상태로 입질을 기다리면 채비가 바람의 영향을 덜 받으므로 채비 조작이 쉬워진다.
이러한 0찌 채비의 장점은 역시 봉돌 때문에 일정 수심을 같은 시간 동안 몇 번 더 공략할 수 있다는 것이다. 토너먼트와 같이 빨리 많이 낚아내야 하는 경기낚시에서는 다른 사람들보다 몇 번 더 캐스팅을 해서 그만큼 입질을 더 받을 수 있는 방법이 경기를 유리하게 풀어나가는 묘책이다. 작은 봉돌의 위력이 이런 작은 부분에서도 나타난다.

0찌로 깊이 노릴 땐 뒷줄 견제로 채비 하강 속도 조절

필자의 경우 벵에돔낚시를 할 때는 1.35~1.85호 서스펜드 타입의 원줄을 선호한다. 바람의 영향도 적게 받고 특히 잠길낚시를 할 때 원줄이 찌를 눌러 채비 전체가 가라앉아 속조류를 잘 탈 수 있게 해주기 때문이다. 플로팅 타입보다 서스펜드 타입의 원줄이 강도도 높다.
0찌를 사용한다고 해서 대물이 입질하지 말란 법은 없다. 0찌 채비에서 깊은 수심을 공략할 때, 봉돌이나 도래를 사용하므로 미끼의 하강 속도가 00찌를 사용할 때보다 빠르다 보니 아무래도 대물 벵에돔의 유영층에서 미끼가 머무를 시간이 00찌의 채비보다 짧을 확률이 높기는 하나, 적당한 뒷줄견제로 채비의 하강속도를 잘 조절할 수 있다면 어렵지 않게 대물의 입질을 받을 수 있다. 그리고 입질 수심층을 정확히 파악한 후에는 원줄에 매듭을 묶어 반유동채비로 전환하는 것도 괜찮다. 따라서 0찌 채비는 토너먼트 게임이나 활성 좋은 벵에돔을 마릿수로 낚아내는 데 유리한 방법이라고 말하고 싶다.
필자는 벵에돔 토너먼트 경기에 임할 때 항상 전반전은 표준 0찌 채비로 시작해서 적당히 봉돌을 가감하여 입질 수심층을 탐색하면서 낚시하고, 입질 수심층이 파악되면 원줄에 매듭을 하여 채비를 입질 수심층까지 빨리 정렬시키는 방법을 사용한다. 하지만 벵에돔의 활성이 낮아서 전반전에 벵에돔이 낚이지 않는 경우 즉, 한두 마리로 승부가 결정 날 것 같은 경우에는 후반전에 과감히 00찌를 사용하여 잠길낚시로 채비를 바꿔서 게임을 운용하는 편이다.

제로찌채비로 상층을 노려 벵에돔을 낚아낸 필자.

제로찌와 투제로찌 비교

	제로찌	투제로찌
부력 표시	0	00
실제 부력	G5~G2	민물에는 가라앉고 바닷물엔 뜨는 부력
주공략 수심	3~4m	5~6m
장점	상층 속공에 빠르다	중층의 대물 공략에 강하다
단점	바람에 취약하다	속전속결에 약하다
적합 계절	여름	겨울

생김새는 닮아도 습성은 딴판

벵에돔 vs 긴꼬리벵에돔

벵에돔과 긴꼬리벵에돔은 비슷하게 생겼지만 습성은 완전히 다르다.
긴꼬리벵에돔은 벵에돔보다 회유성이 강하고 다이내믹하다.
두 어종의 공통점과 차이점 그리고 낚시방법의 차이 등을 살펴보자.

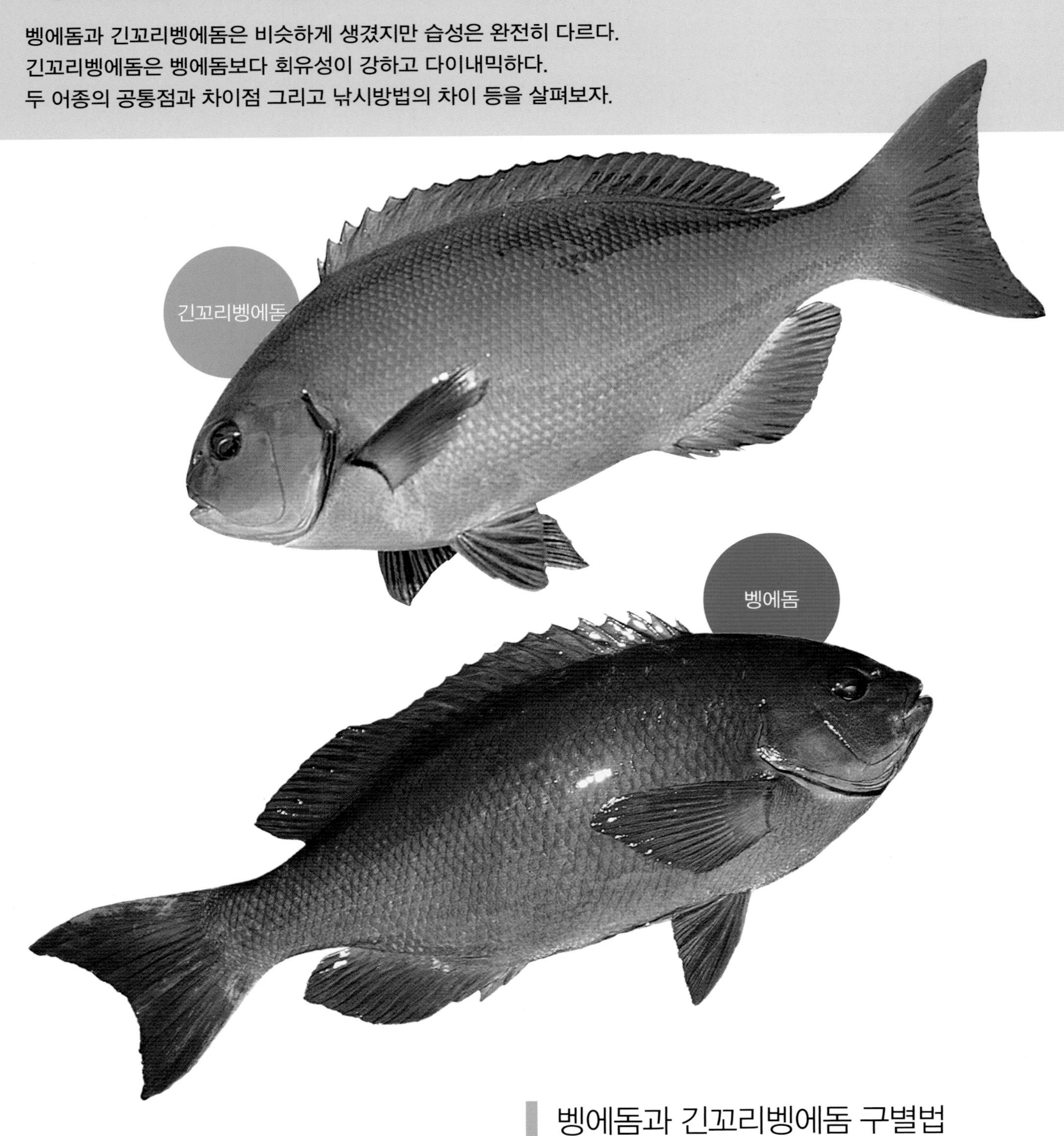

벵에돔과 긴꼬리벵에돔 구별법

-긴꼬리벵에돔 아가미엔 검은 테가 있다(가장 쉬운 구별법).
-긴꼬리벵에돔의 꼬리지느러미는 끝이 제비꼬리처럼 뾰족하다.
-벵에돔은 비늘이 크고 긴꼬리벵에돔은 비늘이 작다.
-회를 썰면 벵에돔은 흰 색, 긴꼬리벵에돔은 분홍색을 띤다.
※찌가 쏜살같이 빨려들거나 챔질하자마자 목줄이 터지면 대개 긴꼬리벵에돔이다.

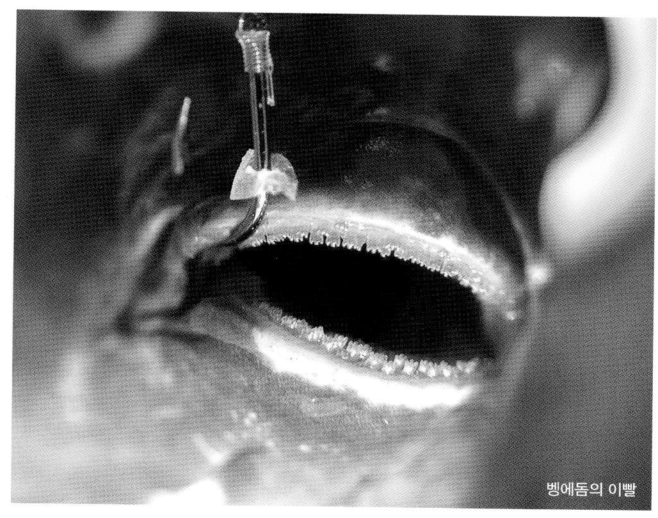
벵에돔의 이빨

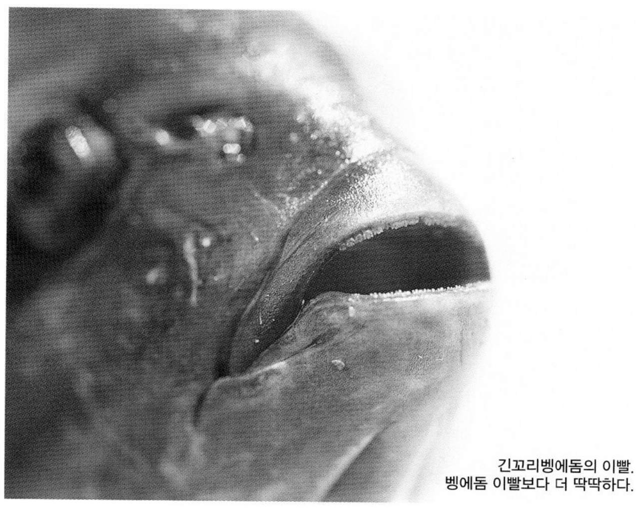
긴꼬리벵에돔의 이빨.
벵에돔 이빨보다 더 딱딱하다.

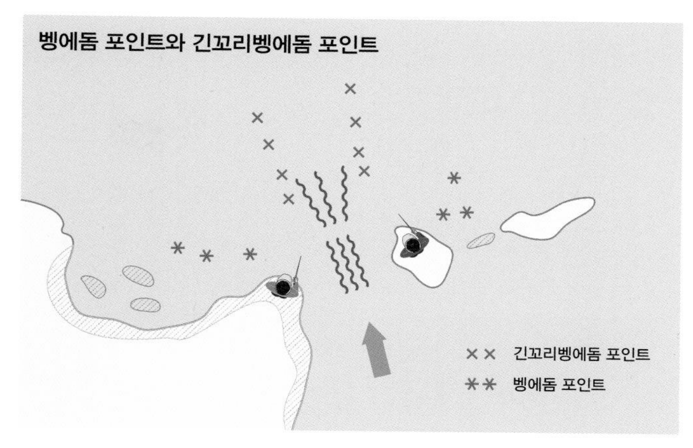

●습성

벵에돔은 붙박이,
긴꼬리벵에돔은 약간의 회유성

벵에돔은 한 곳에 터 잡고 사는 붙박이성 물고기로서 그 습성이 볼락과 비슷하다. 한편 긴꼬리벵에돔은 벵에돔보다 넓게 회유하는 물고기로서 그 습성이 참돔과 비슷하다.

벵에돔이 볼락과 흡사하다는 의미는 잘 낚일 땐 수면 가까이 필 정도의 활성도를 보이지만, 안 낚일 땐 굴 속에 처박혀 바닥을 박박 긁어도 안 낚일 만큼 변덕을 부린다는 뜻이다. 또 볼락과 벵에돔은 한 지역의 자원을 왕창 낚아버리고 나면 새 자원이 확충될 때까지 많은 기간이 걸린다는 것도 공통점이다.

긴꼬리벵에돔이 참돔과 흡사하다는 의미는 본류대 주변에서 잘 낚이고, 무리지어 다니다 소나기 입질을 보내며, 입질이 과격하고 해거름과 여명에 잘 낚인다는 뜻이다. 그런데 긴꼬리벵에돔의 회유폭도 아주 넓지는 않다. 즉 수백 킬로미터의 거리를 오가는 것은 아니고 일정 해역에서 심해와 천해(淺海)를 오가는 회유인 것으로 풀이된다. 얕은 암초대에 주로 서식하는 벵에돔과 달리 긴꼬리벵에돔은 때로는 100m 수심까지 내려가는 것으로 알려져 있다.

●시즌

벵에돔은 겨울(잔챙이는 여름),
긴꼬리벵에돔은 여름과 겨울

잔 씨알의 꼬마벵에돔은 여름에 잘 낚이지만 35cm가 넘는 씨알을 대상어로 보자면 주 시즌은 겨울이다. 큰 벵에돔은 12월부터 3월까지 낚이며 45~50cm 출몰 시기는 남해 원도(추자도·거문도·여서도)가 1~2월, 제주도는 2~3월이다.

긴꼬리벵에돔은 장마철부터 9월까지 1차 시즌을 형성했다가, 12~2월에 2차 시즌을 형성한다. 추자도 거문도 등 남해 원도는 여름에, 제주도 남쪽이나 대마도는 겨울에 긴꼬리벵에돔이 더 잘 낚인다.

얕은 여밭으로 형성된 전형적인 벵에돔 포인트.
깊은 물골과 맞닿아 있는 긴꼬리벵에돔 포인트.

맛의 비교

회는 긴꼬리벵에돔, 껍질숙회는 벵에돔

회 맛은 긴꼬리벵에돔이 벵에돔보다 낫다. 긴꼬리벵에돔 회는 돌돔 회를 능가하는, 가장 맛있는 회로 꼽힌다. 그러나 껍질만 살짝 구워서 익힌 숙회는 벵에돔이 훨씬 맛있다. 벵에돔의 껍질은 질기고 지방층이 두터워 살짝 구우면 지방이 살 속으로 녹아들고 껍질도 부드러워져 그 식감이 대단히 좋다. 긴꼬리벵에돔은 껍질이 얇아서 숙회를 하면 벵에돔만 못하다. 한편 구이나 조림은 긴꼬리벵에돔이 낫고, 맑은국(지리)은 벵에돔이 낫다.

긴꼬리벵에돔 회.

벵에돔 숙회.

●파이팅

벵에돔은 지구력,
긴꼬리벵에돔은 스피드

같은 길이의 벵에돔과 긴꼬리벵에돔을 함께 들어보면 벵에돔이 훨씬 무겁다. 그래서 벵에돔의 파이팅에는 중량감이 넘치고 긴꼬리벵에돔은 빠르고 경쾌하다.
손맛의 우열을 가린다면? 벵에돔이 한 수 위다. 불도저처럼 끝까지 내리박는 지구력이 짜릿한 손맛을 선사한다. 한편 긴꼬리벵에돔은 딱딱한 이빨에 목줄이 잘 끊어지기 때문에 벵에돔보다 더 굵은 목줄이 필요하지만 초반 스퍼트만 제압하면 오히려 벵에돔보다 끌어내기 쉽다. 항간에 긴꼬리벵에돔이 더 힘세다고 알려져 있는 것은 녀석들이 목줄을 쉽게 터뜨리는 데서 비롯된 약간의 오해다.

●적합 목줄(대물 기준)

벵에돔은 2.5~4호,
긴꼬리벵에돔은 3~5호

힘은 벵에돔이 세지만 목줄은 긴꼬리벵에돔이 더 굵어야 한다. 벵에돔은 이빨이 아주 단단하지 않지만 긴꼬리벵에돔은 단단하고 까끌까끌한 톱니형 이빨이 있어서 목줄이 쓸려 잘 끊어지기 때문이다.
또 긴꼬리벵에돔은 먹이를 물고 반전하는 순간의 스피드가 대단하여 임팩트 순간의 충격이 강하다. 그래서 챔질과 동시에 목줄이 허무하게 날아가 버리는 경우가 많은데, 그것을 방지하려면 릴의 베일을 열어둔 상태로 입질을 받아 낚싯대를 천천히 세우면서 베일을 닫으면 챔질의 충격을 줄여서 '순간 줄 터짐'을 방지할 수 있다.
간혹 '긴꼬리벵에돔이 바늘 위의 목줄까지 삼키지 못하도록 재빨리 챔질하면 줄 터짐을 막을 수 있다'고 주장하는 사람도 있는데, 순식간에 찌가 사라지는 긴꼬리 입질에 더 빨리 챈다는 것은 불가능하며, 아무리 큰 바늘을 써도 삼켜버리기 때문에 목줄이 이빨에 쓸리는 것을 막을 수는 없다.
특히 '무조건 강제집행'은 금물이다. "벵에돔은 드랙을 주면 안 된다"고 하는데 잘못된 정보다. 벵에돔이 여로 파고들거나 벽으로 몸을 붙이는 습성이 있는 것은 사실이지만, 감성돔낚시를 할 때처럼 드랙을 적절히 풀어주며 제압할 때 오히려 여에 덜 박히며 급하게 당겨내려면 놀라서 오히려 더 파고드는 습성을 보인다. 무엇보다 벵에돔이 45cm가 넘으면 드랙을 주지 않고는 굵은 줄도 견디기 어렵다.

●포인트

벵에돔은 골창이나 여밭,
긴꼬리벵에돔은 여나 곶부리

벵에돔은 볼락처럼 은신성을 띠어서 으슥한 지형을 좋아한다. 그렇다고 조류가 없어선 안 되고 본류대와 근접해 있으면서 조류의 중심에서 살짝 비켜난 직벽이나, 느린 조류가 안정되게 흐르는 얕은 여밭이 포인트가 된다. 바닥에 암초대가 발달해 있으면 6~8m 수심, 암초가 적은 직벽이면 12~20m 수심을 이루는 곳이 대형 벵에돔이 잘 낚이는 포인트다. 특히 김이나 미역 등이 자라기 시작하는 겨울에는 해거름~초저녁에 해초를 뜯어먹기 위해 2~4m 수심의 얕은 수중턱이나 여밭으로 올라오는 경우가 많다.
긴꼬리벵에돔은 주변에서 가장 깊은 골을 끼고 움직인다. 즉 벵에돔과 달리 깊은 물골이나 물골 주변에서 낚인다. 깊은 곳에서도 가급적 찌밑 수심은 얕게 띄워서 밑밥을 이용해 낚아낸다. 조류를 활발하게 타는 고기라서 본류낚시가 잘 되는데, 얕은 여밭으로 흘러갈 땐 입질이 거의 없고(이때는 감성돔이 낚인다) 깊은 난바다 쪽으로 흘러갈 때 낚인다. 그러므로 긴꼬리 포인트를 고를 땐 깊은 바다로 가장 돌출된 곶부리나 여에 서서 깊은 곳으로 흘러가는 조류대를 노려야 한다.

●조류

벵에돔은 훈수지대,
긴꼬리벵에돔은 느린 본류대

긴꼬리벵에돔은 조류의 중심부에, 벵에돔은 그 주변 외곽에서 잘 낚인다. 긴꼬리벵에돔도 지나치게 빠른 급류에서는 안 낚인다. 참돔 본류낚시를 할 정도의 조류는 좀 과하고 그보다 느린 조류를 찾는 것이 좋다. 그리고 아직 물속이 어두운 새벽과 해거름엔 긴꼬리벵에돔도 앞이 잘 안보이기 때문에 벵에돔처럼 조류가 느린 외곽이나 얕은 여밭에서 입질한다.

●입질수심

벵에돔은 4~8m,
긴꼬리벵에돔은 1.5~5m 수심

벵에돔과 긴꼬리벵에돔은 모두 먹이활동을 할 때 중상층으로 활발하게 떠올라서 먹이활동을 하는데, 긴꼬리벵에돔의 부상도가 더 높다. 긴꼬리벵에돔은 45cm 이상의 대형이라도 수면 1~2m층까지 솟구치며 입질하는 경우가 많다. 따라서 입질이 활발할 땐 목줄 길이를 1.5~2m로 짧게 해주면 입질빈도를 배 이상 높일 수 있다. 그리고 한낮에 멀리 노릴 때 외엔 깊이 가라앉히지 않는 것이 유리하다.
그러나 벵에돔(특히 겨울철 대물벵에돔)은 5~6m의 약간 깊은 수심에

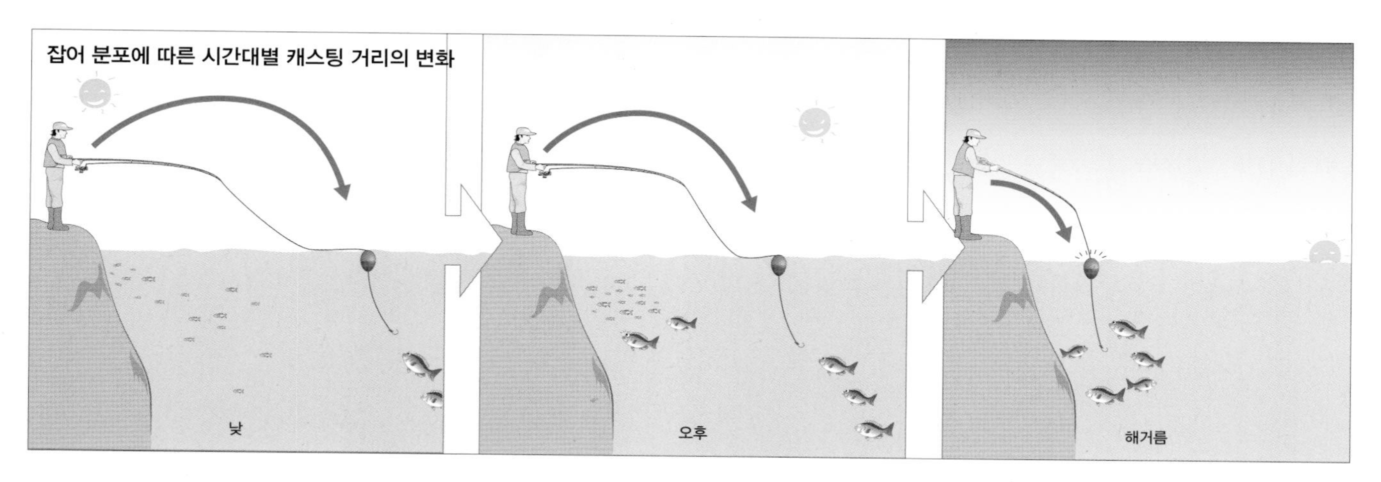

서 잘 낚이며 8m 이하 수심에서 입질하는 경우도 많다. 거문도, 울릉도, 제주 우도 등 직벽형 갯바위의 벵에돔들이 그러하다. 긴꼬리벵에돔은 멀리 노릴 때도 띄울낚시가 효과적이지만 벵에돔은 멀리 노릴수록 찌밑수심도 조금씩 더 깊이 주는 것이 좋다.

●입질시간

벵에돔은 오후~해거름,
긴꼬리벵에돔은 해거름에 집중

입질시간은 계절, 물색, 파도에 따라 달라지므로 딱 이렇다고 말하기 어렵다. 겨울로 갈수록, 물이 탁하고 파도가 높을수록 낮의 입질빈도가 높아지고, 그 반대일 경우 해거름에 집중되는 경향이 강하다.

벵에돔과 긴꼬리벵에돔이 함께 낚이는 포인트라면 낮에는 벵에돔부터 낚일 확률이 높다. 일단 4~5m 수심으로 갯바위 근처를 노려보다가 잡어가 많으면 더 멀리 던져서 더 깊이 가라앉혀본다. 밑밥은 발밑에만 준다. 이윽고 해거름이 되어 잡어가 거의 사라지면 주 타깃을 긴꼬리벵에돔으로 삼고 찌를 멀리 던져서 밑밥(한 주걱씩만 뿌린다)을 찌에 바로 맞추는 식으로 띄울낚시를 시도한다. 이후 해가 수평선으로 넘어가면 찌를 점점 앞으로 끌어들이되 띄울낚시를 계속 유지한다.

●벵에돔은 수심, 긴꼬리벵에돔은 거리로 낚아라

벵에돔낚시의 핵심은 수심보다 입질거리에 있다. 시간대별 입질거리를 보면 아래와 같다.

(낮)벵에돔과 긴꼬리 모두 원거리

(오후)벵에돔 10~20m, 긴꼬리벵에돔 20~60m 거리

(해거름)벵에돔 10m 안쪽, 긴꼬리벵에돔 10m 안쪽 또는 본류대 흘림

벵에돔낚시에서 가장 중요한 것은 수심이 아니라 '캐스팅 거리'다. 가장 큰 원칙은 '잡어가 미끼를 따먹지 않는 한 잡어의 무리에 가장 근접해서 찌를 던지기'이다.

벵에돔은 잡어들의 움직임을 보고 먹잇감이 나타났다는 것을 감지하며, 그래서 발밑에만 밑밥을 뿌려도 벵에돔이 멀리서 잡어들의 움직임을 보고 떠오르는 것이다. 그러나 벵에돔 역시 밑밥을 주워 먹기 위해 잡어 쪽으로 다가온다. 따라서 입질을 받을 빈도는 밑밥을 뿌려 잡어가 모여 있는 곳이 가장 높다.

그러나 그곳엔 미끼를 던져봐야 벵에돔이 먹기도 전에 잡어에게 먼저 뺏긴다. 그래서 잡어 무리의 외곽에 미끼를 던지는데, 그 거리가 잡어들에게서 너무 멀면 입질의 빈도는 떨어진다. 그러므로 잡어에게 미끼를 따먹히지 않으면서 잡어들에게서 너무 멀지는 않은, 아슬아슬한 지점에 찌를 던지는 것이 벵에돔낚시의 기술이다. 바로 이 거리 조절에서 입질을 받고 못 받는 차이가 나온다.

우선 낮에는 잡어들이 넓게 퍼져 있으니 최대한 찌를 멀리 던지는 것이 좋다. 밑밥은 계속 발밑에만 친다. 그러나 해가 기울고 물속이 어두워질수록 잡어들은 갯바위 앞으로 몰려들고 따라서 찌 투척거리도 조금씩 앞으로 당겨줘야 한다. 밑밥은 조금씩 멀리 쳐나간다. 이때 벵에돔은 20m 이내 근거리에서 입질할 확률이 높지만 긴꼬리벵에돔은 (특히 조류가 밖으로 흘러가는 상황이라면) 아주 멀리서도 입질한다.

그리고 해거름이 되면 오히려 긴꼬리벵에돔이 더 발밑으로 바짝 접근하고 벵에돔은 그보다 한 발 더 떨어진 거리에서 입질하는 성향을 보인다. 이때 긴꼬리는 1.5~3m 수심에서, 벵에돔은 3~4m 수심에서 입질한다. 해거름엔 밑밥을 극소량만 주거나 아예 주지 않음으로써 미끼에만 달려들게 해야 한다.

따라서 오후부터 일몰까지는 시시각각 변화하는 입질거리에 맞춰 캐스팅 거리를 수시로 조절해야 하는데 그 적중도에 따라 조황이 하늘과 땅 차이만큼 달라진다. 다시 강조하지만 '잡어가 미끼를 따먹지 않는 한 잡어의 무리에 가장 근접해서 찌를 던지기'가 키포인트다.

루어낚시 전문가지만 구멍찌 낚시의 매력에도 흠뻑 빠진 최석민씨가 마라도에서 낚은 긴꼬리벵에돔 씨알을 자랑하고 있다.

남해동부권의 중형 벵에돔 배출처인 안경섬의 북여도 남쪽 포인트. 안경섬에서는 여름 이후 40cm가 넘는 긴꼬리벵에돔이 잘 낚인다.

하절기 벵에돔낚시의 메카

남해동부 벵에돔낚시

박재홍 한국프로낚시연맹 회장

거제도와 통영을 중심으로 한 남해동부 해역은 종전까지는 벵에돔낚시에서 잔챙이터로 치부되어 왔으나 근래 해수온 상승과 더불어 이 지역에 4짜급 벵에돔과 긴꼬리벵에돔이 부쩍 늘어나면서 새로운 국면을 맞고 있다. 통영권에서 중대형 벵에돔을 낚으려면 어떤 준비가 필요할까?

남해동부 벵에돔 낚시터 분포

남해동부는 동으로 부산 앞바다부터 서로는 남해도까지 이어지는데, 크게 보면 여수 금오열도도 남해동부와 낚시터 성격이 비슷하다. 즉 부산-거제-통영-삼천포-남해도-여수가 남해안 벵에돔낚시터의 중심지라 할 수 있으며, 벵에돔낚시 출조인구로 따지면 제주도를 능가하는 벵에돔낚시의 메카라 할 수 있다.

▶내해권

내해권은 25cm급 벵에돔이 마릿수로 낚이는 게 특징이다. 욕지도와 그 북쪽의 섬들이 해당되는데 두미도, 추도, 사량도, 용초도, 비진도와 거제도 주변 섬들, 금오열도가 해당된다. 6월부터 9월까지 하절기에만 벵에돔이 낚이는 게 특징이며, 아기자기한 마릿수 조과가 매력이다.

▶외해권

외해권은 30~40cm급 벵에돔과 긴꼬리벵에돔이 다소 낱마리로 낚인다. 국도, 좌사리도, 갈도, 구을비도, 매물도, 안경섬이 해당된다. 욕지도와 초도는 내해권과 외해권에 걸쳐져 있는데 25cm급이 마릿수로 낚이면서도 동시에 4짜 벵에돔을 기대할 수 있는 섬이다.

한편 통영 최고의 벵에돔 서식지인 홍도는 낚시금지 구역으로 묶여 있어 아쉽기만 한데, 홍도에서 20분 거리에 있는 안경섬이 2010년부터 4짜 긴꼬리벵에돔을 배출하면서 대물에 대한 갈증을 달래주고 있다.

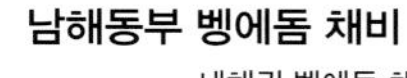

남해동부 벵에돔 채비

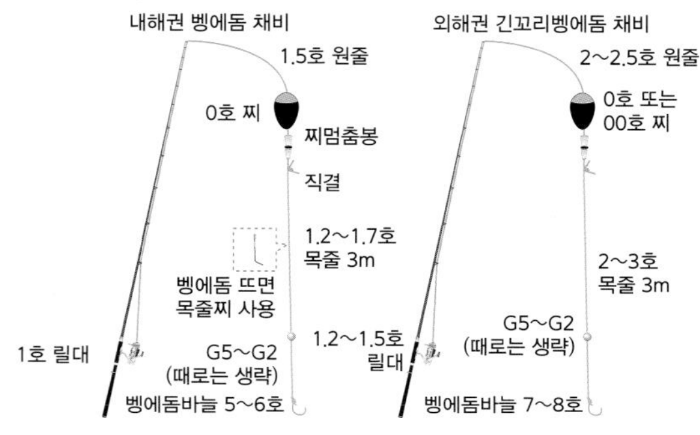

남해동부 벵에돔 시즌

남해동부 벵에돔 시즌은 5월 중순부터 시작해서 장마철인 7월부터 9월까지 최고 호조황을 보인다. 근래 들어 시즌이 점점 길어지고 있다. 일반 벵에돔이 먼저 낚이기 시작하고, 7월부터 긴꼬리벵에돔이 낚이기 시작한다.

수심이 깊고 수온이 높은 매물도나 국도, 좌사리도에서는 중하층 공략 시 겨울에도 벵에돔을 만나볼 수 있다. 물론 겨울에는 북서계절풍이 불어오는 시기라서 바람과 수온의 영향을 많이 받게 되어 잔잔한 날과 바람 부는 날 편차가 확실히 나타난다.

남해동부 긴꼬리벵에돔의 특징

남해동부의 긴꼬리벵에돔 자원이 급속히 늘고 있다. 안경섬에서 40~50cm급 대형 긴꼬리벵에돔이 2010년 여름 이후 해마다 출현하고 있고, 매물도와 국도에서도 대형 긴꼬리벵에돔 소식이 꾸준히 들리고 있다.

긴꼬리벵에돔은 본류대를 좋아하며 수심이 급격히 떨어지는 층에 많이 서식하고 있다. 그러나 제주도 지역에 비해 남해동부 긴꼬리벵에돔들은 부상력이 약해서 상층부 수면까지 피어오르는 경우는 드물다. 그리고 제주도나 대마도와 달리 멀리서 입질하는 빈도보다 10m 이내 근거리에서 입질하는 빈도가 높다.

조류가 멀리서 흐를 때는 입질이 뜸하고 강한 조류가 발밑으로 밀려들 때 소나기성 입질을 보인다. 대개 갯바위 벽면에 붙다시피 해서 입질이 많이 들어오므로 찌를 벽면 가까이 붙여주는 것이 유리하며, 봉돌이 전혀 없는 제로찌채비보다는 G4~G5 봉돌을 물린 전유동채비로 조류를 극복하고 충분히 가라앉혀주는 것이 유리하다.

남해동부 벵에돔 채비

남해동부라고 해서 특별한 채비가 사용되지는 않는다. 제로(0) 구멍찌 전유동채비가 표준이며 가급적 좁쌀봉돌을 달지 않고 3~4m 수심층을 노린다. 그러나 입질층과 유속에 따라 목줄에 G4~G6 봉돌을 가감하여 줄 때도 있고, 봉돌 없이 00찌를 달아 채비 전체를 가라앉혀 입질을 받아내기도 한다.

찌는 수면 가까이 부상하는 벵에돔들이 놀라지 않도록 가급적 착수음이 적은 소형 찌를 사용하는데, 소형 찌를 쓰면서도 부드러운 캐스팅으로 작은 바늘의 미끼가 빠지지 않고 긴 목줄이 엉키지 않도록 캐스팅해야 한다.

수심이 깊은 외해 갯바위에선 벵에돔이 가까이에서 물지만, 내해의 얕은 여밭에선 멀리서 문다. 그때는 찌와 밑밥을 정확히 동조시켜야 하는 원투능력이 중요한 기술이다.

매년 여름이면 중형 벵에돔을 낚기 위해 남해동부 원도로 출조하고 있는 필자.

긴꼬리벵에돔과 달리 벵에돔은 본류대보다 느릿한 지류대를 좋아하며 해조류가 많이 자란 곳을 좋아한다. 남해동부의 벵에돔은 밑밥을 뿌리면 수면 상층부까지 많이 피어오르는데, 그때는 목줄찌를 사용하면 효과적이다.

목줄은 벵에돔은 1.2~1.7호를 사용하고, 긴꼬리벵에돔과 대형 벵에돔이 낚이는 곳에선 2호 목줄을 사용한다. 대형 긴꼬리벵에돔이 출현하는 해거름과 이른 아침엔 2.5~3호 목줄을 사용하여 대물에 대비하는 것이 바람직하나 4호 이상의 목줄엔 입질이 뜸하다. 바늘은 벵에돔 씨알에 맞춰 5호부터 8호까지 사용한다.

물속에 그림자 비치지 않게 물러서라

벵에돔들은 입질이 예민하고 약은 나머지 아무리 먹이 활성도가 좋은 가을이 왔다 해도 미끼에 선뜻 달려들지 않는다. 벵에돔의 약은 입질은 이따금 곤욕스럽게 만들 정도다. 낚싯대를 느긋하게 들고 물고기를 기다리던 옛날이 그리워질 정도로 요즘 낚시는 부지런을 떨어야 그나마

안경섬 북여도 등대 포인트에서 벵에돔을 노리는 낚시인들.

안경섬에서 올라온 긴꼬리벵에돔들. 25~40cm급이 다양하게 올라온다.

지난 2011년 6월, 매물도에서 40cm가 넘는 벵에돔을 낚은 낚시인.

부시리 설칠 때는 원거리 공략은 금물

남해동부 벵에돔 시즌인 여름과 가을엔 부시리도 제철을 맞아 함께 낚이는 수가 많다. 부시리가 들어오면 잡어들이 위축되어 미끼를 따먹지 못하므로 벵에돔낚시를 한결 편하게 할 수 있다. 그러나 부시리가 종종 벵에돔 채비에 달려들어 목줄을 끊어먹고 달아나기 일쑤다.
부시리를 피해 벵에돔만 낚으려면 너무 먼 거리까지 미끼가 나가지 않도록 하는 게 좋다. 부시리들은 본류를 타고 바깥쪽으로 회유하므로 대개 갯바위에서 10m 안쪽 거리를 노리면 벵에돔이나 긴꼬리벵에돔만 골라 낚을 수 있다.

남보다 한 마리라도 더 낚을 수 있다.
채비는 자주 점검하여 조류 변화에 맞춰 바꿔주기도 해보고 밑밥도 남에게 뒤지지 않을 정도로 부지런히 뿌려야 한다.
벵에돔낚시는 같은 갯바위에 내려도 서있는 자리의 선택이 중요하다. 우선 가벼운 채비를 다루기 쉽고 미세한 입질에 대한 시인성을 확보하기 위하여 바람을 등지고 가능한 높은 자리를 선정하되 벵에돔의 경계심 완화를 위해서는 물속에 그림자가 비치지 않도록 한두 걸음 물러선 지점을 확보하는 것이 중요하다.
안전하고 정확하게 멀리 캐스팅을 하려면 낚시인의 위치가 높고 장애물이 없는 곳을 선정하면 유리할 것이며 가능한 한 원줄의 굵기를 낮추고 뒷줄 관리에 신경을 써야 할 것이다.

잡어가 적으면 깊이 노려라

발밑에 모여든 잡어들의 종류와 활성도는 보이지 않는 벵에돔들의 활성을 짐작할 수 있는 길잡이 역할을 한다. 수차례 밑밥을 투여해도 자리돔을 비롯한 잡어들의 모습이 보이지 않는다면 포인트 선정이 잘못되었거나 그날 조건이 나쁜 상태이며, 예상보다 더디게 잡어들이 모여들고 그 양도 적고 수면 가까이 부상하지 않고 먹이활동도 미약한 경우는 벵에돔의 활성도 매우 미약하므로 작은 바늘, 가는 목줄, 작은 미끼 등 예민한 채비로 물속 깊은 지대를 공략해야 할 것이다.
미끼는 초반시즌엔 작은 크릴을 선호한다. 홍갯지렁이, 파래새우 등도 쓰이지만 남해동부권에서는 빵가루와 크릴만으로도 충분하다.
저수온기에는 작은 바늘이 좋으며 바늘귀가 짧고 가벼운 바늘이 좋다. 크릴미끼는 머리와 꼬리를 제거하여 한 입에 흡입할 수 있게 해주는 것이 좋다. 수온 변화에 민감한 벵에돔들은 종종 어신찌가 반응하기도 전에 미끼를 놓아버리는 경우가 많기 때문이다.
챔질타이밍은 최대한 빠르거나 최대한 늦게 두 가지로 분류한다. 극도로 예민해진 벵에돔들은 이물감 때문에 미끼를 뱉어버리는 경우가 많기 때문에 시즌 초반에는 챔질타이밍을 빨리 잡는 것도 나름대로 좋은 방법이다.

남해동부 대형 벵에돔 낚시터

섬	포인트
욕지도	총바위 삼여 광주여 양판구미
좌사리도	칼바위 일대 안제립여(긴) 반찬단지 이장바위 안통 노랑바위
국도	대물자리 미끄럼바위 칼바위(긴) 사이섬(긴) 계단자리 간여
안경섬	호텔자리(긴) 낮은자리(긴) 북여도 등대(긴)
갈도	매여 너부렁여(긴)
구을비도	직벽 첫여(긴) 호텔자리(긴) 설치(긴)
매물도	두룩여(긴) 사방여 기차바위 벼룩여(긴) 촛대바위 설풍(긴)

*(긴)으로 표기한 곳은 벵에돔과 긴꼬리벵에돔이 함께 낚이는 곳이다.

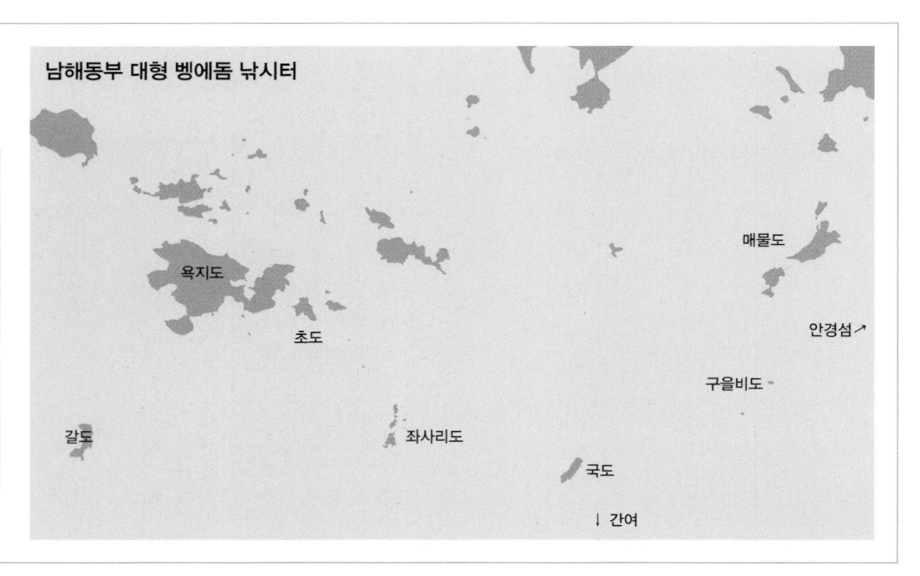

자르르 윤기가 흐르는 긴꼬리벵에돔.
아름다운 자태만큼 뛰어난 회 맛을 자랑하는 미어(味魚)다.

동해안 벵에돔낚시

금성철 하야부사 필드테스터, 쯔리겐 인스트럭터, 네이버 競技工房 운영자

경북 영덕의 축산방파제에서 벵에돔을 노리는 낚시인들.
동해안 벵에돔낚시는 방파제에서 주로 이루어진다.

동해 벵에돔의 특징

동해안의 경우 섬이 없고 해안 갯바위로 주로 구성되어 있다. 민물 유입이 적고 수심이 깊기 때문에 염도가 남해나 서해에 비해 높은 편이다. 수심이 깊기 때문에 온도변화가 적고 난류인 쓰시마해류와 한류인 동한해류가 서로 마주쳐 조경을 이루어, 난류성 어족과 한류성 어족이 풍부하다.

동해 벵에돔은 씨알이 작다는 핸디캡이 있었으나 최근 동해안 벵에돔의 평균 사이즈가 커지고 후포방파제에서 야간낚시에 4짜 긴꼬리 벵에돔이 마릿수로 낚이는 등 벵에돔 자원의 변혁이 일고 있다. 또 울릉도라는 천혜의 낚시터가 존재하여 동해 벵에돔 낚시는 앞으로도 지속적인 성장을 계속할 가능성이 매우 높다.

벵에돔의 생물학적 특성

벵에돔은 최대 60cm까지 성장하는 어종이며 성장속도가 매우 느려서 40cm급으로 성장하는 데 8~10년이 걸린다고 알려져 있다. 난류성 어종으로 최저수온 섭씨 12도 이상에서 생존 가능하며 가장 움직임이 활발한 수온은 섭씨 18~25도이다.

벵에돔은 크릴을 사용하여 낚기 때문에 육식성 어종으로 착각하기 쉬운데 초식성에 가까운 잡식성 어류이다. 주로 물밑 바위 표면에 붙어있는 해조류를 먹고 산다. 따라서 벵에돔의 구강구조는 해조류들을 뜯어 먹는 데 이상적인 구조로 발달하였다.

벵에돔의 적정 산란 수온은 최적 활동온도인 18~25도와 동일하다. 산란기에는 한 번에 직경 1.1~1.2mm 크기의 알을 10만개 정도 낳으며, 산란된 알은 보통 60시간 정도면 부화하고, 부화된 치어는 무색투명한 몸을 하고 있으며 그 지름이 0.23mm 정도 된다. 유년기에는 얕은 암초지대나 굴, 방파제 등 인조 구조물 주변에 무리지어 다니다가 대어가 될수록 군집성이 떨어지며 낱마리로 생활하는 특징이 있다.

영덕의 노물 갯바위에서 벵에돔을 마릿수로 올린 필자.

벵에돔 vs 긴꼬리벵에돔

조사들은 벵에돔보다 긴꼬리벵에돔을 선호한다. 같은 사이즈라도 회유성이 강한 긴꼬리벵에돔은 파워 넘치는 손맛을 선사해주고 그 맛이 매우 뛰어나기 때문이다.
외향적 특징을 기준으로 한 구분방법은 다음과 같다. 긴꼬리벵에돔의 경우 벵에돔보다 긴 꼬리지느러미와 꼬리지느러미의 V자 패임, 아가미 뚜껑과 가슴지느러미에 있는 검정테로 구분하면 된다. 긴꼬리벵에돔의 경우 기본적인 조류만 있다면 대부분 벵에돔보다 시원한 입질을 보이며 다른 어종과 달리 바닥층에 있는 미끼에는 크게 반응하지 않는다. 활발한 입질 시간대는 조류의 움직임이 좋은 시간이다.

벵에돔과 긴꼬리벵에돔 입질 형태 비교

구분	입질의 폭	수온 반응	입질 형태	조류에 따른 입질 형태
벵에돔	상하 이동	민감하다	약하다	보통이다
긴꼬리벵에돔	수평 또는 상하	매우 민감하다	강하다	민감하다

여름 벵에돔낚시

봄을 지나 초여름 장마철이 되면 수온이 점점 상승하여 난류성 어종인 벵에돔과 참돔, 돌돔의 움직임이 활발하게 되며 밑밥에 반응하여 먹이활동을 하는 속도와 부상폭도 상당히 커진다. 이 시기는 마릿수와 씨알을 동시에 누릴 수 있는 절호의 찬스이다. 그러나 잡어의 활성도도 좋아져서 밑밥의 품질이 그날의 조황과 직결되는 시기다.
많은 비와 태풍으로 인해 수온 변화가 심해지는 때이기도 한데 특히 동해는 여름에 냉수대란 복병이 도사리고 있다. 일단 냉수대가 형성되면 낚시방법이나 포인트가 많이 달라진다. 우선 유명 포인트보다 조류의 흐름이 작아 냉수대와 잘 융합되지 않는 곳, 바람의 영향을 덜 받는 곳이 좋다.
이 시기는 하루 중 입질시간대가 그날의 수온과 상관이 있다. 수온의 기복이 심할 때는 벵에돔은 경계심이 많아져 한 번에 먹이를 삼키는 일이 별로 없고 조금씩 갉아먹는 형태로 먹는 습성이 있다. 이때 챔질타이밍의 기본은 어신찌 및 찌멈춤봉의 움직임으로 감지하여야 한다. 이 시기에 원줄이나 낚싯대 끝을 가지고 가는 강한 어신은 기대하기 힘들므로 채비 구성 시 00, 000호 계열의 잠길찌 형태는 필자의 경험상 권장하고 싶지 않다.

가을 벵에돔낚시

가을이 되면 여름에 형성된 높은 수온의 조류가 사라지고 일정 수온으로 유지되면서 벵에돔낚시의 적기가 된다. 잡어의 성화도 낮아지고 안정된 수온을 바탕으로 여름철에 비해 중하층에서 먹이활동이 이루어지기 때문에 낚시의 재미가 배가되는 시기다.
동해안의 벵에돔도 남해안과 마찬가지로 월동준비를 위해 왕성한 먹이활동을 하며, 찌낚시의 백미인 밤낚시가 시작되는 시즌이기도 하다. 이 시기의 추천 채비는 0C 찌를 사용, 밑채비를 정렬하면서 밑밥과 같이 잠기면서 중하층을 자연스럽게 탐색하는 채비다. 찌의 크기는 소형이 좋다.

겨울 벵에돔낚시

겨울엔 대물 벵에돔이 낚이는데 이것은 수온과 관계있다. 감성돔도 큰 씨알이 저수온에 적응하여 겨울에 잘 낚이는데 벵에돔도 마찬가지다. 또 겨울은 산란기를 앞두고 에너지 보충을 위한 왕성한 먹이활동을 한다.
동해안의 경우 겨울에는 주로 밤낚시가 이루어지며, 후포방파제 외항과 축산방파제 및 울진 나곡방파제에서 대물급의 벵에돔이 모습을 보인다. 동해안 벵에돔낚시는 대부분 방파제에서 이루어지기 때문에 항상 예민한 채비의 선택과 운영이 필요하다.
초겨울에 사용되는 미끼로는 크릴, 깐새우, 홍갯지렁이, 참갯지렁이가 있다. 겨울시즌이 되면 벵에돔은 동물성으로 식성이 변하여 지렁이와 같은 동물성 미끼에 입질빈도가 높아진다.

동해안 벵에돔 밤낚시

벵에돔은 굴속이나 테트라포드 깊은 곳에서 은신하는데 새끼 벵에돔들은 경계심이 작아 주간에도 먹이활동을 하다 종종 낚이곤 하지만 굵은 벵에돔은 땅거미가 질 무렵이 되면 서식처에서 나와 먹이활동을 시작한다. 초저녁부터 먹이활동을 하는 벵에돔들은 자정이 넘으면 은신처로 돌아가므로 입질이 갑자기 뚝 끊어진다.
밤낚시는 잡고기의 성화가 줄어들어 낚시를 즐기기 수월하다. 벵에돔 밤낚시는 조류에 태우는 흘림낚시를 하지 않고 발밑을 노린다. 밤에는 벵에돔들이 갯바위 가장자리를 붙어 이동하기 때문에 갯바위나 암초에서 2~3m 이상 찌를 떨어뜨리지 말아야 한다.
밤에는 조류의 흐름이 약하고 조용한 곳, 암초가 있는 근처, 홈통 등을 찾아야 한다. 일몰 이후에 낚시를 하더라도 방파제에서는 예민한 채비 사용을 권장하며 정숙하여야 한다.
심야에 이루어지는 낚시의 경우 채비의 유실이 주간에 비해 많다. 항상 발밑이나 여 주 위를 탐색해야 하기 때문에 바닥 걸림이 심한 편이다. 하지만 바닥 걸림이 두려워 주저하면 조과는 반감하기 마련이다. 물속 여 위나 테트라포드 속으로 채비를 던져 미끼를 물속 여나 테트라포드에 붙이기도 하는데 채비 손실에 대비하여 여벌의 채비를 충분히 지참해야 한다.
밤낚시에 사용하는 찌는 부력에 크게 신경 쓸 필요 없다고 생각하기 쉽지만, 주간낚시보다 더욱 예민한 부력 관리가 필요하다. 그리고 유동채비보다 찌를 고정시키는 고정채비가 효과적이다.
밤낚시는 일반적으로 5m 이내의 수심에서 입질하므로 찌를 고정시키면 빠른 어신 전달과 예민한 어신 파악에 용이하다. 이때 봉돌은 목줄에 분납하는 형태로 하고, 너울파도가 심할

영덕의 축산방파제에서 밤낚시로 벵에돔을 올린 낚시인.

때에는 고부력 고정채비도 사용한다. 파도나 조류에 의해 찌가 먼 바다로 흘러가려 할 땐 수시로 반복해서 가까이 끌어들여 원하는 포인트에 붙여야 좋은 조과를 기대할 수 있다.
반유동채비도 써볼 만하다. 바닥수심층을 파악하여 원줄에 나비매듭을 하여 반유동 형태로 운영하는 방법인데 고정채비보다 수심 파악에 용이하다.
밑밥은 갯바위 또는 방파제 가장자리에만 지속적으로 품질한다. 그리고 벵에돔의 입질이 이어지면 품질 횟수를 줄이고 소음에 주의하면서 낚시하는 것이 요령이다.

밑밥에서 파우더의 역할

밑밥은 크릴과 파우더(집어제) 및 첨가제로 나눌 수 있는데 필자는 크릴보다 파우더의 양과 비중에 중점을 둔다. 흔히 낚시점에서 배합해주는 밑밥을 사용하는데 벵에돔낚시만큼은 낚시인의 조법과 포인트에 따라 밑밥 배합법이 달라져야 한다.
낚시인들은 낚싯대와 찌, 소품의 기능이나 사용법은 숙지하고 필드 상황에 맞추어서 사용하지만 밑밥엔 소홀한 경향이 많다. 그러나 그날의 포인트를 정하면 가장 먼저 하는 행위가 포인트에 밑밥을 뿌리는 행동이다. 대상어에게 최초 어필할 수 있는 것은 밑밥이라 할 수 있다. 대상어의 후각과 시각을 1차적으로 자극하고 밑밥의 침강속도를 조절하여 경계심을 완화시키고 미끼와 동조시켜 자연스러운 먹이활동을 만들어 주는 품질 좋은 파우더는 벵에돔을 중상층으로 오래 머물게 하는 효과를 준다.

목줄찌의 중요성

동해안에서 목줄찌 사용은 거의 모든 경우에 필수적이다. 밑밥을 품질하고 벵에돔이 눈에 보일 때, 즉 낚시 도중 밑밥을 뿌리고 편광안경으로 가만히 물속을 들여다보아 밑밥에 관심을 보이는 벵에돔이 보일 때는 목줄찌를 사용하면 좋은 조과를 올릴 수 있다.

빵가루와 크릴을 섞어 밑밥을 개고 있다.

GYRO-N
필자가 동해안 벵에돔낚시에서 자주 사용하는 목줄찌 채비.

또 낚시 도중 어신찌에 표시 없이 미끼만 사라지는 경우 벵에돔이 수면 가까이 상승해 입질하는 것이므로 목줄찌를 달면 잡아낼 수 있다. 벵에돔이 중층에서 유영은 하지만 입질이 약을 때도 목줄찌 사용을 권장한다.
목줄찌는 초보조사들일수록 더욱 도움이 된다. 벵에돔낚시의 경험이 풍부한 조사들은 미세한 찌의 움직임 또는 찌멈춤봉의 움직임을 관찰하여 입질을 파악해낸다. 하지만 초보자들은 입질이 약으면 난감해하는데 목줄찌를 사용하면 미세한 입질까지도 선명하게 파악할 수 있고, 특별한 견제동작 없이도 입질이 들어온다. 가장 큰 장점은 밑밥과의 동조가 쉽다는 것이다. 얕은 수심에 고정된 채비 운영의 가장 큰 장점은 최소한 밑밥과 한 번의 동조는 된다는 것인데, 전유동채비의 경우는 잘못된 밑밥 품질에는 동조가 아예 안 될 수도 있다.

목줄찌 잠길조법

과거 목줄찌의 기능은 어신찌 기능의 일부에

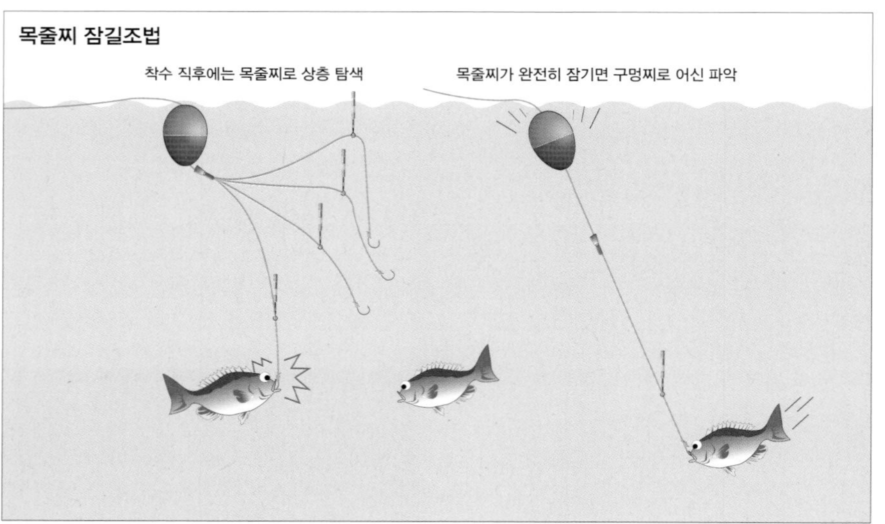
목줄찌 잠길조법
착수 직후에는 목줄찌로 상층 탐색
목줄찌가 완전히 잠기면 구멍찌로 어신 파악

TIP

동해안 목줄찌 사용방법

◆목줄의 길이는 4.5m로 길게 사용한다. 찌멈춤봉을 넣고 어신찌는 극소립 형태의 0C, 0α 부력을 사용한다. 민감하고 밑밥과의 동조가 가장 잘 되는 부력이다.

◆처음엔 목줄찌를 목줄 상단에 달아서 4m 정도로 다소 깊게 하여 낚시한다. 이때 유심히 미끼의 유무를 체크하는 것이 중요하다. 챔질하지 말고 시간대별로 채비를 회수하여 미끼 유무 확인할 것.

◆캐스팅 후 목줄찌에 아무런 반응도 없는 상태에서 바늘의 미끼가 없어지면 잡어 또는 벵에돔이 먹은 것으로 보면 된다. 이때 목줄찌를 바늘 쪽으로 조금씩 끌어내리면서 바늘의 미끼를 확인하여 어종과 입질수심을 파악해야 한다. 이빨이 있는 어종(벵에돔, 쥐치 등)들은 껍질을 두고 속살만 먹는 형태로 크릴 ㅍ껍질만 남아 있는 모양으로 확인할 수 있다.

◆벵에돔이 육안으로 확인될 때는 목줄찌 아래 수심을 1~2m로 운영하며 필요에 따라 미끼의 유무를 확인한다.

◆여름철 동해 벵에돔은 대부분 2~4m 수심층에서 먹이활동을 하는 것으로 나타나지만 바다환경의 변화로 완전 바닥층에서 입질하는 것도 배제할 수는 없다. 일단 바닥권에서 입질한다면 마릿수 조과는 힘들다. 이때 목줄찌 잠길낚시가 유용하다.
먼저 목줄에 극소형 봉돌을 물려 목줄찌가 잠기게 하는 형태의 채비로 운영하며 어신찌 부력은 0α, 0C로 채비 전체가 잠기게 된다. 밑밥과의 동조가 매우 잘 이루어지는 방법이다. 목줄찌와 잠길찌 채비의 장점을 결합한 것으로 수심이동 변화가 심한 대상어의 눈높이를 맞추어가는 채비다. 어신은 원줄이나 낚싯대 끝의 감각으로 파악하며, 충분히 줄을 당겨줄 때까지 기다려준 다음 챔질하는 것이 요령이다.

불과했으나, 오늘날 목줄찌는 어신찌 기능보다는 잠길찌로 사용함으로써 자연스럽게 목줄을 정렬시키고 미끼를 밑밥과 동조시키며 침강시켜 대상어의 입질을 더 잘 유도하는 기능이 커졌다.
목줄찌가 서서히 내려가며 적절한 채비의 경사각을 이루어낸다는 기능을 생각하면 목줄찌는 적정 무게의 봉돌을 물려서 잠기도록 세팅해야 하는데, 목줄찌의 다양한 기능을 경험하지 못하였기 때문에 단순하게 어신찌로만 사용하는 경우가 많다.
벵에돔은 먹이를 발견하면 최상층까지 떠오르는 어종으로 알려져 있지만 항상 그런 것만은 아니다. 활성도가 낮을 때는 밑밥을 아무리 많이 뿌려도 바닥층에서 좀처럼 벗어나지 않는다. 또 하루에도 수차례에 걸쳐 벵에돔 먹이활동층이 급변하는 경우도 자주 있다. 이처럼 수시로 급변하는 벵에돔 유영층에 효과적으로 대응하기 위해, 목줄찌 잠길조법으로 전환이 필요하다. 즉 목줄찌가 잠기면서 내비게이션 역할을 수행하며 대상어가 있는 곳으로 자연스럽게 미끼를 흘려 보내 주는 것이다.

잠길조법용 목줄찌 부력은 00호

잠길찌 형태로 쓸 목줄찌의 부력은 00호가 알맞다. 아니면 목줄찌에 편납을 감아서 원하는 침강 속도를 만들어 사용할 수도 있다, 필자는 편납을 이용하여 목줄찌 0호 부력에 크릴 무게로 서서히 잠기게 부력을 조절하여 사용한다. 바늘의 크릴 유무 체크가 용이하고 밑밥과의 동조를 원활하게 할 수 있어 이 방법을 많이 사용한다.
목줄찌 잠길낚시는 벵에돔의 입질층이 다양하게 나타날 때 효과적이다. 수면 가까이 상승한 벵에돔의 입질은 목줄찌의 움직임으로 확인하고, 중층 이하에서 나타난 벵에돔의 입질은 목줄찌 대신 구멍찌로 파악하게 된다.
목줄찌 잠길낚시의 가장 큰 장점은 밑밥과 미끼가 잘 동조된다는 것이다. 사실 아무리 작은 바늘을 사용한다 해도 적절한 원줄 견제가 없다면 밑밥보다는 바늘이 먼저 내려갈 확률이 높다. 그러나 목줄찌가 함께 가라앉으면 바늘의 하강속도가 느려지면서 상층부터 바닥층까지 전 수심층을 밑밥의 띠 속에서 함께 흘러간다.

목줄찌의 수중 움직임 및 입질 전달

벵에돔의 활성도가 특히 낮아 구멍찌를 사용해서는 입질을 파악하기 어려운 경우 목줄찌를 사용하면 입질이 선명하게 드러난다. 벵에돔이 얕은 수심까지 떠올라 입질할 때는 찌를 아래로 끌고 내려가는 경우가 거의 없다. 대부분 찌가 옆으로 약간 움직이는 식으로 입질이 나타난다. 그때 구멍찌엔 어신이 나타나지 않지만, 물속에 살짝 잠겨 있는 목줄찌를 사용하면 옆으로 움직이는 입질까지 명확하게 나타난다.
수시로 목줄찌를 오르내려서 가장 입질이 잦은 수심을 찾아야 한다. 목줄의 길이를 4.5m로 길게 써서 목줄찌의 유동폭을 넓게 잡아놓고 낚시하는 것도 변하는 상황에 빠르게 대처할 수 있는 방법이라 하겠다.
정리해보면, 목줄찌 띄울낚시는 벵에돔이 수면 가까이 상승하는 높은 활성도를 보일 때 효과적인 낚시방법이라 할 수 있으며, 순간적인 유영층 변화를 빨리 판단하여 목줄찌의 위치를 적절히 조절해줌으로써 조과를 높일 수 있다.

필자의 동해안 벵에돔 채비(방파제, 갯바위)

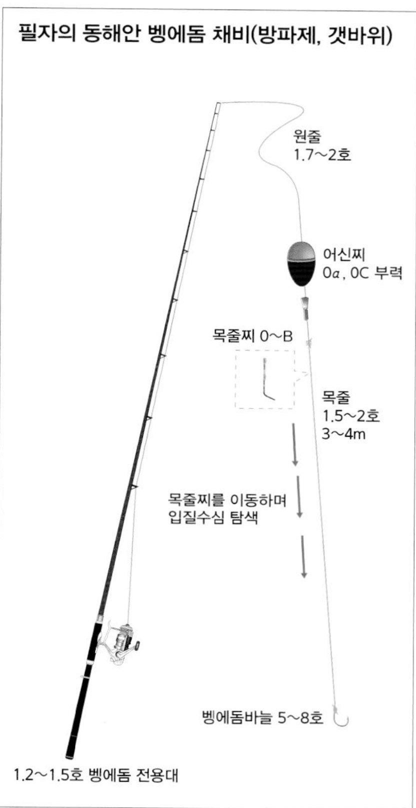

목줄찌 채비에 올라온 동해안 벵에돔.

낚싯줄로 어신 받았을 때 챔질요령

원줄과 낚싯대 끝으로 입질을 받았을 때 바로 강한 챔질보다는 먼저 손가락으로 릴 스풀을 눌러 원줄을 잡고 낚싯대를 90도로 세우는 동작과 동시에 릴 베일을 닫는다. 벵에돔이 밖으로 차고 나가면 낚싯대를 세워주며 낚싯대에 탄력을 최대한 이용하여 대상어를 제압한다. 이때 릴을 조금씩 감아 대상어의 머리를 내 쪽으로 돌리는 것이 매우 중요하다. 벵에돔이 차고 나가는 힘이 약하거나 잠시 주저하면 대를 당기며 릴링한다.
대상어의 크기가 40cm 이상 된다고 판단되면 릴 베일을 바로 닫지 말고 손가락으로 릴 스풀 원줄에 부하를 걸어 줄을 조금 풀어주며, 낚싯대 각을 유지하면서 릴 레버를 닫으며 제압한다.
초반 대상어의 기선 제압은 성공적인 랜딩을 위한 중요한 요소라고 할 수 있다. 원거리에서 제압한 대상어의 경우 낚시인과 대상어의 거리에 비례하여 낚싯대의 세움 정도를 조절하며 제압한다. 무리한 낚싯대 세움은 특정부분에 힘을 집중시켜 자칫 파손의 원인이 되기도 한다.

낮에는 원투, 해거름엔 발밑

제주 벵에돔 포인트 유형별 공략법

홍경일 한국다이와 필드스탭

벵에돔의 메카 제주도 낚시는 시간대별로 두 가지 패턴으로 나뉜다. 낮에 원투하여 노리는 중소형급 낚시, 그리고 해거름에 발밑을 노리는 대물낚시다. 그리고 포인트 유형별로도 낚시패턴이 나뉘는데 얕은 여밭낚시와 깊은 급심낚시다.

제주도로 들떠서 찾아온 낚시인들이 가장 난감해하는 부분이 얕은 수심이다. 수심 깊은 직벽형 갯바위에서 대물 벵에돔과의 파이팅 장면을 연상하고 왔는데, 막상 갯바위에 나가보면 낮에는 멀리까지도 수중여가 거뭇거뭇 보일 만큼 수심 얕은 여밭이 대부분이기 때문이다.
지귀도, 가파도, 차귀도, 마라도 같은 이름난 벵에돔낚시터를 가보면 나지막한 고무보트가 아니면 배를 대기 힘들 정도로 얕은 여밭이 많아 '정말 여기가 벵에돔 포인트가 맞나'하는 생각까지 들 정도다. 특히 남해안의 깊은 섬에서 감성돔낚시만 즐기던 낚시인이라면 더욱 당황하는 부분이다.
물론 제주도에도 발밑부터 15m로 떨어지는 급심 낚시터도 있다. 따라서 제주도 벵에돔낚시를 제대로 즐기려면 포인트 특성에 맞는 낚시요령을 숙지할 필요가 있다.

해거름 대물용 낚싯대 선택

여밭에서는 1.5호 대, 급심에서는 1호 대

릴대는 낚시터 지형에 맞춰 선택하는 게 좋다. 필자의 경우 해거름 여밭에서는 1.5호대를 선호한다. 원줄과 목줄을 모두 3호 이상 쓰기 때문에 그에 맞춰 강한 대를 쓴다. 1호 릴대를 쓰면 벵에돔의 힘에 초반부터 질질 끌려 다닐 때가 많은데 이러면 목줄이 여에 쓸리거나 이빨에 쓸려 터질 수 있다. '융모'라고 불리는 벵에돔의 이빨은 긴꼬리벵에돔의 이빨보다는 부드럽지만 그래도 오랫동안 목줄이 쓸리면 상처를 입는다. 그래서 대물 벵에돔을 걸어 너무 오래 파이팅하면 목줄이 터지는 것이다.
원줄과 목줄이 튼튼한 상태에서 1.5호 릴대를 손에 쥐면 일단 심리적으로도 안정이 돼 맞대응이 가능한데 초반 한두 번의 큰 저항만 견뎌내면 그 이후로는 릴대의 탄력을 이용해 다소 세게 당겨내면 의외로 쉽게 벵에돔이 끌려 나온다.
한편 여쓸림 위험이 작은 급심에서는 낮에 쓰던 1호 릴대를 그냥 사용해도 무리가 없다.

●유형1 : 여밭낚시

원투찌낚시가 강력한 해결사

제주도는 용암이 흘러내리며 굳은 화산섬이라 멀리까지 수심이 얕다. 물이 맑은 제주도의 특성상 얕은 3~4m 수심까지는 바닥이 훤히 보이기 마련이므로 낮에는 큰 벵에돔을 낚아내기 어렵다. 특히 큰 놈일수록 낮에는 깊은 수심에 머물러 있다.
그래서 낮에는 원투찌낚시가 최고의 해결사다. 원투찌낚시란 이름 그대로 채비를 멀리 원투하는 것을 말한다. 구멍찌낚시에서는 보통 20m 거리를 노리지만 제주도의 완경사 여밭지형에서는 최소 35m 이상 채비를 날릴 준비가 돼 있어야 한다.
원투찌낚시를 위해서는 가는 원줄과 무거운 찌가 필수다. 그래서 2호 이하 원줄이 유리하며 실력 좋은 고수들은 1.5호까지도 낮춰 쓰고 있다. 2호와 1.5호 원줄 간의 원투 거리는 5m 이상 차이가 난다. 낮에는 커야 30cm급이므로 1.5호 원줄을 써도 큰 무리는 없다.
찌는 크기에 관계없이 12g 이상의 무거운 게 좋다. 발밑을 노릴 때는 작고 가벼운 찌가 유리하지만 벵에돔의 경계심이 적은 먼 거리를 노리므로 일단 멀리 날려 보낼 수 있는 무거운 찌가 최고다. 찌가 약간 크고 무거워도 입질에는 영향을 미치지 않는 편이다.

밑밥도 찌만큼 원투해야

채비의 원투만큼 중요한 게 밑밥의 원투다. 찌만 멀리 던지고 밑밥이 그곳에 도달하지 못하면 무용지물이기 때문이다. 그래서 제주도에선 밑밥주걱을 길고 탄성이 좋은 걸 사용한다. 샤프트의 길이가 65cm 이상의 제품이 좋고 컵은 티탄 재질이어야 원투 때 밑밥이 잘 떨어져 나간다. 이런 밑밥주걱은 대개 5만원 이상 하는데 성공적인 원투찌낚시를 위해서는 이 정도 비용은 투자해야 한다. 밑밥을 찌 거리만큼 던지지 못하면 벵에돔을 낚을 수 없기 때문이다.

제주 지귀도 등대 밑 포인트에서 벵에돔을 노리고 있는 낚시인들.
사진처럼 수심이 얕고 여가 많은 지형에서 낮에 벵에돔을 노릴 때는 원투찌낚시가 유리하다.

찌에 바로 품질해 잡어와 경합시켜라

벵에돔낚시의 기본은 잡어용 밑밥을 발밑에 뿌려 묶어 놓는 것이지만 원투찌낚시에서는 이 방식에 얽매일 필요는 없다. 오히려 찌 주변에 집요하게 밑밥을 뿌려서 잡어와 벵에돔을 모두 띄워 올려서 먹이경쟁을 시켜야 한다.

입질은 찌가 아닌 초리와 원줄로 감지한다. 멀리 날린 찌는 보이지도 않지만 수면과 비슷한 높이로 잠기는 제로찌들은 멀리서 찌를 보기도 어렵다. 대끝을 주욱- 당기는 입질이 대부분이므로 원줄은 늘 팽팽하게 붙잡고 있는 게 좋다. 이래야만 지속적인 견제가 돼 입질이 잘 들어온다.

밑밥 원투 때는 동조보다 시간차 품질이 유리

여밭 원투찌낚시에서는 밑밥과 채비의 동조에 주력하는 것보다 시간차를 두고 공략하는 게 현실적이다. 예를 들어 밑밥을 먼저 대여섯 주걱 품질한 뒤 그 뒤에 찌를 던져 밑밥을 따라가게 만드는 과정을 반복한다〈그림〉. 직접적인 동조는 안 되지만 이미 밑밥에 반응한 벵에돔 무리들이 중층까지 떠올라 있다가 뒤쪽에서 흘러오는 크릴 미끼를 덮치게 하는 방식이다. 밑밥이 정확한 지점에 떨어지지 않아도 크게 상관은 없다. 그런 먼 곳은 연안에서 워낙 멀어 잡어의 밀도가 낮을뿐더러 부정확한 품질은 오히려 잡어를 분산시켜 놓는 효과를 낸다. 이런 상황에서도 의외로 벵에돔은 미끼를 용케 찾아내 입질하는데 그만큼 먼 곳의 벵에돔은 경계심 없이 활발하게 먹이활동을 하기 때문일 것이다.

해거름에는 발밑을 노려야

해거름이 되면 낮에 멀고 깊은 곳에 은신했던 큰 벵에돔들이 먹이를 찾아 물가로 접근한다. 그런 습성은 얕은 여밭이라고 예외가 아니다. 모든 물고기들이 이런 습성을 갖고 있지만 유독 벵에돔은 해 질 무렵 연안 접근이 활발하고 시간도 정확하게 지킨다. 다만 그 타이밍이 다소 짧다는 게 문제다. 완전히 어두워지기 1~2시간 전부터 큰 씨알의 입질이 시작되지만 대개 30분 사이의 폭발적 입질로 끝이 난다.

해거름에는 공략법도 달라진다. 채비 투척 거리를 10m 이내로 제한한 상태로 입질을 기다리는 것이다. 수심이 약간 깊다면 발밑에 바로 미끼를 붙인다. 잡어 걱정은 할 필요가 없다. 해거름이 되면 점차 잡어가 사라지는데 잡어 성화가 뜸해질 타이밍에 벵에돔 입질이 들이닥치기 때문이다.

채비에도 변화를 줘야 한다. 낮에 원투낚시를 할 때는 가는 원줄과 목줄을 썼다면 해거름에는 3호 원줄에 3호 목줄은 세팅해야 안심이다.

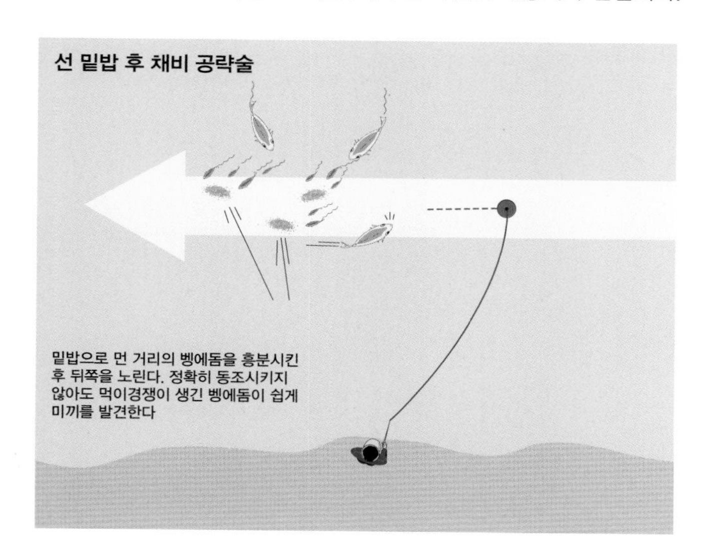

밑밥으로 먼 거리의 벵에돔을 흥분시킨 후 뒤쪽을 노린다. 정확히 동조시키지 않아도 먹이경쟁이 생긴 벵에돔이 쉽게 미끼를 발견한다

선 밑밥 후 채비 공략술

낮에 원투찌낚시로 벵에돔을 낚은 필자.

45cm 내외급 벵에돔을 발밑 여밭에서 걸어내 보면 목줄 곳곳이 쓸려 있는 경우가 대부분이다. 그만큼 발밑에서의 저항이 강렬하다는 얘기다. 바늘도 원투낚시 때 벵에돔 5~6호를 썼다면 해거름에는 7~8호로 크게 쓰는 게 좋다. 즉 해거름낚시는 예민성보다는 강한 채비를 우선적으로 쓰는 게 바람직하다.

●유형2 : 급심낚시

낮에는 멀리 그리고 깊게 노려라

제주도의 급심낚시터로는 우도와 범섬, 섶섬 등지를 꼽을 수 있다. 우도의 큰동산과 작은동산, 범섬과 섶섬의 남쪽 포인트는 발밑 수심이 15m 이상 나올 정도로 깊으며 그 외의 포인트들도 8~10m를 유지하는 곳들이 많다. 이런 섬에선 아무래도 얕은 여밭보다 벵에돔의 입질수심이 깊다.

사실 벵에돔낚시는 여밭낚시보다 급심낚시가 더 어려운 측면이 있다. 여밭에서는 원투낚시라는 강력한 해결사가 있지만 급심 포인트에서는 원투뿐 아니라 깊은 수심도 동시에 공략할 수 있어야 하기 때문이다.

벵에돔 활성이 아주 좋을 때는 수심과 상관없이 벵에돔이 상층까지 부상하므로 띄울낚시 위주로 공략하면 되지만, 대개 급심낚시터에서는 6m 이하 수심을 노릴 때 입질이 활발한 편이다. 그래서 급심에서 효과적인 채비가 전유동이다.

낮에는 봉돌 단 투제로 전유동 추천

필자의 경우 투제로찌를 사용한 전유동을 즐겨 하는 편이다. 투제로찌는 목줄 채비가 수직으로 정렬되면 서서히 잠겨 수면 아래 1m까지 내려간다. 그러나 그 이상부터는 원줄의 저항으로 인해 좀처럼 더 아래로 내려가지는 못한다. 그러나 찌매듭이 없는 전유동 상태이므로 원줄은 아주 천천히 빠져나가게 된다. 그러나 이것만으로는 깊이 내리기에 부족하다. 그래서 필자는 바늘 위 30cm 지점에 G5~G2 봉돌을 달아 채비의 하강 속도를 빠르게 하고 있다. 봉돌을 달지 않았을 때는 깊어야 5~6m층을 노릴 수 있지만 봉돌을 달면 8~9m까지는 쉽게 공략 가능하다.

일단 제로찌 전유동으로 상층을 노려보고 상층에서 입질이 없다면 투제로찌 전유동낚시로 전환해 중층 이하를 노려보는 것이 바람직하다.

해거름에 벵에돔을 낚아내고 있는 낚시인. 해거름은 벵에돔낚시의 최고 피크타임이다.

해거름에도 약간 깊은 곳에서 입질

낮에는 원투찌낚시가 큰 씨알을 만나는 비결이다. 수심은 보통 5~10m 사이를 노릴 때 입질이 활발한 편. 채비는 여밭에서 쓰던 것과 거의 동일하다. 원줄은 2호 이하가 좋은데 필자는 1.6호 원줄을 애용한다. 급심 포인트는 여밭보다 여쓸림 위험이 적기 때문에 1.6호 원줄이면 45cm급 벵에돔도 충분히 끌어낼 수 있다. 목줄 역시 낮에는 2호 이하로 가늘게 쓴다.

해거름에는 벵에돔이 연안 가까이 붙는 것은 동일하다. 그러나 수심 1~2m까지 떠서 무는 경우는 거의 없고 5m 정도로 깊은 수심에서 입질할 때가 많으므로 여밭을 노릴 때보다는 다소 깊은 곳을 노리는 게 낫다.

해거름이 되면 귀찮아도 채비를 교체하는 게 바람직하다. 1.6호 원줄로 45cm 이상급을 상대하기는 다소 불안하기 때문이다. 그러나 2호 원줄을 썼다면 목줄만 3호나 4호로 교체하면 큰 무리 없이 대물을 끌어낼 수 있다. 시간대별 밑밥 품질 요령은 여밭을 노릴 때와 동일하다.

입질 불붙은 벵에돔 타작 비결

협공하세요! 어차피 둘이서도 다 못 잡으니까

다른 낚시인의 포인트를 침범하지 않는 것은 모든 낚시의 미덕이자 예의다. 특히 오랜 시간 물때를 기다리고 애써 밑밥을 던져 만들어놓은 포인트를 침범하는 것은 금기다. 하지만 벵에돔낚시에서는 예외가 필요하다. 벵에돔은 감성돔이나 참돔, 돌돔처럼 깊은 곳에서 무는 고기가 아니므로 한 번 입질이 불붙은 곳에 채비를 제대로만 떨어뜨리면 곧바로 입질을 받을 수 있다. 또 떼로 몰려다니는 놈들이라 옆사람과 부지런히 뽑아내도 쉽게 바닥나지 않는다. 따라서 함께 내린 일행 중 누구라도 먼저 입질을 받게 되면 재빨리 그곳으로 포인트를 옮겨가 협공하는 것이 좋다. 그 경우 밑밥이 분산되지 않아 벵에돔 어군을 더 오래 붙잡아둘 수 있다.

동시에 입질을 받아내고 있는 낚시인들. 벵에돔은 무리를 지어 다니는 고기여서 한 번 입질이 붙을 때 협공해 낚는 게 유리하다.

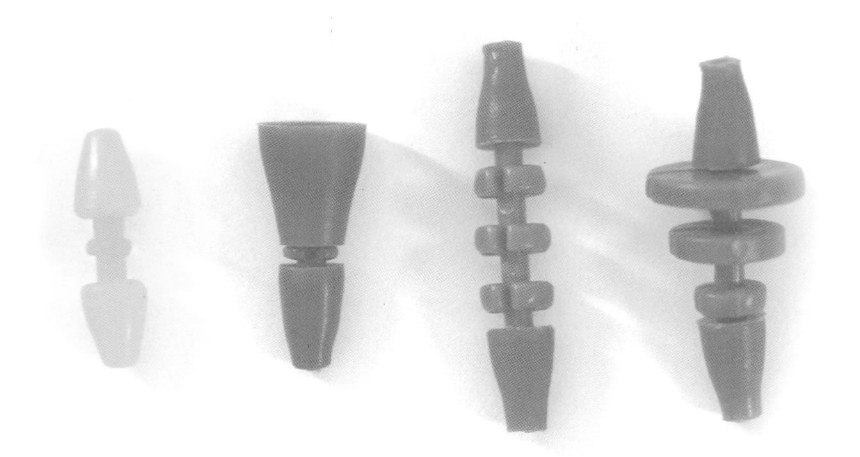

형태와 색상이 다양한 찌멈춤봉. 벵에돔낚시의 필수 소품이다.

마법의 멀티플레이어 소품

찌멈춤봉

찌멈춤봉은 두 개의 쿠션고무 사이에 토막 난 이쑤시개처럼 생긴 플라스틱 봉을 끼운 것이다. 일본말로 '가라만보우'라 불리는데 '걸림을 방지하는 막대기'라는 뜻이다. 그 원래 용도는 원줄의 일정 지점에 고정시켜서 찌가 더 이상 내려오는 것을 막는 스토퍼의 역할이었지만, 점차 그 크기를 키워서 눈에도 잘 보이고 조류도 잘 타게끔 만든 소품으로 변화하고 있다. 그래서 요즘은 '수중쿠션' 또는 '전유동용 수중찌'라고도 불린다.

찌스토퍼와 소형 수중찌 역할 병행

찌멈춤봉은 도래를 사용하지 않는 직결매듭 채비에서 주로 활용된다. 직결채비는 도래가 없기 때문에 찌 밑에 일반 'T'자형 쿠션고무를 쓰면 안 된다(쿠션고무가 직결매듭을 통과해버려 찌가 바늘까지 내려갈 것이다). 그래서 쿠션고무가 매듭을 통과하지 못하도록 두 개의 쿠션고무를 넣고 가운데에 봉을 끼워 원줄에 고정한 것이 곧 찌멈춤봉이다.

초기의 찌멈춤봉은 스토퍼 기능만 수행했기 때문에 투박했다. 그러나 모든 채비가 예민해야 하는 벵에돔 구멍찌낚시에 활용되면서 점차 작고 날씬해졌다. 제로찌낚시가 유행한 초기만 해도 모든 소품은 작고 슬림해야 한다는 고정관념이 있어서 찌멈춤봉도 작고 슬림한 것이 주류를 이뤘다.

그러나 이후 찌멈춤봉은 더 커지고 더 다양한 형태로 변모했다. 찌멈춤봉이 커진 이유는 일종의 어신찌나 수중찌 역할을 주기 위해서다. 벵에돔의 입질이 약할 때 구멍찌는 움직이지 않아도 찌멈춤봉이 빨려드는 것을 보고 챌 수 있다. 그래서 멀리 던져도 찌멈춤봉이 잘 보이도록 크기를 키우고 물속에서 잘 보이도록 오렌지나 연두색의 화려한 형광컬러를 입혔다.

또한 찌멈춤봉은 물속에 들어가면 속조류를 감지하는 수중찌 역할도 병행했다. 그래서 조류를 더 잘 받을 수 있게 부피가 커지고 형태도 다양해졌다. 찌멈춤봉이 갖고 있는 주요 역할은 다음과 같다.

▶제로찌 채비에 세팅한 찌멈춤봉. 속조류 방향 파악, 예신 파악 등 다양한 역할을 수행한다.

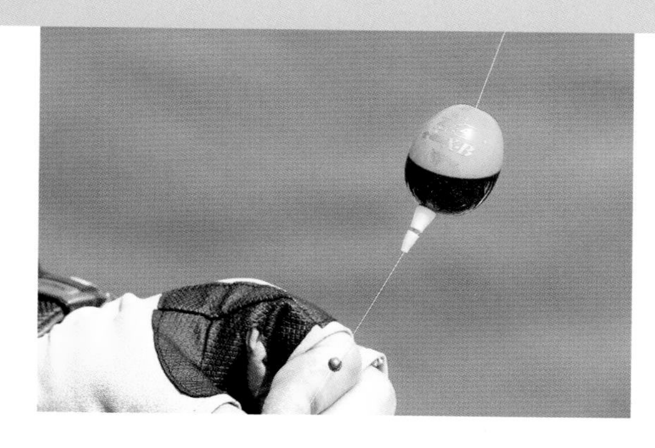

●채비 간 엉킴 방지 – 구멍찌+던질찌, 구멍찌+막대찌 같은 이단찌 채비를 사용할 때 두 찌를 찌멈춤봉으로 떨어뜨려 놓으면 채비 간 엉킴을 막을 수 있다.

●미세한 속조류 파악 – 찌멈춤봉이 가라앉는 각도로 속조류의 방향과 상태(방향, 세기), 채비의 하강속도 등을 알 수 있다. 중량이 무거운 수중찌보다 약한 조류에 민감하게 반응해서 미세한 속조류도 알 수 있다. 속조류 파악엔 조류를 더 잘 받게끔 역삼각형으로 만든 찌멈춤봉이 좋다.

●미약한 입질 파악 – 벵에돔의 입질이 약할 때는 목줄찌는 끌고 들어가는데 구멍찌에는 어신이 전달되지 않을 수 있다는 사실을 벵에돔낚시를 해봤으면 잘 알 것이다. 두 개의 찌멈춤봉을 30cm 간격으로 부착하면 더 깊은 곳의 입질을 파악할 수도 있다.

●찌밑수심 조절–목줄이 손상돼 30cm 정도 잘라냈을 경우 찌멈춤봉을 그만큼 위로 올리면 전체 채비 길이는 원래 상태로 유지할 수 있다. 목줄 손상과 상관없이 깊은 수심을 노리고자 할 때도 30~50cm 찌멈춤봉을 올리면 그만큼 더 깊은 수심까지 빠르게 미끼를 내릴 수 있다. 큰 수심 차는 아니라도 벵에돔낚시에선 입질을 좌우하는 큰 변수로 작용할 때가 많다.

Chapter 6
참돔낚시

참돔낚시 하이테크

고부력 전유동 & 잠길찌

강호철 참돔매니아 운영자, 원더랜드 필드테스터

참돔은 찌낚시로 낚는 도미류 중 가장 거대하여 큰놈은 1m가 넘는다.
그런 대어를 연질의 구멍찌 채비로 낚는다는 것 자체가 스릴이다.
참돔낚시의 매력은 빠른 조류에서 펼쳐지는 시원스러운 패턴과 무시무시한 파워에 있다.
100m가 넘는 먼 거리에서 70~90cm급 참돔을 걸었을 때의 짜릿한 손맛은 경험하지 못한 사람은 알 수가 없다.

◀ 추자도 수영여에서 2호 기울찌 전유동낚시로 참돔을 낚아 올린 필자.

참돔 찌낚시 붐 일다

참돔 찌낚시가 인기를 끈 것은 참돔 개체수가 급증한 2000년도부터다. 그 전에는 여름밤에 원도에서 몇몇 전문꾼들이 야간 찌낚시로 참돔을 낚았고, 더 옛날에는 낙지나 오징어를 미끼로 원투낚시를 해서 참돔을 낚았다. 그러다가 2000년 겨울 추자도에서 대형급 참돔이 마릿수로 낚이면서 추자도가 참돔 찌낚시의 메카로 급부상했고, 거문도와 만재도가 그 뒤를 이었으며, 최근엔 남해동부 원도가 모두 참돔 찌낚시터로 변모했다.

우리나라보다 참돔을 더 좋아하는 일본에서는 참돔을 배낚시 대상어로 분류하고 있으니 갯바위 참돔 구멍찌낚시는 한국에서만 발전한 특별한 장르인 셈이다.

참돔의 생태와 습성

참돔은 생후 1년이면 손바닥 크기로 자라며 4~5년에 35~45cm로 성장한다. 10년이 지나면 60cm 전후로 자라는데 수명은 20~30년으로 알려지며 50년까지 사는 것도 있어 어류 중에서는 매우 장수하는 종의 하나다.

암컷은 체장 33cm, 수컷은 22cm부터 산란에 참여할 수 있다. 3년생이면 약 50%가 어미로 자라고 4년생이 되면 100% 어미가 된다. 참돔의 산란장은 모래, 자갈, 암석이 뒤섞인 곳이다.

참돔은 경계심이 적고 먹이에 대한 욕심이 강한 고기다. 길이가 1m에 육박하는 참돔이 발밑에 붙인 벵에돔 채비에 걸려들거나 수심 6~7m의 여밭에서 낚일 때도 많다. 또 주변 환경 변화에도 둔감해 물색, 바람 등이 달라져도 크게 개의치 않고 입질하는 특성을 갖고 있다. 심지어 적조가 낀 상황에서도 참돔은 낚이는데 그래서 전문 낚시인들 사이에서는 '참돔은 약속을 지킨다'는 얘기가 있을 정도다. 즉 참돔낚시는 물때만 제대로 맞춰 포인트를 선정하면 큰 어려움 없이 입질을 받을 수 있다.

참돔은 미끼의 종류를 크게 가리지 않는 점도 특징이다. 참돔의 배를 갈라보면 낙지, 오징어, 게, 멸치 등 온갖 것들이 들어있다. 그래서 과거 참돔 원투낚시에서는 오징어다리를 미끼로 썼고, 바이브레이션이나 타이라바 같은 루어에도 참돔이 잘 낚인다.

추자군도의 참돔낚시 명소인 큰수영여. 12월부터 5월까지 대형 참돔들이 출몰한다.

4계절 참돔 시즌

▶4~6월 : 대물 시즌(원도는 3~5월)

매년 4~6월에는 추자도, 거문도, 남해동부 원도에서 80cm 이상의 대물 출현이 빈번하다. 이때는 1.75~2호 릴대에 4~5호 원줄과 목줄을 사용해 개인 기록에 도전한다.

▶7~9월 : 낮낚시 소강기

여름이 되면 참돔의 씨알과 마릿수가 갑자기 떨어진다. 밤낚시를 하면 40~50cm까지는 올라오지만 주로 25~30cm급 잔챙이만 낚이는 시기다.

▶10~12월 : 마릿수 시즌

평균 씨알이 40~60cm급까지 굵어지고 마릿수도 좋아진다. 12월에 접어들면 70cm에 육박하는 놈들까지 낚여 감성돔 채비의 목줄을 끊고 줄행랑치는 경우가 많다. 추자도와 거문도에선 12월 말까지 감성돔과 참돔이 함께 낚이며 참돔 조과가 앞서는 경우도 많다.

▶1~3월 : 날마리 대물 시즌

마릿수가 급격히 줄고 굵은 참돔이 낱마리로 올라온다. 수온이 연중 최저치로 떨어지는 시점인만큼 낚시터가 먼 바다 삼부도, 거문도, 추자도로 축소된다.

참돔낚시에서 꼭 알아야 할 두 가지 TIP

▶원줄은 200m짜리를 감아라

참돔낚시는 대부분 본류대낚시다. 보통 80~100m까지 흘려서 낚는 게 일반적이다. 또 15~25m 심층을 노린다. 따라서 150m짜리 원줄을 감으면 130m가 넘는 거리는 공략할 수 없다. 따라서 스풀에는 꼭 200m짜리 원줄을 감아야 한다.

▶원줄과 목줄 호수는 1:1일 때 최고 강도

원줄의 굵기는 4호를 넘지 않는 것이 좋다. 3.5호나 4호 두 가지를 사용한다. 원줄이 굵으면 겉조류와 바람의 영향을 많이 받기 때문에 섬세한 채비 컨트롤이 힘들다. 목줄도 4호나 5호를 많이 사용하는데, 원줄 4호와 목줄 4호. 즉 1:1 밸런스가 최고 강도를 발휘한다.

참돔 포인트의 특징

모든 물고기가 마찬가지겠지만 참돔은 특히 다니는 길목으로만 다닌다. 산에는 산짐승들이 다니는 길이 있듯이 바다에는 물고기가 다니는 길이 있다. 대형급들은 더욱 자신들만의 안전하고 비밀스러운 통로로 이동하는데, 그래서 그 길목을 잘 알고 시기와 물때만 잘 맞춰 공략한다면 어렵지 않게 만날 수 있는 게 참돔이다. 많은 참돔마니아들이 이 시기를 놓치지 않기 위해 출조지와 물때를 계산하고 출조 계획을 세운다.

참돔은 다른 대상어종보다 포인트가 한정적이며 날씨의 영향을 많이 받는 게 흠이다. 대개 본섬에서 떨어진 소규모의 부속여나 큰 섬 중에서도 곶부리 지역이 참돔 포인트로 형성되기 때문에 너울이나 바람에 바로 노출되어 악천후에 취약하다는 단점이 있으며 따라서 안전에도 각별한 주의를 요한다.

참돔낚시 장비

감성돔용 1호 대로도 중소형 참돔은 낚을 수 있다. 그러나 70cm가 넘는 참돔을 타깃으로 한다면 1.5호나 1.75호 릴대가 좋다. 릴은 본류낚시를 감안해 4호 원줄이 200m 감기는 중형 스피닝릴이 필요하다. 참돔낚시엔 LB릴보다 드랙릴이 알맞다. 대형 참돔은 초반 히트 시 순간적으로 차고나가는 힘이 상상을 초월한다. 20~30m를 단번에 차고 나가는데 LB릴로는 그 스피드를 따라잡을 수 없다. 드랙의 조절은 '멀리서 채비를 회수할 때 스풀이 약간 헛돌 정도'로 느슨하게 풀어주는 것

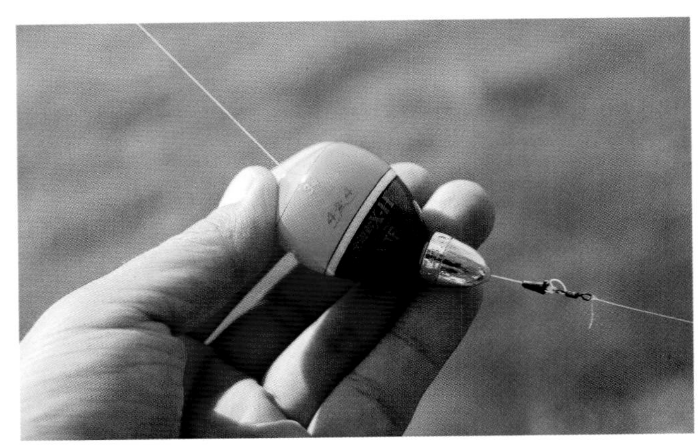

바람이 강해 전유동낚시가 힘들 때 사용하는 3호 반유동채비.

필자의 고부력 전유동채비. 기울찌 특대 아래 1호 봉돌 두 개를 물렸다. 목줄 중간에도 0.5호 봉돌 한두 개를 더 물린다.

이 좋다. 스풀이 강하게 조여진 상태에서는 초반대응에서 드랙이 풀리지 않아 자칫 터뜨릴 수 있기 때문이다.

대물 참돔의 초반질주 시 풀려나가는 원줄이 30m가 넘고, 물속에 들어간 원줄이 20~30m이므로, 150m의 원줄로 안전하게 공략할 수 있는 거리는 70~80m 거리가 한계이며, 200m의 원줄로 공략할 수 있는 거리는 120~130m 정도라고 생각하면 된다. 제대로 된 승부를 보기 위해서는 스풀에 원줄이 얼마 정도 감겨있는지 수시로 확인한 후 스풀에 유지해야 할 최소원줄 40m만 남았을 경우 뒷줄을 잠시 잡고 있다가(이때 입질하는 경우가 많다) 미련 없이 회수하는 것이 좋다.

참돔낚시 채비

① 반유동채비

일반적으로 가장 많이 쓰이는 채비다. 수심과 유속에 맞춰 1.5~3호 구멍찌에 찌밑수심을 10~20m로 조절하여 멀리 흘리거나 깊은 홈통을 노린다. 그러나 이 채비는 쓰기 편하다는 것 외엔 장점이 없어 필자는 거의 사용하지 않는다. 갯바위 지형은 멀리 갈수록 점점 깊어지는데 반유동채비는 찌밑수심이 일정하므로 가까이는 얕게 노리고 멀리는 깊이 노리는 변화를 주기 어렵기 때문이다. 다만 강풍이 불거나 밤낚시를 할 때는 반유동채비를 쓴다.

② 고부력 전유동채비

필자가 애용하는 채비로 본류대의 고활성 참돔을 노리는 채비다. 참돔 포인트는 조류가 빠른 곳이라 일반 저부력 전유동채비로 가라앉히기는 어려우므로 2호 부력의 기울찌(나나메 특대)를 사용한 고부력 전유동낚시를 한다. 전유동은 숙달되는 데 시간은 걸리지만 뒷줄을 잡아서 얕게 노리거나 뒷줄을 풀어서 깊게 노릴 수 있는 등 공략수심을 조절할 수 있어 수시로 변화하는 본류에 빠르게 대응할 수 있다는 것이 최대 장점이다.

기울찌 밑에 쿠션고무를 넣고 쿠션고무 밑에 1호 조개봉돌 2개 세팅, 3m 목줄에 5B와 3B 조개봉돌을 한 개씩 물린다. 바늘은 참돔 10~11호.

참돔낚시용 찌. 왼쪽 두 개는 반유동낚시용 3~4호 구멍찌이고, 오른쪽 두 개는 전유동낚시용 기울찌 특대(약 2호 부력) 사이즈다.

③ 잠길찌채비

바닥층의 저활성 참돔을 노릴 때 사용하는 채비다. 밑밥 효과가 좋아도 대물 참돔은 중층 이상 떠서 입질하는 경우는 좀처럼 드물다. 따라서 중층까지는 반유동으로 채비를 빨리 내린 후 찌매듭이 찌에 걸리면 서서히 하강하는 잠길찌채비로 하층을 집중적으로 공략하면 효과적이다. 그를 위해 도래 아래에 찌의 잔존부력을 상쇄시킬 봉돌을 세팅, 제로상태를 만든 다음, 채비를 끌어내릴 봉돌을 목줄에 더 물려 서서히 찌가 잠기게 하는 채비법이다.

참돔 입질타이밍

참돔낚시는 정확한 입질타이밍이 있어서 그 시간에 집중해야 한다. 입질타이밍을 계산하고 밑밥투척 시간을 배분하여 입질시간대에 집중 공략해야 하는데, 정확히 말하면 입질타이밍이라기보다 '입질 조류'가 나타나는 것이다.

가령 추자도 큰납덕이의 경우 썰물에 주로 참돔낚시를 하지만 들물에도 조류가 횡간도 쪽으로 힘차게 뻗어주면 100m 원거리에서 대물 참돔이 낚인다. 그러나 초들물엔 조류가 그쪽으로 흐르지 않고 중들물이 되어야 횡간도 방향으로 뻗으며 비로소 참돔이 낚인다. 모든 참돔 포인트엔 그런 '입질 조류'가 있어서 그 조류를 놓치지 않는 것이 가장 중요하다.

급류가 흐르는 곳에선 급류가 한 풀 죽는 시점이 찬스다. 가령 추자도 수영여나 오동여, 두렁여 같은 급류에서는 전유동 채비에 1호 조개봉돌을 최고 네 개까지 채워도 내리기 힘들다. 그때는 조류가 죽을 때까지 낚시를 쉬어야 한다. 경험상 최고 좋은 조류는 원줄에 1호 봉돌을 두 개나 세 개 달았을 때 50m에서 100m쯤 흘러가서 입질 받는 상황이다. 급류가 형성되는 곳이라도 두세 시간은 조류가 한 풀 꺾이는데 그때 참돔이 입질한다.

직선으로 흐르던 찌가 꺾이는 지점이 히트존

조류가 계속 직선으로만 세차게 흘러가면 좋지 않다. 어느 정도 흘러가다 잠시 조류가 멈추는 훈수지역이 생겨야 하는데, 너무 가깝거나 멀어도 좋지 않고 70~100m 거리에 형성되면 좋다. 훈수지역에 이르면 찌가 느려지면서 좌 또는 우로 꺾이며 흐르는데 그곳에서 입질을 받는다. 조류를 타고 흘러가던 크릴들도 그곳에 모여 참돔 어군이 집결되는 것이다. 한편 조류가 느릴 땐 수중찌를 사용한다. 조류가 약해지면 1호 봉돌 대신 1호 수중찌로 바꾸는데 수중찌는 조류를 받기 위한 목적으로 사용하므로 빅 사이즈가 좋다. 빅 수중찌는 봉돌보다 천천히 내려가기 때문에 조류가 완만할 때 효과적이다.

필자의 참돔 채비

채비 ①번과 ②번은 추자도에서 가장 많이 쓰는 전유동채비이며, ③과 ④는 잠길찌채비다.
①번이 가장 많이 애용하는 채비로 추자 본류대낚시의 기본 채비라 할 수 있다. 조류가 빠르고 수심이 깊은 지역에서 주로 사용하며 조류의 방향이 횡조류가 아닌 직선조류 즉 발 앞에서 거의 일자 형태로 진행될 때 사용하기 때문에 컨트롤을 하기 쉽다는 장점이 있다. 조류의 세기에 따라 조개봉돌을 가감해가며 대응하면 된다.
②번은 조류가 완만한 지역에서 사용하는 채비로 조류의 방향이 횡조류에 가까운 상황일 때 효과를 볼 수 있는 채비다. 특히 조류가 완만하고 본류대가 멀리서 형성되는 곳에서 사용하면 효과적이다.
③번은 잠길찌채비로 처음 내려보는 곳이나 입질 수심을 모를 경우에 주로 사용하는데 의외로 효과가 좋다. 바닥수심이 20m일 경우에 찌매듭을 15m에 맞춘 뒤 어신찌가 찌매듭에 닿으면 그때부터 서서히 내려가기 시작하며 입질층을 찾아가게 만든다. 2호 어신찌에 수중봉돌을 조류 속도에 따라 2.5호에서 3호 정도 사용한다.
④번은 잠길찌 변형채비다. 완만한 조류가 흐르고 본류대가 포인트에서 먼 곳에서 형성될 때 주로 사용하는 채비다. 무거운 채비의 경우 완만한 조류를 타지 못하고 발 앞으로 밀려들어오기 십상이지만 이 채비는 착수 후 곧바로 어신찌가 잠겨들어 조류를 찾아가는 형태이므로 완만한 조류를 잘 타고 원하는 지점으로 채비를 흘려보낼 수 있는 장점이 있다. 목줄의 봉돌은 보통 3B 1개와 2B 1개를 분납해서 세팅하며 조류의 속도에 따라 가감한다.

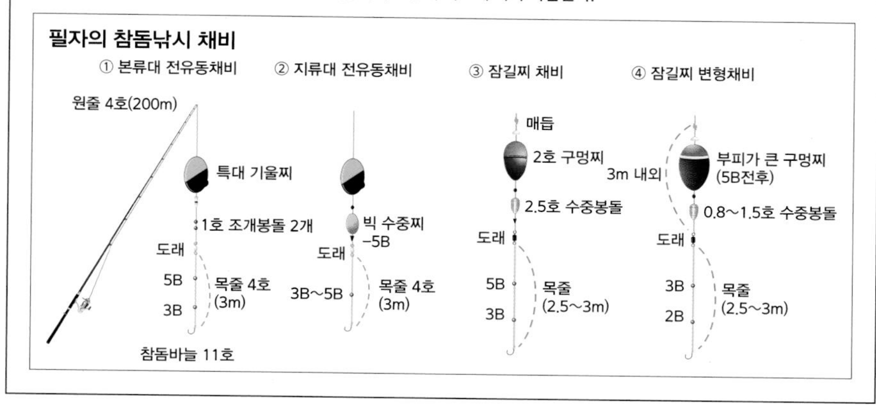

밑밥 운용

참돔낚시 특히 본류대낚시에서 밑밥이 차지하는 비중은 대단하다. 참돔낚시는 '밑밥낚시'라 해도 과언이 아니다. 대체로 참돔낚시는 감성돔낚시나 벵에돔낚시보다 두 배 이상의 밑밥이 소모된다. 필자는 집어제를 섞어서 비빈 밑밥을 밑밥통에 준비하고, 따로 크릴을 박스째 들고 간다. 집어제를 섞어 비빈 밑밥은 비상용으로, 조류가 갯바위에서 약간 멀리서 형성된다든지 밑밥을 약간 멀리 투척해야 할 상황에서 사용하고, 갯바위 바로 앞으로 본류가 받히는 지역에서는 잘 녹은 맨크릴만 사용한다. 동료와 둘이서 낚시를 할 경우 둘이 합쳐서 2박스 또는 3박스까지도 사용한다.
참돔은 본류대낚시의 경우 집어시간이 다른 대상어보다 길다. 짧게는 1시간, 길게는 3~4시간 걸릴 때도 많다. 필자의 경우 본류대 참돔낚시를 할 경우 참돔 전용으로 출시된 큰 주걱과 일반적인 주걱 2개를 꼭 지참한다. 초기 집어 후 첫 입질을 받기 전까지 참돔전용 큰 주걱으로 밑밥을 뿌려주고 첫 입질을 받고 나면 그때부터는 감성돔 주걱으로 밑밥 띠만 끊어지지 않게 소량씩만 뿌려준다.
보통 본인이 가지고 간 밑밥을 10이라고 가정한다면 초기 품질에서 첫 입질을 받을 때까지 투여되는 밑밥은 5 정도가 적당하다. 전체 밑밥 중에 50% 정도를 초기집어용으로 사용한다는 얘기다. 따라서 낚시할 포인트가 초들물 포인트인지 아니면 중들물 포인트인지 어느 정도 알고 들어가는 것은 기본이다. 거기에 맞춰 밑밥을 사용하면 훨씬 유리하다. 초기집어가 시작되었다고 판단된 이후부터는 소량씩 밑밥 띠만 끊어지지 않도록 감질나게 뿌려주어야 참돔의 먹이경쟁이 발생해 마릿수 입질을 받을 수 있다.

전유동채비의 수심조절 요령

전유동낚시에서 조류를 타고 흘러가는 내 채비의 수심층을 어떻게 파악할 수 있을까? 정확한 수심층 파악은 어렵다. 다만 경험상 중층(12~13m), 중하층(15~18m), 바닥층(18~20m) 정도로 나눠 알 수 있다. 참돔이 아무리 부상한다고 해도 중층 이상으로는 떠오르지 않고 또 아무리 웅크려도 완전히 바닥에서 물지는 않는다. 조류 속도와 공략 거리에 따라 채비에 적절하게 조개봉돌을 달아 내가 공략할 수심층을 조절한다.
채비를 내리면 밑걸림부터 먼저 파악한다. 밑걸림이 발생하면 흐르던 찌가 똑바로 서거나 좌우로 흔들린다. 밑걸림이 자주 발생한다면 원줄에 다는 봉돌을 줄이고, 밑걸림이 생기지 않는다면 더 달아준다. 만약 참돔이 낚일만한 훈수지대가 80m 거리에서 형성된다면 대략 60m 지점에서 밑걸림이 발생할 수 있도록 조절한다. 조절하는 방법은 조개봉돌 가감과 뒷줄 조작으로 한다. 밑걸림이 발생하면 일단 낚싯대를 들어 채비를 쭉 뽑아 올린 뒤 다시 흘려주기 시작한다. 바닥권을 노린다면 뽑아 올리는 폭을 짧게, 중하층을 노린다면 뽑아 올리는 폭을 넓게 해서 채비를 띄우면 되는데, 나머지는 뒷줄 견제 동작으로 수심층을 찾아가게 만든다. 숙달되면 조류 속도와 포인트 수심층만 알면 굳이 밑걸림 확인 없이도 조개봉돌과 뒷줄 조작만으로 공략이 가능하다.

대물과의 파이팅 요령

대물 참돔이 걸리면 최대한 높은 지점에서 승부하는 것이 유리하다. 원줄의 각도를 높이기 위함이다. 히트 후 대형급이 차고 나갈 때에는 초반에 바닥으로 깔려 차고 나가는 경우가 많은데 주변에 여가 있을 경우 원줄의 각도가 낮다면 원줄이 여에 스칠 확률이 높아 터트리기 십상이다.
입질 예상 지점부터는 원줄을 최대한 팽팽하게 해서 입질이 바로 전달될 수 있도록 준비가 되어 있어야 한다. 원줄이 빠르게 풀려나가는 어신이 느껴지면 순간적으로 베일을 닫고 낚싯대를 쥔 반대편 손으로 릴 스풀이 돌아가지 않게 잡은 후, 챔질을 한 후에 스풀을 잡고 있던 손을 놓아서 자연스럽게 라인이 풀려갈 수 있도록 해준다.
차고나가던 대상어가 잠시 주춤하면 본격적

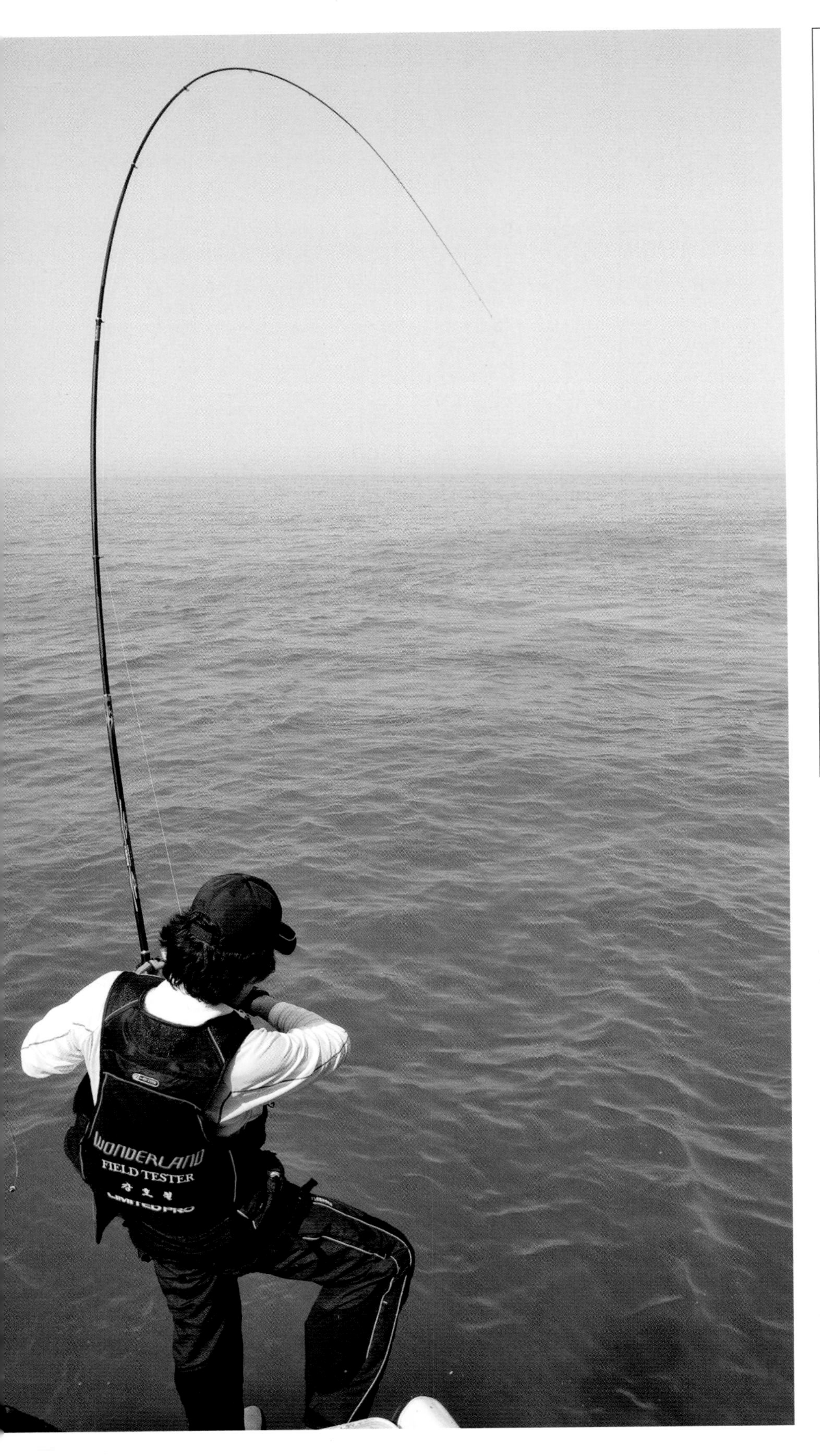

참돔 팔팔하게 살리는 법
부레에 찬 공기 빼주라

갯바위에서 낚은 참돔을 철수 직전까지 살려두려면 살림망에 넣는 것보다 꿰미에 꿰어 두는 것이 좋다. 큰 참돔은 살림망에 들어가지도 않고 어렵사리 살림망에 넣으면 잘 움직이지 못해 죽어버리는 경우가 많다.
그리고 참돔이 꿰미에 꿰어진 상태로 깊이 내려갈 수 있게끔 부레에 찬 공기를 빼주어야 한다. 참돔은 깊은 수심에서 갑자기 끌려 올라오면 수압 차이로 인해 부레가 부풀어 올라 허연 배를 위로 하고 둥둥 뒤집힌 채 유영하게 되는데, 그 상태로는 오래 살지 못하므로 반드시 날카로운 대롱으로 부레의 공기를 빼줘야 한다.
이때 대롱으로 찔러 공기를 빼는 방법은, 항문으로 찔러 넣는 방법과 가슴지느러미 아래를 찔러 부레에 찬 공기를 빼는 방법이 있는데, 가슴지느러미 아래를 찌르는 것이 좋다. 항문으로 찌르게 되면 부레에 닿기 전에 장기를 손상시켜 참돔에게 치명상을 입힐 수 있다.
바람 빼는 도구로는 주사기보다 속이 비어 있는 낚싯대 초리를 잘라서 들고 다니면 좋다. 끝을 날카롭게 갈아내면 쉽게 찌를 수 있고 바람이 빠지는 것을 확실하게 알 수 있다. 부레를 찌르면 "피시시"하고 공기가 빠지는 소리가 들린다. 이렇게 부레의 공기를 빼면 참돔이 잘 가라앉아서 철수할 때까지 살려둘 수 있다.

가슴지느러미 밑을 대롱으로 찔러
부레에 찬 공기를 빼주고 있다.

◀ 참돔을 히트한 필자의 파이팅.
강한 조류에 편승한 대물 참돔의 파워는 상상을 초월한다.

으로 릴링을 시작한다. 릴링은 낚싯대를 숙이고 하는 것이 아니라 릴링을 하면서 낚싯대를 숙여주는 것이 좋다. 이때 너무 낚싯대를 숙이지 말고 어느 정도 각도까지만 숙이고 릴링을 해주어야 대의 탄력이 살아남아서 줄이 터지지 않는다. 파이팅 시 이상적인 낚싯대 각도는 60~70도다.
릴링을 하는 과정에서 참돔이 심하게 저항하거나 다시 차고 나갈 때는 낚싯대를 세운 상태에서 자연스럽게 스풀을 붙잡고 있는 손을 놓아주면 된다. 참돔은 벵에돔, 돌돔과 달라서 위협감을 느꼈을 때도 여 사이에 자기 몸을 숨기려는 습성을 보이지 않는다. 차고 나가는 방향이 불운하게도 여밭인 경우를 제외하고는 목줄이 여에 쓸려 터질 위험은 적은 것이다. 그러므로 빨리 끌어내려고 서두는 건 금물. 최대 10분까지 싸운다고 생각하고 서서히 힘을 빼야 한다. 대개 70cm급은 5분 파이팅에 올라오고 90cm급은 10분 정도 걸린다.

품질 효과 100%에 도전

참돔 밑밥 사용법

선상찌낚시의 밑밥 품질법을 갯바위낚시에 차용한 예.
냉동된 크릴을 살림망에 넣어 물속에 담가두면 크릴이 천천히 녹으면서 자연스럽게 흘러나간다.

원투용은 집어제 섞는다

참돔낚시에서도 본류대를 직접 노리는 것보다 지류대를 노리는 경우가 많은데, 그때 밑밥 품질법은 감성돔낚시와 거의 같다. 지류라도 참돔 포인트는 조류가 빠르므로 밑밥을 뿌릴 때 투척지점을 잘 잡는 것이 중요하다. 특히 원도같이 조류가 복잡하게 흐르고 수심이 깊은 곳은 밑밥을 잘못 뿌리면 엉뚱한 곳으로 흘러가버리므로 뿌릴 자리를 신중하게 선택해야 한다.
조류가 빠를 땐 크릴을 본류에 뿌리지 말고 발밑의 와류대에 뿌려서 어느 정도 가라앉은 다음 본류로 말려들게 해야 밑밥의 손실이 적고 밑밥띠가 너무 멀리 흘러가지 않는다. 조류가 너무 강할 때는 밑밥의 효과를 기대하기 어렵고 또 급류에선 참돔이 잘 낚이지 않기 때문에 조류가 약간 죽을 때까지 기다리는 것이 현명한 방법이다.
조류가 약하다면 집어제를 많이 섞어서 멀리 뿌려준다. 단, 밑밥이 길게 띠를 형성하도록 부지런히 뿌리는 것을 잊지 말아야 한다. 밑밥이 최종적으로 도달해야 할 곳은 타깃으로 삼은 지점이다. 그러므로 조류가 타깃의 방향으로 흐를 때 집중적으로 밑밥을 뿌리고 조류가 너무 강하거나 약해지면 밑밥을 뿌리는 템포를 늦추는 것이 좋다.
참돔낚시에서 집어제는 원투가 필요할 때 많이 쓰기 때문에 점성이 높은 건식 집어제를 많이 쓴다. 건식은 물을 많이 흡수하기 때문에 밑밥을 단단하게 갤 수 있고 바닷물을 약간씩 부으며 점도를 조절하기 용이하다. 근거리를 노리는 낚시에서는 감성돔낚시용 습식 집어제를 사용해도 된다.

본류낚시에선 맨크릴만 뿌린다

본류가 스쳐 흐르는 곶부리에선 밑밥을 발밑에만 뿌려서 계속 흘려보내는데 그때는 집어제를 섞을 필요 없이 맨크릴만 뿌려준다. 맨크릴은 자연스럽게 가라앉아 시각적인 효과를 잘 살릴 수 있다. 집어제와 섞는 과정을 생략하기 때문에 크릴의 상태를 원형 그대로 유지할 수 있을 뿐만 아니라 물기를 집어제에 뺏기지 않아서 조금 더 빨리 가라앉는다. 물기가 없는 건식 집어제를 크릴에 섞을 경우 크릴의 물기를 집어제가 흡수하면서 크릴 자체의 비중이 낮아져 집어제를 섞지 않았을 때보다 더 천천히 가라앉는다. 시간이 지나 밑밥의 수분이 더 날아가면 밑밥은 더 천천히 가라앉게 되므로 크릴을 빨리 가라앉힐 생각이라면 처음부터 집어제를 섞지 않는 것이 좋다. 그리고 참돔낚시는 주로 조류가 빠른 곳에서 이뤄지는 만큼 크릴에 집어제를 섞어도 강한 조류에 집어제가 금방 풀어져버리기 때문에 집어제를 쓰나마나한 경우도 많다.
물론 맨크릴만 뿌릴 수 있는 포인트는 제한적이다. 조류가 가까이 붙어서 흘러야 하기 때문이다. 그런데 대개 참돔 포인트는 빠른 본류가 근접해서 흐르므로 밑밥을 원투할 필요가 없는 곳이 80%에 달하고, 그래서 맨크릴 밑밥이 자주 쓰이는 것이다. 만약 포인트 앞으로 조류가 흐르지 않고 포인트에서 멀리 떨어져 흐른다면 크릴을 멀리 던지기 위해서 반드시 집어제를 섞어야 한다.

언 크릴을 살림망에 담아 매달아두는 것도 효과적

밑밥으로 크릴만 뿌릴 때는 크릴의 상태를 잘 살펴 봐야 한다. 크릴이 녹은 지 오래 돼 물기가 빠져버린 것들은 크릴의 껍질 속으로 공기가 들어가 물에 뜨므로 밑밥으로 쓰기에 적당하지 않고 크릴이 너무 작거나 가공 상태가 불량해 이미 크릴 속에 공기가 들어가 있는 저급 크릴도 물에 뜨므로 쓰지 말아야 한다. 제대로 가라앉지 않는 크릴은 죄다 잡어의 밥이 된다.
그래서 냉동된 크릴을 그대로 갯바위로 가져가 녹지 않은 상태로 살림망에 두세 개씩 넣어 바다에 던져 넣기도 한다. 그렇게 하면 크릴이 해수에 천천히 녹으면서 살림망의 구멍으로 빠져나가며 자연스럽게 밑밥띠를 형성하는 효과를 볼 수 있다. 선상찌낚시용 밑밥 사용법을 갯바위에서 쓰는 식이라 할 수 있다.
참돔은 부상력이 강하여 수중에 떠다니는 크릴에 쉽게 집어되는데, 그것은 바닥에 가라앉은 밑밥에 집어되는 감성돔과 차이점이다. 참돔은 띄워 낚아야 낚시하기도 쉽고 조과도 더 좋다. 참돔이 밑밥에 잘 유혹된다는 근거는 한 번 입질을 시작한 참돔들이 밑밥을 따라 들어오면서 입질지점이 점점 가까워지는 것에서도 알 수 있다.

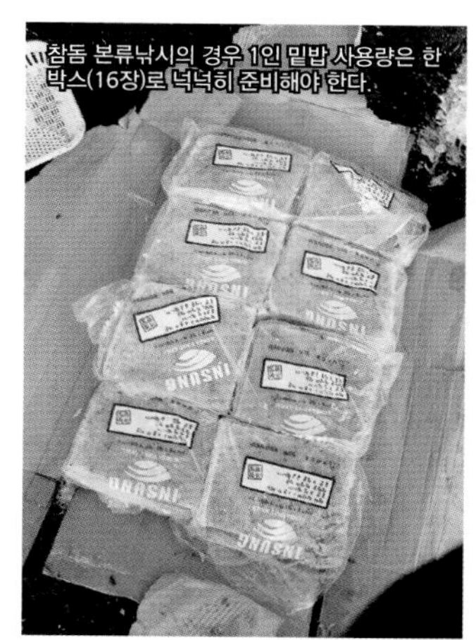
참돔 본류낚시의 경우 1인 밑밥 사용량은 한 박스(16장)로 넉넉히 준비해야 한다.

집어제 없이 맨크릴만 밑밥으로 준비하고 있다.

참돔낚시의 최강수

본류대낚시

이택상 시마노 필드테스터

본류는 들물, 썰물이 일정한 방향성을 갖고 6시간 동안 지속적으로 흐르는 흐름이다. 만입부에선 본류대를 만나기가 쉽지 않으나 곶부리나 섬에서 떨어진 여에 오르면 본류대를 이용해 낚시하게 된다. 본류의 가장 큰 장점은 강하고 지속적인 흐름을 이용하여 갯바위에서 수십m 이상 떨어진 먼 거리를 회유하는 큰 고기들을 밑밥으로 불러들일 수 있다는 것인데, 그런 본류낚시가 가장 잘 먹히는 어종이 바로 참돔이다.

만재도 큰간여에서 썰물 본류대를 노려 80cm 참돔을 낚은 필자. 찌밑수심은 18m.

본류낚시용 찌

참돔 본류낚시에선 투박하게 보일 만큼 크고 여부력이 센 찌를 많이 쓴다. 그 이유는 본류가 흐르는 거리까지 채비를 던지기 위한 목적이 가장 크다. 나는 참돔낚시 때 보통 3~5호 구멍찌를 쓴다. 찌의 메이커는 크게 따지지 않으며 대신 크기와 무게를 중요시한다. 일단 참돔용 찌는 무거워야 한다. 먼 거리에서 흐르는 본류를 직공하기 위해선 40m까지 던질 수 있어야 한다.

대다수 낚시인은 갯바위에서 20m 안쪽의 가까운 곳만 노리다가 조류가 움직이지 않으면 낚시를 쉰다. 조류가 멈췄다는 이유에서다. 그러나 더 멀리 노리면 조류는 여전히 흐를 때가 많다. 이런 곳을 노린다면 여전히 참돔 입질을 받을 수 있으므로 무거운 찌가 필요한 것이다.

배를 타고 선상찌낚시를 해보면 갯바위에서 찌낚시로는 공략하기 어려운 40~50m 지점이 선상찌낚시의 명당인데, 연안에는 조류가 흐르지 않아도 선상찌낚시 포인트에서는 여전히 조류가 잘 흐를 때가 많다. 바로 그런 곳을 노리기 위해 크고 무거운 찌를 선호한다.

참돔찌는 예민할 필요 없다

찌가 크고 잔존부력이 세면 입질이 예민한 상황에서 불리하지만 참돔낚시에서는 예민한 입질은 거의 없다. 본류처럼 조류가 원활하게 흐르는 상황이라면 십중팔구는 찌를 총알처럼 가져가는 게 참돔이다. 참돔의 배를 갈라보면 작은 물고기와 게 같은 갑각류가 많고 그 중 많은 게

참돔 본류낚시용 고부력 반유동채비. 크고 무거운 3~5호 구멍찌에 3~5호 수중봉돌을 세팅한다.

낙지다. 낙지는 크기도 하지만 갯바위에 한 번 붙으면 좀처럼 떼어내기 힘들다. 그런 낙지를 참돔은 단숨에 떼어 먹는다. 그만큼 공격적으로 미끼를 공격한다는 증거다. 바늘에 달린 크릴도 마찬가지일 것이다.
한편으로는 오히려 찌가 크고 여부력이 많다보니 참돔이 공격적으로 찌를 끌고 들어간다는 생각도 한다. 제로찌처럼 잔존부력이 전혀 없다면 찌가 천천히 잠기겠지만 고부력찌의 잔존부력에 의해 이물감이 느껴지니까 경계심을 느껴 물고 내뺄 수 있다. 주로 바닥권에서 입질을 받는 감성돔은 미끼를 물었다 놨다 하는 행동을 보이지만 높이 떠올라 미끼를 입에 넣은 뒤 은신처로 내빼는 참돔에게서 예민한 입질은 만나기 어렵다.

잔잔한 지류에서도 큰 찌가 필요한 이유

본류대가 너무 멀리 형성돼 무거운 찌로도 노릴 수 없다면? 본류의 언저리에 형성되는 지류에 채비를 태워 본류 쪽으로 흘려보내면 된다. 본류 옆에는 항상 지류라고 하는 언저리 조류가 있다. 특히 지형이 안쪽으로 들어온 홈통일 경우에는 거의 예외 없이 지류가 생겨나는데 본류로 끌려들어가는 지류에 채비를 태우면 쉽게 본류대 공략이 가능하다.〈그림1〉 그러나 이때 역시 너무 작거나 가벼운 찌를 쓰면 본류대까지 채비를 보내기 어렵다. 원줄이 복잡한 조류에 휘말리면서 찌를 당기게 돼 가벼운 찌는 본류로 뻗지 못하고 원줄에 끌려오기 때문이다.

〈그림1〉지류를 이용한 본류대 공략

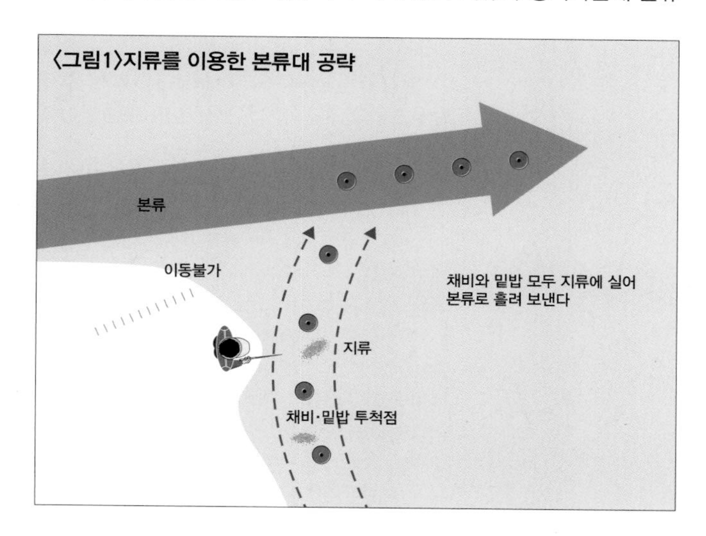

낚싯바늘의 중요성

본류대 참돔낚시는 입질을 근거리에서 받는 게 아니고 대부분 원줄이 70m 이상 풀려나가 입질을 받는 경우가 많기 때문에 바늘의 크기도 중요하다. 즉 70m 이상 원줄이 풀려서 입질을 받기 때문에 찌를 보고 챔질을 하기도 하지만 그 이상 먼 거리에서는 거의 원줄로 입질을 파악하는 경우가 많다. 그렇기 때문에 낚시인이 정확하게 챔질을 한다고 표현하기보다는 그저 참돔이 미끼를 물고 도망가는 상황에서 낚싯대를 세워 도망가는 참돔을 저지하는 역할밖에 안 된다. 그래서 바늘이 작으면 참돔의 입속에 들어갔다가 나오면서 걸리는 바늘의 각이 작기 때문에 덜커덕하고 걸렸다가 빠지는 경우가 허다하다. 본류낚시용 바늘은 지류대에서 낚시할 때보다 크게 사용하는 것이 유리하다.

밑밥은 지류에 90%, 본류에는 10%만 품질

참돔낚시의 밑밥은 본류에 60%, 지류에 40% 정도를 품질한다. 이런 식으로 품질하면 밑밥띠가 끊이지 않고 계속 유지되는 장점이 있다. 그

〈그림2〉조류 세기별 밑밥 품질 비율

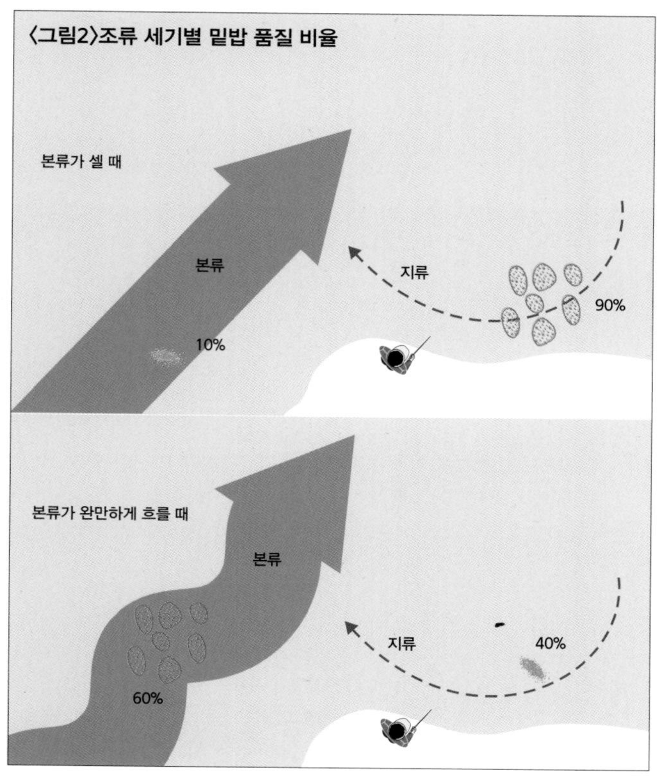

러나 본류가 세차게 흐른다면 본류에는 10%만 품질하고 90%는 지류에 품질하는 게 좋다. 너무 센 본류에 바로 품질하면 밑밥이 금방 흘러가버리므로 밑밥띠를 계속 유지하려면 품질도 그만큼 자주 해줘야 한다.〈그림2〉 이 경우에는 밑밥도 많이 소모되고 잠시만 품질을 쉬어도 밑밥띠가 단절되는 단점이 생긴다. 이때 느린 지류에 품질하면 밑밥을 품은 지류가 느리게 본류와 합류되면서 밑밥띠가 꾸준하게 이어진다.

찌밑수심 조절보다 밑밥 동조에 주력하라

나는 5000번 릴에 4호 원줄은 200m, 3호 원줄은 270m를 감아 낚시한다. 이렇게 많은 원줄을 감아 쓰는 이유는 원줄 길이만큼 먼 곳까지 채비를 흘려주기 위해서다. 그런데 많은 낚시인들이 채비가 60~80m 흘러가면 걷어 들인다. 채비가 멀리 흘러갈수록 최초에 맞춤해 놓은 수심보다 너무 깊어지므로 입질 받기 어렵다는 판단을 하는 것 같다. 그러나 내 생각은 다르다. 참돔은 수온이 12도 이상만 되면 바닥에서 10m 이상 떠올라 밑밥을 주워 먹는다. 따라서 밑밥만 충분히 들어가면 실제 수심은 30m라도 찌밑수심 20m에서 입질을 받아낼 수 있다. 본류대낚시에서 찌가 시원스럽게 사라지는 것 역시 높게 떠오른 참돔이 미끼를 물고 본래 은신처로 돌아가기 때문이다. 참돔낚시는 아무리 수심이 깊은 곳에서도 20m 정도만 노린다면 입질을 받아낼 수 있다. 따라서 채비가 멀리 흘러갔다고 해서 찌밑수심 조절에 너무 민감해질 필요는 없다. 그보다는 밑밥과 미끼를 동조시키는 과정에 주력하는 게 바람직하다.

조류 약할 때는 잠길낚시가 효과적

그러나 늘 3호나 4호 같은 고부력찌를 쓰는 것은 아니다. 조류가 약할 땐 고부력채비가 맞지 않다. 참돔낚시에서 가장 중요한 것은 미끼의 활발한 움직임이다. 유독 참돔은 움직이는 미끼에 반응이 빠르고 격렬하게 달려든다. 농어를 낚기 위해 던진 루어에 참돔이 자주 물고 늘어지는 게 좋은 예다. 그래서 조류가 느려지면 찌의 호수도 낮춰주는 게 좋다.

나는 조류가 어린 아이 걸음마 속도로 느려지면 과감하게 B 찌로 교체한다. 그리고 목줄에 B 봉돌 2개를 나눠 달아 목적한 수심에 찌매듭이 걸리면 서서히 가라앉게 만든다. B찌를 사용해 수심 15~20m까지 미끼를 내리면 원줄과 목줄이 속조류에 자연스럽게 밀리면서 미끼가 큰 폭으로 나풀댄다. 이 모습을 보고 움직임이 둔해진 참돔이 달려든다. 반면 같은 상황에서 3호 찌를 사용하면 확실히 입질은 뜸하다. 따라서 조류가 느려질수록 채비는 가볍게 쓰는 게 좋다. 가끔씩 원줄을 당겨 입질을 유도하는 동작을 섞어주는 것도 좋은 방법이다.

〈그림3〉조류 변화에 따른 본류낚시 시뮬레이션

⑦ 끝썰물
⑥ 중썰물
⑤ 초썰물
④ 만조
③ 끝들물
② 중들물
① 초들물

멀리 흐르는 본류대까지 찌를 원투하고 있다. 참돔낚시에선 본류가 갯바위에서 멀어질 경우 무거운 찌를 달아 본류까지 던져줘야 한다.

조류 변화에 따른 본류대낚시 시뮬레이션

들물 본류대가 흐른다고 해서 6시간 동안 한 방향으로만 흐르지는 않는다. 초들물과 중들물 끝들물의 방향이 다르며, 그것은 썰물도 마찬가지다. 그런 조류 변화에 대처하는 본류대낚시 요령을 알아보자.

〈그림3〉의 ①은 초들물 상황이다. 본류대가 갯바위에 바짝 붙어서 가기 때문에 이 경우에는 밑밥도 발앞에 주고 채비도 밑밥에 맞춰 원투하면 된다. ②는 중들물인데 초들물보다 유속이 세다. 그렇기 때문에 찌도 조금 더 고부력으로 바꿔야 되고 입질 포인트도 많이 멀어진다. 또 본류대가 갯바위에서 많이 멀어지는 경우가 많기 때문에 본류대까지 찌를 원투해야 된다.

③은 끝들물 상황이다. 거의 만조가 가까워지는 상황이다. 만약에 초들물 중들물에 입질을 받지 못했다면 반드시 신경을 써서 입질을 노려볼만한 찬스다. 본류대가 약해지는 시기이기 때문에 멀리서 입질이 들어올 수도 있지만 대부분의 경우는 참돔들이 아주 가까이 들어와서 찌매듭이 닿음과 동시에 입질이 들어오

는 경우가 많기 때문에 긴장해서 낚시해야 한다.

④와 ⑤는 만조에서 초썰물로 바뀌는 상황이다. 들물에 입질을 받지 못했다면 참돔의 입질을 받을 수 있는 아주 좋은 찬스이다. 물돌이시각이라 본류도 그렇게 세지 않기 때문에 근거리에서 입질이 들어오는 경우가 많고 낚이면 씨알도 굵은 편이다.

⑥의 경우는 중썰물이므로 ②의 중들물과 마찬가지다. ⑦은 끝썰물로서 ③의 끝들물과 마찬가지다.

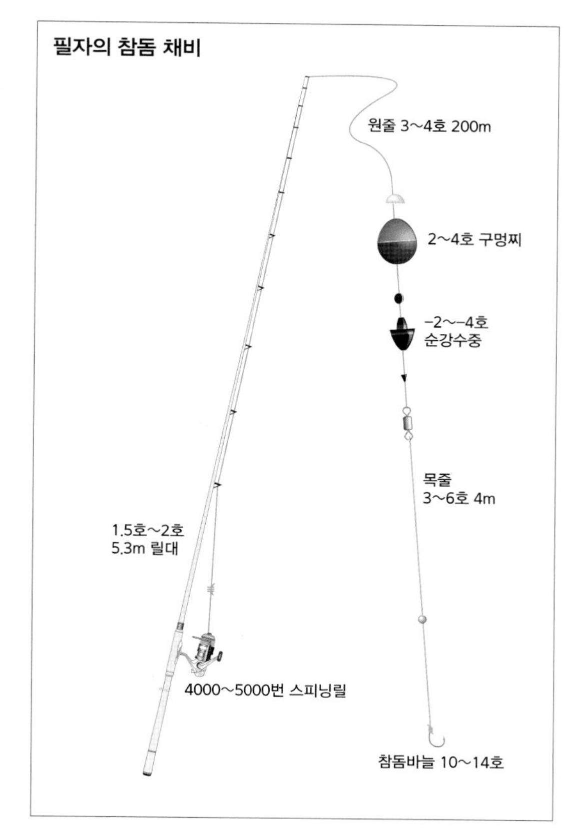

조류가 완전히 죽으면?

참돔은 조류가 흐르지 않으면 깊은 수심의 큰 바위나 협곡 부근에 붙어 휴식을 취한다고 한다. 그래서인지 조류가 멈추면 참돔 입질도 뚝 끊긴다. 그런데 입질이 뚝 끊기는 유력한 원인은 조류가 멈추면서 참돔을 불러들이는 밑밥띠도 끊기기 때문이다. 참돔은 떼를 지어 회유하는 고기여서 집어제인 밑밥띠가 끊기면 포인트로 불러들이기는 불가능하다. 따라서 조류가 멈추면 잠시 낚시를 쉬면서 조류가 살아날 때를 기다리는 게 현명한 방법이다.

단 조류가 멈췄다고 아예 밑밥 품질까지 멈추는 건 좋지 않다. 30분을 쉬더라도 5분에 한 번씩 네다섯 주걱 이상 밑밥을 던져 넣는 습관을 들이자. 그러면 조류가 다시 살아남과 동시에 참돔이 포인트로 몰려올 확률이 높아진다. 조류가 멈췄을 때 던진 밑밥은 바닥까지 잘 가라앉았다가 조류가 살아나면서 효과를 발휘한다. 그러나 조류가 살아난 후 밑밥을 던지면 심층까지 가라앉지 못해 집어력이 그만큼 떨어진다.

▼참돔을 히트한 필자의 파이팅. 참돔은 세찬 초반질주만 침착하게 대응하면 1m급도 충분히 끌어낼 수 있다.

CHECK POINT

▶ 감성돔 장비로 참돔낚시를 해도 되는가?

감성돔 장비로도 참돔을 낚을 수 있다. 끌어내는 데 시간은 걸리지만 침착하게 싸우면 1호 릴대로도 1m 참돔을 낚아낼 수 있다. 다만 원줄은 3호나 4호, 목줄은 3호(60cm 이내), 4호(90cm 이내), 5호(90cm 이상 또는 험준한 여밭에서)를 써주어야 한다.

▶ 대물 참돔을 낚으려면 원줄은 5호 이상을 써야 하는가?

참돔낚시의 원줄은 4호나 3호를 많이 쓴다. 참돔낚시에 많이 쓰는 4000~5000번 릴 스풀에 200m의 줄을 감으려면 3호 줄과 4호 줄밖에 쓸 수 없기 때문이다. 원줄은 길고 인장력이 강해서 목줄에 비해 잘 끊어지지 않는다. 그래서 4호 원줄로도 1m 참돔을 충분히 끌어낼 수 있다. 조류가 빠를 때는 3호 원줄이 위력을 발휘한다. 조류가 빠르면 찌보다 원줄이 먼저 흘러가 채비 정렬이 어렵고 채비 입수 시간도 오래 걸린다. 이때 4호보다 3호를 쓰면 확실히 덜 밀리고 채비 입수 시간도 짧아져 유리하다.

한편 원줄보다 목줄을 더 굵게 써도 파이팅 과정에선 원줄보다 목줄이 끊어질 가능성이 크다. 그 이유는 목줄은 짧고 인장력이 약한데다 수중여에 쓸릴 위험이 크기 때문이다. 줄이 끊어질 때 90%는 여에 쓸려 터지기 때문에 4호 원줄에 5호 목줄을 묶어도 여에 쓸린 5호 목줄이 터지는 것이다.

▶ 구멍찌 대신 본류를 따라 멀리 흘려도 잘 보이는 막대찌를 쓰면 안 되나?

막대찌는 급류에서 잘 가라앉고 멀리서도 잘 보이는 장점이 있지만 조류를 잘 타지 못해 원거리 공략엔 불리하다. 참돔 포인트가 80m 바깥의 조경지대에 형성되어 있을 때 구멍찌는 조류를 타고 그곳까지 쉽게 흘러가지만 막대찌는 그곳까지 흘러가지 못하거나 구멍찌보다 늦게 도착할 가능성이 많다. 그래서 원거리 조경을 노리는 참돔낚시에는 막대찌를 쓰지 않는 것이다. 다만 참돔보다 근거리에서 입질하는 감성돔을 낚을 땐 급류에서도 근거리를 노리기 좋은 막대찌가 종종 효과적으로 쓰인다.

▶ 참돔 포인트에 내렸는데 조류가 약하다면?

최대한 찌를 원투해 멀리 흐르는 본류를 찾는 것이 중요하다. 그리고 가급적 채비 무게를 줄이고 큰 수중찌를 사용해서 채비가 조류를 잘 탈 수 있도록 만들어준다. 하지만 선장이 참돔 포인트라고 내려주었을 땐 아직 물때가 오지 않았을 뿐 틀림없이 한두 시간 안에 제대로 본류가 흐를 것이다. 그때를 기다리며 느긋하게 낚시하면 된다. 그런데 하루 종일 조류가 약한 참돔 포인트도 있다. 대표적으로 홈통형 직벽지대가 그런 곳이다. 그런 곳에선 고부력채비 대신 가벼운 전유동채비로 천천히 미끼를 가라앉혀주면 의외로 대물 참돔의 입질을 받을 수 있다.

▶ 참돔 수심과 감성돔 수심의 차이는?

감성돔은 얕은 암초대에서 서식하는 물고기이고 참돔은 깊은 물골을 회유하는 물고기다. 그래서 참돔은 깊은 수심이 확보되지 않은 곳에선 낚이지 않는다. 간혹 참돔이 얕은 여밭에서 낚이기도 하지만 그 주위에 반드시 깊은 물골이 있을 것이다.

일단 참돔을 낚고자 한다면 근거리 수심이 최하 10m는 되어야 하며 50m 거리 안에 20~30m 수심의 깊은 물골이 지나고 있는 곳을 찾는 것이 좋다.

저부력 전유동→잠길찌 순으로 써라

지류대 참돔낚시

이영언 N·S 필드스탭

참돔 하면 본류낚시를 떠올리지만 실제 참돔낚시를 해보면 본류가 만들어내는 근거리의 조목, 갯바위 반탄류 등을 포함한 지류대 속에서 낚시하는 게 씨알과 마릿수 면에서 훨씬 낫다.

추자도 목개 안통에서 1호찌 잠길낚시로 84cm 참돔을 낚은 필자.

본류대에서 참돔낚시를 한다면 그 이유가 뭘까? 참돔이 대부분 멀리 있고 그곳의 참돔에게 미끼를 보내기 위해 본류를 이용하는 것이다. 그렇다면 참돔이 가까이 온다면 어떨까? 굳이 본류에서 참돔을 낚으려 하지 않아도 될 것이다.

참돔은 기본적으로 깊은 수심만 확보되면 꽤 가까운 거리까지 접근한다. 그래서 깊은 직벽 지형에서는 참돔이 벽면에서도 잘 낚이고, 근처에 깊은 물골을 낀 수중턱이나 수중여밭에서도 종종 참돔이 낚인다. 즉 조류가 빠르지 않은 지류대에서도 참돔이 잘 낚인다. 다만 반드시 깊은 수심을 주변에 끼고 있어야 한다는 전제조건은 붙는다.

가까이서 입질할 땐 저부력 전유동

참돔이 가까이에서 물 때는 전유동이 효과적이고, 멀리서 물 때는 잠길찌가 더 낫다. 참돔 전유동낚시는 공략거리에 따라 적합한 채비가 달라진다.

참돔 활성도가 높아서 잘 뜨는 날은 근거리에서 입질이 잦으므로 저부력 전유동채비(대개 4B 이하를 저부력, 0.5호 이상을 고부력으로 본다)가 잘 먹힌다. 설령 포인트 앞에 본류가 세차게 흘러가더라도 수심이 깊지 않거나 직벽지형 또는 지류가 흘러들어오는 곳이라면 저부력 전유동채비로 충분하다. 수중조류를 잘 받는 수중쿠션을 쓰면 효과적이다.

하지만 참돔의 활성도가 낮으면 갯바위에서 멀리 떨어진 깊은 수심이 포인트가 된다. 이때 저부력 전유동채비는 비효율적인 면이 있어서 반유동 채비나 0.5~1.5호 고부력 전유동채비로 전환하는데, 나는 반유동채비도 고부력 전유동채비도 즐겨 쓰지 않는다. 반유동채비는 일정수심밖에 노릴 수 없고, 고부력 전유동은 채비가 무거워 견제하기 까다롭고 조류의 세기에 따라 적절한 채비를 맞추기 어렵기 때문이다. 대신 참돔 원거리 공략에 가장 좋은 것은 잠길찌채비다.

멀리서 물면 잠길찌! 그때 목줄엔 無봉돌

필자의 경우 공략하고자 하는 곳이 가깝고 수심이 10m 전후라면 저부력 전유동이나 아예 매듭낚시를 하지만 〈그림1〉의 ②와 ③처럼 점점 멀어지면서 깊어지는 곳은 잠길찌채비를 쓴다.

잠길찌채비는 반유동채비에서 수중찌의 호수를 어신찌보다 더 큰 것을 써서 찌를 가라앉히는 방식이다. 추자군도의 참돔 포인트는 〈그림1〉과 같은 곳이 많은데 필자는 채비도의 ①번처럼 찌 매듭을 15m 이상 올리고 1호 어신찌에 -2호 수중찌를 달아 과감하게 채비를 꾸린 다음 낚시를 하면서 조금씩 수중찌의 무게를 줄여 나간다.

잠길찌채비의 장점은 찌매듭을 묶어 놓은 수심까지는 채비가 신속하게 내려가고 찌매듭이 걸리는 수심에서부터는 서서히 잠기며 전유동낚시처럼 입질층을 찾게 된다는 것이다. 채비가 모두 물에 잠겨 있어 고기가 입질할 때 이물감도 적다. '반유동+고부력 전유동'의 장점을 모두 가진 셈이다.

물론 잠길찌채비를 쓰기 위해서는 사용하는 찌의 잔존부력을 정확히는 몰라도 어느 정도 감을 잡고 있어야 내리고 싶은 속도에 맞

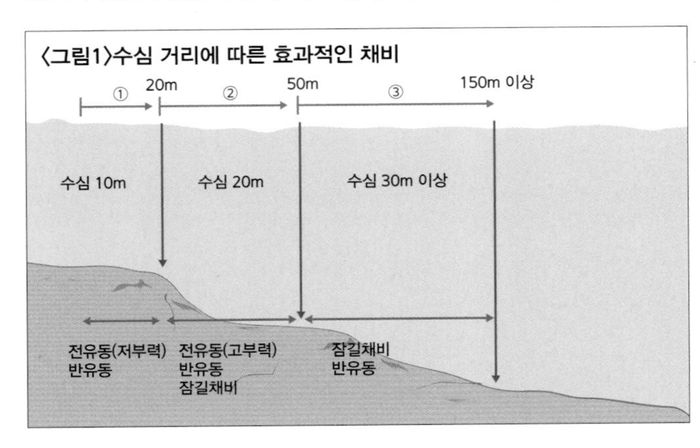

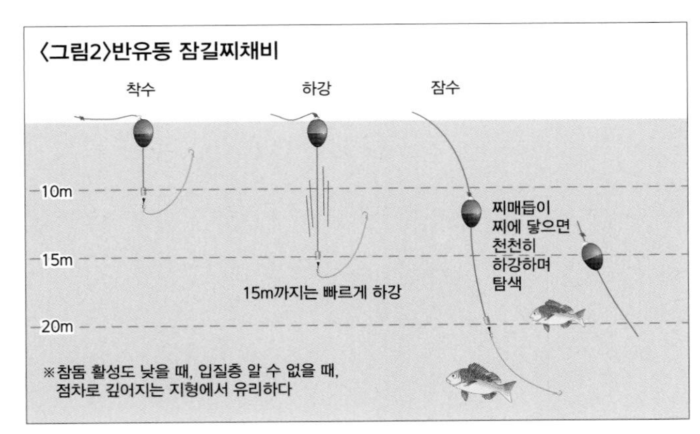

발밑 수심이 깊은 직벽에서 완만한 지류대의 5m 안쪽 근거리를 노리고 있다.

춰 수중찌를 선택할 수 있다. 또 같은 잠길찌 채비라도 조류의 세기나 용승조류, 침강조류, 조경, 조목 등을 만날 때면 잠기는 속도가 달라지기 때문에 현장 상황에 맞춰 변화를 주는 요령이 필요하다. 그리고 전유동낚시와 마찬가지로 밑밥이 나가는 방향과 채비가 진행하는 방향을 잘 유지해야 한다.
잠길찌채비의 기본을 예를 들어보자. 포인트 수심이 10m 내외고 조류가 완만한 곳이라면 채비도의 ②번처럼 0.5호 구멍찌에 –0.8호 수중찌를 달고 매듭은 수심 5m 정도에 고정한다. 목줄에 봉돌을 달지 않은 상태에서 채비 전체가 –B 정도의 침력을 가지게 조절한다. 캐스팅하면 매듭이 있는 5m 수심까지는 빨리 가라앉고 매듭이 걸린 뒤에 채비가 정렬되면 서서히 가라앉기 시작한다. 더 천천히 가라앉히고 싶거나 혹은 반대의 경우를 원한다면 수중찌를 교환한다. 견제를 해도 되는데, 서서히 가라앉히고 싶다면 자주 견제해주고 빨리 가라앉히고 싶다면 견제를 하지 않으면 된다.
잠길채비를 쓸 때는 아주 강한 용승조류(위로 솟아오르는 조류)가 발생하는 곳이 아닌 이상 아무리 세찬 조류 속일지라도 목줄에는 봉돌을 달지 않는다. 그래야 미끼가 목줄 길이만큼 상하로 자연스럽게 놀게 만들고 밑걸림도 줄기 때문이다.

참돔 장비와 채비

낚싯대는 1.75호 전후로 비교적 가벼워 팔이 덜 피로한 것을 주로 쓴다. 목줄은 4호를 쓰기도 하고 5호를 쓰기도 하지만 원줄은 3호를 고집한다. 원줄이 더 굵으면 득보다 실이 많다. 바늘은 그리 크지 않으면서도 강도가 좋은 벵에돔바늘 11호 전후를 주로 쓰는데, 바늘이 너무 크면 물속에서 크릴의 움직임이 부자연스러워진다.
수심이 깊고 조류가 적당한 곳에서는 여부력이 2B 정도인 1호 구멍찌에 1.5호 수중찌를 달고 찌매듭을 한 다음 목줄(3호나 4호) 3m에는 일체 봉돌을 달지 않는다.
수심이 18m 이상 나오는 추자도 목개 안통 같은 곳에서 낚시할 때를 예를 들어보면, 13m 수심에 찌매듭을 묶고 천천히 가라앉힌다. 목개 안통은 직벽에서부터 본류까지의 거

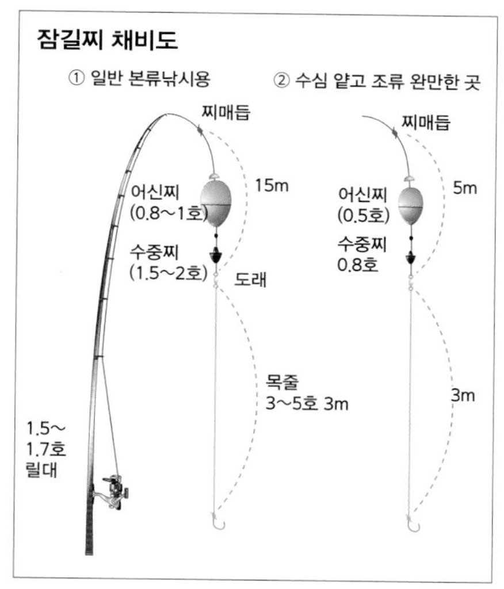

추자도 참돔 포인트

참돔 메카 추자도는 일 년 내내 참돔낚시가 가능하다. 특히 감성돔낚시가 시작되는 11월부터 이듬해 3~4월까지가 추자도의 대물 참돔 시즌이다. 주변에 참돔이 회유할 수 있는 깊은 수심이 없는 아주 얕은 여밭을 제외하고 감성돔 포인트 곳곳에서 큰 참돔의 입질을 받아 채비가 터지는 경우가 다반사다. 겨울에도 파도가 잔잔하고 물색이 적당히 맑은 날에는 차라리 참돔을 노린다면 중대형 씨알을 심심찮게 만날 수 있다. 참돔 포인트는 대개 15m 전후 수심이 나오는 곳에 형성되지만 10m 수심에도 참돔 명당이 즐비한 곳이 추자 군도다.

● 상추자권
나바론~목개, 수령섬 큰골창 작은골창 배꼽, 직구도 제립처, 시린여, 오동여, 두렁여, 공여, 노른여, 문여, 횡간도, 미역섬

● 하추자권
큰수영여, 섬생이 긴추, 사자섬 삼각바위 제주여, 절명여, 푸렝이 비석자리 청비릉 삼봉여, 밖미역섬, 모여

필자의 잠길찌채비. 0.8호 구멍찌(실부력은 1호 이상)에 1.5호 구멍봉돌을 달고 목줄에 B~2B 봉돌을 물려 침강속도를 조절한다.

지류대를 노려서 참돔을 낚는 상추자도 목개 안통.

리가 6~7m 정도밖에 안 된다. 벽에서부터 가라앉히면 밑걸림이 생기므로 본류 너머로 채비를 던져 어느 정도 가라앉힌 다음 지류 속으로 끌고 와야 한다. 〈그림2〉처럼 13m 수심까지 채비가 빨리 내려간 후 목줄이 정렬되면서 서서히 미끼가 내려가는데, 조류의 세기, 용승조류, 수심 등을 고려해서 과감하게 더 빨리 잠기게 할지 더 천천히 잠기게 할지 생각하면서 낚시한다. 찌가 시야에서 사라진 다음부터는 입질 유무를 원줄을 통해서 판단하기 때문에 채비를 거둬들이는 순간까지 원줄 관리를 소홀히 해선 안 된다.

본류가 꺾이는 곳이 참돔 포인트

본류낚시를 하더라도 본류대 밑에 수중여가 없거나 깊어지는 수중턱이 없이 조류가 끝없이 뻗어버리는 곳은 효율적인 포인트가 아니다. 참돔이 잘 무는 곳은 주변에 거센 본류대가 흐르고 거기에 성질이 다른 조류가 합쳐져 조경과 조목이 생기는 곳이다. 쉽게 말해 잘 나가던 본류대가 꺾이는 곳, 본류대로 빨려 들어가는 지류대가 포인트다.
그래서 무작정 본류에 채비를 태우는 것은 시간과 힘만 낭비하는 결과를 초래한다. 만약 직선으로 끝없이 뻗는 본류밖에 없다면 조류가 죽는 시점, 즉 끝들물~초썰물, 끝썰물~초들물의 물돌이시각을 노린다.

LB릴은 참돔낚시에 쓰지 마라

참돔낚시에서는 입질을 받는 것만큼이나 낚아내는 과정도 중요하다. 참돔은 대물일수록 처음부터 끝까지 드랙으로만 상대하는 게 좋다. LB릴의 브레이크레버를 사용하게 되면 20m에서 멈출 고기를 30m 이상 보내버리면서 힘도 제대로 못 빼고 시간도 더 오래 걸려 랜딩 가능성도 줄어든다. 자동으로 풀리는 드랙 조절로 참돔의 힘을 충분히 뺀 후 녀석의 질주가 다 끝났다고 판단될 때 천천히 펌핑과 릴링을 지속하면서 참돔을 끌어들여야 하며, 마지막까지도 드랙을 조이지 말고 제2, 제3의 용틀임이 크면 클수록 마지막 뜰채질 후의 희열도 커진다는 여유를 가지는 게 좋은 결과로 이어질 것이다.

참돔낚시 전천후 해결사

잠길찌낚시

김한민 HDF 필드스탭, 여수 한일낚시 대표

거문도 제립여에서 잠길찌낚시로 낚은 80cm 참돔을 들어 보이는 필자.

참돔낚시 채비는 전유동채비와 반유동채비로 나뉜다. 그러나 전유동낚시와 반유동낚시는 모두 조금씩 단점이 있어서 어려움에 봉착할 때가 있다.

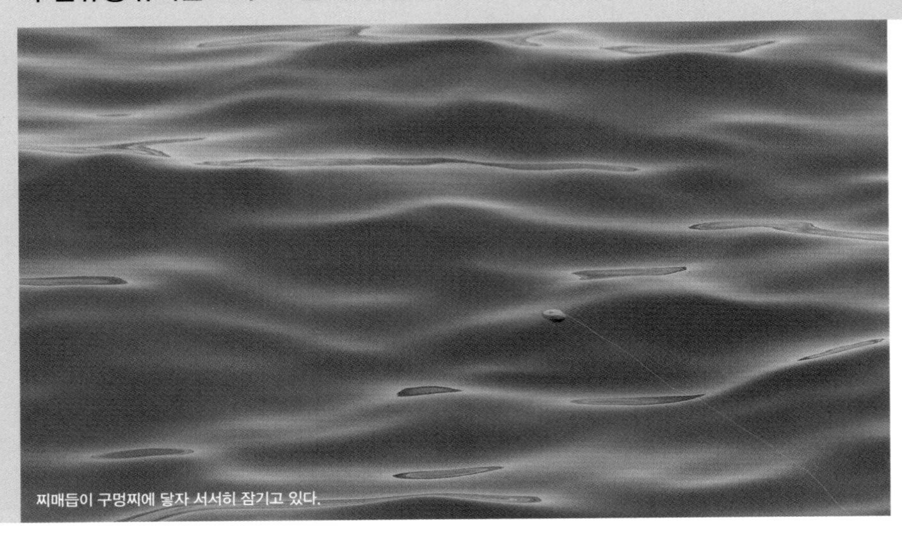

찌매듭이 구멍찌에 닿자 서서히 잠기고 있다.

전유동낚시는 상층부터 중하층까지 폭넓게 탐색하는 장점이 있지만, 바닥층을 집중적으로 노리기는 어렵고, 조류가 빠른 곳에서 사용하기 어렵다. 그래서 참돔의 활성도가 좋은 여름이나 가을에는 좋은 결과를 얻어낼 수 있지만 추운 겨울이나 수온이 회복되지 않은 초봄엔 깊이 노는 참돔의 유영층에 미끼를 접근시키기에 상당한 애로가 있다.

반유동낚시도 한계가 있다. 반유동낚시는 특정수심을 가장 빨리 노릴 수 있고, 아무리 빠른 본류대라도 고부력찌를 써서 공략할 수 있다. 참돔의 활성도가 좋을 땐 적당한 수심을 맞춰 밑밥띠를 만들어주면 어느 채비 못지않은 조황을 올릴 수 있다. 그러나 조류에 따라 채비를 흘리다보면 가까이는 수심이 얕아도 멀리 가면 수심이 깊어져서 그에 따라 참돔의 입질수심이 계속 달라지는데도 한 번 찌매듭으로 고정된 반유동채비는 일정수심만 유지하면서 흘러갈 수밖에 없다는 태생적 한계가 있다.

잠길찌채비. 1호 구멍찌(잔존부력 +2B)에 1호 수중찌, 도래 밑에 3B 봉돌을 물렸고 목줄에 따로 2B 봉돌을 물린다.

전유동과 반유동을 접목한 낚시

그래서 나는 전유동낚시와 반유동낚시를 접목한 잠길낚시 기법을 사용하고 있는데, 참돔낚시는 물론 감성돔낚시에서도 늘 좋은 결과를 얻고 있다. 특히 수온이 낮은 상태에서 대상어들의 활성도가 극히 저조할 때 상당히 유용한 기법이기에 현장에서 한번쯤 활용해 보기 바라며 동호인들에게 소개한다.

채비법은 일반적 반유동채비와 크게 다르지 않다. 예를 들어 수심이 20m 내외이고 적당한 조류 흐름이 전방 난바다 방향으로 흘러준다면 2~2.5호 부력의 구멍찌에 그에 맞는 침력의 수중찌를 세팅하면 된다. 수심이 25~30m를 전후하는 수심이라면 3호 전후의 고부력 구멍찌에 3호 수중찌를 세팅한다. 그리고 목줄에 어신찌가 잠겨들 수 있는 적합한 무게의 좁쌀봉돌을 분납해서 어신찌가 서서히 잠겨들게 맞추면 채비는 완성이다.

이때 중요한 것은 반드시 목줄의 봉돌 무게로 찌가 가라앉아야 한다는 것이다. 즉 구멍찌에 수중찌만 단 상태에선 찌가 잠길락 말락 하는 상태를 유지해야지, 벌써 잠기면 안 된다. 그리고 목줄의 봉돌 무게가 더해졌을 때 비로소 찌가 서서히 잠겨야 한다.

이렇게 무게를 조절하는 이유는 수중에서 바늘 위의 봉돌만 바닥에 닿고 나머지 채비는 모두 수중에 떠있는 상태로 만들기 위함이다. 그런 상태라야 밑걸림을 피할 수 있고 채비가 팽팽한 직선을 유지하여 미세한 입질도 원줄과 낚싯대를 통해 감지할 수 있다.

목줄의 좁쌀봉돌만 바닥에 닿으면 스톱되게끔 찌맞춤

잠길찌 채비를 만드는 방법은 다음과 같다. 우선 1호 구멍찌에 1호 수중찌를 세팅하여 반유동채비를 만든다. 그리고 반유동채비의 목줄 상단에 3B 봉돌을, 바늘 위 40~60cm 지점에 B 봉돌을 채우면 잠길찌낚시 채비가 만들어진다.〈그림1〉 만약 그래도 찌가 잠겨들지 않으면 바늘 위에 B 봉돌을 한 개 더 추가한다.

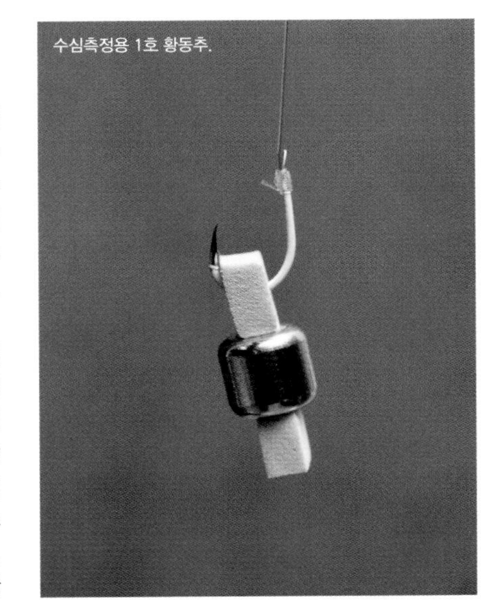

수심측정용 1호 황동추.

만약 더 깊은 수심을 노리려면 2호 구멍찌에 2호 수중찌를 세팅하고(여부력이 많은 2호 찌라면 2.5호 수중찌를 달아야 맞다) 목줄 상단에 3B 봉돌을, 바늘 위 40~60cm 지점에 2B나 3B 봉돌을 물린다.

그러므로 잠길찌낚시를 하려면 미리 어신찌와 수중찌의 정확한 부력과 침력을 파악하여, 수중찌만 달아도 어신찌가 가물가물할 정도의 조합을 미리 만들어두는 게 편리하다. 그렇지 않고 어신찌에 잔존부력이 너무 많으면 목줄에 너무 많은 봉돌을 주렁주렁 달아야 한다. 목줄에 다는 봉돌은 두 개를 분납하는 게 기본인데 도래 바로 밑에 다는 봉돌은 어신찌의 잔존부력을 제로로 만드는 용도이며 바늘 위에 다는 좁쌀봉돌(조류의 강약에 따라 가감)의 무게만으로 서서히 채비가 물속에 잠길 수 있도록 맞춰야 한다. 이렇게 찌맞춤한 채비는 찌가 서서히 내려가다 아랫봉돌이 바닥에 닿는 순간 멈춘다.〈그림2〉

조류 느린 홈통에서도 효과적인 낚시

이 잠길찌낚시는 일반적인 반유동채비와 뭐가 차이가 있을까? 찌매듭을 묶은 수심까지는 반유동채비와 똑같이 미끼가 빠르게 하강한다. 그러나 찌매듭 수심에 도달한 이후부터 달라진다. 그 순간부터 마치 전유동채비가 하강하듯 천천히 채비가 조류를 타고 가장 깊은 바닥까지 탐색하며 참돔의 입질을 받아내는 것이다.

참돔낚시 하면 본류대 낚시를 선호한다. 그러나 적당한 조류만 받쳐준다면 큰 만을 끼고 있는 느린 조류대도 참돔 포인트가 많은데, 그런 곳에서 잠길찌낚시가 아주 잘된다. 홈통 안이나 조류 흐름이 그리 원활하지 않은 포인트에서는 참돔낚시보다 감성돔낚시에서 이 잠길찌낚시가 위력을 발휘한다.

참돔낚시는 역시 홈통보다는 난바다로 흘러주는 조류에서 잘되는데, 잠길찌낚시는 난바다 쪽의 깊은 수심으로 점점 가라앉아 가면서 노릴 수 있어 효과적이다(반유동보다 2~5m 깊이 노릴 수 있다).

15m-20m-30m 수심을 순차적으로 노릴 수 있다

일례로 근거리 수심은 15m 정도 되고 좀 흘리면 20m, 더 흘리면 30m 이상 나오는 포인트가 있다고 하자. 대상어들의 유영층이 바닥권이라는 예상 하에서는 수심이 고정되어있는 반유동으로 노린다면 찌밑수심을 15~20m 사이에서 맞추고 흘릴 수밖에 없을 것이다

수심을 15m에 맞추고 근거리만 공략하자니 좀 흐르면 중층으로 미끼가 떠다니는 상황일 것이고, 원거리 수심에 맞춰 20m 수심으로 흘려보내자니 중간지점까지는 밑걸림의 위험이 상존할 것이다. 그럴 때 13~15m 수심에 매듭을 묶은 잠길낚시를 하면 근거리는 뒷줄을 팽팽히 당겨서 15m 수심을 노리고, 그 너머 찌가 흐를 땐 뒷줄을 많이 주어서 20m 수심을 노리고, 아주 멀리 흘러가면 더 깊이 가라앉혀서 25~30m 수심까지 노려보면서 전 포인트를 다 커버할 수 있는 것이다.

조류 세지면 목줄 봉돌 늘려야 채비 상승 억제

조류가 셀 때는 목줄의 봉돌을 늘려주는 변형을 꼭 하여야 한다. 이는 조류가 거센 곳에서 자칫 전체 채비가 뜰 우려가 있어 상승을 막아주기 위함이다. 일반적인 조류일 때 2B 봉돌 두개를 분납했다면, 조류 세기에 따라 다르겠지만 본류 형태를 이루는 조류 상황이 만들어지면 0.5호 봉돌 2개를 분납하는 변화를 주어야 한다.

어떤 채비로 낚시를 하건 자신의 채비와 포인트에 대한 믿음이 조과에 큰 영향을 미친다. 자신의 채비에 믿음을 가지고 열심히 흘리다 보면 좋은 결과가 나오지 않을까 생각한다.

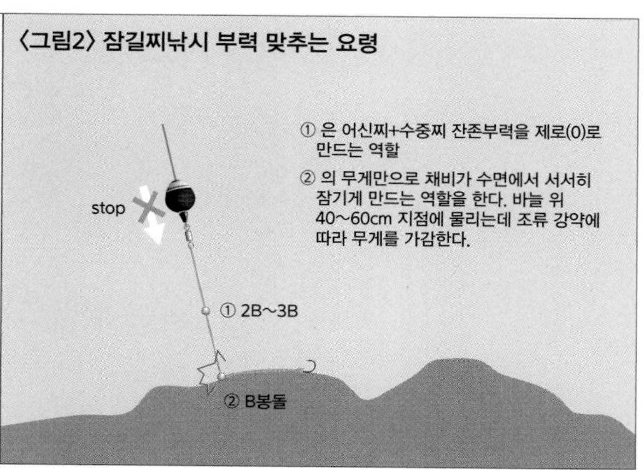

〈그림2〉 잠길찌낚시 부력 맞추는 요령
① 은 어신찌+수중찌 잔존부력을 제로(0)로 만드는 역할
② 의 무게만으로 채비가 수면에서 서서히 잠기게 만드는 역할을 한다. 바늘 위 40~60cm 지점에 물리는데 조류 강약에 따라 무게를 가감한다.
stop
① 2B~3B
② B봉돌

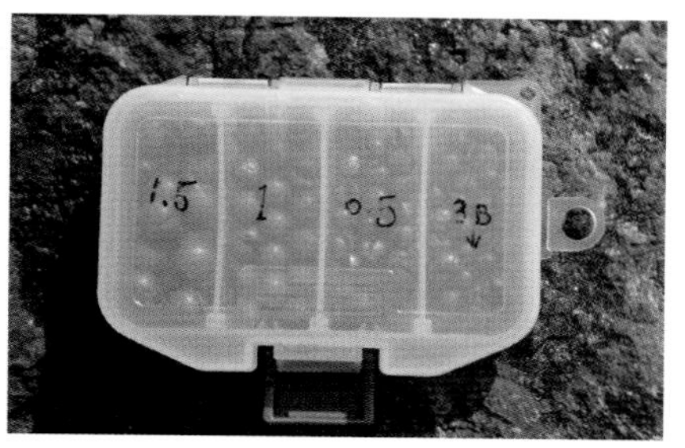

잠길찌낚시에 사용하는 봉돌. 3B부터 1.5호까지 무거운 봉돌을 사용한다.

직벽에서 잠길찌채비로 바닥층을 노려 참돔을 낚아 올리는 순간.

CHECK POINT

▶참돔낚시를 할 땐 크릴은 한 마리 꿰기가 좋은가 여러 마리 꿰기가 좋은가?

참돔낚시든 감성돔낚시든 크릴은 한 마리 꿰기가 가장 좋다. 여러 마리를 꿰는 이유는 시각적 풍성함으로 참돔의 시선을 끌기 위함일 것인데, 실제 물속에서 참돔이 미끼를 발견하는 확률은 한 마리를 꿰나 여러 마리를 꿰나 똑같다고 한다. 가령 선상찌낚시를 해보면 한 마리를 꿰어 흘린 사람이 여러 마리를 꿰어 흘린 사람보다 더 잦은 입질을 받는 경우가 많다.

다만 잡어가 많이 설칠 때 좀 큰 바늘에 크릴을 5~10마리쯤 듬뿍 꿰어서 흘리면 몇 마리 따먹혀도 살아남아서 입질을 받는 효과는 있다.

▶참돔바늘은 큰 게 좋은가 작은 게 좋은가?

참돔은 입질이 시원하기 때문에 이물감을 줄이기 위해 작은 바늘을 쓸 이유는 없다. 작은 바늘은 강도가 약하기 때문에 대물을 노리는 참돔낚시에선 인기가 없다. 참돔바늘 11~12호가 많이 쓰이며 13호도 많이 사용한다. 반면 10호 이하의 바늘은 오히려 벵에돔낚시에 더 많이 쓰인다. 그러나 "참돔은 바늘을 깊이 흡입하지 않기 때문에 큰 바늘보다 작은 바늘이 조금이라도 더 예리하게 박혀서 벗겨지는 경우가 적다"고 주장하는 사람들도 있다. 실제로 참돔은 바늘이 부러지는 경우보다 맥없이 벗겨져서 놓치는 경우가 많다. 참돔을 낚아보면 안창걸이가 된 경우는 거의 없고 대부분 입 언저리에 바늘이 걸려 있다. 이빨로 바늘을 살짝 물고 있다가 뜰채에 담는 순간 뱉는 경우도 있다. 참돔의 이런 취이습성에 맞는 바늘이 어떤 것인지는 좀 더 연구해볼 과제로 남아 있다.

회항. 추자군도 남쪽으로 나갔던 낚싯배가 망여를 돌아 묵리 포구로 들어오고 있다.

낚시춘추 무크지 4

구멍찌낚시

감성돔·벵에돔·참돔 찌낚시

지은이 낚시춘추 허만갑 이영규 기자
펴낸이 정규도
펴낸곳 황금시간

초판 1쇄 인쇄 2014년 3월 5일
초판 4쇄 발행 2019년 12월 5일

편집 이영규
디자인 정현석 김현숙 장미연

공급처 (주)다락원 (02)736-2031

주소 경기도 파주시 문발로 211
전화 (02)736-2031(대)
팩스 (031)8035-6907
출판등록 제406-2007-00002호

값 15,000원
ISBN 978-89-92533-62-1 13690

http://www.darakwon.co.kr

- 다락원 홈페이지를 통해 인터넷 주문을 하시면 자세한 정보와 함께 다양한 혜택을 받으실 수 있습니다.